Springer-Lehrbuch

Paul Tiedemann

Philosophische Grundlagen der Menschenrechte

Paul Tiedemann
Frankfurt am Main, Deutschland

ISSN 0937-7433 ISSN 2512-5214 (electronic)
Springer-Lehrbuch
ISBN 978-3-662-65532-0 ISBN 978-3-662-65533-7 (eBook)
https://doi.org/10.1007/978-3-662-65533-7

Die Deutsche Nationalbibliothek verzeichnet diese Publikation in der Deutschen Nationalbibliografie; detaillierte bibliografische Daten sind im Internet über http://dnb.d-nb.de abrufbar.

© Der/die Herausgeber bzw. der/die Autor(en), exklusiv lizenziert an Springer-Verlag GmbH, DE, ein Teil von Springer Nature 2023
Aktualisierte Übersetzung der englischen Ausgabe: „Philosophical Foundation of Human Rights" von Paul Tiedemann, © Springer Nature Switzerland AG 2020. Veröffentlicht durch Springer International Publishing. Alle Rechte vorbehalten.
Das Werk einschließlich aller seiner Teile ist urheberrechtlich geschützt. Jede Verwertung, die nicht ausdrücklich vom Urheberrechtsgesetz zugelassen ist, bedarf der vorherigen Zustimmung des Verlags. Das gilt insbesondere für Vervielfältigungen, Bearbeitungen, Mikroverfilmungen und die Einspeicherung und Verarbeitung in elektronischen Systemen.
Die Wiedergabe von allgemein beschreibenden Bezeichnungen, Marken, Unternehmensnamen etc. in diesem Werk bedeutet nicht, dass diese frei durch jedermann benutzt werden dürfen. Die Berechtigung zur Benutzung unterliegt, auch ohne gesonderten Hinweis hierzu, den Regeln des Markenrechts. Die Rechte des jeweiligen Zeicheninhabers sind zu beachten.
Der Verlag, die Autoren und die Herausgeber gehen davon aus, dass die Angaben und Informationen in diesem Werk zum Zeitpunkt der Veröffentlichung vollständig und korrekt sind. Weder der Verlag, noch die Autoren oder die Herausgeber übernehmen, ausdrücklich oder implizit, Gewähr für den Inhalt des Werkes, etwaige Fehler oder Äußerungen. Der Verlag bleibt im Hinblick auf geografische Zuordnungen und Gebietsbezeichnungen in veröffentlichten Karten und Institutionsadressen neutral.

Planung/Lektorat: Manuela Schwietzer

Springer ist ein Imprint der eingetragenen Gesellschaft Springer-Verlag GmbH, DE und ist ein Teil von Springer Nature.
Die Anschrift der Gesellschaft ist: Heidelberger Platz 3, 14197 Berlin, Germany

Vorwort

Dieses Lehrbuch ist aus einer Vorlesung hervorgegangen, die ich in den Jahren 2016 bis 2020 jeweils im Wintersemester an der Justus-Liebig-Universität in Gießen in englischer Sprache gehalten habe. Die Vorlesung richtete sich vornehmlich an deutsche Jura-Studierende, die damit eines von mehreren Angeboten des Fachbereichs zur Erlangung des Fremdsprachenscheins in Anspruch nahmen. Die Vorlesung war aber immer auch von zahlreichen Erasmus-Studierenden und anderen Austauschstudenten aus aller Welt besucht. Die meisten Hörerinnen und Hörer waren im Studium des Rechts relativ weit fortgeschritten, aber Anfänger in der Philosophie. Philosophisches Denken war ihnen eher fremd und musste erst behutsam erlernt werden.

Im Jahre 2020 habe ich dieses Buch zuerst in englischer Sprache bei Springer veröffentlicht. Die jetzt vorgelegte deutsche Ausgabe ist zwar weitgehend eine Übersetzung des englischen Buches, enthält aber auch starke Überarbeitungen und Ergänzungen. Zu erwähnen ist hier insbesondere, dass ich mehrere Beispiele aus dem Konfliktbereich der Corona-Pandemie einfügen konnte, die zum Zeitpunkt der Erarbeitung der englischen Ausgabe noch nicht ausgebrochen war. Das Buch geht außerdem etwa auf das Klimaschutz-Urteil des Bundesverfassungsgerichts aus dem Jahre 2021 ein, das damals ebenfalls noch nicht vorlag. An einigen Stellen sind zum Teil tiefgreifende Textänderungen dem Fortschritt meines eigenen Denkens und dem Streben nach größtmöglicher Klarheit des Gedankengangs geschuldet.

Wie schon die Vorlesung ist auch dieses Lehrbuch für fortgeschrittene Jura-Studierende geeignet, die sich im juristischen Umgang mit Grund- und Menschenrechten auskennen und einige völkerrechtliche Grundkenntnisse haben, aber auf dem Gebiet der Philosophie eher unerfahren sind und sich ein tiefergreifendes Verständnis der Menschenrechte erarbeiten wollen. Das Lehrbuch ist daneben aber auch für Studierende der Sozialwissenschaften geeignet sowie für alle, die sich in ihrer politischen oder sozialen Arbeit auf Menschenrechte beziehen oder für die Durchsetzung der Menschenrechte kämpfen. Der Vorlesungsstil wurde, wie auch schon in der englischen Ausgabe, weitgehend beibehalten.

Das Lehrbuch stellt nach einer kurzen Einführung in die Lernziele des Buches sowie in die Begriffe der Menschenrechte und der Philosophie (▶ Kap. 1) zunächst die klassischen philosophischen Ansätze der Rechts- und Sozialphilosophie dar und diskutiert deren Brauchbarkeit für die philosophische Grundlegung der Menschenrechte (▶ Kap. 2, 3 und 4). Dabei zeigt sich, dass diese Ansätze bis auf einen den Intuitionen der völkerrechtlichen Menschenrechtskodifikationen nicht gerecht werden können. Eine plausible philosophische Grundlegung der Menschenrechte, die sich nicht im akademischen Elfenbeinturm bewegt, sondern von praktischem Nutzen für das Rechtsverständnis und bei der Rechtsanwendung sein kann, ist nur von jenem Ansatz zu erwarten, der auf der Unterscheidung zwischen *Preis* und *Würde* beruht, wie sie in der spätrömischen Stoa vorgenommen worden ist (Seneca) und vor allem durch Kant auf uns gekommen ist. Aus dieser Unterscheidung lässt sich das leitende Prinzip der Menschenwürde entwickeln, das allen echten Menschenrechten zugrunde liegt. Dieses Prinzip weist die Personalität (des Menschen und aller Personen) als jenes Schutzobjekt aus, das allen Menschenrechten eigen ist und sie als Menschenrechte qualifiziert (▶ Kap. 5 und 6). Von hier aus lassen sich die spezifischen Schutzbereiche der einzelnen Menschenrechte ableiten und ungerechtfertigte Menschenrechtsansprüche zurückweisen (▶ Kap. 7, 8, 9, 10, 11, 12, 13, 14, 15, 16 und 17). Der Ansatz ermöglicht es, *erstens* zwischen echten und nur behaupteten Menschenrechten zu unterscheiden, *zweitens* die Menschenrechte in nachvollziehbarer und schlüssiger Weise auszulegen, *drittens* bei vielen der kodifizierten Schutzbereiche zwischen dem Kernbereich und dem Randbereich („Hof") des Menschenrechts zu unterscheiden und damit die Idee der Unverfügbarkeit und Absolutheit der Menschenrechte mit den in den Kodifikationen vorgesehenen Eingriffsvorbehalten verträglich zu machen, und schließlich *viertens* eine zuverlässige Grundlage für die „Entdeckung" neuer, noch ungeschriebener Menschenrechte zu gewinnen. Der Ansatz liefert damit zugleich eine solide Grundlage für eine substantiierte Kritik der Rechtsprechung nationaler und internationaler Gerichte zu den Menschen- und Grundrechten. Damit könnte er einen Beitrag leisten zu deren Verbesserung im Hinblick auf Rechtssicherheit, Klarheit und Überzeugungskraft. Die Unterscheidung der Menschenrechte von den Prinzipien der Handlungsfreiheit und der Gleichheit (▶ Kap. 18 und 19) sowie die Erörterung von Rechtekonflikten und moralischen Dilemmata (▶ Kap. 20) schließen das Buch ab.

Das Buch bietet keine umfassende Einführung in alle Menschenrechte, die völkerrechtlich kodifiziert oder rechtspolitisch diskutiert werden. Einige Menschenrechte wie etwa das Recht auf die eigene Muttersprache oder die Rechte der Kinder und die Behindertenrechte werden nicht erwähnt. Das Studium dieses Buches sollte die Leserschaft allerdings dazu befähigen, in professioneller und fundierter Weise mit allen Rechten umzugehen, die als Menschenrechte behauptet werden oder ausgewiesen sind.

Ich danke Frau Sophie Reinisch für ihre große Unterstützung durch die Erstellung von Grafiken, die an manchen Stellen des Buches das Verständnis erleichtern sollen. Mein Dank gilt auch der Lektorin Manuela Schwietzer vom Springer Verlag in Heidelberg für ihre professionelle und stets entgegenkommende Unterstützung bei der Durchführung des Projekts.

Paul Tiedemann
Frankfurt am Main/Gießen
Dezember 2022

Inhaltsverzeichnis

1	**Einführung**	1
1.1	Die Ziele der Vorlesung	4
1.2	Der Begriff der Menschenrechte	6
1.3	Der Begriff der Philosophie	17
1.4	Gründe für eine philosophische Analyse und Grundlegung der Menschenrechte	21
	Leseempfehlungen	25
2	**Utilitaristischer und Aristotelischer Ansatz**	27
2.1	Utilitarismus	31
2.2	Aristotelismus	36
2.3	Anforderungen an eine adäquate Grundlegung	46
	Leseempfehlungen	48
3	**Der kontraktualistische Ansatz**	49
3.1	Die Theorie vom Gesellschaftsvertrag	53
3.2	Thomas Hobbes	54
3.3	John Locke	57
3.4	Jean-Jacques Rousseau	61
3.5	John Rawls	66
3.6	Warum Vertragstheorien zur Grundlegung der Menschenrechte ungeeignet sind	69
3.7	Ein neuer Ansatz nach dem Zweiten Weltkrieg	71
	Leseempfehlungen	72
4	**Der Begründungsansatz der Menschenwürde**	73
4.1	Menschenwürde im internationalen Recht	76
4.2	Die Geschichte des Begriffs „Menschenwürde"	80
	Leseempfehlungen	87
5	**Das Menschenwürde- Prinzip I**	89
5.1	Würde als Werturteil	94
5.2	Würde als eine spezifische Wertkategorie	98
5.3	Personalität als Wertmaßstab der Würde	101
5.4	„Ich-Würde" und die allgemeine Menschenwürde	105
5.5	Das Risiko des empirischen Irrtums	109
	Leseempfehlungen	111
6	**Das Menschenwürde- Prinzip II**	113
6.1	Die Gleichursprünglichkeitsthese	116
6.2	Die Abhängigkeit der Personalität von passiver Anerkennung	118
6.3	Die Abhängigkeit der Personalität von aktiver Anerkennung	123
6.4	Verifikation oder gescheiterte Falsifikation?	129

6.5	Die Allgemeingültigkeit der Gleichursprünglichkeitsthese	130
6.6	Menschenwürde in Zweifelsfällen	133
	Leseempfehlungen	136

7	**Von der Menschenwürde zu den Menschenrechten**	137
7.1	Was ist ein Recht?	141
7.2	Was bedeutet *ein Recht haben*?	149
7.3	Die Ableitung von Pflichten aus Werten	150
7.4	Die Ableitung von Rechten aus Pflichten	155
	Leseempfehlungen	157

8	**Menschenrechte betreffend den Schutz der körperlichen und seelischen Integrität**	159
8.1	Die Vielzahl der Menschenrechte	161
8.2	Das Verbot der unmenschlichen/erniedrigenden/grausamen Behandlung und der Folter im Völkerrecht	162
8.3	Philosophische Analyse	165
8.4	Kritik der Rechtsprechung	173
	Leseempfehlungen	178

9	**Recht auf Freizügigkeit und die Rechte unter Freiheitsentzug**	179
9.1	Die Habeas-Corpus-Rechte	182
9.2	Humane Lebensbedingungen in der Haft	185
9.3	Die Funktion des Artikel 10 IPbürgR	187
9.4	Totale Institutionen	188
9.5	Das Recht auf Freizügigkeit	194
	Leseempfehlungen	195

10	**Menschenrechte betreffend die geistige Integrität**	197
10.1	Informationsfreiheit	202
10.2	Äußerungsfreiheit	204
10.3	Freiheit von Zensur	206
10.4	Versammlungs- und auf Vereinigungsfreiheit	208
10.5	Schrankenvorbehalte	210
	Leseempfehlungen	225

11	**Menschenrechte betreffend die Privatheit**	227
11.1	Die Geschichte des Rechts auf Privatheit	234
11.2	Das Bedürfnis nach Privatheit	235
11.3	Die einzelnen Rechte auf Privatheit im Lichte von Goffmans Theorie	238
11.4	Schutz der sozialen Bindungen („Verwurzelung")	243
11.5	Schrankenvorbehalte des kodifizierten Rechts auf Privatleben	244
	Leseempfehlungen	250

12	**Das Menschenrecht auf Gewissensfreiheit**	253
12.1	Geschichte des Rechtsbegriffs „Gewissen"	256
12.2	Die Funktion des Gewissens	261
12.3	Ist das Recht auf Gewissensfreiheit ein Menschenrecht?	266
	Leseempfehlungen	270
13	**Das Recht auf spirituelle Freiheit**	271
13.1	Die Allgemeinheit der Religionsfreiheit	274
13.2	Die Freiheit zu glauben oder nicht zu glauben	275
13.3	Die Freiheit der Religionsausübung	276
13.4	Religiöse Praxis und die Aufrechterhaltung der Personalität	279
13.5	Kritik der Rechtsprechung	289
13.6	Die Zeitlosigkeit der Religionsfreiheit	294
	Leseempfehlungen	295
14	**Das Recht auf Leben**	297
14.1	Die Kodifikation des Rechts auf Leben	299
14.2	Die Einzigartigkeit des Rechts auf Leben	302
14.3	Die Existenz-als-Eigenschaft-These	303
14.4	Die Grundlagen-These	304
14.5	Die Heiligkeitsthese	307
14.6	Die Todesangst-These	309
14.7	Die Funktion des Rechts auf Leben	310
	Leseempfehlungen	313
15	**Soziale Menschenrechte**	315
15.1	Die Unterscheidung zwischen liberalen und sozialen Menschenrechten	320
15.2	Die Kodifikation der sozialen Menschenrechte	320
15.3	Die Liste der kodifizierten sozialen Menschenrechte	324
15.4	Die Schutzgüter der sozialen Menschenrechte und ihre Relevanz für menschenwürdige Lebensbedingungen.	325
15.5	Adressaten der sozialen Menschenrechte	331
15.6	Unterlassungspflichten und Handlungspflichten	333
15.7	„Soziale Menschenrechte" als Staatszielbestimmungen	337
15.8	Die Redundanz der sozialen Menschenrechte	339
15.9	Das Recht auf die natürlichen Lebensgrundlagen	342
	Leseempfehlungen	347
16	**Menschenrecht auf Asyl**	349
16.1	Das Recht auf Asyl im Völkerrecht	352
16.2	Gibt es ein moralisches Menschenrecht auf globale Freizügigkeit?	355
16.3	Schutzbereich eines moralischen Menschenrechts auf Asyl	358
16.4	Recht auf Asyl für Schutzsuchende innerhalb des Schutzstaates	361
16.5	Das Refoulement-Verbot im positiven Asylrecht	363
16.6	Recht auf Asyl für Schutzsuchende außerhalb des Schutzstaates	365
	Leseempfehlungen	367

17	**Falsche Menschenrechte**	369
17.1	Das Recht auf Eigentum	372
17.2	Kollektive Menschenrechte	381
	Leseempfehlungen	388
18	**Das Prinzip der Handlungsfreiheit**	389
18.1	Freiheit im positiven Recht	392
18.2	Der Inhalt des Prinzips der Handlungsfreiheit	398
18.3	Regeln und Prinzipien	399
18.4	Die philosophische Begründung des Prinzips der Freiheit	404
18.5	Die rechtlichen Instrumente zur Gewährleistung von Handlungsfreiheit	405
	Leseempfehlungen	409
19	**Das Prinzip der Gleichheit**	411
19.1	Gleichheit in den Menschenrechtskodifikationen	413
19.2	Gibt es ein Menschenrecht auf Gleichheit?	416
19.3	Gibt es ein Menschenrecht gegen Diskriminierung aus rassistischen, sexistischen u. ä. Gründen?	419
19.4	Gibt es ein Menschenrecht gegen Diskriminierung wegen der Inanspruchnahme von Menschenrechten?	422
	Leseempfehlungen	424
20	**Konflikte zwischen Rechten**	425
20.1	Methoden zur Lösung von Normkonflikten	429
20.2	Handlungsfreiheit gegen Handlungsfreiheit	430
20.3	Menschenrechts*hof* gegen Handlungsfreiheit	431
20.4	Menschenrechts*hof* gegen Menschenrechts*hof*	433
20.5	Handlungsfreiheit gegen Menschenrechts*kern*	435
20.6	Menschenrechts*hof* gegen Menschenrechts*kern*	437
20.7	Menschenrechts*kern* gegen Menschenrechts*kern*	440
	Leseempfehlungen	448
21	**Zur Wiederholung – die Antworten**	449
21.1	Antworten zu 7 Kap. 1	451
21.2	Antworten zu 7 Kap. 2	451
21.3	Antworten zu 7 Kap. 3	452
21.4	Antworten zu 7 Kap. 4	452
21.5	Antworten zu 7 Kap. 5	453
21.6	Antworten zu 7 Kap. 6	454
21.7	Antworten zu 7 Kap. 7	454
21.8	Antworten zu 7 Kap. 8	455
21.9	Antworten zu 7 Kap. 9	456
21.10	Antworten zu 7 Kap. 10	456
21.11	Antworten zu 7 Kap. 11	457
21.12	Antworten zu 7 Kap. 12	458

21.13	**Antworten zu 7 Kap. 13**	458
21.14	**Antworten zu 7 Kap. 14**	459
21.15	**Antworten zu 7 Kap. 15**	460
21.16	**Antworten zu 7 Kap. 16**	461
21.17	**Antworten zu 7 Kap. 17**	461
21.18	**Antworten zu 7 Kap. 18**	462
21.19	**Antworten zu 7 Kap. 19**	462
21.20	**Antworten zu 7 Kap. 20**	463

Serviceteil

Stichwortverzeichnis 467

Abkürzungen und Rechtsquellennachweise

ABl EU	Amtsblatt der Europäischen Union
AEMR	Allgemeine Erklärung der Menschenrechte, angenommen von der UN-Generalversammlung am 10.12.1948 ▶ https://www.un.org/en/universal-declaration-human-rights/dt. Übersetzung: ▶ https://dgvn.de/publications/PDFs/Sonstiges/Allgemeine_Erklaerung_der_Menschenrechte.pdf
Afghanistan	Constitution of Afghanistan vom 03.01.2004 ▶ https://web.archive.org/web/20101127090617/http://president.gov.af/sroot_eng.aspx?id=68
Banjul Charta	Banjul Charter on Human and Peoples' Rights vom 01.06.1981 ▶ https://au.int/en/treaties/african-charter-human-and-peoples-rights
Bosnien und Herzegowina	Constitution of Bosnia and Hercegovina vom 31.05.1994 ▶ http://www.ccbh.ba/osnovni-akti/ustav/?title=preambula English: ▶ http://www.ohr.int/?page_id=68220
BVerfG	Bundesverfassungsgericht
BVerwG	Bundesverwaltungsgericht
CAT	Convention against Torture and Other Cruel, Inhuman or Degrading Treatment or Punishment vom 10.12.1984 (UN Antifolterkonvention) UNTS 1465, 85 ▶ https://treaties.un.org/Pages/showDetails.aspx?objid=080000028003d679 dt. Übersetzung: ▶ https://www.antifolterkonvention.de/uebereinkommen-gegen-folter-und-andere-grausame-unmenschliche-oder-erniedrigende-behandlung-oder-strafe-3149/
CETS	Councel of Europe Treaty Series No 194 (2003) und folgende Jahre ▶ https://www.coe.int/en/web/conventions/full-list
DZPhil	Deutsche Zeitschrift für Philosophie, Köln: De Gruyter
ECLI	European Case Law Identifier – ▶ https://curia.europa.eu/jcms/jcms/P_126035/de/
ECRML	Europäische Charta der Regional- oder Minderheitensprachen vom 05.11.1992 ETS No 148 ▶ https://www.coe.int/en/web/conventions/full-list
EGMR	Europäischer Gerichtshof für Menschenrechte
EKomMR	Europäische Kommission für Menschenrechte
EMRK	Europäische Menschenrechtskonvention vom 04.11.1950 und Zusatzprotokolle ETS No 5 ▶ https://www.coe.int/en/web/conventions/full-list dt. Übersetzung: ▶ https://www.echr.coe.int/documents/convention_deu.pdf

ETS	European Treaty Series No 1 (1949) to No 193 (2003) ▶ https://www.coe.int/en/web/conventions/full-list
EU Asyl-Richtlinie	Richtlinie 2011/95/EU des Europäischen Parlaments und des Rates vom 13.12.2011 über Normen für die Anerkennung von Drittstaatsangehörigen oder Staatenlosen als Personen mit Anspruch auf internationalen Schutz, für einen einheitlichen Status für Flüchtlinge oder für Personen mit Anrecht auf subsidiären Schutz und für den Inhalt des zu gewährenden Schutzes, ABl EU Nr. L 337, S. 9 vom 20.12.2011 ▶ https://eur-lex.europa.eu/legal-content/DE/ALL/?uri=celex:32011L0095
EUChartaGR	Charta der Grundrechte der Europäischen Union vom 12.12.2007 ABl EU Nr. C 303, S. 1 vom 14.12.2007 ▶ https://eur-lex.europa.eu/legal-content/DE/TXT/PDF/?uri=CELEX:32007X1214(01)
EuGH	Gerichtshof der Europäischen Union
CNM	Rahmenübereinkommen zum Schutz nationaler Minderheiten vom 01.12.1995 ETS No 157 ▶ https://www.coe.int/de/web/conventions/full-list
GG	Grundgesetz vom 23.05.1948 ▶ https://www.bundestag.de/grundgesetz
GRC	Konvention über die Rechtsstellung der Flüchtlinge vom 28.07.1951 ▶ https://www.unhcr.org/dach/wp-content/uploads/sites/27/2017/03/Genfer_Fluechtlingskonvention_und_New_Yorker_Protokoll.pdf
HUDOC	(*Hu*man Rights *Doc*umentation) Rechtsprechungsdatenbank des EGMR – ▶ https://hudoc.echr.coe.int/
ICD	International Classification of Diseases – ▶ https://www.who.int/standards/classifications/classification-of-diseases
IPbürgR	Internationaler Pakt über bürgerliche und politische Rechte vom 19.12.1066 UNTC IV, 4 (BGBl 1973 II 1553) ▶ https://treaties.un.org/Pages/ViewDetails.aspx?src=TREATY&mtdsg_no=IV-4&chapter=4&clang=_en dt. Übersetzung: ▶ https://www.zivilpakt.de/internationaler-pakt-ueber-buergerliche-und-politische-rechte-355/
IPsozR	Internationaler Pakt über wirtschaftliche, soziale und kulturelle Rechte vom 19.12.1966 UNTS IV, 3 (BGBl 1973 II 1569) ▶ https://treaties.un.org/Pages/ViewDetails.aspx?src=TREATY&mtdsg_no=IV-3&chapter=4&clang=_en dt. Übersetzung: ▶ https://www.sozialpakt.info/internationaler-pakt-ueber-wirtschaftliche-soziale-und-kulturelle-rechte-3111/
RDS	Recueil DALLOZ Sirey (Jurisprudence) [Jahr], [Seite] Paris: Éditions Dalloz
StGB	Strafgesetzbuch

UN-Charta	Charta der Vereinten Nationen vom 26.06.1945 ▶ https://www.un.org/en/sections/un-charter/un-charter-full-text/ dt. Übersetzung: ▶ https://unric.org/de/wp-content/uploads/sites/4/2020/01/charta-1.pdf
UN(O)	United Nations (Organization) – Vereinte Nationen
UNCRC	Convention on the Rights of the Child vom 20. 11. 1989 (UN-Kinderrechtskonvention) UNTS IV, 11 ▶ https://treaties.un.org/Pages/ViewDetails.aspx?src=TREATY&mtdsg_no=IV-11&chapter=4&clang=_en dt. Übersetzung: ▶ https://www.unicef.de/informieren/ueber-uns/fuer-kinderrechte/un--kinderrechtskonvention
UNESCO	United Nations Educational, Scientific and Cultural Organization – Organisation der Vereinten Nationen für Erziehung, Wissenschaft und Kultur
UNTC	United Nations Treaty Collection, [Kapitel], [Nummer]
UNTS	United Nations Treaty Series [Band], [Seite]
USA	Verfassung der USA ▶ https://www.senate.gov/civics/constitution_item/constitution.htm dt. Übersetzung: ▶ https://usa.usembassy.de/etexts/gov/gov-constitutiond.pdf
VG	Verwaltungsgericht
WHO	World Health Organization

Einführung

Inhaltsverzeichnis

1.1 Die Ziele der Vorlesung – 4

1.2 Der Begriff der Menschenrechte – 6

1.3 Der Begriff der Philosophie – 17

1.4 Gründe für eine philosophische Analyse und Grundlegung der Menschenrechte – 21

Leseempfehlungen – 25

© Der/die Autor(en), exklusiv lizenziert an Springer-Verlag GmbH, DE, ein Teil von Springer Nature 2023
P. Tiedemann, *Philosophische Grundlagen der Menschenrechte*, Springer-Lehrbuch, https://doi.org/10.1007/978-3-662-65533-7_1

> **Hermeneutischer Zirkel**
>
> *Hermeneutik* bezeichnet die Methode der Interpretation bedeutungsvoller menschlicher Handlungen und ihrer Hervorbringungen, vor allem von Texten (griechisch: Hermeneia = Interpretation). Der hermeneutische Zirkel bezieht sich auf die Tatsache, dass jede Interpretation auf einem bestimmten Vorverständnis des Textes beruht und von diesem Vorverständnis ihren Ausgangspunkt nehmen muss. Das Vorverständnis beruht auf dem Kontext, in welchen der betreffende Text eingebettet ist. Der Zirkel besteht darin, dass man schon etwas von der Bedeutung des Textes verstanden haben muss, um fähig zu sein, sich ein vertieftes Verständnis davon zu erarbeiten.
>
> Im ersten Kapitel wird das Vorverständnis des Begriffs Menschenrechte aus der Präambel und aus Artikel 1 der Allgemeinen Erklärung der Menschenrechte (AEMR) gewonnen.

> **Rechte**
>
> Ein (subjektives) Recht ist eine gewaltfreie Quelle der Macht über Mitmenschen, die den Inhaber des Rechts in die Lage versetzt, das Verhalten anderer (Schuldner) zum Wohle seiner eigenen geschützten Interessen zu lenken. Diese Fähigkeit wird durch normative Akzeptanz seitens der Schuldner hervorgerufen. Die normative Akzeptanz beruht auf der Überzeugung der Schuldner, normativ an den Rechteinhaber gebunden (= verpflichtet) zu sein. Ein Recht besteht also aus den folgenden drei Elementen:
> 1. Schutzbereich (bezieht sich auf den Inhalt des Rechts)
> 2. Anweisung (bezieht sich auf den Inhaber des Rechts (Gläubiger)
> 3. Der Glaube, an die Anweisung gebunden zu sein (bezieht sich auf den Adressaten der Anweisung – Schuldner).
>
> Der Begriff der subjektiven Rechte ist im Mittelalter entwickelt worden, und zwar im Zusammenhang der Interpretation des Begriffs des Eigentums.

Einführung

Menschenrechte

Der Begriff Menschenrechte bezieht sich auf subjektive Rechte, die die folgenden Eigenschaften aufweisen (siehe Präambel und Art. 1 AEMR):

Allgemeinheit and Individualität
— „Alle Mitglieder der menschlichen Familie" sind Inhaber der Menschenrechte.

Unverfügbarkeit (nicht durch positives Gesetz geschaffen, sondern vorgefunden)
— Alle Menschen sind frei und gleich „geboren an Rechten."
— Menschenrechte sind Gegenstand einer „Erkenntnis".

Absolutheit
— Menschenrechte sind „unveräußerlich".

Moralität
— Menschenrechte betreffen das „Gewissen der Menschheit"

Universalität
— Menschenrechte sind Gegenstand des „gemeinsamen Glaubens aller Völker der Vereinten Nationen".

Über-Positivität
— Menschenrechte sollen „durch die Herrschaft des Rechts" geschützt werden, werden aber durch das Recht nicht geschaffen.

Philosophie

Es gibt gegenwärtig zwei konkurrierende Verständnisse von Philosophie:
— Analytische Philosophie: Die Analyse (grundlegender) Begriffe zu dem Zweck, unser Verstehen der Sprache und unserer Gedanken zu verbessern.
— Naturalistische Philosophie: Naturwissenschaft ohne empirische Mittel.

> **Methoden der analytischen Philosophie**
>
> Revisionistische Explikation von Begriffen (Schärfung der Begriffe):
> - Adäquanz (Anschlussfähigkeit zur Umgangssprache)
> - Empirische Signifikanz
> - Metaphysische Sparsamkeit
> - Unterscheidungskraft
>
> Deskriptive Explikation:
> - Transzendentale Analyse (Untersuchung der Bedingungen der Möglichkeit eines Begriffs – seine impliziten Voraussetzungen)
> - Gedankenexperimente (Austesten der Reichweite und der Konsequenzen einer bestimmten Begriffsinterpretation).

> **Ziel der Grundlegung**
>
> **Ziele einer philosophischen Grundlegung der Menschenrechte sind:**
> (1) Angemessene Auslegung des Schutzbereichs der kodifizierten Rechte.
> (2) Angemessene Auslegung der Vorbehalte und Grenzen der kodifizierten Rechte.
> (3) Entdeckung neuer (ungeschriebener) Menschenrechte.
> (4) Unterscheidung zwischen echten und bloß behaupteten Menschenrechten.

1.1 Die Ziele der Vorlesung

Rechtsdogmatik

In dieser Vorlesung werden die Menschenrechte nicht in der Weise behandelt, wie es im Rahmen der juristischen Ausbildung typisch ist. Die juristische Ausbildung besteht normalerweise aus einer Einführung in Rechtstexte, die sich mit den Menschenrechten befassen. Solche Rechtstexte sind in der Regel die Abschnitte über die Grundrechte in nationalen Verfassungen oder internationale Menschenrechtsverträge. Die juristische Ausbildung soll nicht nur die Kenntnis dieser Texte vermitteln, sondern auch die Fähigkeit, diese Texte bei der Lösung konkreter Streitfälle richtig anzuwenden. Zu diesem Zweck müssen die Studierenden die Rechtsprechung der höchsten nationalen Gerichte in

Bezug auf die Menschenrechte und die Rechtsprechung der internationalen Menschenrechtsgerichte und ähnlicher Rechtsorgane studieren. Wir können diese Herangehensweise als den rechtsdogmatischen Ansatz bezeichnen.

Eine Alternative zur rechtsdogmatischen Herangehensweise ist die historische. Dabei untersucht man die historische Entwicklung der Menschenrechte von ihren Anfängen bis hin zu ihren jüngsten Entwicklungen. Der historische Ansatz beginnt manchmal mit dem Cyrus-Zylinder, einem Gesetz des persischen Königs Cyrus aus dem Jahr 538 v. Chr. Andere beginnen mit einem berühmten Brief des christlichen Juristen Quintus Septimus Tertullianus Florens (160–220), in dem er den Ausdruck „ius humanus" – Menschenrecht – prägte (Ad Scapulam). Eine dritte Gruppe von Geschichtsdarstellungen beginnt mit der englischen Magna Carta Libertatum von 1215. Die meisten historischen Darstellungen beginnen jedoch mit der Virginia Bill of Rights von 1776.

Historischer Ansatz

In diesem Kurs werden wir weder den rechtsdogmatischen noch den historischen Ansatz verfolgen, auch wenn es manchmal notwendig sein wird, unsere Ergebnisse mit Bezügen zur Lehre und zur Geschichte zu illustrieren. Wir werden den philosophischen Ansatz verfolgen. Dies ist ein eigenständiger Ansatz, der aber eng mit dem doktrinären Ansatz und dem historischen Ansatz verbunden ist. Die philosophische Analyse macht deutlich, was in der Geschichte wirklich geschehen ist. Zeitgenössische Akteure im historischen Spiel haben nur selten ein ausreichendes Bewusstsein für das, was sie tun und denken. Durch die philosophische Reflexion dessen, was in der Geschichte geschehen ist, kann man beginnen, die wirkliche Bedeutung und die Folgen von Ideen, die in der Vergangenheit entwickelt wurden, zu erklären und aufzuzeigen.

Philosophischer Ansatz

Die philosophische Analyse ist kein rein abstraktes und theoretisches Unterfangen. Vielmehr unterstützt sie die Rationalität der Rechtsprechung und der Rechtslehre. Indem sie die Bedeutung, die Tragweite und die logischen Konsequenzen der Menschenrechte aufdeckt, kann die philosophische Analyse zur Verbesserung der Rechtsprechung und der Gesetzgebung beitragen. Eine geschickte philosophische Analyse der Menschenrechte befähigt Juristen, einen unabhängigen kritischen Blick auf die Rechtsprechung zu entwickeln, und befähigt sie, in Menschenrechtsfragen eine überzeugende Argumentation zu finden, die die Interessen ihrer Mandanten und die Entwicklung einer rationalen Menschenrechtsrechtsprechung unterstützen kann.

Bevor wir mit der philosophischen Analyse beginnen, bedarf es zunächst einer gewissen Vorarbeit. Wir müssen uns hinreichende Klarheit über zwei Schlüsselbegriffe verschaffen:
– Auf was beziehen wir uns und was meinen wir im Kontext dieser Vorlesung mit *Menschenrechten*?
– Was genau wollen wir eigentlich tun, wenn wir von philosophischer Analyse sprechen? Was bedeutet *Philosophie*?

1.2 Der Begriff der Menschenrechte

Die erste Frage mag Ihnen verwirrend erscheinen. Die Klärung der Frage, was Menschenrechte eigentlich sind, ist das Ziel des Buches, das wir mit Hilfe philosophischer Analysen verfolgen wollen. Die Frage sollte also erst am Ende des Buches beantwortet werden können, und nicht bevor wir beginnen.

Es ist jedoch nicht möglich, unsere Untersuchung zu beginnen, wenn wir keine Vorstellung von dem Begriff haben, den wir analysieren wollen. Sicherlich kann das, was wir intuitiv über den Begriff wissen, nebulös sein. Aber ohne irgendein anfängliches Verständnis können wir nicht sagen, womit wir uns beschäftigen wollen.

Hermeneutischer Zirkel

Diese Situation – bereits etwas über eine bestimmte Idee zu wissen, bevor man beginnen kann, Wissen über die genaue Bedeutung dieser Idee zu sammeln – wird als *hermeneutischer Zirkel* bezeichnet (siehe ◘ Abb. 1.1). Wir müssen immer mit einer bestimmten Vorstellung von dem beginnen, was wir entdecken wollen (= n). Die philosophische Arbeit besteht dann in der Entwicklung einer differenzierteren Version dieses Vorverständnisses (= n+1). Diese neue Version wird zum Ausgangspunkt für jede weitere Analyse (n + 1 = n) und so weiter. Der Prozess kommt erst dann zu einem Ende, wenn unsere Phantasie erschöpft ist und wir das Gefühl haben, dass alles, was zu dem Begriff gesagt werden kann, gesagt worden ist. Dies ist jedoch nur ein vorläufiges Ende der Analysen. Wir können nie wirklich sicher sein, ob sich das Ausmaß unserer Phantasie in der Zukunft nicht ausweitet und neue Fragen aufwirft, die uns dazu zwingen, die philosophischen Analysen fortzusetzen.

1.2 · Der Begriff der Menschenrechte

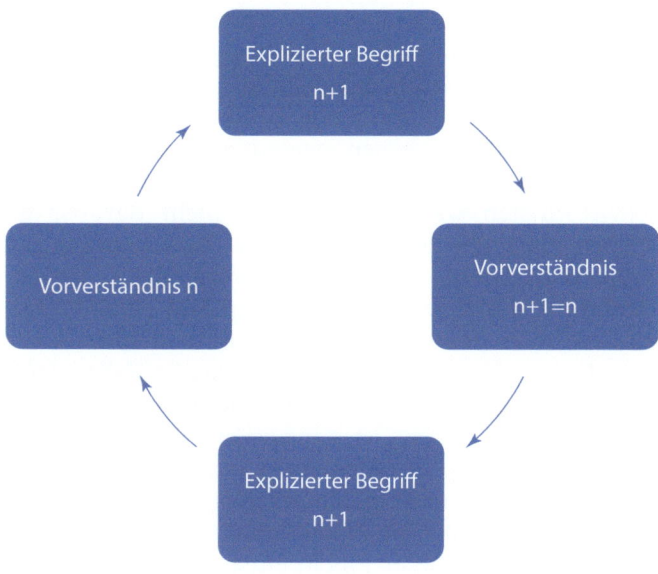

Abb. 1.1 Hermeneutischer Zirkel

Wir müssen also zunächst unser vorläufiges Verständnis des Begriffs der Menschenrechte bestimmen, das als Ausgangspunkt für unsere Überlegungen dienen soll.

Ich beginne mit dem Element „Recht" in dem Begriff Menschen*recht*. Was ist mit „Recht" gemeint? Das Wort „Recht" hat in der deutschen Sprache eine doppelte Bedeutung. Es meint zunächst den Inbegriff aller Normen, die zu einer Rechtsordnung gehören. Wenn wir von Recht in diesem Sinne sprechen, fügen wir das Adjektiv „objektiv" hinzu. Das englische Wort für objektives Recht ist *law*. Recht kann außerdem die Bedeutung eines konkreten Anspruchs haben, den jemand (der/die Berechtigte), gegen einen oder mehrere andere Verpflichtete hat. In diesem Falle spricht man von *subjektivem Recht*, englisch: *right*. Der Teilbegriff *Recht* in Menschen*rechte* ist im Sinne von subjektivem Recht gemeint.

Recht

Das Konzept der subjektiven Rechte ist relativ spät im europäischen Rechtsdenken aufgetaucht. Es verdankt seinen Ursprung den mittelalterlichen Diskussionen über das Eigentum. Davor gab es den Begriff des subjektiven Rechts nicht. Das (objektive) Recht bestand nur aus Pflichten. Es gab sozusagen nur Verpflichtete, aber keine Berechtigten, denen gegenüber die Pflichten zu erfüllen waren. Rechtspflichten galten als Pflichten gegenüber dem

Gesetzgeber. Wenn jemand seine Pflichten nicht erfüllte, drohte ihm eine öffentliche Bestrafung, die keine direkte Wirkung auf die Geschädigten hatte.

Das römische Privatrecht kannte die verfahrensrechtliche Befugnis, gegen jemanden gerichtlich vorzugehen, der das eigene Eigentum verletzt hatte. Die römischen Juristen waren sich jedoch nicht darüber im Klaren, dass das Recht zur Klage logischerweise ein subjektives Recht auf Eigentum voraussetzt. Sie betrachteten das Eigentum als Eigenschaft einer Person und nicht als Recht einer Person auf Sachherrschaft über Dinge. Erst im Mittelalter wurde allmählich deutlich, dass Eigentum nicht eine Beziehung zwischen Menschen und Dingen ist, sondern eine Beziehung zwischen Menschen, insbesondere zwischen einem Gläubiger (Eigentümer) und einem oder mehreren Schuldnern, die dem Eigentümer die Pflicht schulden, sein Eigentum zu respektieren. Dieser Pflicht entsprach jetzt das subjektive Recht auf Eigentum, auf das sich ein Eigentümer in seiner Klage berufen kann.

Im Gegensatz zu den Verbindlichkeiten, die auf individuellen Verträgen beruhen, wurden die Verpflichtungen gegenüber dem Inhaber von Eigentum als Verpflichtungen aller anderen angesehen, unabhängig von jeder individuellen Vertragsbeziehung mit dem Berechtigten. Ein tieferes Nachdenken über die Frage, was Eigentum eigentlich ist, führte zu dem Ergebnis, dass den Inhabern von Eigentum eine bestimmte Art von Macht über andere zugeschrieben wird, der zufolge sie diese anderen zwingen können, eine bestimmte Sphäre von Eigentum oder Aktivitäten des Eigentümers zu respektieren. Dies war die Einführung der Idee der subjektiven Rechte.

Definition

Subjektive Rechte können als Quelle der Macht eines Berechtigten über einen oder mehrere Verpflichtete verstanden werden. Es ist die Macht des Rechtsinhabers, das Verhalten anderer im Interesse seiner eigenen Interessen zu lenken. Subjektive Rechte gibt es nur dort, wo Mitmenschen die Macht des Rechtsträgers akzeptieren, indem sie sich als Verpflichtete gegenüber einem Berechtigten verstehen. Diese Akzeptanz ist nicht eine Art Einsicht in die faktische Unterlegenheit. Vielmehr handelt es sich um eine normative Akzeptanz, wonach sich der Verpflichtete verpflichtet fühlt, eine bestimmte Freiheitssphäre des Berechtigten anzuerkennen und seine Gebote zu befolgen, soweit sich diese Gebote auf die Freiheitssphäre beziehen, die Gegenstand des Rechts ist.

Ein subjektives Recht hat also immer eine bestimmte Struktur. Drei Elemente dieser Struktur lassen sich unterscheiden:

1. Ein subjektives Recht definiert einen bestimmten Macht- oder Freiheitsbereich, der den Inhalt des Rechts darstellt. Dieser Aspekt eines Rechts wird als *Schutzbereich* bezeichnet. Jedes einzelne Recht bezieht sich auf einen bestimmten Schutzbereich. Der Schutzbereich kann sich auf bestimmte materielle Dinge beziehen, wie z. B. eine Fläche Land oder bestimmte bewegliche Dinge (Autos, Stifte, Kleidung usw.). Bezieht sich der Schutzbereich auf solche materiellen Dinge und verlangt das jeweilige Recht die Achtung der ausschließlichen Verfügungsgewalt einer bestimmten Person über diese Dinge, so spricht man von Eigentum. Der Schutzbereich kann sich aber auch auf andere Sphären ausschließlicher Macht beziehen, z. B. die Macht, zu bestimmen, was jemand laut sagen darf, oder die Macht, sich auf eine bestimmte Weise zu verhalten usw. In diesen Fällen spricht man von Freiheiten oder Privilegien.
2. Das zweite Element eines Rechts ist das eigentliche normative Element, das wir *Gebot* oder *Befehl* nennen: Sei respektvoll! Berühre oder verletze den Schutzbereich nicht! Störe mich nicht, während ich mich bewusst im Rahmen des Schutzbereichs verhalte! Aber auch: Leiste mir, worauf ich ein Recht habe!
3. Das dritte Element eines Rechts ist die Überzeugung der Adressaten des Gebots, normativ an dieses Gebot gebunden zu sein (*Verbindlichkeit*). Wenn die Mitglieder einer bestimmten Gesellschaft kollektiv an bestimmte Verpflichtungen glauben, werden diese Überzeugungen zu einer kulturellen Realität. In solchen Fällen gibt es klar definierte Rechte als Teil der Kultur der Gesellschaft.

Die Funktion einer philosophischen Fundierung der Menschenrechte wird damit deutlich. Da die Rechte auf einem gemeinsamen Glauben an ihre Verbindlichkeit beruhen, ist es wichtig, die Grundlage dieses Glaubens zu hinterfragen. Der Glaube an die Verbindlichkeit kann auf irrationalen oder rationalen Überlegungen beruhen. Wenn unser Glaube an die Rechte auf irrationalen Erwägungen beruht, dann ist es möglich, ihn zu zerstören, indem man einfach die Irrationalität aufzeigt. Der Mensch ist (im Idealfall) ein rationales Lebewesen. Er ist in der Regel

Mensch

nicht dauerhaft in der Lage, sich an Ideen zu binden, die er für irrational hält. Aufgabe der philosophischen Reflexion ist es daher, den Glauben an die Menschenrechte im Hinblick auf seine Rationalität zu prüfen.

Nun komme ich zum zweiten Teil des Begriffs der Menschenrechte. Was ist mit „Mensch" gemeint? Die Idee der Rechte ist eine menschliche Idee. Sie ist potenziell Teil der menschlichen Kultur. In diesem Sinne können wir sagen, dass Rechte immer Menschenrechte sind. Tierrechte, soweit Tiere eine eigene authentische Vorstellung von Rechten haben, gibt es nicht.

Die Bedeutung des Begriffs *Mensch* ist so weit und so vage, dass es nicht möglich ist, die Bedeutung allein durch die Analyse des Wortes verständlich zu machen. Wir müssen den Kontext untersuchen, in dem das Wort vorkommt, um ein angemessenes Vorverständnis von *Mensch* zu finden. Aus diesem Grund sollten wir uns mit den Dokumenten befassen, in denen es um die Rechte des Menschen geht.

Das grundlegendste Dokument für die heutige Auffassung von Menschenrechten ist die Allgemeine Erklärung der Menschenrechte, die am 10. Dezember 1948 von der UN-Generalversammlung verabschiedet wurde. In der Präambel der AEMR heißt es:

> Da die Anerkennung der angeborenen Würde und der gleichen und unveräußerlichen Rechte aller Mitglieder der menschlichen Familie die Grundlage von Freiheit, Gerechtigkeit und Frieden in der Welt bildet,
> da die Nichtanerkennung und Verachtung der Menschenrechte zu Akten der Barbarei geführt haben, die das Gewissen der Menschheit mit Empörung erfüllen […],
> da es notwendig ist, die Menschenrechte durch die Herrschaft des Rechts zu schützen, damit der Mensch nicht gezwungen wird, als letztes Mittel zum Aufstand gegen Tyrannei und Unterdrückung zu greifen […],
> da die Völker der Vereinten Nationen in der Charta ihren Glauben an die grundlegenden Menschenrechte … bekräftigt … haben […]

In Art. 1 heißt es:

> Alle Menschen sind frei und gleich an Würde und Rechten geboren.

1.2 · Der Begriff der Menschenrechte

Diese Zitate geben einen ersten Einblick in das, was wir unter dem Wort „Mensch" verstehen können:
1. Jedes menschliche Individuum („alle Mitglieder der menschlichen Familie") ist Inhaber der Menschenrechte.
2. Menschen werden mit Rechten „geboren". Menschenrechte sind nicht von Gesetzgebern gemacht, sondern werden von diesen vorgefunden.
3. Menschenrechte sind unverfügbar.
4. Menschenrechte sind Gegenstand des „Gewissens der Menschheit".
5. Menschenrechte sind Gegenstand eines „gemeinsamen Glaubens" aller Völker der Vereinten Nationen.
6. Menschenrechte müssen durch das Recht geschützt werden.

Das Wort „Mensch" in *Menschen*rechte sagt uns etwas über den Träger dieser Rechte. Alle Mitglieder der menschlichen Familie sind Träger von Menschenrechten (1). Die Familie bezieht sich offensichtlich auf die Menschheit als solche, während Mitglied dieser Familie jedes menschliche Individuum ist. Aus dieser ersten Aussage können wir die *Individualität* und *Allgemeinheit* der Menschenrechte ablesen.

Individualität und Allgemeinheit

Wichtig ist, dass sich der Wortlaut der AEMR von dem der Präambel der UN-Charta vom 26. Juni 1945 unterscheidet. Die Charta bezieht sich nicht auf die Rechte eines jeden Mitglieds der Menschheitsfamilie, sondern auf die Rechte einer jeden menschlichen Person. Wir sollten diesen Unterschied im Auge behalten.

Durch welchen Vorgang werden Menschen zu Trägern von Menschenrechten? In der Präambel der AEMR heißt es, dass der Mensch mit Rechten geboren wird (2). Dieser Ausdruck ist als Metapher zu verstehen, denn Rechte sind normative Ideen. Sie gehören zur Welt der Gedanken und nicht zur Welt der natürlichen Tatsachen. Die Eigenschaften, mit denen der Mensch geboren wird, sind nur natürliche Eigenschaften und nicht bestimmte Ideen. Was jedoch mit dieser Metapher gesagt werden sollte, ist Folgendes: Die Menschenrechte hängen nicht davon ab, dass jemand kraft juridischer Rechtssetzungskompetenz entscheidet, ob er einem anderen die Menschenrechte verleiht. Die Menschen haben diese Rechte schon immer und ohne Mitwirkung irgendwelcher Autoritäten. Daher ist die Zuerkennung von Menschenrechten an menschliche Individuen keine Frage des Wollens

Unverfügbarkeit

und Entscheidens, sondern eine Frage der Anerkennung. Niemand hat das Recht, darüber zu entscheiden, ob einem menschlichen Individuum Menschenrechte zuerkannt werden sollen oder nicht, d. h. ob ein Mensch als Träger von Menschenrechten zu betrachten ist oder nicht. Wir müssen nur anerkennen, dass den menschlichen Individuen schon immer Menschenrechte zuerkannt worden sind.

Unwiderrufbarkeit

Die Menschenrechte sind *unverfügbar* (3). Da sie als immer schon gegeben und daher nicht als auf einem möglichen Akt rechtlicher Verleihung beruhend betrachtet werden, müssen die Menschenrechte auch als etwas angesehen werden, das *nicht widerrufen* werden kann. Dementsprechend gibt es weder eine erkennbare normative Kraft noch erkennbare Verfahren oder Gründe und Rechtfertigungen für den Entzug von Menschenrechten. Es ist einfach nicht möglich, einem menschlichen Individuum seine Menschenrechte zu entziehen. Daraus folgt weiter, dass dem menschlichen Individuum seine Menschenrechte auch nicht partiell entzogen werden können, indem der Schutzbereich der Menschenrechte reduziert oder die Anerkennung von Menschenrechten zum Gegenstand einer Abwägung mit anderen Interessen gemacht wird.

Absolutheit

Die Unveräußerlichkeit führt zu der Schlussfolgerung, dass die Menschenrechte als *absolute* Rechte zu betrachten sind. Im Einzelnen bedeutet Absolutheit Folgendes:

— Es gibt absolut keine Situation oder Bedingung, unter der die Anerkennung der Menschenrechte verweigert werden kann. Kriminelle, Prostituierte und Terroristen haben genau dieselben Rechte im selben Umfang wie jeder andere. Wie böse oder schlecht Verhalten auch sein mag, es führt niemals zu dem Ergebnis, dass jemand seine Menschenrechte verwirkt hat.

— Die Anerkennung von Menschenrechten kann mit der Anerkennung anderer Werte, Rechte und Traditionen in Konflikt geraten. Aber wie auch immer der Konflikt aussieht, die Menschenrechte haben immer Vorrang. Es ist nicht möglich, einem Menschenrecht einen niedrigeren Rang zuzuweisen als einem anderen Wert oder Interesse. Wir sollten allerdings im Auge behalten, dass dieser Gedanke zu ernsthaften Problemen führen kann, wenn es zu einem Konflikt zwischen zwei Interessen kommt, die beide durch ein Menschenrecht geschützt sind.

Moralität

Die Anerkennung der Menschenrechte ist kein Akt der Entdeckung, den wir in propositionalen Sätzen der Form „Es ist der Fall, dass …" ausdrücken. Vielmehr handelt es

1.2 · Der Begriff der Menschenrechte

sich um eine Entdeckung normativer Verpflichtungen. Dies wird im Verweis auf das Gewissen deutlich (4). Das Gewissen steht für unsere Überzeugungen von den *moralischen* Regeln, an die wir uns gebunden fühlen.

Der Verweis auf den gemeinsamen Glauben der Menschheit (5) behauptet die *Universalität* der Menschenrechte. Die AEMR behauptet, dass der Glaube an die Menschenrechte nicht nur an eine bestimmte regionale oder religiöse Tradition oder Kultur gebunden ist. Sie behauptet vielmehr, dass es sich um einen gemeinsamen Glauben der Menschheit handelt, der weltweit von jedem Mitglied der Menschheitsfamilie anerkannt und geschätzt wird, unabhängig von Zeit, Region oder Kultur.

    Universalität

Ich denke, es ist nicht schwer zu verstehen, dass diese Behauptung empirisch falsch ist. Im Laufe der Geschichte und in der heutigen Zeit gab und gibt es Kulturen auf der Welt, die keine Vorstellung von den Menschenrechten haben. Daher sind die Menschenrechte keine Angelegenheit eines gemeinsamen Glaubens. Der Satz in der Präambel kann diese empirische Tatsache nicht leugnen. Er kann vielmehr als Ausdruck der Überzeugung verstanden werden, dass es grundsätzlich möglich ist, die Menschheit, d. h. jedes Mitglied der Menschheitsfamilie, von der Verbindlichkeit bestimmter unveräußerlicher Menschenrechte zu überzeugen.

Die letzte relevante Behauptung der Präambel der AEMR besagt, dass die Menschenrechte durch das Gesetz geschützt werden sollten (6). Daraus können wir schließen, dass die Menschenrechte, wie sie in der AEMR definiert sind, nicht als gesetzliche Rechte gelten. Andernfalls wären sie Teil des Gesetzes, und es würde keinen Sinn machen zu sagen, dass sie durch das Gesetz geschützt werden sollten.

    Superpositivität

Im Vergleich dazu ist es klar, dass jene Menschenrechte, die in internationalen Pakten und Verträgen sowie in nationalen Verfassungen kodifiziert sind, natürlich gesetzliche Rechte sind. Was die Klausel sagen will, ist, dass die nicht-gesetzlichen (moralischen) Menschenrechte in gesetzliche Rechte transformiert werden sollten, um sie effizienter schützen zu können.

Die Verbindung zwischen rechtlich kodifizierten Menschenrechten und Menschenrechten, in die der Mensch „geboren" wird, kommt in der Unterscheidung zwischen positivem Recht und seinem Verhältnis zu überpositiven Normen zum Ausdruck. Die Menschenrechte müssen als außersystemische Quellen der Rechtsordnung betrachtet werden. Dies ist gemeint, wenn wir sagen, dass die Menschenrechte einen überpositiven Charakter haben.

„Positiv" ist in diesem Zusammenhang nicht das Gegenteil von „negativ". Es bedeutet vielmehr, dass die Normen der Rechtsordnung durch den Gesetzgeber dieses Systems festgelegt werden. „Positiv" leitet sich von dem Partizip Perfekt des lateinischen Verbs *ponere* (setzen) ab und bedeutet „durch Vereinbarung festgelegt" oder „von Menschen erlassen". Es ist das traditionelle Gegenteil von „natürlich". *Positive* Gesetze werden von Menschen geschaffen, während *natürliche* Gesetze von Gott oder der Natur geschaffen werden. Ich verwende jedoch nicht das Wort „natürlich", um über das Gegenteil von „positiv" zu sprechen. Stattdessen verwende ich das Wort „super-positiv" oder „überpositiv". Damit wird eine Art von Normen bezeichnet, die nicht rechtlicher Art ist, also nicht von einem juridischen Gesetzgeber erlassen worden und auch nicht von Vertragspartnern vereinbart worden sind, sondern außerhalb des objektiven Rechts liegen. Außerdem ist diese außerrechtliche Normquelle insofern „super", als ihr ein höherer Rang zugesprochen wird als dem positiven Recht. Der höhere Rang macht es möglich, dass das Rechtssystem auf der Basis superpositiver Normen bewertet und kritisiert werden kann.

„Super-positiv" bedeutet aber nicht zwingend „natürlich" oder „göttlich". Der Begriff lässt bewusst offen, was die Quellen der überpositiven Normen sind. Der Begriff ist also nicht von vornherein auf Gott oder die Natur als Normquelle festgelegt.

Wenn wir von Menschenrechten als überpositiven Rechten sprechen, dann meinen wir subjektive Rechte im Sinne der Moral. Dies zwingt uns nicht zu der Annahme, dass die Regeln der Moral, einschließlich der moralischen subjektiven Rechte, etwas sein müssen, das nicht von Menschen erfunden oder geschaffen worden ist, sondern auf Gott oder die Natur verweist. Auch wenn wir die Moral als ein Produkt der menschlichen Kultur betrachten, ist sie doch jedenfalls kein Produkt des Rechtssystems. Es handelt sich um ein Normensystem außerhalb des objektiven Rechts, das auf andere Weise hervorgebracht wird und in Geltung ist wie die Normen des Rechtssystems.

Moralische Regeln können also auch als positive (d. h. von Menschen gemachte) Regeln verstanden werden. Aus rechtlicher Sicht sind sie gleichwohl als superpositiv zu betrachten, da sie außerhalb der Grenzen der Rechtsordnung geschaffen werden. Moralsysteme erlauben es, ein Rechtssystem ethisch zu beurteilen und zu kritisieren. Moralische Regeln sind Normquellen außerhalb des Rechtssystems, auf die sich das Recht beziehen kann oder auch nicht.

Aus dem superpositiven Charakter der Menschenrechte ergibt sich eine wichtige Funktion dieser Rechte. Sie dienen als Instrumente, mit denen man eine ganze Rechtsordnung bewerten und kritisieren kann. Sie sind ein Mittel, um dessen Legitimität, Korrumpiertheit oder Illegitimität festzustellen.

Funktion der moralischen Menschenrechte

Zwar enthalten die Rechtssysteme selbst schon Normen, nach denen sich Legitimität oder Korrumpiertheit beurteilen lassen. Aber solange diese Normen positive Rechtsnormen sind, können sie nur dazu dienen, bestimmte Teile des Rechtssystems zu bewerten, nicht aber das Rechtssystem als Ganzes. So kann man beispielsweise die Legitimation einer gerichtlichen oder administrativen Entscheidung anhand der Standards einer kommunalen Satzung bewerten. Die Legitimation der Satzung kann am Maßstab des parlamentarischen Gesetzes bewertet werden. Das Gesetz kann am Maßstab der Verfassung bewertet werden. Es gibt aber keinen rechtlichen Maßstab jenseits der Verfassung, an dem die Verfassung gemessen werden könnte. Um die Verfassung einer Rechtsordnung, d. h. das System als Ganzes, im Hinblick auf seine Legitimität bewerten zu können, bedarf es eines überpositiven Maßstabes, z. B. eines moralischen Maßstabs. Die Menschenrechte sind moralische Normen, die sich für die Bewertung von Rechtssystemen als Ganzes eignen.

Eine Rechtsordnung ist nur dann legitim, wenn sie im Einklang mit den Menschenrechten steht.[1] Dies ist der Fall, wenn kein prinzipieller Konflikt zwischen einem Teil der Rechtsordnung und den Menschenrechten besteht (siehe ◘ Abb. 1.2).

Eine Rechtsordnung ist korrumpiert, wenn wichtige Teile der Rechtsordnung im Widerspruch zu den Menschenrechten stehen und die Rechtsordnung keine Selbstheilungsfunktionen enthält (siehe ◘ Abb. 1.3).

Schließlich können wir von einer illegitimen Rechtsordnung sprechen, wenn kein wichtiger Teil der Rechts-

---

1 Es kann noch andere Maßstäbe zur Beurteilung der Legitimität eines Rechtssystems geben. Die Menschenrechte fungieren also nicht zwingend als einziger, wohl aber als *ein* Maßstab.

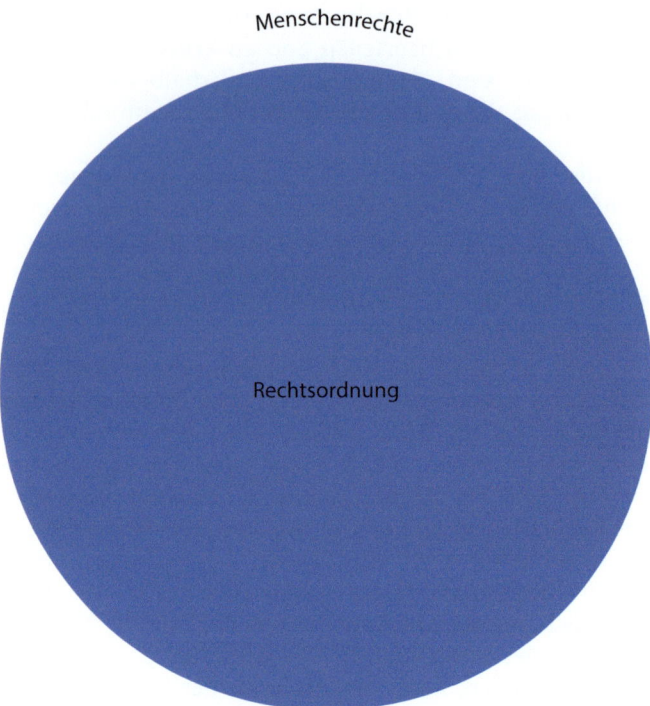

Abb. 1.2 Legitime Rechtsordnung

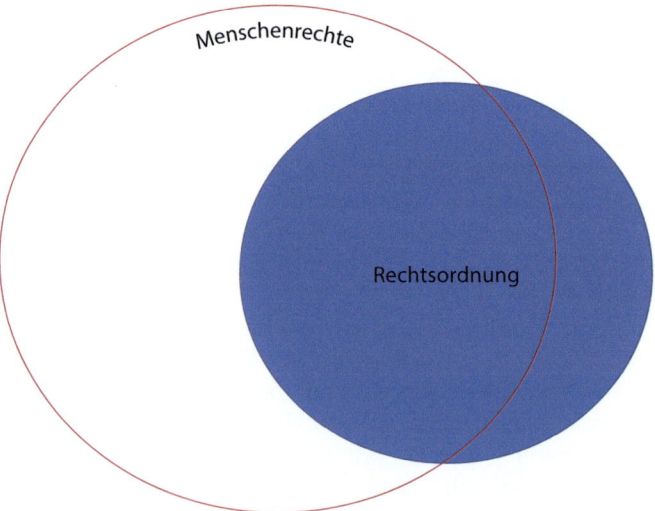

Abb. 1.3 Korrumpierte Rechtsordnung

1.3 · Der Begriff der Philosophie

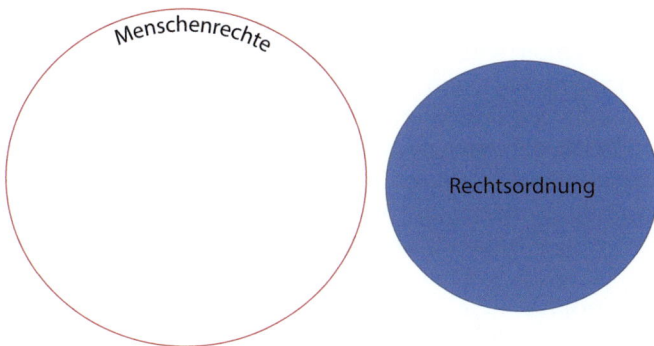

◘ Abb. 1.4 Illegitime Rechtsordnung

ordnung mit den Menschenrechten übereinstimmt, d. h. wenn die Rechtsordnung außerhalb des Rahmens der Menschenrechte steht (siehe ◘ Abb. 1.4).

Bislang haben wir das Vorverständnis dessen, was wir unter Menschenrechten verstehen wollen, beschrieben. Sie sollten allerdings wissen, dass dieses Vorverständnis der Menschenrechte nicht unumstritten ist. Insbesondere viele amerikanische Philosophen meinen, dass die Menschenrechte nur durch die Besonderheiten ihres Inhalts gekennzeichnet sind. Sie halten diese Rechte aber für rein juridische Rechte, die nichts mit Moral zu tun haben. Weitere Hinweise auf diese Auffassung finden sich in den Leseempfehlungen am Ende dieses Kapitels (Raz 2010; Waldron 2013).

1.3 Der Begriff der Philosophie

Nun komme ich zu dem anderen Konzept, das einiger Reflexion und Klärung bedarf. In diesem Buch geht es um eine *philosophische* Begründung und eine philosophische Analyse der Menschenrechte. Wir müssen also klären, was unter „Philosophie" zu verstehen ist. Wir können heute zwischen zwei verschiedenen Auffassungen von Philosophie unterscheiden.

Nach der ersten und traditionelleren Auffassung befasst sich die Philosophie mit der Welt der Fakten. Sie ist eine Art Wissenschaft, die sich mit allem befasst, was auch jede andere Wissenschaft behandeln kann. Der einzige wirkliche Unterschied zu anderen Wissenschaften besteht darin, dass die Philosophie umfassendere Fragen stellt und zu abstrakteren Antworten gelangt. Im Unterschied

Naturalistische Philosophie

Analytische Philosophie

zu den empirischen Wissenschaften bedient sie sich aber keiner empirischen Forschungsmethoden, sondern forscht gleichsam nur vom Schreibtisch aus. Dies ist die sogenannte *naturalistische* Auffassung der Philosophie.

Nach der zweiten Auffassung befasst sich die Philosophie mit der Bedeutung von Begriffen. Ihr Ziel ist es, Begriffe zu klären, um Verwirrung zu vermeiden und uns in die Lage zu versetzen, unsere eigenen Gedanken zu verstehen. Dies nennen wir die *analytische* Konzeption der Philosophie.

Ich persönlich teile den naturalistischen Ansatz nicht. Ich denke, dass Fragen nach den Tatsachen der Welt immer empirische Fragen sind, die empirische Antworten verlangen. Es ist die Aufgabe der empirischen Wissenschaften, sich mit empirischen Fragen zu beschäftigen, und die empirischen Wissenschaften können diese Fragen mit unterschiedlichen Abstraktionsgraden stellen. Wir brauchen keine nicht-empirische Disziplin auf diesem Gebiet. Nicht-empirische Ansätze können nicht zu einem wirklichen Verständnis und zur Entdeckung der empirischen Realität führen. Es mag sein, dass etwas jenseits der empirischen Realität existiert. Doch was auch immer jenseits unserer empirischen Welt liegen mag, ist für uns als Menschen nicht zugänglich. Es ist nicht möglich, etwas darüber zu erfahren. Die naturalistische Philosophie neigt daher dazu, Wissen durch bloße Spekulation und ein Spiel der Phantasie zu ersetzen. Das klingt zwar oft sehr interessant, ist aber eher ein Aspekt der Science-Fiction als Bestandteil eines seriösen, rationalen Ansatzes. Ich folge daher der analytischen Konzeption der Philosophie. Die Klärung von Begriffen kann uns ein klareres Verständnis unserer eigenen Gedanken und Ziele vermitteln.

Die Klärung von Begriffen erfolgt durch *Explikation*. Wir unterscheiden zwischen zwei verschiedenen Arten der Explikation – der deskriptiven und der revisionistischen Explikation.

Revisionistische Explikation

Die *revisionistische* Explikation befasst sich mit den Begriffen der Alltagssprache, die für die Zwecke von Wissenschaft, Recht und Ethik viel zu vage sind. Die Vagheit ist meist das Ergebnis einer mehr oder weniger intuitiven Entwicklung der Bedeutung von Begriffen. Der Begriff der Menschenrechte ist ein hervorragendes Beispiel für einen Begriff, dem intuitiv eine Bedeutung zugeordnet werden kann. Die Aufgabe der analytischen Philosophie besteht darin, den Begriff zu verbessern, um ihn schärfer zu machen und Unklarheiten so weit wie möglich zu beseitigen.

1.3 · Der Begriff der Philosophie

Es ist klar, dass der explizierte Begriff nicht mit dem ursprünglichen Begriff der gewöhnlichen Sprache identisch ist. Dennoch ist die Explikation nicht willkürlich. Es muss sichergestellt werden, dass der explizierte Begriff im Hinblick auf den ursprünglichen Begriff materiell angemessen (anschlussfähig) ist. Es muss also ein Zusammenhang zwischen dem ursprünglichen und dem explizierten Begriff bestehen. Beide müssen zwar nicht dieselbe, aber sie müssen eine ähnliche Bedeutung haben. Der explizierte Begriff muss dieselbe Funktion und denselben Zweck erfüllen können wie der ursprüngliche. Ob der explizierte Begriff materiell angemessen ist, hängt vom Zweck ab. So ist es möglich, den Begriff „Fisch" als „Wirbeltier, das im Meer lebt" zu explizieren, wenn der Zweck darin besteht, verschiedene tierische Lebensräume im Meer zu unterscheiden. Eine solche Definition wäre jedoch für den Zweck der zoologischen Klassifizierung nicht angemessen. Der erplizierte Begriff darf sich zwar im Umfang vom ursprünglichen unterscheiden, nicht aber in der Funktion.

<small>Anschlussfähigkeit</small>

Eine weitere Anforderung an die revisionistische Explikation besteht darin, dass der explizierte Begriff der Wirklichkeit angemessen sein muss (*empirische Signifikanz*). Es muss sich angeben lassen, welche empirischen Tatsachen gegeben sein müssen, um den Begriff zu erfüllen. Das gilt auch für die revisionistische Explikation von Normen. Es muss eine gewisse Verbindung zwischen dem normativen Konzept und der objektiven Realität bestehen. Andernfalls würden wir über eine normative Ordnung für Nirgendwo-Land nachdenken.

<small>Empirische Signifikanz</small>

Die Explikation sollte auch im Hinblick auf das, was ich *metaphysische Sparsamkeit* nennen möchte, angemessen sein. Es ist notwendig, den fraglichen Begriff so zu explizieren, dass seine Bedeutung möglichst wenig oder am besten gar nicht von metaphysischen Voraussetzungen abhängt. Dies wird deutlich, wenn wir das Merkmal der Universalität der Menschenrechte betrachten. Der Begriff der Menschenrechte sollte so expliziert werden, dass er möglichst von allen Menschen unabhängig von ihrer Kultur oder Religion verstanden werden kann. Metaphysische Vorstellungen sind fast immer, oder zumindest sehr oft, eine Sache des religiösen oder quasireligiösen Glaubens ohne jede Möglichkeit der rationalen Bestätigung. Metaphysische Ideen sind daher von Religion, Tradition und anderen regionalen und kulturellen Einflüssen abhängig, die sich nicht universalisieren lassen.

<small>Metaphysische Sparsamkeit</small>

Unterscheidbarkeit

Schließlich sollte die Explikation zu einem möglichst eindeutigen Begriff führen. Nur mittels eindeutiger Begriffe sind wichtige Unterscheidungen möglich. *Unterscheidbarkeit* bedeutet, dass immer klar sein muss, von welchen Bedingungen und Eigenschaften der Begriff abhängt, unabhängig davon, ob sich der Begriff auf eine bestimmte Entität oder auf eine bestimmte Idee bezieht.

Descriptive Explikation

Die andere Art der Explikation ist die *deskriptive Explikation*. Diese Art der Explikation verändert nicht die Bedeutung des Begriffs, sondern soll die Tiefenstruktur seines Inhalts ans Licht bringen. Eine der bekanntesten Methoden der deskriptiven Explikation ist die *transzendentale Analyse*, die von Immanuel Kant entwickelt wurde. Die transzendentale Analyse untersucht die Bedingungen der Möglichkeit, dass sich ein Begriff auf Wirklichkeit bezieht.

Ein berühmtes Beispiel ist der Begriff des Versprechens. Nach Kant beruht die Verbindlichkeit (Gültigkeit) eines Versprechens darauf, dass das Halten des Versprechens die Bedingung der Möglichkeit ist, dass es Versprechen als soziale Realität wirklich gibt. Würden Menschen Versprechen geben, ohne sich verpflichtet zu fühlen, sie einzuhalten, würde der Begriff des Versprechens jede Bedeutung verlieren und damit zur leeren Phrase. Die Verbindlichkeit ist also die Bedingung der Möglichkeit, dass es Versprechen überhaupt geben kann.

Gedankenexperimente

Ein sehr verbreitetes und nützliches Instrument des philosophischen Denkens ist das so genannte *Gedankenexperiment*. Gedankenexperimente sind erfundene Kurzgeschichten mit einem kontrafaktischen Szenario. Indem wir die Geschichte erzählen, machen wir Gebrauch von einem bestimmten Begriff, der durch das Experiment getestet werden soll. Ein berühmtes Beispiel ist Platons sogenanntes „Höhlengleichnis". Platon verwendet diese Geschichte, um die Bedeutung des Begriffs „Idee" zu verdeutlichen. Gedankenexperimente zeigen, welche Folgen ein bestimmtes Verständnis eines Begriffs hat. In manchen Fällen erweisen sich die Konsequenzen als absurd. In diesen Fällen zeigt das Gedankenexperiment, dass unser Verständnis des fraglichen Begriffs nicht angemessen ist und dass wir über ein anderes, besseres Verständnis des Begriffs nachdenken sollten. In anderen Fällen zeigen Gedankenexperimente die Reichweite des Begriffs, die sehr überraschend, aber dennoch sinnvoll erscheinen kann. Diese Erklärung mag sehr abstrakt klingen. Im nächsten Kapitel werden Sie mehr über Gedankenexperimente erfahren.

Wie ich bereits erwähnt habe, ist die Begründung der Menschenrechte nicht nur eine philosophische Angelegenheit. Wir müssen auch die Erkenntnisse der empirischen Wissenschaften beachten. Die Vorlesung ist also nicht nur eine rein philosophische. Vielmehr müssen wir auch immer wieder fragen, ob unsere philosophischen Erkenntnisse in die Struktur unserer Rechtsordnung und unseres Rechtsdenkens umgesetzt werden können, wenn sie auf Wirklichkeit treffen. Unsere Vorlesung muss deshalb auch die Erkenntnisse empirischer Wissenschaft berücksichtigen. Sie ist also weder ein rein philosophische noch eine rein empirische noch ein rein juristische. Sie ist vielmehr ein interdisziplinäres Unterfangen auf einem sehr anspruchsvollen Niveau.

Empirische Argumente

1.4 Gründe für eine philosophische Analyse und Grundlegung der Menschenrechte

Abschließend möchte ich in dieser Einleitung die Gründe dafür zusammenfassen, warum es sinnvoll ist, die Grenzen der juristischen Doktrin zu überschreiten und interdisziplinär über die Grundlagen der Menschenrechte nachzudenken.

Es gibt mindestens vier Gründe, warum es für Juristen notwendig und nützlich ist, ein angemessenes Wissen über die grundlegenden Ideen zu haben, die hinter den Menschenrechten stehen:

(1) Der erste Grund liegt in der schwierigen Auslegung derjenigen Elemente in den Menschenrechten, die den Schutzbereich beschreiben. Die Definition des Schutzumfangs vieler Menschenrechte ist sehr nebulös, da die Kodifizierungen der Menschenrechte dazu neigen, sehr vage Formulierungen zu verwenden. Diese Unbestimmtheit hat Vor- und Nachteile.

Vagheit

Die Formulierung der einzelnen Menschenrechte in unseren Menschenrechtskodifikationen geht auf besondere historische Erfahrungen zurück. Neue Quellen menschlichen Leids führten zu neuen Menschenrechten. Dennoch sind die Menschenrechte keine Protokolle vergangener historischer Ereignisse, sondern vielmehr Mechanismen zum Schutz vor zukünftigen Risiken und Gefahren für die Menschen. Darin liegt jedoch ein Problem. Die Geschichte wiederholt sich nicht exakt. Zukünftige Ereignisse werden nie genau so ablaufen wie die der Vergangenheit. Daher muss der Schutzbereich eines jeden Menschenrechts so weit gefasst werden, dass er auch künftige Varianten vergangener Bedrohungen abdeckt, die ähnlich, aber nicht identisch sind mit den Bedrohungen der Vergangenheit. Aus diesem Grund werden in den Menschenrechten mehr oder weniger vage Begriffe verwendet. Auf diese Weise können die Menschenrechte das sein, was der EGMR in der Rechtssache „Tyrer" ein *living instrument* nannte. Diese Unbestimmtheit hat den Vorteil, dass die Menschenrechte auf neue, unvorhersehbare Situationen angewendet werden können.

Gerade diese Unbestimmtheit kann aber auch zu einer großen Unsicherheit über die richtige Auslegung der Menschenrechte führen. Wir sind daher auf vernünftige und verlässliche Kriterien angewiesen, die eine sachgerechte und gut begründete Auslegung der Schutzbereiche der Menschenrechte ermöglichen. Diese Kriterien sind die den Menschenrechten zugrunde liegenden Ideen und Prinzipien. Ohne Berücksichtigung dieser Ideen ist es nicht möglich, den Schutzbereich der einzelnen Menschenrechte richtig auszulegen. Daher benötigen Juristen einige Kenntnisse über die Grundlagen der Menschenrechte.

Grenzen

(2) Der zweite Grund bezieht sich auf die Herausforderung, die Grenzen der Vorbehaltsklauseln angemessen zu interpretieren. Wie Sie wahrscheinlich wissen, sind die meisten Menschenrechte in den nationalen und internationalen Kodifikationen aus unterschiedlichen Gründen mit Vorbehaltsklauseln belegt, also mit Bedingungen, unter denen die Menschenrechte eingeschränkt werden können. Die angegebenen Bedingungen sind sehr oft sehr vage formuliert. So sehen beispielsweise einige Artikel der Europäischen Menschenrechtskonvention vor, dass die darin enthaltenen Rechte durch Gesetz eingeschränkt werden können, wenn die Einschränkung in einer demokratischen Gesellschaft, im Interesse der nationalen Sicherheit, der territorialen Unversehrtheit oder der öffentlichen Sicherheit, zur Verhütung von Unruhen oder Straftaten, zum Schutz der Gesundheit oder der Moral, zum Schutz des Rufes oder der Rechte anderer, zur Verhinderung der Weitergabe von vertraulichen Informationen oder zur Wahrung der Autorität und Unparteilichkeit der Justiz notwendig ist.

1.4 · Gründe für eine philosophische Analyse und Grundlegung...

Der Wortlaut dieser Klauseln ist so weit und vage, dass es scheint, als könne der Staat die Menschenrechte auf ein Minimum reduzieren. Nur wenn man ein klares Verständnis des Begriffs der Menschenrechte im Allgemeinen und des betreffenden Menschenrechts im Besonderen hat, ist man in der Lage, die Grenzen einer zulässigen Vorbehaltsklausel zu bestimmen. Nur auf der Grundlage eines richtigen Verständnisses der Grundlagen der Menschenrechte kann man dann die Rechtsprechung zu den Vorbehaltsklauseln beurteilen und in einer seriösen Weise kritisieren.

(3) Der dritte Grund bezieht sich auf die Herausforderungen, die damit verbunden sind, dass wir mit neuen Risiken und Gefahren für das menschliche Leben konfrontiert werden können, die über den Geltungsbereich jedes geschriebenen Menschenrechts hinausgehen, sodass wir uns fragen müssen, ob es möglich ist, neue, derzeit ungeschriebene Menschenrechte zu formulieren. Nur wenn wir die Grundlagen der Menschenrechte kennen, sind wir in der Lage, aus diesen Grundlagen neue Menschenrechte abzuleiten.

Neue Gefahren

Eine paradigmatische Situation, die zur Entdeckung eines neuen ungeschriebenen Menschenrechts geführt hat, war die digitale Revolution, d. h. die Erfindung der digitalen Informationstechnologie und die weltweite Verbreitung des Internets. Diese Entwicklungen führten zur Konstruktion neuer und ungeschriebener Menschenrechte durch nationale und internationale Gerichte. Das erste Beispiel war meines Wissens die Erklärung des *Rechts auf informationelle Selbstbestimmung* durch das Bundesverfassungsgericht im Jahr 1983. In der Zwischenzeit haben neuere Menschenrechtskodifikationen dieses Recht umgesetzt, sodass es nun nicht mehr ungeschrieben, sondern Teil des kodifizierten Korpus der Menschenrechte ist. Denken Sie zum Beispiel an Artikel 8 der EU-Grundrechtecharta. Ein weiteres aktuelles Beispiel aus dem Jahr 2014 ist das *Recht auf Vergessenwerden*, wie es der Gerichtshof der Europäischen Union in der Rechtssache „Google Spain SL" entwickelt hat.

(4) Der vierte Grund für die Relevanz einer philosophischen Grundlegung der Menschenrechte bezieht sich auf die Gefahren, die mit der Möglichkeit der Entdeckung neuer Menschenrechte verbunden sind.

Falsche Menschenrechte

Aufgrund dieser Möglichkeit ist es nicht verwunderlich, dass wir häufig mit der Behauptung angeblicher Menschenrechte konfrontiert werden, bei denen es sich nicht um tatsächliche Menschenrechte handelt (z. B. ein Recht auf Rauchen, ein Recht auf Drogenkonsum, ein Recht auf eine kollektive Identität, ein Recht auf posthume Würde usw.). In der politischen Propaganda ist es eine übliche Strategie, die Existenz eines Menschenrechts zu behaupten, um ein bestimmtes partielles, individuelles oder kollektives Interesse zu fördern und durchzusetzen.

Es ist sehr häufig zu beobachten, dass bestimmte politische und soziale Interessen als Menschenrechte bezeichnet werden, um ihnen mehr Gewicht zu verleihen und sie gegen Kritik zu immunisieren. Eine genauere Analyse zeigt jedoch, dass viele dieser Interessen in Wirklichkeit nichts mit den Menschenrechten zu tun haben. Um zwischen echten und vermeintlichen Menschenrechten unterscheiden zu können, müssen wir einen klaren Begriff von Menschenrechten haben. Wir müssen die definierenden Elemente dieses Begriffs kennen und prüfen, ob diese Elemente in einem bestimmten Fall erfüllt sind. Die definierenden Elemente der Menschenrechte sind genau diejenigen, die die Grundlage der Menschenrechte bilden. Und genau das ist der vierte Grund, warum wir etwas über die philosophischen Grundlagen der Menschenrechte wissen sollten.

❓ Zur Wiederholung

1.1. Erkläre mit wenigen Worten, was *hermeneutischer Zirkel* bedeutet.
1.2. Es gibt zwei Typen von Philosophie. Beschreibe sie mit wenigen Worten.
1.3. Was ist ein (subjektives) Recht?
1.4. Ausgehend von der Präambel und Art. 1 AEMR ist es möglich, 6 Eigenschaften der Menschenrechte zu identifizieren. Welche Bedingungen sind das?

Antworten siehe ▶ Kap. 21.

Leseempfehlungen

Bertram, Georg W.: *Philosophische Gedankenexperimente. Ein Lese- und Studienbuch.* Stuttgart 2021
Greimann, Dirk: *Regeln für das korrekte Explizieren von Begriffen.* In: Zeitschrift für philosophische Forschung 61 (2007), 3
Menke, Christoph: *Subjektive Rechte. Zur Form der Differenz.* In: MenschenRechtsMagazin 13 (2008), 197
Menke, Christoph/Pollmann, Arnd: *Philosophie der Menschenrechte zur Einführung.* Hamburg 2007
Müller-Salo, Johannes (Hrsg.): *Analytische Philosophie. Eine Einführung in 16 Fragen und Antworten.* Paderborn 2020
Nußberger, Angelika: *Die Menschenrechte. Geschichte, Philosophie, Konflikte.* München 2021
Pollmann, Arnd/Lohmann, Georg (Hrsg.): *Menschenrechte. Ein interdisdiplinäres Handbuch.* Stuttgart 2021
Raz, Joseph: *Human Rights without Foundation.* In: Samantha Besson/ John Tasioulas (Hrsg.): The Philosophy of International Law, Oxford 2010
Schaber, Peter: *Human rights without foundations?* In: Gerhard Ernst/ Jan-Christoph Heininger (Hrsg.): The Philosophy of Human Rights. Contemporary Controversies. Berlin/Boston 2012
Schulte, Peter: *Naturalismus. Perspektiven und Probleme.* In: Information Philosophie 40/5 (2021), 18–32
Tetens, Holm: *Philosophisches Argumentieren. Eine Einführung.* München 2004 (Kap. 9 Transzendentale Argumente S. 68 ff.)
Waldron, Jeremy: *Human Rights: A Critique of the Raz/Rawls Approach.* In: NYU School of Law, Public Law Research Paper, June (2013)

Rechtsprechung

EGMR, Urt. v. 25.04.1978 – 5856/72 –, „Tyrer v UK", HUDOC
BVerfG, Urt. v. 15.12.1983 – 1 BvR 209, 269, 362, 420, 440, 484/83 –, „Informationelle Selbstbestimmung", BVerfGE 65, 1
EuGH Urt. v. 13.05.2014 – C-131/12 –, „Google Spain SL, Google Inc. v Agencia Española de Protección de Datos, Mario Costeja González", http://eur-lex.europa.eu/collection/eu-law/eu-case-law.html

Utilitaristischer und Aristotelischer Ansatz

Inhaltsverzeichnis

2.1 Utilitarismus – 31

2.2 Aristotelismus – 36

2.3 Anforderungen an eine adäquate Grundlegung – 46

Leseempfehlungen – 48

© Der/die Autor(en), exklusiv lizenziert an Springer-Verlag GmbH, DE, ein Teil von Springer Nature 2023
P. Tiedemann, *Philosophische Grundlagen der Menschenrechte*, Springer-Lehrbuch, https://doi.org/10.1007/978-3-662-65533-7_2

> **Grundlegung der Menschenrechte – Die angemessene Moraltheorie**
>
> Um eine ausreichende philosophische Grundlage für die Menschenrechte als moralische Rechte zu schaffen, ist es zunächst notwendig, ein geeignetes Verständnis von Moral zu wählen. Wir müssen also feststellen, ob es unter den klassischen Theorien der Moral zumindest eine gibt, die diesem Zweck dienen könnte.

> **Moraltheorien – Hedonismus**
>
> Die Moraltheorie des Hedonismus wurde im antiken Griechenland entwickelt. Ein berühmter Vertreter dieses Ansatzes ist Epikur von Athen (351–270 v. Chr.). Nach dieser Theorie sind die Menschen verpflichtet, die moralischen Regeln zu befolgen, um ihr individuelles, nachhaltiges Glück zu maximieren. Hedonisten haben nur Verpflichtungen gegenüber sich selbst. Sie haben keine Verpflichtungen gegenüber anderen. Weil es keine Pflichten gegenüber anderen gibt, kann es auch keine moralischen Rechte gegenüber anderen geben.

> **Moraltheorien – Utilitarismus**
>
> Die Moraltheorie des Utilitarismus wurde im 19. Jahrhundert von Jeremy Bentham (1748–1832) und John Stuart Mill (1806–1873) entwickelt. Nach dieser Theorie ist der Mensch moralisch verpflichtet, das „größte Glück für die größte Zahl" aller Lebewesen zu erreichen, die Freude und Trauer empfinden und leiden können. Die Theorie berücksichtigt also nicht nur Menschen, sondern auch Tiere. Das Glück oder Leiden einzelner oder einer Minderheit kann gegen das Glück oder Leiden der Mehrheit aufgerechnet werden. Daher ist diese Theorie nicht geeignet, subjektive Rechte zu begründen.

Utilitaristischer und Aristotelischer Ansatz

Moraltheorien - Aristotelismus

In dieser Vorlesung steht die Bezeichnung *Aristotelismus* für ein Muster von Moraltheorien, die auf einem bestimmten Verständnis der „Natur" beruhen und moralische Pflichten und Rechte aus dieser Quelle ableiten. Aristoteles identifizierte diese Quelle mit dem griechischen Stadtstaat (Polis) und betrachtete das menschliche Individuum als „politisches Wesen", d. h. als eines, dessen Lebenssinn darin besteht, der Gemeinschaft zu dienen. Die Philosophen der Stoa verwiesen auf die Natur des Kosmos – die natürliche Weltordnung – als Quelle der moralischen Pflichten. Der islamische Philosoph Ibn Rushd (1126–1198) versuchte, diesen Ansatz in Einklang mit der islamischen Religion zu bringen. Sein Einfluss führte den christlichen Philosophen und Theologen Thomas von Aquin (1225–1274) zu der Auffassung, dass der Wille Gottes als des Schöpfers der Natur die letzte Quelle der Moral ist. Martha Nussbaum (1947–) verfolgt einen anthropologischen Ansatz, indem sie die Regeln der Moral aus den natürlichen Fähigkeiten der menschlichen Person ableitet. Alle diese Varianten des aristotelischen Ansatzes leiden entweder unter dem *naturalistischen Fehlschluss* oder unter einem *unendlichen (infiniten) Regress*.

Der aristotelische Ansatz ist meist mit einer teleologischen Sichtweise verbunden. Man geht davon aus, dass die Welt als Ganzes, alle Lebewesen und jedes menschliche Individuum ein inhärentes Ziel haben, dem sie folgen müssen, um in Übereinstimmung mit dem Sinn des Lebens zu leben.

Naturalistischer Fehlschluss

Der Begriff *Naturalistischer Fehlschluss* bezeichnet den falschen logischen Schluss von einer Tatsache („Ist") auf eine Norm („Soll"). Ursprünglich wurde der Begriff von dem englischen Philosophen George Edward Moore (1883–1958) geprägt, der damit glaubte, einen Fehler identifiziert zu haben, der auftritt, wenn „das Gute" nicht als eigenständige Eigenschaft eines Gegenstandes (wie „gelb") verstanden wird, sondern als etwas, das sich auf natürliche Tatsachen bezieht (z. B. Gesundheit, Wohlbefinden). Der logische Fehler selbst wurde von dem englischen Philosophen David Hume (1711–1776) entdeckt – „Humes Gesetz".

> **Infiniter Regress der Rechtfertigung**
>
> Die Vorstellung, dass der Wille Gottes in seiner Eigenschaft als Gesetzgeber als letzter Grund für die Rechtfertigung moralischer Regeln dienen kann, vermeidet den naturalistischen Fehlschluss. Die Vorstellung kann jedoch nicht mit der Tatsache in Einklang gebracht werden, dass es keinen Grund gibt, die Kette der Rechtfertigung zu unterbrechen, wenn es um Gott geht. Vielmehr besteht eine philosophische Notwendigkeit, die Stellung Gottes als Gesetzgeber zu rechtfertigen. Es gilt zu zeigen, dass die Gesetzgebung Gottes – wie jede Gesetzgebung – auf Legitimität angewiesen ist. Die mögliche Legitimität kann sich nur aus der Tatsache ergeben, dass Gott von einer übergeordneten Instanz mit der Fähigkeit zur Gesetzgebung ausgestattet wurde. Die Legitimation dieser übergeordneten Instanz muss aber von einer anderen, noch höheren Instanz stammen. Dies führt zu einem unendlichen Regress und zeigt, dass auch hier ein Denkfehler vorliegt.

> **Methodologischer Individualismus**
>
> Ausgangspunkt der Rechtfertigung von moralischen Regeln ist der *methodologische Individualismus*. Die letzte Instanz, an die Argumente zur Rechtfertigung gerichtet werden müssen, kann nur ein Wesen sein, das mit Vernunft und Gewissen ausgestattet ist. Vernunft bezieht sich auf die Fähigkeit, rationale Argumente aufzunehmen, zu verstehen und gedanklich zu verarbeiten. Das Gewissen bezieht sich auf die Fähigkeit, eine Sinnstruktur im Leben zu etablieren, um ein System von Orientierungsmaßstäben für rationale Handlungen zu errichten. Da nur einzelne menschliche Personen mit Vernunft und Gewissen ausgestattet sind, muss sich jede Art von Rechtfertigung an einzelne menschliche Personen richten. Eine moralische Norm ist nur dann gegenüber einer einzelnen Person gerechtfertigt, wenn diese Person sie unter Einsatz ihrer Vernunft- und Gewissensfähigkeit akzeptiert. Moralische Normen, die vom Willen einer Person nicht gedeckt werden, sind für diese Person ungültig.

> **Normativer Individualismus**
>
> Da die Rechtfertigung einer Normordnung von der individuellen Vernunft- und Gewissensfähigkeit abhängt, ist es undenkbar, dass menschliche Individuen eine Normordnung akzeptieren, die ihre Vernunft und ihr Gewissen nicht schützt oder die auf der Missachtung der individuellen Vernunft- und Gewissensfähigkeit beruht.

2.1 Utilitarismus

Wir suchen mit philosophischen Mitteln nach einem Fundament für die Menschenrechte. Mit anderen Worten: Wir versuchen, den Boden zu finden, auf dem wir das Gebäude der Menschenrechte errichten können. Aber wo sollen wir anfangen? *— Startpunkt?*

Wie wir in der ersten Lektion gesehen haben, beruhen die kodifizierten Menschenrechte auf der Idee der überpositiven moralischen Menschenrechte. Moralische Menschenrechte sind Rechte, die auf der Moral beruhen. Um eine verlässliche Grundlage für die Menschenrechte zu finden, ist es daher naheliegend, den Ausgangspunkt unserer Überlegungen in der Theorie der Moral zu suchen.

Leider gibt es nicht nur eine solche Theorie. Vielmehr hat die philosophische Ethik mehrere Arten von Moraltheorien entwickelt, sodass wir uns für diejenige entscheiden müssen, die für unsere Zwecke geeignet ist. In dieser Lektion möchte ich mich mit zwei Arten von Moraltheorien befassen. Die erste wird *Utilitarismus* genannt. Die andere kann als *Aristotelismus* oder Naturrechtsansatz bezeichnet werden.

Lassen Sie uns mit dem Utilitarismus beginnen. Dabei handelt es sich um die vorherrschende Moraltheorie in englischsprachigen Ländern, insbesondere in den USA. Interessanterweise ist das Niveau der Diskussion über die Grundlagen der Menschenrechte in den USA eher gering. Insbesondere die Idee, dass die Menschenrechte – aus rechtlicher Sicht – als überpositive Rechte gelten sollten, ist nicht vorherrschend. Ich vermute, das hat viel mit der vorherrschenden Moraltheorie zu tun.

Der Utilitarismus ist ein Konzept, das im 19. Jahrhundert von den englischen Philosophen Jeremy Bentham (1748–1832) und John Stuart Mill (1806–1873) *— Hedonismus*

Utilitarismus

entwickelt wurde. Es gibt jedoch einen sehr alten Vorläufer des Utilitarismus, nämlich den Hedonismus, der von einigen berühmten Philosophen im antiken Griechenland vertreten wurde, darunter Epikur von Athen. Die Hedonisten teilen die Auffassung, dass der Mensch moralisch verpflichtet ist, nur die Regeln zu befolgen, die ihm ein Höchstmaß an individuellem, nachhaltigem Glück bringen.

Während die Hedonisten vom Standpunkt der einzelnen Person aus denken, die überlegt, was sie tun soll, betrachten die Utilitaristen das Problem von einem überpersönlichen Standpunkt aus. Sie konzentrieren sich nicht auf das Glück einzelner Personen, sondern auf die Gesamtheit des Glücks in der Welt. Die Maximierung des Glücks aus der Sicht eines jeden Einzelnen ist nicht die relevante Frage. Vielmehr geht es um die Maximierung des Glücks der gesamten Gesellschaft oder, im Falle von Denkern wie Peter Singer, der Gesamtheit aller Lebewesen, die Freude und Trauer oder Leid erfahren können. Es geht um das „größte Glück der größten Zahl".

Es ist offensichtlich, dass der hedonistische Ansatz eine unzureichende Grundlage für die Menschenrechte ist. Hedonisten haben nur Verpflichtungen gegenüber sich selbst. Sie haben keine Verpflichtungen gegenüber anderen. Es ist möglich, dass ein Hedonist auch die Interessen der anderen respektiert. Aber der einzige Grund dafür ist, dass das Glück des anderen ihn selbst glücklich macht. Dies ist der Fall, wenn er den anderen liebt oder wenn der andere, weil man ihm Gutes tut, motiviert ist, das Glück des Hedonisten zu unterstützen. Wenn der andere für den Hedonisten nicht von Interesse ist, dann besteht auch keine Verpflichtung, die Interessen des anderen zu respektieren.

Die Menschenrechte beziehen sich auf gegenseitige Verpflichtungen, die weitgehend von der Tatsache abhängen, dass der andere ein Mensch ist. Das heißt, solche Verpflichtungen sind komplementär und hängen nicht davon ab, wie es sich auf die verpflichtete Person auswirkt, wenn sie ihre Pflichten erfüllt oder nicht erfüllt.

Auch der utilitaristische Ansatz ist eine unzureichende Grundlage für die Menschenrechte. Der Utilitarist erkennt zwar an, dass man Verpflichtungen gegenüber anderen hat, aber diesen Verpflichtungen entsprechen keine Rechte auf Seiten derer, denen gegenüber die Pflichten zu erfüllen sind. Der Nutzen, den jemand von einem anderen erhält, der eine moralische Verpflichtung erfüllen will, ist

2.1 · Utilitarismus

◘ Abb. 2.1   Das „Trolley-Problem" (© Sophie Reinisch)

nur ein zufälliger Nebeneffekt der Interaktion. Der Empfänger eines solchen Austauschs wird nicht als Individuum anerkannt, das Rechte besitzt oder die moralische Macht hat, Pflichten durchzusetzen. Die Erfüllung einer Verpflichtung in einem solchen Paradigma zielt nur darauf ab, das Gesamtglück in der Welt zu vergrößern und nicht das Glück eines bestimmten Individuums.

Die Unzulänglichkeit des utilitaristischen Ansatzes für die Begründung der Menschenrechte wird durch das „Trolley-Problem" deutlicher. (siehe ◘ Abb. 2.1). Das „Trolley-Problem" ist ein Gedankenexperiment, das durch die Beschreibung der britischen Philosophin Philippa Foot berühmt wurde. Kurz gesagt erzählt es die folgende Geschichte: Eine Straßenbahn ist außer Kontrolle geraten und droht, fünf Personen zu überrollen. Durch Umlegen einer Weiche kann die Straßenbahn auf ein anderes Gleis umgeleitet werden. Leider befindet sich dort eine weitere Person. Die Frage ist nun: Ist der Tod dieser Person akzeptabel, um das Leben von fünf Menschen zu retten? Der Utilitarist antwortet: Ja, denn eine Welt mit fünf Überlebenden ist eine bessere Welt als eine Welt mit nur einem Überlebenden. Dieses Ergebnis ist nur sinnvoll, wenn man davon ausgeht, dass es so etwas wie subjektive Rechte nicht gibt.

Trolley Problem

Dennoch ist es interessant zu sehen, dass selbst Utilitaristen sich der Antwort nicht mehr sicher sind, wenn wir das Gedankenexperiment leicht abändern. Betrachten wir den folgenden Fall (siehe ◘ Abb. 2.2): Es gibt vier Personen. Eine von ihnen leidet an Lungenkrebs. Sie wird sterben, wenns sie sich nicht einer Lungentransplantation unterzieht. Die zweite Person leidet an Magenkrebs. Sie wird sterben, wenn sie sich nicht einer Magentransplantation unterzieht. Die dritte Person leidet an einer chronischen Nierenerkrankung. Auch sie wird sterben, wenn sie sich nicht einer Nierentransplantation unter-

Das Hospital Problem

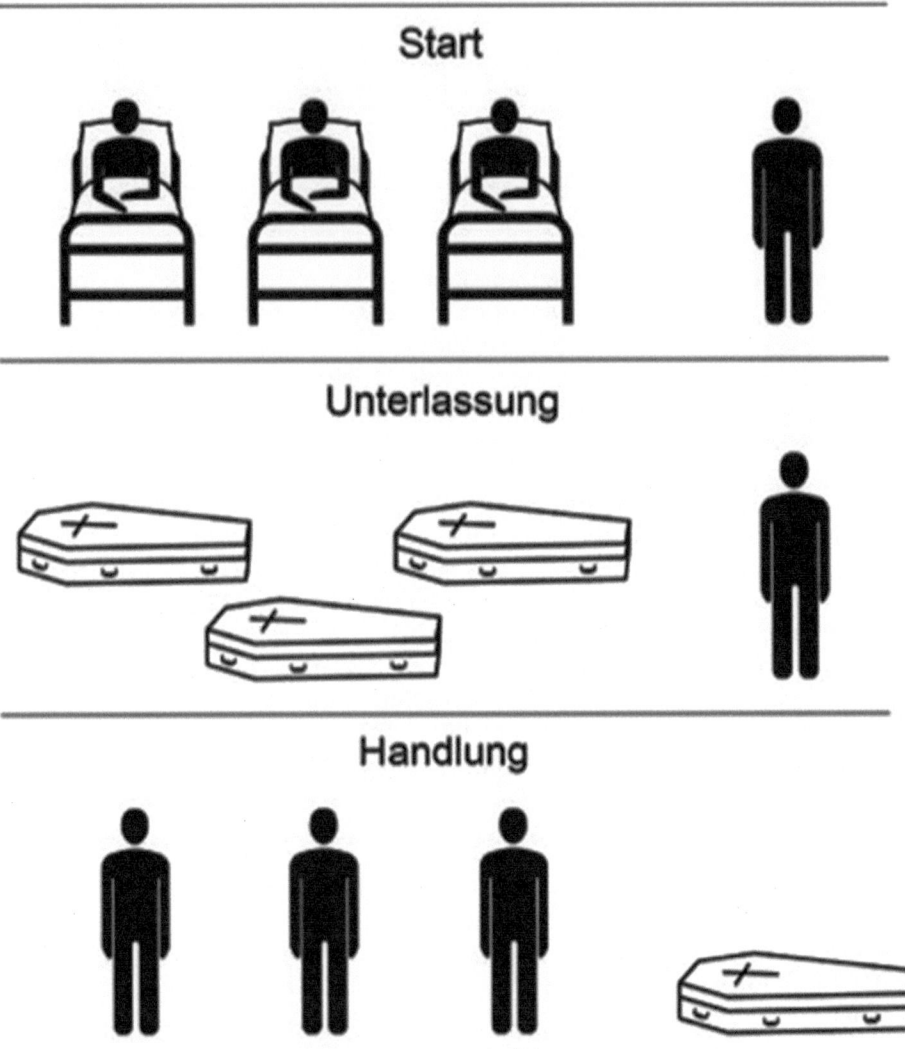

◘ Abb. 2.2 Der Hospital-Fall (© Sophie Reinisch)

zieht. Die vierte Person ist gesund. Die moralische Frage ist, ob es eine Verpflichtung gibt, das Leben der gesunden Person zu respektieren, indem man akzeptiert, dass die drei anderen sterben werden. Oder besteht alternativ die Verpflichtung, das Leben der drei zu retten, indem die gesunde Person getötet und ihre gesunden Organe den kranken Personen transplantiert werden? Nach dem utilitaristischen Ansatz hängt die Antwort davon ab, was als der relevante außermoralische Wert bestimmt wird. Nehmen wir an, dieser relevante Wert ist die Maximierung des Vergnügens. Wenn die drei Kranken sterben, werden sie keine Freude mehr empfinden. Eine Unterlassung würde dazu führen, dass drei „Portionen Freude" zerstört werden, während eine „Portion Freude" gerettet wird. Im Vergleich dazu wird die gesunde Person, wenn sie stirbt, keine Freude mehr empfinden. In diesem Fall wird eine „Portion Freude" zerstört, während die anderen drei „Portionen" gerettet werden. Daher führt das Prinzip der Lustmaximierung zu der moralischen Verpflichtung, die Tötung der gesunden Person und die Transplantation ihrer Organe an die drei kranken Personen vorzuschreiben.

Das Ergebnis des Krankenhausproblems steht im Gegensatz zu den moralischen Intuitionen der meisten Menschen. Im Unterschied zum „Trolley-Fall" muss hier die gesunde Person direkt getötet werden, während dort der Tod des Individuums „nur" durch das Umlegen eines Schalters herbeigeführt wird – eine indirekte Tötung. Das Krankenhausproblem drängt die Utilitaristen also dazu, eine befriedigendere Lösung zu finden, die mit moralischen Intuitionen eher vereinbar ist. Dementsprechend nimmt John Stuart Mill in seinem Buch *Utilitarismus* die Rechte ernst. Er akzeptiert, dass die Gesellschaft bestimmte Interessen des Einzelnen schützen sollte, was voraussetzt, dass die Gesellschaft subjektive Rechte anerkennen muss. Nach Mill ist es jedoch nur der allgemeine Nutzen, der den Grund für die Anerkennung subjektiver Rechte liefert. Mit anderen Worten: Rechte leiten sich aus ihrem allgemeinen Nutzen für die Gesellschaft oder ihrer Fähigkeit ab, in der Gesellschaft Glück zu schaffen. Der Vorteil für diejenigen, die Rechte genießen, ist also nur ein Nebeneffekt. Die Träger der Rechte stehen nicht im Mittelpunkt der Begründung dafür, warum sie Rechte haben.

Dies zeigt, dass der utilitaristische Ansatz nicht in der Lage ist, den Status einer einzelnen Person als Trägerin absoluter Menschenrechte zu würdigen. Denn der Nutzen für die Gesellschaft oder die Mehrheit oder irgendein anderes abstraktes Konzept, das über die einzelne Person hinausgeht, ist der relevante Maßstab für Gut und Böse und nicht die menschliche Person.

Diese kurzen Ausführungen scheinen mir auszureichen, um zu zeigen, dass weder der hedonistische noch der utilitaristische Ansatz eine adäquate und umfassende Begründung der Menschenrechte liefern kann. Dennoch ist es für die heutige Diskussion der Menschenrechte sehr wichtig, den großen Einfluss des utilitaristischen Ansatzes zu beachten. Dies wird durch das folgende Gedankenexperiment bestätigt, das der deutsche Dramatiker Ferdinand von Schirach in Form des Theaterstücks *Terror* präsentiert hat. Die Geschichte geht wie folgt: Es findet ein Prozess gegen den Militärpiloten Lars Koch statt. Er ist des Mordes angeklagt. Ein Terrorist hatte ein Passagierflugzeug mit 164 Menschen an Bord auf dem Weg von Berlin nach München gekapert. Als sich das Flugzeug bis auf 15 Kilometer an sein vermutlich beabsichtigtes Ziel, ein mit 70.000 Menschen gefülltes Fußballstadion, genähert hatte, beschloss Major Koch, das Flugzeug mit einer Luft-Luft-Rakete abzuschießen, um das Leben der Menschen im Stadion zu retten. Die Passagiere an Bord des Flugzeugs werden alle getötet. Das Theaterpublikum wird anschließend gefragt, ob der Pilot für sein Handeln verurteilt werden sollte. Das Stück wurde an vielen Orten auf der ganzen Welt aufgeführt. Auf einer Website werden die Antworten von Zuschauern aus aller Welt veröffentlicht (▶ http://terror.theater/). Aus den Berichten geht hervor, dass durchschnittlich 63 % der Zuschauer für „nicht schuldig" stimmen. Als der Film *Terror* 2016 im deutschen Fernsehen ausgestrahlt wurde, stimmten bei der gleichen Umfrage durchschnittlich sogar 87 % der Zuschauer für „nicht schuldig". Diese Ergebnisse zeigen, dass das moralische Empfinden auf der ganzen Welt offenbar von utilitaristischen Ideen gesteuert wird. Die Menschen denken an die Zahl der Opfer und nicht an das Menschenrecht auf Leben der Passagiere. Es ist aber sicher nicht so, dass diese Menschen die Menschenrechte unterbewerten. Die wahrscheinlichste Erklärung ist vielmehr, dass sie eine sehr vage Vorstellung von den Menschenrechten haben.

2.2 Aristotelismus

Die Bezeichnung *aristotelischer Ansatz* oder *Aristotelismus* steht hier für eine große Vielzahl unterschiedlicher Moraltheorien, die jedoch wichtige Merkmale gemeinsam haben. Aristoteles (385–323 v. Chr.) ist der berühmte antike griechische Philosoph, der Theorien dieser Art eine sehr ausgefeilte Form gab. Seine Philosophie hatte deshalb großen Einfluss auf andere ähnliche Ansätze. Die von Aristoteles beeinflussten Moraltheorien sind aber auch nur Beispiele für ein Muster, das sich in allen Kulturen der

2.2 · Aristotelismus

Welt findet. Daher verwende ich den Ausdruck *aristotelischer Ansatz* oder *Aristotelismus* als Bezeichnung für eben dieses Muster.

Auf den ersten Blick scheint der aristotelische Ansatz ein guter Kandidat für die Begründung von Menschenrechten zu sein. Sein Ansatz akzeptiert gegenseitige Verpflichtungen und ist mit der Idee gegenseitiger Rechte vereinbar, obwohl weder bei Aristoteles noch in einer anderen klassischen Variante dieses Ansatzes subjektive Rechte anerkannt werden. Der aristotelische Ansatz empfiehlt sich vor allem wegen seiner universellen Verbreitung. Er zeichnet sich durch die folgenden Merkmale aus:

(1) Menschliche Individuen werden als „politische Lebewesen" betrachtet. Der Gedanke, dass Menschen politische Wesen sind, bedeutet, dass menschliche Individuen keine Subjekte für sich selbst sind. Sie sind nicht „Selbstzweck" (Kant). Vielmehr sind sie nur Elemente und Teile einer politischen Gemeinschaft. Als Bürger haben sie für das Gemeinwohl zu arbeiten. Nur als Privatmenschen (griechisch: idiotes) können sie ihre eigenen privaten Interessen verfolgen. Die private Sphäre ist die Familie und der Haushalt. Er ist patriarchalisch organisiert. Der Haushaltsvorstand (Vater) ist der Besitzer des Haushalts und der Familie. Ehepartner, Kinder und Bedienstete wie auch die Tiere, das Haus und der Boden – sie alle sind Eigentum des Haushaltsvorstandes. Die öffentliche Sphäre ist die Sphäre der Politik. In dieser Sphäre sind die Haushaltsvorstände gleichberechtigte Bürger. Der Sinn des Lebens von Ehepartnern, Kindern, Dienern und Tieren besteht also darin, dem Haus (Oikos) und dem Vater im privaten Bereich zu dienen, während der Sinn des Lebens des Haushaltsvorstandes darin besteht, der Gemeinschaft im öffentlichen Bereich als Gleicher unter Gleichen zu dienen.

„politische Wesen"

(2) Das zweite Element des klassischen aristotelischen Ansatzes ist die Verantwortung gegenüber der öffentlichen Meinung und nicht gegenüber der individuellen Vernunft und dem Gewissen. Der Maßstab der Moral ist die öffentliche Meinung. Dies gilt auch für die Normen des politischen oder gerichtlichen Handelns. Hier entscheidet die Mehrheit, was richtig und falsch ist. Die Meinung des einzelnen Individuums ist nur im Prozess der Meinungsbildung relevant. Wenn aber das Volk (demos) abgestimmt hat, ist die Meinung der Mehrheit nicht nur die stärkste. Vielmehr wird sie als

Öffentliche Meinung

die einzig wahre angesehen. Deshalb ist eine rationale Opposition gegen die Mehrheit nicht denkbar.

Teleologie
(3) Das dritte Element ist die teleologische Sicht der Welt (Kosmos). Der Aristotelismus basiert auf einer teleologischen Metaphysik. Nach dieser Vorstellung hat jedes Element der Natur, einschließlich des Menschen, der Gesellschaft und der Kultur, ein bestimmtes Ziel (telos), das ihm von Natur aus eingeschrieben ist. So wie es das natürliche Ziel eines Apfelbaums ist, Äpfel zu produzieren, ist es das natürliche Ziel des Menschen, der Gemeinschaft zu dienen und nach bestimmten moralischen Normen zu leben.

Naturrecht
(4) Der teleologische Ansatz führte zu der Idee eines natürlichen Gesetzes der Moral (Naturrecht). Nach dieser Idee ist es nicht nur eine Tatsache, dass Apfelbäume Äpfel produzieren, sondern es ist ihre Pflicht, Äpfel zu produzieren. Ein Baum, der keine Äpfel produziert, ist daher nicht nur in funktioneller Hinsicht schlecht, sondern auch in moralischer Hinsicht. Ein Mensch, der die Normen der Moral missachtet, ist wie ein Apfelbaum, der keine Früchte trägt.

Islam Christentum
Diese Idee des natürlichen Sittengesetzes wurde zuerst von der griechischen Philosophie der Stoa entwickelt. Islamische und christliche Philosophen und Theologen übernahmen diese Idee. Es war zunächst der andalusische islamische Philosoph Ibn Rushd, im Westen auch als Averoes bekannt, der das Werk des Aristoteles systematisch erforschte, es in die arabische Sprache übersetzte und eine islamische Philosophie auf der Grundlage der aristotelischen Ideen begründete. Der Einfluss von Ibn Rushd auf die islamische Welt war jedoch eher gering. Sein Rationalismus kollidierte mit dem religiösen Denken des Mainstream-Islam außerhalb von Europa. Er wurde als Ketzer betrachtet. Der Zusammenbruch des andalusischen Kalifats im Jahr 1031 und die endgültige Kapitulation des Emirats von Cordoba im Jahr 1492 beendeten seinen Einfluss in der islamischen Welt. In der westlichen Welt war sein Einfluss jedoch bahnbrechend. Er brachte das Wissen um das Werk des Aristoteles in den Westen, und es war vor allem Thomas von Aquin, der die Philosophie des Aristoteles als Grundlage des westlichen theologischen Denkens etablierte. In Ibn Rushds Rationalismus lassen sich die Anfänge des wissenschaftlichen Denkens in Westeuropa finden.

Die wichtigste Änderung des aristotelischen Ansatzes, die die islamischen und christlichen Philosophen vor-

2.2 · Aristotelismus

nahmen, betraf die Vorstellungen über die Quelle des natürlichen Sittengesetzes. Nach der Stoa wurde das natürliche Sittengesetz so betrachtet, wie der heutige Mensch die Naturgesetze im Sinne der Physik und anderer empirischer Wissenschaften versteht. Die moderne Unterscheidung zwischen Naturgesetzen und moralischen Gesetzen war erst durch eine Unterscheidung möglich, die Philosophen und Theologen im Mittelalter getroffen haben. Für sie war die Quelle der moralischen Gesetze nicht mehr die Natur als solche, sondern der persönliche Wille Gottes. Gott wurde als persönliches Wesen betrachtet, das Gebote erlässt, die der Mensch zu befolgen hat. Die theologische Abwandlung des aristotelischen Ansatzes führte zu einigen Veränderungen in der Konzeption des Verhältnisses von Individuum und Gesellschaft. Aber die Struktur blieb die gleiche.

(1) Die menschlichen Individuen wurden als „Untertanen Gottes" betrachtet. Die Gesellschaft wurde als Kooperationsgemeinschaft verstanden, die Gott zu dienen hatte. Die Vorstellung blieb bestehen, dass die menschlichen Individuen nur als Elemente und Teile einer politischen Gemeinschaft zu betrachten waren und keinen Eigenwert darstellten. Aber die Struktur der Gesellschaft (islamisch: Ummah) wurde nicht mehr als eine natürliche Struktur verstanden, sondern als eine, die auf göttlicher Herrschaft beruht, also auf dem Willen einer Person.

(2) Außerdem unterscheidet sich der theologische Ansatz vom klassischen aristotelischen Ansatz durch den Verweis auf die Autorität, der gegenüber moralische Verantwortlichkeit besteht. Die treibende Kraft ist nicht mehr die öffentliche Meinung, sondern der Wille Gottes, d. h. die von Gott erlassenen moralischen Regeln. Der Klasse der Priester und Theologen wurde die Fähigkeit und Macht zugesprochen, die göttlichen Regeln auszulegen. An die Stelle der antiken Demokratie treten hierarchische Strukturen. An der Spitze steht ein König, dessen Legitimität sich aus dem Willen Gottes ableitet. Der Einzelne ist nur ein Untertan seiner Macht. Die Entscheidung des Königs ist, wenn sie mit der Meinung der religiösen Führer übereinstimmt, nicht nur die mächtigste. Sie ist auch die einzig wahre.

Wille Gottes

(3) Dieser theologische Ansatz kann auch als teleologischer Ansatz interpretiert werden. Allerdings ist es nicht die Natur des Menschen, die die Ziele des Le-

bens bestimmt, sondern Gott bestimmt die Ziele des Lebens. Jedes Individuum hat ein bestimmtes Ziel oder Telos, das ihm von Gott eingeschrieben ist. Es bleibt das Ziel des Menschen, der Gemeinschaft zu dienen und in Übereinstimmung mit bestimmten göttlichen Moralvorstellungen zu leben.

Göttliches Recht

(4) Die Idee des Naturrechts wird in die Idee des göttlichen Rechts umgewandelt. Aber der Inhalt ist mehr oder weniger derselbe. Entscheidend ist, dass das Individuum in dieser Struktur nur eine dienende Position und Rolle hat. Es verfügt nicht über Rechte.

Ferner ist zu erwähnen, dass der theologische Ansatz in der islamischen Welt trotz der Vernachlässigung des aristotelischen Erbes zu sehr ähnlichen Ergebnissen geführt hat. Der Grund dafür ist leicht zu verstehen. Aristoteles hat kein neues Konzept für die Beziehung zwischen Gesellschaft und Individuum entwickelt. Er interpretierte lediglich die gegebene soziale Struktur seiner Kultur auf philosophische Weise. Er hat die Welt, die ihm begegnete, in Begriffe erfasst. Die Struktur und Denkweise, die er über die Welt hatte, ist jedoch die Variation eines Musters, das man in jeder traditionellen Gesellschaft der Welt finden kann.

Aristotelismus heute

Der aristotelische Ansatz ist immer noch lebendig. Heutzutage wird er sehr oft mit einem Vokabular ausgedrückt, das im antiken Griechenland oder im Mittelalter und in anderen traditionellen Gesellschaften nicht üblich war. Dieses moderne Vokabular drückt gleichwohl sehr alte Ideen aus. Man findet Abhandlungen und Bücher, die den aristotelischen Ansatz verteidigen, indem sie Ausdrücke wie „Menschenrechte" oder „Menschenwürde" verwenden. Menschenrechte oder Menschenwürde in diesem Sinne beziehen sich teilweise auf eine bestimmte Art von Freiheit und teilweise auf eine bestimmte Art von Pflichten. Unter Freiheit versteht man die Freiheit von allen Hindernissen, die die Verfolgung der natürlichen Ziele eines Menschen behindern könnten. Es ist nichts anderes als die Freiheit, seine natürlichen oder von Gott gegebenen Pflichten erfüllen zu können.

Da es zum Beispiel das natürliche Ziel einer Frau ist, Kinder zu gebären, oder es der göttliche Wille ist, dass sie dies tut, haben Frauen das Menschenrecht, nicht daran gehindert zu werden, zu heiraten und Kinder zu bekommen. Entscheidet sich eine Frau aber dafür, nicht zu heiraten und/oder keine Kinder zu zeugen (oder keine wei-

2.2 · Aristotelismus

teren Kinder zu bekommen), dann verfolgt sie Ziele, die dem Naturgesetz oder dem Willen Gottes widersprechen. Daher hat sie nicht nur kein menschliches Recht, so zu handeln, wie sie es beschlossen hat, sondern sie ist nach dem Naturgesetz oder dem göttlichen Gesetz verpflichtet, die Verfolgung ihrer eigenen Pläne aufzugeben. Folglich ist es erlaubt, dass sie gezwungen wird, zu heiraten oder (weitere) Kinder zu zeugen, usw. Das aristotelische Konzept der Menschenrechte ist also eher als ein Konzept der menschlichen Pflichten zu charakterisieren. Anders ausgedrückt: Jeder Mensch hat bestimmte Rechte, die er jedoch verwirkt, wenn er seinen natürlichen Zielen zuwiderhandelt.

Ein Beispiel für diese moderne Variante des aristotelischen Ansatzes ist der Aufsatz von Miklós Maróth über „Die Würde des Menschen in der islamischen Welt". Nach Ansicht des Autors beruht die herausgehobene Stellung des Menschen im Vergleich zu den Engeln auf dem freien Willen. Gott hat die Menschen mit einem freien Willen ausgestattet und ihnen „im Gegenzug" Pflichten auferlegt. Wenn ein Mensch Allahs Geboten gehorcht, wird er in Würde leben und Vorteile erhalten, andernfalls wird er bestraft werden. Der Autor räumt ein, dass das Wort „Menschenwürde" zu der Zeit, als der Islam gegründet und der Koran geschrieben wurde, nicht bekannt war. Dennoch verwendet er diesen Ausdruck, um sehr alte religiöse Ideen mit modernen Worten zu erklären.

Beispiel 1

Eine christliche Variante dieses Ansatzes zeigt das Buch *Personen. Versuche über den Unterschied zwischen ,Etwas' und ,Jemand'* von Robert Spaemann. Spaemann erkennt an, dass das wesentliche Merkmal von Personen darin besteht, dass sie zwischen Gut und Böse entscheiden können. Sie sind auch in der Lage zu erkennen, was das Gute ist. Aber sie haben aus sich heraus keinen Grund, nach dem Guten zu handeln. Er schreibt:

Beispiel 2

> » Dass alles erlaubt ist, wenn es Gott nicht gibt […] ist auch dann wahr, wenn der Inhalt des Sittlichen unabhängig von jeder religiösen Überzeugung zugänglich ist. Was ohne eine solche Überzeugung unverständlich bleibt, ist, warum wir tun sollten, was wir als das für alle Beste erkannt haben, wenn wichtige eigene Interessen dem entgegenstehen, ja, was es überhaupt heißt, dass wir irgendetwas sollen. Auch keine Werteinsicht kann Personen nötigen, sich ihr unterzuordnen. (S. 105)

Beispiel 3	Ein weiteres Beispiel für den aristotelischen Ansatz ist der sogenannte *Capability Approach* der amerikanischen Philosophin Martha Nussbaum. Sie geht weder von der traditionellen Moral einer bestimmten Gesellschaft noch vom Willen Gottes aus, sondern von einem intuitiven anthropologischen Ansatz, der sich mit den grundlegenden Fähigkeiten beschäftigt, die für das Menschsein entscheidend sind. Eine dieser Grundfähigkeiten ist zum Beispiel das Bewusstsein der Körperlichkeit. Aus dieser Fähigkeit folgt die Fähigkeit, zu essen oder zu fasten. Der Mensch hat also das Recht, zwischen Essen und Fasten zu wählen. Es ist eine Verletzung seiner Rechte, wenn ihm diese Wahlmöglichkeit genommen wird – wie im Falle des Verhungerns. Hier finden wir wieder ein teleologisches Denken. Nussbaum folgert aus der natürlichen Fähigkeit, zu essen oder das Essen zu unterlassen, ein Recht auf Nahrung und ein Recht auf Fasten nach eigenem freien Willen.

Unabhängig davon, welche Variante des aristotelischen Ansatzes wir betrachten, keine von ihnen ist überzeugend, wenn es darum geht, eine angemessene philosophische Grundlage für die Menschenrechte zu finden. Dies kann durch eine genauere Analyse gezeigt werden.

Ist/Soll-Konfusion	Das wichtigste Gegenargument gegen jede Konzeption des Naturrechts ist die Tatsache, dass sie den Unterschied zwischen *Sein* und *Sollen* ignoriert.

Wenn man davon ausgeht, dass alles in der Natur ein inhärentes Ziel hat, folgt daraus nicht, dass etwas oder jemand die Pflicht hat, diesem Ziel zu folgen. Eine natürliche Tendenz ist eine bloße Tatsache, etwas, das wir mit dem Wort „sein" beschreiben. Die natürliche Tendenz, dass Äpfel aus Apfelbäumen hervorgehen, ist in diesem Sinne nur eine Tatsache. Das bedeutet nicht, dass Apfelbäume verpflichtet wären, Äpfel zu produzieren.

Im Unterschied dazu wird das Wort „sollen" nicht verwendet, wenn es um natürliche Tendenzen geht, sondern wenn von freien Entscheidungen zwischen Alternativen die Rede ist. Pflichten können nur dort eine Rolle spielen, wo wir es mit Verhalten zu tun haben, das mit der Fähigkeit einhergeht, nicht nur den natürlichen Tendenzen zu folgen, sondern sich auch zu weigern, solchen Tendenzen zu folgen und entgegengesetzt zu handeln. Wo solche Fähigkeiten ausgeübt werden, spricht man von Willensfreiheit. Der freie Wille beruht auf der Abwägung von Argumenten und auf einem Prozess des Entscheidens zwischen Alternativen. Das ist ein gänzlich anderes Verfahren als das Befolgen natürlicher Tendenzen. Naturrechtliche Theorien beruhen immer auf einem Schluss von Fakten auf Normen, von Beschreibungen auf Vorschriften. Derartige Schlüsse sind logisch fehlerhaft. Inhärente Ziele im Sinne von Aristoteles oder Fähigkeiten im Sinne von Martha Nussbaum sind nur Fakten. Sowohl Aristoteles als auch Nussbaum gehen von Fakten zu Normen über, aber eine solche Schlussfolgerung ist logisch nicht erlaubt.

Die Kluft zwischen *Sein* und *Sollen* und die logische Unmöglichkeit, aus einer Tatsache auf eine Norm zu schließen, wurde von dem englischen Philosophen David Hume (1711–1776) entdeckt. Man spricht deshalb auch von *Humes Gesetz*. Sehr oft spricht man auch vom *naturalistischen Fehlschluss*. Dieser Begriff wurde ursprünglich von dem britischen Philosophen George Edward Moore (1873–1958) geprägt, hatte bei ihm aber eine etwas andere Bedeutung. (Er meinte damit, dass das Wort „gut" eine eigenständige Eigenschaft der Dinge bezeichnet und nicht mit Wörtern für andere gute Eigenschaften wie gesund, tapfer, reich etc. übersetzt werden kann.)

Hume's Law

Die theologische Modifikation der Naturrechtskonzeption erkennt dieses Gegenargument an. Sie vermeidet den naturalistischen Fehlschluss dadurch, dass sie nicht von natürlichen Tatsachen auf Normen schließt. Stattdessen leitet sie die moralischen Normen aus dem Willen Gottes ab und betrachtet diesen als Gesetzgeber, dessen Normen für den Menschen verbindlich sind.

Aber lassen Sie uns einen genaueren Blick auf diese Konzeption werfen. Was ist das Element, das zur bindenden Wirkung des göttlichen Gesetzes führt? Die Antwort des Korans beispielsweise enthält einen Hinweis auf die Bestrafung durch Gott. Die Bestrafung ist jedoch nur eine Tatsache. Wir müssen uns erneut fragen, wie es möglich sein soll, von einer bloßen Tatsache auf die Existenz einer Verpflichtung zu schließen.

Es ist wichtig zu sehen, dass die bloße Androhung von Strafe niemals ein Argument für die Existenz von Pflichten ist. Andernfalls wären wir verpflichtet, einem Räuber unsere Brieftasche zu geben, wenn er uns mit einem Messer bedroht. Wenn wir denken würden, dass wir verpflichtet sind, dem Räuber unsere Brieftasche zu geben, weil er uns dazu zwingt, würden wir ungewollt anerkennen, dass der Räuber ein Recht hat, unsere Brieftasche zu bekommen. Mit anderen Worten, wir würden rohe Gewalt als Quelle von Rechten betrachten. Das ist offensichtlich Unsinn.

Deshalb kann Gewalt niemals zu Pflichten und Verpflichtungen führen. Aus dieser Erkenntnis folgt, dass wir nicht verpflichtet sein können, die Gebote Gottes zu befolgen, nur weil Gott uns mit Strafe droht. Es mag strategisch klug sein, die Gebote Gottes zu befolgen, um Strafe zu vermeiden. Dies wäre jedoch vergleichbar mit dem Fall, in dem wir uns entscheiden, den Forderungen eines Räubers zu folgen, um schweren Schaden zu vermeiden.

Pflichten und Verpflichtungen oder Regeln im Allgemeinen finden keine gültige Grundlage in natürlichen Tendenzen oder göttlichen Strafen oder irgendeiner anderen Art von Gewalt. Wir brauchen also andere Gründe, um die Gültigkeit von Normen zu begründen.

Sinn des Lebens

Es gibt allerdings ein etwas anspruchsvolleres Argument für die Möglichkeit der Ableitung von Normen aus natürlichen Tendenzen. Es handelt sich um das Argument vom Sinn des Lebens, das aus der teleologischen Sicht der Natur folgt.

Wichtig ist, den Sinn *des* Lebens vom Sinn *im* Leben zu unterscheiden. Der Sinn im Leben bezieht sich auf die Ziele, die wir aus freiem Willen selbst wählen. Wenn Sie beschlossen haben, Rechtsanwalt zu werden, werden Sie bestimmte Bücher lesen, bestimmte Vorlesungen besuchen, bestimmte Menschen treffen, bestimmte Prüfungen ablegen usw. All diese Aktivitäten sind auf ein Ziel ausgerichtet, nämlich das Ziel, Anwalt zu werden. Anwalt zu werden ist für Sie ein möglicher Sinn im Leben.

Der Sinn *des* Lebens bedeutet etwas anderes. Es bedeutet, dass Ihr gesamtes Leben, Ihre Existenz als Ganzes, einem bestimmten Zweck dient, der über Ihr Leben hinausgeht. Wenn es einen solchen Sinn des Lebens gibt, wäre es klug, Ihr Leben in diese Richtung zu lenken. Aber kann es einen solchen Sinn jenseits des eigenen Lebens geben?

Nach Aristoteles müssen die Bürger dem Nutzen der Gemeinschaft dienen. Aristoteles betrachtet den Nutzen der Gemeinschaft als ein Ziel, das über das Leben des einzelnen Bürgers hinausgeht. Aristoteles argumentiert nicht, dass wir dem Nutzen der Gemeinschaft dienen sollen, weil der Nutzen der Gemeinschaft mit dem Nutzen ihrer Mitglieder identisch ist. Mit anderen Worten: Aristoteles glaubte nicht, dass wir unserem eigenen Nutzen dienen, wenn wir dem Nutzen der Gemeinschaft dienen. Stattdessen war er der Meinung, dass das oberste Ziel der Nutzen der Gemeinschaft und nicht der Nutzen ihrer Mitglieder ist. Den etwaigen Nutzen der Mitglieder betrachtete

2.2 · Aristotelismus

er nur als zufälligen Nebeneffekt und nicht als das, was dem Dienst an der Gemeinschaft den Sinn verleiht. Aus diesem Grund können die Bürger auch verpflichtet werden, ihr Leben für das Wohl der Gemeinschaft zu opfern.

Allerdings macht es aus der Sicht des Bürgers keinen Sinn, dem Nutzen der Gemeinschaft zu dienen, wenn die Gemeinschaft als solche keinen Sinn für sich selbst hat. Dabei muss es sich um einen Sinn handeln, der über den Nutzen der Gemeinschaft hinausgeht. Wenn die Existenz der Gemeinschaft selbst keinen über die Gemeinschaft hinausweisenden Sinn hat, dann ist natürlich auch der Dienst an der Gemeinschaft sinnlos. Was aber könnte der Sinn des Lebens der Gemeinschaft sein? Aristoteles und die Philosophen der Stoa würden antworten, dass der Sinn des Lebens einer Gemeinschaft darin besteht, der kosmologischen Ordnung zu folgen.

Bei diesem Schritt stellt sich dieselbe Frage: Der kosmologischen Ordnung zu dienen macht nur Sinn, wenn es einen Sinn jenseits der kosmologischen Ordnung gibt, dem die kosmologische Ordnung dann dient. Die antiken griechischen Philosophen haben diese Frage nicht gestellt und deshalb weist ihr ganzer Ansatz schwere Mängel auf.

Die Theologen des Mittelalters – sowohl die islamischen als auch die christlichen – lieferten eine Antwort auf diese Frage. Der Sinn der gesamten kosmologischen Ordnung oder, mit anderen Worten, der Sinn der Schöpfung als Ganzer ist die Befriedigung Gottes. Die Natur dient dem Nutzen Gottes. Die Gemeinschaft dient dem Nutzen der Natur. Der Bürger dient dem Nutzen der Gemeinschaft. Das erste Glied der Kette ist mit dem letzten Glied der Kette verbunden. Indem der Bürger dem Nutzen der Gemeinschaft dient, dient er letztlich dem Nutzen Gottes. Es gibt also einen Sinn des Lebens für jeden Einzelnen.

Diese Schlussfolgerung ist jedoch ein Kurzschluss. Der Nutzen Gottes gewährleistet nur dann einen Lebenssinn für den einzelnen Menschen, wenn es einen Sinn jenseits des Nutzens Gottes gibt. Es ist also zu fragen, ob es einen Lebenssinn für Gott gibt. Damit ist nun klar, dass diese Argumentationsstruktur nicht zu einem endgültigen Ergebnis führen kann. Diese Struktur der Argumentation führt vielmehr zu einem unendlichenRegress. Dies zeigt, dass der Begriff des Lebenssinns auf einer gedanklichen Verwirrung beruht. Es gibt keinen Sinn *des* Lebens. Wenn wir den Gedanken an den Sinn des Lebens aufgeben, geben wir gleichzeitig den Gedanken an eine teleologische Sicht der Natur auf.

Wenn wir die Idee einer teleologischen Sicht der Natur ablehnen, haben wir gleichzeitig die Grundlage für die Idee des Menschen als politisches Wesen und die Idee der Verantwortung gegenüber der öffentlichen Meinung verloren. Es gibt nichts, was über die individuelle Vernunft und das Gewissen hinausgeht, das eine Grundlage für die politische Ordnung und die Gerechtigkeit und die moralische oder rechtliche Verbindlichkeit unter den Menschen bilden könnte.

Bitte seien Sie sich des Charakters meiner Argumentation gegen den aristotelischen Ansatz und seine theologischen Modifikationen bewusst. Ich argumentiere nicht von einem empirischen Standpunkt aus. Ich behaupte nicht, dass das Naturrecht nicht existiert oder dass Gott nicht existiert oder dass Gott keine Gesetze erlässt usw. Mit anderen Worten, ich kritisiere religiöse oder metaphysische Überzeugungen nicht von einem externen Standpunkt aus. Ich konfrontiere keinen religiösen Glauben mit einem atheistischen Glauben usw. Meine Argumentation stützt sich ausschließlich auf die Logik. Es ist eine interne Kritik an einigen Schlussfolgerungen metaphysischer oder religiöser Überzeugungen, die im Widerspruch zur Logik stehen. Die Feststellung dieser logischen Ungereimtheiten schließt jedoch nicht aus, dass es eine akzeptable Grundlage für religiöse oder metaphysische Überzeugungen im Allgemeinen geben könnte.

2.3 Anforderungen an eine adäquate Grundlegung

Aus der Kritik an den hedonistischen, utilitaristischen und aristotelischen Ansätzen können wir etwas über die Anforderungen lernen, die eine adäquate Theorie der Begründung von Menschenrechten haben muss. Es gibt zwei grundlegende Anforderungen:

Methodologischer Individualismus

(1) **Methodologischer Individualismus:** Jede Argumentation für die Begründung von Menschenrechten muss sich immer an eine Instanz wenden, die als Quelle der Rechtfertigung gilt. Bei der Identifizierung dieser Quelle müssen sowohl der naturalistische Fehlschluss als auch ein unendlicher Regress vermieden werden. Dennoch muss die Rechtfertigungsinstanz einen letzten Bezugspunkt, d. h. einen endgültigen und stabilen Grund bieten. Diese Instanz muss in der Lage sein,

2.3 · Anforderungen an eine adäquate Grundlegung

rationale Argumente aufzunehmen oder zu verarbeiten. Mit anderen Worten: Die Rechtfertigungsinstanz muss mit Rationalität oder Vernunft ausgestattet sein.

Rationale Argumente sind immer auf einen Endzweck ausgerichtet. Diese Endzwecke sind das, was wir den Sinn im Leben nennen können. Sie sind die Orientierungsmaßstäbe für rationales Handeln. Die Rechtfertigungsinstanz muss also mit der Fähigkeit ausgestattet sein, eine Sinnstruktur im Leben zu etablieren, um ein System von Orientierungsmaßstäben für rationale Operationen zu errichten. Diese Fähigkeit wird als Gewissen bezeichnet. Mit anderen Worten: Die Rechtfertigungsinstanzen müssen auch mit einem Gewissen ausgestattet sein.

Das einzige Wesen in der Welt, das mit Vernunft und Gewissen ausgestattet ist, ist der einzelne Mensch. Daraus folgt, dass jede Art der Zuschreibung oder Rechtfertigung von Pflichten für jedes einzelne menschliche Individuum akzeptabel sein muss, dem die Pflicht zugeschrieben werden soll.

Jeder einzelne Mensch kann Argumente nur für sich selbst gutheißen. Es ist nicht möglich, nur einige Individuen stellvertretend für die Gesamtheit der Menschheit auszuwählen. Vielmehr ist es unvermeidlich, dass jedes einzelne menschliche Individuum vor seinem eigenen Verstand und vor seinem eigenen Gewissen die Normordnung gutheißt oder jedenfalls gutheißen könnte, wenn es dazu Stellung nähme. Deshalb reicht es nie aus, zu zeigen, dass die Normordnung dem Wohl der Gemeinschaft oder dem Wohl Gottes oder dem größten Glück der größten Zahl dient. Vielmehr muss gezeigt werden, dass jeder einzelne Mensch gute Gründe hat, die betreffende Norm zu akzeptieren, weil die Norm ihn dabei unterstützt, seinen eigenen Lebenssinn zu verfolgen.

(2) Aus dem methodologischen Individualismus folgt das, was wir *normativen Individualismus* nennen wollen. In der Erkenntnis, dass die Rechtfertigung einer Normordnung von der individuellen Vernunft- und Gewissensfähigkeit abhängt, ist es undenkbar, dass menschliche Individuen eine Normordnung akzeptieren, die ihre Vernunft und ihr Gewissen nicht schützt oder die individuellen Vernunft- und Gewissenskompetenzen nicht anerkennt oder anderweitig missachtet. Unabhängig von der Normordnung, die von

Normativer Individualismus

den potenziellen Individuen letztlich akzeptiert wird, muss ein Satz von normativen Elementen immer vorhanden sein, nämlich Grundnormen, die die Vernunft und das Gewissen des Individuums schützen. Normen dieser Art werden als Menschenrechte bezeichnet. Die Menschenrechte sind nichts anderes als die Gesamtheit aller Bedingungen, die erfüllt sein müssen, um die Bedingungen der Vernunft und des Gewissens zu gewährleisten. Die Menschenrechte müssen den Kern des menschlichen Individuums als letzten und höchsten Bezugspunkt jeder Rechtsordnung schützen.

❓ Zur Wiederholung
2.1. Warum ist der Utilitarismus nicht vereinbar mit der Idee der subjektiven Rechte?
2.2. Was bedeutet *Naturalistischer Fehlschluss*?
2.3. Was ist das entscheidende Argument gegen eine ethische Theorie, die auf einer teleologischen Metaphysik beruht?
2.4. Was bedeuten methodologischer Individualismus und normativer Individualismus?

Antworten siehe ▶ Kap. 21.

Leseempfehlungen

Albert, Hans: *Traktat über kritische Vernunft.* Stuttgart 1991 (zum infiniten Regress)
Horn, Christoph/Neschke-Hentschke, Ada (Hrsg.): *Politischer Aristotelismus.* Stuttgart 2008
Linder, Josef Franz: *Sein und Sollen. Zur Rekonstruktion des sog. „Methodendualismus".* In: RphZ 3/4 (2017), 396–416
Maróth, Miklós: *Human Dignity in the Islamic World.* In: Markus Düwell et al. (Hrsg): The Cambridge Handbook of Human Dignity, Cambridge (UK) 2014
Mill, John Stuart: *Der Utilitarismus.* Stuttgart 1976
Nussbaum, Martha: *Fähigkeiten schaffen. Neue Wege zur Verbesserung menschlicher Lebensqualität.* München 2015
Schroth, Jörg (Hrsg.): *Texte zum Utilitarismus.* Stuttgart 2016
Singer, Peter: *Praktische Ethik.* Stuttgart 2013
Spaemann, Robert: *Personen. Versuche über den Unterschied zwischen ‚etwas' und ‚jemand'.* Stuttgart 1996

Der kontraktualistische Ansatz

Inhaltsverzeichnis

3.1 Die Theorie vom Gesellschaftsvertrag – 53

3.2 Thomas Hobbes – 54

3.3 John Locke – 57

3.4 Jean-Jacques Rousseau – 61

3.5 John Rawls – 66

3.6 Warum Vertragstheorien zur Grundlegung der Menschenrechte ungeeignet sind – 69

3.7 Ein neuer Ansatz nach dem Zweiten Weltkrieg – 71

Leseempfehlungen – 72

© Der/die Autor(en), exklusiv lizenziert an Springer-Verlag GmbH, DE, ein Teil von Springer Nature 2023
P. Tiedemann, *Philosophische Grundlagen der Menschenrechte*, Springer-Lehrbuch, https://doi.org/10.1007/978-3-662-65533-7_3

Vertragstheorien

Vertragstheorien weisen drei Elemente auf: (1) Individualismus, (2) Vertragsautonomie, and (3) eine Vorstellung von einem Naturzustand (Rawls: ursprüngliche Position).

Der Individualismus bezieht sich auf die Tatsache, dass nur menschliche Individuen, im Gegensatz zu Kollektiven, als Parteien des ursprünglichen Gesellschaftsvertrags angesehen werden können.

Die Vertragsautonomie bezieht sich auf die Fähigkeit des Menschen, seine individuelle Freiheit aufzugeben, indem er sich bindet, Versprechungen macht und einen Vertrag abschließt.

Der Naturzustand bezieht sich auf die Vorstellung einer Lebenssituation vor Abschluss eines Gesellschaftsvertrags. Diese Situation erklärt, warum Individuen rational motiviert sind, einen Vertrag über ihr Zusammenleben abzuschließen. Der Naturzustand ist kein realer historischer Zustand, sondern nur eine kontrafaktische Geschichte im Rahmen eines Gedankenexperiments.

Die verschiedenen Vertragstheorien unterscheiden sich voneinander in ihren jeweiligen Beschreibungen des Naturzustands.

Vertragstheorie von Thomas Hobbes

Nach Hobbes leben die Menschen im Naturzustand nebeneinander her ohne jeglichen Sinn für Gemeinschaft und ohne emotionale, moralische oder rechtliche Bindungen zueinander. Sie sind einsame, egoistische Akteure, die einander misstrauen und ständig gegeneinander kämpfen. In einer solchen Situation werden die Menschen von ihrem Selbsterhaltungstrieb dazu getrieben, einen Gesellschaftsvertrag zu schließen. Darin verzichten sie gegenseitig auf die Ausübung der Selbstbestimmung. Nur der König ist nicht Teil des Vertrages. Daher ist der König der Einzige, der über sich selbst

Der kontraktualistische Ansatz

bestimmen kann. Dies bringt ihn in die Position eines souveränen Herrschers über alle anderen Individuen einer Gesellschaft, die ihrerseits zu seinen Untertanen werden.

Da sich die rechtlichen Bindungen zwischen den Untertanen nur auf den gegenseitigen Verzicht auf Selbstbestimmung beziehen, gibt es keine subjektiven Rechte der Untertanen untereinander oder gegenüber dem König. Die Hobbessche Konzeption des Gesellschaftsvertrags bietet daher keine Grundlage oder Rechtfertigung für die Menschenrechte.

Vertragstheorie von John Locke

Nach Locke sind die Menschen im Naturzustand bereits mit Menschenrechten ausgestattet. Die Menschenrechte werden als Teil der von Gott geschaffenen Natur des Menschen betrachtet. Die Rechte sind vage und werfen daher Auslegungsfragen auf. Die Tatsache, dass jedes Individuum das Recht hat, seine eigenen Rechte zu interpretieren, führt zu parteiischen Auslegungen und Missbrauch. Daher gibt es gute Gründe für die Einrichtung einer öffentlichen Behörde, die das Monopol für die Auslegung der Rechte und die Befugnis zu deren Schutz oder Durchsetzung hat. Die Einrichtung einer solchen Behörde ist der Inhalt des Gesellschaftsvertrags.

Der Lockes'sche Ansatz lässt zwei verschiedene Interpretationen zu. Nach der ersten Auslegung werden die Menschenrechte als Teil der menschlichen Natur betrachtet. Dieser Ansatz ist keine angemessene Rechtfertigung für die Menschenrechte, da er auf einem naturalistischen Fehlschluss beruht. Nach der zweiten Auslegung werden die Menschenrechte von Gott verordnet, der als Gesetzgeber gilt. Diese Argumentation führt zu einem unendlichen Regress, da Gott als Gesetzgeber einer Legitimation bedarf.

Die Vertragstheorie von Jean Jacques Rousseau

Rousseau betrachtet den Naturzustand als eine wirkliche Epoche der Geschichte. Er war durch sehr kleine Gruppen von Individuen gekennzeichnet, die durch Bande der Liebe und Zuneigung eng miteinander verbunden waren. Dieses „goldene Zeitalter" kam durch die Erfindung der Landwirtschaft und des Privateigentums an ihr Ende. Der Naturzustand wurde damit zu einem Zustand, der durch Ungleichheit und wirtschaftliche Enteignung gekennzeichnet war. Es bedarf deshalb eines Gesellschaftsvertrages, um die vorhandene Ungleichheit durch gleiche politische Teilhabe zu kompensieren. Aufgrund des Vertrags wird der Staat durch die volonté general regiert, die aus dem einstimmigen Votum aller Mitglieder der Gesellschaft besteht. In der Praxis führt das Erfordernis der Einstimmigkeit jedoch zur völligen Handlungsunfähigkeit. Daher herrscht in der Praxis die Mehrheit, und die Mehrheit kann Minderheiten unterdrücken.

Vertragstheorie von John Rawls

Nach Rawls ist die ursprüngliche Position durch eine Gesellschaft gekennzeichnet, deren Mitglieder einen Gesellschaftsvertrag abschließen wollen, um Regeln für eine gerechte Verteilung der Vorteile und Lasten ihrer Zusammenarbeit aufzustellen. Die Menschen teilen eine konservative, vorsichtige Haltung gegenüber unvorhersehbaren Risiken (MaxiMin-Prinzip). Menschen stimmen nur dann für gerechte Verteilungsprinzipien, wenn sie hinter dem *Schleier des Nichtwissens* (veil of ignorance) abstimmen müssen – also unter Unsicherheit über ihre eigene zukünftige Position in der Gesellschaft. Hinter dem Schleier des Nichtwissens stimmen die Menschen für das Freiheitsprinzip, das Differenzprinzip und das Prinzip des gleichen Zugangs zu privilegierten Positionen. Das Freiheitsprinzip bezieht sich auf das Maximum an Freiheit, das nur durch das gleiche Maß an Freiheit eingeschränkt wird, die jedes andere Mitglied der Gesellschaft genießt. Für Rawls ist der Inhalt der Freiheit mehr oder weniger identisch mit dem Katalog der klassischen Menschenrechte. Das Differenzprinzip verlangt, dass soziale und ökonomische Ungleichheiten akzeptabel sind, wenn sie den

> am meisten benachteiligten Mitgliedern der Gesellschaft einen größeren Nutzen bringen und diese damit besser gestellt werden als bei jeder anderen Verteilung. Der Grundsatz des gleichen Zugangs verlangt, dass jedes Mitglied der Gesellschaft die gleichen Chancen hat, eine privilegierte soziale und wirtschaftliche Position in der Gesellschaft zu erreichen.
>
> Die Konzeption von John Rawls ist eine unzureichende Rechtfertigung für die Menschenrechte, weil sie Rechte nur für die Mitglieder einer bestimmten Gesellschaft begründet, ohne Gründe zu liefern, die ein Recht auf Zugang zu dieser Gesellschaft unterstützen. Rawls' Theorie bezieht sich daher nur auf die Bürgerrechte und nicht auf die Menschenrechte.

3.1 Die Theorie vom Gesellschaftsvertrag

Wie wir in der letzten Lektion gesehen haben, sind weder der utilitaristische noch der aristotelische Ansatz brauchbar, um als philosophische Grundlage der Menschenrechte zu dienen, da beide Ansätze nicht auf den beiden Prinzipien des methodologischen und des normativen Individualismus beruhen. Der Ansatz der Vertragstheorien hingegen basiert auf diesen beiden Prinzipien. Daher müssen wir untersuchen, ob dieser Ansatz ein geeigneter Kandidat für die Begründung der Menschenrechte ist.

Der kontraktualistische Ansatz ist in der angelsächsischen politischen Philosophie stark vertreten. Die Idee entstand zu Beginn der europäischen Renaissance und wurde erstmals von dem englischen Philosophen Thomas Hobbes (1588–1679) formuliert.

Vielleicht wissen Sie, dass einige Philosophen des Mittelalters bereits für die Idee eines Gesellschaftsvertrags plädiert haben (Marsilius von Padua, Althusius). Die Idee dieser Philosophen war, dass die Legitimation der königlichen Macht auf einem Vertrag zwischen dem Volk und dem König beruht, der ein gegenseitiges Vertrauens- und Loyalitätsverhältnis zwischen den beiden begründet. Das Volk als ursprüngliche juristische Person wurde als eine der Vertragsparteien betrachtet. Dies war eine Idee im Rahmen des aristotelischen Ansatzes, denn Individuen spielten in dieser Konzeption keine Rolle.

Vertragstheorien im Mittelalter

Im Rahmen der modernen Idee des Gesellschaftsvertrags wird „das Volk" oder die Gemeinschaft nicht als ursprünglicher Akteur betrachtet. Nach den Prinzipien des normativen Individualismus besteht die Gesellschaft aus Individuen, und die Individuen sind die eigentlichen Akteure und Vertragsparteien. Die Gemeinschaft – wir sollten lieber von *Gesellschaft* sprechen – wird erst durch den Gesellschaftsvertrag geschaffen. Die Gesellschaft ist das Ergebnis des Vertrags und nicht eine der Vertragsparteien.

3.2 Thomas Hobbes

Thomas Hobbes war der erste Vertreter der modernen Idee des Gesellschaftsvertrags. Obwohl sich seine Vertragstheorie stark von späteren Konzeptionen unterscheidet, können wir bei Hobbes drei Elemente erkennen, die für jede Theorie des Gesellschaftsvertrags typisch sind.

Individualismus

Das erste Element ist das, was wir *Individualismus* nennen. Lassen Sie uns kurz darauf eingehen, was Individualismus ist. Individualismus ist die Vorstellung, dass das Individuum nicht mehr nur als ein abhängiger Teil der Gemeinschaft gesehen wird, der nur den Zwecken der Gemeinschaft dienen soll. Stattdessen wird das Individuum als egozentrisches – nicht unbedingt, aber möglicherweise egoistisches – Wesen betrachtet, das nur an der Maximierung seiner eigenen Güter interessiert ist. Der Wert des Individuums hängt weder von seinem Nutzen für die Gemeinschaft noch von seinem Nutzen für seine Mitmenschen ab. Der Wert hängt nur von der Beziehung des Individuums zu sich selbst ab. Die Individuen sind weder von der Natur noch von Gott an einen Sinn oder Zweck jenseits dieses Sinns gebunden und wählen stattdessen frei ihre eigenen Zwecke. Für sie gibt es keine Verpflichtung durch die Natur oder durch Gott. Sie können also nur durch Selbstbindung, die auf Zustimmung beruht, an Verpflichtungen gebunden werden. Die Grundlage für eine moralische oder juristische Bindung kann, wenn überhaupt, nur von den Individuen selbst geschaffen werden.

Autonomie

Das zweite Element der Theorie des Gesellschaftsvertrags ist das, was wir *Vertragsautonomie* nennen. Vertragsautonomie bezieht sich auf die Fähigkeit, die individuelle Freiheit aufzugeben, indem man ein Versprechen abgibt und einen Vertrag eingeht.

Was ist eigentlich der Unterschied zwischen einem Versprechen und einem Vertrag? Das entscheidende Krite-

3.2 · Thomas Hobbes

rium ist, dass Versprechen nur Selbstverpflichtungen sind. Das heißt, das Individuum, das ein Versprechen gibt, verpflichtet sich selbst gegenüber. Nicht jedes Versprechen ist ein Vertrag, aber jeder Vertrag ist ein Versprechen. Ein Vertrag ist eine Art Versprechen, das mit der Einräumung eines Rechts an den Empfänger des Versprechens verbunden ist. Wenn wir ein Recht gewähren, verleihen wir jemandem die moralische Macht, die Erfüllung unseres Versprechens zu verlangen und den Bruch des Versprechens zu sanktionieren. Im Gegensatz zu einem Versprechen begründet ein Vertrag nicht nur eine Verantwortung gegenüber sich selbst, sondern auch gegenüber dem Vertragspartner.

Das dritte Element des Gesellschaftsvertragsansatzes ist die Idee des so genannten *Naturzustands*. Die Vertragstheorien gehen immer von der Vorstellung aus, dass es einen Zustand des Lebens gibt, bevor ein Vertrag geschlossen wurde. Dieser Zustand wird traditionell als Naturzustand bezeichnet. John Rawls hat diesen Ausdruck durch den Begriff der *ursprünglichen Position* ersetzt. Dieser Begriff hat den Vorteil, dass er die Bildhaftigkeit des älteren Ausdrucks vermeidet. Er macht deutlich, dass sich dieses Element der Gesellschaftsvertragstheorie nicht auf einen historischen Zustand in der Vergangenheit bezieht, sondern auf ein Element in einem Gedankenexperiment. Dementsprechend sollten weder die ursprüngliche Position noch der Gesellschaftsvertrag als reale Fakten in der Geschichte betrachtet werden. Es ist jedoch nicht klar, ob Hobbes seine eigene Argumentation als Gedankenexperiment oder als eine Reihe von Behauptungen über bestimmte historische Ereignisse verstanden hat. Wir sollten uns jedoch darüber im Klaren sein, dass wir nicht über historische Ereignisse sprechen, sondern über ein philosophisches Gedankenexperiment.

Naturzustand

Die Unterschiede zwischen den einzelnen Theorien des Gesellschaftsvertrags liegen in den unterschiedlichen Beschreibungen des Naturzustands, d. h. der Ausgangslage vor Abschluss des Vertrages.

Nach Hobbes ist der Naturzustand dadurch gekennzeichnet, dass die menschlichen Individuen keinerlei Fähigkeit oder Sinn für Sozialität haben (siehe ◘ Abb. 3.1). Sie sind nicht durch emotionale, moralische oder rechtliche Bindungen miteinander verbunden. Sie sind einsame, egoistische Akteure, die einander misstrauen und ständig um die knappen, zum Überleben notwendigen Ressourcen kämpfen. Der Naturzustand gefährdet ihr Interesse an der

> **Thomas Hobbes** (1588 – 1679)
> *Leviathan or the Matter, Forme and Power of a Commonwealth Ecclesiastical and Civil*, 1651
>
> **Naturzustand:**
> - Egoistische antisoziale Individuen
> - Krieg aller gegen alle
> - Risiken für die individuelle Sicherheit
>
> **Lösung:**
> - Gegenseitiger Verzicht auf Selbstbestimmung in einem Vertrag
> - Eine Person ist davon ausgeschlossen: der König
> - Absolute Herrschaft des Königs über die Untertanen

◘ **Abb. 3.1** Hobbes' Konzeption des Gesellschaftsvertrages

Selbsterhaltung, und deshalb wollen die Individuen ihn beenden. Sie wollen sich selbst in einen Zustand des Friedens und der Sicherheit bringen.

Um den Naturzustand zu beenden, verzichten die Individuen gegenseitig auf die Ausübung der Selbstbestimmung. Aus diesem gegenseitigen Verzicht nehmen sie nur eine Person aus, nämlich den König. Der König ist keine Vertragspartei und bleibt im Naturzustand. Er kann nicht nur über sich selbst, sondern auch über alle anderen bestimmen, weil er der einzige Mensch ist, der nicht auf seine Selbstbestimmung verzichtet hat. Damit wird der König zum Inhaber der souveränen Herrschaft. Souveränität und Legitimität der Staatsgewalt beruhen nicht auf Recht und Moral, sondern allein auf dem Verzicht der Untertanen auf Selbstbestimmung und dem Willen des Königs, im Interesse seiner eigenen Interessen über alle Untertanen zu herrschen.

Der einzige Vorteil eines solchen Gesellschaftsvertrags ist, dass es keinen Krieg gibt, in dem jeder gegen jeden kämpft. Es gibt keine moralische oder rechtliche Beziehung zwischen den Untertanen und dem König; die einzigen Beziehungen bestehen zwischen den Untertanen selbst. Die rechtliche Bindung zwischen den Untertanen bezieht sich aber nur auf den gegenseitigen Verzicht auf Selbstbestimmung. Ein positives Recht der Untertanen untereinander oder gegenüber dem König gibt es nicht. Die Hobbessche Konzeption des Gesellschaftsvertrags liefert also keine Grundlage oder Rechtfertigung für Menschenrechte.

3.3 John Locke

Die Menschenrechte kommen in den Blick, wenn wir uns der Vertragstheorie von John Locke zuwenden. Wie in der Theorie von Thomas Hobbes finden wir auch bei Locke die drei Elemente jeder Gesellschaftsvertragstheorie: Individualismus, Vertragsautonomie und eine Konzeption des Naturzustandes. Allerdings ist die Ausgestaltung des Naturzustandes ganz anders.

Wie bei Hobbes werden die Individuen als isolierte Wesen ohne jegliche sozialen Bindungen betrachtet. Aber im Gegensatz zu Hobbes sind sie mit Menschenrechten ausgestattet. Menschenrechte sind besondere Ansprüche, die jedes Individuum gegenüber jedem anderen Individuum hat. Die Menschenrechte werden von Gott verliehen und können in drei Elementen analysiert werden (siehe ◘ Abb. 3.2):

(1) Sie haben bestimmte Schutzbereiche, nämlich Leben, Freiheit und Eigentum. Dementsprechend gibt es drei verschiedene Menschenrechte. Das Recht auf Freiheit ist jedoch in bestimmte Freiheiten unterteilt. Die wichtigste davon ist die Religionsfreiheit. Eine andere ist die Freiheit des Handels und der Wirtschaft. — Schutzbereich

(2) Alle Menschenrechte beinhalten das Recht, sich zu verteidigen, notfalls auch mit Gewalt. Locke nannte diese Gewaltmittel Strafe. Mit anderen Worten: Jeder Träger eines Menschenrechts ist von Gott ermächtigt, — Verteidigungsrecht

---

John Locke (1632 – 1704)
Second Treatise of Government, 1689

Naturzustand:
- Individuen sind von Gott mit Menschenrechten ausgestattet
- Individuelle Sanktionsbefugnis
- Recht der Auslegung
- Risiko fehlerhafter Auslegung →
- Missbrauch der Sanktionen

Lösung:
- Errichtung eines Staates durch Vertrag
- Verstaatlichung der Interpretationshoheit
- Verstaatlichung der Sanktionsbefugnis

◘ **Abb. 3.2** Lockes Konzeption des Gesellschaftsvertrages

diejenigen zu bestrafen, die seine Rechte verletzen oder zu verletzen drohen.

Deutungshoheit

(3) Die Menschenrechte sind unklar und dunkel. Sie müssen daher interpretiert werden. In manchen Situationen ist es fraglich, ob sie überhaupt anwendbar sind. Der Träger des Rechts ist jedoch von Gott mit der Autorität ausgestattet, die maßgebliche Auslegung selbst vorzunehmen.

Aus dem individuellen Recht auf Auslegung der eigenen Menschenrechte in Situationen, in denen der Einzelne selbst betroffen ist, folgt, dass die individuelle Auslegung des Rechts durch parteiische Interessen beeinflusst wird. Die individuelle Auslegung ist daher immer der Gefahr ausgesetzt, verzerrt und falsch zu sein. Eine falsche Auslegung der Menschenrechte führt zu der Gefahr, dass das Recht auf Bestrafung missbraucht wird. Der Einzelne könnte ein Recht verteidigen, das ihm eigentlich nicht zusteht. Dieses signifikant hohe Risiko ungerechtfertigter Gewalt ist ein wesentliches Element des Naturzustandes.

Um diese Risiken zu vermeiden, ist es eine vernünftige Option für die Individuen, einen Gesellschaftsvertrag mit dem Ziel abzuschließen, einen Staat zu gründen und diesem Staat das individuelle Recht auf Auslegung und das individuelle Recht auf Bestrafung zu übertragen. Damit wird der Staat zur zentralen Instanz, die vom Volk (hier: von jedem Mitglied der Gesellschaft!) mit der alleinigen Zuständigkeit für die Auslegung der Rechte der Bürger und dem Monopol auf juristische Gewalt ausgestattet ist. Die Vergemeinschaftung von Auslegung und Bestrafung führt darüber hinaus zu einem positiven Nebeneffekt: Das Individuum ist nicht durch seine eigenen schwachen Kräfte beschränkt, sondern kann die vereinten Kräfte der Gesellschaft nutzen, um seine Rechte zu schützen. Die Verteidigung der Menschenrechte eines jeden ist also viel effektiver als im Naturzustand.

Es ist wichtig zu sehen, dass nach Locke der Gesellschaftsvertrag nicht die Grundlage der Menschenrechte ist. Die Grundlage der Menschenrechte ist der Wille Gottes, der seine menschlichen Geschöpfe mit bestimmten Menschenrechten ausgestattet hat. Die einzige Funktion des Gesellschaftsvertrags besteht darin, einige Mängel der göttlichen Gabe auszugleichen, um Ungerechtigkeit bei der Anwendung der Menschenrechte zu vermeiden.

Verfassungsrecht

Die Locke'sche Konzeption war das Paradigma des Verfassungsrechts in den Vereinigten Staaten von Ame-

3.3 · John Locke

> Alle Menschen sind von Natur aus in gleicher Weise frei und unabhängig und besitzen gewisse angeborene Rechte, welche sie, wenn sie in einen gesellschaftlichen Zustand eintreten, durch keinen Vertrag ihren Nachkommen vorenthalten oder entziehen können, nämlich den Genuss des Lebens und der Freiheit, mit den Mitteln, Eigentum zu erwerben und zu besitzen, und Glück und Sicherheit zu erstreben und zu erlangen.

Abb. 3.3 Virginia Bill of Rights Artikel 1

rika. Das zeigt sich sehr deutlich in Artikel 1 der ersten amerikanischen Verfassung, der Virginia Bill of Rights vom 12. Juni 1776 (siehe Abb. 3.3). Insbesondere der erste Abschnitt dieser Verfassung befasst sich mit den Menschenrechten, während sich die anderen Abschnitte mit der Organisation der Staatsgewalt befassen. Nur in zwei weiteren Artikeln zeigt sich ein Bezug zu den Menschenrechten, nämlich bei der Pressefreiheit in Abschnitt 12 und der Religionsfreiheit in Abschnitt 16.

Im Gegensatz zu Locke führt Artikel 1 der Virginia Bill of Rights die Menschenrechte nicht auf den Willen Gottes, sondern auf die „Natur" zurück. Dies ist jedoch kein wirklicher Gegensatz zu Locke. Die Verfasser der Verfassung von Virginia teilten Lockes Ansicht, dass die „Natur" die Schöpfung Gottes ist. „Von Natur aus" bedeutet also, dass die Menschenrechte dem Menschen in gleicher Weise innewohnen wie Vernunft und Gewissen. Die Menschenrechte sind Teil der natürlichen Verfassung des Menschen gemäß dem Gesamtplan der Schöpfung Gottes.

Ein weiterer Punkt ist ebenfalls wichtig zu erwähnen. In Artikel 1 wird betont, dass die Menschenrechte nicht durch Vertrag entzogen oder veräußert werden können. Sie sind nicht etwas, über das der Mensch verfügen kann, weil sie unveräußerlich und unwiderruflich sind. Es ist auch nicht möglich, auf sie zu verzichten oder sie anderen auf andere Weise zu entziehen. Sowohl die Unwiderruflichkeit als auch die Unveräußerlichkeit sind unabdingbar. Solange es Menschen gibt, sind sie mit Menschenrechten ausgestattet, ebenso wie sie mit Vernunft und Gewissen ausgestattet sind.

Die Konsequenzen dieser Aussage waren jedoch weder den Verfassern der Verfassung von Virginia klar, noch sind sie vielen Zeitgenossen klar. So gibt es immer noch viele

Menschen, die nicht bemerkt haben, dass die Attribute der Unwiderruflichkeit und Unveräußerlichkeit beispielsweise nicht mit der Todesstrafe oder der Folterung von Terroristen und Kriminellen vereinbar sind. Wir werden später auf diesen Aspekt zurückkommen.

Der Locke'sche Ansatz führt wieder zu dem Problem, mit dem wir uns in der zweiten Lektion beschäftigt haben. Bei den Menschenrechten handelt es sich um Normen und nicht um Tatsachen. Es ist also ein naturalistischer Fehlschluss, die Menschenrechte ähnlich wie Vernunftbegabung oder Gewissensbegabung als natürliche Eigenschaften des Menschen zu betrachten.

Dennoch können wir Locke auf eine Weise interpretieren, die diesen naturalistischen Fehlschluss vermeidet. Wir können die Menschenrechte nicht als das Ergebnis einer göttlichen Schöpfung von Tatsachen, sondern als das Ergebnis einer göttlichen Gesetzgebung rechtfertigen. Auf diese Weise könnten wir sagen, dass Gott ein Gesetzgeber ist, der Gesetze erlassen kann. In diesem Fall können wir die Beziehung zwischen Gott und den Menschenrechten mit der Beziehung zwischen dem nationalen Parlament und den nationalen Gesetzen vergleichen, die vom Parlament erlassen werden.

Gottes Gesetzgebung

Viele Kritiker wenden sich gegen diese Konstruktion mit der Begründung, dass sie auf einer bestimmten religiösen Überzeugung beruht und dass religiöse Überzeugungen nicht vernünftig begründet werden können. Religiöse Grundlagen der Menschenrechte würden dazu führen, dass Atheisten oder Gläubige anderer Religionen nicht überzeugt und motiviert werden könnten, die Menschenrechte zu achten.

Ich denke, dass die Frage, ob Religion auf vernünftige Weise gerechtfertigt werden kann, eine sehr schwierige und umstrittene Frage ist. Außerdem glaube ich, dass die religiöse Rechtfertigung der Menschenrechte eine Angelegenheit der Theologie und nicht der Philosophie ist. Diese Vorlesung ist eine philosophische und nicht eine theologische. Daher ist die religiöse Rechtfertigung oder Begründung nicht unsere Sache.

Die Frage nach der religiösen Wahrheit ist für unsere Zwecke aber auch nicht wirklich relevant. Wir können dieser Frage aus dem Weg gehen, indem wir einfach anerkennen, dass wir, selbst wenn wir bereit sind, die Existenz Gottes und die Gesetzgebung Gottes als Tatsache anzunehmen, auf diese Weise dennoch keine stabile Grundlage und kein stabiles Fundament für die Menschenrechte gewinnen. Wenn wir akzeptieren, dass Gott Gesetze erlässt und verlangt, dass wir sie befolgen, dann stellt sich nämlich die Frage, warum die Gesetze Gottes gültig und verbindlich sein sollten.

Wie wir im letzten Kapitel gesehen haben, kann die Androhung von Strafe keine Grundlage für die Gültigkeit von Gesetzen sein. Die einzige Möglichkeit, die Gültigkeit göttlicher Gesetze zu begründen, besteht darin, zu zeigen, dass Gott mit der rechtlichen Kompetenz ausgestattet ist, Gesetze für die Menschen zu erlassen. Wir müssen also nach der Legitimation der göttlichen Gesetzgebung fragen. Eine angemessene Rechtfertigung muss darin bestehen, zu zeigen, dass die rechtliche Kompetenz, Gesetze zu erlassen, Gott von jemandem übertragen worden ist, der insofern einen höheren Rang als Gott hat, als er die rechtliche Kompetenz hat, Gott die Kompetenz zu übertragen, Gesetze für Menschen zu erlassen. Die Frage ist nicht, ob es einen solchen ranghöheren Gesetzgeber gibt. Das Problem ist vielmehr, dass wir auf diese Weise mit einem unendlichen Regress konfrontiert sind. Denn jeder Gesetzgeber, egal welchen Ranges, ist nur dann berechtigt, Gesetze zu erlassen und einem anderen rechtliche Kompetenzen zu übertragen, wenn es einen höherrangigen Akteur gibt, der ihn mit eben dieser Kompetenz ausgestattet hat Dieses Problem zeigt, dass die Locke'sche Theorie des Gesellschaftsvertrags im Rahmen des aristotelischen Ansatzes verbleibt und daher nicht wirklich einen geeigneten Ausgangspunkt für die Grundlegung der Menschenrechte liefert.

3.4 Jean-Jacques Rousseau

Nun möchte ich die verschiedenen Varianten der Gesellschaftsvertragstheorien weiter untersuchen, um ihre Bedeutung für die Begründung der Menschenrechte herauszufinden. Ich komme zu Jean-Jacques Rousseau.

Wie bei Thomas Hobbes und John Locke finden wir in der Theorie von Jean-Jacques Rousseau die drei Elemente jeder Gesellschaftsvertragstheorie: Individualismus, Vertragsautonomie und eine Konzeption des Naturzustands.

Rousseau entwirft den Naturzustand ganz anders als Hobbes und Locke (siehe ◘ Abb. 3.4). Nach Rousseau ist der Naturzustand der ideale Zustand der Freiheit und des Glücks. Es gäbe keine Motivation, den Naturzustand zu überwinden. Für Rousseau ist dieser Idealzustand aber

> **Jean Jacques Rousseau** (1712 – 1778)
> *Du Contract Social ou Principes du Droit Politique, 1762*
>
> **Naturzustand**:
> - Ökonomische Ungleichheit
> - Soziale Ungleichheit
> - Herrschaft der Stärkeren über die Schwächeren
>
> **Lösung**:
> - Rechtliche Gleichheit
> - Errichtung eines Staates als Verteidiger der Gleichheit
> - Verteidigung der Gleichheit durch demokratische Verfahren

◘ **Abb. 3.4** Rousseaus Konzeption des Gesellschaftsvertrages

davon abhängig, dass die Menschen in kleinen Gruppen oder Familien auf der Grundlage von Liebe und Zuneigung zusammen leben.

Nach Rousseau ist es jedoch eine historische Tatsache, dass die Menschen aus dem Paradies des Naturzustandes vertrieben wurden. Sie leben nun in größeren Gesellschaften. Der Grund für diese Entwicklung war die Einführung der Landwirtschaft und des Privateigentums an Grund und Boden. Das Phänomen des Eigentums führte zur Bildung von sozialen Strukturen, die nicht mehr auf Liebe und Zuneigung, sondern auf wirtschaftlicher Aneignung beruhen. Dies führt zu unterschiedlichen sozialen Klassen von Besitzenden und denen, die nichts haben und deshalb den Ersteren dienen müssen.

Ungleichheit

Rousseau beschreibt den Naturzustand nicht als eine Ansammlung getrennter Individuen ohne jegliche soziale Bindungen. Vielmehr beschreibt er ihn als einen sozialen Zustand, der durch starke Ungleichheit gekennzeichnet ist. Dies ist ein neuer Aspekt. Sowohl Hobbes als auch Locke hatten nur Individuen im Auge, die in wirtschaftlicher und sozialer Hinsicht gleichgestellt waren. Beide Philosophen ignorierten die wirtschaftliche und soziale Ungleichheit ihrer Zeit. Sie hatten nur die Großgrundbesitzer und die wirtschaftlich Unabhängigen im Blick. Rousseau hingegen reflektiert die enorme Ungleichheit zwischen den unteren und oberen Klassen in der Zeit vor der Französischen Revolution. Rousseau thematisiert nicht nur die gesellschaftliche Spaltung zwischen denen, die wirtschaftlich unabhängig sind und jenen, die wirtschaftlich abhängig sind. Vielmehr sieht er als Folge dieser Differenz auch die große Ungleichheit hinsichtlich der Fähigkeit zu Selbstbestimmung und Autonomie.

Der Zustand der Ungleichheit ist ein Zustand, in dem die natürliche Freiheit des Menschen verletzt wird. Es stellt sich nun die Frage, ob sich Rousseaus Lösung dieses Problems angemessen mit dem Begriff des subjektiven Rechts beschreiben lässt. Im Naturzustand gibt es keine Rechte, sondern ursprünglich nur natürliche Freiheit. Im Zustand der Ungleichheit sind die Lebensverhältnisse nicht mehr menschenwürdig. Sie sind sozusagen nicht artgerecht. Der Mensch leidet unter dieser Situation und Rousseau fragt nach Mitteln, um seine Situation zu verbessern.

Der Gesellschaftsvertrag ist die Lösung. Nach Rousseau dient der Gesellschaftsvertrag dem Zweck, soziale Ungleichheit zu vermeiden. Die Ungleichheit ist die Ursache für die Verletzung der Freiheit. Die Abschaffung der Ungleichheit führt daher zur Wiederherstellung der natürlichen Freiheit.

Rousseaus Lösung des Problems bezieht sich nicht auf Rechte im Sinne einer absoluten Stellung des Berechtigten gegenüber dem Verpflichteten, sondern auf einen Ausgleich der relativen Positionen. Jeder sollte die gleiche soziale Stellung in Bezug auf den Zugang zu Freiheit und Vorteilen haben.

Im Rousseau'schen Rahmen werden die Rechte nicht als superpositive Normen verstanden. Stattdessen werden Rechte immer als positive Normen betrachtet, die von einem öffentlichen Gesetzgeber erlassen werden. Besonders deutlich wird dies am Beispiel des Rechts auf Eigentum. Anders als Locke betrachtet Rousseau das Recht auf Eigentum nicht als die Erlaubnis, das zu behalten, was der Träger des Rechts als Besitz ergriffen hat, sondern als Recht, das in Besitz zu nehmen, was der Staat als Eigentum zuweist. Der Bürger hat nur das Recht auf gleiche Zuteilung.

Im Prinzip gilt derselbe Gedanke auch für das Recht auf Leben. Der Unterschied besteht nur darin, dass das Recht auf Eigentum quantifiziert werden kann, während das Recht auf Leben nicht quantifiziert werden kann. Wenn also ein Mitglied der Gesellschaft das Recht auf Leben haben sollte, dann sollten auch alle anderen das gleiche Recht auf Leben haben. Wenn ein Mitglied der Gesellschaft kein Recht auf Leben haben sollte – zum Beispiel, weil es sich um einen Mörder handelt –, dann sollte auch jeder andere Mörder kein Recht auf Leben haben. In jedem Fall sind Rechte eine Frage der Gleichheit und nicht eine absolute Position.

Volonté Général

Rousseau wendet denselben Gedanken auf die Frage der Selbstbestimmung an, insofern als der Gesellschaftsvertrag die Funktion hat, die Herrschaft des Stärkeren über den Schwächeren abzuschaffen. Jeder Bürger soll den gleichen Einfluss und die gleiche Macht haben. Die Regierung soll eine Versammlung des Volkes sein, in der jeder Bürger den gleichen Einfluss und das gleiche Stimmrecht hat. Unterdrückung wird vermieden, weil Gesetze und politische Entscheidungen nur durch die Zustimmung aller Bürger zustande kommen. Die Summe der Einzelwillen (volonté de tous) wird zum allgemeinen Willen der Gesellschaft (volonté général).

Gerechtigkeit und der Schutz grundlegender menschlicher Interessen, wie das Interesse an Leben und Freiheit, werden nicht durch Rechte garantiert, d. h. durch die gesellschaftlich anerkannte und respektierte Macht, etwas von anderen zu verlangen, sondern durch das Verfahren der volonté général. Die ultimative Legitimation von Regeln geht aus dem demokratischen Verfahren der öffentlichen Willensbildung hervor. Diese Auffassung ist auch heute noch aktuell. Ein prominenter zeitgenössischer Vertreter dieser Doktrin ist Jürgen Habermas.

Kritik

Die Vorstellung, dass die Menschenrechte einfach eine Frage der Gleichheit sind und dass die Gleichheit durch demokratische Verfahren der Beratung und rechtlichen oder politischen Entscheidungsfindung gewährleistet werden kann, ist nicht sehr überzeugend. Die Gegenargumente lauten wie folgt:

(1) Rousseaus Idee eines angemessenen Verfahrens zur Beseitigung von Ungleichheit verlangt Einstimmigkeit. Moderne Demokratien arbeiten mit Mehrheitsentscheidungen. Dies birgt die Möglichkeit für die Mehrheit, die grundlegenden menschlichen Interessen der Minderheit zu missachten. Andererseits ist es nicht praktikabel, Einstimmigkeit zu verlangen, weil dies zur Handlungsunfähigkeit der Regierung führen würde.

(2) Die Gleichheit ist keine Garantie für den Schutz der grundlegenden menschlichen Interessen. Es ist möglich, dass die Mehrheit der Gesellschaft beschließt, Ungleichheit zu vermeiden, indem sie bestimmte

Grundinteressen verletzt. Nehmen wir an, die Mehrheit beschließt, dass jedes Mädchen beschnitten werden soll. So ist die Gleichbehandlung gewährleistet, weil jeder (weibliche) Mensch das gleiche Leid zu ertragen hat. Aber es ist offensichtlich, dass die weibliche Beschneidung gegen ein sehr grundlegendes menschliches Interesse verstößt.

Vielleicht möchten Sie einwenden, dass Rousseau einer der bedeutendsten Vordenker der Französischen Revolution war und dass die Französische Revolution zur französischen Erklärung der Menschen- und Bürgerrechte von 1789 führte, die mehr als nur das Recht auf Gleichheit umfasst (siehe ◘ Abb. 3.5). Die Erklärung von 1789 ist aber nicht nur von Rousseau, sondern auch vom Geist der amerikanischen Revolution beeinflusst worden. Die ersten beiden Artikel zeigen diese beiden Einflüsse.

Artikel 1 betont den Grundsatz der Gleichheit. Artikel 2 definiert das Ziel und die Aufgabe des Staates, nämlich die natürlichen Menschenrechte zu wahren. Der Katalog der Rechte bezieht sich zum Teil auf Locke (Freiheit, Eigentum) und zum Teil auf Rousseau (Sicherheit, Widerstand gegen Unterdrückung).

Der Rousseau'sche Einfluss wird deutlicher, wenn wir die Mechanismen des Schutzes der Rechte betrachten. Bis vor kurzem war es in Frankreich nicht möglich, in Fragen des Menschenrechtsschutzes die Gerichte anzurufen. Dies war auf die Vorstellung zurückzuführen, dass das demokratische Verfahren der Gesetzgebung bereits sicherstellt, dass eine Verletzung der Menschenrechte nicht stattfinden kann. Der gerichtliche Schutz der Rechte wurde daher als überflüssig angesehen.

Artikel 1
Die Menschen werden frei und gleich an Rechten geboren und bleiben es. Soziale Unterschiede dürfen nur im allgemeinen Nutzen begründet sein.

Artikel 2
Der Zweck jeder politischen Vereinigung ist die Erhaltung der natürlichen und unantastbaren Menschenrechte. Diese sind das Recht auf Freiheit, das Recht auf Eigentum, das Recht auf Sicherheit und das Recht auf Widerstand gegen Unterdrückung.

◘ Abb. 3.5 Französische Erklärung der Menschen- und Bürgerrechte

3.5 John Rawls

Nun komme ich zu John Rawls. Im 19. Jahrhundert und in der ersten Hälfte des 20. Jahrhunderts gab es kaum einen Diskurs über die kontraktualistischen Theorien in der Philosophie oder in der Rechtstheorie. Erst mit John Rawls Buch *Eine Theorie der Gerechtigkeit* von 1971 wurde diese Debatte wiederbelebt (siehe ◘ Abb. 3.6). Seitdem stehen die Vertragstheorien wieder auf der philosophischen Agenda. Wie in jeder anderen Vertragstheorie findet man auch bei Rawls eine Grundlegung dieser Theorie auf der Basis von Individualismus und Vertragsautonomie. Der Unterschied zu den bisher behandelten Vertragstheorien liegt in der Beschreibung des Naturzustandes, den Rawls *ursprüngliche Position* (original position) nennt.

Rawls geht nicht von einsamen, ungebundenen Individuen aus. Sein Ausgangspunkt ist eine bestehende Gesellschaft, d. h. eine bestimmte soziale Struktur der Zusammenarbeit. Diese Gesellschaft ist jedoch durch Ungerechtigkeit und Ungleichheit gekennzeichnet. Für Rawls ist diese Situation nicht akzeptabel, da die Zusammenarbeit auf den Beiträgen aller beteiligten Individuen beruht und dementsprechend für alle beteiligten Individuen von Nutzen sein muss. Die Verteilung von Nutzen und Lasten der Zusammenarbeit muss gerecht (fair) sein. Die Herausforderung seiner Gerechtigkeitstheorie besteht daher darin, die Grundsätze einer ge-

---

John Rawls (1921 – 2002)
A Theory of Justice, 1971

Ausgangsposition (Naturzustand):
- Existierende Gesellschaft (Kooperation)
- Ungerechtigkeit und Ungleichheit
- MaxiMin-Prinzip
- Schleier des Nichtwissens

Lösung:
- Freiheitsprinzip
- Differenzprinzip
- Fairer gleicher Zugang zu privilegierten Positionen

◘ Abb. 3.6 Rawls' Konzeption des Gesellschaftsvertrages

3.5 · John Rawls

rechten Verteilung von Nutzen und Lasten der Zusammenarbeit zu bestimmen. Sein Konzept ist ein Konzept der Verteilungsgerechtigkeit. Rechte sind in diesem Zusammenhang Dinge, die von der Gesellschaft verteilt werden und nicht etwas, das der Einzelne besitzt, bevor er zur Gesellschaft kommt.

Die Verteilung von Nutzen und Lasten basiert auf Fairness, wenn alle Mitglieder der Gesellschaft mit den Verteilungsprinzipien einverstanden sind oder wenn sie zustimmen würden, wenn sie gut informiert wären und rational denken würden.

Um die gerechten Verteilungsprinzipien zu bestimmen, folgt Rawls dem sogenannten MaxiMin-Prinzip. Die Idee hinter diesem Prinzip ist, dass die Individuen die Verteilungsprinzipien unter Bedingungen der Unsicherheit wählen müssen. Sie können nicht die Wahrscheinlichkeit berechnen, ob ein bestimmtes Verteilungsprinzip für sie vorteilhaft oder nachteilig sein wird. Für Rawls haben Individuen in der Ausgangsposition deshalb eine konservative, vorsichtige Haltung gegenüber unvorhersehbaren Risiken. Daher werden sie diejenigen Verteilungsprinzipien wählen, die die Risiken für sie minimieren. Das heißt, sie werden Prinzipien bevorzugen, die ihnen die beste (maximale) aller schlechten (minimalen) Möglichkeiten garantieren. Mit anderen Worten: Sie werden eine Strategie der Risikominimierung wählen.

MaxiMinPrinzip

Eine sehr wichtige Voraussetzung für die Ausgangslage (ursprüngliche Position) ist, dass der Einzelne absolut keine Vorstellung von den Chancen hat, die er in der konstituierten Gesellschaft haben wird, um bestimmte Positionen zu erreichen. Er weiß nicht, welchen Platz er in der Gesellschaft einnehmen, welche Klasse, Stellung und welchen sozialen Status er haben wird, wie es um die Verteilung der natürlichen Ressourcen und Fähigkeiten bestellt sein wird, wie stark oder intelligent er sein wird usw. Er weiß auch nichts über seine eigenen Vorstellungen vom Guten oder seine besonderen psychologischen Neigungen. Rawls nennt diese Situation eine Position hinter einem *Schleier der Unwissenheit* (veil of ignorance). Die Grundsätze der Gerechtigkeit werden hinter dem Schleier der Unwissenheit gewählt. Es gibt drei Prinzipien, die Individuen rationalerweise hinter dem Schleier der Unwissenheit wählen würden:

(1) *Das Freiheitsprinzip.* Nach diesem Prinzip hat jeder Mensch das gleiche Recht auf eine möglichst weitgehende Grundfreiheit, die mit der gleichen Freiheit

Freiheitsprinzip

für alle anderen vereinbar ist. Im Gegensatz zu materiellen Gütern ist die Freiheit keine knappe Ressource. Es ist also möglich, jedem Individuum ein maximales oder optimales Maß an Freiheit zukommen zu lassen. Die einzige Grenze der Freiheit ist die gleiche Freiheit der anderen. Rawls ist der Meinung, dass dieser Freiheitsbereich die politische Freiheit umfasst, zu wählen und zu kandidieren, die Rede- und Versammlungsfreiheit, die Gewissensfreiheit, die Freiheit des persönlichen Eigentums und die Freiheit von willkürlicher Verhaftung. Der Geltungsbereich der gleichen Freiheit weist damit gewisse Ähnlichkeiten mit dem Katalog der klassischen Menschenrechte auf.

Differenzprinzip

(2) *Das Differenzprinzip.* Das zweite Verteilungsprinzip, das sie wählen würden, ist das Prinzip, nach dem soziale und wirtschaftliche Ungleichheiten so zu gestalten sind, dass sie den am wenigsten begünstigten Mitgliedern der Gesellschaft einen größeren Nutzen bringen als jede andere Verteilung. Soziale oder wirtschaftliche Ressourcen und Positionen sind knapp. Es ist nicht möglich, jedem Mitglied der Gesellschaft eine optimale Menge davon zur Verfügung zu stellen. Ungleichheiten sind daher unvermeidlich. Sie sind jedoch akzeptabel, wenn sie so gestaltet sind, dass die am wenigsten begünstigten Mitglieder der Gesellschaft besser gestellt sind als bei jeder anderen Art der Verteilung.

Gleicher Zugang

(3) *Der Grundsatz des fairen und gleichberechtigten Zugangs.* Die ungleiche Verteilung sozialer Positionen und wirtschaftlicher Güter ist mit der Gleichheit der Mitglieder der Gesellschaft vereinbar, wenn jeder Einzelne die gleiche Chance hat, privilegierte Positionen zu erreichen. Die Bedingungen für den Zugang müssen daher unparteiisch bestimmt sein.

Kritik

Für unsere Zwecke müssen wir uns das Prinzip der Freiheit genauer ansehen. Erstens müssen wir erkennen, dass der Umfang der Freiheit, die gleichmäßig verteilt werden kann, viel breiter ist als der Umfang der klassischen Menschenrechte. Ich möchte Ihnen ein Beispiel aus der deutschen Rechtsprechung geben. Die Freiheit, in einem öffentlichen Wald zu reiten, ist offensichtlich eine Freiheit, die gleichmäßig verteilt werden kann. Aber die Freiheit, im Wald zu reiten, ist kein Menschenrecht.

Rawls vertritt die Auffassung, dass das Freiheitsprinzip dem Differenzprinzip „lexikalisch vorgeordnet" sei. Diese These lässt sich nicht für jede Art der Freiheitsausübung vertreten, z. B. nicht für die Freiheit, im Wald zu reiten. Sie könnte auf die Menschenrechte anwendbar sein, insofern sie sich auf grundlegende menschliche Bedürfnisse beziehen, auf die niemand verzichten würde, unabhängig davon, welche anderen Vorteile er im Austausch dafür erhalten könnte. Rawls unterscheidet nicht zwischen Freiheit im weitesten Sinne und Freiheit in diesem engeren Sinne.

Ein weiterer sehr wichtiger Aspekt von Rawls' Konzeption ist, dass seine Gerechtigkeitsgrundsätze an eine bestimmte Gesellschaft gebunden sind. Man muss erst Mitglied eben dieser Gesellschaft sein, bevor man für die entsprechenden Gerechtigkeitsgrundsätze stimmen und Partner des Gesellschaftsvertrags sein kann. Diese Konstruktion kann nur die Bürgerrechte, nicht aber die Menschenrechte rechtfertigen. Rawls' Konzeption des Gesellschaftsvertrags kann nicht zu einer Begründung der Menschenrechte führen, denn die Menschenrechte beziehen sich auf alle Menschen und nicht nur auf die Mitglieder einer bestimmten Gesellschaft.

3.6 Warum Vertragstheorien zur Grundlegung der Menschenrechte ungeeignet sind

Nachdem ich Ihnen einen kurzen Überblick über die wichtigsten Theorien des Gesellschaftsvertrags gegeben habe, werde ich noch einmal aufzeigen, warum diese Theorien nicht geeignet sind, die Menschenrechte zu rechtfertigen und zu begründen.

(1) Sozial ungebundene Individuen können keine Verpflichtungen übernehmen. Die klassischen Vorstellungen des Naturzustands beschreiben die Bewohner dieses Zustandes als ungebundene, egoistische Individuen ohne soziale Bindungen untereinander. Rousseau geht von sozialen Bindungen aus, die auf Liebe und Sympathie beruhen. Aber er denkt nicht über Menschen nach, die nicht auf diese Weise verbunden sind. Von diesem Ausgangspunkt aus bleibt offen, wie solche asozialen Wesen jemals Versprechungen machen oder Verträge mit Menschen außerhalb ihres Sympathiebereichs eingehen könnten.

> Vorvertragliche Bindung

Es ist vielleicht möglich, strategische Vereinbarungen zu treffen, die auf gegenseitigen egoistischen Interessen beruhen. Aber solche Vereinbarungen können niemals eine Grundlage für unveräußerliche und unwiderrufliche Menschenrechte schaffen. Die Rechte, die sich aus einer solchen strategischen Vereinbarung ergeben würden, stehen immer unter der Bedingung, dass sie nur in dem Maße fortbestehen, in dem die Interessen der Parteien gleichgerichtet bleiben. Sollte eine der Parteien zu der Einsicht gelangen, dass ihr privater Nutzen größer sein könnte, wenn sie die Vereinbarung aufkündigt, dann kann sie alle mit dem Vertrag eingeräumten Rechte widerrufen.

Es reicht nicht aus, zu verstehen, dass es keine Ketten gibt, die das Individuum an die Ziele und Zwecke heteronomer Instanzen (Gott, Natur) binden. Das Fehlen solch heteronomer Instanzen mag zu der Einsicht führen, dass die menschlichen Individuen frei sind. Aber sie führt nicht zu der Überzeugung, dass wir verpflichtet sind, die Freiheit der anderen zu respektieren und ihre Autonomie anzuerkennen und zu schätzen. Daraus folgt, dass die erste und grundlegende Verpflichtung nicht durch einen Vertrag begründet werden kann. Sie muss bereits bestehen, bevor man einen Vertrag abschließen kann. Ein Individuum, das moralisch an nichts gebunden ist, ist nicht in der Lage, einen Vertrag zu schließen. Das Recht auf persönliche Freiheit und vertragliche Autonomie muss anerkannt und respektiert werden, bevor wir Systeme der Zusammenarbeit schaffen können, die auf Versprechen und Verträgen beruhen.

Bindung außerhalb von Verträgen

(2) Verträge setzen nur für die Vertragsparteien Grenzen, nicht aber für Personen außerhalb der vertraglichen Bindungen. Wenn ein Vertrag der Ausgangspunkt für jede Art von Verpflichtung ist, können wir keine Verpflichtungen gegenüber Personen haben, die nicht Vertragspartei sind. Selbst wenn sie uns auffordern, den Vertrag mit ihnen zu schließen, sind wir nicht verpflichtet, dem nachzukommen.

Dagegen lässt sich nicht einwenden, dass der Gesellschaftsvertrag kein wirklicher Vertrag ist, sondern nur ein Gedankenexperiment. Die Idee eines Vertrags beinhaltet die Idee der Entscheidungsfreiheit, ob die Parteien bereit sind, den Vertrag einzugehen oder nicht. Dieser Aspekt darf bei einem Gedankenexperi-

ment über die Idee eines Vertrags nicht außer Acht gelassen werden.
(3) Deshalb muss die Grundlegung der Menschenrechte auf der Grundlage der Vertragstheorien scheitern. Das war genau der Grund, warum die Konzeption der Menschenrechte, wie sie in der Philosophie der Aufklärung entwickelt wurde und wie sie im Rahmen der amerikanischen und französischen Revolution umgesetzt werden sollte, letztlich gescheitert ist. Als Vertragspartner galten nur die Staatsangehörigen des eigenen Staates, und wer als Feind oder asoziales Subjekt galt, dem konnte der Gesellschaftsvertrag gekündigt werden. Menschen gegenüber, die nicht die eigene Staatsangehörigkeit besaßen, fühlten sich Staaten nicht verpflichtet, die Menschenrechte zu achten. Sie wurden als Ausländer, d. h. als Menschen ohne Rechte, betrachtet. Diese Haltung zeigte sich noch in den Praktiken der CIA nach den Anschlägen vom 11. September 2001. Sie brachte Menschen ohne US-Staatsbürgerschaft nach Guantanamo oder in andere Länder, um sie dort foltern zu lassen.

Rechtsfolgen

3.7 Ein neuer Ansatz nach dem Zweiten Weltkrieg

Erst durch die schrecklichen Ereignisse während und nach dem Zweiten Weltkrieg wurde die Dringlichkeit deutlich, Menschen vor dem Ausschluss aus jeglicher menschlichen Gemeinschaft und jeglicher rechtlicher und sozialer Bindung zu schützen. Erst durch diese Ereignisse entstand das Bewusstsein, dass es in einem sehr grundlegenden Sinne ungerecht ist, die menschlichen Individuen im Naturzustand allein zu lassen. Insbesondere die Erfahrung, als Flüchtling nirgendwo auf der Welt Rechte zu genießen, führte dazu, dass die deutsch-jüdische Philosophin Hannah Arendt ein „Recht auf Rechte" forderte, d. h. eine Position von Rechten, die nicht nur philosophische Ideen sind, sondern überall auf der Welt durchsetzbare rechtliche Ansprüche auf Schutz durch jeden Staat, unabhängig von der Nationalität oder Staatsangehörigkeit der Person.

ein neuer Ansatz

Infolge dieser neuen Ideen wurde die Organisation der Vereinten Nationen, die unmittelbar nach dem Krieg im Jahr 1945 gegründet wurde, mit der Aufgabe betraut, ein internationales Menschenrechtsregime zu schaffen, um die grundlegenden Menschenrechte für jeden Menschen unabhängig von seiner Staatsangehörigkeit und seinem Rechtsstatus zu garantieren. Wir werden uns dieses System in der nächsten Lektion genauer ansehen.

❓ Zur Wiederholung

3.1. Allen Vertragstheorien sind drei Merkmale gemeinsam. Welche sind das?
3.2. Erläutern Sie, wie sich die vorgestellten Vertragstheorien voneinander unterscheiden.
3.3. Warum ist es nicht möglich, eine Grundlegung der Menschenrechte zu entwickeln, die sich auf göttliche Gesetzgebung beruft?
3.4. Warum ist es nicht möglich, universelle Menschenrechte aus der Idee des Gesellschaftsvertrags zu begründen?

Antworten siehe ▶ Kap. 21.

Leseempfehlungen

Arendt, Hannah: *Es gibt nur ein einziges Menschenrecht. [1949]* https://www.hannaharendt.net/index.php/han/article/download/154/273

Habermas, Jürgen: *Faktizität und Geltung. Beiträge zur Diskurstheorie des Rechts und des demokratischen Rechtsstaates.* Frankfurt/M 1993

Kersting, Wolfgang: *Die politische Philosophie des Gesellschaftsvertrages.* Darmstadt 2009

Rechtsprechung

BVerfG, Urt. v. 06.06.1989 – 1 BvR 921/85 –, „Reiten im Walde", BVerfGE 80, 137

Der Begründungsansatz der Menschenwürde

Inhaltsverzeichnis

4.1 Menschenwürde im internationalen Recht – 76

4.2 Die Geschichte des Begriffs „Menschenwürde" – 80

Leseempfehlungen – 87

© Der/die Autor(en), exklusiv lizenziert an Springer-Verlag GmbH, DE, ein Teil von Springer Nature 2023
P. Tiedemann, *Philosophische Grundlagen der Menschenrechte*, Springer-Lehrbuch, https://doi.org/10.1007/978-3-662-65533-7_4

Der Menschenwürde-Ansatz

Die Texte der internationalen Menschenrechtsverträge weisen auf den Menschenwürde-Ansatz hin. In der Präambel der UN-Charta vom 26. Juni 1945 wird auf den „Glauben an die Grundrechte, an die Würde und den Wert der menschlichen Person und an die Gleichberechtigung von Mann und Frau" verwiesen.

Die Präambel der Allgemeinen Erklärung der Menschenrechte (AEMR) vom 10. Dezember 1948 wiederholt diesen Wortlaut und fügt einen Hinweis auf die „Anerkennung der angeborenen Würde und der gleichen und unveräußerlichen Rechte aller Mitglieder der menschlichen Familie" hinzu.

Artikel 1 der AEMR besagt, dass „alle Menschen frei und gleich an Würde und Rechten geboren sind" und fügt hinzu, dass der Mensch „mit Vernunft und Gewissen begabt" ist.

In den Präambeln des Internationalen Pakts über bürgerliche und politische Rechte und des Internationalen Pakts über wirtschaftliche, soziale und kulturelle Rechte, beide vom 19. Dezember 1966, heißt es, dass „die gleichen und unveräußerlichen Rechte aller Mitglieder der Menschheitsfamilie … aus der der menschlichen Person innewohnenden Würde hervorgehen".

Menschenwürde in den internationalen Menschenrechtsdokumenten

Es gibt keine Legaldefinition des Begriffs *Menschenwürde* im internationalen Recht.

Der Wortlaut der Dokumente von 1945 und 1948 verknüpft die Begriffe der Menschenrechte, der Menschenwürde, der gleichen Rechte von Männern und Frauen und unterscheiden zwischen *Würde* und *Wert*. Die Beziehungen zwischen diesen Begriffen bleiben unklar.

Die internationalen Menschenrechtspakte von 1966 erläutern die Beziehung zwischen Menschenwürde und Menschenrechten als Ableitungsbeziehung.

Eine im Jahre 1947 weltweit durchgeführte Umfrage der UNESCO unter Philosophen und Intellektuellen führte zu keinem eindeutigen Ergebnis. Die Meinungen über den Begriff der Menschenwürde und über Menschenrechte waren eher konfus und divers.

Der Begründungsansatz der Menschenwürde

Das heteronomische Verständnis

Bei Cicero (De officiis) und bei vielen Philosophen der europäischen Renaissance (Bartolomeo Facio, Gianozzo Manetti, etc.), bezeichnet Menschenwürde einen Status des Menschen, wonach er im Unterschied zu Tieren ein spezifisches „Amt" zu versehen hat. Menschen sind verpflichtet, in Übereinstimmung mit den Regeln die handeln, die mit diesem Amt verbunden sind. Menschenwürde bezieht sich also auf gewisse Pflichten des Menschen und nicht auf Rechte. In Deutschland war dieses Verständnis von Menschenwürde von den 1950ern bis zu den 1990ern vorherrschend.

Dieses Verständnis herrscht noch immer in Ländern vor, die stark von der katholischen Kultur geprägt sind, z. B. in Frankreich, wo die Menschenwürde als Gegenbegriff zu den Menschenrechten verstanden wird. Die Funktion der Menschenwürde besteht dann darin, die Reichweite der Menschenrechte einzuschränken (Beispiele sind Fälle wie das Verbot des „Zwergenweitwurfs" und die Rechtfertigung des Burkaverbots).

Die „Ensemble Theorie" der Menschenwürde

In der englischsprachigen Welt herrscht die Vorstellung vor, dass die Menschenrechte als rein positives Recht zu betrachten sind. Aus dieser Sicht kann die Menschenwürde nicht als ein Prinzip betrachtet werden, aus dem sich die Menschenrechte ableiten lassen. Vielmehr wird die Menschenwürde als ein bestimmter Rang oder Status angesehen, der durch die Summe aller kodifizierten Menschenrechte definiert wird (Menschenwürde = das Ensemble aller Menschenrechte – Hilgendorf). Die Menschenwürde verweist auf die Gleichrangigkeit aller Menschen. Sie erhebt sozusagen alle Menschen in den Stand des Adels.

> **Das autonomistische Verständnis der Menschenwürde**
>
> Das autonomistische Konzept der Menschenwürde wurde erstmals von dem italienischen Philosophen Giovanni Pico Della Mirandola (1463–1494) in seinem Werk *Oratio de Dignitate Hominis* (1486) formuliert. Mirandola stellt die Fähigkeit des Menschen in den Mittelpunkt, sein Leben nach seinem eigenen freien Willen zu gestalten. Die Willensfreiheit macht den Unterschied zwischen Menschen und anderen Wesen aus. Die Würde des Menschen ist in dieser Freiheit begründet. Die Würde hängt nicht von der Erfüllung von Pflichten ab, sondern allein von der Fähigkeit des Menschen, einen eigenen freien Willen zu entwickeln und sein Leben zu gestalten.

4.1 Menschenwürde im internationalen Recht

In dieser Lektion möchte ich den Begründungsansatz der Menschenwürde vorstellen. Ich glaube, dass dies der einzige Ansatz ist, der geeignet ist, eine überzeugende Grundlage für die Menschenrechte zu liefern. Wir müssen jedoch zur Kenntnis nehmen, dass der Begriff der Menschenwürde sehr oft missverstanden wird.

Was ist Würde?

Die Geschichte der Missverständnisse begann mit der Diskussion über den Begriff im internationalen Menschenrechtsdiskurs. Im Völkerrecht wird die Menschenwürde erstmals in der Präambel der Charta der Vereinten Nationen erwähnt. Hier lesen wir:

> » Wir, die Völker der Vereinten Nationen, – fest entschlossen
>
> künftige Geschlechter vor der Geißel des Krieges zu bewahren, welche zweimal zu unseren Lebzeiten unsagbares Leid über die Menschheit gebracht hat,
>
> unseren Glauben an die fundamentalen Menschenrechte, an die Würde und den Wert der menschlichen Person, an die gleichen Rechte von Mann und Frau und von allen Nationen, ob groß oder klein, erneut zu bekräftigen
>
> …

Schon der Wortlaut der Klausel zeigt, dass den Verfassern nicht ganz klar war, was die Formel „Würde der menschlichen Person" genau bedeuten sollte:

(1) Der Ausdruck „Würde und Wert" ist verwirrend. Offensichtlich scheint *Würde* etwas anderes zu bedeuten als *Wert*. Aber was ist der Unterschied zwischen Würde und Wert? Was ist Würde, wenn sie nicht eine Art von Wert ist?
(2) In welchem Verhältnis stehen die Menschenrechte zur Menschenwürde? Beide Begriffe werden hintereinander aufgeführt, und die Aufzählung umfasst außerdem die „gleichen Rechte von Mann und Frau". Sind „Menschenrechte", „Menschenwürde" und „Gleichberechtigung" verschiedene Dinge derselben Kategorie, sodass sie in einer Liste ebenso zusammengefasst werden können, wie Äpfel, Birnen und Kirschen unter der Kategorie „Früchte"? Ist es möglich, „Menschenrechte" als ungleiche Rechte im Vergleich zu „gleichen Rechten von Mann und Frau" zu verstehen? Ist die „Menschenwürde" die Bezeichnung für eine dritte Art von Rechten?

Ein anderer Aspekt ist ähnlich verwirrend. Die fragliche Klausel wurde erstmals von dem südafrikanischen Premierminister *Jan Christiaan Smuts* (1870–1950) vorgeschlagen. Er kritisierte den ersten Entwurf der Präambel, der keinen Hinweis auf die Menschenwürde enthielt, und forderte eine Präambel, die ein Bekenntnis zu den grundlegenden Idealen der Koalition enthalten sollte, die gegen Hitler gekämpft hatte. Smuts war der Ansicht, dass der Zweite Weltkrieg ein Krieg zwischen verschiedenen Religionen war und dass die grundlegenden Menschenrechte, die Menschenwürde und die Gleichberechtigung von Mann und Frau die Kernelemente der religiösen Überzeugungen waren, für die die alliierten Streitkräfte gekämpft hatten.

Smuts Entwurf enthielt nicht den Ausdruck „Würde der menschlichen Person", sondern den Ausdruck „Würde der menschlichen Persönlichkeit" (personality). Unter den Verfassern der Charta gab es einen heftigen Streit über diesen Vorschlag, und viele schlugen vor, „menschliche Persönlichkeit" durch „Mensch" (human being) zu ersetzen. Schließlich entschieden sich die Verfasser der Charta für den Ausdruck „menschliche Person". Dies war ein Kompromiss, da Smuts starke Einwände gegen den Ausdruck „Würde des Menschen" hatte.

Der Grund für diese Einwände war, dass Smuts die Idee nicht teilte, dass jeder Mensch mit Würde ausgestattet ist oder dass jedem Menschen Würde zugeschrieben wer-

Smuts

den sollte. Würde sollte nur denjenigen zugesprochen werden, die als *Persönlichkeiten* angesehen werden können. Der Begriff der Persönlichkeit sollte zwischen verschiedenen Arten von Menschen unterscheiden. Smuts unterschied zwischen weißen Menschen und farbigen Menschen. Die Würde sollte nur der weißen Rasse zugeschrieben werden und nicht jedem Menschen.

Während für Smuts der Begriff *Würde* ein Instrument zur Unterscheidung zwischen Menschen war, teilte die Mehrheit der Verfasser der Charta die Auffassung, dass Würde etwas ist, das jedem Menschen zugeschrieben werden sollte, und dass es im Hinblick auf die Würde keinen Unterschied zwischen den Menschen gibt. Sie sahen jedoch keinen Bedeutungsunterschied zwischen „menschliche Person" und „Mensch" und ließen sich deshalb auf den Kompromiss ein.

Man beachte, dass in der Präambel der UN-Charta die Formulierung „Bekräftigung des Glaubens an" verwendet wird. Diese Formulierung zeigt, dass die Verfasser der Charta die Auffassung teilten, dass weder die Menschenrechte noch die Würde der menschlichen Person noch die Gleichberechtigung von Mann und Frau etwas sind, das durch Gesetze oder Verträge erst geschaffen werden muss. Das Wort "Glaube" war von Smuts als religiöser Begriff gemeint. Wie wir wissen, war jedoch nicht jede Vertragspartei der UN-Charta durch eine bestimmte Art von religiösem Glauben motiviert. Insbesondere die Sowjetunion war ausdrücklich kein religiöser Staat. China wurde damals und bis 1971 von der Kuomintang-Regierung vertreten, deren offizielle Ideologie ebenfalls nicht von einer bestimmten religiösen Überzeugung beeinflusst war. Dennoch konnten alle Vertragsparteien die Formulierung „bekräftigen den Glauben an" akzeptieren.

Dies zeigt, dass „Glaube" (faith) in der UN-Charta nicht als religiöser Glaube einer bestimmten Art verstanden werden darf. „Glaube" bedeutet einfach, dass alle Vertragsparteien der UN-Charta die Meinung teilten, dass es menschliche Werte gibt, die als ethische Grundlage der neuen Weltorganisation angesehen werden sollten. Sie teilten auch die Auffassung, dass diese Werte mit den Begriffen „Menschenrechte, Würde der menschlichen Person und Gleichberechtigung von Mann und Frau" umschrieben werden können.

Dennoch wurde die Idee der gemeinsamen Werte der Menschheit nicht im Detail diskutiert, und die Vorstellungen, die die Staaten mit dem Konzept verbanden,

Gandhi

4.1 · Menschenwürde im internationalen Recht

waren sehr diffus und unterschiedlich. Interessanterweise hielt es die UNESCO im Jahr 1947 für angebracht, eine weltweite Umfrage unter Philosophen und Intellektuellen über die Grundlagen der Menschenrechte durchzuführen, um die Ausarbeitung der Allgemeinen Erklärung der Menschenrechte vorzubereiten. Das Ergebnis war so verwirrend und vielfältig, dass die UNESCO beschloss, die Antworten vertraulich zu behandeln, um unnötige Komplikationen bei den Verhandlungen über die AEMR zu vermeiden.

Eine der Antworten stammt von Mohandas Karamchand „Mahatma" Ghandi. Er war der Meinung, dass Rechte nur durch die Erfüllung von Pflichten entstehen können. So hätten wir zum Beispiel nur dann ein Recht auf Leben, wenn wir unsere Pflichten als Bürger der Welt erfüllen:

» Das Recht zu leben erwächst uns nur dann, wenn wir unsere Pflicht als Bürger der Welt erfüllen. Ausgehend von dieser einen grundlegenden Aussage ist es vielleicht einfach genug, die Pflichten von Mann und Frau zu definieren und jedes Recht mit einer entsprechenden, zuerst zu erfüllenden Pflicht in Verbindung zu bringen. Jedes andere Recht erweist sich als Usurpation, für die es sich kaum zu kämpfen lohnt.

Das ist genau das, was viele unter der Menschenwürde verstehen. Nach diesem Verständnis ist das Verhältnis von Menschenwürde und Menschenrechten mit dem Verhältnis von Pflichten und Rechten zu vergleichen. Die Menschenwürde erfordert die Erfüllung bestimmter menschlicher Pflichten. Und wer seinen Pflichten hinreichend nachkommt, dem werden bestimmte Rechte zuerkannt. Dabei beschreiben die Rechte genau den Umfang der Freiheit, die zur Erfüllung der Pflichten erforderlich ist.

Dieses Verständnis von Menschenwürde ist sehr einflussreich in Ländern und Kulturen, die stark vom Geist des Katholizismus geprägt sind (Łuków, Hennette-Vauchez). Betrachten Sie die beiden folgenden Beispiele aus Frankreich.

(1) Der Fall Wackenheim: Herr Wackenheim war von kleiner Statur. Er verdiente sein Geld damit, dass er sich bei öffentlichen Auftritten als Wurfgeschoss zur Verfügung stellte und von starken, großen Männern so weit wie möglich geworfen wurde. Diese Vorführung wurde „Zwergenweitwurf" genannt. Die

„Zwergenweitwurf"

Polizeibehörde erließ eine Verbotsverfügung gegen diese Darbietungen, die vom obersten französischen Verwaltungsgerichtshof, dem Conseil d'Etat, mit der Begründung bestätigt wurde, dass diese Darbietungen die Menschenwürde verletzten und daher gegen die öffentliche Ordnung verstießen. Ein ähnlicher Fall wurde vor dem deutschen Verwaltungsgericht Neustadt verhandelt.

Burka-Verbot

(2) Als das französische Gesetz über das Verbot von Burkas und Niqabs in der Öffentlichkeit vor den EGMR kam, verteidigte die französische Regierung das Gesetz mit dem Argument, dass die vollständige Verhüllung des Gesichts die Menschenwürde verletze und es daher notwendig sei, diese Art von Kleidung zu verbieten.

Nach französischer Auffassung ist es mit den aus der Menschenwürde abgeleiteten Verpflichtungen unvereinbar, dass sich ein Mensch in der Öffentlichkeit in einer Weise zeigt, die als entwürdigend empfunden wird. Nach dieser Auffassung verstößt es gegen die Menschenwürde, sich als menschlicher Flugkörper oder als menschliches Nichts zu zeigen. In beiden Fällen missachten die Menschen die Pflicht, sich in der Öffentlichkeit so zu zeigen, wie es die Menschenwürde verlangt. Der Staat hat daher in diesen Fällen das Recht, ein Verhalten zu unterdrücken und zu bestrafen, das gegen die Menschenwürde verstößt. Die Menschenwürde zu verteidigen bedeutet nicht, die wirklichen Interessen der menschlichen Individuen zu verteidigen, sondern die Würde als einen öffentlichen und überindividuellen Wert.

4.2 Die Geschichte des Begriffs „Menschenwürde"

Cicero

Dieses Verständnis von Menschenwürde ist sehr alt. Es ist in der Tat das älteste Verständnis des Begriffs. *Würde* ist die deutsche Übersetzung des lateinischen Wortes *dignitas*. Sie drückt traditionell einen gewissen Wertunterschied zwischen bestimmten herausragenden Persönlichkeiten und dem Rest der Menschheit aus. In dieser ursprünglichen Bedeutung ist die Kombination aus „Mensch" und „Würde" ziemlich sinnlos, denn wenn die Würde allen Menschen zukommt, taugt sie nicht mehr zur Unter-

4.2 · Die Geschichte des Begriffs „Menschenwürde"

scheidung zwischen verschiedenen menschlichen Individuen in Bezug auf ihren sozialen Wert und ihren Status. In der antiken Sprache konnte man nur von der Würde der Adligen im Vergleich zu den Bürgerlichen sprechen, von der Würde des Königs im Vergleich zu seinen Untertanen, von der Würde eines Richters im Vergleich zu anderen Personen vor Gericht usw. Erst der römische Staatsmann und Philosoph Marcus Tullius Cicero (106-43 v. Chr.) prägte den Begriff "Menschenwürde", um zwischen Menschen und Tieren zu unterscheiden. Cicero vertrat die Idee, dass der Mensch im Vergleich zum Tier einen höheren Rang hat und dass dieser Rang mit bestimmten Pflichten verbunden ist. Menschliche Individuen, die diese Pflichten vernachlässigen, degradieren sich zu tierähnlichen Wesen.

Es gab in der Antike allerdings bereits eine andere Verwendung des Ausdrucks „dignitas". Diese findet sich bei Lucius Annaeus Seneca (ca. 1–65). Hier fungiert *Würde* als Gegenbegriff zu *Preis*. Seneca bringt mit diesen Wörtern eine Unterscheidung zum Ausdruck, die für die Philosophie der Stoa seit ihrem Beginn im Griechenland des 3. Jahrhunderts charakteristisch war, nämlich die Unterscheidung zwischen dem einen absoluten Gut und den vielen relativ wertvollen Gütern. Diesen Sprachgebrauch – Würde als Gegenbegriff zu Preis – hat Immanuel Kant übernommen. Darauf wird im nächsten Kapitel zurückzukommen sein (siehe ▶ Abschn. 5.2).

Seneca

Der Begriff „Menschenwürde" im Sinne Ciceros wurde im 15. Jahrhundert sehr populär. Philosophen der italienischen Renaissance wie *Bartolomeo Facio, Gianozzo Manetti* und andere gingen von der Frage aus, warum Gott den Menschen geschaffen hat. Die Antwort lautete: nicht, weil Gott den Menschen braucht, um Diener zu haben, oder weil es irgendeine andere Notwendigkeit für ihn gibt. Gott hat den Menschen einfach aus reiner Güte geschaffen. Der Mensch ist also nicht Mittel zu einem bestimmten Zweck. Vielmehr ist er, wie Immanuel Kant später formulierte, Selbstzweck. Selbstzweck ist das, was den Menschen vom Tier und jedem anderen nicht-menschlichen Wesen unterscheidet. Selbstzweck ist die Bedeutung des Begriffs der Menschenwürde. Gleichwohl teilten alle diese Philosophen die traditionelle Auffassung, dass Menschenwürde einen Rang oder Status bezeichnet, der Quelle besonderer menschlicher Pflichten ist, nämlich der Pflicht, sich der Herrschaft Gottes zu unterstellen und seinen göttlichen Geboten zu folgen. Dieses traditionelle Verständnis der Menschenwürde kann als das heteronomische bezeichnet werden.

Wiedergeburt der Menschenwürde

Ensembletheorie   Interessanterweise sind einige zeitgenössische Philosophen immer noch auf die Idee fixiert, dass sich der Begriff *Würde* auf einen bestimmten Rang oder Status bezieht. So vertritt der amerikanische Philosoph *Jeremy Waldron* die Auffassung, dass sich die Würde ursprünglich auf den außerordentlich hohen Rang und Status des Adels im Vergleich zum Status der einfachen Menschen bezog. Infolge der Französischen Revolution seien die einfachen Menschen nun in den hohen Rang des Adels erhoben worden – sie seien dem Adel in Rang und Status gleichgestellt und mit entsprechenden Privilegien, den Menschenrechten, ausgestattet worden. Nach dieser Vorstellung wird die Menschenwürde durch die Summe aller kodifizierten Menschenrechte definiert. Der deutsche Rechtsphilosoph *Eric Hilgendorf* spricht von der Menschenwürde als dem Ensemble aller Menschenrechte (Ensembletheorie der Menschenwürde). Amerikanische Philosophen teilen diese Auffassung, weil sie keine andere Möglichkeit haben, die Bedeutung der Menschenwürde zu verstehen, als ein Verständnis aus rein positivistischer Sicht. Um eine angemessene Grundlage für die Menschenrechte zu finden, ist dieser Ansatz jedoch untauglich. Waldron und Hilgendorf gehen davon aus, dass die Menschenwürde aus der Gesamtheit der kodifizierten Menschenrechte abgeleitet wird. Wir verfolgen ein gegenteiliges Interesse. Wir wollen das Prinzip der Menschenwürde nicht aus den Menschenrechten ableiten, sondern umgekehrt: Wir suchen nach der Möglichkeit, die Menschenrechte aus dem Prinzip der Menschenwürde abzuleiten.

Mirandola   Das traditionelle heteronomische Verständnis der Menschenwürde wurde von dem italienischen Philosophen Giovanni Pico della Mirandola (1463–1494) in einer berühmten Schrift in Frage gestellt, die 1486 unter dem Titel *De Dignitate Hominis* („Über die Würde des Menschen") veröffentlicht wurde. Mirandola erzählt die Geschichte der Erschaffung des Menschen. Gott schuf den Menschen, stellte ihn in die Mitte der Welt und sprach zu ihm:

> » Wir haben dir keinen festen Wohnsitz gegeben, Adam, kein eigenes Aussehen noch irgendeine besondere Gabe, damit du den Wohnsitz, das Aussehen und die Gaben, die du selbst dir aussiehst, entsprechend deinem Wunsch und Entschluss habest und besitzest. Die Natur der übrigen Geschöpfe ist fest bestimmt und wird innerhalb von

uns vorgeschriebener Gesetze begrenzt. Du sollst dir deine ohne jede Einschränkung und Enge, nach deinem Ermessen, dem ich dich anvertraut habe, selbst bestimmen. Ich habe dich in die Mitte der Welt gestellt, damit du dich von dort aus bequemer umsehen kannst, was es auf der Welt gibt. Weder haben wir dich himmlisch noch irdisch, weder sterblich noch unsterblich geschaffen, damit du wie dein eigener, in Ehre frei entscheidender, schöpferischer Bildhauer dich selbst zu der Gestalt ausformst, die du bevorzugst. Du kannst zum Niedrigeren, zum Tierischen entarten; du kannst aber auch zum Höheren, zum Göttlichen wiedergeboren werden, wenn deine Seele es beschließt.

Die Idee Mirandolas stand in völligem Gegensatz zum traditionellen Verständnis. Nach Mirandola bezieht sich die Würde der menschlichen Person nicht auf Pflichten und Verpflichtungen, sondern auf die Fähigkeit, einen freien Willen hervorzubringen. Wir können diese Auffassung als die autonomistische bezeichnen.

Mirandola präsentiert diese völlig neue Idee in der traditionellen religiösen Sprache seiner Zeit. Er war der erste Philosoph, der die Menschenwürde mit dem freien Willen der menschlichen Person identifizierte. Im Gegensatz zu früheren Auffassungen war es nicht mehr relevant, wie der Einzelne seine Fähigkeit zur Willensbildung einsetzt. Für die Würde kommt es nicht darauf an, *was* der Mensch will, sondern vielmehr nur, *dass* er wollen kann. Relevant ist allein die Fähigkeit, den eigenen freien Willen zu bilden. Dies wird im letzten Absatz des zitierten Textes deutlich: Der Mensch kann sich entscheiden, zu niederen Lebensformen zu degenerieren, die tierisch sind. Oder er kann sich entscheiden, in die göttliche Ordnung wiedergeboren zu werden. Die Würde hängt nicht von der Alternative ab, für die sich der Einzelne entscheidet. Vielmehr ist es die Kompetenz, sich zu entscheiden, die die Würde des Einzelnen ausmacht.

In diesem Sinne hat die Menschenwürde nichts mit Pflichten und Obliegenheiten zu tun. Sie hat vielmehr etwas mit Freiheit zu tun, nämlich mit der Freiheit des Willens. An dieser Stelle möchte ich Sie auf die wichtige Unterscheidung zwischen Willensfreiheit und Handlungsfreiheit aufmerksam machen. Ich werde darauf zurückkommen.

Wir müssen uns vor Augen halten, dass die alternativen Konzeptionen der Menschenwürde – das Verständnis als

2 Konzeptionen

Verpflichtung versus das Verständnis als Willensfreiheit – von den Verfassern der UN-Charta oder den Verfassern der AEMR nicht diskutiert, vielleicht sogar gar nicht klar gesehen wurden. Die UNESCO-Umfrage hatte gezeigt, dass beide Vorstellungswelten nebeneinander existierten und dass es keinen Konsens in dieser Frage gab. Der Begriff der Menschenwürde wurde zum einigenden Band, der bei der Ausarbeitung der AEMR zwischen Ende 1946 und Dezember 1948 eine zentrale Rolle spielte, ohne dass die Beteiligten ein einheitliches Bewusstsein davon hatten, was er bedeuten sollte.

AEMR

Jedenfalls waren sich die Verfasser der AEMR einig darin, dass die Menschenrechte als Rechte verstanden werden sollten, die irgendwie eng mit der Menschenwürde verbunden sind. Dies geht aus dem ersten Satz der Präambel hervor:

> Da die Anerkennung der inhärenten Würde und der gleichen und unveräußerlichen Rechte aller Mitglieder der menschlichen Familie die Grundlage von Freiheit, Gerechtigkeit und Frieden in der Welt bildet, ...

und auch aus dem fünften Absatz:

> da die Völker der Vereinten Nationen in der Charta ihren Glauben an die grundlegenden Menschenrechte, an die Würde und den Wert der menschlichen Person ... erneut bekräftigt haben ...

und in Artikel 1:

> Alle Menschen sind frei und gleich an Würde und Rechten geboren. Sie sind mit Vernunft und Gewissen begabt und sollen einander im Geiste der Brüderlichkeit begegnen.

So wurde in vielen Sitzungen diskutiert, wie der Zusammenhang zwischen Menschenwürde und Menschenrechten ausgedrückt werden soll. Die Delegierten konnten sich jedoch nicht auf eine Formulierung einigen, die beide Aspekte miteinander verbindet. Folglich taucht der Begriff der Menschenwürde nur in der Präambel auf, während die ersten Artikel ihn um einige relevante Aspekte erweitern.

Zweimal taucht der Begriff der Menschenwürde in der Präambel auf. Der fünfte Absatz ist insofern eine Wiederholung der Formel aus der UN-Charta. Im ersten Absatz ist nicht mehr von der Würde der menschlichen Person die Rede, sondern dieser Ausdruck wird durch den Ausdruck

4.2 · Die Geschichte des Begriffs „Menschenwürde"

„alle Mitglieder der menschlichen Familie" ersetzt. Diese Formulierung wurde gewählt, um deutlich zu machen, dass die Würde nicht etwas ist, das nur bestimmten Teilen der Menschheit zugeschrieben werden kann. Die Mitglieder der Menschheitsfamilie sind Individuen, und jedes menschliche Individuum sollte als jemand betrachtet werden, dem Würde zuzuschreiben ist.

Artikel 1 AEMR zeigt die Gründe auf, warum die Menschenwürde jedem menschlichen Individuum zugeschrieben werden sollte: Jeder Mensch ist mit Vernunft und Gewissen ausgestattet. Was bei Mirandola mit den Worten „freier Wille" ausgedrückt wurde, wird hier als „Vernunft und Gewissen" bezeichnet. Eine Frage blieb jedoch ungeklärt: Ist es wahr, dass jedes Mitglied der Menschheitsfamilie, d. h. jedes menschliche Individuum, mit Vernunft und Gewissen begabt ist? Diese Frage wurde erstmals im Zusammenhang mit der modernen Biotechnologie gestellt. Die Verfasser der AEMR waren sich nicht bewusst, dass es einen Unterschied zwischen „menschlichen Personen" und „jedem Mitglied der menschlichen Familie" geben könnte, da Individuen keine Personen sind, wenn sie nicht mit Vernunft und Gewissen ausgestattet sind. Wir werden später auf diesen Punkt zurückkommen.

Ein weiterer sehr interessanter Punkt in Artikel 1 AEMR bezieht sich auf etwas, das nicht geschrieben steht. Er wird nur sichtbar, wenn wir den Text mit dem sehr ähnlichen Wortlaut in Artikel 1 der Virginia Bill of Rights vom 12. Juni 1776 vergleichen.

> » Alle Menschen sind von Natur aus gleichermaßen frei und unabhängig und haben gewisse innewohnende Rechte.

Dort heißt es, dass alle Menschen gleichermaßen frei und unabhängig sind und dass sie bestimmte Rechte haben. Dies ist dem Wortlaut in Artikel 1 der AEMR sehr ähnlich, der besagt, dass alle Menschen frei und gleich an Würde und Rechten geboren sind. Der entscheidende Unterschied ist, dass die Worte „von Natur aus" aus der Verfassung von Virginia in der AEMR nicht vorkommen. Man könnte meinen, dass die Formulierung „von Natur aus" gleichbedeutend mit „geboren werden" ist. Im Redaktionsausschuss der AEMR gab es jedoch eine lange Debatte darüber, ob es heißen sollte, dass der Mensch von Natur aus mit Vernunft und Gewissen ausgestattet ist oder eher, wie insbesondere die brasilianische Delegation meinte, „von Gott". Letztlich konnte sich die Konferenz nicht auf ein gemeinsames metaphysisches Vorverständnis einigen, und die Worte „von Natur aus" wurden einfach gestrichen.

Interessant ist, dass aus Sicht der Verfasser der AEMR der Begriff der Menschenwürde auf ein bestimmtes metaphysisches Verständnis verweist, dieses aber bewusst offen und ungeklärt bleiben sollte. Mit anderen Worten: Die Frage nach den Grundlagen der Menschenrechte wurde gewissermaßen an die Philosophie weitergeleitet.

Erfreulicherweise ist es jedoch in der dritten Entwicklungsstufe der Kodifizierung der internationalen Menschenrechte gelungen, das Verhältnis zwischen Menschenwürde und Menschenrechten deutlicher zu machen. Der *Internationale Pakt über bürgerliche und politische Rechte* und der *Internationale Pakt über wirtschaftliche, soziale und kulturelle Rechte*, beide vom 19. Dezember 1966, stellen in ihren Präambeln fest, dass die angeborene Würde und die gleichen und unveräußerlichen Rechte aller Mitglieder der Menschheitsfamilie nicht nur die Grundlage für Freiheit, Gerechtigkeit und Frieden in der Welt sind, sondern auch, dass „diese Rechte von der angeborenen Würde der menschlichen Person abgeleitet sind".

Mit dieser Formulierung wurde das Verhältnis zwischen Würde und Rechten insofern geklärt, als gezeigt wurde, dass die Menschenwürde als Grundlage gilt, aus der die Menschenrechte abgeleitet werden können. Die Menschenwürde ist also nicht selbst ein Recht. Sie ist etwas anderes als Rechte. Sie ist das Prinzip, auf dem die Rechte beruhen.

Aus dem, was wir in diesem Kapitel gelernt haben, können wir die folgenden Schlüsse ziehen:

(1) Nach dem Verständnis der internationalen Menschenrechtsinstrumente handelt es sich bei den Menschenrechten um eine Reihe von Rechten, die nicht durch Gesetz oder Vertrag festgelegt werden, sondern vielmehr die Voraussetzung für Gesetz und Vertrag sind. Die Kodifizierung von Menschenrechten ist also nicht als eine Art Schöpfung, sondern als eine Art Anerkennung zu betrachten.

(2) Die Menschenrechte beruhen auf einem gemeinsamen Prinzip, das als Prinzip der Menschenwürde bezeichnet wird. Die Menschenrechte lassen sich aus dem Prinzip der Menschenwürde ableiten. Die Menschenwürde wird als etwas angesehen, das jedem

Mitglied der Menschheitsfamilie oder zumindest jeder menschlichen Person zugesprochen werden muss.
(3) Der Begriff der Menschenwürde ist im Völkerrecht nicht geklärt. Es gibt keine rechtliche Definition. Die Tatsache, dass das Völkerrecht die Menschenwürde als Quelle der Menschenrechte – und nicht etwa als Quelle menschlicher Pflichten – ansieht, deutet jedoch darauf hin, dass der Begriff im autonomistischen Sinne verstanden werden sollte.
(4) Es ist also die Aufgabe der Menschenrechtsgerichte, den Rechtsbegriff der Menschenwürde zu klären. Es scheint jedoch, dass die Gerichte diese Aufgabe nicht ohne sehr tiefgehende und sorgfältige philosophische Überlegungen erfüllen können. Genau das werden wir im nächsten Kapitel tun.

❓ Zur Wiederholung

4.1. Was ist der ursprüngliche Sinn des Begriffs *Würde*?
4.2. Es gibt eine heteronomische und eine autonomische Interpretation des Begriffs Menschenwürde. Welche dieser beiden alternativen Verständnisse war bei dem „Zwergenweitwurf"-Fall maßgeblich?
4.3. Was sind die entscheidenden Kriterien des heteronomischen Verständnisses der Menschenwürde?
4.4. Was sind die entscheidenden Kriterien des autonomistischen Verständnisses der Menschenwürde?

Antworten siehe ▶ Kap. 21.

Leseempfehlungen

Cicero, Marcus Tullius, *De officiis/Vom pflichtgemäßen Handeln* I, 105, 106, hrsg. v. Heinz Gunermann. Stuttgart 1987
Gandhi, Mohanas Karamchand: *Ein Brief an den Generaldirektor der UNESCO*. In: Jaques Maritain (Hrsg.): Um die Erklärung der Menschenrechte. Ein Symposion. Zürich/Konstanz 1951, S. 24 f.
Gisbertz, Philipp: *Menschenwürde in der angloamerikanischen Rechtsphilosophie. Ein Vergleich zur kontinentaleuropäischen Begriffsbildung*. Baden-Baden: Nomos 2018
Habermas, Jürgen: *Das Konzept der Menschenwürde und die realistische Utopie der Menschenrechte*. In: DZPhil 58/3 (2010), 343–357
Hennette-Vauchez, Stéphanie: *Human dignity in French law*. In: Düwell/Braarvig, Brownsword/Mieth (Hrsg.), The Cambridge Handbook of Human Dignity, Cambridge (UK) 2014, 38–374
Heyns, Christof: *The preamble of the United Nations Charter. The contribution of Jan Smuts*. In: African Journal of International and Comparative Law 7 (1995), 329

Hilgendorf, Eric: *Problemfelder der Menschenwürdedebatte in Deutschland und Europa und die Ensembletheorie der Menschenwürde.* In: Zeitschrift für Evangelische Ethik 57/4 (2013), 258–271

Łuków, Pawel: *A Difficult Legacy: Human Dignity as the Founding Value of Human Rights.* In: Human Rights Review 19 (2018), 313–329

Pico della Mirandola, Giovanni: *Über die Würde des Menschen. Lateinisch – Deutsch.* Hamburg 1990

Seneca, Lucius Annaeus: *An Lucilius* 71, 33. In: ders., Philosophische Schriften. Lateinisch und deutsch, hrsg. v. Manfred Rosenbach, Bd. 4. Darmstadt 2011, S. 41

Waldron, Jeremy: *Dignity and Rank.* In: European Journal of Sociology 48/2 (2007), 201–237

Rechtsprechung

Conseil d'Etat Assemblée, du 27.10.1995 – 136727 – (Sté Fun Productions et Wackenheim), RDS 1996, 177 – [https://www.legifrance.gouv.fr/affichJuriAdmin.do?oldAction=rechJuriAdmin&idTexte=CETATEXT000007877723])

EGMR, Urt. v. 01.07.2014 – 43835/11 –, „S.A.S. vs France", HUDOC

VG Neustadt, Beschluss v. 21.05.1992 – 7 L 1271/92 –, NVwZ 1992, 98

Das Menschenwürde-Prinzip I

Inhaltsverzeichnis

5.1 Würde als Werturteil – 94

5.2 Würde als eine spezifische Wertkategorie – 98

5.3 Personalität als Wertmaßstab der Würde – 101

5.4 „Ich-Würde" und die allgemeine Menschenwürde – 105

5.5 Das Risiko des empirischen Irrtums – 109

Leseempfehlungen – 111

© Der/die Autor(en), exklusiv lizenziert an Springer-Verlag GmbH, DE, ein Teil von Springer Nature 2023
P. Tiedemann, *Philosophische Grundlagen der Menschenrechte*, Springer-Lehrbuch, https://doi.org/10.1007/978-3-662-65533-7_5

> **Etymologie der „Würde"**
>
> Das deutsche Wort „Würde" ist die Übersetzung des lateinischen Wortes „dignitas". Dignitas geht auf die indogermanische Wurzel „dek" zurück (etwas akzeptieren, etwas annehmen, etwas bevorzugen).
>
> Das deutsche Wort „Würde" geht zurück auf die althochdeutsche Wurzel „wīrtī" = Wert.
>
> Die Etymologie zeigt, dass Würde sich nicht auf die Eigenschaften eines Gegenstandes bezieht, sondern auf eine Bewertung.

> **Werturteile**
>
> Bewertungen werden durch Werturteile zum Ausdruck gebracht. Werturteile haben die Form „X ist wertvoll" oder „X ist gut".
>
> Werturteile weisen folgende allgemeine Struktur auf:
>
> *p zieht x vor im Vergleich zu y nach dem Wertmaßstab v.*
>
> Im Unterschied zu assertorischen Urteilen = Aussagesätzen („Peking ist die Hauptstadt von China") beziehen sich Werturteile nicht auf Tatsachen. Sie sind deshalb weder wahr noch falsch. Es handelt sich vielmehr um Stellungnahmen einer Person zu bestimmten Tatsachen, die uns über die Werthaltung der Person informieren, welche die Stellungnahme abgibt. Werturteile sind entweder gültig oder ungültig. Die Gültigkeit hängt davon ab, ob es eine Person gibt, die das Werturteil fällt oder ihm zustimmt.
>
> Dieses Konzept von Werturteilen korrespondiert mit der so genannten subjektiven Werttheorie oder Wertsubjektivismus (Kraft, Mackie, von Wright). Viele Philosophen (McNaughton, Putnam) bestreiten diese Theorie und verteidigen stattdessen eine objektive Werttheorie oder Wertrealismus. Wertrealisten glauben, dass Werte Elemente der objektiven Wirklichkeit sind, d. h. zum „Weltinventar" gehören und Werturteile daher Aussagen über die Wirklichkeit sind. Objektive Werttheorien sind moderne Varianten des antiken griechischen Aristotelismus.

Das Menschenwürde-Prinzip I

Wertmaßstäbe

Werturteile sind nur nachvollziehbar, wenn sie einen Bewertungsmaßstab angeben. Das ist der Maßstab, an dem sich die Bewertung orientiert. Ein Werturteil ohne die Angabe eines Bewertungsmaßstabs ist als irrational zu betrachten.

Wertkategorien

Wie schon Seneca unterscheidet auch Immanuel Kant zwei verschiedene Kategorien von Werten: den relativen Wert (Preis) und den absoluten Wert (Würde). Außerdem unterscheidet er zwischen zwei Unterkategorien des Preises, nämlich dem intrinsischen Wert (Affektionspreis) und dem extrinsischen Wert (Marktpreis). Die unterschiedlichen Wertkategorien sind durch unterschiedliche Bewertungsmaßstäbe bestimmt:
Intrinsischer Wert – Maßstab: Liebe, Zuneigung
Extrinsischer Wert – Maßstab: Tauschbarkeit (Angebot und Nachfrage)
Absoluter Wert – Maßstab: „das, was die Bedingung ausmacht, unter der allein etwas Zweck an sich selbst sein kann." Das ist – in Anlehnung an Kant – die Personalität.

Personalität

Personalität besteht aus dem Selbstbewusstsein, *dass ich bin*, und dem Selbstbewusstsein, *wer ich bin* (personale Identität). Das Bewusstsein, wer ich bin, ist das Bewusstsein des Einzelnen, Urheber seines eigenen Willens zu sein und damit Quelle und letzter Bezugspunkt aller seiner Bewertungen. Dieses Bewusstsein macht ein Individuum zu mehr als nur einem Instrument in der Hand anderer oder zu einem bloßen Objekt der Natur. Das Bewusstsein, wer ich bin, kann auch als das Bewusstsein der eigenen *Authentizität* bezeichnet werden oder als das Bewusstsein, *jemand* und nicht nur *etwas* zu sein. Lebewesen, die dieses Bewusstsein haben, werden *Personen* genannt.

Der absolute Wert der Personalität

Das Personsein (Personalität) ist für jede Person im absoluten Sinne wertvoll, weil es die Voraussetzung für jede andere Bewertung ist. Jedes andere Objekt kann nur deshalb als wertvoll angesehen werden, weil es für diese Person aufgrund ihrer Personalität wertvoll ist. Das Bewusstsein des Personseins ist die Quelle aller Selbstachtung.

Individualität

Nur individuelle Personen sind „Träger" der Menschenwürde. Personen sind die einzigen Entitäten, denen wir einen absoluten Wert zuweisen können, weil nur Personen oder zumindest potenzielle Personen mit der Fähigkeit ausgestattet sind, einen freien Willen auf der Grundlage ihrer eigenen Erwägungen und Reflexionen zu bilden. Personen sind die einzigen Entitäten, denen wir einen absoluten Wert – die Würde – zuweisen können.

Theoretisch sind auch nicht-menschliche Personen denkbar, denen wegen ihres Personseins Würde zugesprochen werden muss. Andererseits ist nicht jedes Mitglied der menschlichen Familie mit Personalität oder zumindest mit dem Potenzial zur Entwicklung von Personalität ausgestattet (z. B. azephale menschliche Babys). Daher können wir nicht jedem Mitglied der menschlichen Familie Würde zuschreiben, sondern nur denjenigen, die Personen oder potenzielle Personen sind. Die Menschenwürde bezieht sich auf die Würde der menschlichen Person.

Ich-Würde

Jede Person spricht sich selbst Würde zu („Ich-Würde"), weil die Fähigkeit, Autor des eigenen freien Willens zu sein, für jeden Menschen einen absoluten Wert hat. Aber die Tatsache, dass jeder Mensch sich selbst Würde zusprechen kann, führt nicht zu dem universellen Wert der Menschenwürde. Die Menschenwürde als universeller Wert verlangt, dass jeder Mensch nicht nur sich selbst, sondern auch jedem anderen Menschen auf der Welt Würde zuschreibt.

Allgemeinheit der Menschenwürde

Das Personsein jeder Person in der Welt kann nur dann ein absoluter Wert für Person P sein, wenn das Personsein jeder anderen Person eine notwendige Bedingung dafür ist, dass die Person P ihr eigenes Personsein entwickeln und aufrechterhalten kann. Daher kann die Personalität anderer Personen nur dann ein absoluter Wert für Person P sein, wenn die eigene Personalität von P und die Personalität jeder anderen Person gleichursprünglich sind.

Gleichursprünglichkeit bezieht sich auf die Existenz zweier Entitäten, die voneinander abhängen, weil die erste Entität eine notwendige Bedingung für die zweite ist und die zweite Entität eine notwendige Bedingung für die erste. Sie sind wie die zwei Seiten derselben Münze. Entweder existieren beide oder keine von beiden.

Gleichursprünglichkeitsthese

Die Frage, ob es Gleichursprünglichkeit zwischen dem Bewusstsein der eigenen Personalität und dem Bewusstsein und der Anerkennung der Personalität anderer Person gibt, lässt sich nicht mit rein philosophischen Mitteln beantworten. Die Antwort erfordert nicht nur eine Analyse der Sprache, sondern auch ein gewisses Wissen über die natürlichen Bedingungen des menschlichen Lebens und seiner Entwicklung. Daher können nur die empirischen Wissenschaften eine angemessene Antwort liefern.

[Einige Philosophen betrachteten die Gleichursprünglichkeitsthese als eine Frage der reinen Philosophie, die durch transzendentale Argumente beantwortet werden kann. Beispiele für solche philosophischen Versuche sind das erste Kapitel von *Johann Gottlieb Fichtes* Grundlegung der Naturrechte und das Kapitel *Herr und Knecht* in *Georg Friedrich Hegels* Buch *Phänomenologie des Geistes* (1807).]

Wir müssen also eine empirische Hypothese formulieren, die mit den Mitteln der empirischen Wissenschaften überprüft werden kann. Diese Hypothese lautet: Die Personalität eines jeden Menschen und die Personalität eines jeden anderen Menschen sind gleichursprünglich.

5.1 Würde als Werturteil

Was ist Würde?

In dieser Lektion kommen wir zum Kerninhalt der Vorlesung. Es ist sehr wichtig, die einzelnen Schritte meiner Argumentation zu verstehen, die ich heute vorstellen möchte. Nur wenn Sie diese Argumentation hinreichend verstehen, können Sie nachvollziehen, was Menschenrechte sind und welche Kriterien wir beachten müssen, wenn wir uns mit der Frage beschäftigen, ob wir eine bestimmte Forderung als ein Menschenrecht ansehen müssen. Die erste Frage, die wir stellen müssen, lautet: Was ist Würde?

Etymologie

Ein sehr guter Anfang jeder Begriffserläuterung ist ein Blick auf die Etymologie des Wortes. Das deutsche Wort „Würde" ist die Übersetzung des lateinischen Wortes „dignitas". Dignitas geht auf die indogermanische Wurzel „dek" zurück (etwas akzeptieren, etwas annehmen, etwas bevorzugen). Das deutsche Wort „Würde" geht zurück auf die althochdeutsche Wurzel „wīrtī" = Wert.

Würde ist also kein Ausdruck, der eine Tatsache in der Welt oder eine Sammlung von Tatsachen bezeichnet. Er bezieht sich folglich auch nicht auf eine bestimmte Eigenschaft des Menschen (a.A. Von der Pfordten) Sie ist auch nicht das, was wir ein Sortal nennen. Ein Sortal ist ein Substantiv, das dazu dient, einzelne Entitäten zu klassifizieren, indem Individuen derselben Art unter das Sortal subsumiert werden. Der Begriff *Würde* bezieht sich weder auf individuelle Entitäten noch auf Klassen von Individuen. Es drückt vielmehr ein Werturteil aus! Dieses Werturteil besagt Folgendes: Menschen sind wertvoll.

Wie Sie sich erinnern werden, ist in den internationalen Menschenrechtsinstrumenten nicht von „Menschenwürde" die Rede, sondern von der „Würde der menschlichen Person" oder der „Würde aller Mitglieder der Menschheitsfamilie". Wie ich bereits erwähnt habe, gibt es einen Unterschied zwischen „Mitglied der menschlichen Familie" – was mit menschlichem Individuum gleichgesetzt werden kann – und „menschliche Person". In diesem Stadium der Argumentation fragen wir aber nicht nach dem Objekt, dem wir Würde zuweisen können. Vielmehr stellen wir die Frage, was mit Würde gemeint ist. Deshalb können wir die Frage nach dem Gegenstand der Bewertung, ob also dem menschlichen Individuum oder der menschlichen Person Würde zuzusprechen ist, zum jetzigen Zeitpunkt offenlassen. Relevant ist hier allein die Frage, was Werturteile eigentlich sind.

5.1 · Würde als Werturteil

Werturteile haben stets eine bestimmte Struktur. Wir können diese Struktur auf folgende Weise darstellen.

p bevorzugt x im Vergleich zu y auf der Grundlage des Wertmaßstabs v

Wir müssen zunächst zwischen assertorischen Urteilen und Werturteilen unterscheiden. Der Satz „Peking ist die Hauptstadt von China" ist ein assertorischer Satz (Aussagesatz). Er ist entweder wahr oder falsch. Der Satz ist wahr, wenn Peking die Hauptstadt von China ist. Andernfalls ist er falsch. In jedem Fall hängt seine Wahrheit oder Falschheit nicht von der Person ab, die diesen Satz behauptet. Werturteile sind keine Behauptungen über die objektive Realität. Stattdessen drücken sie eine bestimmte Position oder Einstellung aus, die eine Person gegenüber bestimmten Tatsachen einnimmt. Deshalb sind Werturteile weder wahr noch falsch. Sie sind *gültig* oder *ungültig*, und ihre Gültigkeit hängt davon ab, ob es jemanden gibt, der mit diesem Urteil einverstanden ist. Im Gegensatz zur Wahrheit von assertorischen Urteilen hängt die Gültigkeit von Werturteilen von der Person ab, die sich mit ihnen identifiziert. Ein Werturteil ist nur dann gültig, wenn es mindestens eine Person gibt, die es abgibt oder die ihm zustimmt.

Wahrheit und *Gültigkeit* sind mögliche Eigenschaften von Sätzen, wobei Wahrheit eine mögliche Eigenschaft von Behauptungssätzen und Gültigkeit eine mögliche Eigenschaft von Werturteilen ist. Beide Begriffe bezeichnen aber keine Eigenschaft von Entitäten jenseits der Sprache, also keine Eigenschaften von Gegenständen draußen in der Welt. Assertorische Sätze können das Attribut haben, entweder wahr oder falsch zu sein. Werturteile können das Attribut haben, entweder gültig oder ungültig zu sein.

Weitere Informationen über die Eigenschaften von Werturteilen finden Sie bei von Wright und Urmson. Es ist sehr nützlich, die vorgeschlagene Unterscheidung zwischen Wahrheit und Gültigkeit zu befolgen, weil sie den Unterschied zwischen assertorischen Sätzen und Werturteilen immer klarstellt und Verwirrung und Missverständnisse vermeidet. In unserer gewöhnlichen Sprache führen wir diese Unterscheidung leider nicht immer durch. Für diese Ungenauigkeit ernten wir viel Unsicherheit in unserem Denken.

Diese Gefahr besteht auch, wenn wir nicht zwischen Werturteilen selbst und sekundären Berichten über Werturteile unterscheiden. Wenn eine Person einen solchen Be-

Werturteil

Wahrheit und Gültigkeit

richt abgibt, behauptet sie eine Tatsache. Die Behauptung kann wahr oder falsch sein. Wenn ich zum Beispiel sage: „Peter zieht Monika allen Mädchen in der Klasse vor", dann drücke ich eine Behauptung aus. Das ist etwas anderes als wenn Peter mir gegenüber äußert, dass er Monika bevorzugt. In diesem Fall werde ich Zeuge einer bestimmten Art von Stellungnahme, nämlich der Abgabe eines Werturteils. Werturteile in diesem Sinne sind performative Handlungen im Sinne von John L. Austin.

Die allgemeine Struktur eines Werturteils weist einige Variablen auf, die nun näher erläutert werden müssen. Zunächst: Wer oder was ist p? p ist die Person, die das Werturteil abgibt, indem sie ihre eigene Präferenz für ein bestimmtes Objekt anzeigt.

Die Variablen x und y bedürfen keiner weiteren Erläuterung. x ist der Gegenstand der Bewertung und y macht deutlich, welche Präferenz im jeweiligen Kontext gemeint ist. Präferenzen beruhen immer auf einem Vergleich zwischen mindestens zwei Objekten x und y, die sich hinreichend ähnlich sind, um miteinander verglichen werden zu können.

Was aber ist mit der Variable v? v ist ein Maßstab oder eine Maßeinheit, die das Werturteil rational nachvollziehbar oder verständlich macht. Solche Maßstäbe zeigen allgemeinere Werte an. Es handelt sich um Werte einer höheren Abstraktionsebene.

Nehmen wir das folgende Beispiel: Jemand sagt: „Dieser Computer ist gut." Dieser Satz ist nicht sehr verständlich und nachvollziehbar. Wir können nicht verstehen, warum und inwiefern der Computer als gut angesehen, also im Vergleich mit anderen Computern bevorzugt wird. Wir können fragen: „Warum glaubst du, dass dieser Computer gut ist?" Und die Antwort könnte lauten: „Dieser Computer ist gut, weil er stabil ist." Dieser Satz ist ein nachvollziehbares Werturteil, weil wir den Maßstab der Bewertung kennen, nämlich die Stabilität. Jemand anderes würde vielleicht sagen: „Nein, dieser Computer ist nicht gut. Dieser andere ist gut, weil er schneller ist." Dennoch gibt es keinen Widerspruch zwischen diesen beiden Werturteilen. Das erste basiert auf dem Maßstab der Stabilität, das zweite auf dem Maßstab der Geschwindigkeit. Offensichtlich haben die Personen, die diese beiden unterschiedlichen Werturteile abgeben, unterschiedliche Interessen, wenn es um die Bewertung von Computern geht. Sehr oft geben Menschen Werturteile ab, ohne sich auf einen Wertmaßstab zu beziehen. Diese Urteile sind jedoch irrational,

5.1 · Würde als Werturteil

und es macht keinen Sinn, sie verstehen zu wollen. Damit Werturteile nachvollziehbar sind, müssen wir wissen, auf welchem Wertmaßstab sie beruhen.

Wenden wir nun die Struktur der Werturteile auf das Werturteil an, mit dem den Menschen Würde zugesprochen wird. Die erste Frage lautet: Wer ist p? Die Gültigkeit des Würde-Urteils hängt von unserer individuellen Stellungnahme bzw. unserer Werthaltung gegenüber den Menschen ab. Wir sind diejenigen, von denen es abhängt, ob Menschen Würde zukommt oder nicht. Wenn wir glauben, dass der Mensch Würde hat, dann hat er sie; wenn wir das nicht glauben, dann hat er sie nicht. Die Antwort hängt also von unserer persönlichen Werthaltung bezüglich des Menschen ab. Es ist nicht möglich, die Würde des Menschen oder der menschlichen Person denjenigen zu beweisen, die diese Werthaltung nicht teilen. In der Tat gibt es viele Menschen, die sie nicht teilen. Ich werde später auf diesen Punkt zurückkommen. Ein Staat, der den Grundsatz der Menschenwürde in seine Verfassung oder seine Gesetze aufgenommen hat, zeigt, dass die Bürger oder zumindest der politisch einflussreichste Teil der Bevölkerung mit dem Würde-Urteil über Menschen einverstanden ist. Menschen und Staaten, die diesem Urteil nicht zustimmen, liegen mit ihrer Wahrnehmung der Realität nicht falsch. Unserer Ansicht nach bevorzugen sie eine andere und falsche Lebensweise. Wir sind der Meinung, dass es für sie der Weg zu einem moralisch besseren Leben wäre, wenn sie das Würde-Urteil über den Menschen teilen würden. Deshalb werden wir versuchen, sie vom Wert der Menschenwürde zu überzeugen. Jemanden vom Wert der Menschenwürde zu überzeugen, ist in erster Linie keine intellektuelle Herausforderung. Es bedarf dazu keiner intellektuellen oder philosophischen Argumente, sondern vielmehr eine besondere Art von Erfahrung mit anderen Menschen, die dazu beiträgt, eine Beziehung zu ihnen herzustellen, die auf Selbstachtung und auf Respekt beruht. Darauf werde ich im nächsten Kapitel zurückkommen.

Zunächst aber sei gefragt: Was füllt die Variable x im Menschenwürde-Urteil? – x ist der Gegenstand der Bewertung, in unserem Fall also „der Mensch". Aber was genau ist mit „Mensch" gemeint? Ist es jedes einzelne menschliche Individuum (jedes Mitglied der menschlichen Familie)? Ist es nur ein personales menschliches Individuum (jede menschliche Person)? Handelt es sich nur um personale menschliche Individuen mit „Persönlichkeit"

Menschenwürde Urteil

(die Idee von Smuts) – also um das, was wir einen *Gentleman* oder eine sehr seriöse oder zuverlässige Person nennen? Oder geht es gar nicht um menschliche Individuen, sondern um die allgemeine Idee von Menschlichkeit? Ist es die Menschheit als solche, die menschliche Spezies? Zum jetzigen Zeitpunkt können wir diese Frage noch nicht beantworten. Aber ich verspreche, dass ich sie später beantworten werde.

Was ist y? Wir können nicht wissen, mit welchem Wesen wir den Menschen vergleichen sollen, wenn wir nicht vorher wissen, was mit dem Menschen gemeint ist. Also müssen wir auch diese Frage vorerst offenlassen.

Was ist v? Diese Frage bezieht sich auf den Wertmaßstab, der unserem Würde-Urteil über den Menschen zugrunde liegt. An dieser Stelle meiner Argumentation wird der Unterschied zwischen *Wert* und *Würde* relevant. Wie ist das Verhältnis zwischen Wert und Würde?

5.2 Würde als eine spezifische Wertkategorie

Würde bezeichnet eine bestimmte Wertart. *Wert* ist der Oberbegriff, während *Würde* einer der Unterbegriffe ist, die unter den Oberbegriff *Wert* fallen. (siehe ◘ Abb. 5.1). Der Unterschied zwischen den verschiedenen Wertarten beruht auf den verschiedenen Kategorien von Wertmaßstäben. Wir müssen deshalb die Kategorie des Wertmaßstabs genauer bestimmen, die jener Wertart eigen ist, welche wir Würde nennen.

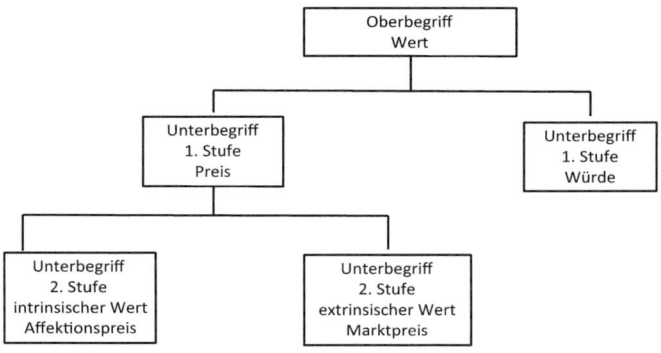

◘ Abb. 5.1 Der Oberbegriff *Wert* und seine Unterbegriffe. (© Paul Tiedemann)

5.2 · Würde als eine spezifische Wertkategorie

Es gibt zwei verschiedene Kategorien oder Arten von Wert. Diese Entdeckung geht auf die antike europäische Philosophie der Stoa zurück, die seit ihren Anfängen stets zwischen dem einen absoluten Wert und den vielen relativen Werten unterschieden hat. Bei Lucius Annaeus Seneca werden diese beiden Wertkategorien erstmals mit den Ausdrücken Preis (pretium) und Würde (dignitas) ausgedrückt. Diese Ausdrucksweise hat Immanuel Kant übernommen. In dessen Werk *Grundlegung zur Metaphysik der Sitten* (1786) findet sich der locus classicus dieser Terminologie:

» Im Reich der Zwecke hat alles entweder einen Preis oder eine Würde. Was einen Preis hat, an dessen Stelle kann auch etwas anderes, als Äquivalent, gesetzt werden; was dagegen über allen Preis erhaben ist, mithin kein Äquivalent verstattet, das hat eine Würde. Was sich auf die allgemeinen menschlichen Neigungen und Bedürfnisse bezieht, hat einen Marktpreis; das, was auch ohne ein Bedürfnis vorauszusetzen, einem gewissen Geschmacke, d.i. einem Wohlgefallen am bloßen zwecklosen Spiel unserer Gemütskräfte, gemäß ist, einen Affektionspreis; das aber, was die Bedingung ausmacht, unter der allein etwas Zweck an sich selbst sein kann, hat nicht nur einen relativen Wert, d.i. einen Preis, sondern einen inneren Wert, d.i. Würde.

Kant unterscheidet zwischen zwei verschiedenen Wertkategorien: Preis und Würde. Wir können diese Unterscheidung in Form von relativem und absolutem Wert ausdrücken. Innerhalb der Kategorie des relativen Wertes unterscheidet er außerdem zwei Unterkategorien: den Affektionspreis und den Marktpreis. Wir können diese Unterscheidung mit den Ausdrücken *intrinsischer* und *extrinsischer* Wert ausdrücken.

Wir sind es gewohnt, in unserem täglichen Leben mit extrinsischen und intrinsischen Werten umzugehen. Wir sind mit ihnen sehr vertraut. Um den Wertmaßstab der Würde zu bestimmen, könnte es daher sinnvoll sein, zunächst die Wertmaßstäbe des Marktpreises und des Affektionspreises näher zu betrachten. Von dort aus können wir versuchen, uns dem Wertmaßstab der Würde anzunähern.

Etwas hat einen Affektionspreis, wenn es in uns (positive) Affekte auslöst. Das ist der Fall, wenn wir etwas mögen oder lieben. In diesem Fall sind wir an dem Gegenstand unserer Zuneigung als solchem interessiert. Der

Affektionspreis

Wertmaßstab, nach dem sich der Affektionspreis richtet, ist also das Maß unseres Wohlgefallens und unserer Liebe.

Es gibt jedoch nicht immer nur eine Sache oder ein Ereignis, das unser Wohlgefallen erregt. Gewöhnlich sind es zahlreiche Dinge, an denen wir als solche interessiert sind. Manchmal können wir etwas, das wir mögen, nur erreichen, wenn wir auf etwas anderes verzichten, an dem wir ebenfalls interessiert sind. In einer solchen Situation müssen wir entscheiden, was wir vorziehen. Zu manchen Gegenständen unserer Zuneigung ist die Liebe größer als zu anderen. Auf diese Weise ergibt sich eine Vorzugs- oder Präferenzordnung. Alle Gegenstände unseres Begehrens stehen in einer Präferenzordnung, und diese Ordnung sagt uns, was wir in einer bestimmten Situation vorziehen sollen. Daher sind alle Dinge, die wir lieben, im Rahmen einer Präferenzordnung miteinander verbunden.

Nehmen wir das Beispiel eines Briefmarkensammlers. Er begehrt Briefmarken. Er möchte sie nicht zum Versenden von Briefen oder Postkarten verwenden. Er legt sie in sein Briefmarkensammelbuch und ist einfach froh, sie zu besitzen, und zu betrachten. Briefmarken, oder eine bestimmte Art von Briefmarken, haben für ihn einen besonderen Affektionspreis oder einen intrinsischen Wert.

Marktpreis

Etwas hat einen Marktpreis, wenn wir nicht daran als solchem interessiert sind, sondern nur an etwas anderem, das wir dafür eintauschen können. Der Marktpreis von etwas ist also immer relativ zu dem Affektionspreis von etwas anderem, das wir eigentlich wollen. Der Wertmaßstab des Marktpreises ist das Verhältnis von Angebot und Nachfrage – oder anders gesagt, die Tauschbarkeit.

Nehmen wir das Beispiel einer Brieffreundin. Sie wünscht sich Briefmarken wie der Briefmarkensammler. Aber sie ist nicht an den Briefmarken als solchen interessiert. Sie braucht sie, um Briefe an ihre Briefpartnerin zu schicken. Also tauscht sie die Briefmarken gegen die Möglichkeit ein, ihren Brief an die Adresse der Brieffreundin zu schicken. Anhand dieser beiden Beispiele können Sie feststellen, dass der Affektionspreis oder der Marktpreis einer Briefmarke nicht von der Briefmarke selbst abhängt. Der Preis der Briefmarke ist nicht eine Eigenschaft der Briefmarke. Er entspricht vielmehr einer bestimmten Einstellung oder eines bestimmten Interesses des Briefmarkensammlers bzw. der Brieffreundin an der Briefmarke.

Würde

Ich denke, dieses Wissen über die Eigenschaften von Preisen und über die beiden Unterkategorien von Preisen kann uns helfen, die Bedeutung von Würde zu verstehen. Die Würde ist das Gegenteil von Preis. Sie bezieht sich nicht auf einen relativen Wert, sondern auf das Gegenteil von relativ. Das Gegenteil von relativ ist absolut. Würde bedeutet also einen absoluten Wert. *Absolut* bedeutet, dass dieser Wert frei von jeder Beziehung zu gewöhnlichen intrinsischen oder gar extrinsischen Werten ist, das heißt, dass er nicht in eine Präferenzordnung integriert ist, sondern jenseits und unabhängig von jeder möglichen Präferenzordnung existiert. Etwas hat einen absoluten Wert, wenn es nichts anderes auf der Welt gibt, das es wert sein könnte, demgegenüber bevorzugt oder dagegen eingetauscht zu werden. Etwas hat also Würde, wenn es im absoluten Sinne wichtiger ist als jede andere wertvolle Entität (Dinge, Beziehungen, Situationen, Positionen usw.). Es ist nicht möglich, auf Entitäten, die Würde haben, zu verzichten, und es ist auch nicht möglich, sie gegeneinander aufzuwiegen oder Dinge, die keine Würde haben, den Dingen vorzuziehen, die Würde haben. Aber die Frage bleibt: Was ist der Wertmaßstab der Würde?

5.3 Personalität als Wertmaßstab der Würde

Der Wertmaßstab der Würde ist natürlich nicht die Austauschbarkeit, denn die Würde ist das Gegenteil des Marktpreises und die Austauschbarkeit ist der Wertmaßstab des Marktpreises. Auch die reine Liebe und das reine Wohlgefallen können nicht der Wertmaßstab der Würde sein, weil diese den Wertmaßstab des Affektionspreises bilden. Es muss also etwas anderes geben, das als Wertmaßstab für absolute Werte fungieren kann. Das muss etwas sein, das in jeder Situation immer alle anderen Werte übertrumpft, sodass die Dinge, denen Würde zukommt, in jeder Situation zwangsläufig vorzuziehen sind. Ist so etwas denkbar? Viele Philosophen sind der Meinung, dass es einen solchen Wertmaßstab nicht gibt. Für sie sind Werte immer relativ. Sie behaupten, dass alles einen Preis hat. So etwas wie einen absoluten Wert gibt es ihrer Meinung nach nicht.

Indessen lässt sich zeigen, dass es tatsächlich etwas gibt, das aus logischen Gründen einen absoluten Wert hat und das als Wertmaßstab der Würde fungieren kann. Das ist das, was wir Personsein oder Personalität nennen. Was die Austauschbarkeit für die Kategorie der Marktpreise ist, was die Liebe für die Kategorie des Affektionspreises ist, das ist die Personalität für die Würde.

Was ist Personalität? Sie setzt sich aus zwei Aspekten zusammen:
(1) dem Bewusstsein, dass ich bin (dem Bewusstsein meiner reinen Existenz), und
(2) dem Bewusstsein, wer ich bin.

Das Bewusstsein darüber, wer ich bin, bezieht sich nicht auf meinen Namen, meine Abstammung, meinen sozialen Status oder ähnliches. Es bezieht sich vielmehr darauf, dass ich weiß, eine Person zu sein, ein *jemand* und nicht bloß ein *etwas*. Das Bewusstsein, eine Person zu sein ist mit dem Bewusstsein gegeben, Urheber meines eigenen Willens zu sein. Ich bin Person insofern als ich mir bewusst bin, aus einem lebenslangen kontinuierlichen Strom von Handlungen hervorgegangen zu sein, die ich mir selbst zurechne und durch die ich geworden bin, der ich bin. Ich werde also durch meinen Willen, der sich in Handlungen manifestiert, geschaffen und verwandelt. Weil ich mich als Person begreife, also als Inbegriff meiner vergangenen, gegenwärtigen und zukünftigen Handlungen, kann ich mich nicht als Sache oder als bloßen Gegenstand begreifen, den man in der Welt vorfinden kann. Ich bin für mich vielmehr mein Wille, der sich in Handlungen manifestiert hat. Dieses Bewusstsein von mir selbst als Person kann man deshalb auch als *personale Identität* bezeichnen oder – in Betonung des Ursprungs meines Willens und meiner Handlungen – als *Authentizität*.

Ich verwende diese drei Ausdrücke (Personalität, personale Identität, Authentizität) austauschbar. Ein Mangel an Authentizität kann unsere persönliche Identität verwirren oder zerstören, weil wir in einer solchen Situation nicht in der Lage sind, uns selbst als Urheber unseres Willens zu verstehen, und stattdessen gezwungen sind, uns als bloße Objekte zu begreifen, die auf die Gesetze der Natur reagieren, oder als bloße Instrumente in den Händen anderer. Wir werden uns dadurch selbst zum Objekt, das sich selbst beobachten kann. Als Person, d. h. als Ursprung des Willens können wir uns dagegen nicht selbst beobachten. Wir liegen als Personen schon immer jeder Beobachtung voraus.

Personalität als absoluter Wert

Es ist nicht nur notwendig zu wissen, was Personalität ist. Wir müssen auch klären, warum das Personsein so wichtig sein soll, dass wir sagen können, es sei absolut wertvoll. Das Personsein ist absolut wertvoll, weil das Bewusstsein, Urheber unseres eigenen Willens zu sein, uns das Bewusstsein gibt, der ultimative Bezugspunkt jeder möglichen Bewertung zu sein. Wir können und müssen uns als Person einen absoluten Wert zusprechen, weil wir als Personen die Quelle aller anderen Werte sind. Dies ist die Grundlage eines jeden echten Selbstwertgefühls. Wenn wir uns selbst keinen absoluten Wert zusprechen würden, würde auch alles andere für uns jeglichen Wert verlieren. Solange uns irgendetwas im Leben wichtig ist, müssen wir uns unhintergehbar selbst absolut wichtig nehmen.

Den absoluten Wert des Personseins kann man sich folgendermaßen klar machen: Wenn das Personsein nur einen relativen Wert hätte, dann wäre eine Situation denkbar, in der ein beliebiges X für eine Person wertvoller wäre als ihr eigenes Personsein. Wenn X wertvoller ist als die eigene Personalität, wäre es in einem solchen Konflikt vernünftig, auf die Personalität zu verzichten, um X zu erlangen. Doch ohne die Fähigkeit, einen eigenen Willen zu bilden, verliert alles seinen Wert, auch X. Denn Werte sind das Ergebnis unserer Willensbildung. Ohne die Fähigkeit, einen eigenen Willen zu bilden, kann nichts einen Wert haben. Das Personsein ist eine Voraussetzung für die Möglichkeit jeglicher Bewertung und damit eine notwendige Bedingung für die Möglichkeit jeglichen Wertes.

An diesem Punkt der Lektion können wir feststellen, dass es drei verschiedene Wertkategorien gibt, dass sie sich durch ihre unterschiedlichen Wertmaßstäbe unterscheiden lassen, dass die Würde eine dieser Kategorien ist und dass sie durch den Wertmaßstab der Personalität definiert wird.

Nun kommen wir zur Bewertung des Menschen. Was ist der Wert eines Menschen? Der Mensch als Lebewesen ist als solcher oder von Natur aus nur eine Tatsache, und Tatsachen haben von Natur aus keinen Wert. Denn Werte sind nicht Teil des Weltinventars. Sie existieren nur als Ergebnis subjektiver Bewertungsakte. Es liegt an uns, ob wir dem Menschen einen bestimmten Wert zuschreiben.

Wert des Menschen

Wie jedem anderen Gegenstand kann auch dem Menschen ein extrinsischer Wert (Marktpreis) zugewiesen werden. Das tun wir immer, wenn wir einen Arbeiter einstellen, einen Politiker wählen oder einem Vortragenden zuhören. Der Arbeitnehmer hat für den Arbeitgeber einen Marktpreis. Der Arbeiter oder der Dozent kann durch einen anderen, besseren Arbeiter oder Dozenten oder vielleicht sogar durch einen Roboter ersetzt werden. Der Marktpreis eines Arbeitnehmers wird in seinem Lohn ausgedrückt. Der Marktpreis eines Dozenten kann durch die Höhe seiner Tantiemen oder akademischen Auszeichnungen ausgedrückt werden.

Wie jedem anderen Objekt kann auch dem Menschen ein intrinsischer Wert (Affektionspreis) zugewiesen werden. Das tun wir immer dann, wenn wir jemanden als unseren Freund ansehen oder wenn wir unsere Kinder lieben. In solchen Fällen haben unser Freund oder unsere Kinder für uns einen Wert an sich. Der Rang dieses Wertes kann jedoch nur im Rahmen einer Präferenzordnung bestimmt werden. Manche Leute sind bereit, um ihrer Karriere willen oder ihrer Briefmarkensammlung zuliebe ihre Kinder zu vernachlässigen. Dann haben ihre Kinder im Verhältnis zur Karriere oder zur Briefmarkensammlung einen geringeren Rang auf der Präferenzskala.

Aber was ist mit der Würde? Es ist nicht möglich, jedem Objekt eine Würde zuzuordnen. Nur diejenigen Objekte, die mit Personalität oder zumindest mit potenzieller Personalität ausgestattet sind, kommen als mögliche Kandidaten für die Zuweisung von Würde in Frage. In diesem Schritt können wir also erkennen, dass es nicht möglich ist, bloß materiellen Dingen oder Tieren und Pflanzen oder auch der Menschheit, Menschengruppen, Gesellschaften, Staaten oder der idealistischen Idee des „wahren" Menschentums Würde zuzusprechen.

Es ist auch nicht möglich, jedem menschlichen Individuum, also jedem Exemplar der Gattung Mensch, Würde zuzusprechen. Denn nicht jedes Exemplar der Gattung Mensch hat zumindest das Potenzial, personale Identität zu entwickeln. Mögliche Objekte für die Zuweisung von Würde können nur menschliche Individuen sein, die in der Lage sind, einen eigenen freien Willen zu generieren. Wir nennen solche Individuen *Personen*. Per Definition müssen Personen jedoch nicht unbedingt menschlich sein. Es ist theoretisch möglich, dass es nicht-menschliche Personen gibt. Die einzigen möglichen Objekte, denen wir Würde zusprechen können, sind Personen, unabhängig davon, ob sie Menschen sind. Bislang ist uns jedoch keine andere Spezies außer der menschlichen bekannt, die Personalität hervorbringen kann. Deshalb macht es in den meisten Kontexten keinen praktischen Unterschied, ob wir von Menschenwürde oder von Personenwürde sprechen. Wenn wir aber ganz korrekt sprechen wollen, dann müssen wir sagen, dass es die Würde des Menschen eigentlich nicht gibt, sondern nur die Würde der menschlichen Person.

Wenn wir den Menschen als etwas betrachten, das einen extrinsischen oder intrinsischen Wert hat, müssen wir erkennen, dass es nicht möglich ist, jedem Menschen – oder zumindest jeder menschlichen Person – diese Art von

Werten gleichzeitig zuzuordnen. Es gibt immer nur einige Menschen, die wir als extrinsisch oder intrinsisch wertvoll für uns betrachten. Wir sind nicht daran interessiert, alle Menschen als Arbeitskräfte einzustellen, und wir lieben nicht jeden Menschen auf der Welt so, wie wir unsere eigenen Kinder lieben. Im Unterschied dazu kann die Idee der Menschenwürde nur dann als Grundlage der Menschenrechte dienen, wenn es möglich ist, jedem Menschen auf der Welt Würde zuzuerkennen, unabhängig davon, ob wir ihn kennen oder ob wir eine Beziehung zu ihm haben, und unabhängig von der Qualität der jeweiligen Beziehung. Nur unter dieser Voraussetzung ist es möglich, die Menschenrechte als allgemeine Rechte, d. h. als Rechte jedes Menschen, zu begründen. Wie ist es möglich, jedem Menschen auf der Welt Würde zuzusprechen?

5.4 „Ich-Würde" und die allgemeine Menschenwürde

Ich möchte mit der Person beginnen, die mir am vertrautesten ist. Das bin ich selbst. Ich bin mir meiner selbst als Urheber meines Willens bewusst, und ich schätze diese Authentizität im absoluten Sinne, weil sie mir erlaubt, mich als Person und nicht nur als ein Objekt zu verstehen. Folglich weiß ich, dass es zumindest einen Menschen gibt, dem ich Würde zuschreiben kann. Das bin ich selbst. Ich hoffe, Sie können das auch für sich selbst tun. Aber wenn ich von meiner Würde spreche und wenn Sie von Ihrer Würde sprechen, dann geht es noch nicht um Menschenwürde, sondern nur um das, was ich „Ich-Würde" nenne. Die Summe aller „Ich-Würden" macht nicht die allgemeine Menschenwürde aus. Ich kann nur dann von Menschenwürde sprechen, wenn ich nicht nur mir selbst, sondern auch jedem anderen Menschen Würde zuschreiben kann. Jedem anderen Menschen kann ich nur dann Würde zuschreiben, wenn zwei Bedingungen erfüllt sind:
(1) Ich muss andere Personen als Autoren ihres eigenen Willens verstehen. Diese Bedingung ist nicht problematisch. Wir gehen schon immer davon aus, dass andere Menschen auch Personen sind. Andernfalls hätten Kommunikationsformen wie Danken und Tadeln keinen Sinn.
(2) Ich muss die Personalität der anderen als absolut wertvoll betrachten, so wie ich meine eigene Personalität als absolut wertvoll betrachte. Der Grund, warum

Verallgemeinerung

ich meine eigene Personalität als absolut ansehe, liegt darin, dass sie die notwendige Bedingung für die Möglichkeit ist, dass ich mich selbst als *jemand* und nicht nur als *etwas* verstehen kann. Daher kann ich die Personalität der anderen nur dann als absolut wertvoll ansehen, wenn diese in gleicher Weise und mit dem gleichen Einfluss eine notwendige Bedingung für meine Selbstwahrnehmung ist, jemand zu sein und nicht bloß etwas.

An dieser Stelle ist die philosophische Argumentation über den Begriff der Menschenwürde zu Ende. Vom rein philosophischen Standpunkt aus gibt es nichts mehr zu sagen. Der Begriff der Menschenwürde ist sprachwissenschaftlich und philosophisch abschließend analysiert worden.

Lassen Sie uns die Ergebnisse zusammenfassen. Der Begriff der Menschenwürde bezieht sich auf ein absolutes Werturteil. Das einzige, dem ein absoluter Wert zugesprochen werden kann und muss, ist die personale Identität. Die philosophische Analyse zeigt, dass es nicht möglich ist, die eigene Personalität anders als absolut wertvoll zu betrachten. Der philosophische Beweis dafür ist ein transzendentales Argument. Die eigene Personalität ist für mich absolut wertvoll, weil sie die Bedingung der Möglichkeit jeglicher Bewertung ist.

Die Philosophie kann uns auch lehren, dass die Personalität anderer nur dann ein absoluter Wert für mich sein kann, wenn sie genauso wie meine eigene Personalität die Grundlage meiner Selbstwahrnehmung als jemand und nicht nur als etwas ist. Leider ist es aber nicht möglich, transzendentale Argumente dafür anzugeben, dass unsere Selbsterkenntnis als Person von der Anerkennung anderer Personen als Personen abhängt. Daher kann es nur einen Weg geben, den erforderlichen Beweis zu erbringen. Und das ist der empirische Weg. Wir brauchen empirische Argumente, um zu zeigen, dass die Personalität anderer die notwendige Voraussetzung für unsere Selbstwahrnehmung als Person und folglich für unser eigenes Bewusstsein der personalen Identität ist. Noch einmal: Das ist keine philosophische Frage mehr, sondern eine empirische Frage.

Wenn ich also die Idee der Menschenwürde als adäquate Grundlage der Menschenrechte aufzeigen will, muss ich eine empirische These aufstellen und empirische Belege für diese These liefern.

5.4 · „Ich-Würde" und die allgemeine Menschenwürde

Die geeignete empirische These, die ausreichend und angemessen ist, um die Allgemeinheit der Menschenwürde zu begründen, ist die folgende:

> *Meine personale Identität und die personale Identität aller anderen sind gleichursprünglich.*

Gleichursprünglichkeit bedeutet, dass die Existenz zweier Entitäten derart voneinander abhängt, dass die erste Entität nur existieren kann, wenn die zweite Entität existiert, und die zweite Entität nur existieren kann, wenn die erste existiert. Beide sind notwendige Bedingungen für die Möglichkeit der jeweils anderen. Entweder existieren beide oder keine von beiden. Beide können also gleichsam als die zwei Seiten derselben Medaille betrachtet werden. Wenn diese These stimmt, dann folgt daraus, dass es nicht möglich ist, meine Personalität als absolut wertvoll zu betrachten, wenn ich nicht auch die Personalität der anderen als absolut wertvoll betrachte. Und umgekehrt: Wenn ich die Personalität der anderen nicht als absolut wertvoll betrachte, kann ich auch meine eigene Personalität nicht als absolut wertvoll betrachten.

Ich hoffe, Sie verstehen die Bedeutung dieser These. Die Relevanz der Idee der Menschenwürde als hinreichendes Prinzip für die Begründung der Menschenrechte hängt davon ab, ob diese These wahr oder falsch ist.

Die These der Gleichursprünglichkeit ist nicht wirklich neu. Vielmehr ist sie tief in der Tradition der Philosophie verwurzelt, insbesondere in der Philosophie des so genannten Deutschen Idealismus des 19. Jahrhunderts. Historisch gesehen war der erste Philosoph, der eine Art Gleichursprünglichkeitsthese vertrat, *Johann Gottlieb Fichte*, der diese Idee im Rahmen einer Begründung des Begriffs des Rechts und des Rechtsverhältnisses entwickelte. Viel berühmter, aber auch sehr viel unklarer und sehr schwer zu verstehen ist das Kapitel *Herr und Knecht* in *Georg Friedrich Hegels* Buch *Phänomenologie des Geistes* (1807). Beide Philosophen dachten, sie würden ein rein philosophisches Argument entwickeln. Sie haben sich jedoch insofern geirrt, als sich die Gleichursprünglichkeitsthese nicht auf die reine Analyse eines Begriffs bezieht. Sie befasst sich nicht mit der Sprache, sondern mit bestimmten Phänomenen in der realen Welt. Fichte und Hegel behaupteten in Wahrhheit also ein empirisches Argument ohne jeden empirischen Beweis. Das Argument war dennoch für viele Intellektuelle sehr überzeugend, weil es einer tief verwurzelten Intuition entsprach. Intuitionen

Gleichursprünglichkeit

Fichte/Hegel

sind jedoch keine Beweise, und deshalb kommen wir nicht umhin, nach empirischen Beweisen zu suchen. Dennoch haben Fichte und Hegel nicht völlig falsch gelegen. Wir werden sehen, dass die empirischen Beweise philosophisch reflektiert werden müssen. Doch dies ist erst der zweite Schritt der Argumentation. Zunächst müssen wir nach empirischen Beweisen suchen.

Empirismus und Philosophie

Viele Philosophen beginnen stark zu leiden, wenn ihre Theorien von empirischen Beweisen abhängen. Sie sind der Meinung, dass philosophische Erkenntnisse immer absolut sicher sind, während empirisches Wissen immer mit dem Risiko des Irrtums behaftet ist. Daher sind sie der Meinung, dass philosophische Ergebnisse immer unabhängig von empirischen Beweisen sein müssen.

Ich glaube nicht, dass philosophische Erkenntnisse immer absolut sicher sind. Ich glaube, dass Philosophie dem Risiko des Irrtums ebenso ausgesetzt ist wie jede andere geistige Anstrengung. Aber es ist wahr, dass die Philosophie keine empirische Wissenschaft ist. Die Analyse der Sprache deckt nicht die Tatsachen der Welt auf, sondern nur die Struktur unseres Denkens. Deshalb ist die Reichweite der philosophischen Erkenntnisse sehr begrenzt. Die Philosophie führt niemals zu einer Einsicht in die Realität der Welt außerhalb unserer eigenen Gedanken über die Welt. Die Philosophie kann daher nur die empirische Forschung vorbereiten. Die empirischen Wissenschaften sind dagegen auf eine angemessene Formulierung ihrer eigenen Probleme und Fragen angewiesen. Die Philosophie kann helfen, adäquate Formulierungen zu finden, aber sie kann nicht helfen, die Fragen der empirischen Wissenschaften zu beantworten.

Die Frage nach der Bedeutung des Begriffs der Menschenwürde ist eine philosophische Frage. Aber ob unsere Selbstwahrnehmung als Person davon abhängt, dass wir die persönliche Identität anderer anerkennen und wertschätzen, ist eine empirische Frage.

In der nächsten Lektion werde ich einige empirische Belege vorstellen, die mir ausreichend erscheinen, um die These der Gleichursprünglichkeit zu bestätigen. Am Ende dieses Kapitels möchte ich aber noch eine andere Frage diskutieren. Was sollten wir tun, wenn die empirischen Beweise für die Gleichursprünglichkeitsthese nicht ausreichen sollten?

5.5 Das Risiko des empirischen Irrtums

Für den Fall, dass die Gleichursprünglichkeitsthese sich nicht hinreichend bestätigen lässt, schlagen manche Rechtsphilosophen vor, den Begriff der Menschenwürde dann eben anders auszulegen. Denn es sei keine Option, dem Begriff Inhaltsleere zu bescheinigen. Das sei nicht erlaubt, weil der Begriff der Menschenwürde im Völkerrecht ebenso wie im nationalen Verfassungsrecht vieler Staaten verankert sei und deshalb von den Juristen ernst genommen werden müsse.

Es gibt eine Reihe anderer Interpretationen, die sich als Ausweg anbieten. Eine davon besteht darin, den Begriff der Menschenwürde einfach als Sammelbegriff für die Summe aller Menschenrechte zu betrachten. Diese Lösung ist natürlich ein Notbehelf, der nicht sehr überzeugend ist. Der Begriff *Menschenrechte* ist bereits ein Sammelbegriff, das alle einzelnen Menschenrechte umfasst. Es ist eine sinnlose Verdoppelung, einen Sammelbegriff (die Menschenwürde) einzuführen, um einen anderen (die Menschenrechte) abzudecken. Andere Philosophen behaupten, das Prinzip der Menschenwürde sei ein eigenes besonderes Menschenrecht. Auch dies ist nicht sehr überzeugend, denn das Völkerrecht behandelt die Menschenwürde als ein Prinzip, aus dem sich die Menschenrechte ableiten lassen, und nicht als ein Menschenrecht unter anderen.

Alternative Interpretation

Wenn unsere Suche nach empirischen Belegen für die Gleichursprünglichkeitsthese scheitern sollte, sollten wir so ehrlich sein und zugeben, dass es in der Realität nichts gibt, was dem Konzept der Menschenwürde zugrunde liegt. In einem solchen Fall ist der Begriff der Menschenwürde ein leeres Konzept, das als Grundlage für die Menschenrechte ungeeignet ist. Die Tatsache, dass ein Begriff leer ist, d. h. dass es in der Realität nichts gibt, was den Begriff erfüllt, lässt keine Änderung der Bedeutung des Begriffs zu. Dies lässt sich am Beispiel des Einhorns verdeutlichen. Dieser Begriff wird durch die Elemente definiert, dass es sich um ein Tier handelt, das einem Schimmel ähnlich sieht, aber ein spiralförmiges Horn auf der Stirn hat. Außerdem gehört es zu den Definitionsmerkmalen des Einhorns, dass es nur von einer Jungfrau gesehen und gefangen werden kann. Nach der vorherrschenden Meinung sind Einhörner ein Mythos und existieren in der Realität nicht. Dies gibt uns jedoch nicht das Recht, die Bedeutung des Wortes „Einhorn" zu ändern. Wenn wir die Bedeutung des Begriffs ändern, würden wir die Möglichkeit verlieren zu sagen, dass es Einhörner nicht gibt. Dies zeigt, dass die Bedeutung eines Begriffs und die Frage, ob es in der Realität etwas gibt, das den Begriff erfüllt, unterschiedliche Fragen sind, und dass die letztere Frage keinen Einfluss auf die erstere haben darf.

Das Gleiche gilt auch für den Begriff der Menschenwürde. Wenn sich unsere empirische Behauptung der Gleichursprünglichkeitsthese als nicht zutreffend erweist, weil die empirische Forschung zeigen kann, dass ich entweder eine Personalität und ein wertschätzendes Verhältnis zu meiner Personalität entwickeln kann, ohne von anderen als Person anerkannt zu werden, oder dass ich meine eigene Personalität auch dann aufrechterhalten kann, wenn ich die Personalität anderer missachte und ignoriere, dann müssten wir zu dem Schluss kommen, dass es nicht möglich ist, der Personalität anderer absoluten Wert zuzusprechen. In einem solchen Fall müssen wir sagen, dass es die Menschenwürde nicht wirklich gibt. Vielmehr wäre sie ein Trugbild, eine Fata Morgana, eine reine Ideologie, die nicht geeignet ist, eine Grundlage für die Menschenrechte zu liefern.

Wir sehen also, dass die Rechtfertigung der Menschenrechte durch das Prinzip der Menschenwürde mit der Wahrheit der Gleichursprünglichkeitsthese steht und fällt. Dies wird das Thema des nächsten Kapitels sein.

❓ Zur Wiederholung

5.1. Das Wort „Würde" bezieht sich auf eine bestimmte Kategorie von Werten. Welche Wertkategorien können voneinander unterschieden werden? Erläutere die Unterschiede mit wenigen Worten.
5.2. Was bedeutet personale Identität?
5.3. Warum kann Personalität als etwas betrachtet werden, dem ein absoluter Wert zukommt?
5.4. Erläutere mit wenigen Worten die Gleichursprünglichkeitsthese.

Antworten siehe ▶ Kap. 21.

Leseempfehlungen

Austin, John L.: *Zur Theorie der Sprechakte.* Stuttgart 1986
Fichte, Johann Gottlieb: *Grundlage des Naturrechts nach Principien der Wissenschaftslehre*, 1796, https://www.digitale-sammlungen.de/de/view/bsb10040507?page=5
Forschner, Maximilian: *Marktpreis und Würde oder vom Adel der menschlichen Natur.* In: Henning Kössler (Hrsg.): Die Würde des Menschen, Erlangen 1997
Hegel, Georg Friedrich: *Phänomenologie des Geistes.* Frankfurt/M 1986
Kant, Immanuel: *Grundlegung zur Metaphysik der Sitten.* Stuttgart 1986
Kraft, Victor: *Die Grundlagen einer wissenschaftlichen Wertlehre.* Wien 1951 (Reprint)
Mackie, John Leslie: *Ethik. Die Erfindung des moralisch Richtigen und Falschen.* Stuttgart 2014
McNaughton, David: *Moralisches Sehen. Eine Einführung in die Ethik.* Frankfurt/M 2003
Putnam, Hilary: *Werte und Normen.* In: Wingert/Günther (Hrsg.): Die Öffentlichkeit der Vernunft und die Vernunft der Öffentlichkeit. Festschrift für Jürgen Habermas. Frankfurt/M: Suhrkamp 2001
Tiedemann, Paul: *Menschenwürde als Rechtsbegriff. Eine philosophische Klärung.* Berlin 2012
Urmson J.O.: *On Grading.* In: Urmson, A. Flew, Logic and Language 2.nd series, Oxford 1953 pp. 159–186
Von der Pfordten, Dietmar: *Zur Unverfügbarkeit der Menschenwürde.* In: ders./Philipp Gisbertz-Astolfi (Hrsg.): Menschenwürde. Zur Frage ihrer Unverfügbarkeit. Tübingen 2022
Von Wright, Georg Henrik: *Neue Überlegungen zur Präferenzlogik.* In: ders. (Hrsg.): Normen, Werte und Handlungen. Frankfurt/M 1994

Das Menschenwürde-Prinzip II

Inhaltsverzeichnis

6.1 Die Gleichursprünglichkeitsthese – 116

6.2 Die Abhängigkeit der Personalität von passiver Anerkennung – 118

6.3 Die Abhängigkeit der Personalität von aktiver Anerkennung – 123

6.4 Verifikation oder gescheiterte Falsifikation? – 129

6.5 Die Allgemeingültigkeit der Gleichursprünglichkeitsthese – 130

6.6 Menschenwürde in Zweifelsfällen – 133

Leseempfehlungen – 136

© Der/die Autor(en), exklusiv lizenziert an Springer-Verlag GmbH, DE, ein Teil von Springer Nature 2023
P. Tiedemann, *Philosophische Grundlagen der Menschenrechte*, Springer-Lehrbuch, https://doi.org/10.1007/978-3-662-65533-7_6

> **Begriffsanalyse der Menschenwürde**
>
> Die Analyse des Begriffs der Menschenwürde besteht aus zwei Teilen. Teil I betrifft die philosophische Analyse, d. h. die Definition des Begriffs. Teil II betrifft die empirische Analyse, d. h. die Frage, ob sich der Begriff der Menschenwürde auf die Wirklichkeit bezieht. Liegt ein Realitätsbezug vor, ist der Begriff empirisch gesättigt und damit als Grundlage der Menschenrechte hinreichend qualifiziert. Andernfalls ist der Begriff leer und unter keinen Umständen als Grundlage der Menschenrechte geeignet.

> **Allgemeingültigkeit der Menschenwürde**
>
> Die Allgemeingültigkeit der Menschenwürde erfordert, dass jede Person nicht nur ihre eigene Personalität als absolut bewertet, sondern auch die Personalität jeder anderen Person. Die Personalität einer anderen Person hat für mich nur dann einen absoluten Wert, wenn meine eigene personale Identität von der personalen Identität der anderen abhängt. Dies ist nur dann der Fall, wenn die These der Gleichursprünglichkeit zutrifft.

> **Die Gleichursprünglichkeitsthese**
>
> Die Personalität (persönliche Identität) einer Person und die Personalität (persönliche Identität) einer anderen Person sind gleichursprünglich. Dies ist eine empirische Hypothese, die durch empirische Beweise bestätigt oder widerlegt werden muss.

> **Empirische Bestätigung**
>
> (1) Wenn die Gleichursprünglichkeitsthese zutrifft, dann muss die Entwicklung der personalen Identität von A von der Anerkennung A's als Person durch B abhängen. Ist dies der Fall, dann muss die Nichtanerkennung von A als Person durch B mit hoher Wahrscheinlichkeit zu einer Störung von A's personaler Identität führen.
> Beweise: Borderline-Persönlichkeitsstörung (BPD)

(2) Wenn die Gleichursprünglichkeitsthese zutrifft, muss A in der Lage sein, zeitgleich sich selbst und andere Personen als Personen zu erkennen. Andernfalls wäre A nicht in der Lage, die Anerkennung seiner selbst durch einen anderen zu verstehen. (Bloße Dinge können nicht anerkennen.) In der Tat sind menschliche Babys in der Lage, andere Personen als Personen zu erkennen. Sie besitzen von Natur aus einen Sinn für Personalität.
Beweise: Empirische Babyforschung und die Ergebnisse der Entwicklungspsychologie
(3) Wenn die Gleichursprünglichkeitsthese zutrifft, muss eine Person A ihr Verhältnis zur eigenen Personalität verlieren, wenn sie nicht von anderen Personen als Person erkannt wird, sei es in der anfänglichen Entwicklungsphase der Kindheit oder zu irgendeinem Zeitpunkt im Laufe ihres Lebens. In der Tat ist es möglich, eine Person A von ihrer eigenen Personalität zu entfremden, indem man durch Folter, Vergewaltigung oder den Entzug jeglicher Selbstkontrolle auf sie einwirkt.
Beweise: Posttraumatische Belastungsstörung (PTSD)
(4) Wenn die Gleichursprünglichkeitsthese zutrifft, muss eine Person A mit hoher Wahrscheinlichkeit eine Entfremdung von der eigenen Personalität erfahren, wenn sie die Personalität anderer nicht respektiert. Tatsächlich können Personen, die aufhören, die Personalität anderer Personen zu respektieren, die Beziehung zur eigenen Personalität verlieren.

Beweise: (a) Das Schamgefühl, das zum Selbstmord drängt; (b) das Schuldgefühl, das den Menschen überlebensfähig macht, ihm aber gleichzeitig starke seelische Schmerzen bereitet; (c) schwere Neurosen, die auftreten, wenn der Mensch versucht, die Scham- oder Schuldgefühle zu vermeiden. Tillich: „Die Neurose ist eine Methode, das Nichtsein zu vermeiden, indem man das Sein vermeidet."

> **Begrenztheit empirischer Beweise**
>
> Die Belege aus der empirischen Forschung zeigen nur, dass die eigene personale Identität von der gegenseitigen Anerkennung innerhalb einer begrenzten Bezugsgruppe abhängt (Baby und seine Bezugspersonen, erwachsene Person und diejenigen, die ihr begegnen). Es scheint also nicht bewiesen zu sein, dass die personale Identität einer bestimmten Person A von der gegenseitigen Anerkennung aller Personen auf der ganzen Welt abhängt. Dies würde zu dem Ergebnis führen, dass es nur so etwas wie eine „Gruppenwürde" in einem kommunitaristischen Sinne gibt, nicht aber die Menschenwürde als allgemeiner Wert.
>
> Mit den Mitteln der Philosophie (Gedankenexperiment „Würde-Zertifikat") kann gezeigt werden, dass diese Annahme sinnlos ist. Es ist nicht möglich, nur einigen Personen einen absoluten Wert zuzuweisen und gleichzeitig allen anderen Personen diese Zuweisung zu verweigern.

6.1 Die Gleichursprünglichkeitsthese

bisherige Ergebnisse

Im letzten Kapitel habe ich versucht, die Bedeutung (den Inhalt) des Begriffs der Menschenwürde zu analysieren. Das führte zu folgendem Ergebnis:

Menschenwürde ist der Name oder die Abkürzung oder die Kurzform eines Werturteils über das menschliche Individuum. Dieses Werturteil wird als eine Aussage seiner Vertreter – wer auch immer das sein mag – verstanden, nach der „der Mensch" als absolut wertvoll eingeschätzt wird. Absolutheit bedeutet, dass der Wert nicht vom Rang in einer Präferenzordnung oder von der Funktion als Tauschmittel abhängt. Die einzige Entität, der in diesem Sinne ein absoluter Wert zugesprochen werden kann, ist die Personalität (persönliche Identität, Authentizität). Personalität ist die Fähigkeit zu bewerten. Die Fähigkeit zu bewerten ist die Bedingung der Möglichkeit dafür, dass überhaupt irgendetwas einen (relativen) Wert haben kann.

Es ist relativ leicht zu zeigen, dass meine eigene Personalität für mich einen absoluten Wert hat, weil sie

6.1 · Die Gleichursprünglichkeitsthese

die Voraussetzung dafür ist, dass ich mich meiner selbst als Urheber meines Willens bewusst bin – dass ich meiner als jemand bewusst bin und nicht nur als etwas. Damit ist der Begriff der Menschenwürde aber noch nicht erfüllt. Denn dieser Begriff bezieht sich nicht nur auf *meine* Personalität (Ich-Würde), sondern auch auf die Personalität *jeder Person* (Verallgemeinerung). Wenn das Menschenwürde-Urteil überhaupt möglich sein soll, muss gezeigt werden, dass die Personalität aller anderen für mich genau den gleichen Stellenwert hat wie meine eigene Personalität. Mit anderen Worten: Die Personalität der anderen muss für mich ebenso einen absoluten Wert haben, wie meine eigene Personalität für mich einen absoluten Wert hat. Dies ist nur denkbar, wenn meine eigene Personalität und die Personalität der anderen gleichursprünglich sind – wenn sie die beiden Seiten derselben Medaille sind.

Die Notwendigkeit der Gleichursprünglichkeitsthese für die Begründung der Allgemeinheit der Menschenwürde kann durch philosophische Analyse erklärt werden. Aber mit den Mitteln der Philosophie lässt sich nicht nachweisen, dass meine eigene Personalität und die Personalität der anderen tatsächlich gleichursprünglich sind. Denn diese Frage bezieht sich nicht auf die Bedeutung von Worten und die Analyse von Ideen, sondern auf eine Wirklichkeit außerhalb unserer Sprache. Die philosophische Analyse zeigt nur die Bedeutung des Begriffs der Menschenwürde, ohne zu zeigen, dass es in der Wirklichkeit etwas gibt, das dem Begriff entspricht. Wissen über die Realität außerhalb unserer Sprache ist nur durch empirische Forschung verfügbar. Die philosophische Analyse zeigt, dass die Gleichursprünglichkeitsthese die notwendige Bedingung dafür ist, dass die Personalität aller Personen für alle Personen absoluten Wert hat, d. h., dass die Menschenwürde allen Menschen oder jedenfalls allen Personen zukommt. Daher ist es wichtig, die Gleichursprünglichkeitsthese durch empirische Forschung zu bestätigen. Dazu müssen wir empirisch nachweisen, dass es eine wechselseitige Abhängigkeit zwischen der Selbstwahrnehmung und dem Selbstwertgefühl als Person und der Wahrnehmung und Wertschätzung anderer Personen als Personen gibt.

6.2 Die Abhängigkeit der Personalität von passiver Anerkennung

BPS

Die These der Gleichursprünglichkeit ist bestätigt, wenn zwischen der Anerkennung der Personalität von Person A durch andere und der Anerkennung der Personalität anderer durch A eine wechselseitige Abhängigkeit besteht. Dies lässt sich beweisen, indem man feststellt, was mit der Personalität von A geschieht, wenn sie von den anderen um A herum nicht anerkannt wird. Es lässt sich zeigen, dass die Personalität von Person A schwere Defizite aufweist, wenn es an der Anerkennung durch die Mitmenschen fehlt. Wenn beispielsweise die potenzielle Personalität eines Babys oder Kleinkindes von seinen Bezugspersonen nicht anerkannt wird, kann das Kind eine *Borderline-Persönlichkeitsstörung* (BPS – ICD-10-WHO: F60.31) entwickeln. Dieser Begriff bezieht sich auf eine Persönlichkeitsstörung, bei der eine Person im Wesentlichen nicht die Fähigkeit entwickelt hat, ihr Leben authentisch zu leben. Sie lebt mehr als *etwas* denn als *jemand*.

Die BPS zeigt verschiedene Symptome, darunter:
— Unkontrollierbare Emotionen;
— instabile interpersonale Beziehungen und instabiles Selbstwertgefühl;
— Furcht vor Verlassenwerden;
— selbstschädigendes Verhalten;
— Impulsivität;
— zwanghafte Gedanken daran, zurückgewiesen zu werden;
— ungewöhnlich hohe Sensibilität in Beziehungen zu anderen;
— Schwierigkeiten, die eigenen Emotionen zu regulieren;
— große Unsicherheit hinsichtlich der eigenen personalen Identität und der eigenen Werte;
— paranoide Gedanken unter Stress;
— schwere Dissoziationen (eine besondere Loslösung von der Realität; negative oder dysfunktionale mentale Konstruktionen der Phantasie, um Furcht und Angst zu vermeiden).

Menschen mit BPS sind oft außergewöhnlich idealistisch, fröhlich und liebevoll. Dennoch können sie sich von negativen Emotionen überwältigt fühlen. Sie empfinden intensiven Kummer statt Traurigkeit, Scham und Demütigung statt leichter Verlegenheit, Wut statt Ärger und Panik statt Nervosität. Menschen mit BPS reagieren besonders empfindlich auf Ablehnung, Isolation und vermeintliches Versagen. Ihre Bemühungen, mit ihren intensiven negativen Emotionen umzugehen oder ihnen zu entkommen, können zu Selbstverletzungen oder suizidalem Verhalten führen.

Zusätzlich zu den intensiven Emotionen erleben Menschen mit BPS eine emotionale Volatilität, schnelle Wechsel zwischen Depression und Hochgefühl; ihre Stimmung schwankt häufig zwischen Wut und Angst oder Depression und Angst. Impulsives Verhalten ist häufig, einschließlich Drogen- oder Alkoholmissbrauch, Essstörungen, ungeschütztem Sex oder wahllosem Sex mit mehreren Partnern, rücksichtsloses Geldausgeben und rücksichtsloses Fahren. Zu ihrem impulsiven Verhalten kann auch das überstürzte Verlassen von Arbeitsplätzen gehören oder der Abbruch freundschaftlicher Beziehungen, Weglaufen und Selbstverletzung.

Menschen mit BPS haben oft Schwierigkeiten, ein klares Bild von ihrer Identität zu bekommen. Insbesondere haben sie Schwierigkeiten zu wissen, was sie schätzen, glauben, bevorzugen oder genießen. Sie sind sich oft unsicher über ihre langfristigen Ziele in Bezug auf Beziehungen und Beruf. Diese Schwierigkeit zu wissen, wer sie sind und was sie wertschätzen, kann bei Menschen mit BPS zu Gefühlen der Leere und Trostlosigkeit führen.

Was sind die Ursachen der BPS? Nach dem derzeitigen Stand der Wissenschaft sind einige Forscher der Meinung, dass bestimmte Gehirnanomalien die BPS verursachen. Es gibt aber starke Hinweise darauf, dass die diagnostizierten Hirnanomalien sehr oft nicht das Ergebnis eines biologischen Zufalls sind, sondern dass sie durch den Entzug von Anerkennung und Wertschätzung als Person in der frühen Kindheit verursacht werden können. Statistische Untersuchungen zeigen, dass 70 % der Menschen, die an BPS leiden, in ihrer frühen Kindheit sexuell missbraucht wurden. 50 % erlebten körperliche Gewalt. Außerdem berichten 80 % der Erwachsenen mit BPS von emotionaler Vernachlässigung in ihrer Kindheit.

BPS muss nicht unbedingt durch Missbrauch oder Misshandlung verursacht werden. Sie kann auch durch die frühe Erfahrung von Verlassenheit oder erhebliche Schwierigkeiten, Chaos und Feindseligkeit in der Familie oder durch die Erfahrung eines Erziehungsstils verursacht werden, der durch starre, lieblose Kontrolle oder eine zu

Ursachen der BPS

enge Bindung gekennzeichnet ist, die keinen Raum für eine eigenständige Entwicklung der Persönlichkeit lässt.

Nach der so genannten psychologisch begründeten Bindungstheorie treten BPS-Symptome sehr häufig auf, wenn die Betroffenen wenig Aufmerksamkeit oder einfühlsame Zuwendung erhalten, wenn ihre Bedürfnisse und Gefühle ignoriert werden und wenn sie sich nicht auf ihre Bezugspersonen verlassen können. Mit anderen Worten: Menschen neigen dazu, an BPS zu leiden, wenn sie nicht als Personen anerkannt und geschätzt werden, die lernen müssen, ihr Leben auf der Grundlage ihrer eigenen Überlegungen und Reflexionen zu führen – als jemand und nicht nur als etwas.

Wir haben bisher gezeigt, dass die Entwicklung der Personalität in den frühen Phasen der Kindheit von der Anerkennung und Wertschätzung der (potenziellen) Personalität des Kindes durch andere Personen abhängt. Dennoch reichen diese Beweise nicht aus, um die These der Gleichursprünglichkeit zu bestätigen. Denn es könnte sein, dass der Prozess der Entwicklung der Personalität zunächst von der Anerkennung durch andere Personen abhängt, dass wir aber davon unabhängig werden, wenn sich unsere Personalität entwickelt hat. Das Argument der Borderline-Störung schließt die Möglichkeit nicht aus, dass die Personalität – einmal entwickelt – eine Fähigkeit ist, die wir ohne die Unterstützung anderer aufrechterhalten können. Wenn dies zutrifft, dann wäre der Wert der Personalität anderer nur während der Zeit unserer eigenen psychosozialen Entwicklung in der frühen Kindheit absolut, und er wäre nicht mehr absolut, wenn die psychosoziale Entwicklung der persönlichen Identität abgeschlossen ist.

Der Wert der Personalität anderer bleibt nur dann absolut, wenn wir unser ganzes Leben lang von der Anerkennung und Wertschätzung der eigenen Personalität durch andere abhängig bleiben. Um diese Abhängigkeit nachzuweisen, bedarf es weiterer empirischer Befunde. Aber auch hier können die Ergebnisse der psychologischen Forschung die entsprechenden Erkenntnisse liefern. Demnach müssen wir uns anschauen, was passiert, wenn jemand, der bereits eine personale Identität entwickelt hat und bereits in der Lage ist, seinen eigenen freien Willen auf der Grundlage eigener Überlegungen und Reflexionen zu manifestieren, von seinen Mitmenschen als bloßes Objekt oder Ding behandelt wird.

Die psychiatrische Traumatologie lehrt uns, was in einer solchen Situation geschieht. Sie führt zu einer anderen, sehr spezifischen Störung, die als *Posttraumatische Belastungsstörung* bezeichnet wird. Dieser Begriff bezieht sich auf eine Persönlichkeitsstörung, bei der eine Person im Wesentlichen die Fähigkeit verloren hat, ihr Leben authentisch zu leben – als jemand und nicht nur als etwas.

PTBS

Die posttraumatischeBelastungsstörung (PTSD – ICD-10 WHO: F43.1) ist eine psychische Erkrankung, die durch ein erschreckendes Ereignis wie etwa einen gewaltsamen sexuellen Übergriff, einen Krieg, eine schwere Verletzung oder eine unmittelbare Todesdrohung ausgelöst wird. Die PTBS-Symptome werden im Allgemeinen in vier Gruppen eingeteilt: intrusive (aufdringliche) Erinnerungen, Vermeidungsverhalten, negative Veränderungen im Denken und in der Stimmung sowie Veränderungen der emotionalen Reaktionen.

Zu den Symptomen der intrusiven Erinnerungen gehören:
- Wiederkehrende, unerwünschte, belastende Erinnerungen an ein traumatisches Ereignis;
- Seelisches Wiedererleben des traumatischen Ereignisses, als ob es sich wiederholen würde (Flashbacks);
- Albträume;
- Starke emotionale Belastung oder körperliche Reaktionen auf Erlebnisse, das die Person an das traumatische Ereignis erinnert.

Symptome des Vermeidungsverhaltens zeigen sich u. a.:
- Denken an oder Sprechen von dem traumatischen Ereignis wird vermieden;
- Orte, Aktivitäten oder Menschen werden gemieden, die an das traumatische Ereignis erinnern.

Symptome der negativen Veränderung im Denken und in der Stimmung zeigen sich wie folgt:
- Ablehnende Gefühle gegenüber sich selbst und anderen;
- Unfähigkeit positive Gefühle zu erfahren;
- das Gefühl emotionaler Taubheit;
- Mangelndes Interesse an Aktivitäten, die vor dem traumatisierenden Ereignis geschätzt wurden;
- Hoffnungslosigkeit gegenüber der Zukunft;

- Gedächtnisprobleme einschließlich der Unfähigkeit, wichtige Aspekte des traumatisierenden Ereignisses zu erinnern;
- Schwierigkeiten, enge Beziehungen zu anderen Menschen aufrechtzuerhalten.

Symptome der veränderten emotionalen Reaktionen können sein:
- Reizbarkeit, Wutausbrüche, aggressives Verhalten;
- Ständige Wachsamkeit gegenüber (vermeintlichen) Gefahren;
- überwältigende Gefühle der Scham und der Schuld;
- Selbstzerstörerisches Verhalten wie Alkoholmissbrauch, zu schnelles und riskantes Fahren etc;
- Konzentrationsschwierigkeiten;
- Schlafstörungen
- leichte Schreckbarkeit und Verängstigung;
- Suizidgedanken

Viele dieser Symptome sind denen der BPS sehr ähnlich. Das wiederum zeigt, dass die Fähigkeit zur Personalität verloren gehen kann. Personalität ist ein sehr fragiler Besitz.

Ursachen der PTBS

Wie ich bereits erwähnt habe, wird PTBS durch die Erfahrung schwerer Psychotraumata verursacht. Psychotraumata werden als Situationen definiert, in denen eine Person jede Art von Selbstkontrolle verliert. Riedesser & Fischer definieren Psychotrauma als die Verletzung der persönlichen Fähigkeit zur Selbstbestimmung und des Entwicklungsspielraums einer Persönlichkeit. Eine solche Verletzung tritt in Situationen auf, in denen eine Person einer überwältigenden Macht ausgesetzt ist, die keine vernünftige Reaktion zulässt und die Person völlig handlungsunfähig macht. Überwältigend ist ein Ereignis, gegen das erfolgreiche Abwehr ebenso unmöglich ist wie Flucht. Dies ist zum Beispiel der Fall in einer Situation, in der eine Frau vergewaltigt wird. Andere Situationen sind solche, in denen Soldaten unter Beschuss geraten oder in denen jemand gefoltert wird. Mit anderen Worten: PTBS tritt als Folge von Situationen auf, in denen Menschen nicht als Personen anerkannt und geschätzt werden, die ihr eigenes Leben auf der Grundlage ihrer eigenen Überlegungen und Reflexionen führen können, ohne dass sie dagegen selbst wirksam werden können. PTBS entsteht in Situationen, in denen jemand nicht mehr als jemand, sondern bloß als etwas anerkannt wird. PTBS kann nicht nur als Folge von Missachtung und Respektlosigkeit auftreten, sondern auch als Folge einer schrecklichen Naturkatastrophe oder eines Unfalls, bei dem jemand einen vollständigen Kontroll- oder Einflussverlust erlebt. Für unsere Zwecke reicht es jedoch aus, zu zeigen, dass auch die Missachtung der Personalität einer Person zu einer PTBS führen kann. Darüber hinaus gibt es genügend Belege dafür, dass die Heilung von PTBS, die durch andere Menschen verursacht wurde, viel schwieriger ist als bei natürlichen Ursachen oder Unfällen.

Es ist wichtig darauf hinzuweisen, dass nicht jeder Soldat, der unter Beschuss war, und nicht jede Frau, die vergewaltigt wurde, später an einer PTBS leidet. Viele Menschen, die ein traumatisches Ereignis erleben, haben eine Zeit lang Schwierigkeiten, sich anzupassen und damit zurechtzukommen, ohne eine PTBS zu entwickeln. Mit der Zeit und guter Selbstfürsorge geht es ihnen nach einiger Zeit in der Regel wieder besser. Diese Menschen haben die Fähigkeit zur Resilienz. Das Ausmaß der Resilienz einer Person hängt von ihren Lebenserfahrungen vor dem traumatischen Ereignis ab. Nicht jedes traumatische Ereignis führt bei jedem Menschen zu einer PTBS. Aber jeder Mensch leidet an einer PTBS, wenn das traumatische Ereignis schwerwiegend genug ist. Es ist möglich, dass eine Person, die schwere Folter erlitten hat, später trotzdem nicht an einer PTBS leidet. Aber der Folterer kann jede Person in diesen Zustand bringen, wenn er die Folter ausreichend lange und intensiv anwendet.

Resilienz

Wir können also aus dem empirischen Phänomen der PTBS lernen, dass Personen ihre Personalität verlieren können, sodass sie sich selbst nicht mehr als jemand, sondern nur noch als etwas begreifen können. Dies zeigt, dass wir nicht nur in der frühen Kindheit, sondern ein Leben lang auf die Anerkennung und Wertschätzung als Person durch andere Menschen angewiesen sind.

Ergebnis

6.3 Die Abhängigkeit der Personalität von aktiver Anerkennung

Die These der Gleichursprünglichkeit besagt, dass die Personalität auf gegenseitiger Anerkennung und Wertschätzung beruht. Gegenseitigkeit bedeutet, dass wir unsere eigene Personalität nicht entwickeln oder aufrechterhalten können, wenn wir die Personalität der anderen nicht anerkennen. Wenn das zutrifft, müsste auch ein Baby

Protopersonen

in der Lage sein, die Personalität seiner Bezugspersonen zu erkennen, weil es anders keine eigene Personalität entwickeln könnte. Ein Baby oder ein Kleinkind ist nicht in der Lage, sein Verhalten auf der Grundlage eines eigenen freien Willens, d. h. auf der Grundlage eigener Überlegungen und Reflexionen, zu bestimmen. Daher können wir nicht sagen, dass Säuglinge oder Kleinkinder Personen im Sinne des Begriffs der Person sind, den ich oben entwickelt habe. Aber wie ist es möglich, die Personalität anderer zu erkennen, ohne selbst schon eine Person zu sein? Es scheint nicht möglich zu sein, die Personalität anderer zu erkennen, ohne eine Person zu sein, weil nur Personen wissen können, was mit Personalität gemeint ist, und es ist notwendig zu wissen, was Personalität ist, um die Personalität einer anderen Person zu erkennen.

Das scheint die Fähigkeit von Babys, ihre Bezugspersonen als Personen zu erkennen, auszuschließen. Dennoch wissen wir aus dem Krankheitsbild der BPS, dass es von entscheidender Bedeutung ist, in den frühen Lebensphasen als Person anerkannt zu werden, da ein Kind sonst nicht die Fähigkeit zur Personalität entwickeln kann. Aber können wir uns vorstellen, dass die Anerkennung als Person durch die Bezugspersonen irgendeine Wirkung auf das Baby haben kann, wenn das Baby diese Anerkennung nicht als Anerkennung seiner (zu diesem Zeitpunkt noch nicht vorhandenen) Personalität verstehen kann? Hunde, Pferde und Autos werden keine Personalität entwickeln, auch wenn sie als Personen anerkannt werden. Das menschliche Baby aber kann das. Wie ist das möglich?

Betrachten wir das Problem aus der Sicht der Betreuungspersonen. Wie sollten sie in der Lage sein, die Personalität des Babys zu erkennen und anzuerkennen, wenn das Baby noch keine Personalität entwickelt hat? Erkennen und Anerkennen kann man nur, was in der Realität wirklich gegeben ist. Es ist nicht möglich, etwas zu erkennen, das nicht existiert. Wenn es so etwas wie die Personalität des Babys nicht gibt, dann können die Bezugspersonen es auch nicht anerkennen. Dies legt nahe, dass die Behandlung eines Babys als Person nicht wirklich ein Akt der Anerkennung und Wertschätzung ist, sondern eher ein Akt der Herstellung der Personalität des Kindes. Wenn es sich um einen Akt der Herstellung und nicht um einen Akt der Anerkennung handelt, können wir nicht von einer Beziehung der gegenseitigen Anerkennung in den Phasen der frühen Kindheit sprechen. Es gibt also nicht nur ein Problem aus der Sicht des Babys, sondern auch aus der Sicht der Betreuungspersonen.

An dieser Stelle kommt die empirische Forschung ins Spiel. Laut Entwicklungspsychologie und empirischer Säuglingsforschung haben wir empirische Belege dafür, dass Säuglinge von Natur aus einen Sinn für Personalität besitzen. Wie ein Radar scannen sie die Welt, um Personalität zu erkennen, und sie richten ihre Aufmerksamkeit auf die Objekte in ihrer Umgebung, in denen sie Personalität erkennen. Obwohl Säuglinge also nicht über die Fähigkeit verfügen, die Personalität intellektuell zu verstehen, sind sie von Natur aus mit der Fähigkeit ausgestattet, Personalität zu spüren und zu erkennen, wo immer sie ihr begegnen. Aus diesem Grund können wir feststellen, dass Babys die Personalität anderer Menschen erkennen und schätzen können. Nach den Erkenntnissen der empirischen Säuglingsforschung ist es nicht angemessen, ein menschliches Baby als eine lebende Entität ohne Personalität zu betrachten. Wir müssen Babys und Kleinkinder vielmehr als Proto-Personen betrachten. Sie sind nicht in der Lage, ihren eigenen Willen zu bilden. Aber sie sind bereits in der Lage, die Personalität anderer zu erkennen und diese anderen als eine Quelle zu identifizieren, von der sie lernen können, selbst Personen zu werden.

Daraus folgt, dass die Behandlung eines Babys als Person nicht einfach ein Akt der Herstellung der Personalität des Babys ist. Es ist vielmehr ein Akt der Unterstützung durch echte, zwischenmenschliche Kommunikation. Es ist also ein Akt der Anerkennung. Nicht nur der Säugling und das Kleinkind erfahren die Anerkennung ihrer Personalität durch ihre Bezugspersonen, sondern auch die Bezugspersonen erfahren die Anerkennung ihrer Personalität durch den Säugling bzw. das Kleinkind. Deshalb haben die Betreuungspersonen von Babys in der Regel kein Problem damit, die Babys als Personen zu behandeln, indem sie mit ihnen sprechen, lachen oder allgemein mit ihnen interpersonal kommunizieren. Die Betreuungspersonen können sich natürlich weigern, Babys als Personen anzuerkennen. Aber dadurch verbauen sie sich die Möglichkeit, von diesen als Personen anerkannt zu werden. Damit stellt sich die Frage, welche Folgen es für eine Person hat, wenn sie beschließt, die Personalität ihrer Mitmenschen, seien es Babys oder seien es Erwachsene, nicht anzuerkennen.

Es lässt sich zeigen, dass die Verweigerung der Anerkennung der Personalität anderer zum Verlust der Fähigkeit führt, sich mit der eigenen Personalität zu identifizieren. Das Ergebnis ist eine existenzielle Form der

Selbstentfremdung, die mit einem enormen Maß an Leid verbunden ist. Wir können drei verschiedene Varianten des Leidens unterscheiden. Sie haben alle denselben Ursprung. Es handelt sich um Schamgefühle, Schuldgefühle und Varianten der Verdrängung in Form von Neurosen.

Scham

Beginnen wir mit dem Gefühl der Scham. Scham ist das Gefühl eines grundlegenden Verlusts des Selbstwertgefühls. Ein Mensch, der sich schämt, verachtet und verurteilt sich selbst. Scham ist jedoch ein soziales Gefühl. Sie ist immer auf andere Personen bezogen. Es ist nicht notwendig, dass es sich bei der anderen Person um eine reale Person handelt oder dass reale Personen wirklich wissen, warum das jeweilige Individuum Scham empfindet. Das Individuum, das Scham empfindet, stellt sich vor, von den anderen in seiner Wertlosigkeit erkannt worden zu sein, unabhängig davon, ob das tatsächlich der Fall ist oder nicht. Die Psychoanalyse spricht bei diesem Phänomen von dem *imaginierten Anderen*. Der Mensch, der sich schämt, nimmt also die Position des imaginierten Anderen ein und fällt von diesem Standpunkt aus ein Werturteil über sich selbst. Diesem Werturteil zufolge empfindet er sich als wertlos und als jemand, der verachtet werden muss. Das Gefühl der Scham ist immer mit einer großen Angst verbunden, aus der Gemeinschaft mit anderen ausgeschlossen zu werden, und mit dem Gedanken, dass es in der Tat vernünftig und angemessen wäre, wegen des von der betreffenden Person selbst wahrgenommenen Mangels an Wert aus der Gemeinschaft ausgeschlossen zu werden.

Das Gefühl der Scham impliziert also notwendigerweise die Anerkennung und den Respekt vor anderen Personen. Andernfalls könnte man sich nicht vor ihnen schämen. Das Schamgefühl dementiert die Entscheidung einer Person, andere als Nicht-Personen zu behandeln. Es zeigt, dass es für diese Person unumgänglich ist, andere als Personen anzuerkennen und zu respektieren.

Das Schamgefühl ist so grundlegend, dass die betreffende Person nicht in der Lage ist, sich mit ihrer eigenen Personalität zu identifizieren. Sie verliert das Vertrauen in sich selbst als Quelle ihres freien Willens und von allem, was ihr wichtig und wertvoll ist. Jemand, der tiefe Scham empfindet, möchte buchstäblich verschwinden. Er wünscht sich, der Boden würde sich öffnen und ihn verschlucken. Er fühlt sich völlig handlungsunfähig. Er wird sozusagen zu Stein, versteinert oder erstarrt zu Eis. Die letzte Konsequenz eines tiefen Schamgefühls ist der Suizid, weil dies die einzige Möglichkeit ist, die eigene unerträglich gewordene Existenz zu beenden. In der Tat hören wir manchmal von Fällen, in denen ein Verbrecher Selbstmord beging, weil er von Schamgefühlen so überwältigt war, dass er das Leben nicht mehr ertragen konnte.

Aber Suizid ist nicht die Regel. Die meisten Menschen, die Scham empfinden, entwickeln eine Strategie, die es ihnen ermöglicht, die Selbstvernichtung zu vermeiden und ihr Leben weiterzuführen. Die am besten geeignete Strategie ist die Umwandlung des Schamgefühls in ein Schuldgefühl. Bei der Analyse des Schuldgefühls können wir drei Elemente erkennen.

Schuld

(1) Das erste Element des Schuldgefühls ist die Reue. Es gibt eine gewisse Ähnlichkeit zwischen Scham und Reue. Reue ist wie Scham das Ergebnis eines negativen Werturteils über sich selbst. Im Gegensatz zur Scham bezieht sich dieses Urteil aber nicht auf das gesamte Wesen der Person. Es bezieht sich nur auf die eigenen schlechten Handlungen. Mit dem Gefühl der Reue ist der Mensch in der Lage, zwischen sich selbst und den Handlungen, die er getan hat, zu unterscheiden. Das Individuum empfindet nicht völlige Wertlosigkeit, sondern eher eine Art Trauer über seine Handlungen. Das Gefühl der Reue ermöglicht die Verurteilung und Verachtung von Handlungen, während die Person selbst vor Verurteilung und Verachtung bewahrt wird. So bleibt der Mensch handlungsfähig und kann auf eine Versöhnung mit sich selbst hinarbeiten.

(2) Das zweite Element des Schuldgefühls ist das Bekenntnis und der Wunsch nach Wiedergutmachung. Dieses zweite Element ist ein Gefühl der Sehnsucht, nämlich der Wunsch, sich der Versöhnung würdig zu erweisen. Dieses Gefühl ist, wie die Scham, ein soziales Gefühl. Es ist nicht möglich, sich mit den eigenen Handlungen zu versöhnen, ohne sich mit denen zu versöhnen, die durch die bösen Handlungen geschädigt wurden. Der Wunsch, sich der Versöhnung würdig zu erweisen, führt daher zu dem Bestreben, die schädigende Handlung vor dem Opfer zu bekennen und den Schaden des Opfers wiedergutzumachen. Das Bekenntnis ist die Bitte, nicht mit den eigenen bösen Taten, die der Täter begangen hat, identifiziert zu werden. Es ist mit der Aufforderung verbunden, wieder darauf zu vertrauen, dass der Täter eine verlässliche Person ist, eine gute Person und keine böse.

(3) Das dritte Element des Schuldgefühls ist die Bitte um Vergebung. Wenn die betreffende Person das Gefühl hat, dass sie einen Status erreicht hat, der sie der Versöhnung würdig macht, wird sie um Vergebung bitten.

Wie wir gesehen haben, sind die Gefühle von Scham und Schuld soziale Gefühle. Sie implizieren die Anerkennung und den Respekt der anderen Person als Person. Entweder begeht die betreffende Person Suizid, weil sie das Gefühl der Scham nicht überwinden kann, oder sie fühlt sich schuldig. In beiden Fällen begreift sie, dass die Missachtung der Personalität anderer mit ihrer eigenen persönlichen Identität unvereinbar ist.

Vielleicht werden Sie gegen diese Argumentation einwenden, dass es viele Menschen gibt, die die Personalität anderer ignorieren und missachten, aber keinerlei Anzeichen von Scham oder Schuld zeigen. Manchmal scheinen sie sogar stolz auf ihre Verbrechen zu sein. Ihr Einverständnis mit sich selbst scheint ungebrochen zu sein. Sie führen ihr Leben als wenn nichts geschehen wäre. Dies scheint darauf hinzudeuten, dass die These der Gleichursprünglichkeit falsch ist.

Die Umwandlung des Schamgefühls in ein Schuldgefühl ist indessen nicht die einzige Strategie zur Vermeidung der Selbstvernichtung. Es gibt mehrere andere Strategien. Bei all diesen Alternativen handelt es sich um eine Art psychische Verdrängung. Das Schamgefühl wird durch andere Gefühle wie Angst, Wut, Aggression, Depression, Phobie oder durch zwanghafte Verhaltensmuster wie übermäßige Pedanterie, übermäßiges Händewaschen usw. verdrängt. Keines dieser Gefühle oder Verhaltensweisen ist angemessen. Daher verursachen sie Schwierigkeiten und Probleme für den jeweiligen Akteur oder für die Personen, die mit ihm in Beziehung stehen. Der Psychoanalytiker Sigmund Freud prägte den Begriff der Neurosen, um diese verschiedenen Strategien zu beschreiben.

Solche unbewussten Verdrängungen haben den Vorteil, dass der Betroffene nicht gezwungen ist, unter Scham und Schuld zu leiden. Dennoch führt die Verdrängung unweigerlich zu anderen Formen des Leidens. Es ist sehr wahrscheinlich, dass das seltsam neurotische Verhalten einer Person sie in Konflikt mit ihren Mitmenschen bringt und dass sie deshalb unter diesem Konflikt leidet. Es ist aber auch möglich, dass die Person nicht wirklich selbst leidet, sondern dass sie andere durch ihre Tyrannei oder ihr unzuverlässiges Verhalten etc. leiden lässt. Das tiefere

Problem der Neurosen besteht darin, dass die Verbindung zwischen den Symptomen und den Ursachen unbewusst ist, während sie im Falle von Scham und Schuld bewusst ist. Der latente Aspekt der Ursachen von Neurosen macht es viel schwieriger, sich von neurotischem Leiden zu befreien. Der Nutzen der neurotischen Alternativen zu Scham und Schuld hat Paul Tillich treffend zum Ausdruck gebracht: „*Die Neurose* ist der Weg, dem *Nichtsein* auszuweichen, *indem man* dem *Sein* ausweicht."

Wie sehr Menschenverachtung die eigene personale Identität zerstören kann, hat Hannah Arendt in ihrem Bericht über den Eichmann-Prozess in Jerusalem eindrucksvoll dargestellt. Sie berichtet von einer Aussage Eichmanns, wonach er, während er den Transport der europäischen Juden in die Vernichtungslager betrieb, dem Tod völlig gleichgültig gegenübergestanden habe – nicht nur dem Tod seiner Opfer, sondern auch dem eigenen Tod (Arendt S. 195). Arendt hält diese Aussage für glaubwürdig und erzählt zu ihrer Bestätigung zwei Geschichten, die aus anderen Quellen stammen. So habe eine SS-Führerin im Sommer 1944 eine Durchhalteansprache vor bayerischen Bauern gehalten. Dabei habe sie ganz offen von einer eventuellen Niederlage gesprochen, die aber kein guter Deutscher zu fürchten brauche, da der Führer „in seiner Güte für den Fall des unglücklichen Kriegsausgangs für das deutsche Volk einen sanften Tod durch Vergasung bereit" hätte. Die Bauern seien unbeeindruckt nach Hause gegangen. Ähnlich die Äußerung einer Frau aus Ostpreußen, die schon auf der Flucht vor der russischen Armee war. Sie meinte: „Unterm Russ lässt uns der Führer nicht fallen, da vergast er uns lieber." (Arendt S. 200 f.) Diese Beispiele zeigen, wie dicht Neurose und Selbstzerstörung beieinander liegen.

6.4 Verifikation oder gescheiterte Falsifikation?

Der Verweis auf Scham, Schuldgefühle und Neurosen bestätigt die Vermutung, dass es nicht möglich ist, die Personalität anderer zu ignorieren oder zu missachten, ohne sich selbst mit hoher Wahrscheinlichkeit unannehmbares Leid zuzufügen und/oder sich von sich selbst zu entfremden. Dies ist jedoch kein besonders starker Beweis. Ein strenger Beweis müsste zeigen, dass es objektiv unmöglich ist, die eigene Personalität zu erhalten, wenn man die Personalität anderer missachtet. Empirische Beweise können niemals einen solchen vollständigen Beweis liefern. Um einen solchen empirischen Beweis zu erbringen, müsste man die ganze Welt nach einem Fall absuchen, in dem eine Person die Personalität anderer missachtet und ignoriert und dabei gesund und frei von Leiden bleibt. Ein solcher Beweis ist kaum möglich.

Kritischer Rationalismus

Wir müssen erkennen, dass empirische Beweise niemals allgemeine Hypothesen beweisen. Eine Verifizierung in diesem Sinne ist nicht möglich. Daher sollten wir der Idee des so genannten *Kritischen Rationalismus* folgen, wie er von dem österreichischen/britischen Philosophen Karl Popper und dem deutschen Philosophen *Hans Albert* entwickelt wurde. Diesem Ansatz zufolge ist es gerechtfertigt, eine empirische These zu akzeptieren, solange alle Versuche, sie zu falsifizieren, fehlgeschlagen sind. In unserem Fall haben wir mehrere Referenzen, die die These bestätigen, und wir haben keine Beweise, die die These als falsch erweisen. Daher ist es vernünftig, sie zu akzeptieren.

Ich komme also zu der endgültigen Schlussfolgerung. Die These der Gleichursprünglichkeit ist empirisch gut bestätigt und sollte als wahr angesehen werden.

6.5 Die Allgemeingültigkeit der Gleichursprünglichkeitsthese

Es gibt jedoch noch einen weiteren Einwand gegen die Behauptung, dass das Prinzip der Menschenwürde durch die These der Gleichursprünglichkeit erklärt und geklärt werden kann. Wir haben bisher nur gezeigt, dass Personen zur Aufrechterhaltung ihrer Personalität auf die gegenseitige Anerkennung und Wertschätzung (Respekt) der anderen und durch andere Personen angewiesen sind. Es scheint aber nicht bewiesen zu sein, dass Personen auf die Anerkennung und Wertschätzung aller anderen Personen in der Welt angewiesen sind. Was bisher bewiesen zu sein scheint, ist nur ein Konzept der Menschenwürde, das für mich selbst und für die Personen in meinem engen Umfeld gilt. Das Konzept mag für die Familie gelten oder für den Freundeskreis oder vielleicht für die Nachbarschaft. Aber es scheint nicht für jeden Menschen zu gelten, der mit Personalität ausgestattet ist. Die Idee der Menschenwürde kann aber nur dann als adäquate Grundlage der Menschenrechte funktionieren, wenn sie für jedes Mitglied der

6.5 · Die Allgemeingültigkeit der Gleichursprünglichkeitsthese

Menschheitsfamilie gilt oder zumindest für jedes Mitglied der Menschheitsfamilie, das mit Vernunft und Gewissen ausgestattet und damit Person ist.

Bei näherer Betrachtung zeigt sich jedoch, dass die Gleichursprünglichkeitsthese hinreichend ist, um das Prinzip der Menschenwürde als ein allgemeines, für jeden Menschen auf der Welt geltendes Prinzip zu konstruieren. Bei diesem Schritt der Argumentation bewegen wir uns wieder auf dem Gebiet der Philosophie. Hier verwenden wir keine empirischen Argumente mehr, sondern ein rein transzendentales Argument. Ich möchte dieses Argument in Form eines Gedankenexperiments demonstrieren.

Stellen Sie sich bitte vor, Sie seien in der Position zu entscheiden, wem Sie Menschenwürde zuschreiben wollen oder, anders gesagt, wessen Personalität Sie als absolut wertvoll ansehen wollen (siehe ◘ Abb. 6.1). Nehmen wir

Würde-Zertifikat

◘ Abb. 6.1 „Würde-Schalter" (© Sophie Reinisch)

an, Sie sitzen hinter einem Schalter und vor Ihnen steht in einer riesigen Schlange die gesamte Menschheit. Ein Mensch nach dem anderen erscheint vor Ihrem Schalter und Sie entscheiden, ob Sie ihnen eine Urkunde über die Anerkennung ihrer Menschenwürde aushändigen wollen oder nicht.

Die erste Person in der Reihe ist Ihre Mutter. Da Ihre Mutter in Ihrer Kindheit Ihre wichtigste Bezugsperson war und Sie sie deshalb lieben, zögern Sie nicht, ihr das Würde-Zertifikat zu geben. Die nächste Person ist jemand, dem Sie noch nie begegnet sind und den Sie auch in Zukunft nie wieder treffen werden. Ob er existiert, spielt für Ihr persönliches Leben keine Rolle. Werden Sie ihm das Zertifikat geben? Vielleicht denken Sie, dass es für Sie effektiver ist, das Zertifikat zu verweigern, weil die Aushändigung des Dokuments zur Folge hätte, dass Sie verpflichtet wären, die Menschenrechte dieser unbekannten und uninteressanten Person zu achten. Warum sollten Sie diese Bürde auf sich nehmen? Also verweigern Sie die Bescheinigung. Die nächste Person, die Sie vor sich haben, ist ein sehr berühmter Krimineller, sagen wir ein grausamer Terrorist, der mehrmals auf YouTube zu sehen war, wo er unschuldige Menschen durch Enthauptung tötete. Werden Sie ihm das Würde-Zertifikat ausstellen? Vielleicht sind Sie der Meinung, dass solche schrecklichen Menschen als Monster und nicht als Personen betrachtet werden sollten, und deshalb zögern Sie nicht, das Würde-Zertifikat zu verweigern.

Nun stellt sich die Frage: Ist es möglich, die Personalität Ihrer Mutter als absolut wertvoll zu betrachten und gleichzeitig die Personalität des unbekannten Individuums oder des Verbrechers für relativ wertlos zu halten? Die transzendentale Analyse zeigt, dass eine solche unterschiedliche Behandlung Ihrer Mutter und der anderen Personen begrifflich unhaltbar ist. Der Fehler liegt in der Annahme, dass es möglich ist, zu entscheiden, wem man Würde zuschreiben will und wem nicht. Das ist nicht möglich, denn um eine solche Entscheidung zu treffen, braucht man Kriterien, nach denen man unterscheidet. Diese Kriterien haben nichts mit der Tatsache zu tun, dass die Personen, die vor Ihnen stehen, Personen oder zumindest potenzielle Personen sind. Nicht die Personalität ist das ausschlaggebende Kriterium, sondern etwas anderes. Dieses „etwas anderes" ist notwendigerweise und unvermeidlich etwas von relativem Wert, z. B. Ihr Nutzen, Ihr Interesse, Ihre Liebe, Ihre Angst oder irgendein anderes Kriterium der Präferenz.

Genau die gleichen Kriterien, die Ihre Entscheidung über Ihre Mutter leiten, sind auch für die Entscheidungen über jede andere Person relevant. Sie respektieren die Personalität Ihrer Mutter nur, weil sie das Objekt Ihrer Liebe ist oder weil sie für Sie nützlich ist. Mit anderen Worten: Die Wertschätzung der Personalität Ihrer Mutter ist nicht mehr absolut, sondern relativ. Anders ausgedrückt: Wenn Sie auch nur eine Person in der Welt absolut wertschätzen, können Sie nicht vermeiden, jede andere Person in der Welt ebenfalls absolut wertzuschätzen.

6.6 Menschenwürde in Zweifelsfällen

Die Menschenwürde bezieht sich auf den absoluten Wert der Personalität. Träger der Menschenwürde sind daher Personen und, wie wir oben gesehen haben, Proto-Personen. Es gibt jedoch Fälle, in denen es strittig ist, ob das betreffende Individuum als Person betrachtet werden kann.

Dies gilt insbesondere für menschliche Embryonen. Sollten menschliche Embryonen als Träger der Menschenwürde betrachtet werden? Kann und muss ihnen Menschenwürde zugesprochen werden? Ja, ich denke, sie müssen als Personen betrachtet werden! Die Tötung eines Embryos ist immer mit dem Werturteil verbunden, dass die Person, die aus dem Embryo hervorgehen wird, es nicht wert ist zu existieren. Die Verneinung basiert auf intrinsischen oder extrinsischen Bewertungen der Fähigkeit eines Embryos, Personalität zu entwickeln, und daher nicht auf dem absoluten Wert, der für Personalität kennzeichnend ist.

Embryos

Wie verhält es sich mit Personen, die an Demenz erkrankt sind? Sind sie noch Personen oder wird ihnen durch die Krankheit die Personalität entzogen? In der Tat kann man im Endstadium der Krankheit kaum noch von einer Person sprechen, da die Krankheit die Fähigkeit des Einzelnen, sich selbst auf der Grundlage seiner eigenen Überlegungen und Reflexionen zu bestimmen, vollständig beseitigt. Aber nicht jeder Mensch, der an Demenz erkrankt ist, hat seine Personalität verloren. Personalität ist ein Schwellenwertkonzept. Es gibt keine Abstufungen der Personalität. Vielmehr hat jemand entweder Personalität oder er hat sie nicht. In den meisten Fällen müssen Menschen mit Demenz deshalb noch als Personen betrachtet werden.

Demenz

Koma

Und was ist mit einem Menschen, der für längere Zeit im Koma liegt? Ist er noch eine Person? Solange wir davon ausgehen können, dass er aufwacht und sein Leben als Person weiterlebt, muss er wie ein Embryo zumindest als potenzielle Person betrachtet werden.

Mensch oder Person?

Viele Philosophen wenden sich gegen dieses Konzept der Menschenwürde mit dem Argument, dass es nicht alle Menschen erfasst, sondern nur diejenigen, die als Personen betrachtet werden können. Sie befürchten, dass aus dieser Einschränkung folgt, dass Menschen, die keine Personen sind (nicht mehr oder seit Beginn ihres Lebens), auf eine Weise behandelt werden können, die wir normalerweise als unmenschlich betrachten. Das heißt, sie kommen zu dem Schluss, dass es nach dieser Theorie zulässig ist, nicht-personale Menschen zu töten oder zu foltern. Sie sind aber der Meinung, dass auch nicht-personale Menschen vor Misshandlung geschützt werden sollten. Deshalb bestehen sie darauf, dass die Menschenwürde nicht nur Personen zugeschrieben werden darf, sondern allen menschlichen Indivuden.

Das Argument ist jedoch nicht sehr überzeugend. Erstens bedeutet die Tatsache, dass nur die Personalität als absoluter Wert betrachtet werden kann, nicht, dass nicht-personale Menschen willkürlich behandelt werden können und dass es keine moralischen Normen zu ihrem Schutz gibt. Denn nichts hindert uns daran, auch nicht-personalen Menschen einen intrinsischen Wert zuzuschreiben. Zweitens begründen diese Philosophen nicht, sondern setzen bereits voraus, dass nicht-personale Menschen nicht willkürlich getötet oder gefoltert werden dürfen. Diese Überzeugung hängt also offensichtlich nicht von einer bestimmten Auffassung von Menschenwürde ab, sondern existiert unabhängig davon. Sie wissen bereits, was moralisch geboten und was moralisch verboten ist, ohne dass sie darüber mittels des Begriffs der Menschenwürde erst belehrt werden müssten. Es gibt keinen Widerspruch zwischen der Vorstellung von Personalität als absolutem Wert und der Vorstellung, dass auch nicht-personale Menschen nicht unmenschlich behandelt werden dürfen. Und natürlich gibt es auch keinen Widerspruch hinsichtlich der moralischen Überzeugung, dass auch Tiere nicht grausam behandelt werden dürfen.

Wir können die absolute Wertschätzung unserer eigenen Personalität nicht ohne die absolute Wertschätzung

6.6 · Menschenwürde in Zweifelsfällen

der Personalität anderer Personen aufrechterhalten. Wir können die Personalität einer bestimmten Person nicht als absolut anerkennen, ohne die Personalität jeder Person als absolut anzuerkennen. Dies zeigt den verallgemeinerten Charakter des Prinzips der Menschenwürde: Entweder wir respektieren die Menschenwürde jeder menschlichen Person, einschließlich unserer eigenen, oder wir respektieren die Menschenwürde von niemandem, einschließlich unserer eigenen.

Absolutheit bedeutet, dass es keine Rechtfertigung dafür gibt, jemanden daran zu hindern, seinen eigenen Willen durch seine eigenen Überlegungen und Reflexionen zu bestimmen. Es gibt keine Rechtfertigung für die Mißachtung des eigenen oder fremden freien Willens. Von diesem Standpunkt aus kann man nicht auf eine absolute Achtung der Handlungsfreiheit des Menschen schließen. Es geht bei der Achtung der Menschenwürde nicht um die Handlungsfreiheit, sondern um die Willensfreiheit. Wenn wir von Willensfreiheit sprechen, sprechen wir von Menschenwürde. Wenn wir von Handlungsfreiheit sprechen, sprechen wir von dem grundlegenden Verfassungswert der *Freiheit*. Es besteht ein großer Unterschied zwischen Freiheit und Menschenwürde, denn die Achtung der Freiheit ist relativ, während die Achtung der Menschenwürde absolut sein muss.

Willensfreiheit
Handlungsfreiheit

❓ **Zur Wiederholung**

6.1 In diesem Kapitel wurden empirische Forschungsergebnisse vorgestellt, die die These bestätigen, dass der Mensch nur dann die Fähigkeit entwickeln und bewahren kann, sein Leben auf der Grundlage seines eigenen freien Willens zu führen, wenn seine Personalität von anderen anerkannt und geschätzt wird. Bitte beschreiben Sie diese empirischen Argumente mit einigen Stichworten.

6.2 Die Gleichursprünglichkeitsthese setzt voraus, dass selbst Säuglinge oder sehr kleine Kinder in der Lage sein müssen, die Personalität anderer zu erkennen und zu schätzen, bevor sie ihre eigene Personalität entwickelt haben. Gibt es Belege für diese Hypothese?

6.3 Gibt es Belege für die Hypothese, dass die Missachtung der Personalität anderer zu einer Schwächung, Unterminierung oder gar einem Verlust der Personalität des Akteus führt?

6.4 Anhand des Gedankenexperiments „Würdezertifikat" lässt sich zeigen, dass es unmöglich ist, die Würde eines einzelnen Menschen anzuerkennen und zu schätzen, ohne die Würde jedes anderen Menschen anzuerkennen und zu schätzen. Erläutern Sie dieses Gedankenexperiment.

Antworten siehe ▶ Kap. 21.

Leseempfehlungen

Albert, Hans: *Traktat über kritische Vernunft.* Stuttgart 1991
Arendt, Hannah: *Eichmann in Jerusalem. Ein Bericht von der Banalität des Bösen.* München 2021
Bowlby, John: *Bindung als sichere Basis: Grundlagen und Anwendung der Bindungstheorie.* München 2021
Buchholz, Michael B.: *Das Selbst– Über den Individualismus hinaus. Einige Befunde der Säuglingsforschung – neuere psychoanalytische Perspektiven.* In: Hilarion G. Petzold (Hrsg.): Identität. Ein Kernthema moderner Psychotherapie – interdisziplinäre Perspektiven. Wiesbaden 2012
Fischer, Gottfried / Riedesser, Peter: *Lehrbuch der Psychotraumatologie.* München 2020
Heedt, Thorsten: *Borderline-Persönlichkeitsstörung. Das Kurzlehrbuch.* Stuttgart 2019
Margalit, Avishai: *Politik der Würde. Über Achtung und Verachtung.* Berlin 2012
Popper, Karl: *Logik der Forschung.* Tübingen 2005
Taylor, Gabrielle: *Pride, Shame and Guilt.* Oxford 1985
Tiedemann, Paul: *Johann Gottlieb Fichte und die Identitätstheorie der Menschenwürde.* In: ARSP 103 (2017), 337–36
Tillich, Paul: *Der Mut zum Sein.* Berlin 1991 (insb. Kap. III)
Tisseron, Serge: *Phänomen Scham. Psychoanalyse eines sozialen Affekts.* München 2000

Von der Menschenwürde zu den Menschenrechten

Inhaltsverzeichnis

7.1 Was ist ein Recht? – 141

7.2 Was bedeutet *ein Recht haben*? – 149

7.3 Die Ableitung von Pflichten aus Werten – 150

7.4 Die Ableitung von Rechten aus Pflichten – 155

Leseempfehlungen – 157

© Der/die Autor(en), exklusiv lizenziert an Springer-Verlag GmbH, DE, ein Teil von Springer Nature 2023
P. Tiedemann, *Philosophische Grundlagen der Menschenrechte*, Springer-Lehrbuch, https://doi.org/10.1007/978-3-662-65533-7_7

Ableitung der Menschenrechte aus dem Menschenwürde-Prinzip

Die Analyse dessen, was mit der Ableitung der Menschenrechte aus dem Prinzip der Menschenwürde gemeint ist, erfordert die Analyse der allgemeinen Struktur eines Menschenrechts und die Untersuchung, wie die einzelnen Variablen dieser Struktur aus dem Prinzip der Menschenwürde abgeleitet werden können und wie das Prädikat „ein Recht haben" abgeleitet werden kann.

Struktur eines Menschenrechts

Die allgemeine Struktur eines Menschenrechts ist die folgende:

v [hat ein Recht] gegenüber x auf ein Verhalten y bezüglich z

v = Entitäten, die mit Personalität ausgestattet sind = Personen (einschließlich Proto-Personen).

x = Entitäten, die mit Personalität ausgestattet sind und daher das Würde-Urteil über Personen teilen = Personen.

Daraus folgt, dass die originären Schuldner der Menschenrechte die einzelnen Menschen sind und nicht der Staat. Der Staat ist nicht mit Vernunft und Gewissen ausgestattet und kann keine Werturteile teilen. Der Staat ist nur eine Organisation von Personen, die mehr Effektivität bei der Anerkennung und Durchsetzung der Menschenrechte erzeugen soll. Dennoch ist diese Organisation ein sehr mächtiger und daher potenziell wirksamer und gefährlicher Verursacher von Menschenrechtsverletzungen. Daher sollte der Staat als Adressat der Menschenrechte in einem abgeleiteten Sinne betrachtet werden.

y = Die spezifische Handlung oder Unterlassung, auf die v ein Recht hat. Es gibt insoweit drei Arten möglicher Rechte: (1) das Recht auf Respekt (Achtung), (2) das Recht auf Schutz, and (3) das Recht auf Unterstützung.

Respekt: Unterlassung jeder Form von Verletzung (Tabuisierung des Schutzgutes) Unbeschränkter Respekt ist privaten Personen ebenso möglich wie dem Staat oder anderen Organisationen.

> Schutz = Die Verteidigung von Personen, denen Verletzungen der Menschenrechte durch Dritte drohen. Schutzmaßnahmen sind im Prinzip privaten Personen ebenso möglich wie dem Staat, aber nur bis zu einem gewissen Grad, der von den Grenzen der eigenen Fähigkeiten des Schutzakteurs abhängt. Der Staat hat mehr Macht effektiv zu schützen als einzelne Individuen.
>
> Unterstützung = Hilfe, damit Personen unmenschliche Lebensbedingungen überwinden können. Unterstützung ist für einzelne Personen grundsätzlich nur zu einem relativ geringen Grad möglich. Staaten sind insoweit leistungsfähiger (Sozialstaat).
>
> z = Schutzbereich. Aus dem Prinzip der Menschenwürde folgt ein genereller Schutzbereich, der allen Menschenrechten eigen ist: die Freiheit des Willens (Personalität). Die Schutzbereiche der einzelnen Menschenrechte sind nur spezifische Konkretisierungen dieses allgemeinen Schutzbereichs. Es geht immer um Willensfreiheit, nicht um Handlungsfreiheit.

Werte und Normen

Bei der Ableitung von Menschenrechten aus dem Prinzip der Menschenwürde geht es um die Ableitung von Normen aus Werten. Das erscheint auf den ersten Blick logisch unmöglich zu sein. Aus der Tatsache, dass A x präferiert, folgt nicht, dass A ein Recht auf x hat oder dass B gegenüber A verpflichtet ist, x zu leisten.

Ferner, Werte beziehen sich stets auf die Person, die die entsprechende Wertung vornimmt. Rechte beziehen sich auf die Beziehung zwischen einem Gläubiger und einem Schuldner.

Immanuel Kant zufolge sind moralische Pflichten solche gegen sich selbst. Sie beruhen auf einer inneren Nötigung. Sie verlangen keine normative Beziehung zu anderen. Daher ist es sinnvoll zunächst zu fragen, ob es einen Ableitungszusammenhang zwischen Werten und Pflichten gibt, statt zwischen Werten und Rechten.

> **Menschenpflichten**
>
> Wenn in einem Konflikt zwischen einem Willen erster Ordnung und einem Willen zweiter Ordnung (Harry G. Frankfurt) der letztere dem Handelnden als psychischer Zwang erscheint, dann betrachtet der Handelnde den Willen zweiter Ordnung als Pflicht.
>
> Pflichten beziehen sich auf den absoluten Wert der Menschenwürde, wenn sich der Wille zweiter Ordnung auf die Entwicklung und/oder Erhaltung der Personalität bezieht. Pflichten, die sich auf die Personalität beziehen, können als Menschenpflichten bezeichnet werden. So ist es möglich, aus dem Wert der Menschenwürde (Menschen-) Pflichten abzuleiten.

> **Von Menschenpflichten zu Menschenrechten**
>
> Da die Personalität einen absoluten Wert (Würde) für den Menschen hat und da es gleichwohl große Versuchungen gibt, gegen diesen unseren höchsten Wert und unsere höchste Pflicht zu handeln, sind wir gezwungen, jedes verfügbare Mittel zu nutzen, das uns helfen kann, eine Pflichtverletzung zu vermeiden. Ein wirksames Mittel, um sicherzustellen, dass wir unseren Menschenpflichten nachkommen, ist die Verleihung von Menschenrechten. Durch die Verleihung von Menschenrechten unterwerfen wir uns der Kritik und Kontrolle derjenigen, die die Nutznießer unserer Menschenpflichten und die potenziellen Opfer einer Pflichtverletzung sind. Ein weiteres Mittel, um die Erfüllung der Menschenpflichten zu gewährleisten, ist die Umwandlung von moralischen Menschenrechten in rechtliche Menschenrechte.

> **Verleihung von Menschenrechten**
>
> Die Verleihung von moralischen Menschenrechten ist kein performativer Akt im wörtlichen Sinne. Es handelt sich vielmehr um eine Haltung. Diese Haltung beruht auf einer freiwilligen Annahme. Daher können wir theoretisch beschließen, diese Haltung nicht einzunehmen. Es ist aber irrational, die Absolutheit der Menschenpflichten anzuerkennen und gleichzeitig die Verleihung von Menschenrechten abzulehnen.

7.1 Was ist ein Recht?

In den letzten drei Kapiteln habe ich versucht, den Begriff der Menschenwürde zu klären. Damit sind wir nun gut auf die Frage vorbereitet, wie genau die Menschenwürde als adäquates Prinzip betrachtet werden kann, das den Menschenrechten zugrunde liegt.

Im vierten Kapitel haben wir gesehen, wie das Völkerrecht die Rolle der Menschenwürde als Grundlage der Menschenrechte betrachtet (z. B. in den Präambeln der Internationalen Pakte von 1966). Dort wird davon ausgegangen, dass die Menschenrechte aus dem Prinzip der Menschenwürde abgeleitet sind. Die Menschenrechte sollen also, so behaupten es die internationalen Verträge, mit der Menschenwürde durch eine bestimmte Art von Ableitung verbunden sein. In diesem Kapitel müssen wir klären, was in diesem Zusammenhang mit Ableitung gemeint sein kann und ob sich ein solcher Ableitungszusammenhang philosophisch rechtfertigen lässt. Um die Art der Verbindung zwischen Menschenwürde und Menschenrechten zu klären, ist es zunächst notwendig, die beiden Begriffe zu klären, die miteinander verbunden werden sollen. Bislang haben wir uns bereits ein angemessenes Verständnis des Begriffs der Menschenwürde erarbeitet. Nun müssen wir den Begriff der Menschenrechte analysieren. Es stellt sich also die erste Frage: Was ist ein (subjektives) Recht?

Wir können die Struktur eines Rechts im Allgemeinen und eines Menschenrechts im Besonderen auf folgende Weise darstellen:

> v [hat ein Recht] gegenüber x auf ein Verhalten y bezüglich z

Sie sehen, dass es vier Variablen gibt, die wir identifizieren müssen. Nachdem wir diese Variablen identifiziert haben, können wir uns der Klärung der Frage zuwenden, was mit „ein Recht haben" gemeint ist.

Was ist v? Die erste Variable v bezieht sich auf den Inhaber oder Träger eines Menschenrechts. Wenn sich die Menschenrechte aus der Menschenwürde ableiten lassen, dann scheint es klar zu sein, dass die Inhaber der Menschenrechte dieselben Entitäten sind, denen wir die Würde zuschreiben. Wie wir gesehen haben, gehören dazu alle Entitäten, die mit Personalität ausgestattet sind. Entitäten, die mit Personalität ausgestattet sind, werden Personen genannt. Bislang haben wir gelernt, dass Personalität eine potenzielle Eigenschaft ist, die, soweit wir wissen, nur Menschen zukommt. Wir können daher sagen, dass sich die Menschenwürde auf jede menschliche Person bezieht. Daraus folgt, dass alle menschlichen Personen Träger der Menschenrechte sind.

Träger der Menschenrechte

Daraus folgt weiter, dass Nicht-Personen keine Träger von Menschenrechten sein können. Aus dem Grundsatz der Menschenwürde kann nicht gefolgert werden, dass jeder Mensch als Träger von Menschenrechten angesehen werden kann, insbesondere nicht diejenigen, die weder Personen sind noch das Potenzial haben, eine Person zu werden.

Kritik

Wie ich bereits im fünften Kapitel erwähnt habe, kritisieren viele Rechtsphilosophen die These, die ich hier vorstelle, indem sie argumentieren, dass ein Konzept der Menschenwürde, das auf der absoluten Bewertung der Personalität beruht, nicht überzeugend ist, weil es nicht zu einer Konzeption der Menschenrechte führt, die jedes menschliche Wesen schützt.

Mein Gegenargument gegen diese Kritik ist, dass die Kritiker das Verhältnis von Menschenwürde und Menschenrechten vertauschen. Sie versuchen, die Bedeutung der Menschenwürde aus einer bestimmten Vorstellung von Menschenrechten abzuleiten, anstatt die Bedeutung der Menschenrechte aus einer bestimmten Vorstellung von Menschenwürde abzuleiten (z. B. Waldron). Die Bedeutung des Begriffs der Menschenrechte hängt von der Bedeutung des Begriffs der Menschenwürde ab und nicht umgekehrt.

Das zweite Gegenargument ist, dass es nicht möglich ist, ein absolutes Werturteil zugunsten des bloßen Lebewesens Mensch abzugeben. Es gibt kein transzendentales Argument für eine solche Argumentation. Es ist nicht möglich zu zeigen, dass etwas anderes als die Personalität als absolut wertvoll angesehen werden kann.

Es ist wichtig zu betonen, dass sich diese Untersuchung nur auf die philosophischen Grundlagen der Menschenrechte bezieht und nicht auf die Grundlagen der Moral überhaupt und aller ihr zugrunde liegenden Prinzipien. Es könnte sein, dass es einen moralischen Grundsatz gibt, der eine bestimmte Art von Respekt gegenüber jedem Mitglied der menschlichen Familie verlangt. Was auch immer dieser Grundsatz sein mag, er gehört nicht zu den Menschenrechten, denn die Menschenrechte sind das, was wir aus dem Grundsatz der Menschenwürde ableiten können, und die Menschenwürde wiederum bezieht sich nur auf Personen.

Nun zur Variablen x: Die Variable x bezieht sich auf diejenigen, von denen die Inhaber der Menschenrechte etwas verlangen können, also diejenigen, die durch die Menschenrechte verpflichtet sind. Das sind genau jene Entitäten, die das Menschenwürde-Urteil für richtig halten.

Schuldner der Menschenrechte

Wie wir gesehen haben, ist es rational nicht möglich, das Menschenwürde-Urteil nicht zu akzeptieren. Wer an seiner eigenen Personalität interessiert ist, muss auch das Menschenwürde-Urteil akzeptieren. Da alle Personen notwendigerweise an ihrer eigenen Personalität interessiert sind, müssen alle Personen das Würdeurteil akzeptieren, vorausgesetzt, sie sind rational. Daraus folgt, dass mit x jede menschliche Person gemeint ist.

Einige Rechtsphilosophen sind der Meinung, dass sich die Menschenrechte nur an Staaten und nicht an bestimmte Individuen und schon gar nicht an jeden Menschen richten. Diese Meinung scheint durch das Völkerrecht und durch viele nationale Verfassungen bestätigt zu werden, die die Menschenrechte nur an den Staat adressieren. So lesen wir in Artikel 1 des deutschenGrundgesetzes:

> Die Würde des Menschen ist unantastbar. Sie zu achten und zu schützen ist Aufgabe aller staatlichen Gewalt.

Nach dieser Auffassung hat nur der Staat die Pflicht, die Menschenrechte zu achten, und nicht jeder Mensch. Es gibt aber einige wenige Verfassungen, die deutlich machen, dass die Achtung der Menschenwürde eine gegenseitige Verpflichtung für alle Menschen ist. Ich kenne zwei Beispiele: nämlich die Verfassung des deutschen Bundeslandes Brandenburg und die Verfassung der Republik Malawi. In Artikel 12 (IV) der letzteren lesen wir:

> Die jedem Menschen innewohnende Würde und sein Wert erfordern, dass der Staat und alle Menschen die grundlegenden Menschenrechte anerkennen und schützen und die Rechte und Ansichten aller Einzelpersonen, Gruppen und Minderheiten unabhängig davon, ob sie wahlberechtigt sind oder nicht, in vollem Umfang schützen.

Die Verfassung des Bundeslandes Brandenburg sagt in Artikel 7 Abs. 2:

> Jeder schuldet jedem die Anerkennung seiner Würde.

Aus dem Grundsatz der Menschenwürde folgt zunächst, dass nur menschliche Personen die Würde anderer respektieren müssen, denn der Begriff der Menschenwürde bezieht sich auf ein Werturteil, und nur Personen sind in der Lage, Werturteile zu fällen. Der Staat fällt nicht unter diesen Begriff der Person. Er ist keine lebendige Entität, die mit Vernunft und Gewissen ausgestattet ist. Der Staat ist nur eine Idee in unseren Köpfen, die Idee einer Organisation von menschlichen Individuen. Sowohl Bürger als auch Beamte, Richter oder Politiker eines Staates handeln gemäß einer verinnerlichten Rolle, die Teil der Vorstellung vom Staat ist. Die Vorstellung, dass sich die Menschenrechte an den Staat als verpflichtete Entität richten, lässt sich daher nicht aus dem Prinzip der Menschenwürde ableiten. Vielmehr ist der Staat als ein Mittel zur Gewährleistung der Menschenrechte zu betrachten. Um sicherzustellen, dass jeder Mensch die Menschenwürde und damit die Menschenrechte der anderen achtet, setzen wir den Staat als mächtiges Mittel ein und geben ihm die Aufgabe, die Menschenrechte derer zu achten und zu schützen, die unter seiner Herrschaft leben.

Es ist also eine Frage des positiven Rechts, ob der Staat verpflichtet ist, die Menschenrechte zu achten und zu schützen. Aus moralischer Sicht kann man aber sagen, dass ein Staat, der die Menschenrechte nicht achtet, ein Unrechtsstaat ist. Ein Unrechtsstaat fungiert als Mittel für bestimmte menschliche Individuen – diejenigen, die die Macht über den Staat haben –, um die Menschenrechte anderer zu verletzen.

Was ist y?

Bei der Erörterung der obigen Punkte habe ich die Ausdrücke „Achtung" und „Schutz" ohne weiteren Kommentar verwendet. Dies geschah nur vorläufig. Wir wenden uns nun der Frage zu, ob „Achtung" die angemessene und hinreichende Beziehung zwischen der Variablen v und der Variablen x ist.

Achtung

Eine Sache ist klar. Wenn die Personalität anderer für mich einen absoluten Wert hat, dann ist es eine zwingende Konsequenz für mich, die Personalität anderer zu achten. Respekt ist die grundlegende Beziehung zwischen v und x. V hat in jedem Fall ein Recht auf (y =) Respekt gegenüber x.

Es sind indessen zwei andere Arten von Beziehung zwischen v und x denkbar: eine Schutzbeziehung und eine Hilfebeziehung.

Schutz

Schutz bedeutet, dass x nicht nur jede Verletzung der Menschenrechte von v unterlassen soll, sondern dass x auch verpflichtet ist, die Menschenrechte von v aktiv gegen drohende Verletzungen durch Dritte zu verteidigen und zu schützen. Die Schutzpflicht kann aber nicht so unbedingt und ausnahmslos sein wie die Pflicht zur Achtung. Es gibt einige Einschränkungen.

Die Grenzen der Schutzmaßnahmen hängen von unseren Fähigkeiten ab. Wenn wir nicht stark und mächtig genug sind, um die Menschenrechte anderer wirksam zu schützen, dann sind wir nicht dazu verpflichtet, dies zu tun. Selbst wenn wir in der Lage sind, eine bestimmte Person vor einer bestimmten Bedrohung zu schützen, ist es noch lange nicht möglich, alle Bedürftigen in gleicher Weise zu schützen. Unsere Kapazitäten werden nicht nur durch unser Potenzial oder unsere Ressourcen eingeschränkt, sondern auch durch die Tatsache, dass unsere Ressourcen für mehr als eine einzige Aufgabe eingesetzt werden. Wir müssen unsere Zeit, unsere Kraft und unser Geld nicht nur für den Schutz anderer einsetzen, sondern auch für andere Ziele, die erreicht werden müssen, um das eigene Leben zu führen.

Das Strafrecht unterscheidet zwischen Begehungs- und Unterlassungshandlungen und wertet diese unterschiedlich. Wer durch Begehung ein rechtlich geschütztes Interesse verletzt, begeht immer die entsprechende Straftat und ist dafür zu bestrafen. Wer hingegen ein rechtlich geschütztes Interesse durch Unterlassen einer Schutzverpflichtung verletzt, wird nicht wegen des entsprechenden Delikts, sondern nur wegen unterlassener Hilfeleistung bestraft, der ein geringerer Unrechtsgehalt beigemessen wird als dem Begehungsdelikt. Nur in einigen Ausnahmefällen wertet das Gesetz die Rechtsgutverletzung durch unterlassene Hilfeleistung ebenso wie die Rechtsgutverletzung durch eine positive Handlung. Dies ist der Fall, wenn es sich bei dem Täter um eine Person handelt, die durch Gesetz oder Vertrag die Stellung eines Garanten für ein bestimmtes Ergebnis erhalten hat.

Auch auf der Ebene der Moral müssen wir zwischen diesen beiden Fällen unterscheiden. Nur in einigen Ausnahmefällen betrachten wir eine Unterlassung als gleichwertig mit einer aktiven Handlung. Im Übrigen ist es eine Frage der Angemessenheit und der Zumutbarkeit, ob und in welchem Umfang eine moralische Schutzpflicht besteht.

Schließlich darf zum Schutz der Menschenrechte nicht jedes geeignete Mittel eingesetzt werden, sondern nur diejenigen, die selbst mit den Menschenrechten vereinbar sind. Die unbedingte Wertschätzung der Personalität anderer hat nicht zur Folge, dass man die Menschenrechte der einen schützen darf, indem man die Menschenrechte anderer verletzt.

Um die Bürger von der Pflicht zum Schutz anderer zu entlasten und die Schutzleistung so effektiv wie möglich zu gestalten, ist es sinnvoll, die Aufgabe des Menschenrechtsschutzes auf den Staat zu übertragen. Der Staat ist demnach das Mittel, um die Menschenrechte wirksam zu schützen. Allerdings ist auch die staatliche Schutzpflicht für die Menschenrechte begrenzt. Die Pflicht zum Schutz der Menschenrechte ist durch die Grenzen des Staates und das Territorium begrenzt, das er effektiv beherrscht. Eine weitere Begrenzung liegt in den begrenzten personellen und finanziellen Ressourcen, die dem Staat unter Berücksichtigung der anderen Aufgaben, die er zu erfüllen hat, zur Verfügung stehen. Der Umfang und die Grenzen der staatlichen Schutzpflicht für die Menschenrechte lassen sich nicht mit philosophischen Mitteln genau definieren. Vielmehr sind die Schutzpflichten und ihre Beschränkungen eine Frage des positiven Rechts. Sie lassen sich auch nicht aus dem Grundsatz der Menschenwürde ableiten.

Hilfe

Was für den Schutz der Menschenrechte vor Bedrohungen durch Dritte gilt, gilt auch für die Frage, ob und inwieweit der Einzelne oder der Staat verpflichtet ist, Menschen zu helfen, die unter unmenschlichen Bedingungen leben, welche nicht durch böswillige Handlungen Dritter verursacht sind, sondern durch die allgemeinen Lebensverhältnisse, einen Unglücksfall oder eine Naturkatastrophe. Auch dies ist eine Frage, deren Beantwortung sich nicht allein aus dem Prinzip der Menschenwürde ableiten lässt. Auch hier sind die Grenzen der Fähigkeiten, der Möglichkeiten und die sonstigen Aufgaben des Staates sowie die Lebensziele der einzelnen Individuen zu berücksichtigen.

Aus rein moralischer Sicht müssen wir also zu dem Schluss kommen, dass es nur ein absolutes Recht auf Achtung der Personalität des Rechtsinhabers gibt, während der Schutz der Menschenrechte vor Bedrohungen durch Dritte oder die Gewährung von Hilfe, um unmenschlichen Lebensbedingungen zu entkommen, von komplexen empirischen Bedingungen abhängen, die nur durch positives Recht geregelt werden können.

Schutzbereich

Was ist z? – Die Variable z bezieht sich auf den Inhalt des Rechts. In diesem Bereich spielt die Ableitung aus dem Prinzip der Menschenwürde die entscheidende Rolle. Die Ableitung aus dem Menschenwürdeprinzip führt zu dem Ergebnis, dass Menschenrechte genau die Rechte sind, die den Status einer Person als Person schützen sollen. Die

7.1 · Was ist ein Recht?

Menschenrechte schützen die Personalität. Personalität ist die Fähigkeit, das eigene Leben auf der Grundlage des eigenen freien Willens zu führen. Frei ist ein Wille, der auf eigenen Überlegungen und Reflexionen beruht und frei von jeder Art von Manipulation durch Dritte ist.

Es ist wichtig zu betonen, dass die Funktion der Menschenrechte weder darin besteht, Gleichheit herzustellen noch die Handlungsfreiheit des Einzelnen zu schützen. Wir müssen also zwischen Handlungsfreiheit und Willensfreiheit unterscheiden. Aus dem Prinzip der Menschenwürde können nur Rechte abgeleitet werden, die die Willensfreiheit schützen, während dies für die Handlungsfreiheit nicht unbedingt gilt. Woher rührt dieser Unterschied?

Handlungsfreiheit ist die Freiheit des Menschen, das zu tun, was er tun will. Beschränkungen der Handlungsfreiheit sind Beschränkungen des äußeren Verhaltens. Eine Einschränkung der Handlungsfreiheit ist grundsätzlich kein Eingriff in die Personalität. Die Handlungsfreiheit ist keine Frage der Menschenrechte. Sie ist eine Angelegenheit eines anderen Rechtsgrundsatzes, nämlich des Freiheitsgrundsatzes. Ich werde im ▶ 18. Kapitel auf diesen Grundsatz zurückkommen.

Im Vergleich dazu ist die Willensfreiheit das, worauf es im Zusammenhang mit den Menschenrechten ankommt. Die wichtige Unterscheidung zwischen der Willensfreiheit und der Handlungsfreiheit wird in der Menschenrechtslehre und in der Rechtsprechung zu den Menschenrechten leider nur sehr selten berücksichtigt. Es ist aber sehr wichtig, diese Unterscheidung im Auge zu behalten, denn die Konsequenzen sind tiefgreifend. Wenn man bedenkt, dass die Willensfreiheit das Wesen der Personalität ist und die Bedingung der Möglichkeit, Wertungen jedweder Art vorzunehmen, dann ist die Willensfreiheit ein absoluter Wert, der als solcher respektiert werden muss. Daher sind die Menschenrechte Rechte, die die Willensfreiheit als absoluten Wert schützen. Es ist nicht möglich, ein Menschenrecht gegen ein anderes abzuwägen oder die Menschenrechte gegen ein öffentliches Interesse abzuwägen. Es ist auch nicht möglich, den Schutzbereich der Menschenrechte zugunsten eines öffentlichen oder privaten Interesses einzuschränken, das sich auf Gleichheit, Handlungsfreiheit oder eine andere Aufgabe bezieht.

Es mag seltsam erscheinen, dass Menschenrechte nicht eingeschränkt oder aufgehoben werden können. Wir haben schon in ▶ Abschn. 1.4 gesehen, dass viele kodifizierte Menschenrechte Klauseln enthalten, nach denen es rechtlich zulässig ist, ihre Anwendbarkeit einzuschränken, z. B. um der öffentlichen Sicherheit oder Ordnung, der Gesundheit, der öffentlichen Moral usw. willen. Ich sage nicht, dass diese Klauseln nicht legitim sind. Ich behaupte jedoch, dass sie nicht als Grundlage einer Einschränkung des Geltungsbereichs des betreffenden Menschenrechts ausgelegt werden können. Auf diesen Punkt werde ich später in ▶ Kap. 9 zurückkommen.

Jetzt möchte ich noch einmal auf die Frage nach dem Status eingehen, der durch die Menschenrechte geschützt wird. Ich habe gesagt, dass dieser Status der der Personalität ist. Daraus können wir schließen, dass es nur ein einziges Menschenrecht gibt. Das ist das Menschenrecht auf Personalität. Es bedeutet, dass jedes Individuum, das zumindest mit dem Potenzial zur Entwicklung von Personalität ausgestattet ist, das Recht hat, Respekt und – innerhalb gewisser Grenzen – Schutz oder Unterstützung für die Entwicklung und Aufrechterhaltung der Personalität zu verlangen.

Wenn wir von Menschenrechten sprechen, meinen wir jedoch nicht ein einziges Menschenrecht, sondern eine ganze Sammlung verschiedener Menschenrechte. Diese Vielzahl von Menschenrechten ergibt sich aus der Tatsache, dass die Personalität auf sehr unterschiedliche Weise bedroht werden kann. Es ist eine historische Frage, welche Art von Bedrohung in einer bestimmten Zeit und unter bestimmten Umständen auftritt. Die verschiedenen Menschenrechte entsprechen den unterschiedlichen Bedrohungen der Personalität. Der Teil eines Menschenrechts, der die besondere Bedrohung bezeichnet, auf die es abzielt, ist der Schutzbereich des betreffenden Menschenrechts. Die Menschenrechte unterscheiden sich voneinander durch ihre unterschiedlichen Schutzbereiche. Aber alle diese Schutzbereiche definieren nur verschiedene Arten von Bedrohungen für dasselbe grundlegende Gut, nämlich die Personalität der menschlichen Person.

Nun können wir die Variablen unserer Struktur mit bestimmten Inhalten füllen:

» *Jede Person [hat ein Recht] gegenüber jeder anderen Person und gegenüber dem Staat auf Achtung (oder Schutz) ihrer Personalität.*

7.2 Was bedeutet *ein Recht haben*?

Ein Teil der Struktur bleibt offen: Was bedeutet es, ein Recht zu haben? – Der amerikanische Rechtsphilosoph *Wesley Newcomb Hohfeld* analysierte den Begriff „subjektives Recht", indem er beobachtete, wie dieser Begriff in juristischen Artikeln und Gerichtsentscheidungen verwendet wird. Er kam zu dem Ergebnis, dass der Begriff vier verschiedene Bedeutungen umfasst. Er unterschied zwischen *Privilegien, Ansprüchen, Befugnissen* und *Immunitäten*. Die meisten Rechtsphilosophen verwenden den Ausdruck *Privilegien* nicht, sondern ziehen es vor, von *Freiheiten* zu sprechen. Hohfelds Unterscheidungen gelten sowohl für die juristischen als auch für die moralischen Rechte.

Hohfelds Analyse

Eine *Freiheit* (*Privileg*) ist einfach das Fehlen einer gegenteiligen Pflicht: P hat die Freiheit, vor dem Essen Wein zu trinken, wenn es keine verbindliche Regel gibt, die das Trinken von Wein vor dem Essen verbietet.

Ein *Anspruch* ist das logische Korrelat der entsprechenden Pflicht einer anderen Partei. P hat einen Anspruch gegenüber Q auf x, wenn Q die Pflicht gegenüber P hat, x zu tun.

Eine *Befugnis* ist die Fähigkeit, eine Änderung der rechtlichen oder moralischen Situation von sich selbst und von anderen herbeizuführen, indem man bestimmte Handlungen vornimmt, z. B., indem man sagt: „Hier, das gehört dir!"

Eine *Immunität* ist das Korrelat der Abwesenheit jeglicher rechtlichen oder moralischen Macht einer anderen Partei. Sie sind also immun dagegen, Ihr Eigentum durch eine einseitige Handlung einer anderen Partei zu verlieren. Diese ist unfähig, Sie zu enteignen, indem sie ihr Buch ergreift und erklärt: „Das gehört jetzt mir!"

Ein Rechtsanspruch besteht nicht nur aus einer dieser Positionen, sondern aus mehreren. Der Inhaber des Menschenrechts auf freie Meinungsäußerung hat die Freiheit, seine Meinung zu äußern, weil er nicht verpflichtet ist, zu schweigen. Er hat auch die Freiheit zu schweigen, weil er keine Pflicht hat zu sprechen. Gleichzeitig hat er aber auch einen Anspruch gegen jeden anderen, seine Rede oder sein Schweigen zu dulden, weil jeder Dritte die Pflicht hat, seine Rede oder sein Schweigen zu dulden. Das Recht auf freie Meinungsäußerung beinhaltet auch eine Immunität, da niemand sonst das Recht hat, das Recht des

Betroffen durch eine bestimmte Rechtshandlung zu beschränken. Mit einer Befugnis ist das Recht auf freie Meinungsäußerung allerdings nicht verbunden, da es nicht dazu ermächtigt, die Rechtsposition von sich selbst oder anderen zu ändern.

Insgesamt können wir sagen, dass ein Recht zu haben bedeutet, in jeder Konfrontation mit einer oder mehreren anderen Parteien die Herrschaft über eine bestimmte Position zu haben. Oder mit anderen Worten: Ein Recht zu haben ist die Fähigkeit der betreffenden Person, diejenigen, die ihr gegenüber eine Verpflichtung haben, zu zwingen, etwas zu tun oder zu unterlassen.

Im Falle eines juridischen Rechts kann der Inhaber des Rechts den Verpflichteten mit öffentlicher Gewalt oder mit physischer Gewalt zwingen. Bei einem moralischen Recht kann der Inhaber des Rechts den Verpflichteten nur durch einen Appell an sein Gewissen oder durch öffentliche Anschuldigungen nötigen, die das gesellschaftliche Ansehen des Verpflichteten beschädigen. Diese Mittel können weniger wirksam sein. Wirksamkeit ist jedoch keine Voraussetzung für das Bestehen eines moralischen Rechts. Auch wenn es möglich ist, ein Recht zu verletzen, indem man gegen es handelt, bedeutet dies nicht, dass das Recht selbst durch seine Verletzung verschwindet. In einer Gesellschaft von Herren und Sklaven wird das Recht auf Freiheit von der Sklaverei ständig von den Herren verletzt. Dennoch können wir sagen, dass die Sklaven ein moralisches Recht auf ihre Befreiung haben. Denn wir sind davon überzeugt, dass die Herren von ihrem Gewissen gezwungen werden sollten, die Sklaven zu befreien, und wir denken, dass jeder über die Sklaverei empört sein sollte. Es ist daher sinnvoll, nicht nur rechtliche, sondern auch moralische Rechte anzuerkennen.

7.3 Die Ableitung von Pflichten aus Werten

Rechte stehen immer im Zusammenhang mit Pflichten. Wo es jemanden gibt, der ein Recht hat, muss es auch jemanden geben, der eine entsprechende Pflicht hat. Pflichten und Rechte sind normative Sätze. Normative Sätze sagen, was wir tun sollen. Etwas aufgrund einer Verpflichtung zu tun, ist etwas anderes als etwas aufgrund einer Vorliebe zu tun. An dieser Stelle wird deutlich, dass es auf den ersten Blick kaum möglich ist, Menschenrechte aus der Menschenwürde abzuleiten. Menschenwürde ist die Bezeichnung für ein Werturteil, und Werturteile sagen aus, was eine Person bevorzugt. Was eine Person bevorzugt, ist das, was sie will. Im Vergleich dazu sind Rechte Normen, die sagen, was ein anderer Mensch (der Schuldner) tun soll. Ersteres bezieht sich auf den Willen, letzteres auf die Pflichten. Es ist offensichtlich, dass es keine direkte Möglichkeit gibt, Rechte aus Werten abzuleiten.

Dieser Aspekt wird in der philosophischen Diskussion sehr oft übersehen. Viele Rechtsphilosophen meinen, dass es unproblematisch sei, Rechte aus Werten abzuleiten. Der Grund für ihren Irrtum ist der anhaltende Einfluss des traditionellen naturrechtlichen Ansatzes. Nach dem Naturrecht sind die Werte Teil der objektiven Wirklichkeit und sozusagen von Natur aus mit entsprechenden Pflichten und Rechten verbunden. Wenn wir aber der subjektiven Werttheorie folgen, wie ich es im zweiten Kapitel getan habe, dann gibt es eine kategorische Lücke zwischen Werten und Normen, und wir brauchen eine tiefere Analyse des Konzepts der Pflichten und Rechte, um eine Brücke zu finden, die sie mit dem Wert der Menschenwürde verbinden können.

Ich kenne keinen Weg, der direkt von Werten zu Rechten führt. Dennoch glaube ich, dass es indirekt möglich ist, von Werten zu Rechten zu kommen, nämlich im Umweg über die Pflichten. Denn bei den moralischen Pflichten handelt es sich, wie eine genauere Analyse zeigt, in gewisser Weise um eine Art von Werten. Wenn meine Argumentation überzeugend ist, dann haben wir eine Brücke von den Werten zu den Pflichten, weil beide zur gleichen Familie gehören. Anders als es auf den ersten Blick scheint, gehören Werte und moralische Pflichten nicht zu verschiedenen Kategorien, zwischen denen eine unüberwindbare Kluft besteht. Werte und Pflichten gehören vielmehr zu ein und derselben Kategorie, nämlich zur Kategorie der Werte. Ich muss betonen, dass ich hier auf einer ethischen und nicht auf einer juristischen Ebene argumentiere. Das sollte man immer im Hinterkopf behalten.

Ich beginne meine Argumentation mit Immanuel Kant. Kant definiert den Begriff der Pflicht als etwas, das unseren Willen nötigt. Er unterscheidet zwischen innerer und äußerer Nötigung. Eine Pflicht, die auf äußerer Nötigung beruht, ist eine Pflicht gegenüber anderen Personen und wird als rechtliche oder juridische Pflicht bezeichnet. Eine Pflicht, die auf innerer Nötigung beruht, ist eine Pflicht gegenüber sich selbst und wird als moralische Pflicht bezeichnet.

Kants Begriff der Pflicht

Nach Kant ist es zum Beispiel eine äußere Nötigung, wenn ich ein Bußgeld zahlen muss, weil ich die Höchstgeschwindigkeit überschritten habe. Eine genauere Betrachtung zeigt allerdings, dass äußere Nötigung niemals eine Pflicht begründen kann. Das Bußgeld oder die Androhung von Bußgeldern kann niemals meinen freien Willen nötigen. Das Bußgeld ist nur ein gutes Argument dafür, dass ich mich an die erlaubte Geschwindigkeit halten sollte. Aber gute Argumente zwingen den Willen nicht. Ein Wille, der sich nur auf gute Argumente stützt, ist nämlich kein genötigter Wille, sondern ein freier Wille. Dies ist in der Tat die Definition der Willensfreiheit – dass sich der Wille auf nichts als gute Argumente stützt.

Bei der Folter könnte man möglicherweise von einer äußeren Nötigung des Willens sprechen. Aber die Folter nötigt den Willen nicht. Sie zerstört ihn. Jemand, der z. B. unter der Folter einen Verrat begeht, kann nicht zur Verantwortung gezogen werden. Denn sein Verrat beruht nicht auf seinem eigenen Willen, sondern auf dem Willen eines anderen. Jemand unter Folter verhält sich wie eine Maschine und nicht wie ein Mensch. Diese Überlegungen zeigen, dass Nötigung des Willens weder die Zerstörung des Willens noch die Bestimmung des Willens durch Argumente bedeuten kann.

Es ist nur dann sinnvoll, von einer Nötigung des Willens zu sprechen, wenn wir in gewissem Sinne mit unserem eigenen Willen nicht einverstanden sind. Dies ist dann der Fall, wenn wir uns wünschen, auf eine bestimmte Weise zu handeln, während wir gleichzeitig wünschen, nicht nach dem erstgenannten Wunsch zu handeln. In einem solchen Paradoxon kämpfen zwei gegensätzliche Willen gegeneinander. Wir können sagen, dass wir nicht wünschen, was wir wünschen. Wir wollen nicht, was wir wollen. Wir spüren einen Widerspruch in unserem eigenen Willen.

Frankfurts Begriff der Stufenordnung des Willens

Der amerikanische Philosoph *Harry Gordon Frankfurt* hat vorgeschlagen, dieses Paradox des Willens dadurch aufzulösen, dass man zwischen zwei verschiedenen Ebenen oder Ordnungen des Willens unterscheidet, nämlich den so genannten Volitionen erster Ordnung und den Volitionen zweiter Ordnung.

Volitionen erster Ordnung sind unsere gewöhnlichen Wünsche und Begierden. Sie entstehen spontan und verschwinden, wenn sie befriedigt sind oder wenn ein anderes neues Verlangen auftaucht und das vorherige verdrängt. Diese Willensäußerungen erster Ordnung folgen einander. Es gibt keinen Konflikt zwischen ihnen.

7.3 · Die Ableitung von Pflichten aus Werten

Lassen Sie mich die Natur der Volitionen erster Ordnung und ihre Beziehung zu den Volitionen zweiter Ordnung an einem einfachen Beispiel demonstrieren, das nichts mit Moral oder Menschenrechten zu tun hat. Nehmen wir an, ich bin hungrig und gehe in eine Bäckerei, um ein Käsebrot zu kaufen. Der Wunsch, ein Käsebrot zu kaufen und zu essen, ist eine Volition erster Ordnung. Aber an der Theke sehe ich ein Schinkenbrot, und nun verspüre ich den Wunsch nach einem Schinkenbrot. Auch das ist eine Volition erster Ordnung. Was geschieht nun? Das Verlangen nach dem Käsebrot verschwindet. Er wird durch den Wunsch nach dem Schinkenbrot ersetzt. Es gibt keinen Konflikt zwischen den beiden Wünschen.

Problematischer wird es, wenn unser Wille erster Ordnung auf einen Willen zweiter Ordnung trifft. Der Wille zweiter Ordnung bezieht sich auf einen Wunsch, der darauf abzielt, dass der Wunsch erster Ordnung nicht in Erfüllung gehen soll. Ein Beispiel: Ich stehe morgens auf der Waage und stelle fest, dass ich zugenommen habe. Da ich lieber abnehmen möchte, entscheide ich mich – während ich noch auf der Waage stehe –, heute auf das Sandwich zu verzichten. Dies ist ein Willensentschluss zweiter Ordnung. Er geschieht nicht spontan, sondern aufgrund meiner eigenen Überlegung. Er ist das Ergebnis meiner eigenen (mehr oder weniger) wohl überlegten Entscheidung. Er sagt nichts über meine aktuellen Bedürfnisse, Wünsche und Leidenschaften aus, sondern etwas darüber, wie ich mein Leben führen will. Mittags bin ich hungrig. Ich gehe an der Bäckerei vorbei und sehe die leckeren Käsebrötchen. Ich spüre den spontanen Willen erster Ordnung, ein Sandwich zu kaufen und zu essen. Aber es gibt einen Konflikt zwischen diesem Willen und meinem Willen zweiter Ordnung von heute Morgen. Der Wille zweiter Ordnung verschwindet nicht einfach. Er ist immer noch da. Beide Volitionen stehen im Konflikt miteinander. Der Wille zweiter Ordnung kann nicht durch den Willen erster Ordnung verdrängt werden, weil beide nicht auf der gleichen Ebene sind. Der Wunsch erster Ordnung hat etwas mit meinem Hunger zu tun, der Wunsch zweiter Ordnung etwas mit der Art und Weise, wie ich mein Leben führen will. Es geht nicht um Lust gegen Lust, Begehren gegen Begehren oder Hunger gegen Hunger, sondern es geht um Autonomie gegen Hunger und das sind zwei Dinge, die nicht austauschbar sind. Wenn ich mich in dieser Situation gegen das Sandwich entscheide, spüre ich ein unangenehmes Gefühl, nämlich einen gewissen Schmerz der

Scham und Nötigung

Entbehrung, der auch eine gewisse Traurigkeit verursacht. Irgendwie fühle ich mich frustriert. Dennoch tritt dieses Gefühl neben einem gewissen Stolz auf, weil ich der Versuchung widerstanden habe. Aber was passiert, wenn ich mich für das Käsebrötchen und gegen das Fasten entscheide? Ich zeige mir damit, dass ich mich von meinen Trieben, Instinkten und Wünschen leiten lasse und nicht von meiner eigenen vernünftigen Entscheidung. Das ist aber mit meinem Selbstwertgefühl nicht vereinbar. Mein Selbstwertgefühl beruht im Wesentlichen auf dem Glauben an meine Fähigkeit zur Selbstkontrolle und Autonomie. Daher führt der selbst verschuldete Verlust der Selbstkontrolle zu einem Verlust des Selbstwertgefühls oder, anders ausgedrückt, zu einer Selbstabwertung oder Selbsterniedrigung. Wir haben ein spezielles Wort für dieses Gefühl der Selbsterniedrigung und Selbstabwertung. Wir nennen es *Scham*. Das Gefühl der Scham ist viel schmerzhafter als die Frustration des Willens erster Ordnung, denn erstere entsteht aus der Entwertung eines Willens zweiter Ordnung, während die Frustration einer Volition erster Ordnung unseren Selbstwert als Person nicht beeinträchtigt. Das Gefühl der Scham ist sehr grausam und schmerzhaft. Deshalb betrachten wir die Bedrohung durch Scham als eine Art von Nötigung. Um Scham zu vermeiden, fühle ich mich gezwungen, das Fasten zu wählen und auf das Sandwich zu verzichten. Die Nötigung, die wir in einem Konflikt zwischen starken Volitionen erster Ordnung und starken Volitionen zweiter Ordnung empfinden, können wir als Pflicht bezeichnen.

In der Regel gibt es allerdings noch eine andere Möglichkeit, Scham zu vermeiden. Wir können unsere Lebenspläne ändern, d. h. die Art und Weise, wie wir leben wollen. Ich kann den Plan, Gewicht zu verlieren, aufgeben. Jetzt brauche ich nicht mehr zu fasten und mich zu schämen, wenn ich ein verlockendes Käsesandwich esse. Die Möglichkeit, Volitionen zweiter Ordnung aufzugeben, funktioniert jedoch nicht, wenn sich der Wille zweiter Ordnung auf etwas bezieht, das absolut wertvoll ist. In einer solchen Situation ist es nicht möglich, den Willen aufzugeben, weil er sich auf den absoluten Wert der Personalität bezieht. Wir können diese Präferenz nicht aufgeben, ohne großen Schaden an unserer Personalität zu nehmen. Das habe ich im letzten Kapitel gezeigt.

Wir haben also gezeigt, dass der absolute Wert der Personalität zu einer Menschenpflicht mutiert, wenn wir mit der Versuchung konfrontiert werden, die Personalität anderer zu ignorieren oder zu missachten. Ich denke, dies ist eine überzeugende Argumentation, um die Möglichkeit aufzuzeigen, Menschenpflichten aus dem Prinzip der Menschenwürde abzuleiten.

7.4 Die Ableitung von Rechten aus Pflichten

Aber wie kommen wir nun von den Menschenpflichten zu den Menschenrechten? Ich habe bisher nur gezeigt, dass das Prinzip der Menschenwürde als Ausgangspunkt dienen kann, von dem aus wir Verpflichtungen gegenüber uns selbst ableiten können. Die Pflichten gegenüber sich selbst ändern nichts an der moralischen Position der anderen. Wir brauchen also eine weitere Brücke, die von den Menschenpflichten uns selbst gegenüber zu den Menschenrechten der anderen uns gegenüber führt. Ich denke, diese Brücke kann folgendermaßen gebaut werden.

Wie wir bereits gesehen haben, sind wir von Schamgefühlen bedroht, wenn wir unsere Menschenpflichten uns selbst gegenüber verletzen. Aber in der Praxis ist es sehr einfach, die Scham zu vermeiden, indem wir sie durch Strategien der Verdrängung ersetzen, wie wir im letzten Kapitel gesehen haben. Es besteht also ein großes Risiko, dass wir bei der Erfüllung unserer Menschenpflichten versagen. Wir brauchen daher starke Kontrollmechanismen. Ein effektiver Kontrollmechanismus ist die Übertragung von Rechten an diejenigen, die die Nutznießer unserer menschlichen Verpflichtungen gegenüber uns selbst sind.

Verleihung von Rechten

Die Verleihung von Menschenrechten an unsere Mitmenschen hat zwei wichtige Aspekte: (1) wir wandeln die Verpflichtungen gegenüber uns selbst in Verpflichtungen gegenüber den anderen um; und (2) durch die Übertragung von Rechten unterwerfen wir uns dem Urteil derjenigen, die von unseren pflichtwidrigen Handlungen betroffen sind. Ein Recht zu gewähren bedeutet, sich der Kritik und den Sanktionen derer zu unterwerfen, die durch unsere möglichen Verletzungen der Menschenpflichten beschädigt werden könnten. Wir räumen ihnen die Kontrolle über uns ein und lassen uns von ihnen leiten.

Die Menschenrechte sind also vergleichbar dem Mast, an den Odysseus gekettet war, als er mit seinen Gefährten an der Insel der Sirenen vorbeikam. Er ließ sich an den Mast binden, um sich vor der Verführung durch die Gesänge der Sirenen zu schützen, die ihn sonst auf ihre Insel gelockt hätten, wo er an den Klippen zerschellt wäre. Die

Mast des Odysseus

Menschenrechte sind wie der Mast des Odysseus ein Werkzeug, das uns vor unseren egoistischen und rücksichtslosen Begierden angesichts zahlreicher Versuchungen schützen kann. Die Menschenrechte helfen uns, unsere gegenseitigen Menschenpflichten, die wir uns selbst auferlegt haben, nicht zu verletzen.

Es liegt an uns, ob wir unseren Mitmenschen die Menschenrechte gewähren. Da aber die Menschenwürde der höchste und wichtigste Wert für jeden Menschen ist, hat jeder Mensch ein Interesse daran, dass es nicht zu einer Verletzung der Menschenrechte kommt. Deshalb zwingt uns die Vernunft, die Menschenrechte zu gewähren. Es ist irrational, die Menschenwürde zu achten und gleichzeitig die Verleihung der Menschenrechte abzulehnen. Denn die Menschenwürde zu achten bedeutet, denjenigen, die mit Personalität ausgestattet sind, Menschenrechte zu gewähren. Wir können also davon ausgehen, dass jeder, der einen Sinn für die Menschenwürde hat, gleichzeitig auch einen Sinn für die moralischen Menschenrechte hat. Dementsprechend können wir sagen, dass sich die Menschenrechte aus der Menschenwürde ableiten lassen.

❓ Zur Wiederholung

7.1 Was ist die allgemeine Struktur eines subjektiven Rechts?

7.2 Was ist nach Immanuel Kant eine Pflicht?

7.3 Die Ableitung der Menschenrechte aus dem Prinzip der Menschenwürde ist problematisch, weil Menschenwürde ein Wert ist, während es sich bei den Menschenrechten um Normen handelt. Ausgehend von den Überlegungen Harry G. Frankfurts ist es aber möglich, aus Werten Pflichten abzuleiten. Erläutern Sie die Argumentation mit wenigen Worten.

7.4 Menschenrechte gründen auf einer Haltung, die theoretisch als andauernder Verleihungsakt verstanden werden kann: Menschen sind Inhaber von Menschenrechten, weil sie sich vernünftigerweise gegenseitig Menschenrechte verleihen. Welche Motivation steht hinter diesem gedachten Verleihungsakt?

Antworten siehe ▶ Kap. 21.

Leseempfehlungen

Frankfurt, Harry Gordon: *Willensfreiheit und der Begriff der Person.* In: ders., Freiheit und Selbstbestimmung, hrsg. v. Monika Betzler u. Barbara Guckes. Berlin 2001

Hohfeld, Wesley Newcomb: *Fundamental Legal Conceptions as Applied in Judicial Reasoning and other Legal Essays.* New Haven 1920 https://archive.org/details/fundamentallegal00hohfuoft

Kant, Immanuel: *Metaphysik der Sitten.* Werkausgabe Band VIII, hrsg. v. Wilhelm Weischedel. Berlin 2009

Waldron, Jeremy: *Is Dignity the Foundation of Human Rights?* In: Rowan Cruft / S. Matthew Liao / Massimo Renzo (Hrsg.), Philosophical Foundations of Human Rights. Oxford 2015

Menschenrechte betreffend den Schutz der körperlichen und seelischen Integrität

Inhaltsverzeichnis

8.1 Die Vielzahl der Menschenrechte – 161

8.2 Das Verbot der unmenschlichen/erniedrigenden/grausamen Behandlung und der Folter im Völkerrecht – 162

8.3 Philosophische Analyse – 165

8.4 Kritik der Rechtsprechung – 173

Leseempfehlungen – 178

© Der/die Autor(en), exklusiv lizenziert an Springer-Verlag GmbH, DE, ein Teil von Springer Nature 2023
P. Tiedemann, *Philosophische Grundlagen der Menschenrechte*, Springer-Lehrbuch, https://doi.org/10.1007/978-3-662-65533-7_8

> **Vier Gruppen von Menschenrechten**
>
> Die klassischen Menschenrechte lassen sich in vier Gruppen unterteilen:
> (1) Rechte betreffend die körperliche und seelische Integrität
> (2) Rechte betreffend die geistige Integrität
> (3) Rechte betreffend den Schutz der Privatsphäre
> (4) Das Recht betreffend den Schutz des Lebens

> **Verbot der grausamen Behandlung**
>
> Die kodifizierten Rechte auf körperliche und seelische Integrität sind sehr unklar formuliert. Die internationalen Menschenrechtskodifikationen sprechen vom Verbot der Folter und der unmenschlichen, erniedrigenden und grausamen Behandlung (z. B. Artikel 5 AEMR, Artikel 3 EMRK, Artikel 1 und 16 CAT usw.). Im Wege einer gründlichen philosophischen und empirischen Analyse lassen sich diese Normen wie folgt deuten:
>
> Dieses Recht bezieht sich auf die Verletzung der Personalität durch körperliche und seelische Grausamkeit. Es gibt keinen Unterschied zwischen „unmenschlicher" und „erniedrigender" Behandlung. Es handelt sich dabei um Synonyme. Beide beziehen sich auf eine Behandlung, die zu einer Verletzung der Personalität führt. Dies ist jedoch das Merkmal eines jeden Menschenrechts. Was das fragliche Recht besonders macht, ist das Wort „grausam", das allerdings in Artikel 3 EMRK nicht erwähnt wird. Eine Handlung ist grausam, wenn durch sie schwere körperliche oder seelische Schmerzen oder Leiden zugefügt werden.
>
> Grausamkeit führt dadurch zu einer Verletzung der Personalität, dass die Misshandlung des Körpers und/oder der Psyche zu einem umfassenden Kontrollverlust führt und dadurch zu einem Verlust des Glaubens an die eigene Selbstwirksamkeit. Das impliziert den Glauben, als Person wertlos zu sein und die Bereitschaft, sich dem Willen anderer zu unterwerfen.
>
> In sehr extremen Fällen kann grausame Behandlung zu dem führen, was Psychologen als *Dissoziative Identitätsstörung* bezeichnen, d. h. zur völligen Entfremdung

> einer Person von ihrer eigenen körperlichen Identität (der eigene Körper wird als irgendwie fremd wahrgenommen).
> Nicht jeder Eingriff in die körperliche Unversehrtheit einer Person fällt in den Schutzbereich dieses Menschenrechts. So ist zum Beispiel die Zwangsimpfung ein Eingriff in die körperliche Unversehrtheit, der keine Menschenrechtsverletzung darstellt. Denn die zwangsweise Impfung beeinträchtigt nicht die Personalität der betreffenden Person.

> **Folter**
>
> Folter ist absichtliche Grausamkeit. Sie ist das Paradigma einer grausamen Handlung.

> **Rechtsprechung**
>
> Die Auslegung von Artikel 3 EMRK durch die Europäische Kommission für Menschenrechte (im Fall Griechenland 1969) und durch den Europäischen Gerichtshof für Menschenrechte (Irland gegen das Vereinigte Königreich 1978) ist – verglichen mit der philosophischen Analyse – sehr verwirrend und kaum überzeugend. Dies zeigt, wie nützlich die philosophische Analyse ist.

8.1 Die Vielzahl der Menschenrechte

Im letzten Kapitel haben wir die allgemeine Struktur der Menschenrechte analysiert. Ein wichtiges Element eines jeden Menschenrechts ist der Schutzbereich. Der Schutzbereich ist das, was sich direkt aus dem Prinzip der Menschenwürde ableiten lässt. Jeder einzelne Schutzbereich bezieht sich auf eine bestimmte Bedrohung der Personalität des Menschen. Die Gesamtheit der Schutzbereiche beleuchtet bestimmte Aspekte der Personalität. Wir können also sagen, dass die Summe aller Schutzbereiche der Menschenrechte eine Konkretisierung der Bedrohungen darstellt, denen die Personalität ausgesetzt ist. Die Ableitung der Menschenrechte aus der Menschenwürde ist eine logische Operation, die darin besteht, sich logisch von einem allgemeinen Begriff (Personalität) zu besonderen Begriffen zu bewegen. Oder wir können sagen, dass der Schutzbereich eine Isolierung eines bestimmten besonderen Aspekts des allgemeinen Begriffs der Personalität ist.

Gruppen von Menschenrechten

In diesem und den folgenden fünf Kapiteln will ich die enge Verbindung aufzeigen zwischen der Menschenwürde und den Menschenrechten, indem ich für einige wichtige Menschenrechte aufzeige, inwieweit sie dem Schutz der Personalität dienen. Generell kann man vier Gruppen von Menschenrechten unterscheiden:
(1) Rechte betreffend die körperliche und seelische Integrität
(2) Rechte betreffend die geistige Integrität
(3) Rechte betreffend den Schutz der Privatsphäre
(4) Das Recht betreffend den Schutz des Lebens

8.2 Das Verbot der unmenschlichen/erniedrigenden/grausamen Behandlung und der Folter im Völkerrecht

In dieser Lektion möchte ich die Rechte zum Schutz der körperlichen und seelischen Unversehrtheit näher beleuchten. Dabei werde ich mich auf jenes Recht konzentrieren, das in den internationalen Menschenrechtsverträgen als Verbot der Folter und der unmenschlichen oder erniedrigenden oder auch der grausamen Behandlung (vgl. u. a. Artikel 5 AEMR, Artikel 7 IPbürgR, Artikel 3 EKMR) kodifiziert worden ist, wobei ich mich vorrangig mit Artikel 3 EMRK befassen werde (siehe ◘ Abb. 8.1).

Sklaverei

Zu den Rechten, die den Schutz der körperlichen und mentalen Integrität betreffen, gehören daneben auch das Verbot der Sklaverei und der Leibeigenschaft (Art. 8 IPbürgR; Art. 4 EMRK). Auf diese Rechte werde ich aber nicht näher eingehen. Insoweit sei auf die Leseempfehlungen verwiesen.

Niemand darf der Folter oder unmenschlicher oder erniedrigender Behandlung oder Bestrafung. unterworfen werden.

◘ **Abb. 8.1** Artikel 3 EMRK

8.2 · Das Verbot der unmenschlichen/erniedrigenden/grausamen…

> […] bezeichnet der Ausdruck "Folter" jede Handlung, durch die einer Person vorsätzlich große körperliche oder seelische Schmerzen und Leiden zugefügt werden, zum Beispiel um von ihr oder einem Dritten eine Aussage oder ein Geständnis zu erlangen, um sie für eine tatsächlich oder mutmaßlich von ihr oder einem Dritten begangene Tat zu bestrafen oder um sie oder einen Dritten einzuschüchtern oder zu nötigen, oder aus einem anderen, auf irgendeiner Art von Diskriminierung beruhenden Grund, wenn diese Schmerzen oder Leiden von einem Angehörigen des öffentlichen Dienstes oder einer anderen in amtlicher Eigenschaft handelnden Person, auf deren Veranlassung oder deren ausdrücklichem oder stillschweigendem Einverständnis verursacht werden.

◘ **Abb. 8.2**   Artikel 1 CAT

Ein flüchtiger Blick auf die Worte „unmenschlich und erniedrigend" mag bestimmte Vorstellungen und Bilder in unserem Kopf auslösen, sodass wir eine ungefähre Vorstellung von dem bekommen, was gemeint sein könnte. Eine genauere Untersuchung zeigt jedoch, dass es schwierig ist, diese Begriffe zu definieren.

Dagegen scheint der Begriff der Folter relativ klar zu sein. Dies ist insbesondere deshalb der Fall, weil wir eine rechtliche Definition von Folter haben, zwar nicht in der EMRK, wohl aber im Gesamtbestand des internationalen Menschenrechtsregimes.

Folter

Artikel 1 des UN-*Übereinkommens gegen Folter und andere grausame, unmenschliche oder erniedrigende Behandlung und Strafe* (CAT), das am 10. Dezember 1984 von der Generalversammlung angenommen und zur Unterzeichnung, Ratifizierung und zum Beitritt aufgelegt worden ist, definiert Folter anhand von vier Merkmalen (siehe ◘ Abb. 8.2). Diese Merkmale sind:
— schwere körperliche oder seelische Schmerzen oder Leiden;
— vorsätzliche Zufügung,
— zu Zwecken (Erlangung von Informationen, Bestrafung usw.),
— direkte oder indirekte Verantwortlichkeit amtlich handelnder Personen.

Die UN-Folterkonvention enthält keine spezifische Definition der Begriffe „unmenschliche und erniedrigende Behandlung". Sie gibt uns insoweit aber jedenfalls einen Hinweis. Nach Artikel 16 CAT (siehe ◘ Abb. 8.3) gibt es:
— *andere* Handlungen, die eine grausame, unmenschliche und erniedrigende Behandlung darstellen, die nicht als Folter gelten,
— wenn sie von Amtsträgern oder unter deren Kontrolle ausgeführt werden.

unmenschliche und erniedrigende Behandlung

> Jeder Vertragsstaat verpflichtet sich […] andere Handlungen zu verhindern, die eine grausame, unmenschliche oder erniedrigende Behandlung oder Strafe darstellen, ohne der Folter im Sinne des Artikels 1 gleichzukommen, wenn diese Handlungen von Amtsträgern [oder unter deren Kontrolle] begangen werden.

◘ **Abb. 8.3** Artikel 16 (1) CAT

Das Definitionsmerkmal des „Amtsträgers" ist vernachlässigbar. Es ist weder Teil des Begriffs „Folter" noch des Begriffs „unmenschliche und erniedrigende Behandlung", sondern dient lediglich dazu, die Verpflichtungen aus der UN-Antifolterkonvention auf bestimmte Fälle von Folter und unmenschlicher und erniedrigender Behandlung zu beschränken, nämlich auf die Fälle, für die der Staat und seine Beamten verantwortlich sind. Artikel 3 EMRK enthält diese Einschränkung nicht.

Aus dem Wort „andere" in Artikel 16 (1) CAT geht hervor, dass Folter *eine Art* von grausamer, unmenschlicher oder erniedrigender Behandlung ist. Daraus folgt, dass „grausame, unmenschliche oder erniedrigende Behandlung" gewissermaßen der Oberbegriff ist, während „Folter" einer seiner Unterbegriffe ist. Folter ist eine besondere Art der grausamen, unmenschlichen und erniedrigenden Behandlung. Der Unterschied zwischen Folter und anderen grausamen, unmenschlichen oder erniedrigenden Handlungen ist nicht ganz klar. Zum einen kann er darin gesehen werden, dass Folter eine Absicht voraussetzt, während andere grausame, unmenschliche oder erniedrigende Handlungen auch absichtslos begangen werden können. Zweitens könnte es zu den Begriffsmerkmalen der Folter gehören, dass sie stets zu bestimmten Zwecken durchgeführt wird, während es für andere unmenschliche, erniedrigende und grausame Handlungen keiner besonderen Zweckverfolgung bedarf. Allerdings werden in der Folterdefinition des Artikel 1 CAT die dort genannten Zwecksetzungen nur beispielsweise genannt. Folter ist danach eine Handlung, durch die schwere Schmerzen und Leiden zugefügt werden – sei es grundlos oder aus welchen Gründen auch immer, beispielsweise aber, um die genannten Zwecke zu erreichen.

8.3 Philosophische Analyse

Sowohl die CAT als auch die EMRK lassen die Frage unbeantwortet, worin der Unterschied zwischen „unmenschlicher" und „erniedrigender" Behandlung liegt. Darüber hinaus enthält die CAT eine dritte Unterscheidung, nämlich „grausam", die auch in der AEMR und im IPbürgR enthalten ist, nicht aber in der EMRK. Es ist also offensichtlich notwendig, die Begriffe „unmenschlich" und „erniedrigend" sowie „grausam" mit Hilfe einer sprachphilosophischen Analyse zu untersuchen. Zunächst einmal: Was ist mit „unmenschlich" gemeint? Meine Annäherung an diesen Begriff besteht aus vier Schritten.

„unmenschlich"

(1) Die erste Feststellung, die wir treffen können, ist, dass „unmenschlich" offensichtlich die Negation von „menschlich" ist, so wie „unsichtbar" die Negation von „sichtbar" ist. Daher erscheint es sinnvoll, zunächst zu fragen, was mit „menschlicher Behandlung" gemeint ist.

(2) Nach einer ersten, aber offensichtlich falschen Interpretation könnte das Wort „menschlich" jene Eigenschaft der Handlung bezeichnen, die uns über die Tatsache informiert, dass die Behandlung von einem menschlichen Wesen ausgeht. Eine menschliche Behandlung in diesem Sinne wäre also eine Behandlung, die von einem menschlichen Wesen durchgeführt wird, so wie eine göttliche Behandlung eine von Gott durchgeführte Behandlung ist. Eine unmenschliche Behandlung wäre dann eine Behandlung, die von einer nicht-menschlichen Entität durchgeführt wird. Es ist jedoch klar, dass das Wort „unmenschlich" nicht in diesem Sinne verstanden werden kann. Es gibt keine Entität auf der Welt, die eine *unmenschliche Behandlung* begehen kann, außer dem Menschen.

(3) Eine zweite Auslegung sieht das Adjektiv „unmenschlich" nicht als Qualifizierung des Wortes „Behandlung" in Bezug auf den Behandelnden, sondern in Bezug auf das Objekt der Behandlung, nämlich die Empfänger der Behandlung. Eine unmenschliche Behandlung in diesem Sinne würde also darin bestehen, aus einem Menschen ein nicht-menschliches Wesen zu machen.

Wie ist es möglich, einen Menschen in ein nicht-menschliches Wesen zu verwandeln? Ein Mensch ist per Definition ein Lebewesen. Einen Menschen in etwas anderes zu verwandeln, kann daher bedeuten, ihn zu töten. Der tote Körper eines Menschen ist kein Mensch mehr, weil er kein Lebewesen ist. Er ist eine nicht-menschliche Entität. Doch auch diese Interpretation trifft nicht das, was mit unmenschlicher Behandlung gemeint ist. Denn wir denken bei dem Objekt einer *unmenschlichen Behandlung* an einen Menschen, der noch am Leben ist. Die Verwandlung eines menschlichen Wesens in ein nicht-menschliches Wesen durch unmenschliche Behandlung muss also etwas anderes bedeuten als es zu töten.

(4) Eine überzeugende Interpretation scheint mir zu sein, dass „menschlich" oder „unmenschlich" in einem emphatischen Sinn gemeint ist. In diesem emphatischen Sinn ist „menschlich" nicht einfach nur ein menschliches Wesen im Sinne eines Exemplars der Gattung homo sapiens, sondern eine Person. Eine Behandlung ist also dann „unmenschlich", wenn sie dazu führt, dass ein Mensch seiner Personalität beraubt wird oder schon daran gehindert wird, eine Personalität zu entwickeln.

„erniedrigende Behandlung"

Betrachten wir nun den Begriff der „erniedrigenden" Behandlung. Was ist damit gemeint? Meine Herangehensweise an den Begriff „erniedrigend" besteht ebenfalls aus vier Schritten.

(1) Seiner wörtlichen Bedeutung nach bedeutet „erniedrigen" oder „degradieren" jemanden von einem relativ hohen Dienstgrad oder Rang in einen niedrigeren Dienstgrad oder Rang zu versetzen. Der Begriff lässt die objektive Qualität des höheren und des niedrigeren Ranges offen. Wenn zum Beispiel ein Politiker den Rang eines Premierministers hat und nach den Wahlen im nächsten Kabinett als Minister dient, könnte man sagen, dass er erniedrigt (degradiert) wurde. Wenn ein freier Mann gefangen genommen und zum Sklaven gemacht wird, lässt sich das auch mit dem Begriff der Erniedrigung ausdrücken. Es ist jedoch offensichtlich, dass es einen großen Unterschied zwischen diesen beiden Fällen gibt. Der Begriff „erniedrigend" ist daher sehr vage.

(2) Um zu einem angemessenen Verständnis dessen zu kommen, was mit Erniedrigung gemeint ist, erweist es sich als hilfreich, jenes Wort zu betrachten, dass im Englischen die Bedeutung von „Erniedrigung" hat. Das ist das Wort *humiliation*, das ursprünglich vom lateinischen *humiliatio* stammt. Humiliatio hängt zu-

8.3 · Philosophische Analyse

sammen mit dem lateinischen Wort *humus*, was „Boden" bedeutet. Eine Behandlung ist erniedrigend, wenn sie jemanden herunter auf den Boden bringt. Was bedeutet das genau?

(3) In der Geistesgeschichte der Menschheit gibt es ein gängiges Muster, wonach im aufrechten Gang das wesentliche Unterscheidungsmerkmal gesehen wird, das Menschen von anderen Tieren unterscheidet. Aufrecht zu stehen bedeutet, in einer gewissen Entfernung vom Boden zu leben. Einen Menschen auf den Boden zurückzubringen bedeutet also, eben diesen Abstand zu verringern. Erniedrigung bedeutet demnach, jemandem den „menschlichen" Abstand zwischen sich und dem Boden zu nehmen, ihn sozusagen in einen bloßen Wurm zu verwandeln, der auf dem Boden kriecht.

(4) Aber das ist nur eine Metapher. Die Entfernung vom Boden, der aufrechte Gang, ist nur ein Bild für das, was tatsächlich den Unterschied zwischen Menschen und anderen Lebewesen ausmacht, nämlich die Personalität. Jemanden erniedrigen, also bildlich zu Boden zu bringen, bedeutet also tatsächlich, ihn seiner Personalität zu berauben.

Die Sprachanalyse der Begriffe „unmenschlich" und „erniedrigend" zeigt, dass es keinen Unterschied zwischen ihren jeweiligen Bedeutungen gibt. Beide Begriffe bedeuten, einem Menschen die Personalität zu entziehen oder seine Personalität, d. h. die Fähigkeit, sich aus eigenem Willen selbst zu bestimmen, zu beschädigen.

Der Schutz vor der Entziehung oder der Beschädigung der Personalität ist allerdings kein geeigneter Schutzbereich eines bestimmten Menschenrechts. Denn dies ist der allgemeine Schutzzweck aller Menschenrechte und markiert nicht den Unterschied zwischen ihnen. Es bleibt also die Frage offen, welche besondere Bedrohung der Personalität durch das besondere Recht auf Freiheit von unmenschlicher/entwürdigender Behandlung erfasst werden soll.

An dieser Stelle kommt das Attribut „grausam" ins Spiel, das wir in Artikel 16 CAT sowie in Artikel 5 AEMR und Artikel 7 IPbürgR finden. Grausamkeit sollte nicht als Alternative zu unmenschlich/erniedrigend verstanden werden, sondern als die spezifische Bestimmung der Art von Unmenschlichkeit/Erniedrigung, die in diesem besonderen Menschenrecht angesprochen wird (obwohl sie in Artikel 3 EMRK nicht erwähnt wird). Es geht in den

„grausam"

Physische Gewalt

genannten Normen also um den Schutz vor jener Beschädigung der Personalität, die durch Grausamkeit bewirkt wird. Dabei ist Grausamkeit so zu verstehen, wie es in Artikel 1 CAT definiert wird, nämlich als eine vorsätzliche Handlung, durch die schwere körperliche oder seelische Schmerzen oder Leiden zugefügt werden.

Doch nun stellt sich die entscheidende Frage: Wie kann Grausamkeit jemanden seiner Personalität berauben? Es scheint, dass sich Grausamkeit per Definition auf den Körper und die Mentalität (die Psyche) von Menschen bezieht, nicht aber auf ihre Fähigkeit, einen freien Willen auf der Grundlage ihrer eigenen Überlegungen und Reflexionen zu entwickeln. In vielen Gesellschaften tolerieren wir Grausamkeit in hohem Maße, aber sehr oft sind sich die Menschen nicht bewusst, dass sie damit sich selbst und andere ihrer Personalität berauben. Bis vor kurzem war es zum Beispiel weltweit üblich, Kinder zu schlagen, um sie zu erziehen. Niemand dachte, dass es etwas Falsches sei, ein Kind zu schlagen, solange die Schläge als moderat angesehen werden konnten.

Es ist in diesem Zusammenhang bemerkenswert, was Papst Franziskus zu diesem Thema bei einer Audienz am 4. Februar 2015 in Rom zu sagen hatte. Er bezog sich auf einen Vater, der gesagt hatte: „Ich muss meine Kinder manchmal ein bisschen schlagen, aber nie ins Gesicht, um sie nicht zu demütigen." Der Papst lobte daraufhin den Vater dafür, dass er die „Würde" seiner Kinder respektiere, indem er ihnen nicht ins Gesicht schlage oder sie demütige. „Er kennt den Sinn der Würde", sagte der Papst. „Er muss sie bestrafen, aber er tut es gerecht und geht weiter."[1] Viele Kommentatoren und große Teile der Öffentlichkeit in Deutschland und anderswo waren schockiert und empört.

Nach deutschem Zivilrecht ist es streng verboten, ein Kind zu schlagen. Der § 1631 (2) BGB lautet:

» Kinder haben ein Recht auf gewaltfreie Erziehung. Körperliche Bestrafungen, seelische Verletzungen und andere entwürdigende Maßnahmen sind unzulässig.

Diese Regel wurde jedoch erst im Jahr 2000 eingeführt. Ich nehme an, dass der Papst diese Regel nicht in Frage stellt. Er würde jedoch argumentieren, dass ein mäßiger Schlag,

---

1 Tilmann Kleinjung: Kindererziehung / Papst spricht von würdevollem Schlagen, Deutschlandfunk 06.02.2015 – ▶ https://www.deutschlandfunk.de/kindererziehung-papst-spricht-vom-wuerdevollen-schlagen-100.html

8.3 · Philosophische Analyse

der keine Knochen bricht, keine Organe beschädigt, keine Wunden schlägt und keine sichtbaren Blutergüsse hinterlässt, den Körper des Kindes nicht verletzt und nicht als Gewalt angesehen werden kann, solange der Schlag nicht auf das Gesicht gerichtet ist. Das Beispiel zeigt, dass unsere Wahrnehmung von Grausamkeit unterschiedlich ist und davon abhängt, wie wir Angriffe auf den Körper mit dem Entzug der Personalität in Verbindung bringen. Nicht jeder Eingriff in die körperliche Integrität einer Person verletzt die Personalität, auch wenn er sehr schmerzhaft sein kann und selbst, wenn er dauerhafte körperliche Schäden verursacht. Die Personalität wird jedoch verletzt, wenn der Eingriff ein Mittel der Demütigung ist.

Wie kann ein Eingriff in die körperliche Unversehrtheit einer Person zu einer Beraubung der Personalität führen? Die Grafik *Willenskraftzersetzung* erklärt dieses Phänomen (siehe ◘ Abb. 8.4). Die Verletzung des Körpers kann die Personalität beschädigen, wenn sie dem Individuum das Bewusstsein für und die Kontrolle über seinen

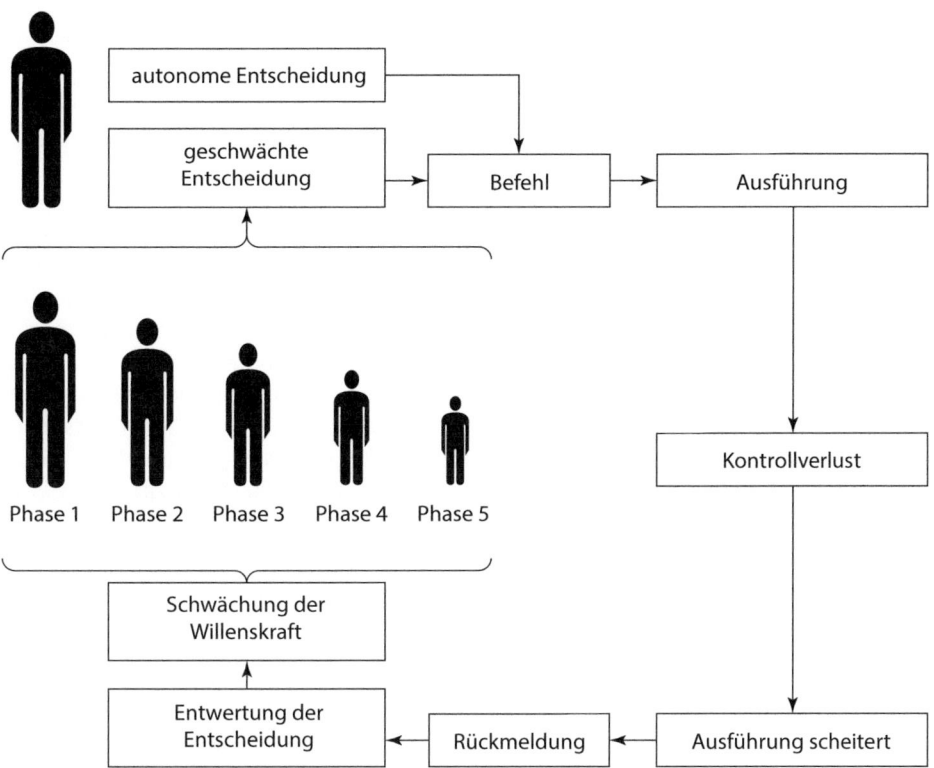

◘ Abb. 8.4 Willenskraftzersetzung (© Sophie Reinisch)

eigenen Körper nimmt. Unser Bewusstsein, Autor des eigenen Lebens zu sein und in der Lage, einen freien Willen auf der Grundlage eigener Überlegungen und Reflexionen zu bilden, beruht auf der Rückmeldung unseres Körpers. Der Körper muss den freien Willen gewissermaßen bestätigen. Wir manifestieren unseren Willen, indem wir eine Entscheidung treffen und diese in eine entsprechende körperliche Aktivität übersetzen. Der Körper wiederum meldet zurück, dass er den Befehl des Willens erhalten hat und dass er sich in Übereinstimmung mit dem Willen verhält. Der Wille lernt aus dieser Rückmeldung, dass er wirksam ist. Dieses Bewusstsein der Wirksamkeit bestätigt das Bewusstsein, die Quelle des eigenen Handelns zu sein. Es bestätigt das Gefühl der Authentizität und ermutigt das Individuum, seine Versuche fortzusetzen, ein authentisches Leben zu führen.

Der Verlust der Kontrolle über den Körper unterbricht diesen wechselseitigen Informationsfluss zwischen Willen und Körper. Aus der Sicht des Bewusstseins wird der abgekoppelte Körper als weit weg von sich selbst und als fremd wahrgenommen. Der Wille verliert das Vertrauen in seine eigene Wirksamkeit und das Individuum verliert folglich die Motivation und schließlich die Fähigkeit, seinen eigenen freien Willen zu bilden. Diese Entwicklung endet mit dem vollständigen Verlust der Fähigkeit, sich aus eigenem Willen selbst zu bestimmen.

In sehr extremen Fällen führt diese Entwicklung zu dem, was Psychologen als *Dissoziative Identitätsstörung* bezeichnen, bei der es zu einer vollständigen Entfremdung des Selbst von seiner eigenen körperlichen Identität kommt. Dies ist jedoch nur die extremste Möglichkeit. Aber auch in weniger extremen Fällen kann körperliche Gewalt die Beziehung zwischen Willen und Körper beeinträchtigen und schließlich dauerhaft schädigen, was letztlich zu einer Beeinträchtigung der Personalität führt. Selbst in den Situationen, in denen wir nicht sagen können, dass die Personalität fast vollständig oder ganz verschwunden ist, stellt diese Verletzung eine schwerwiegende Missachtung der Personalität dar, die den Schutz durch Menschenrechte erfordert.

Seelische Gewalt

Nicht nur körperliche Gewalt führt zu einer Beschädigung der Personalität. Dies kann auch durch die Zufügung von seelischen Schmerzen und Leiden erreicht werden. Eingriffe in die psychische Integrität einer Person beeinträchtigen das Gefühl der Kontrolle über den Körper, indem sie der Person den Glauben einflößen, dass sie jegliche Kontrolle verloren hat. Eingriffe in die psychische Integrität führen zu einer tiefen Missachtung und einem Misstrauen gegenüber der eigenen Person sowie zu der Bereitschaft, sich dem Willen eines anderen zu unterwerfen. Beispiele für diese Art von Gewalt sind Scheinhinrichtungen, Waterboarding oder die erzwungene Wahl zwischen den eigenen Kindern, von denen eines (tatsächlich oder vorgetäuscht) getötet werden soll. Solche Erlebnisse führen zu einem Zustand der Selbstmissachtung.

Ich möchte Ihnen ein Beispiel geben. In vielen islamischen Ländern sind Frauen durch bloße Propaganda und durch strukturelle Unterdrückung einem hohen Maß an Missachtung ausgesetzt. In Saudi-Arabien war es Frauen bis vor kurzem verboten, ein Auto zu fahren oder einen Beruf zu wählen. Für jede Entscheidung, die ihre Lebensplanung betraf, benötigten sie die Erlaubnis eines Mannes. Diese allgemeine Atmosphäre der Missachtung und Verachtung von Frauen, die von der Religion weiterhin gerechtfertigt wird, führt dazu, dass Frauen glauben, dass sie weit weniger wert sind als Männer. Diese Wertlosigkeit bezieht sich auf die Fähigkeit der Frauen, ihr eigenes Leben zu führen. Sie lässt sie glauben, dass sie ihr Leben nicht auf der Grundlage ihres eigenen freien Willens führen können, der auf ihren eigenen Überlegungen und Reflexionen beruht. Frauen verlieren dadurch das Vertrauen in ihr eigenes Urteilsvermögen. Sie sind daher bereit, sich dem Willen eines anderen zu unterwerfen. Die Beeinträchtigung des Bewusstseins dieser Frauen, die sie zu der Überzeugung gelangen lässt, nicht jemand, sondern nur etwas zu sein, ist ein sehr extremer Fall von Grausamkeit durch psychische Eingriffe.

Ein weiteres extremes Beispiel ist in der folgenden ◘ Abb. 8.5 dargestellt. Es zeigt Juden in Wien, die gezwungen wurden, die Straße mit ihren Händen, Zahnbürsten und ähnlichen Dingen zu reinigen, als Hitler 1938 Österreich besetzte. Diese Behandlung ist ein gutes Beispiel für eine Verletzung der seelischen Integrität ohne direkte körperliche Verletzung. Wenn man eine Person zwingt, eine völlig ineffektive und sinnlose Arbeit zu verrichten, führt das dazu, dass sie glaubt, ihr Leben, ihr Wille und jeder Versuch, ein sinnvolles Leben zu gestalten, seien wertlos. Jemanden für kurze Zeit dazu zu zwingen, eine Straße in Wien zu säubern, mag noch nicht den Verlust des Vertrauens in die eigene Personalität zur Folge haben. Aber die ständige Fortsetzung solcher Maßnahmen destabilisiert zunehmend das Selbstwertgefühl einer Per-

Abb. 8.5 Juden, die gezwungen werden, die Straße mit ihren Händen zu reinigen (1938). © Yad Vashem Photo Archive, Jerusalem. 1495/9

Folter

son, bis es schließlich zum Verlust der Personalität führt. Deshalb ist jeder einzelne Akt grausamer Behandlung als Verletzung des Menschenrechts auf körperliche und seelische Unversehrtheit zu werten.

Ich hoffe, gezeigt zu haben, dass grausame Behandlung durch körperliche oder seelische Verletzungen ein großes Risiko für den Verlust der Personalität darstellt. Wie verhält sich nun die Folter zur grausamen Behandlung? Es macht keinen Sinn, zwischen grausamer Behandlung und Folter zu unterscheiden. Die von der Kommission für Menschenrechte bzw. vom EMRK angewandten Unterscheidungskriterien sind nämlich ohne Bedeutung. Es kommt nicht darauf an, ob die grausame Behandlung bzw. Folter vorsätzlich oder nur fahrlässig erfolgt. Sie ist in jedem Fall verboten. Ebenso wenig kommt es darauf an, ob mit der grausamen Behandlung bzw. Folter bestimmte Zwecke verfolgt werden. Beide Unterscheidungskriterien sind im Hinblick auf die Gefahr für die Personalität, die durch grausame Behandlung – ob Folter oder nicht – geschaffen wird, vollkommen unerheblich. Die Nennung der Folter in den einschlägigen Normen des internationalen Rechts hat nur die Funktion, ein anschauliches Beispiel dafür zu geben, was mit grausamer Behandlung gemeint ist. Besonders wichtig ist das für die

> Jeder hat das Recht auf Leben und körperliche Unversehrtheit. Die Freiheit der Person ist unverletzlich. In diese Rechte darf nur auf Grund eines Gesetzes eingegriffen werden.

◘ **Abb. 8.6** Artikel 2 Absatz 2 GG

Auslegung des Artikel 3 EMRK, weil dort das Merkmal der Grausamkeit nicht genannt wird. Nur der Hinweis auf die Folter lässt erkennen, um was es geht, nämlich um das Verbot der grausamen Behandlung.

Die philosophische Analyse zeigt auch, dass nicht jeder Eingriff in die körperliche Unversehrtheit menschenrechtlich relevant ist, sondern nur solche Eingriffe, die als grausam qualifiziert werden müssen. Das ist vor allem wichtig für die Anwendung menschenrechtlicher Normen, die sich nicht ausdrücklich auf Grausamkeit beziehen, sondern einen weiteren Schutzbereich aufweisen. Das gilt beispielsweise für das Grundgesetz. Nach Artikel 2 Abs. 2 GG hat jeder das Recht auf körperliche Unversehrtheit, wobei allerdings auf Grund eines Gesetzes in dieses Recht eingegriffen werden darf (siehe ◘ Abb. 8.6). Diese legale Eingriffsmöglichkeit kommt aber nur so weit in Betracht als der Eingriff in die körperliche Unversehrtheit mangels Grausamkeit eben gerade keine Verletzung eines Menschenrechts darstellt. Es gibt Eingriffe in die körperliche Unversehrtheit, die in keiner Weise zu einer Gefährdung der Personalität führen. Solche Eingriffe können durch Gesetz oder aufgrund eines Gesetzes erlaubt werden. Das gilt beispielsweise für eine Impfpflicht zur Bekämpfung einer Pandemie. Die von Impfgegnern in der Corona-Pandemie immer wieder geltend gemachte Behauptung, dass sie durch eine gesetzliche Impfpflicht in ihren Menschenrechten verletzt werden, entbehrt daher jeder Grundlage.

körperliche
Unversehrtheit

8.4 Kritik der Rechtsprechung

Bislang haben wir den Begriff des Verbots der grausamen Behandlung philosophisch und empirisch analysiert. Die Ergebnisse lassen nun einen Vergleich mit der Auslegung des Artikel 3 EMRK durch den EGMR zu. Dieser Vergleich zeigt deutlich die Vorzüge einer gründlichen philosophischen Analyse.

Griechenland Fall

Die erste Definition von Folter sowie unmenschlicher und erniedrigender Behandlung erfolgte im Rahmen des so genannten „Griechenland Falls" im Jahr 1969. Es war nicht der Gerichtshof selbst, der diese Definition lieferte, sondern die Europäische Kommission für Menschenrechte. Nach den damaligen Regelungen der EMRK begann das Beschwerdeverfahren vor der Kommission, und die Kommission hatte zu entscheiden, ob der Fall an den Gerichtshof weitergeleitet werden sollte. Die Kommission hatte also eine Filterfunktion. Diese Institution wurde im Jahre 1998 abgeschafft (11. Zusatzprotokoll).

Der Griechenland-Fall wurde von Dänemark, Norwegen, Schweden und den Niederlanden initiiert. Es handelte sich um eine Beschwerde gegen Griechenland, das damals von einer Militärjunta regiert wurde, die viele grausame Verbrechen gegen griechische Bürger begangen hatte. Die Kommission verfasste einen Bericht von fast 700 Seiten. In diesem Zusammenhang finden wir die erste Definition von Folter und unmenschlicher und erniedrigender Behandlung (siehe ◘ Abb. 8.7).

Die Definition beginnt mit dem Begriff der unmenschlichen Behandlung und definiert sie als eine Behandlung, die absichtlich schweres psychisches oder physisches Leiden verursacht. Die Kommission fügte als weiteres Merkmal das Fehlen einer Rechtfertigung hinzu. Folter wurde von der Kommission als eine besondere Art unmenschlicher Behandlung definiert, die zwei zusätzliche Merkmale enthält, nämlich einen besonderen Zweck und eine Verschärfung. Erniedrigende Behandlung wurde als eine Demütigung definiert, die das Opfer dazu bringt, gegen seinen Willen oder sein Gewissen zu handeln.

Der Begriff „unmenschliche Behandlung" umfasst zumindest solche Behandlungen, die vorsätzlich schwere psychische oder physische Leiden verursachen, die in der jeweiligen Situation nicht zu rechtfertigen sind.

Das Wort „Folter" wird häufig verwendet, um eine unmenschliche Behandlung zu beschreiben, die einen bestimmten Zweck verfolgt, z. B. die Erlangung von Informationen oder Geständnissen oder die Verhängung von Strafen, und die im Allgemeinen eine verschärfte Form der unmenschlichen Behandlung darstellt. Die Behandlung oder Bestrafung einer Person kann als erniedrigend bezeichnet werden, wenn sie die Person vor anderen in grober Weise erniedrigt oder sie dazu bringt, gegen ihren Willen oder ihr Gewissen zu handeln.

◘ Abb. 8.7   Bericht der EKomMR im „Griechenland-Fall"

8.4 · Kritik der Rechtsprechung

Diese Definitionen unterscheiden sich in einigen wichtigen Aspekten von den Ergebnissen unserer eigenen Analyse. Wir haben gesehen, dass es nicht sinnvoll ist, zwischen unmenschlicher und erniedrigender Behandlung zu unterscheiden. Die sprachliche Analyse erlaubt auch keine Unterscheidung zwischen unmenschlicher und erniedrigender Behandlung einerseits und Folter andererseits im Hinblick auf die Schwere des Eingriffs. Schließlich ist der Gedanke, dass die Zufügung schwerer psychischer oder physischer Leiden keine unmenschliche Behandlung darstellt, wenn sie gerechtfertigt werden kann, offensichtlich nicht überzeugend, da er die Absolutheit der Menschenrechte leugnet.

Die Kommission lieferte keine Argumente für ihren Standpunkt. Aber ihre Überlegungen haben bis heute einen großen Einfluss auf die Rechtsprechung. Die Kommission konnte den Fall damals nicht an den Gerichtshof weiterleiten, weil die Junta zuvor ihren Austritt aus dem Europarat erklärt und die EMRK gekündigt hatte. 1978 hatte der Gerichtshof in der Entscheidung „Irland gegen das Vereinigte Königreich" zum ersten Mal selbst Gelegenheit, die drei Begriffe zu definieren. Der Gerichtshof folgte im Wesentlichen der Auffassung der Kommission, strich jedoch das Element der Rechtfertigung, sodass es sich bei den drei Begriffen nun um rein beschreibende Begriffe ohne jedes bewertende Element handelt.

Irland v. UK

In Übereinstimmung mit der Kommission definierte der Gerichtshof unmenschliche Behandlung als Zufügung intensiver körperlicher und seelischer Leiden, unabhängig davon, ob sie mit Körperverletzungen verbunden sind oder nicht. Folter wurde als eine „verschärfte und vorsätzliche Form der grausamen, unmenschlichen oder erniedrigenden Behandlung" definiert. Im Gegensatz zu unmenschlicher und erniedrigender Behandlung sollte Folter „eine besondere Stigmatisierung der vorsätzlichen unmenschlichen Behandlung, die sehr schweres und grausames Leiden verursacht", darstellen. Wichtig ist, dass der Gerichtshof sich nicht die Auffassung der Kommission zu eigen machte, wonach es für den Begriff der Folter wesentlich auf spezifische Zwecke ankommen sollte. Dies macht deutlich, dass die Motivation des Täters für die Definition von Menschenrechten im Allgemeinen und von Folter im Besonderen nicht entscheidend ist. Es geht um den Schutz von Personen und der Schutz hängt nur von der Beeinträchtigung des Geschädigten ab. Die Unterscheidung zwischen unmenschlicher Behandlung und Folter im Hinblick auf das Element der Verschlimmerung hat der Gerichtshof von der Kommission übernommen. Aber sie ist nicht überzeugend. Es macht einfach keinen Sinn, diese Unterscheidung zu treffen. Sie ist völlig funktionslos. Wenn die Zufügung von weniger starken Schmerzen streng verboten ist, dann ist erst recht die Zufügung von stärkeren Schmerzen streng verboten. Für eine Differenzierung nach der Intensität der zugefügten Schmerzen gibt es dabei keinen Platz. „Folter" sollte daher nur als ein erläuterndes Beispiel für jene Art unmenschlicher Behandlung gelesen werden, die in der Ausübung von Grausamkeit besteht. Diese Erläuterung ist wichtig, weil sie zeigt, dass die Zufügung schwerer körperlicher oder seelischer Leiden und Schmerzen nicht nur ein Angriff auf den Körper und die Seele ist, sondern dass sie eine Person zu einer Nicht-Person degradiert.

„Erniedrigende Behandlung" wurde vom Gerichtshof als Demütigung definiert. Dies ist insofern bedeutungslos, als Erniedrigung und Demütigung Synonyme sind. Die Definition eines Begriffs anhand seiner Synonyme ist zwar nicht falsch, aber überflüssig. Darüber hinaus hat der Gerichtshof die Erniedrigung auf spezielle Fälle der Demütigung beschränkt, nämlich auf solche, bei denen die Opfer symbolisch entwertet werden, indem ihr physischer oder moralischer Widerstand gebrochen wird. Auch dies macht keinen Sinn, denn Demütigung ist per Definition eine Behandlung, die das Opfer entwertet und seinen Widerstand bricht. Wenn der Gerichtshof von körperlichem oder moralischem Widerstand spricht, denkt er an den Widerstand des eigenen Willens und an den Widerstand des Gewissens. Auch diese Unterscheidung ist nicht eindeutig. Wille und Gewissen gehören zu unterschiedlichen Kategorien. Das Gewissen liefert Gefühle und Überzeugungen, die den Willen motivieren. Das Gewissen ist aber keine Alternative zum Willen.

Der problematischste Aspekt der Rechtsprechung besteht darin, dass die unmenschliche Behandlung als ein grundlegendes Element der gesetzlichen Definition des Schutzbereichs angesehen wird. Wie ich oben dargelegt habe, ist das gemeinsame Element aller drei Varianten von Misshandlungen, die gegen Artikel 3 EMRK verstoßen, die Zufügung intensiver körperlicher und geistiger Leiden, also die Grausamkeit. Dies kommt im Text der EMRK allerdings nur indirekt zum Ausdruck, nämlich mittels des Begriffs der Folter. Aber die Grausamkeit ist es, die dieses

8.4 · Kritik der Rechtsprechung

Menschenrecht von anderen unterscheidet. Dagegen macht es keinen Sinn, zwischen erniedrigender und unmenschlicher Behandlung zu unterscheiden, da beide Begriffe dieselbe Bedeutung haben. Erniedrigend bzw. unmenschlich ist jede Verletzung der Menschenrechte, nicht nur des Menschenrechts auf Freiheit von grausamer Behandlung.

In Anbetracht der Tatsache, dass sich der Schutzbereich des Menschenrechts auf körperliche und geistige Unversehrtheit auf den Schutz der Personalität bezieht, kommen einige Kritiker zu dem Schluss, dass der Ausschluss von Nicht-Personen aus dem so definierten Schutzbereich zu einem völligen Fehlen des Schutzes für diejenigen führt, die besonders auf diesen Schutz angewiesen sind, weil sie von Natur aus besonders schwach sind. Die Kritiker denken dabei an Menschen, die nicht mit Personalität ausgestattet sind, wie Personen, die im Koma liegen oder an schwerer Demenz leiden. Andere denken an Tiere.

Aus der Tatsache, dass die Menschenrechte im Allgemeinen und das Recht auf körperliche und seelische Integrität im Besonderen die Personalität schützen, folgt jedoch nicht, dass es zulässig ist, Lebewesen, die nicht mit Personalität ausgestattet, aber leidensfähig sind, grausam zu behandeln. Die Menschenrechte legitimieren keine Grausamkeiten gegen nicht-personale Lebewesen. Nach Immanuel Kant ist es eine moralische Verpflichtung, keine grausame Behandlung an einem leidensfähigen Wesen vorzunehmen, damit unsere eigenen Gefühle nicht abstumpfen. Die Praxis der Grausamkeit zerstört unsere Fähigkeit zur Empathie. Grausamkeit gegen Tiere ist ein Schritt vorwärts zur Grausamkeit gegen Personen, und das moralische Verbot von Grausamkeit gegen Nicht-Personen ist der erste notwendige Schritt zum Schutz der körperlichen und geistigen Integrität von Personen.

❓ Zur Wiederholung

8.1 Alle Menschenrechte dienen dem Schutz eines zentralen Gutes unter verschiedenen Aspekten. Welches ist das zentrale Gut?

8.2 Erkläre den Zirkel der Zerstörung der Willenskraft in den Fällen der Verletzung der körperlichen Integrität.

8.3 Welches entscheidende Merkmal unterscheidet das Verbot nach Artikel 3 EMRK von anderen Menschenrechten?

8.4 Nach der Rechtsprechung des EGMR beziehen sich „unmenschliche Behandlung" und „Folter" auf dieselbe Art der Misshandlung. Beschreibe diese Art der Misshandlung und erkläre den Unterschied zwischen „unmenschlicher Behandlung" und „Folter", wie der EGMR ihn sieht.

Antworten siehe ▶ Kap. 21.

Leseempfehlungen

Binsfeld, Andrea / Ghetta, Marcello (Hrsg.): *Sklaverei und Identitäten. Von der Antike bis zur Gegenwart.* Hildesheim 2021

Hilbrand, Carola: *Folter. Auf den Spuren unsichtbarer Gewalt.* Bielefeld 2015

Nowak, Manfred: *Folter. Die Alltäglichkeit des Unfassbaren.* Wien 2012

Schotte, Dietrich: *„Grausamkeit" als essentiell umstrittener Begriff.* In: ZphilForsch 73/4 (2019), 550–569

Rechtsprechung

European Commission of Human Rights. *Report on the "Greek Case",* Yearbook of the European Convention of Human Rights. The Greek Case 1969, The Hague: Martinus Nijhoff 1972, S. 186. https://hudoc.echr.coe.int/app/conversion/pdf/?library=ECHR&id=001-73020&filename=001-73020.pdf

EGMR, Urt. v. 18.01.1978 – 5310/71 –, „Irland ./. UK", HUDOC

EGMR, Urt. v. 01.06.2010 – 22978/05 –, „Gäfgen ./. Deutschland", HUDOC

Recht auf Freizügigkeit und die Rechte unter Freiheitsentzug

Inhaltsverzeichnis

9.1 Die Habeas-Corpus-Rechte – 182

9.2 Humane Lebensbedingungen in der Haft – 185

9.3 Die Funktion des Artikel 10 IPbürgR – 187

9.4 Totale Institutionen – 188

9.5 Das Recht auf Freizügigkeit – 194

Leseempfehlungen – 195

© Der/die Autor(en), exklusiv lizenziert an Springer-Verlag GmbH, DE, ein Teil von Springer Nature 2023
P. Tiedemann, *Philosophische Grundlagen der Menschenrechte*,
Springer-Lehrbuch, https://doi.org/10.1007/978-3-662-65533-7_9

> **Freiheit der Person**
>
> Das Recht auf Freiheit der Person (Artikel 5 EMRK, Artikel 2 Abs. 2 S. 2 GG) bezieht sich auf das Verbot der Freiheitsentziehung. Der Ausdruck „Freiheit" beschreibt den Schutzbereich eher ungenau, denn der Wortlaut lässt uns über den Inhalt dieser Freiheit im Unklaren (Freiheit von was?). Nur der Kontext der Normen – im Falle des GG Artikel 104 – verweist auf die Freiheit von Haft und Gefangenschaft. Das aber ist eine negative Formulierung des Rechts auf Freizügigkeit. Das Recht der Freiheit der Person ist Teil der so genannten Habeas-Corpus-Rechte.

> **Habeas-Corpus-Rechte**
>
> Die so genannten Habeas-Corpus-Rechte verbieten nicht grundsätzlich die Haft oder den Freiheitsentzug, sondern verlangen nur, dass bestimmte vordefinierte Rechtfertigungsgründe erfüllt sind (Artikel 5 EMRK), bestimmte Verfahrensschritte eingehalten werden (Artikel 7 EMRK) und ein faires Verfahren gewährleistet ist (Artikel 6 EMRK). Es handelt sich also um bloße Verfahrensrechte und damit um konstitutive Merkmale des Rechtsstaatsprinzips.

> **Freizügigkeit**
>
> Haft und Freiheitsentzug stellen immer auch einen Entzug der Freizügigkeit dar. Das Recht auf Freizügigkeit im weiteren Sinne umfasst (1) die Freiheit den Körper entsprechend der körperlichen Bedürfnisse bewegen zu dürfen, (2) die Freiheit von Haft und (3.) die Freiheit sich von einem Ort zu einem anderen Ort innerhalb des Staates oder auch über Staatsgrenzen hinweg bewegen zu dürfen.
>
> Die erzwungene Einschränkung der Möglichkeit, den eigenen Körper zu bewegen, einen bestimmten Punkt auf der Erdoberfläche und den darüber liegenden Raum zu verlassen oder eine andere geografische Position einzunehmen, kann im Extremfall eine Verletzung des Rechts auf Freiheit von Folter und grausamer Behandlung darstellen (an eine Kette gefesselt zu sein, in einen Käfig gesperrt zu sein usw.). Aber nicht

Recht auf Freizügigkeit und die Rechte unter Freiheitsentzug

jede Einschränkung der Freiheit, die geografische Position zu verändern, stellt eine Verletzung der Menschenrechte dar.

Die Inhaftierung kann im Allgemeinen im Einklang mit dem Prinzip der Menschenwürde erfolgen. Daher steht die Einschränkung der Bewegungsfreiheit nicht notwendig im Widerspruch zu den Menschenrechten (z. B. Inhaftierung nach einer rechtmäßigen Verurteilung durch ein Gericht als Reaktion auf Straftaten). Die Lebensbedingungen in der Haft müssen aber frei von körperlicher oder seelischer Gewalt sein und Nahrung, sanitäre Einrichtungen, Unterkunft und Privatsphäre gewährleisten. Darüber hinaus muss es den Insassen möglich sein, relevante Entscheidungen über ihre eigene Lebensweise zu treffen, um ihre Persönlichkeit zu entwickeln und ihre Personalität zu erhalten (siehe unten: totale Institutionen).

Das kodifizierte Recht auf Freizügigkeit (Artikel 4 des 4. Zusatzprotokolls zur EMRK) bezieht sich nur auf das Recht, innerhalb des Landes von einem Ort zum anderen zu reisen oder das Land zu verlassen. Dieses Recht ist nicht als ein Menschenrecht zu betrachten. Wenn es möglich ist, ein authentisches Leben in Haft zu führen, ist es auch möglich, ein authentisches Leben zu führen, ohne die Freiheit zu haben, von einem bestimmten Aufenthaltsort zu einem anderen zu reisen. Nur wenn am derzeitigen Aufenthaltsort keine menschenwürdigen Lebensbedingungen gegeben sind, stellt die Verhinderung der Freizügigkeit eine Menschenrechtsverletzung dar (Recht auf Freiheit von grausamer Behandlung).

Totale Institutionen

Gefängnisse, Krankenhäuser oder Pflegeheime sind sehr oft als totale Institutionen organisiert (Erving Goffman). Totale Institutionen sind „Wohn- und Arbeitsstätten einer Vielzahl ähnlich gestellter Individuen, die für längere Zeit von der übrigen Gesellschaft abgeschnitten sind, und miteinander ein abgeschlossenes, formal reglementiertes Leben führen". Totale Institutionen reduzieren die Möglichkeit, sinnvolle Entscheidungen über das eigene Leben zu treffen. Alles ist organisiert und vor-

> bestimmt. Es gibt nur wenige Wahlmöglichkeiten. Dies schwächt und zerstört schließlich die Fähigkeit der Insassen, ihr Leben auf der Grundlage eigener Überlegungen und Reflexionen zu führen. Die Insassen verlieren jegliches Verantwortungsgefühl für ihr Leben, sodass sie nicht mehr als authentisch handelnde Personen angesehen werden können. Dieses Ergebnis hängt von der Dauer des Aufenthalts in der totalen Institution ab. Ein langfristiger Aufenthalt in totalen Institutionen stellt eine Verletzung der Menschenrechte dar. Die Hoffnung auf eine Freilassung in ferner Zukunft ist keine hinreichende Bedingung, um den Entzug der Personalität in totalen Einrichtungen zu vermeiden. Vielmehr bedarf es eines ausreichenden Rahmens, in dem die Insassen ihr Leben eigenverantwortlich führen und sinnvolle Entscheidungen über ihre Lebensgestaltung treffen können.

9.1 Die Habeas-Corpus-Rechte

In diesem Kapitel geht es um die Rechte im Zusammenhang mit dem Entzug der Bewegungsfreiheit. Von Bewegungsfreiheit oder Freizügigkeit ist meistens die Rede, wenn es um die Frage geht, ob jemand innerhalb der Grenzen eines Staates frei von einer Stadt oder Region in eine andere reisen kann. Noch weiter gefasst geht es um globale Bewegungsfreiheit, die sich auf die Freiheit der Ein- und Auswanderung bezieht.

Diese Fragen stehen jedoch nicht im Mittelpunkt dieses Kapitels. Wir werden erst am Ende und nur am Rande auf sie eingehen. Im Mittelpunkt steht der Entzug der Freizügigkeit in einem viel engeren Sinne, nämlich im Sinne der Freiheit von Gefangenschaft. Wenn Sie in den Menschenrechtskodifikationen nach diesen Rechten suchen, werden Sie feststellen, dass alle diese Kodifikationen diese Rechte unter der Bezeichnung „Recht auf Freiheit der Person" behandeln. Ich bevorzuge dagegen die Ausdrücke „Bewegungsfreiheit" oder „Freizügigkeit", weil der Begriff Freiheit nicht sagt, auf welche Art von Einschränkung er sich bezieht. Die Forderung nach Freiheit lässt den Inhalt der Freiheit offen (Freiheit wovon?).

Ich werde im Folgenden zeigen, dass die Rechte bezüglich der Gefangenschaft, obwohl sie zum klassischen In-

9.1 · Die Habeas-Corpus-Rechte

> Jeder hat das Recht auf Freiheit und Sicherheit der Person. Niemandem darf die Freiheit entzogen werden außer in den nachfolgenden Fällen und in Übereinstimmung mit Verfahren, die vom Gesetz vorgeschrieben sind.

Abb 9.1 Artikel 5 Abs. 1 EMRK

halt jeder Menschenrechtskodifikation gehören, nicht als Menschenrechte gelten können. Es gibt jedoch eine ernsthafte Gefahr für die Entwicklung und Aufrechterhaltung der Personalität in diesem Zusammenhang, die besondere Aufmerksamkeit verdient. Das ist die Gefangenschaft in *totalen Institutionen*. Hier treffen wir tatsächlich auf eine menschenrechtliche Problematik.

Doch lassen Sie mich zunächst einen Überblick über die Rechte geben, die nach der EMRK mit dem Entzug der Bewegungsfreiheit verbunden sind. Diese Rechte sind in den Artikeln 5, 6 und 7 EMRK kodifiziert. Im Zentrum dieser Rechte steht Artikel 5 Abs. 1 EMRK (siehe Abb. 9.1). Danach hat „jeder das Recht auf Freiheit [und Sicherheit]" und niemandem darf die Freiheit entzogen werden. Allerdings steht dieses Recht unter einer langen Liste von Vorbehalten, die den Entzug der Bewegungsfreiheit erlauben. Nach dieser Liste ist Gefangenschaft erlaubt und wird nicht als eine Verletzung des Rechts auf Freiheit der Person angesehen. Das gilt in folgenden Fällen:

- Haft nach Verurteilung durch ein zuständiges Gericht (Strafhaft);
- Haft wegen Nichtbefolgung einer rechtmäßigen gerichtlichen Anordnung oder zur Erzwingung oder Erfüllung einer gesetzmäßigen Verpflichtung (Beugehaft);
- Haft zur Vorführung vor das zuständige Gericht bei hinreichendem Verdacht einer Straftat (Untersuchungshaft) oder zur Verhinderung einer drohenden Straftat (Vorbeugehaft) oder bei Fluchtgefahr nach deren Begehung (Sicherungshaft);
- Haft von Minderjährigen zum Zwecke überwachter Erziehung oder Vorführung vor eine zuständige Behörde (Zwangseinweisung in geschlossene Erziehungsanstalten);
- Haft zur Verhinderung der Verbreitung ansteckender Krankheiten (Quarantäne) sowie bei psychisch Kran-

Haftgründe

ken, Alkohol- oder Rauschgiftsüchtigen und Landstreichern (Zwangsunterbringung in psychiatrischen Anstalten u. ä.);
— Haft zur Verhinderung der unerlaubten Einreise und zur Sicherstellung von Ausweisung und Auslieferung (Abschiebungshaft, Auslieferungshaft).

In allen diesen Fällen muss der Freiheitsentzug rechtmäßig sein. Die Voraussetzungen müssen also gesetzlich geregelt sein. Artikel 7 EMRK fügt dem für die Strafhaft noch die Regel hinzu, dass die Strafbarkeit der Tat vor ihrer Begehung gesetzlich geregelt sein muss („Keine Strafe ohne Gesetz").

Die Regelungen des Artikels 5 Abs. 2 bis 5 und Artikel 6 EMRK sehen ferner gewisse Rechte vor, die einem Menschen in Gefangenschaft zustehen. Das sind:

Rechte in der Haft
— das Recht, unverzüglich über die Gründe der Haft informiert zu werden (Artikel 5 Abs. 2);
— das Recht, unverzüglich einem Richter vorgeführt zu werden (Artikel 5 Abs. 3);
— das Recht auf kurzfristige Überprüfung der Rechtmäßigkeit der Untersuchungshaft durch ein Gericht (Artikel 5 Abs. 3);
— das Recht auf einen fairen Prozess (Artikel 6);
— das Recht auf gerichtliche Überprüfung der Freiheitsentziehung auf Antrag (Artikel 5 Abs. 4);
— das Recht auf Entschädigung im Falle rechtswidriger Freiheitsentziehung (Artikel 5 Abs. 5).

Habeas Corpus
Alle diese Rechte werden traditionell als *Habeas-Corpus-Rechte* bezeichnet. „Habeas corpus" waren die Anfangsworte eines so genannten *Habeas-corpus-Writ*, mit dem ein englisches Gericht die Gefängnisleitung aufforderte, einen Häftling vor Gericht zu bringen, um die Rechtmäßigkeit der Inhaftierung zu überprüfen. („[Wir befehlen], dass Sie den *Körper* [des Häftlings] [vor Gericht] *bringen lassen*"). Rechtsgrundlage war der Habeas-Corpus Act von 1679. Die Habeas-Corpus-Rechte sind in vielen Menschenrechtskodifizierungen enthalten. Sie haben aber offensichtlich nichts mit den Menschenrechten zu tun, denn die Menschenrechte schützen Menschen vor einem Zustand, in dem sie nicht mehr in der Lage sind, ihre Personalität zu wahren. Die Gründe für eine rechtmäßige Inhaftierung und bestimmte Rechte des Inhaftierten, wie das Recht auf Zugang zu einem Gericht, beziehen sich

nicht darauf, ob während der Inhaftierung besondere Gefahren und Risiken für die Personalität bestehen. Die Habeas-Corpus-Rechte beziehen sich nicht auf die Lebensbedingungen in der Haft. Sie schützen die Gefangenen nicht vor unmenschlicher und grausamer Behandlung, unter der sie Gefahr laufen, ihrer Personalität beraubt zu werden. Die Habeas-Corpus-Rechte sind lediglich Verfahrensrechte, mit denen sichergestellt werden soll, dass niemand zu Unrecht seiner Bewegungsfreiheit beraubt wird. Es handelt sich damit lediglich um wesentliche Bestandteile der Rechtsstaatlichkeit und nicht um Menschenrechte.

Im Rahmen der Habeas-Corpus-Rechte ist es zudem nicht relevant, warum jemand inhaftiert wird. Die Verurteilung durch ein Gericht muss sich nur auf ein Gesetz stützen, das die Bestrafung einer Straftat vorsieht, die vor der Begehung der Tat durch den Angeklagten gesetzlich genau festgelegt war. Die Habeas-Corpus-Rechte sagen aber nichts zu der Legitimität der Bestrafung eines bestimmten Verhaltens aus. So ist es mit den Habeas-Corpus-Rechten beispielsweise vereinbar, homosexuelles Verhalten zu bestrafen. Ebenso wenig gibt es einen Konflikt mit diesen Rechten, wenn das Strafgesetzbuch die Kritik an der Regierung unter Strafe stellt. Aus der Sicht der Menschenrechte verletzt die Inhaftierung einer Person wegen solcher Straftaten das Menschenrecht auf sexuelle Selbstbestimmung bzw. das Recht auf Meinungsfreiheit.

9.2 Humane Lebensbedingungen in der Haft

Im Zusammenhang mit der Grundlegung der Menschenrechte ist zu fragen, ob die Freiheitsentziehung als solche als Gegenstand der Menschenrechte anzusehen ist. Es geht also um die Frage, ob die Entziehung der Bewegungsfreiheit als Verstoß gegen den Grundsatz der Menschenwürde und damit als notwendiger Gegenstand des Schutzbereichs eines Menschenrechts anzusehen ist. Hier halte ich es für sinnvoll, verschiedene Grade der Entziehung der Bewegungsfreiheit zu unterscheiden und diese einzeln zu betrachten, um festzustellen, ob sie mit den Menschenrechten vereinbar sind.

Stellen Sie sich einen Gefangenen vor, der in einem kleinen Käfig eingesperrt ist, der nicht genug Platz für eine normale Körperhaltung bietet, sodass er ge-

erzwungene Bewegungslosigkeit

zwungen ist, seinen Körper auf engem Raum zusammenzukauern. Er ist gezwungen, viele Stunden, Tage oder sogar Wochen lang in dieser Position zu verharren. Dieser extremste Grad des Entzugs der Bewegungsfreiheit ist eindeutig Folter. Es handelt sich um eine schwerwiegende Verletzung der Menschenrechte, aber es besteht keine Notwendigkeit für ein zusätzliches und eigenständiges Menschenrecht. Folter ist bereits durch das Recht auf Freiheit von Folter und anderer grausamer Behandlung abgedeckt. Es besteht keine Notwendigkeit, ein separates Menschenrecht auf Bewegungsfreiheit zu fordern, um den menschenrechtlichen Schutz vor einer solchen Misshandlung sicherzustellen.

Freiheitsentzug
Privatsphäre in Haft

Wir können uns andere Situationen in der Haft vorstellen, die ebenfalls eindeutige Fälle von Folter oder grausamer Behandlung sind. Denken Sie an überfüllte oder sehr kleine Gefängniszellen. In ähnlicher Weise können auch andere Menschenrechte durch die Gestaltung der Haftbedingungen verletzt werden. Ein wichtiges Element menschenwürdiger Lebensbedingungen ist eine sinnvolle Möglichkeit zur privaten Kommunikation. Dies ist die Kommunikation mit engen Freunden und mit dem eigenen Ehemann, der Ehefrau oder den Kindern. Die Inhaftierung ist oft mit der Unterbrechung der familiären Beziehungen verbunden. Dies ist ein Verstoß gegen das Recht auf Familienleben (Artikel 8 EMRK). Die Unterbrechung der familiären Bindungen durch die Inhaftierung einer Person verletzt nicht nur die Rechte des Gefangenen, sondern auch die Rechte der anderen Familienmitglieder, die nicht inhaftiert sind. Eine menschliche Behandlung in der Haft erfordert daher Einrichtungen und Möglichkeiten, in denen sich die Familienmitglieder unter Wahrung der Privatsphäre treffen können. Aber auch dies ist kein Grund für ein besonderes Menschenrecht. Es gibt bereits ein Menschenrecht, das menschenwürdige Lebensbedingungen in der Haft in Bezug auf familiäre und enge private Beziehungen ausreichend berücksichtigt. Dies ist das Recht auf Privatsphäre (siehe ▶ Kap. 11). Wir kommen also zu dem vorläufigen Schluss, dass die Gesamtheit aller anderen Menschenrechte auch auf die Lebensbedingungen in der Haft anwendbar ist. Es scheint keine besondere Bedrohung zu geben, die nicht bereits von den allgemeinen Menschenrechten abgedeckt wird. Das ist allerdings noch nicht das Ende der Geschichte.

9.3 Die Funktion des Artikel 10 IPbürgR

Artikel 10 IPbürgR kann die Vermutung aufkommen lassen, dass die übrigen Menschenrechte nicht ausreichen, um die Menschenwürde unter Haftbedingungen zu schützen. Denn bei dieser Norm scheint es sich um ein spezielles Menschenrecht für die Lebensbedingungen in der Haft zu handeln. Ein genauerer Blick zeigt jedoch, dass Artikel 10 Abs. 1 IPbürgR die Liste der Menschenrechte nicht wirklich erweitert. Dies lässt sich durch einen Vergleich der Bestimmungen über das Verbot grausamer Behandlung in Artikel 7 IPbürgR (siehe ◘ Abb. 9.2) und Artikel 10 IPbürgR (siehe ◘ Abb. 9.3) zeigen. Beide Artikel befassen sich mit der Art und Weise, wie Personen behandelt werden dürfen. Der Unterschied besteht darin, dass Artikel 7 eine bestimmte Behandlung (Grausamkeit) *ver*bietet, während Artikel 10 Abs. 1 IPbürgR eine bestimmte Behandlung (menschliche Behandlung) *ge*bietet.

Die Idee hinter Artikel 7 IPbürgR ist nicht, dass die Vertragsparteien der Konvention verpflichtet sind, menschenwürdige Lebensbedingungen zu gewährleisten. Ihre Verantwortung beschränkt sich darauf, keine unmenschlichen Lebensbedingungen zu schaffen. Für unmenschliche Situationen, die nicht von ihnen geschaffen wurden, sind sie nicht verantwortlich. Im Vergleich dazu verweist Artikel 10 IPbürgR auf die Verpflichtung der Vertragsparteien, aktiv dafür zu sorgen, dass die Lebensbedingungen in Haft menschlich sind.

Bei näherer Betrachtung zeigt sich jedoch, dass diese Unterscheidung nicht wirklich existiert. Die Bestimmung in Artikel 10 IPbürgR bezieht sich auf die Situation der In-

Redundanz des Art. 10 I IPbürgR

Niemand darf der Folter oder grausamer, unmenschlicher oder erniedrigender Behandlung oder Strafe unterworfen werden

◘ **Abb. 9.2** Artikel 7 IPbürgR

Jeder, dem seine Freiheit entzogen ist, muss menschlich und mit Achtung vor der dem Menschen innewohnenden Würde behandelt werden.

◘ **Abb. 9.3** Artikel 10 Abs. 1 IPbürgR

haftierung. Dabei handelt es sich um eine Situation, die vom Staat aktiv herbeigeführt wird. Sind die Lebensbedingungen in der Haft grausam und unmenschlich, so handelt es sich um eine Situation, die der Staat durch die Inhaftierung aktiv herbeigeführt hat. Damit verletzt der Staat die Pflicht, grausame Behandlung zu unterlassen. Dies zeigt, dass Artikel 10 IPbürgR nichts anderes vorsieht als Artikel 7 IPbürgR. Artikel 10 IPbürgR betont lediglich die Tatsache, dass der Staat eine viel größere Verantwortung für die Lebensbedingungen in der Haft hat als für die Lebensbedingungen in Freiheit. Der Grund dafür ist leicht zu verstehen. Unter den Bedingungen der Bewegungsfreiheit können Menschen aus einem Gebiet fliehen, in dem sie einer unmenschlichen Situation ausgesetzt sind. Unter den Bedingungen der Inhaftierung können sie das nicht. Daher sind diejenigen, die andere festhalten, dafür verantwortlich, dass die Lebensbedingungen der Festgenommenen menschenwürdig sind. Unter diesen Umständen nimmt der Staat die Position eines Garanten ein. Deshalb muss der Staat als Betreiber von Haftanstalten dafür sorgen, dass die Insassen weder von ihren Mitgefangenen noch von den Aufsehern grausam behandelt werden oder sonst in einem Rechtsgut beschädigt werden, das durch Menschenrechte geschützt ist.

Der Vergleich von Artikel 7 IPbürgR und Artikel 10 IPbürgR zeigt, dass letzterer kein besonderes Menschenrecht für die Lebensbedingungen in Haft vorsieht. Vielmehr handelt es sich um eine Wiederholung des Verbots von Folter und anderer grausamer Behandlung, wie es schon in Artikel 7 IPbürgR geregelt ist. Er verweist nur auf eine besondere Garantiepflicht des Staates für die Lebenssituation in Haft, die außerhalb von Haft und anderen Formen der Freiheitsentziehung nicht besteht. Es gibt jedoch eine spezifische Bedrohung, die nur unter den Bedingungen von Haft und ähnlichen Situationen besteht und daher auch ein besonderes Menschenrecht fordert.

9.4 Totale Institutionen

Diese spezifische Bedrohung hat damit zu tun, dass Einrichtungen und Anstalten, die die Bewegungsfreiheit einschränken – Gefängnisse, Pflegeheime, Krankenhäuser usw. – dazu neigen, totale Institutionen zu sein. Totale Institutionen stellen eine besondere Bedrohung für die Entwicklung und Aufrechterhaltung der Personalität dar.

9.4 · Totale Institutionen

Der Begriff „totale Institution" wurde von dem kanadischen Soziologen Erving Goffman (1922–1982) in seinem 1961 erschienenen Buch *Asyle. Über die soziale Situation psychiatrischer Patienten und anderer Insassen* geprägt. Goffman dachte dabei nicht nur an die geschlossenen Abteilungen psychiatrischer Kliniken, sondern auch an Gefängnisse und Pflegeheime, an die Besatzung von Kriegsschiffen während des Einsatzes, an Mönche und Nonnen in Klöstern und an Soldaten in der Armee. Auf der Wikipedia-Seite über totale Institutionen wird eine weitere, selten erwähnte Art von Institutionen erwähnt, die ebenfalls totale Institutionen darstellen. Die Seite verweist auf Kreuzfahrtschiffe und andere touristische Einrichtungen, merkt aber an, dass diese sich von den traditionellen Beispielen dadurch unterscheiden, dass Menschen dort nicht über lange Zeiträume hinweg festgehalten werden. Im Vergleich dazu sind längere Aufenthalte, die sich über ein ganzes Leben erstrecken können, bei Gefängnissen und Pflegeheimen nicht ungewöhnlich.

Goffman definiert totale Institutionen als „Wohn- und Arbeitsstätte einer Vielzahl ähnlich gestellter Individuen, die für längere Zeit von der übrigen Gesellschaft abgeschnitten sind, und miteinander ein abgeschlossenes, formal reglementiertes Leben führen". Zu den Merkmalen von totalen Institutionen gehören die folgenden:

Definition

(1) Die Insassen sind einheitlich gekleidet. Sie tragen zumindest ähnliche Kleidung und oft auch einen ähnlichen Haarschnitt. Zur Uniformierung gehört auch, dass sie wenig bis gar keinen Spielraum haben, ihre Umgebung nach ihrem eigenen Geschmack und ihren Vorlieben zu gestalten. Auch ihre Tätigkeiten sind uniformiert. Jeder Insasse muss dieselbe Tätigkeit ausüben wie alle Mitglieder derselben Gruppe. Die Insassen können sich ihre Tätigkeit nicht aussuchen, sondern sind gezwungen, auf Anweisung der Vorgesetzten zu arbeiten. Sie können sich also nicht oder nur in sehr geringem Maße als Individuen zeigen, die sich von den anderen unterscheiden. Die Uniformierung führt zum Verlust des Interesses und der Motivation, für sich selbst zu sorgen.

(2) Alle Phasen des Tagesablaufs sind straff geplant, wobei eine Tätigkeit zu einem vorher festgelegten Zeitpunkt in die nächste übergeht. Es gibt keinen Spielraum für die Gestaltung der eigenen Zeit.

(3) Die gesamte Abfolge der Aktivitäten wird von oben durch ein System ausdrücklicher formaler Regelungen und ein Team von Beamten auferlegt.

(4) Die verschiedenen erzwungenen Aktivitäten entsprechen einem einzigen Plan, der angeblich dazu dient, die offiziellen Ziele der Institution zu erfüllen.

Bei dieser Definition handelt es sich um die eines Typs. Einzelne Institutionen können variieren. So tragen die Passagiere eines Kreuzfahrtschiffs vielleicht nicht dieselbe Kleidung und haben einen größeren Spielraum bei der Wahl der Aktivitäten als die Insassen eines Gefängnisses. Ein Element ist jedoch sowohl für Gefängnisse als auch für Kreuzfahrtschiffe gleich. In beiden Fällen wird die Möglichkeit gemindert, das eigene Leben auf der Grundlage eigener Überlegungen, Reflexionen und Lebensplänen zu führen. Unter allen oder zumindest allen relevanten Aspekten verlieren die Insassen eines Gefängnisses oder die Touristen auf einem Kreuzfahrtschiff die Verantwortung für ihr eigenes Leben. Nach einer gewissen Zeitspanne können sie nicht mehr als authentisch handelnde Personen angesehen werden und sind auch nicht mehr in der Lage, sich selbst als solche zu betrachten.

Dauerhaftigkeit

Wie ich bereits erwähnt habe, sind die Bedingungen auf einem Kreuzfahrtschiff nicht hinreichend für eine totale Institution, da die Touristen nur für einen kurzen Zeitraum an Bord sind. Sie genießen vielleicht sogar die Freiheit von der täglichen Last, für ihr Leben verantwortlich zu sein. Sie nutzen ihre Zeit an Bord, um sich von der alltäglichen Last zu erholen, ihr Leben authentisch führen zu müssen, um dann mit neuer Kraft in dieses Leben zurückzukehren.

Der Fall eines Klosterlebens ist anders gelagert. Den Mitgliedern eines Klosters steht es frei, die klösterliche Gemeinschaft zu verlassen. Daher ist es schwierig zu sagen, dass ein Kloster gegen die Menschenrechte verstößt. Das klösterliche Leben kann zu einem Entzug der Personalität führen, aber es handelt sich nicht um einen erzwungenen Entzug. Dennoch führt dieses Phänomen zu der Frage, ob es eine moralische Verpflichtung gegenüber sich selbst gibt, die eigene Personalität zu erhalten, oder ob es den Menschen moralisch freisteht, auf sie zu verzichten. Dies ist jedoch keine Frage der Menschenrechte. Mit Ausnahme des Rechts auf Leben (dazu siehe ▶ Kap. 14) schützen die Menschenrechte vor der Beschädigung der Personalität durch Täter, die nicht mit ihren Opfern identisch sind.

9.4 · Totale Institutionen

Im Unterschied dazu kann eine lang andauernde Inhaftierung in einem Gefängnis zu einem erzwungenen Entzug von Fähigkeiten der Personalität führen. Totale Institutionen müssen nicht unbedingt den Zweck verfolgen, die Personalität zu zerstören und die Menschen zu brechen. Gleichwohl stellt ihre Organisation einen Angriff auf die personale Integrität ihrer Insassen dar.

Der Entzug jeglicher relevanten Spielräume zur Gestaltung des eigenen Lebens führt zur Abwertung der bereits entwickelten Persönlichkeit. Die Persönlichkeit basiert auf der Gesamtheit der Handlungen, die der Mensch im Laufe seines Lebens ausgeführt hat. Die Aufrechterhaltung einer Persönlichkeit setzt voraus, dass man weiterhin Handlungen auf der Grundlage des eigenen freien Willens durchführt. Wenn alle Handlungen, die von der betreffenden Person vollzogen werden können, nutzlos oder irrelevant werden, verliert die Person das Interesse und die Motivation, einen eigenen Lebensplan zu verfolgen oder einen neuen Lebensplan zu entwickeln (siehe ◘ Abb. 9.4). Zunächst ist sie noch in der Lage, ihr Leben auf der Grundlage ihres eigenen Willens zu führen (stabile Persönlichkeit). Wenn sie ihre Persönlichkeit bedroht sieht, weil sie nicht mehr in der Lage ist, ihren eigenen Willen durch entsprechende Handlungen zu verwirklichen (Entzug der Selbstbestimmung), wird sie versuchen, sich den Regeln und Bedingungen der Institution zu widersetzen (Zustand des Widerstands). Da dieser Widerstand durch die Mechanismen der totalen Institution gebrochen wird, verliert die betroffene Person das Interesse und die Motivation, ihre Fähigkeit zur personalen Selbstbestimmung aufrechtzuerhalten. Da ihre Fähigkeit, einen freien Willen zu bilden, immer weniger ausgeübt wird, geht ihr diese Fähigkeit schließlich ganz verloren.

Verlust der Personalität

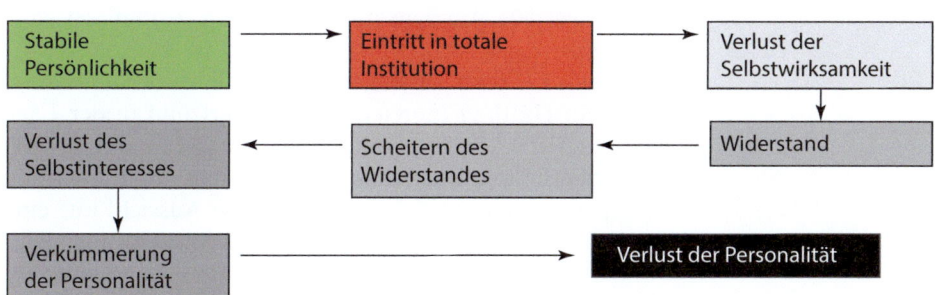

◘ Abb. 9.4 Prozess der Hospitalisierung © Paul Tiedemann

**Hospitalisierung
Prisonisierung**

So unterwerfen sich die Langzeitinsassen eines Gefängnisses oder Krankenhauses mehr und mehr dem Willen der Wärter und den Regeln des Systems. Die erste Stufe ist die Entwertung der Persönlichkeit, die zweite Stufe ist der Verlust der Persönlichkeit, und die dritte Stufe ist der Verlust der Fähigkeit, eine Persönlichkeit zu entwickeln und aufrechtzuerhalten. Dies sind die Stufen des Entzugs der Personalität. Dieser Prozess wird als Hospitalisierung bezeichnet, wenn es sich um Insassen von Krankenhäusern, Pflegeheimen oder Waisenhäusern handelt. Handelt es sich um Insassen von Gefängnissen, spricht man von Prisonisierung.

Rechtsprechung

Das Bundesverfassungsgericht war das erste Gericht, das die Auswirkungen der totalen Institution auf die Personalität der Gefangenen erkannte. In einem Urteil aus dem Jahr 1977 entschied das Gericht, dass lebenslange Haftstrafen die Menschenwürde verletzen und daher verfassungswidrig sind, es sei denn, es besteht eine reale Chance, nach einer bestimmten Zeit entlassen zu werden. Nach diesem Urteil wurde ein Strafvollzugsgesetz geschaffen, das vorsieht, dass Häftlinge, die zu lebenslanger Haft verurteilt wurden, nach 15 Jahren entlassen werden, es sei denn, es bestehen konkrete Anhaltspunkte dafür, dass sie ihre Tat nicht bereuen, oder sie wurden wegen eines besonders schweren Verbrechens verurteilt.

Zu einem ähnlichen Ergebnis gelangte der EGMR in der Rechtssache *Kakaris gegen Zypern* (2008). Der EGMR entschied, dass die Verhängung einer lebenslangen Freiheitsstrafe nicht per se durch Artikel 3 oder einen anderen Artikel der EMRK verboten oder mit diesem unvereinbar ist. Ein lebenslänglich Inhaftierter müsse aber jedenfalls eine Aussicht auf Entlassung nach einer gewissen Zeit haben. Werde die Haft nach Verbüßung der Mindestdauer einer Bewährungsprüfung unterzogen, so könne nicht gesagt werden, dass dem betreffenden lebenslänglichen Gefangenen jede Aussicht auf Entlassung genommen worden sei.

Beide Gerichte vertreten offensichtlich die Auffassung, dass ein Häftling hinreichend motiviert und in der Lage ist, die Fähigkeit der personalen Selbstbestimmung aufrechtzuerhalten, wenn eine reale Aussicht auf Entlassung besteht. Ich bin der Meinung, dass die Aussicht auf eine weit in der Zukunft liegende Entlassung nicht ausreicht, um die Folgen einer totalen Institution zu vermeiden. Vielmehr kommt es darauf an, das Gefängnis so zu organisieren, dass die Elemente einer totalen Institution ver-

9.4 · Totale Institutionen

mieden werden und es dadurch den Gefangenen ermöglicht wird, auch im Falle lebenslanger Haft die Personalität aufrechtzuerhalten.

Um die Elemente einer totalen Institution zu vermeiden, müssen wir über alternative Formen von Gefängnissen und Haftanstalten nachdenken. Ein interessantes Beispiel für eine solche Alternative ist das Gefängnisdorf von San Pedro in Bolivien. Dieses Dorf verfügt über Werkstätten, Restaurants und alle Einrichtungen, die in bolivianischen Dörfern üblich sind. Im Gegensatz zu gewöhnlichen Dörfern ist es jedoch von einem Zaun umgeben, der bewacht wird. Den Insassen ist es nicht erlaubt, das Dorf zu verlassen. Die einzigen Menschen, die dort leben, sind die Gefangenen und ihre Frauen und Kinder. Sie organisieren ihr Leben selbst. Der Staat sorgt nicht für ihren Lebensunterhalt und greift auch sonst nicht in das Geschehen im Dorf ein. Das Gefängnisdorf San Petro besteht seit mehr als 100 Jahren. Im Jahr 2013 plante die bolivianische Regierung, es zu schließen. Der Grund dafür war, dass kriminelle Banden die Macht übernommen hatten und die Bewohner des Dorfes terrorisierten. Es wurde mehr und mehr zu einer Brutstätte für neue Verbrechen, die an den Insassen des Gefängnisses begangen wurden. Dennoch existiert es noch immer.

Lässt man diese negativen Entwicklungen beiseite, so bleibt die Tatsache, dass die Dorfbewohner ein normales Leben führen konnten. Sie wurden lediglich daran gehindert, das Gelände zu verlassen. Diese Einschränkung als solche bedeutet nicht, dass es nicht mehr möglich ist, Personalität zu entwickeln und zu erhalten. Es ist daher nicht schwer zu erkennen, warum die bloße Verhinderung, einen bestimmten Teil der Erdoberfläche zu verlassen, nicht als eine Frage der Menschenrechte betrachtet werden sollte. Nicht die Gefangenschaft als solche verletzt Menschenrechte, sondern nur die Bedingungen innerhalb der Haftanstalt können Menschenrechte verletzen.

Unter den Bedingungen des bolivianischen Gefängnisdorfes können die Gefangenen ihr Leben selbst gestalten. Sie können Lebenspläne entwickeln und sie verwirklichen sie. Das Manko ist nur, dass der Staat keine Verantwortung für den Schutz der Insassen vor Misshandlungen durch ihre Mitgefangenen übernimmt. Dies führt zu Lebensbedingungen, die als unmenschlich bezeichnet werden müssen. Nichtsdestotrotz ist das bolivianische Gefängnisdorf ein gutes Beispiel dafür, wie eine umzäunte Einrichtung organisiert werden kann, um die Funktion der

Trennung von Straftätern vom Rest der Gesellschaft zu erfüllen und gleichzeitig die Elemente einer totalen Institution zu vermeiden.

Das Recht auf Freiheit von totalen Institutionen wird in den derzeitigen Menschenrechtskodifikationen nicht angemessen zum Ausdruck gebracht. Insbesondere Artikel 10 IPbürgR beschreibt den Schutzbereich dieses Rechts nicht angemessen. Er verweist lediglich auf den allgemeinen Grundsatz, der allen Menschenrechten zugrunde liegt, nämlich das Prinzip der Menschenwürde. Jedes einzelne Menschenrecht sollte jedoch diesen allgemeinen Grundsatz durch die Festlegung spezifischer Schutzbereiche konkretisieren. Dies ist in Artikel 10 ICCPR leider nicht der Fall. Wir müssen also erkennen, dass es notwendig ist, aus dem Prinzip der Menschenwürde ein neues ungeschriebenes Menschenrecht abzuleiten, nämlich das Recht auf Freiheit von totalen Institutionen.

9.5 Das Recht auf Freizügigkeit

Wie ich eingangs versprochen habe, möchte ich einige Worte zum Status des Rechts auf Freizügigkeit hinzufügen. Dieses Recht findet sich in Artikel 13 AEMR und in Artikel 12 IPbürgR sowie in Artikel 4 des 4. Zusatzprotokolls zur EMRK. Es berechtigt jeden, der sich rechtmäßig im Hoheitsgebiet eines Staates aufhält, sich frei zu bewegen und seinen Wohnsitz dort frei zu wählen. Wie ich bereits erwähnt habe, ist die Freiheit, sich innerhalb eines Staates von einem Ort zum anderen zu bewegen, nicht notwendig, um die eigene Personalität zu erhalten. Auch die genannten Kodifikationen erkennen an, dass dieses Recht offensichtlich kein Menschenrecht ist. Denn sie machen die Ausübung des Rechts nicht nur davon abhängig, dass jemand ein Mensch oder eine Person ist, sondern auch davon, dass er sich rechtmäßig auf dem Gebiet des Staates aufhält, in dem er sich frei bewegen will. Diese letzte Bedingung kann nur mit der Zustimmung des betreffenden Staates erfüllt werden. Rechte, die von der Zustimmung des Staates abhängen, können nicht als Menschenrechte betrachtet werden.

❓ Zur Wiederholung

9.1 Handelt es sich bei den Habeas-Corpus-Rechten um Menschenrechte? Warum/warum nicht?

9.2 Es gibt eine spezifische Bedrohung der Personalität in Gefängnissen und anderen geschlossenen Einrichtungen, die von keinem kodifizierten Menschenrecht angemessen erfasst wird. Was wissen Sie über diese spezifische Gefährdung?

9.3 Was ist die Funktion und die Relevanz von Artikel 10 IPbürgR?

9.4 Weist das Recht auf Freizügigkeit die Definitionsmerkmale eines Menschenrechts auf?

Antworten siehe ▶ Kap. 21.

Leseempfehlungen

Foucault, Michel: *Überwachen und Strafen. Die Geburt des Gefängnisses.* Frankfurt/M 1994

Glücksmann, Ralf: *Habeas Corpus Act 1679* http://ra.smixx.de/media/files/Habeas-Corpus-Act-1679.pdf

Goffman, Erving: *Asyle. Über die soziale Situation psychiatrischer Patienten und anderer Insassen.* Frankfurt/M 2014

Stohmayr, Simone: *Menschenwürde und Strafvollzug.* Cottbus (Diss.) 1998

Rechtsprechung

BVerfG, Urt. v. 21.06.1977 – 1 BvL 14/76 –, BVerfGE 45, 187

EGMR, Urt. v. 12.02.2008 – 21906/04 –, „Kakaris ./. Cyprus" (Rn 97, 98)

Menschenrechte betreffend die geistige Integrität

Inhaltsverzeichnis

10.1 Informationsfreiheit – 202

10.2 Äußerungsfreiheit – 204

10.3 Freiheit von Zensur – 206

10.4 Versammlungs- und auf Vereinigungsfreiheit – 208

10.5 Schrankenvorbehalte – 210

Leseempfehlungen – 225

Kommunikationsrechte

Die Kommunikationsrechte umfassen:
(1) das Recht auf Informationsfreiheit;
(2) das Recht auf Gedankenfreiheit;
(3) das Recht auf Ausdrucksfreiheit; dieses Recht umfasst das Recht, Behauptungen auszudrücken und zu verbreiten sowie Fragen, Meinungen und Überzeugungen, Kunstwerke, Werke der Wissenschaft und der Philosophie herzustellen und zu verbreiten).
(4) das Recht auf Versammlungsfreiheit;
(5) das Recht auf Vereinigungsfreiheit; und
(6) das Recht auf Freiheit von Zensur der allgemein zugänglichen Medien (Presse, Funk, Internet)

Funktion der Kommunikationsrechte

Die Kernfunktion der Kommunikationsrechte ist die Verteidigung der Willensfreiheit gegen Manipulation. Die einzelnen Kommunikationsrechte beziehen sich auf besondere Strategien der Manipulation. Ein manipulierter Wille beruht nicht auf eigenen Erwägungen und Überlegungen, sondern auf den Erwägungen und Überlegungen des Manipulators. Die Manipulation macht den Willen einer Person zu einem entfremdeten Willen.

Informationsfreiheit

Die Informationsfreiheit schützt den freien Willen vor Manipulationen durch Unterdrückung relevanter Informationen bzw. durch die Produktion falscher Informationen und damit vor der Etablierung eines falschen Weltbildes.

Gedankenfreiheit

Die Freiheit der Gedanken schützt den freien Willen vor Manipulation durch Indoktrination. Indoktrination ist die Verbreitung einer einseitig verzerrten Doktrin, verbunden mit der Unterdrückung jeglicher Kritik. Die Freiheit der Gedanken umfasst die Freiheit, Fragen zu stellen.

Ausdrucksfreiheit

Das Recht auf Ausdrucksfreiheit schützt den freien Prozess der Willensbildung, indem es die Möglichkeit gewährleistet, zu überprüfen, was jemand für wahr oder überzeugend hält (Kritik). Indem wir unsere Gedanken äußern, setzen wir unsere Ideen der Kritik anderer aus. Im Lichte der Kritik anderer können wir sie abändern oder verwerfen, sodass unsere letztendliche Willensäußerung auf rationalen Überlegungen und Reflexionen und nicht auf Illusionen und Irrtümern beruht. Die Unterdrückung der Gedankenäußerung ist eine manipulative Strategie, die darauf abzielt, jemanden an der Bildung eines freien Willens zu hindern, der auf hinreichend geprüften rationalen Überlegungen und Reflexionen beruht. Wir können uns nur dann als Urheber unseres Willensbildungsprozesses identifizieren, wenn dieser Prozess frei von Manipulation ist.

Freiheit von Zensur

Das Zensurverbot verhindert die Manipulation der Medien und schützt die Öffentlichkeit vor Indoktrination durch die Medien. Solange die Medien eine privilegierte Stellung haben, um zu sprechen und gehört zu werden, und solange die Zensur nicht bestimmte Ideen unterdrückt, sondern sich nur auf die Beschneidung dieser privilegierten Stellung bezieht, kann der Schutz der Medien vor Zensur nicht als eine Sache der Menschenrechte betrachtet werden, sondern vielmehr als eine Bedingung für Demokratie.

Versammlungs- und Vereinigungsfreiheit

Versammlungen und Vereinigungen sind Medien, die dem Austausch von Ideen dienen. Sie sind wie die Massenmedien ein Instrument, mit dem Manipulation, Indoktrination und Irrtum wirksam vermieden und ein Forum für Kritik geboten werden kann.

Verbände und Versammlungen können darüber hinaus der Zusammenarbeit und dem Aufbau von Synergieeffekten, Macht und Einfluss dienen. Solche kooperativen Aktivitäten gehen über den bloßen Austausch von Ideen hinaus. Insofern sind Vereine und Versammlungen nicht durch ein moralisches Menschenrecht geschützt. Denn die Freiheit, Organisationen der Zusammenarbeit im Sinne von Aktivitäten jenseits des Gedankenaustausches zu organisieren, kann nicht aus dem Prinzip der Menschenwürde abgeleitet werden.

Schrankenvorbehalte

Die philosophische Analyse zeigt, dass die Schrankenvorbehalte in kodifizierten Kommunikationsrechten (z. B. Artikel 9 und 10 EMRK) teilweise viel zu weitgehend sind. Sie können nur akzeptiert werden, wenn man berücksichtigt, dass der Schutzbereich des kodifizierten Rechts weiter ist als der Schutzbereich des moralischen Menschenrechts, das sich aus der Menschenwürde ableiten lässt. Daher ist es sinnvoll, zwischen dem Kern und dem Hof eines kodifizierten Rechts zu unterscheiden. Der Kern des Rechts umfasst das, was zum Schutz des moralischen Menschenrechts erforderlich ist. Der Hof umfasst das, was unter die Begriffe der kodifizierten Rechte fällt, aber außerhalb des moralischen Kerns liegt. Nur eine angemessene philosophische Analyse des Schutzbereichs der Rechte ermöglicht es uns, die Schrankenvorbehalte in einer angemessenen Weise auszulegen und anzuwenden. Dabei muss der Tatsache Rechnung getragen werden, dass es sich bei den moralischen Menschenrechten um absolute Rechte handelt, die per definitionem nicht eingeschränkt werden können.

> **Schranken des Schutzbereichs**
>
> Nicht alle Gedanken oder Ideen fallen unter den Schutzbereich der Kommunikationsrechte. Es gibt Gedanken, die nicht widerspruchsfrei gedacht oder geäußert werden können, wenn der Sprecher gleichzeitig die Menschenwürde achtet. Das sind alle Gedanken, die die Gültigkeit eines Menschenrechts inhaltlich bestreiten. Ein Sprecher, der solche Gedanken äußert, verstrickt sich in einen performativen Widerspruch. Ein performativer Widerspruch macht sowohl den geäußerten Gedanken als auch die Forderung nach Schutz durch die Menschenrechte bedeutungslos. Der Gedanke kann nicht ernst genommen werden und kann daher nicht unter den Schutzbereich eines Menschenrechts fallen (z. B. Hassrede).

> **Performativer Widerspruch**
>
> Ein performativer Widerspruch ist ein Widerspruch zwischen einer Aussage und dem Sprechakt, durch den die Aussage ausgedrückt wird. Beispiel: P fordert den Schutz durch die Menschenrechte (= Sprechakt) für seine Aussage, dass es keine Menschenrechte gibt (= Aussage). Jemand, der den Schutz der Menschenrechte für seine Hassrede fordert, drückt in seinem Sprechakt die Anerkennung der Menschenrechte aus, während er gleichzeitig die Anerkennung der Menschenrechte in dem, was er sagt, verneint. Aus dieser Analyse folgt, dass Hassrede nicht unter den Schutzbereich der Kommunikationsrechte fällt. Aus philosophischer Sicht ist es nicht notwendig, den Schutzbereich der Kommunikationsrechte durch spezielle Beschränkungsklauseln einzuschränken, um Hassreden und dergleichen zu unterdrücken.

Zu den Rechten, die dem Schutz der geistigen Integrität dienen, gehören jene, die unter dem Sammelbegriff der Kommunikationsrechte zusammengefasst werden. Es sind dies die Informationsfreiheit, die Äußerungsfreiheit, die Versammlungs- und die Vereinigungsfreiheit. Einige Kodifikationen nennen darüber hinaus auch die Kunstfreiheit und die Wissenschaftsfreiheit, obwohl es im Bereich der Kunst und der Wissenschaft eigentlich auch nur um spezielle Formen der Äußerung und der Information, aber auch der Versammlung und der Vereinigung geht. Deshalb werden Kunst- und Wissenschaftsfreiheit in diesem Lehrbuch nicht weiter behandelt.

10.1 Informationsfreiheit

In den letzten beiden Kapiteln haben wir gesehen, dass die Zufügung schwerer körperlicher oder seelischer Schäden die Fähigkeit einer Person, ihr eigenes Leben auf der Grundlage ihres freien Willens zu führen, zunächst schwächt und schließlich zerstört. Die Zufügung schwerer körperlicher oder seelischer Schäden an Personen stellt daher eine ernsthafte Bedrohung der Personalität dar. In diesem Kapitel werden wir uns mit einer anderen Bedrohung der Personalität befassen, nämlich mit der Bedrohung der geistigen Integrität.

Zunächst möchte ich über das Recht auf Informationsfreiheit sprechen. Die Fähigkeit, einen eigenen freien Willen auf der Grundlage eigener Überlegungen und Reflexionen zu bilden, erfordert ein gewisses Maß an Informationen über die Bedingungen, unter denen man lebt. Die Person muss wissen, welche Lebensbedingungen sie nicht ändern kann, um sich angemessen darauf einzustellen, damit sie sich nicht eine „blutige Nase" holt. Außerdem muss sie wissen, welche Lebensbedingungen sie ändern kann, um ein vernünftiges Urteil darüber abgeben zu können, ob diese Bedingungen geändert werden sollten. Und schließlich muss sie Kenntnisse über die Optionen haben, die ihr insoweit offenstehen.

Was passiert, wenn die relevanten Informationen über die Lebensumstände falsch sind? Die Person wird es vermeiden, Bedingungen zu verändern, die aus ihrer Sicht veränderungswürdig sind, und sie wird große Anstrengungen unternehmen, um Bedingungen zu verändern, die unveränderbar sind. Es ist zwar möglich, dass eine Person ihren freien Willen auf der Grundlage falscher Informationen bildet, aber es ist nicht möglich, dass sie ihr Leben auf der Grundlage eines solchen fehlerhaften freien Willens richtig führt.

Im Hinblick auf die Menschenrechte ist eine falsche Information als solche nicht problematisch. Recht und Moral und eben auch die Menschenrechte können keine Lebensbedingungen schaffen, in denen das Risiko des Irr-

10.1 · Informationsfreiheit

tums völlig ausgeschlossen ist. Wir müssen mit Irrtümern, d. h. mit falschen Informationen leben.

Was aber ist davon zu halten, wenn jemand Entscheidungen auf der Grundlage falscher Informationen trifft, die von einer anderen Person stammen, welche diese Informationen absichtlich verbreitet hat, um den Willen anderer zu manipulieren?

Manipulation umfasst nicht jede Aktivität, die den Prozess der Willensbildung einer anderen Person beeinflusst. Die Strategie der Beeinflussung ist nur dann manipulativ, wenn sie dazu führt, dass die Person nicht in der Lage ist, die Wahrheit einer Information kritisch zu überprüfen, weil sie systematisch von allen wahren Informationen abgeschnitten wird, die geeignet wären, die Wahrheit zu erkennen.

Das Ergebnis der Manipulation ist, dass die Zielperson schließlich Entscheidungen trifft, für die sie nicht der eigentliche Urheber ist. Stattdessen sind die Urheber der Entscheidung diejenigen, die sie manipuliert haben. Die manipulierte Person glaubt vielleicht sogar, dass sie selbst die Urheberin ihrer Entscheidungen ist. Sie leidet möglicherweise nicht einmal unter der Manipulation, weil sie sich dessen nicht bewusst ist. Dennoch führt sie ihr Leben nicht auf der Grundlage ihrer eigenen Überlegungen und Reflexionen, sondern auf der Grundlage der Überlegungen und Reflexionen der Manipulatoren. Dies zeigt, dass Manipulation ein schwerer Angriff auf die Authentizität der manipulierten Person und eine Verletzung der geistigen Integrität ist. Die Freiheit der Information ist die Freiheit von Manipulation durch Unterdrückung und Verfälschung von Informationen.

Manipulation

Die Informationsfreiheit ist Gegenstand sowohl des Artikel 9 als auch des Artikel 10 EMRK (siehe ◘ Abb. 10.1). In Artikel 10 wird die Freiheit erwähnt, Informationen und Ideen ohne Einmischung der öffentlichen Gewalt und ohne Rücksicht auf Staatsgrenzen zu empfangen und weiterzugeben. Diese Bestimmung garantiert sowohl die aktive (Weitergabe) als auch die passive (Empfang) Freiheit der Information. Die Norm schützt nur vor Eingriffen des Staates und berücksichtigt nicht, dass die Informationsfreiheit auch durch private Akteure beeinträchtigt werden kann. In solchen Formulierungen wird deutlich, dass nach traditioneller Auffassung nur der Staat in der Lage ist, die Menschenrechte zu verletzen, und dass die Menschenrechte daher nur die Macht des Staates beschränken sollen. So kodifiziert Artikel 10

> **Artikel 9 EMRK**
>
> Jeder hat das Recht auf Gedanken-, Gewissens- und Religionsfreiheit; …
>
> **Artikel 10 EMRK**
>
> Jeder hat das Recht auf Ausdrucksfreiheit. Dieses Recht schließt die Meinungsfreiheit und die Freiheit ein, Informationen und Ideen ohne behördliche Eingriffe und ohne Rücksicht auf Staatsgrenzen zu empfangen und weiterzugeben. …

◘ **Abb. 10.1** Informations- und Ausdrucksfreiheit nach EMRK

EMRK weniger als notwendig ist, um den Schutzbereich des moralischen Menschenrechts auf Information vollständig zu erfassen. Die Gedankenfreiheit (Artikel 9 EMRK) bezieht sich auf das Verbot jeder Art von Indoktrination durch den Staat sowie durch andere Institutionen und Personen, die dazu in der Lage sind. Indoktrination ist eine Einwirkung auf das Denken anderer, die in der Manipulation von Informationen besteht, um jede kritische Bewertung zu vermeiden.

Artikel 10 EMRK beinhaltet neben der Informationsfreiheit auch das Recht auf freie Meinungsäußerung. Dies ist insofern etwas verwirrend, als das Recht auf freie Meinungsäußerung auch die Freiheit der Informationsweitergabe einschließt. Dies ist in der Tat eine Doppelung in der Kodifizierung. Das Recht auf Meinungsäußerung bezieht sich jedoch nicht nur auf den Ausdruck von Informationen, sondern geht darüber hinaus.

10.2 Äußerungsfreiheit

Nun komme ich zu dem Recht der Äußerungsfreiheit. Dieses Recht bezieht sich nicht nur auf die Äußerung von Informationen, also auf die Verbreitung von Tatsachen. Wir können zwischen der Äußerung von Behauptungen und Fragen einerseits und der Äußerung von Meinungen und Überzeugungen andererseits unterscheiden. Betrachten wir zunächst die Äußerung von Behauptungen.

Behauptungen

Der Schutz der geistigen Integrität erfordert die Freiheit, Behauptungen zu äußern. Wenn es um die Äußerung von Behauptungen geht, an denen sich andere orientieren,

10.2 · Äußerungsfreiheit

dann geht es um Informationsfreiheit. Die Freiheit der Tatsachenbehauptung ist aber auch wichtig, um sich selbst, also den Absender der Behauptung, zu orientieren.

Es ist wichtig zu verstehen, dass sich die Freiheit, Behauptungen zu äußern, nicht nur auf die Äußerung von wahren Behauptungen bezieht. Sie umfasst auch die Äußerung von Behauptungen, die falsch sind. Es mag fraglich sein, warum die Äußerung falscher Behauptungen geschützt werden sollte, denn die Äußerung von Behauptungen ist eine Information für andere, und Informationen sind nur wertvoll, wenn sie wahr sind. Dennoch sind auch falsche Behauptungen wertvoll für die Orientierung des Absenders. Deshalb ist die Äußerung von Behauptungen ein Instrument der Überprüfung dessen, was jemand für wahr hält. Es ist notwendig, das, was wir für wahr halten, zu äußern, damit andere unsere Behauptungen kritisieren können. Im Lichte dieser Kritik können wir dann falsche Behauptungen als solche erkennen und korrigieren und uns so vom Irrtum befreien. Daraus folgt, dass die Freiheit der Tatsachenbehauptung die Äußerung falscher Behauptungen, die auf einem Irrtum beruhen, einschließt, nicht aber falsche Behauptungen, die auf einer Lüge beruhen. Das Erzählen von Lügen ist nicht durch die Menschenrechte geschützt, denn Lügen sind weder nützlich, um andere zu informieren, noch um sich zu orientieren. Lügen sind nicht notwendig, sondern kontraproduktiv für den Zweck, sein Leben auf der Grundlage eigener Überlegungen und Reflexionen zu führen.

Um ein wahres Bild von der Welt zu erhalten, damit wir in der Lage sind, unser Leben auf der Grundlage unserer eigenen Überlegungen zu führen, ist es auch notwendig, Fragen zu stellen. In vielen Unterdrückungsregimen werden Menschen verfolgt, nur weil sie bestimmte Fragen stellen, zum Beispiel Fragen, die sich kritisch auf den Inhalt der öffentlichen Indoktrination beziehen. Es ist also offensichtlich, dass die Freiheit, Fragen zu stellen, geschützt werden muss.

Fragen

Um unser Leben auf der Grundlage unserer eigenen Überlegungen und Reflexionen zu führen, brauchen wir nicht nur die Möglichkeit, die Behauptungen, die wir für wahr halten, zu überprüfen, sondern auch die Möglichkeit, unsere Meinungen und Überzeugungen, die wir für angemessen und geeignet halten, zu überprüfen. Nur wenn wir das Ergebnis unserer Überlegungen und Reflexionen vor anderen – und im Lichte der Kritik anderer –

Meinungen

äußern, ist es möglich, sie auf ihre Angemessenheit und Zweckmäßigkeit hin zu beurteilen. Die Äußerung von Meinungen und Überzeugungen ist daher ein wesentliches Instrument zur Schaffung eines authentischen freien Willens.

Überzeugungen

Die Unterscheidung zwischen Meinung und Überzeugung soll verdeutlichen, dass wir die Äußerungsfreiheit nicht nur zur Beurteilung jener Überlegungen benötigen, von denen wir noch nicht ganz überzeugt sind (Meinungen). Dieses Werkzeug ist auch wichtig, wenn es um die Ergebnisse unserer Überlegungen geht, von denen wir völlig überzeugt sind (Überzeugungen). Im ersten Fall äußern wir unsere Ideen, um sie im Lichte der öffentlichen Kritik zu prüfen. Im zweiten Fall äußern wir sie, um andere über unsere eigenen Lebenspläne zu informieren oder um ihren eigenen Willensbildungsprozess zu beeinflussen. Im Falle einer Überzeugung sind wir sicher, dass nichts kritisiert werden kann. Und doch wissen wir, dass sie es kann. Die Äußerung von Überzeugungen setzt diese der Kritik anderer aus, unabhängig davon, ob wir dies wünschen. In jedem Fall kann diese Kritik uns davor bewahren, unser Leben auf falschen Vorstellungen aufzubauen.

10.3 Freiheit von Zensur

Die kodifizierten Rechte auf Informationsfreiheit und Gedankenfreiheit umfassen auch das Verbot der Zensur. Traditionell entsprach dieses Verbot der Pressefreiheit und später der Freiheit von Rundfunk und Fernsehen oder ganz allgemein der Freiheit der so genannten Massenmedien. Massenmedien bieten Zugang zu einer großen, unbestimmten und anonymen Gruppe von Empfängern und haben daher einen sehr hohen Grad an effektivem Einfluss auf die öffentliche Meinung. Wenn man bedenkt, dass der Zugang zu traditionellen Zeitungen oder Fernsehsendern stark eingeschränkt ist, ist die Möglichkeit, über diese Medien Botschaften zu verbreiten, auf eine relativ kleine Gruppe von Personen beschränkt. Diese Personen haben eine privilegierte Stellung, die ihnen eine gewisse Macht verleiht. Jemand in der Position eines Journalisten, der die Möglichkeit hat, Artikel für die New York Times oder die Süddeutsche Zeitung zu schreiben, hat natürlich eine größere Chance, gehört zu werden, als Menschen, die ihre Meinung nur vor einer kleinen Gruppe von Zuhörern äußern können. Das hat sich erst durch das Internet geändert. Der Zugang zum Internet ist kaum beschränkt und bietet daher keine besondere Machtposition. Jeder ist mehr oder weniger in der Lage, seine Botschaften über das Internet zu verbreiten, und die Chance, gehört zu werden, ist für alle mehr oder weniger gleich.

Um den menschenrechtlichen Status des Zensurverbots richtig zu beurteilen, müssen wir zwischen Kommunikationsplattformen unterscheiden, die eine privilegierte Position in Bezug auf die Möglichkeit bieten, von einem bestimmten Publikum gehört zu werden, und Kommunikationsplattformen, die eine solche privilegierte Position nicht bieten. Das moralische Menschenrecht auf freie Meinungsäußerung erstreckt sich nicht auf privilegierte Kommunikationsplattformen. Denn Menschenrechte schützen keine privilegierten Machtpositionen. Die Pressefreiheit, einschließlich des Zensurverbots für Massenmedien in einer privilegierten Position, kann daher nicht als Menschenrecht angesehen werden. Es handelt sich vielmehr um eine Art Bürgerrecht, das nicht auf dem Prinzip der Menschenwürde beruht, sondern auf dem der Demokratie. kein Schutz von Privilegien

Die gleiche Unterscheidung ist beispielsweise auch in folgendem Fall relevant. Die Position eines Lehrers ermöglicht es ihm, seine Meinung vor der Schulklasse zu äußern. Das ist eine privilegierte Position, die er nicht hätte, wenn er nicht Lehrer wäre. Die Schüler werden zum Schulbesuch gezwungen und können nicht vermeiden, dem Lehrer zuzuhören. Sie haben also nicht die Möglichkeit, einer Konfrontation mit den politischen oder religiösen Ansichten des Lehrers aus dem Weg zu gehen. Eine solche privilegierte Position ist durch die Menschenrechte nicht geschützt. Das Recht auf freie Meinungsäußerung umfasst nicht nur die Freiheit zu sprechen und zuzuhören, sondern auch die Freiheit zu schweigen oder das Recht, nicht unausweichlich mit einer Meinung konfrontiert zu werden, die man nicht hören will. Außerdem ist die Äußerung einer politischen Meinung im Schulunterricht unfair und stört den freien Gedankenaustausch, wenn der Lehrer seine Stellung und sein Privileg missbraucht, um Aufmerksamkeit zu erlangen, die er anders nicht herstellen könnte. Weil eine solche privilegierte Position nicht menschenrechtlich geschützt ist, ist es der Schulleitung oder der vorgesetzten Behörde erlaubt, Lehrern die Äußerung einer politischen oder religiösen Meinung im Unterricht zu verbieten.[1] Wenn eine Lehrerin jedoch außerhalb der Schule auf der Straße politische oder religiöse Flugblätter verteilt, hat sie genau dieselben Möglichkeiten, sich zu äußern und gehört zu werden wie jeder andere. Daher ist ihre Freiheit, ihre Botschaft auf der Straße zu verbreiten, durch die Menschenrechte geschützt. Dies zeigt, dass das Menschenrecht auf freie Meinungsäußerung sehr eng mit einem bestimmten Gleichheitsstandard verbunden ist. Gleichheit bezieht sich hier auf das Fehlen von Privilegien und auf gleiche Chancen, sich mitzuteilen und gehört zu werden.

10.4 Versammlungs- und auf Vereinigungsfreiheit

Kommunikationsmedien

Es gibt noch weitere Menschenrechte, die dem Schutz der geistigen Integrität gewidmet sind. Dies sind insbesondere das Recht auf Versammlungsfreiheit und das Recht auf Vereinigungsfreiheit (siehe ◘ Abb. 10.2). Vereinigungen und Versammlungen sind Kommunikationsmedien im weiteren Sinne. Daher sind sie zu schützen, um einen wirksamen Gedankenaustausch zu gewährleisten und den Einzelnen vor Manipulations- und Indoktrinationsversuchen zu schützen. Sowohl Versammlungen als auch Vereinigungen bringen Menschen zusammen, damit sie mit-

Artikel 11 EGMR

(1) Jeder hat das Recht, sich frei und friedlich mit anderen zu versammeln und sich zusammenzuschließen. Dazu gehört auch das Recht, zum Schutz seiner Interessen Gewerkschaften zu gründen und ihnen beizutreten.

◘ Abb. 10.2 Versammlungs- und Vereinigungsfreiheit

---

1 Bestimmte politische oder moralische Auffassungen können natürlich zum Thema des Schulunterrichts gemacht werden. In diesem Fall wird der Lehrer ermächtigt, in seinem Unterricht für bestimmte Ideen zu werben. Aber er handelt hier nicht in seiner Eigenschaft als Träger von Menschenrechten, sondern als Instrument der offiziellen Bildungspolitik.

10.4 · Versammlungs- und auf Vereinigungsfreiheit

einander kommunizieren können. Versammlungen versammeln Menschen nur für einen kurzen Zeitraum, Vereinigungen stabilisieren die Versammlung durch Zeit und Raum und geben ihr eine stabilere Struktur.

Versammlungen und vor allem Vereinigungen sind allerdings nicht nur oder notwendigerweise reine Kommunikationsplattformen. Sie können auch genutzt werden, um gemeinsam die Welt zu gestalten, Synergieeffekte zu schaffen und bestimmte Interessen wirksam durchzusetzen. Wenn Verbände oder Versammlungen dies tun, entwickeln sie Aktivitäten, die über den bloßen Austausch von Gedanken hinausgehen. Sie stehen daher nicht mehr unter dem Schutz der Menschenrechte, die auf den Schutz der geistigen Integrität abzielen. Sie machen von der Handlungsfreiheit Gebrauch und nicht von der Freiheit, einen freien Willen auf der Grundlage eigener Überlegungen und Reflexionen zu bilden. Die Handlungsfreiheit hat nichts mit der intellektuellen Integrität zu tun und fällt daher nicht in den Schutzbereich der Kommunikationsrechte.

Artikel 11 EMRK und alle anderen ähnlichen Menschenrechtskodifikationen schützen Versammlungen und Vereinigungen nicht nur in ihrer Eigenschaft als Kommunikationsplattform, sondern auch als Mittel der Zusammenarbeit. Insbesondere bezieht sich die Norm ausdrücklich auf das Recht, Gewerkschaften zu gründen und ihnen beizutreten. Gewerkschaften sind per Definition nicht nur Kommunikationsplattformen. Vielmehr handelt es sich um Organisationen, in denen eine bestimmte Art von sozialer Macht entsteht, um angemessene Arbeitsbedingungen und ein angemessenes Einkommen für ihre Mitglieder durchzusetzen. Das positive Recht räumt den Gewerkschaften bestimmte Privilegien und Garantien für ihre Existenz ein. Dies spiegelt die Bedeutung der Arbeiterklasse in einer Industriegesellschaft wider und ist somit nicht das Ergebnis philosophischer Überlegungen über die Menschenrechte.

Kern und Hof

Soweit sich die Versammlungs- und Vereinigungsfreiheit auf die Freiheit der Kooperation, d. h. auf die Handlungsfreiheit bezieht, liegt dem juridischen Menschenrecht keine moralische Vorgabe zugrunde. Die Kodifizierungen verwenden die Begriffe Versammlung und Vereinigung vielmehr in einer doppelten Bedeutung. Die erste Bedeutung bezieht sich auf die Versammlungen und Vereinigungen als Kommunikationsplattformen, während sich die zweite Bedeutung auf Organisation gesellschaftlicher Handlungsmacht bezieht. Nur in der ersten Bedeutung handelt es sich um die Kodifizierung eines moralischen Menschenrechts. Nur diese Bedeutung bezieht sich auf den Grundsatz der Menschenwürde. An diesem Beispiel zeigt sich erneut, dass es äußerst hilfreich und fruchtbar ist, bei der Auslegung der kodifizierten Menschenrechte zwischen dem *Kern* und dem *Hof* des jeweiligen Rechts zu unterscheiden. (Das Thema wurde schon berührt, als wir festgestellt haben, dass die Impfpflicht nicht den Kern des Menschenrechts auf körperliche Unversehrtheit berührt, siehe ▶ Abschn. 8.3.)

10.5 Schrankenvorbehalte

Schrankenklauseln

Ich werde nicht weiter auf diese Unterscheidung eingehen, sondern möchte auf ein weiteres wichtiges Merkmal der Struktur der kodifizierten Menschenrechte eingehen, das im Zusammenhang mit den Kommunikationsrechten eine besondere Rolle spielt. Dieses wichtige Merkmal sind die Schrankenvorbehalte, die in Artikel 10 Abs. 2 EMRK kodifiziert sind (siehe ◘ Abb. 10.3).

Weil die Menschenrechte aus dem Grundsatz der Menschenwürde abgeleitet sind und weil die Menschenwürde ein absoluter Wert ist, folgt daraus, dass die Menschenrechte absolute Rechte sein müssen. Die Bestimmung von Artikel 10 Abs. 2 EMRK scheint mit dieser Schlussfolgerung nicht in Einklang zu stehen. Denn sie ermächtigt den Staat, Formalitäten, Bedingungen, Einschränkungen oder Sanktionen festzulegen, die den Schutzbereich der betreffenden Rechte einzuschränken scheinen. Wir könnten deshalb zu dem Schluss kommen,

---

Artikel 10 EMRK

(2) Die Ausübung dieser Freiheiten ist mit Pflichten und Verantwortung verbunden; sie kann daher Formvorschriften, Bedingungen, Einschränkungen oder Strafdrohungen unterworfen werden, die gesetzlich vorgesehen und notwendig sind in einer demokratischen Gesellschaft, für die nationale Sicherheit, die territoriale Unversehrtheit oder die öffentliche Sicherheit, zur Aufrechterhaltung der Ordnung oder zur Verhütung von Straftaten, zum Schutz der Gesundheit oder der Moral, zum Schutz des guten Rufes oder der Rechte anderer, zur Verhinderung der Verbreitung vertraulicher Informationen oder zur Wahrung der Autorität und der Unparteilichkeit der Rechtsprechung.

◘ Abb. 10.3   Vorbehaltsklauseln

10.5 · Schrankenvorbehalte

dass Artikel 10 EMRK keine angemessene Kodifizierung des moralischen Menschenrechts auf Meinungs- und Informationsfreiheit darstellt. Das Problem der Schrankenvorbehalte begegnet noch im Zusammenhang mit weiteren in der EMRK kodifizierten Menschenrechten, nämlich dem Recht auf Achtung des Privat- und Familienlebens (Artikel 8 Abs. 2), der Religionsfreiheit (Artikel 9 Abs. 2) und der Versammlungs- und Vereinigungsfreiheit (Artikel 11 Abs. 2). Im Folgenden sollen die Schrankenvorbehalte des Artikel 10 Abs. 2 EMRK exemplarisch untersucht werden.

Formvorschriften

In der Klausel wird zwischen Formvorschriften, Bedingungen, Beschränkungen und Sanktionen unterschieden. Formvorschriften und Bedingungen müssen nicht notwendigerweise als Mittel zur Beschränkung dienen, aber sie können als Mittel zur Beschränkung dienen. Stellen wir uns ein Gesetz vor, das eine behördliche Genehmigung verlangt, wenn eine politische Partei Wahlplakate im öffentlichen Raum anbringen will. Solange die Erlaubnispflicht nur dem Zweck dient, Behinderungen oder Gefährdungen im Straßenverkehr zu verhindern, weil Plakate beispielsweise Straßenschilder oder Ampeln verdecken können, besteht kein Konflikt zwischen einer solchen Formalität und den Kommunikationsrechten. Hängt die Erlaubnis hingegen vom Inhalt der Wahlplakate ab, weil damit bestimmte politische Parteien benachteiligt oder Meinungen unterdrückt werden sollen, so besteht ein schwerer Konflikt zwischen beiden. Dies zeigt, dass nicht jede denkbare Formvorschrift akzeptiert werden kann, sondern nur solche, die nicht zu einer Einschränkung des Schutzbereichs führen.

Bedingungen

Ähnliches gilt für Bedingungen. Es sind Bedingungen denkbar, die das Menschenrecht nicht einschränken, sondern nur sicherstellen, dass es in einer Weise ausgeübt wird, die die Rechte anderer nicht verletzt. So ist es eine zulässige Bedingung, die Äußerung der politischen Meinung einer Lehrerin davon abhängig zu machen, dass sie sie nicht äußert, während sie Schüler in der Schule unterrichtet, um die negative Gedankenfreiheit der Schüler zu schützen und ihre privilegierte Position gegenüber den Schülern nicht zu missbrauchen.

Sanktionen

Soweit die Ausübung der Gedanken- und Informationsfreiheit Strafandrohungen unterworfen werden können, kann auch diese Klausel in einer Weise ausgelegt werden, die mit dem absoluten Status der Menschenrechte vereinbar ist. Dies ist der Fall, wenn sich die Sanktionen auf die

Verletzung von Bestimmungen über zulässige Formalitäten oder Bedingungen beziehen. Wenn die Bestimmungen über diese Formalitäten und Bedingungen mit dem absoluten Status der Menschenrechte vereinbar sind, dann sind es auch die Sanktionen, die verhängt werden, wenn gegen zulässige Formvorschriften oder Bedingungen verstoßen wird.

Gesetzesvorbehalt

Nun kommen wir zum problematischsten Teil von Artikel 10 Abs. 2 EMRK. Er ermächtigt den Staat, die im ersten Absatz gewährleisteten Freiheiten zu beschränken, also ihren Schutzbereich zu reduzieren. Die allererste Bedingung für Einschränkungen ist ebenso wie für Formvorschriften, Bedingungen und Strafen, dass sie gesetzlich geregelt sind. Einschränkungen des Schutzbereichs der Kommunikationsrechte stehen also unter Gesetzesvorbehalt. In erster Linie dienen Gesetzesvorbehalte dem Zweck, Einschränkungen nur dann möglich zu machen, wenn sie in Gesetzesform, also in abstrakt-genereller Weise geregelt sind. Damit ist sichergestellt, dass sie nicht nur für bestimmte Einzelfälle gelten, sondern allgemein, d. h. in einer Vielzahl von abstrakt bestimmten Fällen. Das wirkt nicht nur der Willkür entgegen, sondern schwächt auch die politische Motivation, Rechte einzuschränken. Denn wer eine generell-abstrakte Norm schafft, um damit bestimmte Meinungen zu unterdrücken, läuft Gefahr, dass sich dieselbe Regelung eines Tages auch gegen ihn selbst und seine Meinungen anwenden lässt, und zwar eben deshalb, weil die Einschränkungsklausel abstrakt und generell formuliert ist. Der Gesetzesvorbehalt als solcher fungiert deshalb nicht als Instrument der Einschränkung, sondern als eine Hürde, die die Einschränkung der Rechte eher erschwert. Sie ist daher als ein Mittel zum Schutz der Menschenrechte anzusehen und nicht als ein Mittel, durch das die Menschenrechte bedroht werden.

Einschränkungsgründe

Problematisch wird die Zulässigkeit der Einschränkung der Gedanken- und Informationsfreiheit, wenn wir uns die Liste der Gründe ansehen, die eine gesetzliche Einschränkung der Menschenrechte rechtfertigen sollen. Ich beginne mit dem

Vertraulichkeit

- **Einschränkungszweck der Verhinderung der Verbreitung vertraulicher Informationen**

Eine Information ist vertraulich, wenn der Besitzer der Information einige andere von der Kenntnisnahme ausschließen will. Dieser Ausschluss von Informationen kann Personen daran hindern, Informationen zu erhalten, die ihnen helfen würden, einen vernünftigen freien Willen zu entwickeln. Der Ausschluss von Informationen kann also ein Mittel der Manipulation sein. Das macht die Vertraulichkeit problematisch.

Wir müssen aber bedenken, dass die Aufrechterhaltung der Personalität und die Führung des eigenen Lebens auf der Grundlage eigener Überlegungen und Reflexionen keine vollständige Kenntnis von allem erfordert, was für die Entscheidungsfindung relevant sein könnte. Wir befinden uns fast immer in Situationen, in denen wir Entscheidungen unter Unsicherheit treffen müssen. Allgemeine Regeln, die eine Klasse von Informationen definieren, die zum Gegenstand der Vertraulichkeit gemacht werden können, verringern den Umfang unseres Wissens, aber sie hindern uns nicht daran, verantwortungsvolle Entscheidungen zu treffen. Mangelndes Wissen als solches ist keine Manipulation. Sie wird erst dann zur Manipulation, wenn der Zielperson bewusst vorgegaukelt wird, ihr Wissen sei vollständig und wahr, obwohl es weder vollständig noch wahr ist. Solange die Person weiß, dass ihr noch einige Informationen fehlen, kann sie mit dieser Tatsache umgehen, indem sie die Ungewissheit der Situation berücksichtigt. Die Legitimität der Vertraulichkeit endet dort, wo die Manipulation beginnt. Dies ist der Fall, wenn jemand den Schleier des Vertrauens ausnutzt, um Straftaten oder andere unrechtmäßige Handlungen zu begehen. Aus diesem Grund ist z. B. Whistleblowing kein Verstoß gegen den legitimen Rahmen der Vertraulichkeit. Whistleblowing ist zulässig, weil es im Rahmen der Informationsfreiheit und der Meinungsfreiheit geschützt ist.

- **Einschränkungszweck des Schutzes der staatlichen Geheimhaltung**

Was ich zur Frage der Vertraulichkeit gesagt habe, gilt auch für die staatliche Geheimhaltung aus Gründen der *nationalen Sicherheit*, der *territorialen Integrität* oder der *öffentlichen Sicherheit*. Solche Einschränkungen betreffen nicht das Menschenrecht auf freie Kommunikation, weil sie nur den Umfang unseres Wissens reduzieren und uns zwingen, unter Unsicherheit zu entscheiden. Es handelt sich nicht um eine Art von Manipulation.

Es besteht ein großer Unterschied zwischen dem zulässigen Umfang der Vertraulichkeit zugunsten von Privat-

nationale Sicherheit etc.

personen oder privater Organisationen und dem zulässigen Umfang des Schutzes der Vertraulichkeit zugunsten des Staates. Die Vertraulichkeit zugunsten von Privatpersonen ist oder kann eine Angelegenheit der Menschenrechte sein, nämlich des Rechts auf Privatsphäre, das Personen vor unangemessener öffentlicher Kontrolle schützt (siehe nächstes Kapitel). Die Vertraulichkeit zugunsten des Staates ist jedoch nicht durch die Menschenrechte geschützt. Vielmehr wird der mögliche Umfang der Vertraulichkeit zugunsten des Staates durch das Demokratieprinzip eingeschränkt. Der Staat unter einer demokratischen Verfassung muss ein Staat unter öffentlicher Kontrolle sein. Der Umfang der Vertraulichkeit, den der Staat genießen kann, erstreckt sich daher niemals auf verfassungswidrige oder rechtswidrige Handlungen staatlicher Organe oder Amtsträger. Sie dürfen ihr Handeln nicht hinter einem Schleier der Vertraulichkeit und des Geheimnisschutzes verbergen.

Rechte anderer

- **Einschränkungszweck des Schutzes der Rechte anderer**
Ich kommentiere im Folgenden nicht nur die Einschränkung der Kommunikationsrechte zum Zwecke des Schutzes *der Rechte anderer,* sondern auch die zum Zwecke der *Verhütung von Störungen der öffentlichen Ordung* und von *Straftaten.* Denn auch hierbei geht es letztlich um den Schutz der Rechte anderer. Natürlich können wir uns Arten von Unruhen und Verbrechen vorstellen, die nichts mit den Rechten anderer zu tun haben. Es ist möglich, sich eine bestimmte Meinung als Verstoß gegen die öffentliche Ordnung vorzustellen, ohne dass dies mit den Rechten anderer zu tun hat. Aber eine Einschränkung, die nur eine solche Meinung unterdrückt, wäre eine Einschränkung des Rechts auf Meinungsäußerung, die nur in seltenen Fällen gerechtfertigt werden kann. Auf diese Fälle werde ich weiter unten zurückkommen.

Aber was hat es nun mit den *Rechten anderer* auf sich? Rechtfertigen sie eine Einschränkung der Menschenrechte? Das wichtigste Menschenrecht, das durch die Ausübung des Rechts auf Gedanken- und Informationsfreiheit verletzt werden kann, ist das Recht auf Privatsphäre. Das Recht auf Privatsphäre umfasst eigentlich mehrere verschiedene Menschenrechte. Es ist daher sinnvoller, von einem Bündel von Rechten zu sprechen. Die Privatsphäre umfasst einen bestimmten Umfang von Informationen über eine Person, die nicht deshalb vertraulich zu behandeln sind, weil bestimmte gesetzliche Bestimmungen

10.5 · Schrankenvorbehalte

sie als vertraulich definieren, sondern weil sie vom Schutzbereich des Menschenrechts auf Privatsphäre umfasst sind. Um die möglichen Konflikte zwischen den Kommunikationsrechten und dem Recht auf Privatsphäre analysieren zu können, ist es notwendig, mehr Wissen über letzteres zu haben. Dies ist das Thema des nächsten Kapitels. Daher werde ich dort auf diesen Punkt zurückkommen.

- **Einschränkungszweck des Schutzes des guten Rufes**

Reputation

Als weitere Rechtfertigung für eine Einschränkung der Gedanken- und Informationsfreiheit nennt Artikel 10 Abs. 2 EMRK den Schutz des *guten Rufs*, also der Reputation. Der gute Ruf oder die Ehre ist das Bild, das eine Person in der Öffentlichkeit abgibt und die Art und Weise, wie eine Person von ihren Mitmenschen in der Gesellschaft wahrgenommen wird. Das öffentliche Ansehen ist stets mit einer Erwartung verbunden, die die Gesellschaft gegenüber der betreffenden Person hegt. Ich gebe Ihnen ein Beispiel. Ein wichtiges Element für den Ruf einer Person kann sein, dass sie als zuverlässig gilt. Eine Person, die als zuverlässig gilt, genießt viele Vorteile, denn die Erwartungen der Gesellschaft machen es der Person leicht, ihre Ziele zu verfolgen. Das Beispiel zeigt, warum Menschen an ihrem guten Ruf interessiert sind. Darüber hinaus stellt Reputation manchmal auch eine gewisse gesellschaftliche Wertschätzung dar, die das Selbstwertgefühl der jeweiligen Person (nicht das Selbstwertgefühl als Person, sondern das Selbstwertgefühl als Persönlichkeit) bestätigt oder sogar stabilisiert.

Beide Aspekte zeigen, dass Reputation ein hohes Gut für alle ist. Die Frage ist aber, ob der Schutz des Ansehens allein eine Einschränkung des Rechts auf freie Meinungsäußerung rechtfertigen kann. Ich denke, das kann er nicht. Wir müssen aber zwischen zwei verschiedenen möglichen Angriffen auf den Ruf einer Person unterscheiden.

Bei der ersten Art des Angriffs wird ein öffentliches Bild, das wahr ist, durch ein anderes ersetzt, das nicht wahr ist. Das tut jemand, der in der Öffentlichkeit von einem bestimmten Menschen das Bild einer unzuverlässigen Person malt, obwohl die betreffende Person zuverlässig ist. Wir nennen einen solchen Angriff auf den Ruf *Diffamierung*.

Die rechtliche Unterdrückung oder Bestrafung der Diffamierung ist nicht menschenrechtswidrig. Diffamierung ist eine Art von Lüge, und wir haben gesehen, dass die Freiheit der Meinungsäußerung nicht die Freiheit zur Lüge einschließt. Dennoch ist nicht jede unwahre Behauptung eine Lüge. Sie kann auch als bloßer Irrtum betrachtet werden. Und wie ich bereits sagte, umfasst die Meinungsfreiheit das Recht, unwahre Behauptungen zu äußern, wenn sie auf einem Irrtum und nicht auf einer Lüge beruhen. Dennoch kann das Gesetz vorschreiben, dass Behauptungen, die den Ruf einer Person in Frage stellen, sehr vorsichtig geäußert werden müssen. Sie sind nur dann zulässig, wenn es Beweise gibt, die diese Zweifel bestätigen. Wer den Ruf eines anderen in Zweifel zieht, trägt das Risiko seines möglichen Irrtums. Es ist gerechtfertigt, ihn für seinen Irrtum haftbar zu machen. Gesetze, die Regelungen zu dieser Haftung vorsehen, können daher nicht als Einschränkung des Schutzbereichs der Kommunikationsrechte angesehen werden. Sie beziehen sich nur auf den Hof dieser Rechte und nicht auf ihren Kern.

Andererseits muss es aber möglich sein, den guten Ruf einer Person zu zerstören, wenn das öffentliche Bild dieser Person falsch ist und sie den Ruf, den sie genießt, nicht verdient. Einschränkungen der Meinungsfreiheit zum Schutz des Ansehens sind nur dann zulässig, wenn die Zerstörung des Ansehens ungerechtfertigt ist, nicht aber bei einer gerechtfertigten Zerstörung einer Reputation, die auf einem falschen Bild in der Öffentlichkeit beruht. Um den Kern der Kommunikationsrechte zu schützen, kann nicht verlangt werden, dass die Rufschädigung nur dann zulässig ist, wenn ein eindeutiger Beweis für die Behauptung vorliegt, dass das öffentliche Bild von jemandem falsch ist. Es muss auch möglich sein, ernsthafte Zweifel zu äußern, wenn es ernsthafte Gründe für die Annahme gibt, dass der Ruf auf einem falschen Bild beruht. Das gilt jedenfalls zulasten von Menschen, die sich in der Öffentlichkeit besonders disponieren, indem sie sich beispielsweise für ein öffentliches Amt bewerben.

- **Einschränkungszweck des Schutzes der Gesundheit**

Schutz der Gesundheit

Artikel 10 Abs. 2 EMRK erlaubt die Einschränkung der Gedanken- und Informationsfreiheit auch zum Zwecke des *Gesundheitsschutzes*. Meinungen, die den Gesundheitsschutz ernsthaft gefährdet haben, haben uns während der Covid 19 Pandemie insbesondere in den deutschsprachigen Ländern schwerwiegende Probleme bereitet. Es ist aufgrund solcher weitverbreiteten, aber wissenschaftlich durch nichts gerechtfertigten Meinungen nicht

10.5 · Schrankenvorbehalte

gelungen, jene „Herdenimmunität" herzustellen, die durch eine hohe Impfquote erreichbar gewesen wäre.

Kann eine solche Situation die Unterdrückung der Meinungen der Impfgegner rechtfertigen? Die Frage lässt sich nicht eindeutig mit Ja oder Nein beantworten. Es kommt vielmehr darauf an, ob die Anti-Impf-Propagandisten der Lüge überführt werden können, also absichtlich Unwahrheiten verbreiten, oder ob sie sich bloß irren. Man darf annehmen, dass unter den Impfgegnern zahlreiche Lügner sind. Aber nicht jeder, der Vorbehalte gegen eine Covid Impfung hat, ist ein Lügner. Viele Menschen irren sich, weil sie über die wissenschaftlichen Fakten schlecht informiert sind. Andere bestreiten die wissenschaftlichen Fakten nicht, halten sie aber für irrelevant, weil sie sich von bestimmten religiösen oder quasireligiösen Überzeugungen leiten lassen, die es ihnen verbieten, sich impfen zu lassen. Das kann man zwar auch als eine Form des Irrtums begreifen, aber Irrtum ist kein ausreichender Grund, um eine Meinung zu unterdrücken. Ich kann mir kaum eine Situation vorstellen, in der die Unterdrückung einer ehrlichen Behauptung oder Meinung aus Gründen des Gesundheitsschutzes gerechtfertigt werden kann. Es gibt nur eine Möglichkeit, gegen gesundheitsgefährdende Meinungen und Überzeugungen zu kämpfen: Wir müssen mit Argumenten für die Impfung streiten und die Gegenargumente der Impfgegner öffentlich und privat nach Kräften widerlegen und als falsch und gefährlich entlarven. Solange sie dennoch vertreten werden, müssen wir sie ertragen.

- **Einschränkungszweck der Aufrechterhaltung der Autorität und Unparteilichkeit der Justiz**

Zu einem Konflikt zwischen den Kommunikationsrechten und dem Interesse an der Autorität und Unparteilichkeit der Justiz kann es im Hinblick auf das gerichtliche Beratungsgeheimnis kommen. Wie Sie wahrscheinlich wissen, sind die Mitglieder eines aus mehreren Richtern bestehenden Gerichts verpflichtet, über das, was hinter verschlossenen Türen besprochen wird, um eine Entscheidung zu treffen, Stillschweigen zu bewahren. Dieses Beratungsgeheimnis ist ein Sonderfall dessen, was wir zuvor unter dem Aspekt der Vertraulichkeit erörtert haben. Es handelt sich um ein staatliches Geheimnis, durch dessen Bewahrung das Menschenrecht der Informationsfreiheit nicht verletzt wird. Ebensowenig verletzt diese Geheimhaltungspflicht die Gedankenfreiheit

Autorität der Justiz

der Richter, die das Geheimnis zu wahren haben. Das ist nur dann anders, wenn Gegenstand der Beratung und der anschließenden Beschlussfassung eine eindeutige Rechtsbeugung gewesen ist. Denn das ist eine kriminelle Handlung, für die Staatsorgane keinen Geheimnisschutz beanspruchen können. In diesem Fall gilt für Richter, die darüber öffentlich berichten, das, was oben für Whisleblower gesagt worden ist.

Ein anderer Fall könnte die so genannte *Litigation PR* sein. Darunter versteht man den strategischen Einsatz von Medienberichten zur Beeinflussung eines Gerichts. Vor einiger Zeit gab es in Australien einen berühmten Fall, bei dem es darum ging, den öffentlichen Einfluss auf das Gericht zu vermeiden. Im Dezember 2018 verurteilte ein Gericht in Melbourne einen Kardinal wegen Missbrauchs von zwei Chorknaben. Das Gericht erließ eine „media gag order" (Verschwiegenheitsverfügung), nach der es verboten war, in öffentlichen Medien über das Urteil zu berichten, um jede Art von öffentlicher Beeinflussung der Geschworenen in künftigen Gerichtsverfahren zu vermeiden. Denn dem Kardinal wurden zu diesem Zeitpunkt weitere Fälle von Kindesmissbrauch vorgeworfen und weitere Strafverfahren gegen ihn waren deshalb zu erwarten. Erst im Februar 2019 hob das Gericht die Anordnung auf, nachdem klar war, dass der Kardinal doch nicht in weiteren Fällen angeklagt werden würde.

Ich denke, dass der Zweck des Schutzes der Autorität und Unparteilichkeit der Justiz die Einschränkung der Berichterstattung über erlassene Urteile nicht rechtfertigt, um den öffentlichen Einfluss auf die Richter in künftigen Fällen zu verhindern. Nur der Schutz der Privatsphäre des Angeklagten oder von Zeugen könnte eine mündliche Verhandlung unter Ausschluss der Öffentlichkeit oder die Anonymisierung von Urteilen rechtfertigen. Die Autorität und Unparteilichkeit der Justiz rechtfertigen jedoch nicht die Unterdrückung von Gerichtsurteilen – auch dann nicht, wenn sie sich gegen Prominente richten.

- **Einschränkungszweck des Schutzes der Moral**

Moral

Nach Artikel 10 Abs. 2 EMRK ist es gerechtfertigt, das Menschenrecht auf Gedanken- und Informationsfreiheit aus Gründen der *Moral* einzuschränken. Das Grundgesetz spricht in Art. 2 Abs. 1 vom *Sittengesetz*. Moralische Meinungen oder Überzeugungen sind eine Angelegenheit der freien Meinungsäußerung und der Information wie jeder andere Inhalt der Kommunikation.

10.5 · Schrankenvorbehalte

Die Unterdrückung der öffentlichen Diskussion über moralische Meinungen würde zu einem Stillstand der moralischen Entwicklung führen. Es gibt daher im Allgemeinen keine Rechtfertigung dafür, aus Gründen der gerade herrschenden oder von herrschenden Kreisen für richtig gehaltenen Moral die Gedanken- und Informationsfreiheit einzuschränken. In der Türkei wurde zum Beispiel eine öffentliche Demonstration von Schwulen und Lesben verboten, weil die Behörden Homosexualität als unmoralisch ansehen. Es liegt jedoch auf der Hand, dass bestimmte moralische Vorverständnisse und Traditionen eine Einschränkung der Menschenrechte nicht rechtfertigen können. Generell lässt sich sagen, dass der Grund für die Einschränkung der Menschenrechte aus Gründen der Moral ursprünglich eng mit den Vorstellungen zur Sexualmoral verbunden war. Er bezog sich auf die bigotte und verklemmte Sexualmoral der 1950er-Jahre, als die EMRK geschaffen wurde. Im Zusammenhang mit dem Recht auf freie Meinungsäußerung sollte er der Unterdrückung der Pornografie dienen. 1951 erschien der Film „Die Sünderin", in dem Hildegard Knef nur eine Sekunde lang nackt zu sehen war. Die Behörden verboten den Film, um die herrschende Moral zu schützen. Das Bundesverwaltungsgericht (BVerwG) sah ihn als Kunstwerk an, das unter den Schutzbereich der Kunstfreiheit nach Artikel 5 GG fiel.

Wir müssen jedoch bedenken, dass die Menschenrechte selbst eine Frage der Moral sind. Freilich gelten sie als juridische Rechte nur deshalb, weil sie kodifiziert worden sind und nicht schon deshalb, weil sie moralischen Forderungen entsprechen. Es sind aber Fälle denkbar, in denen Meinungen nicht mit der Moral der Menschenrechte vereinbar sind. Aber auch in diesen Fällen zeigt sich, dass die Äußerung von Meinungen, die mit der Moral der Menschenrechte nicht vereinbar sind, keine Einschränkung des Schutzbereichs der Kommunikationsrechte erfordern. Denn solche Meinungen fallen schon gar nicht unter den Schutzbereich dieser Rechte.

Ein Beispiel für solche Meinungen sind die so genannten Hassreden oder Meinungen, die auf andere Weise Rassismus oder Misogynie unterstützen. Der Kerninhalt solcher Meinungen ist die Leugnung der Menschenwürde bestimmter Personen oder Gruppen aus Gründen der Rasse, der Nationalität, des Geschlechts oder aus anderen Gründen. Solche Meinungen fallen von vornherein schon nicht in den Schutzbereich eines Menschenrechts. Sie genießen also keinen menschenrechtlichen Schutz. Um das

Performativer Widerspruch

zu zeigen, bedienen wir uns eines Gedankenexperiments. Stellen Sie sich eine Person vor, die eine Hassrede äußert und deshalb bestraft wird. Sie beschwert sich über die Bestrafung und macht geltend, in ihrem Menschenrecht auf freie Meinungsäußerung verletzt zun werden. Was genau tut sie? Sie spricht anderen Personen, nämlich den Opfern ihrer Hassrede, die Menschenwürde und die Menschenrechte ab und beansprucht sie gleichzeitig für sich selbst. Sie behauptet also, allein deshalb, weil sie ein Mensch ist, gewisse Rechte zu haben, und leugnet gleichzeitig ab, dann jemand allein deshalb Rechte hat, weil er ein Mensch ist. Damit verfängt sie sich in dem, was man einen *performativen Widerspruch* nennt.

Ein performativer Widerspruch ist ein Widerspruch zwischen dem Inhalt eines Satzes und dem Sprechakt, durch den der Satz ausgedrückt wird (siehe ◘ Abb. 10.4). Zunächst möchte ich das anhand des folgenden Beispiels demonstrieren. Jemand sagt: „Ich behaupte: Alle Behauptungen sind falsch!" Sollen wir diese Aussage ernst nehmen? Nein, wir können sie nicht ernst nehmen, weil der Sprecher Worte ohne jede Bedeutung ausspricht. Es handelt sich also nicht wirklich um eine Äußerung, die durch die Kommunikationsrechte geschützt ist, sondern nur um eine Geräuschemission, die unter die Lärmschutzgesetze fällt.

Damit, dass ein Sprecher die vorstehende Behauptung äußert, bekennt er sich stillschweigend schon zu der Überzeugung, dass wahre Behauptungen möglich sind. Andern-

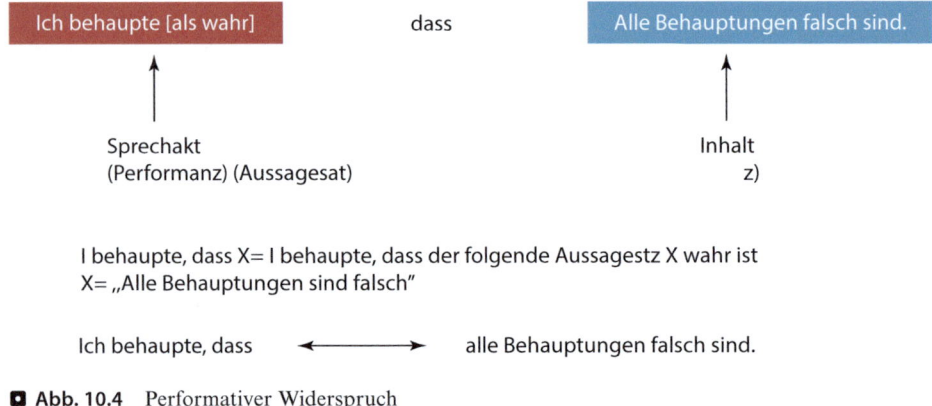

◘ Abb. 10.4 Performativer Widerspruch

falls wäre die Behauptung keine Behauptung. Was der Redner aber inhaltlich aussagt, ist, dass Behauptungen immer unwahr sind. Er drückt also die folgende Behauptung aus: Behauptungen sind immer unwahr und es gibt wahre Behauptungen. Das ist ein Widerspruch, der seine Worte sinnlos macht.

Genau das tut auch unser Hassprediger. Er sagt: „Ich respektiere die Menschenrechte (in Bezug auf mich selbst), wenn ich die Meinung vertrete, dass die Menschenrechte (in Bezug auf andere) nicht respektiert werden sollten." Er leugnet das, was er sagt (die Missachtung der Menschenrechte), durch das, was er tut (die Inanspruchnahme der Menschenrechte). Es ist nicht möglich, diese Haltung ernst zu nehmen. Sie kann nicht als Ausübung des Rechts auf freie Meinungsäußerung betrachtet werden. Denn was der Sprecher äußert, ist kein Gedanke, sondern inhaltsloser Schall. Da er mit dem Schall, den er emittiert, keinen Gedanken äußert, macht er dadurch auch von seinem Menschenrecht auf Gedankenfreiheit keinen Gebrauch. Folglich kann durch die Bestrafung der Hassrede sein Recht auf Meinungsfreiheit auch nicht verletzt worden sein.

Dies gilt nicht nur für Hassreden, sondern für jede Aussage, die die Personalität von Personen oder den absoluten Wert der Personalität leugnet. Als Faustregel gilt, dass Aussagen über eine Person, die keine sinnvolle Reaktion der betreffenden Person ermöglichen, nicht durch das Recht auf freie Meinungsäußerung geschützt sind. Wenn ein Redner zum Beispiel jemanden als „Schwein" oder „dreckige Fotze" bezeichnet, gibt es keine sinnvolle, logische Antwort, um einen konstruktiven Dialog mit ihm zu beginnen. Mit anderen Worten: Es hätte keinen Sinn zu sagen: Oh, du irrst dich, ich bin gar keine dreckige Fotze. Beleidigungen dieser Art lassen die beleidigte Person eher verstummen. Sie wird nicht mehr als Gesprächspartnerin respektiert. Sie wird nicht als jemand, sondern nur noch als etwas wahrgenommen und behandelt. Persönliche Beleidigungen dieser Art und ähnliche Äußerungen, die die Personalität leugnen, fallen daher nicht in den Schutzbereich des Rechts auf Gedankenfreiheit.

- **Einschränkungszweck der Notwendigkeit in einer demokratischen Gesellschaft**

Artikel 10 Abs. 2 EMRK führt als Bedingung für eine Einschränkung der Gedanken- und Informationsfreiheit an, dass die Einschränkung *in einer demokratischen Gesell-* notwendig in einer demokratischen Gesellschaft

schaft notwendig sein muss. Nach dem Wortlaut der englischen und französischen Fassung, die in ◘ Abb. 10.3 wörtlich ins Deutsche übersetzt worden ist, fungiert dieser Rechtfertigungsgrund selbstständig neben den anderen bereits erörterten Rechtfertigungsgründen. Die amtliche deutsche Übersetzung weicht davon ab. Sie spricht von Einschränkungen, die gesetzlich vorgesehen „und in einer demokratischen Gesellschaft notwendig sind für die nationale Sicherheit ... etc.". Danach steht die Notwendigkeit in einer demokratischen Gesellschaft also nicht selbstständig neben den anderen legitimen Einschränkungszwecken, sondern stellt diese Zwecke noch einmal unter einen Vorbehalt. Die nationale Sicherheit, der Schutz der Gesundheit, die Moral und all die anderen Zwecke, aus denen Einschränkungen sollen gerechtfertigt werden können, liefern nur dann eine ausreichende Rechtfertigung, wenn die jeweilige Einschränkung in einer demokratischen Gesellschaft notwendig ist.

Obwohl diese Lesart von dem verbindlichen Text der englischen und der französischen Fassung abweicht, ist sie doch diejenige, die der EGMR seiner Rechtsprechung zugrunde legt. Denn der Gerichtshof lässt es nicht ausreichen, dass eine Einschränkung einem der kodifizierten Einschränkungszwecke zu dienen bestimmt ist, sondern verlangt, dass die Einschränkung, auch „in einer demokratischen Gesellschaft notwendig" ist. Darunter versteht er das Verhältnismäßigkeitsprinzip. Es genügt also nicht, dass eine gesetzliche Einschränkung einem der kodifizierten Zwecke dient. Sie muss außerdem geeignet und erforderlich sein, um den Zweck zu erreichen. Und das Verhältnis zwischen Zweck und Mittel muss angemessen sein.

Dennoch kommt es vor, dass der EGMR Einschränkungen von Menschenrechten allein mit der Notwendigkeit in einer demokratischen Gesellschaft rechtfertigt. Dies hat er zum Beispiel im Fall des Burka-Verbotsgesetzes in Frankreich getan. Der Gerichtshof vertrat die Auffassung, dass das Verbot eine Einschränkung des Rechts auf Religionsfreiheit darstellt, dass diese Einschränkung jedoch gerechtfertigt ist, weil sie in einer demokratischen Gesellschaft notwendig sei. Das Gericht erläuterte nicht, wie der Prozess der öffentlichen Meinungsbildung, die Verfahren zur Aufstellung von Kandidaten für das Parlament oder öffentliche Ämter oder die Verfahren der Wahl und der demokratischen Gesetzgebung oder sonstige Elemente der Demokratie durch ein bestimmtes Stück Stoff beeinträchtigt werden kann, das das Gesicht verdeckt.

Es wäre nachvollziehbarer gewesen, wenn das Gericht zunächst als Zweck des Verbotes auf den Schutz der Moral abgestellt hätte. Denn dies ist es ja, was dem Burkaverbot eigentlich zugrunde liegt. In Frankreich gilt die Verschleierung des weiblichen Gesichts in der Öffentlichkeit ähnlich wie die Nacktheit als unmoralisch. Aber wie wir oben gesehen haben, kann auch die öffentliche Moral eine Einschränkung der Menschenrechte nicht rechtfertigen, es sei denn, es geht um ein Verhalten, das die Menschenwürde verletzt (Ob das Burkaverbot tatsächlich einen Eingriff in die Religionsfreiheit darstellt, ist in ▶ Kap. 13 zu diskutieren.).

Sieht man in der Formel von der Notwendigkeit in einer demokratischen Gesellschaft nichts anderes als eine Umschreibung des Verhältnismäßigkeitsprinzips, so muss klar sein, dass dieser Grundsatz nur in Betracht kommt, wenn es um eine Einschränkung der Handlungsfreiheit geht, nicht aber, wenn der Fall unter die Menschenrechte fällt, soweit sie aus der Menschenwürde abgeleitet werden können. Die Anwendbarkeit des Verhältnismäßigkeitsgrundsatzes kann also nur dann in Betracht gezogen werden, wenn der Fall zwar unter den sehr weit gefassten Schutzbereich eines kodifizierten Menschenrechts fällt, nicht aber unter dessen Kernbereich, der das eigentliche Menschenrecht ausmacht und absolut geschützt sein muss. Wir werden uns im ▶ 18. Kapitel ausführlicher mit dem Grundsatz der Verhältnismäßigkeit befassen.

Wie das Beispiel der Vertraulichkeit zeigt, ist der kodifizierte Schutzbereich der Gedanken- und Informationsfreiheit weiter als der Schutzbereich, der von dem moralischen Recht der Gedanken- und Informationsfreiheit gefordert wird. Sofern durch Gesetz Einschränkungen des kodifizierten Schutzbereichs vorgenommen werden, die den moralischen Kern nicht berühren, bestehen dagegen keine Bedenken. Die Freiheiten, die über den Kern der moralischen Menschenrechte hinausgehen, betreffen nur das Handeln und nicht den Willen. Ihre Einschränkung ist nur eine Einschränkung der Handlungsfreiheit, nicht aber eine Einschränkung der Willensfreiheit. Unbedenklich sind auch Einschränkungen wie das Verbot der Hassrede. Sie schränken den Schutzbereich des betreffenden Rechts nicht ein, sondern zeigen nur seine begrifflichen Grenzen auf. In diesen Fällen bezieht sich die Beschränkung auf einen Bereich, der weder vom Kern noch vom Hof des Schutzbereichs erfasst wird. Verboten wird nämlich ein

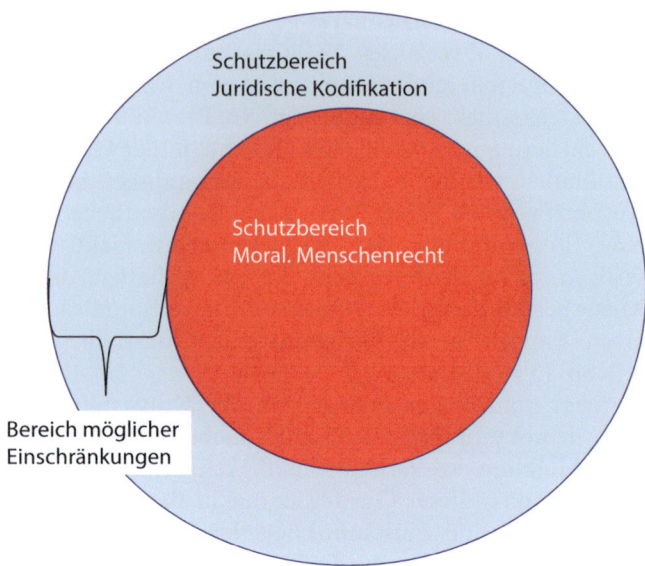

☐ **Abb. 10.5** „Kern" und „Hof" eines positivierten Menschenrechts

Verhalten, das außerhalb des Schutzbereichs liegt (☐ Abb. 10.5).

Dass sich die Einschränkungsklauseln nur auf den „Hof" des Menschenrechts und auf seine begrifflichen Grenzen bezieht, lässt der Wortlaut nicht erkennen. Das ergibt sich erst aus ihrem Sinn, der mittels einer philosophischen Analyse ermittelt werden kann. Diesen Sinn müssen wir in die Einschränkungsklauseln der Menschenrechtskodifikationen hineinlesen. Sie sollen nicht das eigentliche Menschenrecht unter gesetzliche Vorbehalte stellen, sondern nur den Inhalt des positiv definierten Schutzbereichs, soweit dieser über das hinausgeht, was die Menschenwürde verlangt.

Deshalb ist es sinnvoll und nützlich, zwischen dem Kern und dem Hof der kodifizierten Menschenrechte zu unterscheiden. Auf diese Weise ist es möglich, die Unbedingtheit der Menschenrechte mit den positivierten Bestimmungen über Schrankenvorbehalte in Einklang zu bringen.

Diese Position erlaubt eine Kritik an der Rechtsprechung des EGMR, die diese Unterscheidung nicht vornimmt und die Auffassung vertritt, dass die „Notwendigkeit in einer demokratischen Gesellschaft" sich auf den Grundsatz der Verhältnismäßigkeit bezieht und sogar eine Einschränkung des Kernbereichs der Menschenrechte zulässt. Aspekte der Verhältnismäßigkeit können nur in der Sphäre des „Hofs" der Menschenrechte eine Rolle spielen und nicht in der Sphäre des moralischen Kerns dieser Rechte.

❓ Zur Wiederholung

10.1 Was ist die Kernfunktion der Kommunikationsrechte?
10.2 Was ist mit „Kern" und „Hof" eines kodifizierten Menschenrechts gemeint?
10.3 Warum ist die Freiheit eines Lehrers seine politische oder religiöse Meinung im Schulunterricht zu verbreiten, nicht menschenrechtlich geschützt?
10.4 Was versteht man unter einem *performativen Widerspruch*?

Antworten siehe ▶ Kap. 21.

Leseempfehlungen

Lampe, Ernst-Joachim (Hrsg.): *Meinungsfreiheit als Menschenrecht.* Baden-Baden 1998

Tetens, Holm: *Philosophisches Argumentieren. Eine Einführung.* München 2004 (Kap 10: Selbstanwendungsargumente, S. 81–94 (zum performativen Widerspruch)

Hong, Mathias: *Hassrede und extremistische Meinungsäußerung in der Rechtsprechung des EGMR und nach dem Wunsiedel-Beschluss des BVerfG.* In: ZaöRV 70 (2010), 73–126

Rechtsprechung

BVerwG, Urt. v. 21.12.1954 – I C 14/53 –, „Die Sünderin", BVerwGE 1, 303

EGMR, Urt. v. 17.12.2004 – 33348/96 –, „Cumpănă and Mazăre v. Romania", HUDOC

EGMR, Urt. v. 01.07.2014 – 43835/11 –, „S.A.S. v. France", HUDOC

Menschenrechte betreffend die Privatheit

Inhaltsverzeichnis

11.1 Die Geschichte des Rechts auf Privatheit – 234

11.2 Das Bedürfnis nach Privatheit – 235

11.3 Die einzelnen Rechte auf Privatheit im Lichte von Goffmans Theorie – 238
11.3.1 Das Recht auf Privatheit der Wohnung – 238
11.3.2 Das Recht auf Privatleben – 239
11.3.3 Das Recht auf Freiheit der Eheschließung – 239
11.3.4 Das Recht auf freie Familiengründung – 240
11.3.5 Das Recht auf Familienleben – 240
11.3.6 Das Recht auf Privatheit der Korrespondenz – 242
11.3.7 Das Recht auf Schutz der privaten Daten – 242

© Der/die Autor(en), exklusiv lizenziert an Springer-Verlag GmbH, DE, ein Teil von Springer Nature 2023
P. Tiedemann, *Philosophische Grundlagen der Menschenrechte*, Springer-Lehrbuch, https://doi.org/10.1007/978-3-662-65533-7_11

11.4 Schutz der sozialen Bindungen („Verwurzelung") – 243

11.5 Schrankenvorbehalte des kodifizierten Rechts auf Privatleben – 244

Leseempfehlungen – 250

Funktion der Rechte auf Privatheit

Die Kernfunktion der Rechte auf Privatheit ist die Verteidigung der Willensfreiheit gegen Selbstentfremdung durch Fixierung auf Rollenidentitäten. In der öffentlichen Sphäre müssen Personen wichtige Teile ihrer Persönlichkeit unterdrücken, um den Erwartungen und Zuschreibungen der Gesellschaft zu entsprechen. Sie zeigen in der Öffentlichkeit nicht die Persönlichkeit, die sie wirklich sind, sondern ein speziell geformtes und verzerrtes Bild ihrer Persönlichkeit, das als Rollenidentität bezeichnet werden kann. Die permanente Zurschaustellung einer Rollenidentität führt dazu, dass die Person das Bewusstsein darüber verliert, wer sie wirklich ist, d. h. über die Merkmale ihrer wirklichen Persönlichkeit. Sie wird damit sozusagen zur Marionette gesellschaftlicher Erwartungen und verliert die Fähigkeit, sich auf der Grundlage eines realen Selbstverständnisses selbst zu bestimmen. Dies führt zu einem systemisch verzerrten Prozess der Willensbildung, der nicht als authentisch angesehen werden kann und damit zu dem Zustand der Selbstentfremdung. Die Rechte auf Privatheit beziehen sich auf den Schutz eines authentischen Willensbildungsprozesses, indem sie einen Lebensbereich gewährleisten, in dem die Personen nicht gezwungen sind, eine Rollenidentität zu zeigen. Im Einzelnen beziehen sich diese Rechte auf bestimmte geschützte Lebensbereiche, in denen Personen nicht der Öffentlichkeit ausgesetzt sind, damit sie die Persönlichkeit, die sie wirklich sind, erleben und einen freien Willen auf der Grundlage ihrer wirklichen Persönlichkeit bilden können. Während die Privatsphäre im Allgemeinen zum Schutz der Menschenwürde unbedingt erforderlich ist, hängt es von der jeweiligen sozialen und kulturellen Situation ab, welche Bereiche als Bereiche der Privatsphäre definiert werden sollten. Dies ist zumindest teilweise eine Frage des positiven Rechts.

Das Recht auf Privatheit der Wohnung

Die Wohnung ist ein Aufenthaltsort, der von außen nicht beobachtet werden darf. Die Bewohner können sich in der Wohnung verhalten, ohne gezwungen zu sein, eine Rolle vor einem öffentlichen Publikum zu spielen.

> **Recht auf Privatleben**
>
> Das Recht auf ein Privatleben umfasst nicht nur das Leben innerhalb der eigenen Wohnung, sondern auch private Aktivitäten und Kommunikationen im Rahmen enger und intimer Beziehungen außerhalb der Wohnung (z. B. ein privates Gespräch bei einem Spaziergang im Park).

> **Recht auf Freiheit der Ehe**
>
> Die Freiheit der Ehe umfasst nicht nur das Recht, einen Ehepartner frei zu wählen und zu heiraten, sondern auch das Recht, nicht zur Heirat gezwungen zu werden (negative Freiheit). Eine Person, die zur Heirat gezwungen wird, wird der Möglichkeit beraubt, eine intime Beziehung zu einem Sexualpartner aufzubauen, weil sie gezwungen ist, mit einem Partner zusammenzuleben, zu dem keine intime Beziehung besteht. Die geschädigte Person ist somit dauerhaft gezwungen, vor dem Ehepartner eine Rollenidentität zu spielen.

> **Recht auf Freiheit der Familiengründung**
>
> Das Recht auf freie Familiengründung bezieht sich auf die freie Entscheidung, ob man Kinder haben möchte oder nicht. In Anbetracht der Tatsache, dass die Beziehung zwischen Eltern und Kindern eine sehr intime ist, wäre es eine schwere Verletzung des Rechts auf Privatsphäre, jemanden zu zwingen, Kinder zu bekommen oder daran zu hindern, Kinder zu bekommen (z. B. die Ein-Kind-Politik in China).

> **Recht auf freies Familienleben**
>
> Das Recht auf Familienleben schützt die enge und intime Beziehung zwischen Eheleuten sowie zwischen Eltern und Kindern. Das moralische Recht auf Privatsphäre umfasst darüber hinaus jede Art einer sehr engen und intimen zwischenmenschlichen Beziehung. Aus moralischer Sicht hängt dieses Recht weder von bestimmten sexuellen Orientierungen noch überhaupt von einem sexuellen Charakter der Beziehung ab. Der

Schutzbereich umfasst daher sowohl homosexuelle Beziehungen als auch nicht-sexuelle enge Beziehungen (Eltern mit ihren erwachsenen Kindern, Mönche und Nonnen in einem kleinen Kloster, intime Wohngemeinschaften zwischen Freunden usw.). Der kodifizierte Schutzbereich (Familienleben) ist hier nicht breiter, sondern enger als der Schutzbereich des moralischen Menschenrechts. Dies ist insbesondere dann der Fall, wenn der Begriff „Familie" so interpretiert wird, dass er notwendigerweise eine heterosexuelle Beziehung voraussetzt.

Recht auf Privatheit der Korrespondenz

Das Recht auf Schutz der Privatheit in der eigenen Korrespondenz erweitert den Bereich der Privatsphäre über den unmittelbaren räumlichen Bereich einer bestimmten Kommunikation hinaus auf bestimmte Arten der Fernkommunikation. Dies ist auf die zunehmende Mobilität in der modernen Welt zurückzuführen. Viele Menschen, die in einer intimen Beziehung leben, wohnen räumlich weit voneinander entfernt und können nicht den geschützten Raum einer Wohnung für ihre Kommunikation nutzen.

Es gibt Arten von Korrespondenz, die nicht unter den Schutzbereich des moralischen Rechts auf Privatheit fallen, zum Beispiel Geschäftskorrespondenz.

Korrespondenz ist eine Art der Fernkommunikation, die traditionell das Versenden physischer Briefe beinhaltet. Modernere Arten der Fernkommunikation sind Telekommunikation oder Internetkommunikation. Welche Arten der Fernkommunikation als schutzwürdig im Sinne des Rechts auf Privatheit anzusehen sind, hängt von den technischen Standards und dem Lebensstil der jeweiligen Gesellschaft ab, in der die Kommunikation stattfindet. Sie lässt sich kaum allein aus dem Grundsatz der Menschenwürde ableiten, sondern bedarf zusätzlicher politischer und praktischer Überlegungen.

Recht auf Schutz privater Daten

Das Recht auf Schutz privater Daten verbietet die Erhebung personenbezogener Daten, die nicht gesetzlich und für einen bestimmten Zweck erlaubt ist. Außerdem dürfen nach diesem Recht Daten nicht länger gesammelt werden, als es für die Erfüllung der angegebenen Zwecke erforderlich ist. Es beinhaltet auch das Recht, über die Erhebung personenbezogener Daten informiert zu werden, das Verbot, die Daten für andere als die angegebenen Zwecke zu verwenden, und das Recht, Zugang zu den eigenen personenbezogenen Daten zu erhalten.

Recht auf Gewissens- und Religionsfreiheit

Zu den Menschenrechten betreffend die Privatheit gehören auch das Recht auf Gewissensfreiheit und das Recht auf Religionsfreiheit. Diese beiden Rechte werden in gesonderten Kapiteln behandelt.

Soziale Integration

Der EGMR bezieht sich auf das Recht auf Privatleben, um die sozialen Bindungen einer Person zu schützen, die über intime Beziehungen hinausgehen. Es geht um die „Verwurzelung" einer Person in der Gesellschaft. Diese Rechtsprechung wurde im Zusammenhang mit Fällen entwickelt, in denen es um Ausländer ging, die aus einem Land ausgewiesen oder abgeschoben werden sollten, in dem sie seit langer Zeit lebten und in dem sie gut integriert waren. Der Gerichtshof sieht in der Ausweisung oder Abschiebung eines Ausländers in einem solchen Fall einen Eingriff in das Privatleben i. S. d. Artikel 8 EMRK, wenn die zwangsweise Beendigung des Aufenthalts im Inland zugleich eine Entwurzelung darstellt. Eine Entwurzelung liegt vor, wenn das hinreichend dichte Netz sozialer Beziehungen abgeschnitten wird.

Es ist jedoch fraglich, ob das dichte Netz sozialer Beziehungen als ein Aspekt des Rechts auf Privatheit verstanden werden kann. Offensichtlich hat ein solches

> Recht nichts damit zu tun, die eigene Persönlichkeit vor den Bedrohungen durch permanent zur Schau gestellte Rollenidentitäten zu schützen. Die soziale Verwurzelung verlangt vielmehr nach einem ungeschriebenen Recht sui generis, das wir als Recht auf Mitgliedschaft oder Recht auf Zugehörigkeit bezeichnen könnten. Es ist ein Desiderat zukünftiger Forschung zu klären, ob sich ein solches Recht aus der Menschenwürde ableiten lässt.

Schrankenvorbehalte

Das Eindringen des Staates in den Bereich der Privatsphäre steht nur dann im Einklang mit dem moralischen Kern des Rechts auf Privatheit, wenn die Privatsphäre für Zwecke missbraucht wird, die nichts mit der Selbstfindung durch Ablegen der Rollenidentitäten zu tun haben. Dies ist der Fall, wenn die Privatsphäre zur Begehung oder Planung von Straftaten genutzt wird. Ein solches Eindringen ist jedoch nur dann gerechtfertigt, wenn die Straftat oder die Planung von Straftaten tatsächlich stattfindet und nicht, wenn ein (falscher) Verdacht auf kriminelle Aktivitäten besteht. Es kann auch notwendig sein, gegen den Willen der betroffenen Personen in die Privatsphäre einzudringen, wenn ein Notfall vorliegt – zum Beispiel, wenn eine Epidemie es erforderlich macht, Personen aus ihrer Wohnung zu entfernen und unter Quarantäne zu stellen.

In diesen Fällen ist es möglich, einen Konflikt mit dem Recht auf Privatsphäre zu vermeiden, indem den Betroffenen das bevorstehende Eindringen im Voraus bekannt gemacht wird, damit sie sich darauf vorbereiten können, indem sie die Maske ihrer Rollenidentität aufsetzen. Heimliche Observationen in der Privatsphäre sind jedoch sehr problematisch und kaum zu rechtfertigen (siehe Rechtsprechung zu Lauschangriffen).

11.1 Die Geschichte des Rechts auf Privatheit

Während die Geschichte der meisten klassischen Menschenrechte im 17. oder 18. Jahrhundert beginnt, ist das Recht auf Privatheit eine „Entdeckung" des 19. Jahrhunderts. Seine Geburtsurkunde ist ein Aufsatz der amerikanischen Rechtsprofessoren Samuel D. Warren (1852–1910) und Louis D. Brandeis (1856–1941) aus dem Jahr 1890. Das Recht auf Privatheit (pricacy) ist ein sehr gutes Beispiel dafür, wie das Bewusstsein für einzelne Menschenrechte als Reaktion auf spezifische neue Bedrohungen der Menschenwürde entsteht. Im Fall des Rechts auf Privatheit waren dies die besonderen Bedrohungen, die durch das Aufkommen der Regenbogenpresse entstanden. Dieses Phänomen steht wiederum im Zusammenhang mit einer neuen technischen Erfindung, nämlich dem Rollfilm und der schnellen Verbreitung der von George Eastman 1888 entwickelten Kodak-Kamera. Sie ermöglichte erstmals die Aufnahme von Schnappschüssen und damit die Herstellung und Verbreitung von Bildern aus dem Privatleben von Prominenten. Dadurch wurde die Lebenssituation von Menschen, die ständig unter öffentlicher Beobachtung stehen, in ein breiteres Bewusstsein gerückt. Das schuf ein Gefühl für den Wert der Privatsphäre. Folglich forderten Warren und Brandeis ein Recht auf Privatsphäre. Dabei spielten Überlegungen zur Menschenwürde keine Rolle. Warren und Brandeis argumentierten vielmehr auf der Grundlage des traditionellen common law, wie es seit Jahrhunderten von den englischen Gerichten entwickelt worden war. Sie argumentierten also auf der Grundlage von Vertrauensbruch, Eigentumsrechten, dem Verbot von Verleumdung und ähnlichem. Der Artikel hatte zunächst großen Einfluss auf die Gesetzgebung vieler US-Bundesstaaten, die per Gesetz ein Recht auf Privatsphäre einführten. 1928 erklärte Brandeis, inzwischen Richter am US Supreme Court, in einem abweichenden Votum, dass die US-Verfassung ein „Recht, in Ruhe gelassen zu werden" garantiere (Olmstead v. US). Der Supreme Court akzeptierte diese Ansicht schließlich im Jahre 1967 (Katz v. US).

Auf der Ebene der Menschenrechte findet sich das Recht auf Privatheit bereits in der AEMR (Artikel 16), im Internationalen Pakt über bürgerliche und politische Rechte (Artikel 10) und in den Artikeln 8 und 12 der

11.2 · Das Bedürfnis nach Privatheit

> **Artikel 8 EMRK**
>
> (1) Jede Person hat das Recht auf Achtung ihres Privat- und Familienlebens, ihrer Wohnung und ihrer Korrespondenz.
>
> (2) Eine Behörde darf in die Ausübung dieses Rechts nur eingreifen, soweit der Eingriff gesetzlich vorgesehen und notwendig ist in einer demokratischen Gesellschaft, im Interesse der nationalen oder öffentlichen Sicherheit, für das wirtschaftliche Wohl des Landes, zur Aufrechterhaltung der Ordnung, zur Verhütung von Straftaten, zum Schutz der Gesundheit oder der Moral oder zum Schutz der Rechte und Freiheiten anderer.
>
> **Artikel 12 EMRK**
>
> Männer und Frauen im heiratsfähigen Alter haben das Recht, nach den innerstaatlichen Gesetzen, welche die Ausübung dieses Rechts regeln, eine Ehe einzugehen und eine Familie zu gründen.

◘ Abb. 11.1 Artikel 8 und 12 EMRK

EMRK (siehe ◘ Abb. 11.1). Das Recht auf Privatheit ist ein allgemeiner Begriff, der mehrere besondere Menschenrechte umfasst, nämlich üblicherweise die folgenden sechs:

- Das Recht auf Privatsphäre in der eigenen Wohnung
- Das Recht auf Privatleben
- Das Recht auf Freiheit der Eheschließung
- Das Recht auf die Freiheit, eine Familie zu gründen
- Das Recht auf Familienleben
- Das Recht auf Privatsphäre in der Korrespondenz

Das Recht auf Gewissensfreiheit und das Recht auf Religionsfreiheit werden üblicherweise nicht zur Gruppe der Rechte betreffend die Privatheit gezählt. Wir werden in den folgenden beiden Kapiteln aber noch sehen, dass es durchaus sinnvoll ist, auch diese Rechte dem Bereich der Privatheit zuzuordnen.

11.2 Das Bedürfnis nach Privatheit

Ich beginne die Analyse des Schutzumfangs der Privatheit mit dem Verweis auf ein berühmtes Buch, das erstmals im Jahr 1959 veröffentlicht wurde: *The Presentation of Self in Everyday Life* von Erving Goffman. Die Funktion und der Wert der Privatsphäre lassen sich gut auf der Grundlage und vor dem Hintergrund von Goffmans Konzept der Rollenidentität erklären. Der deutsche Soziologe Niklas Luhmann vertrat einen ähnlichen Ansatz, der möglicherweise von Goffman beeinflusst wurde. Allerdings setzte er den Begriff der Privatsphäre mit dem Begriff der Menschenwürde gleich, was nicht sehr sinnvoll ist.

Selbstinszenierung

Interaktionen zwischen Personen finden in der Regel unter der Voraussetzung statt, dass die Interaktionsteilnehmer weit weniger übereinander wissen, als sie wissen müssten, um angemessen und wirksam auf die Handlungen anderer Akteure zu reagieren. In Ermangelung ausreichender Informationen verlassen sie sich daher auf die oberflächlichen Eindrücke, die sie von den anderen Teilnehmern gewinnen können. Mit anderen Worten: Sie verlassen sich auf das Bild, das sie von ihnen haben. Da jeder Teilnehmer einer Interaktion weiß, dass jeder andere Akteur von den Eindrücken abhängig ist, die er bei den anderen hinterlässt, sind alle Teilnehmer motiviert, sich so zu verhalten, dass sie genau den Eindruck erwecken, den sie zu erwecken beabsichtigen, damit sie von anderen so behandelt werden, wie sie behandelt werden möchten. In einer gesellschaftlichen Interaktion setzen sich die Teilnehmer in Szene und geben sich anders als sie in Wirklichkeit sind. Dabei wird der Eindruck, den jemand erweckt, von den anderen als Behauptung wahrgenommen, nämlich als Behauptung, dass der Darsteller in Wirklichkeit so ist, wie er zu sein scheint. Gleichzeitig wird die Selbstinszenierung als ein Versprechen betrachtet, nämlich das Versprechen, sich dauerhaft und konstant entsprechend der dargestellten Rolle zu verhalten.

Tatsächlich ist die Behauptung, die Persönlichkeit zu sein, die durch die Selbstinszenierung zur Schau gestellt wird und auf die sich die anderen gewöhnlich verlassen, immer grundlegend falsch. Wenn wir nämlich darauf verzichten, eine Rolle zu spielen, werden wir spontan von Affekten, Stimmungen, geistigen und emotionalen Impulsen und unkontrollierten körperlichen Reaktionen bestimmt, die weitgehend unvorhersehbaren Schwankungen unterliegen. Menschen, die sich „gehen lassen", d. h. die sich gemäß ihren spontanen Impulsen verhalten, hinterlassen nicht den Eindruck einer konsistenten und kohärenten Persönlichkeit, deren Verhalten hinreichend vorhersehbar ist, sodass andere sich in alltäglichen Interaktionen auf sie verlassen können. Solche Menschen neigen dazu, sich wie kleine Kinder zu verhalten, die sich von ihren spontanen Emotionen, Stimmungen und Impulsen leiten lassen, und deshalb werden sie als Partner einer Interaktion zwischen Erwachsenen nicht ernst genommen. Um eine erfolgreiche Interaktion möglich zu machen, müssen die Teilnehmer also ihre spontanen Emotionen, Stimmungen und Impulse unterdrücken. Dies hat zur Folge, dass der Eindruck, den sie erwecken, nicht dem entspricht, was sie wirklich sind, sondern eher einer Maske, hinter der sie vor den Zuschauern eine Rolle spielen. Die Teilnehmer einer Interaktion spielen also immer voreinander Theater. Die Inszenierung folgt einer bestimmten Rolle, mit der sich die Akteure bewusst oder unbewusst so identifizieren, wie sie von den Zuschauern (= den anderen Interaktionspartnern) gesehen werden wollen.

Jetzt kommt der entscheidende Punkt: Die Notwendigkeit, in zwischenmenschlichen Interaktionen immer eine Rolle spielen zu müssen, kann dazu führen, dass das Individuum die Rolle ungewollt so verinnerlicht, dass es nicht mehr zwischen seinem wahren Ich und seinem Rollen-Ich unterscheiden kann. In solchen Fällen ist das Individuum nicht nur der Darsteller, sondern gleichzeitig auch der Zuschauer seiner eigenen Inszenierung. Er betrachtet den Eindruck von sich selbst, den er vor anderen aufführt, als die einzige Realität seiner selbst. Er wird zum Teil seines eigenen Publikums. Dies geschieht genau dann, wenn er alle diskreditierenden Tatsachen über sich selbst vor seinem eigenen Bewusstsein verbirgt. In einem solchen Fall gibt es einige wichtige Aspekte seiner Persönlichkeit, die er nicht mehr wahrnimmt, sondern vor sich selbst verleugnet. Dies wird von Goffman als Zustand der Selbstentfremdung bezeichnet. Im Zustand der Selbstentfremdung kann das Individuum sein Leben nicht mehr nach seinem eigenen Willen und seinen eigenen Werten bestimmen. Er führt sein Leben nicht mehr selbst. Sein Leben wird vielmehr von den Zuschreibungen und Erwartungen des Publikums geleitet, für das er seine Rolle spielt.

Selbstentfremdung

An diesem Punkt kommt die Privatheit ins Spiel. Um Selbstentfremdung zu vermeiden und das Bewusstsein der eigenen Persönlichkeit zu bewahren, ist es notwendig, sich nicht permanent auf einer „Bühne" aufzuhalten. Es muss also neben dem Interaktionsraum der Bühne einen Raum geben, den Goffman „Hinterbühne" (backstage) nennt. Im Gegensatz zur Situation auf der Bühne ist das Publikum von der Hinterbühne ausgeschlossen. Soziale Interaktion mit dem Publikum findet hier nicht statt oder ist auf ein Minimum reduziert. Der Einzelne bleibt unbeobachtet und ist nicht gezwungen, eine Rolle zu spielen. Hier kann er sich von all den Anstrengungen erholen, die mit der Aufrechterhaltung der Rollenidentität einhergehen. Er kann sich entspannen und „aus der Rolle fallen"; er kann „sich gehen lassen", seine Selbstkontrolle lockern und sich genau so verhalten, wie es seinen sponta-

Hinterbühne

nen Affekten, Gefühlen, Impulsen und Stimmungen entspricht. Auf diese Weise können wir uns so erleben, wie wir wirklich sind. Aus dieser Erfahrung heraus können wir eine Distanz zu den Rollen aufbauen, die wir auf den Bühnen des Lebens zu spielen haben. Diese Distanz erlaubt es uns, zu den Rollen, die wir spielen, Stellung zu beziehen. Wir können über unsere Rollen nachdenken oder sie verändern, sie erproben und versuchen, neue Rollen einzuüben. So kann der Einzelne sein Leben auf der Grundlage seiner eigenen authentischen Überlegungen und Reflexionen führen und wird nicht zum passiven Spielball fremder Zuschreibungen und Erwartungen.

Was Goffman die Hinterbühne nennt, ist das, was mit Privatheit, Privatleben oder Privatsphäre gemeint ist. Die Privatsphäre bezieht sich auf einen bestimmten Lebensbereich, der vor den Blicken der anderen verborgen ist. Der Umfang dieser Sphäre muss genau so groß sein, wie es notwendig und ausreichend ist, um die Selbstkontrolle zu lockern und die Persönlichkeit zu sein, die eine Person wirklich ist, einschließlich aller Aspekte, die in der Öffentlichkeit nicht gezeigt werden können. Der erforderliche Umfang der Privatsphäre hängt von dem Aufwand ab, den eine Person betreiben muss, um ihre Rolle zu spielen. Deshalb hängt der Umfang der Privatsphäre von der gesellschaftlichen Gesamtsituation ab.

11.3 Die einzelnen Rechte auf Privatheit im Lichte von Goffmans Theorie

Vor dem Hintergrund von Goffmans Theorie lässt sich die Funktion der einzelnen Rechte auf Privatheit leicht verstehen.

11.3.1 Das Recht auf Privatheit der Wohnung

Wohnung

Die Wohnung ist ein Ort des Aufenthalts, der von außen nicht beobachtet werden darf. Die Bewohner können sich innerhalb der Wohnung frei verhalten, ohne gezwungen zu sein, eine Rolle vor einem öffentlichen Publikum zu spielen. Die Wohnung ist von Mauern umgeben und daher nicht ohne besonderen Aufwand einsehbar, zum Beispiel durch die heimliche Installation von Kameras oder Mikrofonen. Das Recht auf Privatheit in der eigenen Wohnung beinhaltet das Verbot, ohne Zustimmung des Bewohners körperlich oder mittels Mikrofone und Kameras in die Wohnung einzudringen. Dies ist das, was traditionell als *Hausfrieden* bezeichnet wird.

11.3.2 Das Recht auf Privatleben

Das Privatleben umfasst nicht nur das Leben innerhalb der Wohnung, sondern auch ein bestimmtes Verhalten außerhalb der Wohnung, insbesondere die enge und intime Kommunikation mit anderen Menschen. So schützt das Privatleben z. B. ein privates Gespräch mit einer anderen Person während eines Spaziergangs. Dies zeigt, dass sich das Privatleben nicht nur auf den Einzelnen bezieht, wenn er allein ist. Es umfasst auch enge und private Beziehungen zu anderen Menschen. Der EGMR hat beispielsweise entschieden, dass die Fürstin von Monaco eine gewisse Privatsphäre inmitten der Öffentlichkeit beanspruchen kann, z. B. wenn sie mit ihrer Familie in einem Restaurant sitzt. Ein weiteres sehr wichtiges Beispiel für den Schutz des Privatlebens in der Öffentlichkeit ist das Verbot der ständigen Überwachung von Arbeitnehmern durch Kameras während ihrer Arbeitszeit.

Das Recht auf Privatleben schließt auch die Sphäre des eigenen Körpers mit ein. Daher stellt das Abtasten des Körpers gegen oder ohne die Zustimmung der betroffenen Person eine Verletzung des Privatlebens dar. Unfreiwillige Drogen- und Alkoholtests oder unfreiwillige Blutentnahmen zum Nachweis von Drogenkonsum fallen ebenfalls unter den Schutzbereich der Privatsphäre. Körperliche Untersuchungen, mit denen die sexuelle Ausrichtung einer Person gegen ihren Willen oder ohne ihre Zustimmung ermittelt werden soll, sind weitere Beispiele.

Privatleben

11.3.3 Das Recht auf Freiheit der Eheschließung

Die Freiheit der Ehe umfasst nicht nur das Recht, einen Ehepartner frei zu wählen und zu heiraten, sondern auch das Recht, nicht zur Heirat gezwungen zu werden. Eine Person, die zur Heirat gezwungen wird, wird der Möglichkeit beraubt, eine intime Beziehung zu einem Sexualpartner aufzubauen, weil sie gezwungen ist, mit einem

Ehe

Partner zusammenzuleben, zu dem keine intime Beziehung besteht. Eine intime Beziehung setzt nämlich voraus, dass eine Person die Möglichkeit hat, ihren Partner frei zu wählen. Ansonsten ist und bleibt der Partner ein „Fremder in meinem Bett", vor dem die zur Ehe gezwungene Person eine Rolle spielen muss. Die Zwangsehe führt also zur Vernichtung der Privatsphäre des genötigten Ehepartners.

11.3.4 Das Recht auf freie Familiengründung

Familie

Das Recht auf freie Familiengründung bezieht sich auf die freie Entscheidung, ob man Kinder haben möchte oder nicht. In Anbetracht der Tatsache, dass die Beziehung zwischen Eltern und Kindern eine sehr intime ist, ist es eine schwerwiegende Verletzung des Rechts auf Privatheit, jemanden zum Kinderkriegen zu zwingen oder seine Versuche, Kinder zu bekommen, gewaltsam oder anderweitig zu behindern. Ein Beispiel für die Verletzung dieses Menschenrechts war die frühere Ein-Kind-Politik in China.

11.3.5 Das Recht auf Familienleben

Das Recht auf Familienleben schützt die engen und intimen Beziehungen zwischen Eheleuten sowie zwischen Eltern und Kindern.

Es gibt jedoch auch andere intime Beziehungen, die unter den Schutzbereich des moralischen Rechts auf Familienleben fallen. Aus moralischer Sicht, d. h. abgeleitet aus der Menschenwürde, umfasst dieses Recht auch enge homosexuelle Beziehungen und intime nicht-sexuelle Beziehungen (z. B. Eltern mit ihren erwachsenen Kindern, Mönche und Nonnen in einem kleinen Kloster, intime Wohngemeinschaften zwischen Freunden usw.). Der kodifizierte Schutzbereich ist hier nicht breiter, sondern schmaler als der Schutzbereich des überpositiven moralischen Menschenrechts. Das gilt jedenfalls dann, wenn man den traditionellen Familienbegriff zugrunde legt. Es ist daher Aufgabe der Rechtsprechung, den Schutzbereich über die traditionelle heterosexuell geprägte Familie hinaus auf diese anderen Arten intimer Beziehungen auszudehnen. Denn es geht beim Schutz des Familienlebens nicht darum, eine Institution zu schützen, sondern den Mitgliedern einer engen und intimen Lebensbeziehung den gemeinsamen Rückzug ins Private zu ermöglichen. Dazu werden die Gerichte sich allerdings ein angemessenes Verständnis der Kernfunktion des Rechts auf Privatheit erarbeiten müssen.

Dieser Punkt gibt uns die Gelegenheit zu prüfen, ob die Gerichte die verfassungsrechtliche Kompetenz haben, die Bedeutung des Begriffs „Familie" zu erweitern, um andere Formen von intimen Beziehungen zu erfassen, wie es die Menschenwürde verlangt. Das Bundesverfassungsgericht (BVerfG) ist hier in einer privilegierten Position, weil es eine solche Entscheidung auf Artikel 1 des Grundgesetzes stützen kann, der den Grundsatz der Menschenwürde enthält. Es ist also kein Problem für das BVerfG, sich direkt auf diesen Grundsatz zu beziehen. Die EMRK enthält dagegen keinen Verweis auf den Grundsatz der Menschenwürde. Daher ist es für den EGMR etwas schwieriger, eine Legitimationsgrundlage für die Ausweitung des Schutzbereichs der kodifizierten Menschenrechte zu finden. Dennoch ist es nicht unmöglich.

Nach der Rechtsprechung des EGMR ist die EMRK als „living instrument" zu interpretieren. Das bedeutet, dass das angemessene Verständnis der Konvention und ihrer einzelnen Artikel von der Entwicklung des kulturellen und moralischen Bewusstseins der Gesellschaft abhängt. Daher kann die Bedeutung des Rechts auf Privatheit nicht einfach durch die Frage nach dem historischen Begriff der Familie zu der Zeit ermittelt werden, in der die EMRK verfasst wurde. Vielmehr muss bei der Auslegung des Begriffs der Familie das heutige Verständnis von Familie zugrunde gelegt werden. Die Lehre von den kodifizierten Menschenrechten als lebendige Instrumente ist ein Einfallstor, das es ermöglicht, philosophische Argumente in der Rechtsprechung zur EMRK einfließen zu lassen. Philosophische Analysen können zu einem tieferen Verständnis der Bedeutung von Menschenrechten beitragen. Diese Überlegungen zeigen, dass die rechtliche Zugänglichkeit der gleichgeschlechtlichen Ehe nicht nur eine Frage des rechtlichen Ermessens und der politischen Willensbildung ist, sondern in erster Linie eine Frage der Menschenrechte.

11.3.6 Das Recht auf Privatheit der Korrespondenz

Korrespondenz

Das Recht auf Schutz der Privatheit der Korrespondenz erweitert den Bereich der Privatsphäre über den unmittelbaren räumlichen Bereich der Kommunikation hinaus auf einen Raum der Fernkommunikation. Dies ist auf die zunehmende Mobilität in der modernen Welt zurückzuführen. Viele Menschen, die in einer intimen Beziehung leben, wohnen weit voneinander entfernt und können nicht den geschützten Raum einer Wohnung für ihre Kommunikation nutzen. Sie sind daher auf die Fernkommunikation angewiesen.

Korrespondenz ist eine Art der Fernkommunikation, die traditionell das Versenden physischer Briefe beinhaltet. Modernere Formen der Fernkommunikation sind die Telekommunikation oder die Internetkommunikation. Welche Arten der Fernkommunikation als schutzbedürftig im Sinne des Rechts auf Privatheit anzusehen sind, hängt von den technischen Standards und dem Lebensstil einer bestimmten Gesellschaft ab. Dies lässt sich kaum allein aus dem Grundsatz der Menschenwürde ableiten, sondern erfordert politische und praktische Überlegungen. Hier finden wir ein weiteres Beispiel für die EMRK als ein living instrument.

11.3.7 Das Recht auf Schutz der privaten Daten

Schließlich ist die Kontrolle über die eigenen persönlichen Daten (Recht auf informationelle Selbstbestimmung) ein besonders wichtiger Aspekt des Rechts auf Privatheit in der heutigen Zeit. Es wurde erstmals 1970 durch ein hessisches Landesgesetz verankert und 1983 durch eine Entscheidung des Bundesverfassungsgerichts als verfassungsmäßiges Grundrecht anerkannt. Auf supranationaler Ebene wurde es als Menschenrecht in Artikel 8 der Charta der Grundrechte der Europäischen Union von 2007 kodifiziert. Im Jahre 2008 bestätigte der EGMR das Recht auf den Schutz personenbezogener Daten auch auf der Ebene der EMRK. Der Gerichtshof konnte dieses neue Recht aus der EMRK ableiten, indem er den Begriff des Privatlebens (Artikel 8 EMRK) entsprechend erweiterte.

Der Schutz der persönlichen Daten soll verhindern, dass ein Mensch dadurch die Fähigkeit verliert, sich aus eigenen Überlegungen und Reflexionen selbst zu bestimmen, dass er gleichsam „die Schere im Kopf" hat, weil er „nicht mit hinreichender Sicherheit überschauen kann, welche ihn treffenden Informationen in bestimmten Bereichen seiner sozialen Umwelt bekannt sind, und er das Wissen möglicher Kommunikationspartner nicht einigermaßen abzuschätzen vermag". Das Bundesverfassungsgericht hat zu Recht festgestellt, dass eine solche Person bewusst oder unbewusst in ihrer Freiheit „gehemmt sein kann, aus eigener Selbstbestimmung zu planen und zu entscheiden" (BVerfGE 65, 1, 41). Deshalb gibt es ein Menschenrecht auf Schutz gegen unbegrenzte Erhebung, Speicherung, Verwendung und Weitergabe seiner persönlichen Daten. Jeder Mensch hat das Recht, jederzeit zu wissen, wer was wann und bei welcher Gelegenheit über ihn weiß.

11.4 Schutz der sozialen Bindungen („Verwurzelung")

Während es beim Schutz der Privatheit gerade darum geht, einer Person die „Hinterbühne" zu sichern, also einen intimen Lebensbereich, in dem sie nicht der öffentlichen Beobachtung ausgesetzt und zum Ausspielen von Rollenidentitäten genötigt ist, zieht der EGMR dieses Recht auch heran, um die gegenteilige Situation zu schützen, nämlich den Menschen in seinen weiteren gesellschaftlichen Beziehungen. Nach dieser Rechtsprechung kann die zwangsweise Beendigung des Aufenthalts eines Ausländers im Inland eine Verletzung des Privatlebens darstellen, wenn die Ausweisung oder Abschiebung zugleich eine „Entwurzelung" ist, bei der der Ausländer von seinen weiteren sozialen Beziehungen abgeschnitten wird. Dies ist beispielsweise der Fall, wenn Kinder von ihrer Schulklasse und ihren Beziehungen zu Mitschülern abgeschnitten werden, oder wenn Ausländer von ihrer Fußballmannschaft oder ihrer integrierten Rolle in einem Team von Kollegen am Arbeitsplatz abgeschnitten werden. Die sozialen Beziehungen am Arbeitsplatz, in der Schule, der Nachbarschaft oder in einer Fußballmannschaft sind jedoch genau das Gegenteil von dem, was mit der „Hinterbühne" der Privatsphäre gemeint ist. Die Unterbrechung solcher Beziehungen kann kaum als Unterbrechung sehr enger und intimer Beziehungen angesehen werden.

Tatsächlich hat der EGMR hier ein neues und ungeschriebenes Recht „entdeckt", dessen Schutzbereich sich von dem der Privatheit grundlegend unterscheidet. Es fällt deshalb schwer, dieses Recht dem Schutzbereich des Artikel 8 EMRK zuzuordnen. Ich denke, es wäre viel klarer, von einem ungeschriebenen Recht zu sprechen, nämlich dem *Recht auf Mitgliedschaft* oder dem *Recht auf Zugehörigkeit*. Damit ein solches Recht von der Zuständigkeit des EGMR erfasst werden kann, müsste es allerdings einem kodifizierten Recht der EMRK zugeordnet werden können. In Betracht käme vielleicht Artikel 3 des ersten Zusatzprotokolls zur EMRK von 1952 (Recht auf freie Wahlen) oder Artikel 3 des vierten Zusatzprotokolls von 1963 (Verbot der Ausweisung eigener Staatsangehöriger) oder Artikel 1 des siebten Zusatzprotokolls von 1984 (Schutz gegen Ausweisung).

Ob es sich bei dem Recht auf Zugehörigkeit um ein *Menschen*recht handelt, müsste allerdings noch genauer untersucht werden. Dafür spricht, dass Zugehörigkeit zu einer Gesellschaft nicht beliebig austauschbar ist. Zugehörigkeit setzt ferner Dauerhaftigkeit voraus. Es ist nicht möglich, sich auf Zeit und möglicherweise abhängig von künftigen Behördenentscheidungen zugehörig zu fühlen. Allerdings ist fraglich und bedarf noch einer näheren Untersuchung, ob der Verlust von Zugehörigkeit, bzw. der dauerhafte Status des Fremden einen Menschen tatsächlich daran hindert, seine Personalität zu bewahren.

11.5 Schrankenvorbehalte des kodifizierten Rechts auf Privatleben

Jetzt wissen wir, was unter Privatheit, Privatsphäre oder Privatleben zu verstehen ist und warum und in welchem Umfang es sich dabei um eine notwendige Voraussetzung für die Aufrechterhaltung der Personalität handelt. Die EMRK sieht nun im Hinblick auf den Schutz der Privatheit verschiedene Schrankenvorbehalte vor, die wir uns im Folgenden näher anschauen wollen.

11.5 · Schrankenvorbehalte des kodifizierten Rechts auf Privatleben

Artikel 12 EMRK (Recht, eine Ehe einzugehen und eine Familie zu gründen) enthält die Formulierung „nach Maßgabe der einzelstaatlichen Rechtsvorschriften über die Ausübung dieses Rechts". Diese Klausel muss nicht zwingend als Einschränkungsklausel betrachtet werden. Man kann sie auch als Vorbehalt einer Formalität verstehen, wonach es erlaubt ist, durch Gesetz das Verfahren und die Form zu regeln, nach der Ehen zu schließen sind.

Formalien der Eheschließung

Anders steht es allerdings mit einer gesetzlichen Altersbestimmung für die Ehefähigkeit. Solche Regelungen haben auf den ersten Blick Ähnlichkeit mit den allgemeinen Regelungen über die Geschäftsfähigkeit. Im Unterschied zu diesen Regelungen beziehen sie sich aber nicht auf Beschränkungen der allgemeinen Handlungsfreiheit, wie etwa der Freiheit, einen Kaufvertrag schließen zu können. Sie beschränken vielmehr die Freiheit zur Gestaltung des Privatlebens, die menschenrechtlich geschützt ist. Gleichwohl wird man Regelungen über die Ehemündigkeit als zulässig ansehen können, denn die Ehe ist eine Verantwortungsgemeinschaft und das Eingehen einer Verantwortungsgemeinschaft setzt eine gewisse Reife voraus, die erst ab einem gewissen Alter erwartet werden kann. Ein Verzicht auf die Regelung der Ehemündigkeit wirkt damit nicht als Einschränkung des Menschenrechts auf Privatheit, sondern verhindert vielmehr Zwangsehen oder sexuellen Kindesmissbrauch unter dem Deckmantel der Ehe. Sie dient damit faktisch dem Schutz und nicht der Einschränkung von Menschenrechten.

Eine inhaltliche Einschränkung des Rechts der Eheschließung liegt allerdings insoweit vor, als die Staaten durch Gesetz die Mehrehe (Polygamie) verbieten und damit einer verheirateten Person das Recht verweigern, eine weitere Ehe einzugehen. Das dürfte schwerlich zu rechtfertigen sein, zumal die Möglichkeit einer polygamen intimen Lebensgemeinschaft nicht von vorneherein ausgeschlossen werden kann. In diesem Zusammenhang sei auf eine Vereinbarung der Parteien verwiesen, die die derzeitige (2022) Bundesregierung stellen. Im Koalitionsvertrag vom 07. Dezember 2021 findet sich dazu folgender Satz: „Familie ist vielfältig und überall dort, wo Menschen Verantwortung füreinander übernehmen."[1] Im Bundes-

Mehrehe

---

1 Koalitionsvertrag 2021–2025, S. 77 – ▶ https://www.spd.de/fileadmin/Dokumente/Koalitionsvertrag/Koalitionsvertrag_2021-2025.pdf

tagswahlprogramm der FDP heißt es dazu: „Zwei oder mehr volljährige Personen, die sich persönlich nahestehen, aber nicht miteinander verheiratet, verpartnert oder in gerader Linie verwandt sind, sollen eine Verantwortungsgemeinschaft möglichst unbürokratisch gründen können."[2] Es gibt derzeit also politische Entwicklungen in Richtung auf eine staatlich anerkannte Verantwortungsgemeinschaft, die der Ehe angenähert werden soll und vielleicht eines Tages zu einer vollständigen Gleichstellung führen wird.

Artikel 8 Abs. 2 EMRK enthält für das Recht auf Privat- und Familienleben eine Vorbehaltsklausel, die ebenso weitreichend ist wie die Beschränkungsklauseln der Kommunikationsrechte. Es ist daher im Einzelnen zu prüfen, inwieweit sie sinnvolle Abgrenzungen zwischen Kern und Hof der Menschenrechte zulassen oder ob es sich tatsächlich um einen nicht akzeptablen Freibrief für Eingriffe in den Kern der Menschenrechte auf Privatheit handelt.

Artikel 8 Abs. 2 EMRK ermächtigt die Behörden, unter bestimmten Bedingungen in das Recht auf Privatleben einzugreifen. Unter der Voraussetzung, dass die Behörden im Einklang mit dem Gesetz handeln, können sie aus den folgenden Gründen eingreifen

— Interesse der nationalen oder öffentlichen Sicherheit
— Schutz der Rechte und Freiheiten anderer
— Verhütung von Unruhen oder Verbrechen
— Schutz der Gesundheit
— wirtschaftliches Wohlergehen des Landes
— Schutz der Moral
— Notwendigkeit in einer demokratischen Gesellschaft

Gesetzesvorbehalt

Wie bereits erwähnt, sind die aufgezählten Gründe für Beschränkungen nur dann anwendbar, wenn die Behörde im Einklang mit dem Gesetz handelt. Diese Bestimmung bezieht sich auf einen Gesetzesvorbehalt. Alles, was ich über ähnliche Klauseln im Zusammenhang mit den Kommunikationsrechten gesagt habe, gilt auch hier. Konzentrieren wir uns also auf die Beschränkungsklauseln selbst.

---

2 Das Programm der Freien Demokraten zur Bundestagswahl 2021, S. 34 ▶ https://www.fdp.de/sites/default/files/2021-08/FDP_BTW2021_Wahlprogramm_1.pdf

11.5 · Schrankenvorbehalte des kodifizierten Rechts auf Privatleben

- **Einschränkungszweck des Interesses an der nationalen und öffentlichen Sicherheit sowie der Verhütung von Unruhen und Verbrechen und des Schutzes der Rechte und Freiheiten anderer**

Nationale Sicherheit usw.

Diese Einschränkungsgründe beziehen sich mehr oder weniger auf denselben Zweck. Sie können eine Rechtfertigung dafür liefern, in den Bereich der Privatsphäre einzudringen, wenn diese verborgene Sphäre missbraucht wird. Von einem Missbrauch kann gesprochen werden, wenn die Privatsphäre nicht dem Zweck dient, einen Erholungsraum von den Anstrengungen der öffentlichen Repräsentation auf der „Bühne" zu bieten, sondern als Raum zur Planung oder Begehung von Straftaten genutzt wird. Die Vorbereitung oder Begehung von Straftaten ist für die persönliche Erholung weder notwendig noch hinreichend. Die Funktion der Privatsphäre wird daher durch einen Eingriff in die Privatsphäre nicht beeinträchtigt, der der Kriminalitätsprävention dient. Ein Eingriff in den absolut geschützten Kernbereich der Menschenrechte findet in diesem Fall nicht statt. Dies gilt allerdings nur dann, wenn tatsächlich ein Missbrauch vorliegt, nicht aber schon dann, wenn lediglich ein Verdacht auf kriminelle Handlungen besteht, die tatsächlich aber nicht stattfinden.

Von einem Missbrauch der Privatsphäre kann nur dann die Rede sein, wenn die Planung oder Begehung von Straftaten nicht nur ein kleiner Nebeneffekt ist, der sich im Rahmen des Privatlebens ereignet. Das Eindringen in die Privatsphäre ist nur dann kein Eingriff in den Kernbereich des Menschenrechts auf Privatheit, wenn kriminelle Handlungen unter dem Schutz der Privatsphäre die dominante Rolle spielen. Wir können solche Eingriffe daher nur in Fällen sehr schwerer Straftaten akzeptieren.

Ein Konflikt zwischen dem Schutz der Privatsphäre und der Verhinderung von Straftaten tritt vor allem dort auf, wo das Eindringen in die Privatsphäre heimlich erfolgen muss, um erfolgreich zu sein. Ein besonders schwerer Fall ist der *Lauschangriff*. Ein Lauschangriff besteht in der ständigen heimlichen Beobachtung einer Privatwohnung mit Hilfe elektronischer Abhörgeräte, wobei alles, was in der Wohnung geschieht, aufgezeichnet wird. Die Bewohner der Wohnung wissen nichts von dem Vorgang und können sich daher nicht angemessen verhalten. Sie verhalten sich so, als befänden sie sich hinter den Kulissen, während sie in Wirklichkeit auf der „Bühne" stehen.

Lauschangriff

Das Bundesverfassungsgericht vertritt die Auffassung, dass Abhöraktionen dennoch mit dem Menschenrecht auf Privatsphäre vereinbar sind, wenn die Aufzeichnungen, die sich nur auf die privaten Aktivitäten beziehen, sofort gelöscht werden, sodass anschließend nur noch die kriminellen Aktivitäten in den Aufzeichnungen stehen. Es ist jedoch unvermeidlich, dass die Polizisten zunächst die privaten Aktivitäten abhören müssen, bevor sie sie löschen können. Abhöraktionen scheinen mir daher, wenn überhaupt, nur sehr bedingt vertretbar zu sein. In dem Konflikt zwischen öffentlicher Sicherheit und dem Menschenrecht auf Privatsphäre müssen wir entscheiden, was wichtiger ist. Ich denke, Sicherheit ist kein Wert an sich. Sicherheit bezieht sich vielmehr nicht zuletzt auch auf die Sicherung der Menschenrechte. Deshalb können wir Sicherheit und Menschenrechte nicht gegeneinander ausspielen. Es macht keinen Sinn, ein Gut zu verteidigen, indem man es vernichtet.

Weit weniger problematisch ist das Eindringen in die Privatsphäre, wenn die betroffene Person sich der Situation bewusst ist. In diesem Fall kann sich die Person angemessen verhalten, indem sie eine Rolle auf der Bühne spielt. Wenn also die Polizisten an die Tür klopfen und Einlass verlangen, gibt es im Prinzip keinen Konflikt zwischen der Privatsphäre und der Verhinderung von Straftaten.

- **Einschränkungszweck des Gesundheitsschutzes**

Ich kann mir keinen Fall vorstellen, in dem es zum Zwecke des Gesundheitsschutzes notwendig wäre, heimlich in die Privatsphäre einzudringen. Es könnte Fälle geben, in denen es notwendig ist, auch gegen den Widerstand der Bewohner in eine Wohnung einzudringen, um Menschen mit ansteckenden Krankheiten gegen ihren Willen unter Quarantäne zu stellen. Aber es gibt keinen Grund, dies heimlich zu tun. Es ist also immer möglich, den Konflikt zwischen dem Recht auf Privatsphäre und dem Schutz der Gesundheit zu vermeiden, indem den Bewohnern die Zeit und die Möglichkeit eingeräumt wird, eine Rollenidentität einzunehmen.

wirtschaftliches Wohl

- **Einschränkungszweck des wirtschaftlichen Wohlergehens des Landes**

Das wirtschaftliche Wohlergehen des Landes kann niemals eine Rechtfertigung für einen Eingriff in die Privatsphäre sein. Es gibt Fälle, in denen die Zerstörung von Wohnungen und die daraus resultierende Obdachlosigkeit der Bewohner unter dem Deckmantel des wirtschaftlichen Wohlergehens des Landes gerechtfertigt wurden. Der Bau von Sportstadien, Einkaufszentren oder Fabriken wird als notwendig für das wirtschaftliche Wohlergehen des Landes angesehen und dient als Rechtfertigung für den Entzug der Privatsphäre. Es liegt auf der Hand, dass diese Art von Rechtfertigung nicht überzeugend sein kann. Es kommt in diesen Fällen dieser Art vielmehr darauf an, den Konflikt zwischen dem Recht auf Privatheit und den wirtschaftlichen Interessen von vornehrein zu vermeiden, indem den betroffenen Menschen, die ihre Wohnung räumen sollen, eine alternative angemessene Unterkunft angeboten wird.

- **Einschränkungszweck der Moral**

Der Schutz der Moral kann niemals einen Eingriff in den Kernbereich der Privatheit rechtfertigen. Die Menschenrechte finden ihre Grenze nicht im Schutz der Moral, denn sie gründen selbst in der Moral (der Menschenwürde). Es ist daher kein einziger Fall denkbar, in dem der Schutz der Moral als solcher einen Eingriff in das Menschenrecht auf Privatheit rechtfertigen könnte. Wie Sie sich vielleicht erinnern, habe ich im letzten Kapitel erwähnt, dass der Grund für den Vorbehalt des Schutzes der Moral nur vor dem Hintergrund der bigotten und verklemmten Sexualmoral der 1950er-Jahre verstanden werden kann. Moral bedeutet in einem solchen Kontext vor allem Sexualmoral. So verwundert es nicht, dass der Vorbehalt des Schutzes der Moral im Rahmen der Privatheit immer dann zum Zuge kommt, wenn sexuelle Interaktionen gestört oder unterdrückt werden sollen. So bestätigte das BVerfG noch im Jahre 2008 die Strafbarkeit des Geschwisterinzests (§ 173 Abs. 2 StGB) nicht nur mit eugenischen Gründen und dem Hinweis auf die Gefahr konfuser Rollenidentitäten innerhalb einer Familie, sondern explizit auch unter Hinweis auf eine „kulturhistorisch begründete, nach wie vor wirkkräftige gesellschaftliche Überzeugung von der Strafwürdigkeit des Inzests", also aus moralischen Gründen. Entsprechendes gilt auch für die Strafbarkeit der Mehrehe (Bigamie – § 172 StGB). Zu deren Rechtfertigung berief sich die EKomMR im Jahre 1992 auf die „christlich dominierte monogamische Kultur".

Moral

Moralische Motive können die Gesetzgebung nur dann dominieren, wenn damit der Kernbereich der Menschenrechte nicht berührt wird, sondern nur jener Randbereich, den man bei weit gefassten menschenrechtlichen Normen als „Hof" des Menschenrechts betrachten kann. Darauf komme ich im ▶ 20. Kapitel zurück.

❓ Zur Wiederholung

11.1 Was ist die Kernfunktion der Rechte auf Privatheit?

11.2 Warum stellt die Zwangsehe eine Verletzung des Rechts auf Privatheit dar?

11.3 Warum ist es problematisch, die sozialen Bindungen zwischen einem Ausländer und der Gesellschaft des Aufenthaltsstaates als etwas zu betrachten, das unter den Schutzbereich der Privatheit (Privatleben i. S. d. Art. 8 EMRK) fällt?

11.4 Warum ist der Schutz der Moral kein legitimer Grund, um das Recht auf Privatheit einzuschränken?

Antworten siehe ▶ Kap. 21.

Leseempfehlungen

Goffman, Erving: *Wir spielen alle Theater. Die Selbstdarstellung im Alltag.* München 2013

Geuss, Raymond: *Privatheit. Eine Genealogie.* Frankfurt/M. 2013

Luhmann, Niklas: *Grundrechte als Institution. Ein Beitrag zur politischen Soziologie.* 4. Auflage Berlin 1999

Rössler, Beate: *Der Wert des Privaten.* Frankfurt/M 2001

Sofsky, Wolfgang: *Privatheit.* Leipzig 2018

Tiedemann, Paul: *Von den Schranken des allgemeinen Persönlichkeitsrechts.* In: DÖV 2003, 74–78

Warren, Samuel D. / Brandeis, Louis D.: *The Right to Privacy.* In: Harvard Law Review, 4/5 (1890), S. 193–220. – https://www.cs.cornell.edu/~shmat/courses/cs5436/warren-brandeis.pdf

Rechtsprechung

BVerfG, Urt. v. 15.12.1983, – 1 BvR 209/83 –, BVerfGE 65, 1 (Volkszählung)

BVerfG, Urt. v. 03.03.2004 – 1 BvR 2378/98 –, BVerfGE 109, 279 (Lauschangriff)

BVerfG, B. v. 26.02.2008 – 2 BvR 293/07 –, BVerfGE 120, 224 (Inzest)

EGMR, Urt. v. 25.04.1978 – 5856/72 –, „Tyrer ./. UK", HUDOC (living instrument)

EKomMR, B. v. 29.06.1992 – 19628/92 –, „Bibi ./. UK", (Bigamy) https://www.stradalex.com/en/sl_src_publ_jur_int/document/echr_19628-92

EGMR, Urt. v. 24.06.2004 – 59320/00 –, „Caroline von Hannover ./. Deutschland", HUDOC (Privatshäre in der Öffentlichkeit)

EGMR, Urt. v. 18.10.2006 – 5856/72 –, „Üner ./. Niederlande (Verwurzelung)

EGMR, Urt. v. 17.07.2008 – 20511/03 –, „I ./. Finnland" (Datenschutz)

US Supreme Court, Olmstead v. United States, 277 U.S. 438 (1928)

US Supreme Court, Katz v. United States, 398 U.S. 347 (1967)

Das Menschenrecht auf Gewissensfreiheit

Inhaltsverzeichnis

12.1 Geschichte des Rechtsbegriffs „Gewissen" – 256

12.2 Die Funktion des Gewissens – 261

12.3 Ist das Recht auf Gewissensfreiheit ein Menschenrecht? – 266

Leseempfehlungen – 270

© Der/die Autor(en), exklusiv lizenziert an Springer-Verlag GmbH, DE, ein Teil von Springer Nature 2023
P. Tiedemann, *Philosophische Grundlagen der Menschenrechte*, Springer-Lehrbuch, https://doi.org/10.1007/978-3-662-65533-7_12

> **Begriffsgeschichte des „Gewissens"**
>
> Das Gewissen als Rechtsbegriff taucht zum ersten Mal in den Westfälischen Verträgen von 1648 auf, die den Dreißigjährigen Krieg in Mitteleuropa beendeten. Um weitere Religionskriege zu vermeiden, akzeptierten die Vertragsparteien die Freiheit ihrer Untertanen, ihre Religion nach ihrem eigenen freien Gewissen („conscientia libera") auszuüben. Die Verfasser des Vertrages betrachteten das Gewissen als eine Art inneres Organ, mit dem der Einzelne die Gebote Gottes erfassen kann. Diese Gebote bezogen sich sowohl auf die Art und Weise wie der Gottesdienst gefeiert werden sollte, als auch auf die Art und Weise, wie die Gläubigen ihre Mitmenschen behandeln sollten (moralische Regeln).
>
> In der Zeit der Aufklärung betrachteten die Philosophen die Regeln des Gottesdienstes als mehr oder weniger irrational und die Regeln der Moral als Gebote der Vernunft. Dies führte zu einem Bedeutungswandel des Begriffs „Gewissen". Das Gewissen bezog sich nicht mehr auf die Gebote Gottes, sondern auf die Gebote der Vernunft hinsichtlich der moralischen Pflichten gegenüber den Mitmenschen. Die Verbindung zwischen Religion und Gewissen wurde gekappt (Samuel Pufendorf, Christian Thomasius).
>
> Mit Christian Wolff und Immanuel Kant wird erstmals eine klare Unterscheidung zwischen Moral und Recht eingeführt. Beide beziehen sich auf die Pflichten gegenüber den Mitmenschen, aber die moralischen Pflichten sind Pflichten gegenüber sich selbst aufgrund des eigenen Gewissens, während die rechtlichen Pflichten solche gegenüber der Gemeinschaft aufgrund der Gesetze der Gemeinschaft sind. Der weitere Verlauf der Geschichte war geprägt von einer Verwirrung zwischen dem älteren Gewissensbegriff aus der Zeit der Reformation und dem neueren Gewissensbegriff aus der Zeit der Aufklärung. Diese Verwirrung wird dadurch deutlich, dass in den meisten Kodifikationen Gewissen und Religion immer noch eng miteinander verbunden sind. Eine klare Trennung zwischen den Rechtsbegriffen *Gewissen* und *Religion* wurde erstmals vom BVerfG im Jahr 1960 vorgenommen.

Das Menschenrecht auf Gewissensfreiheit

> **Definition des Begriffs „Gewissen"**
>
> Gewissen ist (1.) das Wissen um die Normen der Moral und (2.) die Überzeugung, durch Identifikation an sie gebunden zu sein. Moralische Maßstäbe sind Maßstäbe dafür, was es bedeutet, ein „guter" Mensch zu sein (so wie Maßstäbe der Rechtsberatung Maßstäbe dafür sind, was es bedeutet, ein „guter" Rechtsanwalt zu sein).
>
> Eine Person, die gegen moralische Normen handelt oder gehandelt hat, an die sie sich gebunden fühlt, wird sich selbst als Mensch ablehnen, weil sie sich als jemand betrachtet, der „nicht gut in seinem Beruf" als Mensch ist (genauso wie ein Anwalt, der fehlerhafte Rechtsberatung leistet, sich selbst als Anwalt ablehnt, weil er nicht gut in seinem Beruf als Anwalt ist). Moralische Scham ist die Reaktion der Selbstablehnung aufgrund eines persönlichen Mangels in Bezug auf moralische Standards.
>
> Um das Gefühl der moralischen Scham zu vermeiden, ist die betreffende Person gezwungen, aufzuhören, ein Mensch zu sein (so wie der inkompetente Anwalt seinen Beruf aufgeben sollte, um die berufliche Scham zu vermeiden). Die einzige Möglichkeit, das Menschsein aufzugeben, ist der Suizid. Um den Suizid zu vermeiden, wählen die meisten Menschen Strategien zur Bewältigung der moralischen Scham, nämlich die Umwandlung der Scham in Schuldgefühle oder die Flucht in neurotische Verdrängungen.

> **Funktion der Gewissensfreiheit**
>
> Die Kernfunktion des Rechts auf Gewissensfreiheit ist die Verteidigung der Willensfreiheit gegen ein Gefühl der moralischen Scham, dem der Betroffene nur durch physische Selbstvernichtung (Suizid) oder durch neurotische Selbstentfremdung entkommen kann. Gewissensfreiheit ist die Freiheit vom Zwang, gegen die eigenen moralischen Überzeugungen zu handeln. Eine Person, die gezwungen wird, gegen ihr eigenes Gewissen zu handeln, kann das Gefühl der Scham nicht in ein Gefühl der Schuld umwandeln, weil es nicht möglich ist, eine böse Handlung zu bereuen, während man gezwungen ist, sie zu begehen.

> Die Gewissensfreiheit umfasst nur das Recht, jede Art der Zusammenarbeit abzulehnen, die von der betreffenden Person als böse angesehen wird. Sie umfasst nicht das Recht, andere daran zu hindern, das zu tun, was man selbst für böse hält. Die Gewissensfreiheit begründet keine moralische Macht über andere Akteure und deren Handlungen, sondern nur eine moralische Macht über sich selbst und die eigenen Handlungen.

Gewissensfreiheit als Aspekt der Privatheit

Das Recht auf Gewissensfreiheit gehört zur Gruppe der Rechte auf Privatheit. Es bezieht sich auf die Beziehung einer Person zu sich selbst als moralische Entität. Seine Funktion ist der Schutz dieses Selbstverhältnisses.

12.1 Geschichte des Rechtsbegriffs „Gewissen"

In diesem Kapitel möchte ich mich mit dem Recht auf Gewissensfreiheit befassen. Es ist interessant festzustellen, dass nationale und internationale Kodifizierungen der Menschenrechte dieses Recht immer im Zusammenhang mit dem Recht auf Religionsfreiheit behandeln. Dies wird verständlich, wenn wir die Geschichte dieses Rechts betrachten.

Westfälischer Frieden

Der Begriff des Gewissens als Rechtsbegriff tauchte zum ersten Mal im Westfälischen Frieden von 1648 auf, der den Dreißigjährigen Krieg (1618–1648) beendete. Dieser war in erster Linie ein Religionskrieg zwischen den Katholiken und den Protestanten in Mitteleuropa, insbesondere in Deutschland. Eines der wichtigsten Ziele des Westfälischen Friedens war es, den Krieg zu beenden und Regeln für das Zusammenleben der beiden christlichen Konfessionen aufzustellen, um künftige Kriege aus religiösen Gründen zu vermeiden. Daher akzeptierten die Vertragsparteien die Freiheit ihrer Untertanen, die Religion nach ihrem eigenen „Gewissen" auszuüben. Der Westfälische Friede garantierte die Freiheit, diejenigen religiösen Riten privat und öffentlich auszuüben, die dem eigenen Gewissen entsprachen.

12.1 · Geschichte des Rechtsbegriffs "Gewissen"

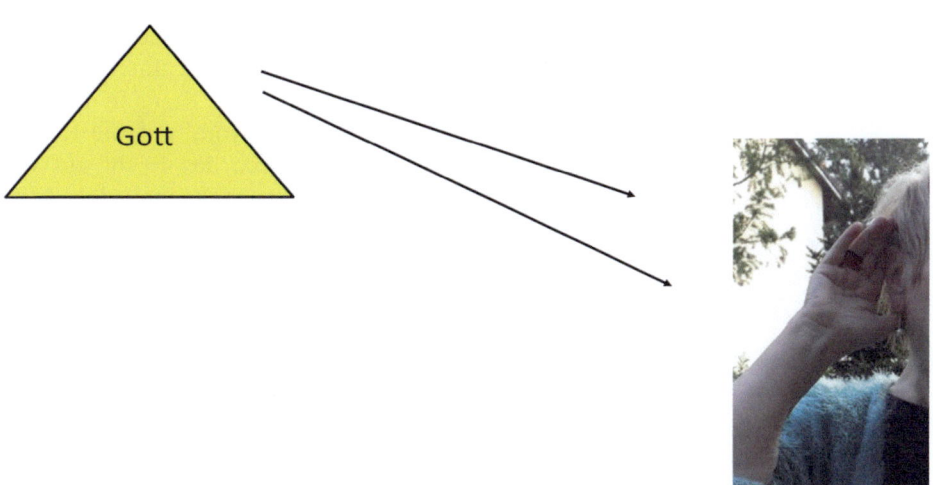

◘ Abb. 12.1   Hören auf göttliche Weisung

Die Verfasser des Vertrages betrachteten das Gewissen als eine Art inneres Organ des Menschen, durch das er in der Lage ist, die Gebote Gottes zu erfassen (siehe ◘ Abb. 12.1). Diese Gebote bezogen sich sowohl auf die Art und Weise wie der Gottesdienst gefeiert werden sollte, als auch auf die Art und Weise, wie die Gläubigen ihre Mitmenschen behandeln sollten. Das Gewissen wurde daher als ein Organ betrachtet, das sowohl Wissen über rituelle als auch über moralische Regeln empfangen kann. Die Meinungsverschiedenheiten zwischen den christlichen Konfessionen bezogen sich allerdings nur auf die Riten und die damit einhergehenden theologischen Vorstellungen, nicht aber auf Fragen der Moral. In Bezug auf die Moral gab es keinen relevanten Unterschied zwischen Katholiken und Protestanten. Aus diesem Grund wurde die Frage der Gewissensfreiheit mehr oder weniger mit der Freiheit der religiösen Riten (im Rahmen des Katholizismus und des Protestantismus) gleichgesetzt.

Erst 100 Jahre später, zur Zeit der Aufklärung, wurde dieses Verständnis von Gewissen zunehmend in Frage gestellt. Zunächst erkannten die Philosophen, dass es ziemlich seltsam ist, dass Katholiken und Protestanten behaupten, die Stimme Gottes zu hören, obwohl sie unterschiedliche Dinge hören. Die Vorstellung des Ge-

Aufklärung

wissens als inneres Organ, mit dem man Botschaften von Gott empfangen kann, wurde immer unglaubwürdiger (Locke). Die Philosophen Samuel Pufendorf (1632–1694) und Christian Thomasius (1655–1728) waren die ersten, die zwischen Religion, Moral und Recht unterschieden. Ihrer Meinung nach bezieht sich die Religion auf die Pflichten gegenüber Gott und die Moral auf die Regeln gegenüber sich selbst, während sich das Recht auf die Pflichten gegenüber der Gemeinschaft und den Mitmenschen bezieht.

Auch Immanuel Kant (1724–1804) unterschied zwischen Moral und Recht, aber für ihn geht es auch bei der Moral um das Verhalten gegenüber der Gemeinschaft und den Mitmenschen. Lediglich der Grund für die Verbindlichkeit von moralischen und rechtlichen Regeln ist unterschiedlich. Moralische Regeln sind Regeln gegenüber sich selbst, die gegenüber anderen zu erfüllen sind. Rechtliche Regeln sind Pflichten gegenüber der Gemeinschaft, die ebenfalls gegenüber anderen zu erfüllen sind.

Die deutschen Philosophen Christian Wolff (1679–1754) und Immanuel Kant behaupteten, dass das Gewissen kein Organ ist, mit dem wir Informationen von außen empfangen können, sondern dass es Teil unserer Vernunft ist. Im Gewissen kommt die Stimme der Vernunft zu Gehör. Die Philosophie der Aufklärung konzentrierte sich stark auf die Frage, ob und inwieweit es möglich ist, moralische Regeln aus Prinzipien der Vernunft abzuleiten. Regeln, die sich auf religiöse Riten beziehen, wurden als eher irrational und wahnhaft angesehen. Dieses öffentliche Nachdenken über Moral und Religion führte zu einem Bedeutungswandel des Gewissensbegriffs. Das Gewissen hatte nicht mehr mit Religion oder der Stimme Gottes zu tun, sondern mit Moral und der Stimme der Vernunft. Ein Begriff für die Fähigkeit, die religiösen Regeln von Ritualen und Gottesdiensten zu verstehen, wurde nicht mehr benötigt, da die Philosophen der Aufklärung solche Regeln für unsinnigen Aberglauben hielten.

Romantik

Erst im Zeitalter der Romantik, das von den 80er-Jahren des 18. bis zur Mitte des 19. Jahrhunderts dauerte, änderten sich die Überlegungen zur Religion erneut. Das Zeitalter der Romantik war eine kulturelle Bewegung in Mitteleuropa, die alle Arten von Kunst (Literatur, Malerei, Musik) betraf und ihr Zentrum in Deutschland hatte. Die Philosophie wurde in dieser Epoche nicht so sehr betont, da Philosophie etwas ist, das mit Vernunft zu tun hat, während der Geist der Romantik der Vernunft gegenüber eher skeptisch war. Insbesondere die Ergebnisse der Französischen Revolution, die nicht in einem rationalen Zustand der Freiheit und Gleichheit, sondern in einem Zustand des irrationalen Terrorismus endete, führten zu dieser Entwicklung. Die Irrationalität in Form von Gefühlen, Emotionen und Eindrücken wurde wertgeschätzt und rückte in den Mittelpunkt des Interesses. Folglich wurde auch die Religion ernster genommen als zuvor. Religiöse Rituale wurden wieder als etwas Wichtiges und Wertvolles angesehen. Dennoch war es nicht möglich, die frühere Bedeutung des Gewissensbegriffs wiederherzustellen, wie er in der Zeit vor der Aufklärung verstanden wurde. Zu stark war die Neuinterpretation des Begriffs durch die Philosophie der Aufklärung gewesen.

Dieser Sprachwandel nötigte zu einer neuen Begrifflichkeit, wie sie in der Rechtssprache erstmals in der neuen Verfassung zum Ausdruck kommt, die der im Jahre 1830 gegründete belgische Staat ausarbeiten musste (siehe ◘ Abb. 12.2). Die Verfasser der belgischen Verfassung wollten die freie Religionsausübung schützen, aber sie sahen sich gehindert, dafür den traditionellen Begriff der Gewissensfreiheit zu verwenden. Also erfanden sie eine völlig neue Formel. Diese Formel spricht einerseits von der Freiheit des Gottesdienstes und andererseits von der Freiheit der Meinungsäußerung. Ersteres bezieht sich auf die Religionsausübung, letzteres auf Meinungen aller Art, darunter aber auch Meinungen zu religiösen Vorstellungen und Lehren. Der Begriff des Gewissens wurde vollständig vermieden.

Diese neue Redeweise beeinflusste die Formulierung der Religionsfreiheit in der Paulskirchenverfassung von 1848 und der preußischen Verfassung von 1850. Im Unterschied zur belgischen Verfassung übernahmen diese deutschen Verfassungen aber zugleich auch die traditionelle Formel von „Glaube und Gewissen" bzw. „Gewissen und Religion" und fügte dem den neuen Ausdruck der freien Religionsausübung hinzu. Diese Formulierung ging in den

Zwillingsformel

Die Freiheit des Gottesdienstes, seiner öffentlichen Ausübung sowie die Freiheit, die eigenen Meinungen auf jedem Gebiet zu äußern, werden gewährleistet, …

◘ **Abb. 12.2** Artikel 14 Verfassung Belgien vom 07.02.1831

> Jede Person hat das Recht auf Gedanken-, Gewissens- und Religionsfreiheit; dieses Recht umfasst die Freiheit, seine Religion oder Weltanschauung zu wechseln, und die Freiheit, seine Religion oder Weltanschauung allein oder in Gemeinschaft mit anderen öffentlich oder privat durch Gottesdienst, Unterricht oder Praktizieren von Bräuchen und Riten zu bekennen.

◘ **Abb. 12.3**   Artikel 9 Abs. 1 EMRK

Bestand der traditionellen deutschen Verfassungsformeln ein und ist heute Teil des Artikels 4 GG. Nach dem Zweiten Weltkrieg fand sie Eingang in die internationalen Menschenrechtsinstrumente, unter anderem in Artikel 9 EMRK (siehe ◘ Abb. 12.3). Auch hier finden wir die Zwillingsformel „Gewissen und Religion" und zugleich die Rede von der Religionsausübung.

Weil der alte reformatorische Begriff des Gewissens und der neue Begriff der Religionsausübung inhaltsgleich sind, herrschte lange Zeit Unklarheit und Verwirrung darüber, was mit Gewissen (im Unterschied zu Religionsausübung) gemeint sein sollte. In Deutschland dauerte diese Verwirrung bis 1960. In diesem Jahr fand das Bundesverfassungsgericht – soweit ich sehe als weltweit erstes Gericht – zu einer klaren Unterscheidung zwischen Gewissen und Religion bzw. Religionsausübung. Obwohl damit geklärt war, dass der rechtliche Gewissensbegriff nicht im Sinne der Reformationszeit, sondern im Sinne der Aufklärung verstanden werden muss, findet sich noch im Jahre 2013 ein Urteil des EGMR, indem noch immer nicht klar zwischen Religion und Gewissen unterschieden wird. Stattdessen hält der Gerichtshof an der Verworrenheit der Ausdrucksweise fest, indem er sagt, dass „die Religionsfreiheit in erster Linie eine Angelegenheit des individuellen Denkens und Gewissens" sei.

Definition

Das BVerfG lieferte 1960 folgende Definition des Gewissens: „,Gewissensentscheidung' im Sinne des Art. 4 Abs. 3 GG ist jede ernste sittliche, d. h. an den Kategorien von ‚Gut' und ‚Böse' orientierte Entscheidung, die der einzelne in einer bestimmten Lage als für sich bindend und unbedingt verpflichtend innerlich erfährt, sodass er gegen sie nicht ohne ernste Gewissensnot handeln könnte."

Diese Definition zeigt, dass das Gewissen nichts mit Religiosität oder mit Gehorsam oder Ungehorsam gegenüber gottesdienstlichen Regeln zu tun hat, sondern dass es nur um Gut und Böse geht. Es bezieht sich auf moralische

Urteile und auf die Überzeugung, an diese Urteile gebunden zu sein.

12.2 Die Funktion des Gewissens

Das BVerfG stellte fest, dass moralische Urteile, also Urteile nach dem Maßstab von Gut und Böse bei dem, der sie fällt, zu einem Gefühl der Verbindlichkeit führt. Diese Verbindlichkeit äußert sich in der schweren Not, die wir empfinden, wenn wir im Widerspruch zu solchen Urteilen handeln oder handeln sollen. Was hat es mit dieser Not auf sich? Wie können wir sie genauer beschreiben? – Im Kern handelt es sich bei der schweren Not, die wir im Falle von Gewissenskonflikten empfinden, um das Gefühl der Scham.

Das Gefühl der Scham wurde bereits im sechsten Kapitel angesprochen, als wir darüber nachdachten, ob es für eine Person möglich ist, sich ihrer eigenen Personalität bewusst zu sein und zugleich die Personalität anderer zu leugnen. Wir haben gesagt, dass dies zwar möglich ist, aber das Gefühl der moralischen Scham hervorruft, das eine sehr ernste Art von Leiden ist. Wir müssen das Gefühl der Scham noch einmal etwas genauer analysieren, um die Funktion und Bedeutung der Gewissensfreiheit angemessen verstehen zu können. Sie werden sehen, dass ich einige Wiederholungen vornehme, aber ich werde auch einige neue Aspekte hinzufügen, die die Dinge klarer machen können.

Scham tritt nicht nur als Reaktion auf moralisches Versagen auf. Sie kann auch in Situationen auftreten, die nichts mit Moral zu tun haben. Im Allgemeinen können wir sagen, dass Scham auftritt, wenn wir uns von anderen abgelehnt fühlen, weil sie sich eines schweren Mangels bewusst sind, den wir haben. Scham ist also die Reaktion auf eine bestimmte Haltung der anderen uns gegenüber, nämlich die Haltung der Ablehnung. Wir schämen uns vor den anderen, die uns ablehnen. Ich lasse den sehr problematischen Fall der Scham beiseite, der nicht auf einer tatsächlichen Ablehnung durch andere beruht, sondern nur auf unserer fälschlicherweise angenommenen Überzeugung, von anderen abgelehnt zu werden. Scham kann auf einem Irrtum beruhen, sie kann aber auch auf einer realistischen Einschätzung der Situation beruhen. Für unseren Zweck reicht es aus, nur die Fälle von „realistischer Scham" zu behandeln.

Scham

Es ist wichtig zu verstehen, dass die Ablehnung durch andere allein nicht ausreicht, um sich zu schämen. Scham tritt nur auf, wenn ein zweites Element hinzukommt. Dieses zweite Element ist konstitutiv. Andere, die uns als defizitär einstufen, verwenden einen bestimmten Qualitätsstandard, nach dem sie beurteilen können, ob wir Defizite haben. Scham tritt nur auf, wenn wir diese Maßstäbe teilen. Die Ablehnung durch andere führt nur dann zu Schamgefühlen, wenn das Bewusstsein, abgelehnt zu werden, uns daran erinnert, dass wir uns selbst ablehnen, weil wir die Meinung teilen, dass wir wichtige Defizite haben.

Ich nenne Ihnen einige Beispiele. Wir schämen uns, wenn uns jemand wegen unserer Haarfarbe oder unserer Körperform ablehnt und wenn wir die Meinung teilen, dass unsere Haarfarbe oder unsere Körperform mangelhaft ist oder jedenfalls nicht so ist, wie sie sein sollte. Wenn wir uns von anderen abgelehnt fühlen, weil sie mit der von uns geleisteten Arbeit nicht zufrieden sind, schämen wir uns, wenn wir die Meinung teilen, dass wir unsere Arbeit nicht richtig gemacht haben. Wenn wir uns von jemandem zurückgewiesen fühlen, in den wir uns verliebt haben, dann empfinden wir Scham, wenn wir die Meinung teilen, dass wir es nicht wert sind, geliebt zu werden. Wenn man bedenkt, dass Scham nur dann auftritt, wenn wir den Qualitätsstandard teilen, nach dem wir Defizite aufweisen, ist es möglich, Scham zu empfinden, obwohl es niemanden außerhalb von uns gibt, der uns ablehnt. Wir können Scham empfinden, einfach weil wir uns selbst ablehnen.

moralische Scham

Was für alle Arten von nicht-moralischer Scham gilt, trifft auch auf die moralische Scham zu. Wir empfinden nicht nur deshalb moralische Scham, weil wir von anderen dafür getadelt werden, dass wir gegen moralische Normen verstoßen haben. Wir empfinden nur dann moralische Scham, wenn wir gegen moralische Normen handeln, die wir ebenso wie die anderen für verbindlich halten. Die Verletzung moralischer Normen kann nur dann moralische Scham hervorrufen, wenn diese Normen in unser Gewissen integriert sind, d. h., wenn wir uns mit ihnen identifizieren. Das Gewissen ist somit (1.) das Wissen um die Normen der Moral und (2.) die Überzeugung, an sie gebunden zu sein. Das Recht auf Freiheit des Gewissens bezieht sich also auf die Freiheit, nicht gezwungen zu werden, entgegen den moralischen Regeln zu handeln, die eine Person für sich als verbindlich betrachtet. Warum

12.2 · Die Funktion des Gewissens

aber ist es so wichtig, die Gewissensfreiheit durch ein spezielles Menschenrecht zu schützen?

Jede Art von Scham untergräbt unser Selbstwertgefühl. Deshalb verspüren wir einen starken Drang, Scham zu vermeiden. Eine wirksame Strategie, Scham zu vermeiden, ist die Flucht aus Situationen, die Scham verursachen. Jemand, der sich wegen seiner Haarfarbe schämt, kann sich die Haare färben. Jemand, der sich wegen seiner Körperform schämt, kann entweder versuchen, abzunehmen, Bodybuilding oder Sport zu treiben, oder er kann Begegnungen mit Menschen vermeiden und versuchen, zu Hause zu bleiben, um nicht gesehen zu werden. Jemand, der sich schämt, weil er in seinem Beruf versagt hat, kann seinen Job wechseln, um erfolgreicher zu werden und mehr Anerkennung zu finden. Ein Mann, der sich als Liebhaber abgelehnt fühlt, kann Begegnungen mit Frauen vermeiden. In diesem Fall wird er zwar unter Einsamkeit leiden, aber nicht mehr unter Scham. Strategien dieser Art versagen jedoch, wenn es um moralische Scham geht. Vermeidungsstrategien bestehen darin, sein Leben zu ändern, um schamauslösendes Versagen zu vermeiden. Wer an moralischen Standards scheitert, kann nicht einfach sein Leben ändern. Denn moralische Standards beziehen sich auf die Qualität als Mensch. Wer dabei versagt, ein guter Mensch zu sein, kann nicht einfach eine Rolle wechseln. Er muss vielmehr aufhören, ein Mensch zu sein. Die einzige Möglichkeit, dies zu tun, ist der Suizid.

Sie sehen hier, warum moralische Scham viel dramatischer und viel ernster ist als jede andere Art von Scham. Aber das ist nur die eine Seite der Medaille. Die meisten Menschen, die sich wegen moralischer Defizite schämen, begehen keinen Selbstmord. Ihr Lebensdrang ist so stark, dass sie nach Strategien suchen, die es ihnen ermöglichen, den Schmerz der Scham zu vermeiden und trotzdem zu überleben.

Eine dieser Strategien ist – wie wir im sechsten Kapitel gesehen haben – die Strategie der Verdrängung. In diesem Fall bemühen wir uns sehr, unsere moralischen Defizite zu vergessen. Aber das ist nicht so einfach, wie es scheint. Es ist kaum möglich, moralische Defizite einfach zu vergessen, weil sie unser Selbstwertgefühl auf eine sehr wesentliche Weise beeinflussen. Die Verdrängung ist daher meist eine Art Ersatz. Wir ersetzen das Bewusstsein unseres Versagens durch die Erfindung von etwas anderem, das leichter zu ertragen ist. Wir können zum Beispiel die Idee erfinden, dass nicht wir diejenigen sind, die für eine böse

Schamvermeidung

Verdrängung

Tat verantwortlich waren, sondern jemand anderes. Das war es, was das deutsche Volk nach dem Zweiten Weltkrieg tat. Sie ersetzten die moralische Scham über ihre schrecklichen Verbrechen während der Zeit der nationalsozialistischen Herrschaft durch die Vorstellung, dass all diese Verbrechen nur von einem einzigen Täter, nämlich Adolf Hitler, begangen worden sind. Sie betrachteten sich nicht nur als bloße Instrumente in Hitlers Hand, sondern auch als manipulierte Opfer seiner Verbrechen. Die wirklichen Opfer ihrer Verbrechen wurden nicht als Opfer anerkannt; vielmehr sahen sie sich selbst als die eigentlichen Opfer. Dies erleichterte es ihnen, ohne moralische Scham weiterzuleben.

Sehr oft reicht es nicht aus, nur die Erinnerung an böse Taten zu verdrängen. Es ist vielmehr auch notwendig, die dazugehörigen Gefühle zu ersetzen. So wird das Gefühl der Scham durch ein Gefühl des Ärgers, der Wut oder des Ekels ersetzt. Diese Gefühle müssen jedoch adressiert werden. Man braucht etwas oder jemanden, über den man sich ärgert oder vor dem man sich ekelt. Und weil man es vermeidet, die eigenen bösen Taten zu adressieren, werden die Gefühle auf jemand anderen projiziert. Das können die Mitglieder der eigenen Familie sein. In diesem Fall vermeidet der Betroffene den Schmerz der Scham, indem er anderen Schmerzen zufügt. Er selbst leidet dann nicht mehr, lässt aber andere leiden. Eine andere Strategie besteht darin, diese negativen Ersatzgefühle zum Beispiel auf Juden, Farbige oder Ausländer zu projizieren. Eine weitere Möglichkeit besteht darin, die Gefühle der Wut oder des Ekels auf sich selbst zu projizieren, aber nicht auf sich selbst als die Person, die böse Handlungen begangen hat, sondern auf andere Aspekte der eigenen Persönlichkeit, die weniger wichtig sind. Dies kann der eigene Körper sein. In diesem Fall empfindet die betreffende Person Ekel oder Scham gegenüber dem eigenen Körper, anstatt moralische Scham zu empfinden. Solche Gefühle äußern sich dann beispielsweise in einem Waschzwang oder in einem zwanghaften und pedantischen Ordnungssinn. In diesem Fall verbleibt das Leiden bei der betreffenden Person, wird aber auf ein Maß reduziert, das das Selbstwertgefühl der Person als Ganzes nicht beeinträchtigt. Die Folge dieser Strategie ist immer eine erhebliche Einschränkung der Möglichkeit, das eigene Leben auf der Grundlage rationaler Überlegungen und Reflexionen zu führen.

Die Tiefenpsychologie und die Psychoanalyse bezeichnen solche Strategien der Verdrängung durch Ersetzung als *Neurosen*. Der Nachteil von Neurosen ist, dass das Leiden nicht beendet werden kann. Es dauert ewig an. Der einzige Effekt besteht darin, dass die neurotische Art des Leidens für die Person weniger existenziell zu sein scheint und leichter zu ertragen ist als die ursprüngliche moralische Scham. Der Preis dafür ist jedoch hoch. Er ist in der Währung der Selbstentfremdung zu bezahlen.

Wie Sie sich vielleicht aus dem sechsten Kapitel erinnern, gibt es noch eine weitere Strategie. Diese ist weder die Kapitulation vor der moralischen Scham durch Suizid noch die bloße Vermeidung der moralischen Scham durch Verdrängung und Neurosen. Es ist vielmehr die Strategie, den Kopf über Wasser zu halten, indem man die moralische Scham in ein moralisches Schuldgefühl umwandelt. Diese Umwandlung ist die beste und vernünftigste Strategie im Umgang mit moralischer Selbstablehnung. Sie ermöglicht es, zu überleben und gleichzeitig die eigene Authentizität zu bewahren.

Schuldgefühl

Die Möglichkeit, ein moralisches Schuldgefühl zu entwickeln, um einen Selbstmord oder Neurosen zu vermeiden, wird jedoch beschnitten, wenn die betreffende Person zu Handlungen gezwungen wird, die mit ihrem eigenen Gewissen in Konflikt stehen und die sie daher als böse betrachtet. In diesem Fall empfindet die Person moralische Scham, ohne sie in Schuld umwandeln zu können. Es ist nämlich nicht möglich, etwas zu bereuen und sich selbst der Vergebung würdig zu erweisen, während man noch dabei ist, die betreffende böse Handlung zu begehen. Der Zwang, gegen das eigene Gewissen zu handeln, zwingt die betreffende Person entweder zum Selbstmord oder dazu, das Schamgefühl durch neurotische Verdrängung zu vermeiden. Bei der ersten Alternative führt der Zwang, gegen das Gewissen zu handeln, zur existenziellen Vernichtung der Person. Bei der zweiten Alternative führt der Zwang zu einer tiefen Selbstentfremdung. Diese zweifache Bedrohung macht das Interesse an einem Recht auf Gewissensfreiheit verständlich.

12.3 Ist das Recht auf Gewissensfreiheit ein Menschenrecht?

Dennoch müssen wir uns fragen, ob dieses Recht wirklich ein Menschenrecht ist. Wir haben gesagt, dass wir ein Recht nur dann als ein Menschenrecht betrachten können, wenn die Funktion dieses Rechts darin besteht, die notwendigen Bedingungen für die Entwicklung und Erhaltung der Personalität zu schützen. Nun lässt sich aber nicht sagen, dass jemand, der gegen sein eigenes Gewissen handelt, seine Personalität untergräbt. Vielmehr ist das Gegenteil der Fall. Nur wenn wir Personen sind und solange wir Personen sind, können wir gegen unser eigenes Gewissen handeln. Eine Handlung, die dem Gewissen zuwiderläuft, ist eine Handlung, für die der Handelnde verantwortlich ist. Verantwortung kann jedoch nur einer Person zugeschrieben werden und nicht einer Nicht-Person. Mit anderen Worten: Würden wir die Personalität verlieren, wenn wir gegen unser Gewissen handeln, gäbe es niemanden, der für das, was er tut, oder für das, was er getan hat, verantwortlich sein könnte. Das Gewissen ist ein Element der Personalität, und ohne Personalität ist es nicht möglich, gegen das Gewissen zu handeln. Ohne Personalität ist es auch nicht möglich, moralische Scham zu empfinden. Das Problem des Gewissens und der Scham verschwindet also, wenn es keine Personalität mehr gibt. Dies zeigt, dass es keine direkte Verbindung zwischen der Gewissensfreiheit und den Bedingungen der Personalität gibt. Personalität ist vielmehr die Voraussetzung für einen Gewissenskonflikt.

Der Schutzbereich der Gewissensfreiheit muss in anderer Weise betrachtet werden. Dazu ist es hilfreich, einen neuen Begriff in die Untersuchung einzuführen, und zwar den der *Persönlichkeit*. Worin liegt der Unterschied zwischen Personalität und Persönlichkeit und inwiefern gibt es einen Zusammenhang zwischen beiden?

Persönlichkeit

Personalität bezieht sich auf die Gesamtheit der Fähigkeiten, die zur Entwicklung und Aufrechterhaltung einer Persönlichkeit erforderlich sind. Die Persönlichkeit ist das Ergebnis der Anwendung der Personalität. Indem wir unsere Personalität nutzen, schaffen wir eine Persönlichkeit. Die Persönlichkeit kann verändert oder durch eine andere Persönlichkeit ersetzt werden, und die Geschichte unserer Biografie besteht aus der Entwicklung, Veränderung und Ersetzung der Persönlichkeit. Die Persönlichkeit bezieht sich sozusagen auf das Drehbuch des Stücks, das wir im Laufe unseres Lebens aufführen. Es liegt auf der Hand, dass sich das Stück, das wir in unserer Jugend aufführen, von dem Stück unterscheidet, das wir im Ruhestand aufführen. Der Lebensstil von jungen und alten Menschen ist anders, weil ihre Persönlichkeiten unterschiedlich sind. Dennoch gibt es in den meisten Fällen eine langsame Entwicklung von der Persönlichkeit des jungen Menschen zur Persönlichkeit des älteren Menschen. Es gibt aber auch den dramatischen Fall einer gleichsam revolutionären Änderung der Persönlichkeit. Ein eindrückliches Beispiel dafür tritt nicht selten bei Menschen auf, die bei einer Katastrophe in tiefe Todesangst geraten sind. Während sie vorher vielleicht eine Persönlichkeit entwickelt hatten, die von Frivolität und Oberflächlichkeit geprägt war, hat sich ihre Persönlichkeit nach der Katastrophe schlagartig verändert. Sie sind nun ernsthaft und vorsichtig und überlegen, was im Leben wirklich zählt. Ein weiteres Beispiel ist die kriminologische Resozialisierungsthese, nach der das Gefängnis die Funktion hat, die Insassen bei der Veränderung ihrer Persönlichkeit von einer kriminellen zu einer zivilisierten zu unterstützen.

Die Freiheit, jede beliebige Persönlichkeit nach eigenem Gutdünken zu entwickeln, ist nicht durch die Menschenrechte geschützt. Dies ist leicht zu verstehen, wenn wir die Möglichkeit der Entwicklung einer kriminellen Persönlichkeit berücksichtigen. Es ist offensichtlich legitim, diese Möglichkeit zu unterdrücken, und das Gesetz tut nichts anderes. Jede Rechtsordnung verbietet und unterdrückt einige Typen von Persönlichkeit. Der Spielraum, innerhalb dessen alternative Möglichkeiten der Persönlichkeitsentfaltung bestehen, ist also beschränkt und kann bis zu einem gewissen Grad eingeschränkt werden (siehe ◘ Abb. 12.4).

Allerdings darf die Unterdrückung gewisser Persönlichkeitstypen nicht schrankenlos sein. Andernfalls liegt eine Verletzung der Menschenrechte vor. Wir können dies anhand eines Beispiels verständlich machen. Man kann Personalität als der Fähigkeit, eine Persönlichkeit zu entwickeln, mit der Fähigkeit vergleichen, sich seiner Beine zu bedienen, um sich fortzubewegen. Wenn ein Mensch daran gehindert wird, sich auf den eigenen Beinen frei zu bewegen, wird dies schon bald zu einer Atrophie der Beinmuskeln und schließlich dazu führen, dass er vollständig unfähig wird, noch zu gehen. Ähnliches geschieht, wenn

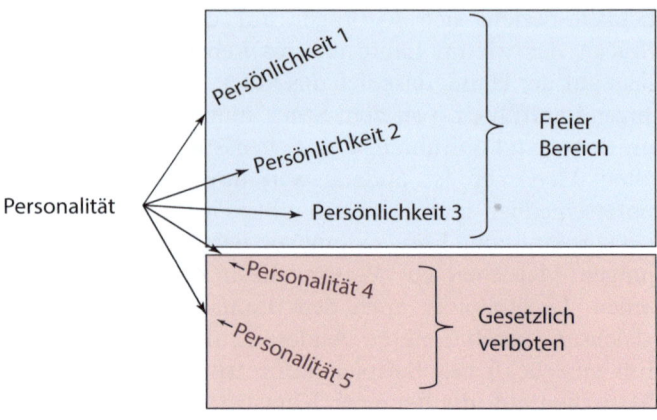

◘ Abb. 12.4   Gesetzmäßige und gesetzwidrige Persönlichkeiten

ein Mensch daran gehindert wird, von seiner Personalität einen hinreichend freien Gebrauch zu machen. Indem ein Mensch daran gehindert wird, eine Persönlichkeit seiner Wahl auszubilden, wird auf Dauer seine Personalität verkümmern. Personalität kann also nur dann aufrechterhalten werden, wenn es einen hinreichend großen Spielraum zur Gestaltung und Entfaltung von Persönlichkeit gibt. (Wir haben dieses Thema schon in ▶ Abschn. 9.4 im Zusammenhang mit totalen Institutionen erörtert.) Der Spielraum für die freie Entfaltung der Persönlichkeit muss also nicht unbegrenzt sein, aber er muss ausreichend groß sein, um die Personalität zu erhalten. Er muss weit genug sein, um eine echte Wahl zu haben, eine Persönlichkeit zu entwickeln, mit der sich die Person identifizieren kann, sodass sie sagen kann: „Das ist es, was ich aus mir gemacht habe! Das bin ich!"

biografische Identität

Die Persönlichkeit ist das Ergebnis aller Handlungen, die wir in der Vergangenheit bis zum gegenwärtigen Augenblick vollzogen haben. Die Identität, die sich auf die Persönlichkeit bezieht, wird als *biografische* oder, nach einem Konzept von Paul Ricœur, als *narrative Identität* bezeichnet. Was geschieht mit der biografischen Identität, wenn eine Person wichtige Handlungen in ihrem Leben als böse ansieht? In diesem Fall betrachtet die Person auch ihre Persönlichkeit als böse. Die Betrachtung der eigenen Persönlichkeit als böse führt entweder zum Streben nach Veränderung der Persönlichkeit oder zur Haltung der Selbstverneinung (siehe ◘ Abb. 12.5). Um Selbstverneinung zu vermeiden, muss die Person ihre bösen Handlungen bereuen und eine Persönlichkeit wiederherstellen,

12.3 · Ist das Recht auf Gewissensfreiheit ein Menschenrecht?

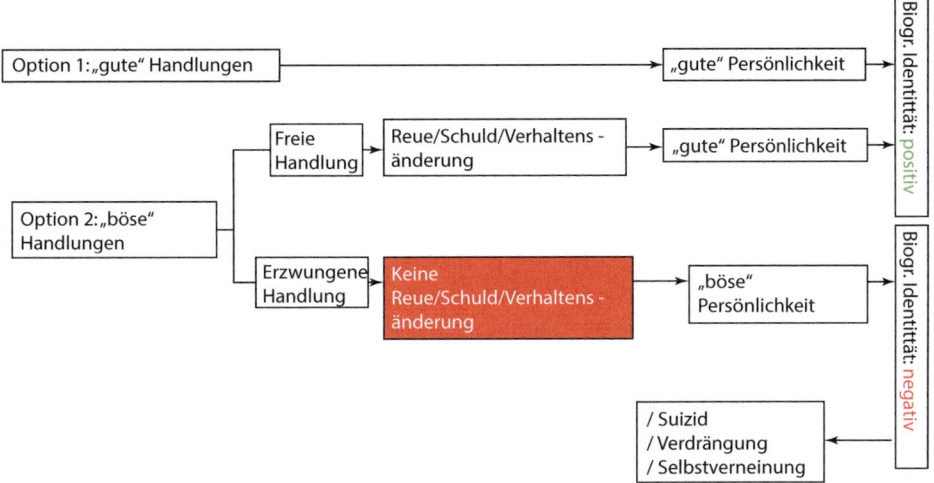

Abb. 12.5 Erzwungene „böse" Handlungen

die sie selbst als moralisch zufriedenstellend betrachten kann. Wenn nun jemand gezwungen wird, gegen sein eigenes Gewissen zu handeln, wird er daran gehindert, zu bereuen, was er gerade tut. Denn man kann nur eine Tat bereuen, zu der man bereits eine zeitliche Distanz gewonnen hat. Man kann nicht bereuen, was man jetzt gerade tut. Deshalb ist jemand, der gezwungen wird, gegen sein Gewissen zu handeln, zur Selbstverneinung gezwungen. Zum Drehbuch einer Persönlichkeit, die durch Selbstverneinung geprägt ist, gehört das Streben nach Selbstzerstörung. Suizidtendenzen oder zumindest Verdrängung sind ein konstitutives Element einer Persönlichkeit, die sich selbst verneint.

Dies zeigt, dass der Zwang zu Handlungen, die dem eigenen Gewissen zuwiderlaufen, nicht auf der gleichen Stufe steht wie jede andere Einschränkung der Freiheit der Persönlichkeitsentwicklung. Er beeinträchtigt nicht nur die Freiheit, eine Persönlichkeit zu wählen, sondern auch die Freiheit, Personalität zu entwickeln und zu erhalten. Daher kommen wir zu dem Schluss, dass das Recht auf Gewissensfreiheit wirklich ein Menschenrecht ist.

Am Ende dieses Kapitels möchte ich noch eine wichtige Tatsache hervorheben. Das Menschenrecht der Gewissensfreiheit schützt davor, zu Handlungen genötigt oder gezwungen zu werden, die dem eigenen Gewissen, d. h. den eigenen Überzeugungen von Gut und Böse widersprechen. Das Recht bezieht sich aber nicht darauf,

moralische Souveränität

andere Menschen daran zu hindern, Handlungen zu begehen, die man selbst für böse hält. Das Recht auf Gewissensfreiheit berechtigt nicht zu einer moralischen Herrschaft über andere. Es garantiert nur die moralische Souveränität über sich selbst. Daraus folgt, dass das Recht auf Gewissensfreiheit nur zur Verweigerung der Zusammenarbeit berechtigt. Niemand darf zu einer aktiven Kooperation gezwungen werden, wenn der eigene Beitrag Handlungen erfordert, die dem eigenen Gewissen widersprechen. Dies ist der einzige Inhalt des Rechts auf Gewissensfreiheit. Aber niemand, der von seinem Gewissen getrieben wird, für eine bessere Welt zu kämpfen, hat das Recht, das Handeln anderer zu stören oder zu sabotieren.

❓ Zur Wiederholung

12.1 In welchem Zusammenhang erschien erstmals der Rechtsbegriff des Gewissens?

12.2 Definiere den Begriff des Gewissens.

12.3 Was ist die Funktion des Rechts auf Gewissensfreiheit?

12.4 Warum ist das Recht auf Gewissensfreiheit ein Menschenrecht?

Antworten siehe ▶ Kap. 21.

Leseempfehlungen

Freihalter, Gerd Ulrich: *Gewissensfreiheit: Aspekte eines Grundrechts.* Berlin 2019

Locke, John: *Versuch über den menschlichen Verstand.* Hamburg 2006 (Erstes Buch, Kap 2, § 8)

Ostendorf, Lisa Mareike: *Das Gewissen im Recht – oder: Wo kann das Gewissen noch Recht haben?* Frankfurt/M 2020

Rechtsprechung

BVerfG, Urt. v. 20.12.1960 – 1 BvL 21/60 –, BVerfGE 12, 45 (Definition des Gewissens)

EGMR, Urt. v. 15.01.2013 – 48420/10 et al – „Eweida u. a. ./. UK", § 80 HUDOC

Das Recht auf spirituelle Freiheit

Inhaltsverzeichnis

13.1 Die Allgemeinheit der Religionsfreiheit – 274

13.2 Die Freiheit zu glauben oder nicht zu glauben – 275

13.3 Die Freiheit der Religionsausübung – 276

13.4 Religiöse Praxis und die Aufrechterhaltung der Personalität. – 279

13.5 Kritik der Rechtsprechung – 289

13.6 Die Zeitlosigkeit der Religionsfreiheit – 294

Leseempfehlungen – 295

© Der/die Autor(en), exklusiv lizenziert an Springer-Verlag GmbH, DE, ein Teil von Springer Nature 2023
P. Tiedemann, *Philosophische Grundlagen der Menschenrechte*, Springer-Lehrbuch, https://doi.org/10.1007/978-3-662-65533-7_13

> **Redundanz des Rechts auf Religionsfreiheit**
>
> Soweit sich die Religionsfreiheit auf das Recht bezieht, zu glauben oder nicht zu glauben, oder auf das Recht, sich aus religiösen Gründen zu versammeln oder eine religiöse Vereinigung zu gründen und zu betreiben, ist sie überflüssig, da diese Rechte bereits durch die Kommunikationsrechte abgedeckt sind.
>
> Soweit sich die Religionsfreiheit auf das Recht bezieht, die Zusammenarbeit in Staat und Gesellschaft im Einklang mit dem eigenen religiös geprägten Gewissen zu verweigern, ist sie überflüssig, weil das Recht auf Gewissensfreiheit dieses Recht bereits abdeckt.
>
> Nur der Kern der Spiritualität (Gottesdienst, Rituale) kann als möglicher Gegenstand eines spezifischen Rechts auf Religionsfreiheit angesehen werden. Spiritualität kann jedoch nur dann als Schutzbereich eines Menschenrechts angesehen werden, wenn Spiritualität eine notwendige Bedingung für die Aufrechterhaltung der Personalität und die Vermeidung von Selbstentfremdung ist.

> **Religiöser Dualismus**
>
> Im Prinzip können wir die Welt auf zwei verschiedene Arten erleben: (1.) als profane Welt, die einer technischen oder kommunikativen Kontrolle unterworfen werden kann, oder (2.) als sakrale Welt, die keiner Kontrolle unterworfen werden kann. Die Konfrontation mit der Welt als Ganzes („das Sakrale") findet statt, wenn wir sinnloses und unkontrollierbar überwältigendes Leid oder Unrecht erfahren oder wenn wir uns unseres eigenen Todes bewusst werden. Die Konfrontation mit der sakralen Welt überwältigt uns völlig und macht uns unfähig, ein authentisch selbstbestimmtes Leben zu führen. Religiöse Menschen haben Zugang zu beiden Weltanschauungen, während Menschen, die „religiös unmusikalisch" (Max Weber) sind, nur Zugang zur profanen Weltanschauung haben. Sie haben (noch) keine Erfahrung mit dem sakralen Weltbild. Sie glauben, dass im Prinzip alles beherrschbar ist.

Das Recht auf spirituelle Freiheit

> Es spricht einiges für die Vermutung, dass die Vermeidung des sakralen Weltbildes zu bestimmten Ersatzhandlungen führt, die auf eine Art Selbstentfremdung hindeuten (z. B. Konsumismus, politischer Extremismus, bestimmte Obsessionen für Karriere, Geld, Sport usw. oder ein bestimmter Infantilismus wie Fankulte).

Religion als Spiritualität

Religion ist die Gesamtheit aller Techniken, die es uns angesichts der sakralen Welt ermöglichen, die Fähigkeit zur authentischen Selbstbestimmung wiederherzustellen oder zu bewahren und so die Selbstentfremdung zu vermeiden. Diese Techniken beziehen sich auf die Angleichung des Individuums an die unkontrollierbare Macht der Welt anstelle der Anpassung der Welt an unsere Ziele und Interessen. Religion in diesem Sinne sollte Spiritualität genannt werden. Spiritualität ist von einem Religionsbegriff zu unterscheiden, der sich auf Techniken bezieht, die es uns ermöglichen, die Welt durch Magie zu kontrollieren. Religion in diesem Sinne strebt nach Macht und Kontrolle, während Spiritualität auf das Streben nach Macht und Kontrolle verzichtet, weil sie ein solches Streben als sinnlos betrachtet.

Funktion des Rechts auf spirituelle Freiheit

Die Funktion des Rechts auf spirituelle Freiheit ist die Verteidigung der Willensfreiheit gegen Selbstentfremdung durch den Schutz des Zugangs zu den religiösen Mitteln der Resilienz. Diese Resilienzmittel machen den Menschen fähig, mit Bedrohungen durch die Übermacht der Welt als Ganzes umzugehen. Spiritualität verändert nicht die Welt. Sie verändert nur den jeweiligen Menschen.

13.1 Die Allgemeinheit der Religionsfreiheit

Der frühere Präsident des Bundesverfassungsgerichts und spätere Bundespräsident Roman Herzog schreibt in seinem Kommentar zum Grundgesetz:

> Wenn irgendein Grundrechtsartikel, so ist Art. 4 ein unmittelbarer Ausfluss des in Art. 1 I für unantastbar erklärten Prinzips der Menschenwürde und damit zugleich eines der von Art. 1 II angesprochenen „unveräußerlichen" und unverletzlichen" Menschenrechte.

Religion der anderen

Mit dieser Bemerkung wollte Herzog sagen, dass es in keinem anderen Fall so offensichtlich ist, dass ein bestimmtes Recht als Menschenrecht angesehen werden sollte, wie es beim Recht auf Religionsfreiheit der Fall ist. Ich stimme nicht mit ihm überein. Es scheint mir viel offensichtlicher zu sein, dass das Verbot der Folter oder die Meinungsfreiheit Menschenrechte sind.

Ich räume jedoch ein, dass ein sehr religiöser Mensch seine Religion und die Freiheit der Religionsausübung als das Wichtigste in seinem Leben betrachten wird. Eine religiöse Person könnte sogar bereit sein, ihr Leben für ihre Religion zu opfern. Dies zeigt jedoch nicht, dass das Recht auf Religionsfreiheit wirklich ein Menschenrecht ist. Ein Menschenrecht auf Religionsfreiheit verlangt – sofern es bestehen sollte – Respekt vor dem religiösen Leben eines *jeden* Menschen. Es geht also nicht um *meine* Religion, sondern um die *Religion der anderen*. Die Religionsfreiheit verlangt Respekt gegenüber fremden oder gar seltsamen und merkwürdigen Religionen. Mit anderen Worten: Sie verlangt Respekt vor Religionen, die nicht meine eigenen sind.

Christentum/ Islam

Wir stoßen also auf ein ernsthaftes Problem, wenn wir das Thema vom Standpunkt des Christentums oder des Islam aus betrachten. Beide Religionen halten alle anderen Religionen für falsch. Christen und Muslime glauben, dass andere Religionen auf Missverständnissen, Irrtümern oder Lügen beruhen. Die eigene Religion halten sie dagegen für die einzig wahre Religion, im Vergleich zu der jede andere Religion zumindest ein Irrtum ist. Von diesem Standpunkt aus macht es einfach keinen Sinn, den irrigen Glauben und die falsche religiöse Praxis unter menschenrechtlichen Schutz zu stellen. Denn es ist unvorstellbar, dass Irrtümer für die Entwicklung und Aufrechterhaltung der Personalität konstitutiv sind. Dieses Problem wird noch dramatischer, wenn wir an Atheisten denken. Atheisten teilen die Meinung, dass das Christentum und der Islam sowie jede andere Religion falsch sind. Wie sollte es für einen Atheisten möglich sein, das Recht auf Religionsfreiheit als Menschenrecht zu begreifen?

13.2 Die Freiheit zu glauben oder nicht zu glauben

Sie erinnern sich vielleicht daran, dass der Schutzbereich des Rechts auf Gedanken- und Meinungsfreiheit nicht nur das Recht umfasst, *wahre* Ideen zu denken und zu äußern, sondern auch das Recht, *falsche* Ideen zu denken und zu äußern.

Und in der Tat: Wenn wir Religion so verstehen, dass sie aus einer bestimmten Anzahl gewisser Gedanken und nichts anderem besteht, und wenn wir Religionsfreiheit als die Freiheit betrachten, an diese Ideen zu glauben oder nicht zu glauben, dann ist es nicht relevant, ob diese Ideen wahr oder falsch sind. Das Denken und die Äußerung falscher Ideen ist durch die Menschenrechte geschützt. Allerdings brauchen wir für den Schutz des freien Austauschs religiöser Ideen kein spezielles Menschenrecht, dessen Schutzbereich sich vom Schutzbereich der Kommunikationsrechte unterscheiden lässt. Die Kommunikationsrechte erstrecken sich auf alle Arten von Ideen, einschließlich religiöser Ideen. Die Freiheit, religiöse Ideen auszutauschen, wird daher von diesen Rechten abgedeckt. Die Kommunikationsrechte garantieren das Recht zu glauben oder nicht zu glauben, das Recht, seine Überzeugungen auszudrücken, das Recht, sich mit anderen Gläubigen zu versammeln und das Recht, Vereinigungen von Gläubigen (Kirchen) zu gründen. Es stellt sich also die Frage, warum es neben den allgemeinen Kommunikationsrechten ein besonderes Recht auf Religionsfreiheit geben sollte.

Kommunikationsrechte

Dass die Menschenrechtskodifikationen neben den Kommunikationsrechten ein besonderes Menschenrecht auf Religionsfreiheit enthalten, ist ein Produkt der Geschichte. Lange bevor die Kommunikationsrechte zu einem Gegenstand der Menschenrechte wurden, hatte sich in Europa bereits das Bedürfnis nach religiöser Gedankenfreiheit entwickelt. Dies war eine Folge der Religionskriege des 16. und 17. Jahrhunderts, die unsägliches Leid

Geschichte

über die Völker Europas gebracht und sie gelehrt haben, nie wieder Kriege aus religiösen Gründen zu führen. Um solche Kriege zu vermeiden, war es notwendig, die fremden religiösen Ideen anderer zu tolerieren. Außerdem flohen viele derjenigen, die wegen ihrer Religion verfolgt wurden, über den Atlantik und gründeten die Vereinigten Staaten von Amerika. In den Vereinigten Staaten hat das Recht auf Religionsfreiheit deshalb immer eine sehr große Rolle gespielt.

Die Notwendigkeit der Kommunikationsfreiheit, die sich nicht nur auf religiöse, sondern auf alle Arten von Ideen bezieht, wurde erst im Zuge der europäischen Aufklärung entdeckt. Diese Entwicklung begann im 17. Jahrhundert, führte aber erst gegen Ende des 18. Jahrhunderts im Zusammenhang mit der amerikanischen und der französischen Revolution zur Forderung nach entsprechenden Menschenrechten. Zu dieser Zeit war das Recht auf Religionsfreiheit im Sinne eines Rechts, das religiöses Gedankengut schützt, bereits so weit etabliert, dass es üblich wurde, den Schutz religiöser Ideen dem Recht auf Religionsfreiheit und den Schutz aller anderen Ideen, insbesondere der politischen, den Kommunikationsrechten zuzuordnen. Eine ernsthafte Analyse zeigt jedoch, dass die Freiheit, an religiöse Ideen zu glauben oder sie zu äußern, nur ein Teil der allgemeinen Freiheit ist, an alle Arten von Ideen zu glauben oder sie zu äußern. Daher besteht aus systemischer Sicht keine Notwendigkeit für ein besonderes Recht auf Glaubensfreiheit.

13.3 Die Freiheit der Religionsausübung

religiöse Ideen

Die Kommunikationsrechte, einschließlich des Rechts auf religiösen Glauben, beziehen sich nur auf den Austausch von Ideen. Sie gelten für eine rein intellektuelle Welt und nicht für die Welt der menschlichen Handlungen, soweit sie über das bloße Denken, Äußern und Vernehmen von Gedanken hinausgeht. Die Kommunikationsrechte erlauben es uns, über alles zu sprechen. Aber sie erlauben uns nicht, nach unseren Ideen zu handeln und das, was wir denken, zu verwirklichen. Wir können die Idee haben, dass die Welt besser und gerechter wäre, wenn wir keine Steuern zahlen müssten. Unabhängig davon, ob diese Vorstellung richtig oder falsch ist, ändert dies nichts an der Tatsache, dass wir tun müssen, was die Steuergesetze verlangen. Zumindest können wir nicht behaupten, dass die

Pflicht, Steuern zu zahlen, die Kommunikationsrechte verletzt. Denn das Zahlen oder Verweigern von Steuern ist eine Handlung in der materiellen Welt und jenseits der Welt der reinen Ideen.

Das Recht auf Religionsfreiheit ist also nur dann relevant, wenn es sich nicht nur auf die geistige Freiheit bezieht, sondern auch auf die Freiheit zu einer bestimmten Art von Handlungen, nämlich Handlungen, die als religiöse oder religiös motivierte Handlungen angesehen werden können.

Insbesondere aus der Sicht der in Europa etablierten Religionen können wir feststellen, dass viele Handlungen, die auf einer bestimmten religiösen Motivation beruhen, in den Bereich der Moral fallen. In Europa dominieren das Christentum, der Islam und das Judentum. Letzteres ist eine Minderheitenreligion, aber ihr Einfluss auf das religiöse Denken geht weit über die Gemeinschaft des jüdischen Volkes hinaus. Das jüdische Denken hat das Christentum so stark beeinflusst, dass es sinnvoll ist, vom Christentum als einer jüdischen Sekte zu sprechen. Auch der Islam wurde sowohl vom Judentum als auch vom Christentum stark beeinflusst.

Moralität

Ein wichtiges Merkmal des Judentums ist die Vorstellung, dass Religion in erster Linie aus dem Gehorsam gegenüber Gott besteht. Der Gehorsam gegenüber Gott erfordert die Befolgung von Regeln, die von Gott erlassen werden und sich zumindest auf die Beziehung zwischen den Mitgliedern der Gemeinschaft oder allgemeiner auf die Beziehung zwischen allen Mitgliedern der Menschheit beziehen. Diese Regeln sollen also nicht deshalb befolgt werden, weil sie für den Handelnden nützlich sind, sondern vielmehr deshalb, weil Gott sie befohlen hat, unabhängig davon, ob sie nützlich sind oder nicht. Der Gläubige verfehlt den Sinn seines Lebens, wenn er die Gebote Gottes nicht beachtet. Die Nichteinhaltung der von Gott gegebenen Regeln des Zusammenlebens wird als „Sünde" bezeichnet. Der allgemeine Begriff für die Art von Regeln, die ohne Rücksicht auf die praktischen Folgen für den Handelnden und nur zur Vermeidung des Scheiterns des Lebenssinns einzuhalten sind, ist der (deontologische) Begriff der Moral. Regeln dieser Art werden – unabhängig davon, ob sie als gottgegeben betrachtet werden oder nicht – als moralische Regeln bezeichnet.

Moralische Regeln sind nicht das konstituierende Element jeder Religion. Sie sind speziell für das Judentum, das Christentum und den Islam typisch. Für andere Religionen wie den Hinduismus, den Buddhismus oder all jene Religionen, die nicht zu den so genannten „Hochreligionen" gehören, beruhen moralische Regeln auf der Tradition oder auf der Lehre weiser Männer, werden aber nicht als gottgegeben betrachtet.

Es ist nun wichtig zu verstehen, dass das Recht auf Freiheit des moralischen Handelns – unabhängig davon, ob es auf einer Religion beruht oder nicht – von einem anderen, umfassenderen Menschenrecht abgedeckt wird, nämlich dem Recht auf Gewissensfreiheit. Die Trennung dieses Rechts von dem Recht auf Religionsfreiheit ist, wie wir in der letzten Lektion gesehen haben, erst eine neuere Entwicklung. Sie erfolgte erst in der Zeit nach dem Zweiten Weltkrieg und wurde erst in jüngster Zeit überall in der Welt des rechtlichen oder philosophischen Denkens über Menschenrechte anerkannt. Vor allem in der englischsprachigen Welt ist es üblich, das Gewissen mit der Religion zu identifizieren. Ein Beispiel dafür ist der Titel eines bekannten Buches von Martha Nussbaum: *Liberty of Conscience. In Defense of America's Tradition of Religious Equality* (New York 2008). Ein weiteres Beispiel ist das Buch *Laïcité et liberté de conscience* von Jocelyn Maclure und Charles Taylor (Montreal 2010).

Dies scheint mir eine Folge der Tatsache zu sein, dass in diesen Ländern die protestantische Variante des Christentums vorherrschend ist und dass moralische Regeln als konstituierende Elemente der Religion ein besonderes Merkmal der protestantischen Varianten des Christentums sind. Eine genauere Analyse zeigt jedoch, dass die Gewissensfreiheit viel weiter gefasst ist als die Freiheit zu religiös motiviertem moralischem Handeln. Dies ergibt sich aus der Tatsache, dass Moral nicht nur aus dem religiösen Glauben heraus begründet werden kann. Es sind auch andere Quellen der Moral möglich. Wir können also schlussfolgern: Die Religionsfreiheit, soweit sie sich auf die Freiheit des moralischen Handelns bezieht, wird von der weiter gefassten Gewissensfreiheit umfasst. Es besteht also keine Notwendigkeit, ein spezifisches Recht auf Religionsfreiheit anzuerkennen, um den Schutz der Freiheit des religiös motivierten moralischen Handelns zu gewährleisten

Riten   Aber es gibt noch eine andere Art von Handlung, die sehr eng mit jeder Religion verbunden ist. Alle Religionen verkörpern bestimmte Praktiken, die man als rituelle Praktiken bezeichnen kann. Riten sind nicht nur typisch für bestimmte Arten von Religion. Sie sind vielmehr konstitutiv für den Begriff der Religion als solcher. Eine Religion ohne Riten ist nicht denkbar. Was sind Riten? Religiöse Riten beziehen sich auf Liturgien, rituelle Opfer, Gottesdienste, Gebete, Gesang, Pilgerfahrt, Fasten aus religiösen Gründen, Meditation und Kontemplation. Wir werden später sehen, dass auch bestimmte Verhaltensweisen, die sich an andere Menschen richten (Nächstenliebe), als rituelle Handlungen betrachtet werden können. Wenn es so etwas wie einen spezifischen Schutzbereich des Rechts auf Religionsfreiheit gibt, dann muss er sich auf die Freiheit beziehen, rituelle Handlungen in diesem Sinne zu vollziehen (oder zu unterlassen).

Wie wir bisher herausgearbeitet haben, sind Menschenrechte per definitionem Rechte, die dem Ziel gewidmet sind, die wesentlichen Bedingungen des Werdens und Seins einer Person, die Bedingungen der Personalität, zu schützen. Daraus folgt, dass das Recht auf rituelle Religionsfreiheit nur dann als Menschenrecht angesehen werden kann, wenn die Ausübung religiöser Riten als eine wesentliche Bedingung für die Entwicklung und Aufrechterhaltung der Personalität angesehen werden kann. Andernfalls kann ein solches Recht nicht aus dem Grundsatz der Menschenwürde abgeleitet werden und wäre daher nur ein einfaches positives Recht und kein Menschenrecht.

13.4 Religiöse Praxis und die Aufrechterhaltung der Personalität.

Im Folgenden werde ich zeigen, dass die Freiheit des religiösen rituellen Handelns in der Tat eine wesentliche Voraussetzung für die Aufrechterhaltung der Personalität ist. Aus diesem Grund müssen wir die Funktion religiöser Riten klären. Riten treten nicht nur im Kontext der Religion auf. Jede Prüfungsfeier ist ein Ritus, ein akademischer Ritus, der am Ende eines jeden Semesters stattfindet. Um die spezifischen Merkmale religiöser Riten herauszufinden, möchte ich zunächst nach der Funktion von Religion fragen. Ich bin der Meinung, dass die Funktion von Religion deutlich wird, wenn wir die Aufmerksamkeit auf eine bestimmte Tatsache lenken, die für religiöse Menschen typisch ist.

Religiöse Menschen pflegen ein duales Weltbild. Sie unterscheiden die *profane* Welt von dem, was ich die *sakrale* Welt nennen möchte. Viele Religionen setzen diese

Duale Weltanschauung

Unterscheidung um, indem sie zwischen profanen und sakralen Orten, Häusern, Bergen, Wäldern oder Gewässern unterscheiden (siehe ◘ Abb. 13.1 und 13.2). Dies ist eine sehr archaische Art und Weise, über Religion zu denken, aber sie zeigt sich auch im heutigen religiösen Leben.

◘ Abb. 13.1   Profane Orte: Skyline von Frankfurt. © Paul Tiedemann

◘ Abb. 13.2   Sakrale Orte: Pyramiden von Gizeh. © Paul Tiedemann

13.4 · Religiöse Praxis und die Aufrechterhaltung der Personalität.

Gibt uns diese topografische Unterscheidung zwischen Profanem und Nicht-Profanem einen Hinweis auf die Bedeutung der Religion für die Aufrechterhaltung der Personalität? Auf den ersten Blick ist dies schwer zu erkennen.

Auch die so genannten monotheistischen Religionen (Judentum, Christentum und Islam) beziehen sich auf die Unterscheidung zwischen profan und nicht profan (sakral). Aber sie betrachten diese Unterscheidung nicht als einen Unterschied in Raum und Zeit. Vielmehr beziehen sie sich auf die Unterscheidung zwischen einer materiellen Welt innerhalb des Raum-Zeit-Kontinuums und einer Welt jenseits der Welt in Zeit und Raum (das Jenseits). Mit anderen Worten: Der Monotheismus unterscheidet zwischen einer profanen, immanenten Welt und einer nicht-profanen, transzendenten Welt. Diese Vorstellung, die durch eine Verdoppelung der Welt gekennzeichnet ist, ist sehr oft mit einem Verbot sakraler Bilder verbunden, da sakrale Bilder zu einer archaischen Weltsicht tendieren. Der Dualismus von Immanenz und Transzendenz mag intellektuell anspruchsvoller sein als der archaische Dualismus. Aber auch dieser Gedanke zeigt nicht, warum Religion eine wesentliche Bedingung für die Aufrechterhaltung der Personalität sein sollte.

Bevor wir jedoch alle weiteren Versuche aufgeben, über die Relevanz der Religion nachzudenken, sollten wir zunächst fragen, ob es in diesen beiden Varianten des weltanschaulichen Dualismus eine gemeinsame Basis gibt, die uns zu einer tieferen Einsicht führen kann. Die Suche nach einer gemeinsamen Basis in den beiden Varianten des religiösen Dualismus zeigt, dass beide den Dualismus von Profanem und Nicht-Profanem ontologisch interpretieren. Ontologie ist ein philosophischer Begriff. Es ist die Bezeichnung für die philosophische Disziplin, die die allgemeine Struktur dessen, was in der Welt existiert, bestimmen will. Mit anderen Worten, die Disziplin befasst sich mit der allgemeinen Struktur des Seins an sich. Ontologische Forschung wird immer in Begriffen eines Beobachters entwickelt, der auf die Welt und ihre allgemeine Struktur schaut. Es ist der Blick auf ein äußeres Objekt. Hier ist der Beobachter und dort ist die beobachtete Welt.

Das Gegenteil eines ontologischen Ansatzes ist das, was wir den perzeptiven Ansatz nennen können. Der perzeptive Ansatz ist ein Blick auf ein internes Objekt. Der perzeptive Ansatz fragt nicht danach, was existiert und wie seine allgemeine Struktur ist. Er fragt stattdessen, was ich wahrnehme und was die allgemeine Struktur meiner Wahrnehmung ist. Diese interne Sichtweise ist eine Sichtweise, die widerspiegelt, was im Inneren der wahrnehmenden Person geschieht. Die nach innen gerichtete Reflexion ist die Alternative zur nach außen gerichteten ontologischen Sichtweise. Bevor wir also den Versuch aufgeben, die Relevanz des religiösen Dualismus für die Aufrechterhaltung der Personalität zu bestimmen, sollten wir zunächst untersuchen, ob diese Relevanz aus der Position eines perzeptiven Ansatzes deutlich wird. Diesem Ansatz zufolge bezieht sich der religiöse Dualismus nicht auf zwei verschiedene Arten des Seins, sondern auf zwei verschiedene Arten von Wahrnehmung.

Eine gute Möglichkeit, die religiöse Unterscheidung zwischen profan und nicht-profan zu verstehen, bietet ein Bild, das erstmals anonym auf einer deutschen Postkarte aus dem Jahr 1888 veröffentlicht worden ist. Es ist unter dem Titel „Meine Frau und meine Schwiegermutter" bekannt (siehe ◘ Abb. 13.3). Dieses Bild zeigt eine Frau. Einige von Ihnen werden eine junge Frau erkennen, die ihren Blick vom Betrachter abwendet („Ehefrau"). Andere werden eine ältere Frau mit einer Hakennase sehen, die ihren Blick zum unteren linken Bildrand wendet. („Schwiegermutter"). Wenn Sie sich auf das Bild konzentrieren, werden Sie wahrscheinlich beide Frauen sehen können, allerdings nicht gleichzeitig. Sie werden erleben, dass das Bild kippt und Sie nicht mehr die junge Frau sehen, sondern die ältere; bzw. Sie sehen die junge Frau, während Sie die ältere nicht mehr sehen.

So wie man zwei verschiedene Bilder sehen kann, obwohl es ontologisch nur ein Bild gibt, so ist es auch möglich, die Welt auf zwei verschiedene Arten zu sehen. Je nachdem, für welche Weltanschauung wir uns entscheiden, nehmen wir unterschiedliche Welten wahr, obwohl es ontologisch nur eine Welt zu sehen gibt. Wir sollten deshalb nicht zwischen der profanen und der sakralen Welt unterscheiden, sondern vielmehr zwischen der profanen und der sakralen Welt*anschauung*.

Profane Weltanschauung

Lassen Sie mich kurz das profane Weltbild beschreiben. Die profane Sicht der Welt ist analytisch. Wir sehen nie das Ganze, sondern nur Teile und Beziehungen zwischen diesen Teilen. Eine grundlegende analytische Unterscheidung ist die Unterscheidung zwischen mir und der Welt um mich herum. Indem ich zwischen mir und der Welt um mich herum unterscheide, verstehe ich mich als Gegensatz zur Welt und nicht als Teil derselben. Ich ver-

13.4 · Religiöse Praxis und die Aufrechterhaltung der Personalität.

◘ **Abb. 13.3** „Meine Frau und meine Schwiegermutter". © Gemeinfrei (anonyme deutsche Postkarte von 1888)

stehe mich als ein Wesen mit einer Dynamik, die unabhängig von der Dynamik der Welt um mich herum ist.

Eine weitere wichtige analytische Unterscheidung ist die Unterscheidung zwischen Umwelt und sozialer Welt. Umwelt ist die Welt insofern, als jeder einzelne Mensch immer im Zentrum dieser Welt steht. Für mich ist meine Umwelt nur insofern interessant, als sie sich auf meine Bedürfnisse, Interessen, Vorteile, Risiken usw. bezieht. Die soziale Welt (Mitwelt) besteht aus all den anderen Individuen um mich herum, die ich als Mitmenschen anerkenne. Wir erkennen unsere Mitmenschen als eigene Zentren ihrer eigenen Umwelt, als *jemand* und nicht nur als *etwas*.

Sowohl die Umwelt als auch die soziale Welt sind in erster Linie von uns beherrschbar und für uns disponibel. Wir können mit unseren Mitmenschen sprechen, um ihre Absichten, Ziele und Wünsche herauszufinden und uns darauf einzustellen. Wir können mit ihnen Absprachen treffen, um ihr zukünftiges Verhalten zu berechnen, und wir können versuchen, ihr zukünftiges Verhalten durch Kommunikation zu beeinflussen. Die Umwelt ist technisch beherrschbar, vorhersehbar und berechenbar durch achtsame Erfahrung oder durch wissenschaftliche Methoden.

Sakrale Weltanschauung

Wenden wir uns nun der nicht-profanen Art zu, die Welt zu sehen. Ich nenne diese Weltanschauung die sakrale. Die sakrale Sicht der Welt ist nicht analytisch, sondern ganzheitlich. Bei dieser Sichtweise nehmen wir die Welt als Ganzes wahr und nicht als ein System von Teilen. Indem wir uns der Welt als Ganzes aussetzen, verlieren wir die Fähigkeit, sie zu verstehen sowie die Fähigkeit, sie zu kontrollieren und über sie zu verfügen, denn Verstehen, Kontrollieren und Verfügen sind nur in Bezug auf bestimmte Teile und Aspekte der Welt möglich und nicht in Bezug auf die Welt als Ganzes.

Die ganzheitliche Sicht auf die Welt ist die ursprüngliche. Es ist die Sicht des neugeborenen Babys, das noch nicht zwischen sich und der Welt unterscheiden kann. Als Erwachsene verlieren wir die Fähigkeit, zwischen uns und der Welt zu unterscheiden, wenn wir die Welt durch eine ganzheitliche (holistische) Brille betrachten. Wir sehen die Welt durch eine ganzheitliche Brille, wenn uns sinnloses Leid und sinnlose Ungerechtigkeit widerfährt oder wenn wir uns unseres eigenen Todes bewusst werden. In solchen Fällen haben wir nicht mehr das Gefühl, dass wir der Welt gegenüberstehen. Stattdessen empfinden wir uns als Teil der Welt, als *etwas* und nicht als *jemand*. Wenn wir die Welt durch die ganzheitliche Brille betrachten, verlieren wir die Fähigkeit, uns selbst als Mittelpunkt einer Umgebung zu verstehen. Wir verlieren auch die Fähigkeit, uns als Mitglieder einer sozialen Welt zu verstehen, weil wir jede Fähigkeit verlieren, eine Sinn- und Bedeutungsstruktur aufzubauen oder zu erhalten. Im Widerfahrnis der Welt als Ganzes erleben wir einen totalen Kontrollverlust. Wir begegnen der Welt als einer Macht, die uns völlig überwältigt und uns in eine völlig passive Rolle zwingt. Wir können die Welt als Ganzes nicht verstehen; wir können unser Selbst nicht vor der Totalität der Welt behaupten; wir können keinen Sinn in der Welt und im Leben

13.4 · Religiöse Praxis und die Aufrechterhaltung der Personalität.

sehen. Wir können die Welt nicht mehr beherrschen. Indem wir der Welt als Ganzes begegnen, werden wir jeder Handlungsmöglichkeit beraubt. Der amerikanische Philosoph William James sprach von der Erfahrung der „Fluten und Orkane Gottes", die uns zu hilflosen Opfern machen.

Lassen Sie uns die Ergebnisse unserer Überlegungen zusammenfassen. Wir können die Welt prinzipiell auf zwei verschiedene Arten erleben: (1.) als profane Welt, die sich technisch oder kommunikativ kontrollieren lässt, und (2.) als sakrale Welt, über die wir keine Kontrolle haben. Die Konfrontation mit der sakralen Welt überfordert uns völlig und macht uns unfähig, ein authentisch selbstbestimmtes Leben zu führen. Doch was hat das alles mit Religion zu tun?

Religion ist der Inbegriff aller Techniken, die es uns angesichts der sakralen Welt und der Widerfahrnis vollständigen Kontrollverlusts ermöglichen, die Fähigkeit zur authentischen Selbstbestimmung wiederherzustellen oder zu erhalten. Es gibt bedeutende Parallelen zwischen der Erfahrung der sakralen Welt und der Erfahrung eines Psychotraumas. Menschen leiden an Psychotraumata, wenn sie überwältigende Gewalt erfahren (Krieg, Vergewaltigung, Folter) oder wenn sie überwältigende Naturgewalten erleben (Erdbeben, Überschwemmungen, Verschüttung unter Lawinen oder in einem Bergwerk) oder wenn sie in einem Krankenhaus oder in einem Gefängnis völlig verkümmern. In all diesen Fällen erfährt das Opfer einen grundlegenden Verlust an Kontrolle.

Die Entdeckung von psychotraumatischen Erkrankungen, die Menschen unfähig machen, ein selbstbestimmtes Leben zu führen, ist eine relativ neue Erkenntnis. Sie erfolgte in der zweiten Hälfte des 20. Jahrhunderts. Ebenfalls relativ neu ist die Erkenntnis, dass Menschen, die unter psychotraumatischen Erfahrungen leiden, nur unter bestimmten Bedingungen in der Lage sind, sich selbst zu heilen und ihre Handlungsfähigkeit aus eigener Kraft (Resilienz) wiederherzustellen. Schließlich sind inzwischen medizinische und psychologische Methoden entwickelt worden, um Menschen zu helfen, die nicht in der Lage sind, sich selbst zu heilen. Interessanterweise hat sich gezeigt, dass es auffallende Ähnlichkeiten zwischen den Bedingungen und Möglichkeiten der Heilung des psychischen Traumas und den traditionellen Mitteln der Religion gibt. Die Erkenntnisse der modernen Psycho-

Funktion der Religion

Nächstenliebe

traumatologie ermöglichen also ein besseres Verständnis der Funktion der Religion

Aus diesen Überlegungen folgt eine sehr wichtige Erkenntnis. Religiöse Praktiken verfolgen nicht das Ziel, die Welt zu verändern, zu beherrschen oder zu kontrollieren. Angesichts der totalen Allmacht des Sakralen gibt es keine Möglichkeit, etwas zu verändern oder zu kontrollieren. Die Vorstellung einer „politischen Religion" ist deshalb ein Widerspruch in sich selbst. Ebenso haben alle Formen der Magie, obwohl sie sehr oft mit Religion verwechselt werden, nichts mit ihr zu tun. Magie ist ein (meist weniger erfolgreiches) Mittel zur Kontrolle der Welt. Sie gehört in die profane Welt und nicht in die sakrale. Religiöse Praktiken zielen nicht darauf ab, die Welt zu verändern oder zu verbessern, ihre Gefahren abzuwehren und sie unter Kontrolle zu bringen. Praktiken lassen sich nur dann als religiös qualifizieren, wenn sie das Ziel verfolgen, sich selbst zu verändern, um sich den „Fluten und Orkanen Gottes" anzupassen. Ein sehr intuitives Bild dafür ist das des Bambus, den ein Sturm nicht brechen kann, weil er flexibel genug ist, um sich mit dem Wind zu biegen (siehe ◘ Abb. 13.4). Das Ziel religiöser Praktiken ist es, flexibel und durchlässig zu werden und dem Sakralen keinen Widerstand zu leisten, an dem man zwingend scheitern müsste.

Opfer

Das Gemeinte lässt sich an zwei Beispielen für religiöse Praxis anschaulich machen. In vielen Religionen sind Opferrituale üblich. Der Zweck des Opfers ist es, Besitz abzugeben, um Unabhängigkeit vom Besitz einzuüben, sodass man nicht als Person zerstört werden kann, wenn der Besitz im Zuge überwältigender Ereignisse zerstört wird. Opfer sind also eine Strategie der Immunisierung und der Widerstandsfähigkeit gegen die „Fluten und Or-

> Wahrlich:
> Das Feste, Starke ist des Todes Begleiter;
> Das Weiche, Schwache des Lebens Begleiter.
> Deshalb:
> Sind die Waffen stark, dann siegen sie nicht.
> Sind die Bäume stark, dann werden sie gefällt.
> Das Starke, Große liegt danieder;
> Das Weiche, Schwache ist hochgestellt.

◘ Abb. 13.4   LAO-TSE, Tao-Tê-King 76, 182

kane Gottes".[1] Das andere Beispiel ist die Nächstenliebe, die bei einigen Religionen zentrale Bedeutung hat. Hinter der Nächstenliebe steht die gleiche Idee wie hinter den Opfern. Indem wir uns einem anderen in Liebe zuwenden, nehmen wir uns selbst nicht mehr so wichtig. Wir reduzieren sozusagen die Stabilität und Härte unserer selbst. Wir sind nicht mehr so sehr damit beschäftigt, uns selbst zu schützen und zu verteidigen. Vielmehr werden wir weicher und zärtlicher, wenn wir die Bedürfnisse der anderen im Blick haben. Auf diese Weise gewinnen wir mehr Flexibilität, ähnlich wie der Bambus im Sturm.

Wir können den Unterschied zwischen profanem Handeln und religiösem Handeln mit den Begriffen *Akkommodation* und *Assimilation* verdeutlichen. Indem wir in der profanen Welt handeln, versuchen wir, die Welt an unsere Ziele, Interessen und Bedürfnisse zu akkommodieren, also anzupassen. Wir verändern die Welt. Wenn wir in der sakralen Welt handeln, assimilieren wir uns an die überwältigende Macht des Sakralen. Wir verändern uns selbst. Religiöse Praxis ist also das Gegenteil von Machtausübung. Die Ausübung von Macht dient dem Zweck, stärker und stabiler zu werden, um der Welt zu widerstehen und sie zu beherrschen. Macht ist nur sinnvoll, wenn wir in der profanen Welt handeln, nicht wenn wir in der sakralen Welt handeln. In der sakralen Welt geht es nicht um Macht, sondern um die Akzeptanz der eigenen Ohnmacht. Religiöse Praktiken zielen darauf ab, authentische Selbstbestimmung zu bewahren, indem man bewusst auf Macht und Kontrolle verzichtet und sich der Allmacht des Sakralen anpasst, indem man durchlässig wird für die „Fluten und Orkane Gottes". Um das zu verdeutlichen, erscheint es mir sinnvoller, den Begriff der Religionsfreiheit aufzugeben und stattdessen von der Freiheit der Spiritualität oder der spirituellen Freiheit zu sprechen.

Das Ziel aller Praktiken, die es verdienen, spirituell genannt zu werden, zeigt die Relevanz von Religion im Kontext der Menschenrechte. Religiöse (= spirituelle) Riten sind notwendige Mittel zur Aufrechterhaltung einer au-

---

1 Im Anschluss an die Forschungen von Marcel Mauss (vgl. Mauss, Die Gabe, Frankfurt/M 2019, S. 39 ff.) betrachtet die Religionssoziologie den Zweck des rituellen Opfers darin, sich die Götter verpflichten zu wollen, sodass sie den Menschen Wohltaten als Gegengeschenke erbringen müssen. Diese Motivation ist gewiss weit verbreitet, gehört aber in den Bereich der Magie und hat nichts mit der Spiritualität des Opfers zu tun.

thentischen Selbstbestimmung in der Auseinandersetzung mit der Welt, soweit wir sie nicht beherrschen und kontrollieren können, sondern soweit wir ihr ausgeliefert sind. Dieser Zweck der Religion bzw. Spiritualität liefert einen geeigneten Maßstab, nach dem sich beurteilen lässt, ob religiöse Riten geeignet und daher schützenswert oder ob sie ungeeignet und daher nicht schützenswert sind. Es hängt von ihrer Nützlichkeit bei der Bewältigung der sakralen Welt ab. Die Nützlichkeit und nicht die Wahrheit ist der rationale Maßstab der Religion. Die Rituale der verschiedenen Religionen mögen unterschiedlich sein und einige von ihnen mögen uns seltsam erscheinen, aber wir können sie dennoch als Gegenstand des Schutzes durch die Menschenrechte betrachten, wenn sie für diejenigen, die sie praktizieren, nützlich sind. Weder der Staat noch andere Menschen können darüber urteilen, welche Riten jemand wählen und praktizieren darf, solange sie für ihn nützlich und nicht schädlich sind.

So wie der Staat nicht die legitime Macht hat zu entscheiden, welche wissenschaftlichen Theorien wahr und welche falsch sind, hat er auch nicht die legitime Macht zu entscheiden, welche religiösen Praktiken hilfreich und nützlich sind, um das authentische Selbst zu erhalten, und welche nicht. Aus der Sicht des Staates können wir nur sagen, dass sowohl die Wissenschaften als auch die Religionen notwendig sind, um ein menschenwürdiges Leben zu führen. Daher muss der Staat beides schützen, indem er ein Menschenrecht auf Gedanken- und Wissenschaftsfreiheit sowie ein Menschenrecht auf Religionsfreiheit anerkennt.

Das Ziel der Spiritualität und die Funktion des Rechts auf Freiheit der Spiritualität zeigen, dass dieses Recht etwas mit dem Schutz des Eigentums an sich selbst zu tun hat. Deshalb lässt sich dieses Recht der Gruppe der Rechte auf Privatheit zuordnen.

Viele Menschen mögen sich fragen, ob religiöse Riten tatsächlich notwendig sind, um die Personalität in traumatischen Situationen zu erhalten. In der Tat gibt es Menschen, die auch ohne religiöse Rituale gut zurechtkommen. Sie brauchen auch in traumatischen Lebenssituationen keine religiösen Mittel zur Resilienz. Dennoch sollte man unterscheiden zwischen denen, die wirklich „religiös unmusikalisch" (Max Weber, Jürgen Habermas) sind, und denen, die aufgrund mangelnder religiöser Erziehung keinen Zugang zu religiösen Mitteln haben. Letztere neigen sehr oft zu seltsamen Ersatzhandlungen, die auf tiefgreifende Selbstentfremdung hindeuten. Anstelle von religiösen Riten üben sie andere Riten aus, die offensichtlich nicht ausreichen. Sie haben keine religiöse Überzeugung, aber sie folgen den Idealen des Konsumismus, des politischen Extremismus, bestimmten Obsessionen (z. B. Karriere, Geld, Sport usw.), oder sie teilen einen bestimmten Infantilismus wie Fankulte.

Aber selbst wenn wir nur an diejenigen denken, die weder von religiösen Praktiken noch von irrationalen Substituten abhängig sind, schließt das die Annahme eines Menschenrechts auf Religionsfreiheit nicht aus. Es gibt auch Menschen, die kein Interesse daran haben, eine Meinung zu äußern oder eine Zeitung zu lesen. Dennoch gibt es ein Menschenrecht auf Meinungsfreiheit und ein Recht auf Informationsfreiheit. Es gibt Menschen, die nicht zu Versammlungen gehen und keinem Verein angehören wollen. Trotzdem gibt es das Recht auf Versammlungs- und Vereinigungsfreiheit. Ja, es gibt sogar Menschen, die nicht mehr leben wollen. Trotzdem gibt es ein Menschenrecht auf Leben. Warum sollte es also nicht auch ein Menschenrecht auf spirituelle Freiheit geben, obwohl manche Menschen davon keinen Gebrauch machen? Darüber hinaus beinhaltet das Recht auf Religionsfreiheit nicht nur das positive Recht, von religiösen Mitteln Gebrauch zu machen, sondern auch das negative Recht, nicht zu religiösen Ritualen gezwungen zu werden.

13.5 Kritik der Rechtsprechung

Zum Abschluss dieser Lektion möchte ich die Ergebnisse auf das Beispiel der Rechtsprechung des Bundesverfassungsgerichts zum muslimischen Kopftuch anwenden. In seinem ersten Urteil in dieser Angelegenheit aus dem Jahr 2003 entschied das Gericht, dass es eine Verletzung des Rechts auf Religionsfreiheit darstellt, wenn die Bewerbung um eine Stelle als Lehrerin an einer öffentlichen Schule abgelehnt wird, weil die Bewerberin ein muslimisches Kopftuch tragen möchte. Das Gericht vertrat die Auffassung, dass das Verbot des Tragens von muslimischen Kopftüchern für Lehrerinnen während der Schulzeit eine unrechtmäßige Einschränkung der Religionsfreiheit darstellt, da es kein Gesetz gibt, das einen solchen Eingriff in die Religionsfreiheit erlaubt. Daraufhin erließen einige deutsche Bundesländer Gesetze, die es Lehre-

muslimisches Kopftuch

rinnen an öffentlichen Schulen untersagen, während der Unterrichtszeit ein muslimisches Kopftuch zu tragen.

In seiner Entscheidung von 2015 hob der Gerichtshof das Gesetz des Landes Nordrhein-Westfalen mit der Begründung auf, dass es nicht mit dem Recht auf Religionsfreiheit vereinbar sei, das muslimische Kopftuch allein aufgrund abstrakter und generalisierter Erwägungen zu verbieten. Das Verbot sei nur dann rechtmäßig, wenn eine hinreichend konkrete Gefahr für die Störung des Schulfriedens oder für die Neutralität des Staates bestehe. Nur wenn eine Lehrerin durch das Tragen eines Kopftuchs schwerwiegende Störungen des Schulfriedens provoziere, könne es gerechtfertigt sein, das Tragen des Kopftuchs zu verbieten. Es hängt nach dieser Rechtsprechung also vom Ausmaß der Toleranz der Schulgemeinschaft ab, ob die Religionsfreiheit der jeweiligen muslimischen Lehrerin respektiert werden muss oder nicht. Da dies nur im Einzelfall entschieden werden kann, ist es im Grunde überflüssig, eine gesetzliche Grundlage zu fordern, wie das noch in dem Urteil von 2003 der Fall war. Denn Gesetze sollen ja gerade dafür sorgen, dass nicht von Fall zu Fall willkürlich entschieden wird, sondern nach allgemeinen und abstrakt festgelegten Maßstäben.

Vor allem aber kann es keinen Zweifel daran geben, dass die Ausübung eines Menschenrechts niemals von der Toleranz oder Intoleranz anderer abhängen kann. Es gibt also nur eine Möglichkeit, die Urteile im Sinne einer rationalen Menschenrechtsdoktrin zu interpretieren. Das BVerfG betrachtet das Recht auf Religionsfreiheit im Allgemeinen oder jedenfalls das Recht, im Unterricht ein muslimisches Kopftuch zu tragen, nicht als ein echtes Menschenrecht. Er scheint der Meinung zu sein, dass die Religionsausübung (durch das Tragen eines Kopftuchs) nichts mit den Bedingungen der Personalität oder dem Grundsatz der Menschenwürde zu tun hat. Die Religionsfreiheit fällt damit nur in den Schutzbereich der Handlungsfreiheit und nicht in den Schutzbereich der Willensfreiheit. Daher gibt es kein absolutes Recht auf das Tragen des muslimischen Kopftuchs aus religiösen Gründen. Vielmehr hängt es von den jeweils konkurrierenden Interessen ab, ob und inwieweit Religionsfreiheit gewährt wird. Das kann nur im Einzelfall nach dem Grundsatz der Verhältnismäßigkeit bestimmt werden.

13.5 · Kritik der Rechtsprechung

Sind diese Urteile überzeugend? Die erste Frage, die wir uns stellen müssen, ist, ob das Tragen eines muslimischen Kopftuchs ein religiöses Ritual ist, das als ein angemessenes Mittel zur Anpassung an die „Fluten und Orkane Gottes" angesehen werden kann.

Es ist zumindest nicht völlig ausgeschlossen, dass eine fromme Frau das Kopftuch als Mittel der Spiritualität versteht. Ein Kopftuch kann ein Mittel der Spiritualität sein, wenn es wie der Knoten in einem Taschentuch die Trägerin an die überwältigende Macht des Sakralen erinnern soll und an die Notwendigkeit, in allen Situationen ihres Lebens für die „Fluten und Orkane Gottes" durchlässig zu sein. Ich kann mir nicht anmaßen, die Beweggründe jeder Frau, die ein Kopftuch trägt, zu kennen. Dennoch ist es klar, dass, wenn eine Frau sagt, dass sie das Kopftuch genau aus diesem Grund trägt, es als solches akzeptiert werden muss, solange es keine handfesten Gründe gibt, ihr nicht zu glauben.

Das Tragen eines Kopftuches als Mittel, die Trägerin an ihre Existenz unter der Macht Gottes zu erinnern, ist jedoch nur dann durch das Recht auf Religionsfreiheit geschützt, wenn das Verbot zu einer nachhaltigen und tiefgreifenden Entwertung dieses Mittels führt. Die Funktion des Kopftuches als spirituelle Erinnerung wird aber nicht wirklich zerstört oder entwertet, wenn eine Frau daran gehindert wird, es während einiger Stunden des Tages zu tragen. Daher kann die Freiheit der Spiritualität nicht ernsthaft bedroht sein, wenn eine fromme Muslimin das Kopftuch für einige Stunden während ihrer Arbeitszeit nicht trägt. Selbst wenn sie das Kopftuch nur in ihrer Freizeit trägt, wird dies ausreichen, um sie bei der Aufrechterhaltung einer religiösen Lebenseinstellung zu unterstützen.

Aber es gibt wahrscheinlich noch eine weitere Funktion des muslimischen Kopftuches. Es kann als Symbol dienen, mit dem sich die Trägerin zu ihrem Glauben bekennt und anderen die Möglichkeit gibt, über ihre eigene religiöse Haltung nachzudenken. In diesem Fall ist das Kopftuch ein Mittel der Kommunikation. Wie wir in der neunten Lektion gesehen haben, bieten die Kommunikationsrechte nicht in jedem Umfeld eine privilegierte Position und die Möglichkeit, die eigene Meinung zu verbreiten. Dies gilt auch für religiöse Meinungen. Daher hat eine Lehrerin nicht das absolute Recht, ihre religiöse Überzeugung vor einer Schulklasse zu äußern. Sie hat kein Recht, das Kopftuch als Kommunikationsmittel

Kritik

Rechtliche Überlegungen

zu verwenden, während sie als Lehrerin an einer öffentlichen Schule arbeitet.

Dies zeigt, dass das Verbot für eine Lehrerin, während der Arbeitszeit ein muslimisches Kopftuch zu tragen, keinen Verstoß gegen den moralischen Kern des Menschenrechts auf Spiritualität darstellt. Damit ist ein Spielraum eröffnet, innerhalb dessen Abwägungen des Für und Wider stattfinden dürfen. Es kann also eine Abwägung mit anderen Interessen vorgenommen werden, so wie es das BVerfG getan hat.

So weit zu den philosophischen, d. h. moralischen Überlegungen zum muslimischen Kopftuchfall. Nun möchte ich Ihnen zeigen, wie die Gerichte mit diesem Fall positiv-rechtlich umgehen können. Dabei zeigt sich, dass die Vorgehensweise, die den Gerichtshöfen zur Verfügung steht, entscheidend von der Rechtsgrundlage abhängig ist, auf der ihre Rechtsprechung beruht. Das Bundesverfassungsgericht ist befugt, auf der Grundlage des Grundgesetzes (GG) zu entscheiden. Zunächst möchte ich aber die rechtliche Argumentation auf der Grundlage von Artikel 9 EMRK aufzeigen, der die Grundlage für Entscheidungen des EGMR ist (siehe ◘ Abb. 13.5).

Artikel 9 EMRK

Artikel 9 Abs. 2 EMRK zeigt, dass der Schutzbereich von Artikel 9 Abs. 1 bezüglich der Religionsfreiheit über das hinausgeht, was das moralische Menschenrecht der Religionsfreiheit verlangt. Denn nur wenn der Schutzbereich des kodifizierten Rechts über den Schutzbereich des moralischen Menschenrechts hinausgeht, machen die Schrankenvorbehalte des Absatz 2 einen Sinn. Andernfalls würde sich der Schutzbereich von Absatz 1 auf den Kern des Menschenrechts auf Religion beziehen. Wie wir in den vorangegangenen Lektionen gesehen haben, sind Einschränkungsklauseln nur dann akzeptabel, wenn sie sich nicht auf den Kern eines Menschenrechts, sondern

---

1. Jede Person hat das Recht auf Gedanken-, Gewissens- und Religionsfreiheit; dieses Recht umfasst die Freiheit, seine Religion oder Weltanschauung einzeln oder in Gemeinschaft mit anderen öffentlich oder privat durch Gottesdienst, Unterricht oder Praktizieren von Bräuchen und Riten zu bekennen.
2. Die Freiheit seine Religion oder Weltanschauung zu bekennen, darf nur Einschränkungen unterworfen werden, die gesetzlich vorgesehen und notwendig sind in einer demokratischen Gesellschaft, für die öffentliche Sicherheit, zum Schutz der öffentlichen Ordnung, Gesundheit oder Moral oder zum Schutz der Rechte und Freiheiten anderer.

◘ Abb. 13.5 Artikel 9 EMRK

13.5 · Kritik der Rechtsprechung

nur auf den Hof des betreffenden Rechts beziehen. Aus dieser Überlegung ergibt sich, dass das Tragen eines muslimischen Kopftuchs durch eine Lehrerin während des Schulunterrichts vom weiten Schutzbereich der Religionsfreiheit nach Art. 9 Abs. 1 EMRK erfasst ist. Da aber nicht der Kern, sondern nur der Hof dieses Rechts betroffen ist, ist es zulässig, dieses Recht gemäß Absatz 2 zu beschränken. Eine Grundlage für eine Einschränkung dieses Rechts findet sich auch im Grundsatz der Verhältnismäßigkeit, der in der Rechtsprechung des EGMR verankert ist. So könnte es vertretbar sein zu sagen, dass das Verbot, ein muslimisches Kopftuch zu tragen, für Beamtinnen, die ohne Publikumsverkehr arbeiten, nicht verhältnismäßig ist, während es für Polizistinnen, die in Uniform erscheinen müssen, oder für Lehrerinnen in einer staatlichen Schule oder in einem Kindergarten verhältnismäßig ist.

Das Bundesverfassungsgericht hatte den Kopftuchfall nicht auf der Grundlage der EMRK, sondern auf der Grundlage von Artikel 4 GG zu entscheiden (siehe ◘ Abb. 13.6). Art. 4 GG hat keine Schranken- oder Gesetzesvorbehaltsklausel wie andere Rechte des Grundgesetzes. Art. 4 GG lässt eine Einschränkung durch Gesetz nicht zu. Daraus folgt, dass der Schutzbereich des Art. 4 GG im Vergleich zum Schutzbereich des Art. 9 EMRK anders, nämlich wesentlich enger, auszulegen ist. Der Schutzbereich des kodifizierten Rechts ist hier genau derselbe wie der Schutzbereich des moralischen Menschenrechts auf spirituelle Freiheit. Wenn man bedenkt, dass Art. 4 GG nur den Kernbereich des Rechts auf Religion schützt und der Kopftuchfall nicht unter den Kernbereich dieses Rechts fällt, muss man zu dem Schluss kommen, dass dieser Fall nicht unter Art. 4 GG fällt. Der Kopftuchfall betrifft nicht die Religionsfreiheit im Sinne des Grundgesetzes. Der Fall ist daher nach Art. 2 Abs. 1 GG zu entscheiden, der die Handlungsfreiheit unter dem Vorbehalt

Artikel 4 GG

---

(1) Die Freiheit des Glaubens, des Gewissens und die Freiheit des religiösen und weltanschaulichen Bekenntnisses sind unverletzlich.
(2) Die ungestörte Religionsausübung wird gewährleistet.

◘ **Abb. 13.6** Artikel 4 GG

der Rechte anderer und des Grundsatzes der Verhältnismäßigkeit schützt.

Das Bundesverfassungsgericht hat keine klare Vorstellung vom Begriff der Religion in Art. 4 GG. Daher sind seine Entscheidungen auf diesem Gebiet wenig überzeugend. Infolge der schwachen Überzeugungskraft hat die Rechtsprechung des Bundesverfassungsgerichts Probleme, in der Öffentlichkeit Akzeptanz zu finden. Eine tiefere philosophische Auseinandersetzung mit dem Begriff der Religion könnte die Rechtsprechung des Gerichts verbessern.

13.6 Die Zeitlosigkeit der Religionsfreiheit

Der Kopftuchfall ist typisch für Fälle der Religionsfreiheit in demokratischen Rechtsstaaten. Er zeigt, dass es in anständigen Staaten dieser Art fast keinen ernsthaften Konflikt gibt, der das Recht auf Spiritualität tatsächlich bedroht. Dies ist leicht zu verstehen, wenn man bedenkt, dass ein Konflikt zwischen Spiritualität und öffentlichem oder politischem Interesse kaum denkbar ist (eine Ausnahme ist allerdings der Burka-Verbots Fall vgl. ▶ Abschn. 10.5). Denn Spiritualität ist ihrem Wesen nach Verzicht auf Macht. Sie besteht ausschließlich in der Assimilation des Einzelnen an die überwältigende Macht der sakralen Welt. Spiritualität beansprucht keine Herrschaft und keinen gesellschaftlichen Einfluss. Sie bezieht sich nur auf die Selbstvervollkommnung des einzelnen Menschen. Ein Konflikt zwischen Spiritualität und öffentlichen oder privaten Interessen anderer ist in einer liberalen Gesellschaft deshalb kaum denkbar.

Nicht nur aus diesem Grund nimmt die Bedeutung der Religionsfreiheit in freien Gesellschaften ab. Historisch ging es bei der Religionsfreiheit nicht so sehr um Spiritualität, sondern vielmehr um Macht und Einfluss konkurrierender Religionsgemeinschaften und deren Domestizierung durch den Staat. Unter diesem Gesichtspunkt ist die Religionsfreiheit nicht als Menschenrecht zu verstehen, sondern als ein Toleranzgebot, das das friedliche Zusammenleben unterschiedlicher Religionsgemeinschaften ermöglichen soll. Diese Funktion fällt in dem Maße weg wie die politische und kulturelle Bedeutung der traditionellen Religionsgemeinschaften in der westlichen Welt im Schwinden begriffen ist. Dies zeigt, dass die kulturelle Entwicklung nicht nur zu neuen Menschenrechten führen kann, sondern auch zur Obsoleszenz alter Menschenrechte.

In autoritären Gesellschaften und diktatorisch regierten Staaten ist allerdings das Gegenteil der Fall. In diesen Gesellschaften und Staaten besteht ein hoher politischer Anspruch auf die totale Kontrolle des Individuums. Spiritualität immunisiert das Individuum gegen diese totale Vereinnahmung. Daher bekämpfen totalitäre und autoritäre Staaten jede Art von individueller Spiritualität oder wollen zumindest selbst entscheiden, welche Art von Spiritualität sie zulassen wollen. Daraus folgt, dass das Menschenrecht auf spirituelle Freiheit in solchen Staaten unter Druck steht und die Forderung nach Freiheit der Spiritualität von fundamentaler Bedeutung ist.

❓ Zur Wiederholung

13.1 Was ist die Kernfunktion des Rechts auf Freiheit der Religion (Spiritualität)?
13.2 Wie kann Religion als rationale Lebensform definiert werden?
13.3 Was bedeutet *religiöser Dualismus*?
13.4 Welche Aspekte des Rechts auf Religionsfreiheit können als redundant gelten?

Antworten siehe ▶ Kap. 21.

Leseempfehlungen

Durkheim, Émile: *Die elementaren Formen des religiösen Lebens.* Frankfurt/M 2007
Eliade, Mircea: *Das Heilige und das Profane. Vom Wesen des Religiösen.* Köln 2008
Geertz, Clifford: *Religion als kulturelles System.* In: ders., Dichte Beschreibung. Beiträge zum Verstehen kultureller Systeme. Frankfurt/M 1987
Herzog, Roman: *Artikel 4 GG.* In: Maunz/Dürig/Herzog/Scholz (Hrsg..): Das Grundgesetz. Kommentar. Lfg. 27. München 1988
James, William: *Die Vielfalt religiöser Erfahrung.* Frankfurt/M 1997
Otto, Rudolf: *Das Heilige. Über das Irrationale in der Idee des Göttlichen und sein Verhältnis zum Rationalen.* München 2004
Schleiermacher, Friedrich: *Über die Religion. Reden an die Gebildeten unter ihren Verächtern.* Stuttgart 2007
Tiedemann, Paul: *Religionsfreiheit – Menschenrecht oder Toleranzgebot? Was Religion ist und warum sie rechtlichen Schutz verdient.* Berlin/Heidelberg 2012. https://doi.org/10.1007/978-3-642-32709-4

Rechtsprechung

BVerfG, Urt. v. 24.09.2003 – 2 BvR 1436/02 –, BVerfGE 108, 282 (Kopftuch I)

BVerfG B. v. 27.01.2015 – 1 BvR 471/10 und 1 BvR 1181/10 –, BVerfGE 138, 296 (Kopftuch II)

EGMR, Urt. v. 01.07.2014 – 43835/11 –, „S. A. S. v France", HUDOC

Das Recht auf Leben

Inhaltsverzeichnis

14.1 Die Kodifikation des Rechts auf Leben – 299

14.2 Die Einzigartigkeit des Rechts auf Leben – 302

14.3 Die Existenz-als-Eigenschaft-These – 303

14.4 Die Grundlagen-These – 304

14.5 Die Heiligkeitsthese – 307

14.6 Die Todesangst-These – 309

14.7 Die Funktion des Rechts auf Leben – 310

Leseempfehlungen – 313

© Der/die Autor(en), exklusiv lizenziert an Springer-Verlag GmbH, DE, ein Teil von Springer Nature 2023
P. Tiedemann, *Philosophische Grundlagen der Menschenrechte*, Springer-Lehrbuch, https://doi.org/10.1007/978-3-662-65533-7_14

Die Einzigartigkeit des Rechts auf Leben

Im Gegensatz zu allen anderen Menschenrechten scheint das Recht auf Leben ein Paradoxon zu sein. Es scheint unmöglich zu sein, es zu verletzen. Bevor der Inhaber des Rechts getötet wird, gibt es keine Verletzung des Rechts, weil der Inhaber noch lebt. Nach der Tötung gibt es keine Verletzung des Rechts, weil es niemanden gibt, dessen Recht verletzt sein könnte. Der Inhaber des Rechts existiert nicht mehr und kann sich daher nicht in einem Zustand des Entzugs der Personalität befinden.

Keine Verletzung der getöteten Person

Die These, dass das Recht auf Leben nicht als Verhältnis zwischen Gläubiger und Schuldner verstanden werden kann, wird mit einigen Argumenten bestritten, die jedoch nicht überzeugen.

Die Existenz-als-Eigenschaft-These ist nicht überzeugend, weil die Beendigung der Existenz nicht darin besteht, eine Person einer Eigenschaft zu berauben. Existenz ist eine ontologische Transzendentalie und keine ontologische Kategorie, die der Klassifizierung von Entitäten dient.

Die Basis-These (Leben als Voraussetzung aller Menschenrechte) ist nicht überzeugend, weil der Wert von x nicht den Wert des Sachverhalts begründet, in dessen Rahmen x einen Wert hat. Menschenwürde und Menschenrechte sind *im* Leben wertvoll, aber sie begründen nicht den Wert *des* Lebens.

Die religiöse Heiligkeitsthese (Leben als Eigentum Gottes) ist nicht überzeugend, weil sie nur ein göttliches Recht auf Eigentum an menschlichem Leben begründen kann, nicht aber ein subjektives menschliches Recht auf das eigene Leben.

Die säkulare Mensch-als-Eigentümer-These beruht auf einer petitio principii (Zirkelschluss), weil sie das Eigentum am Leben aus dem Eigentum am Leben ableitet.

Die Deprivationsthese ist nicht überzeugend, weil die Frustration des Wunsches, weitere Lebensabschnitte zu genießen, vernachlässigbar ist. Die Zeitspanne, in

> der einem Lebewesen nach dem Tod positive Lebenserfahrungen vorenthalten werden, ist unendlich lang.
>
> Das Argument der Todesangst scheitert daran, dass Menschen in Todesangst noch leben. Sie sind Opfer einer grausamen Behandlung, aber nicht Opfer einer Tötungshandlung.

Die Funktion des Rechts auf Leben

Die Tötung eines Menschen ist kein Angriff auf die Personalität des Getöteten, sondern ein Angriff auf den Täter und alle, die die Tötungshandlung dulden oder unterstützen. Dies ergibt sich aus der Gleichursprünglichkeitsthese.

14.1 Die Kodifikation des Rechts auf Leben

Dieses Kapitel befasst sich mit dem Menschenrecht auf Leben. Viele mögen denken, dass es einfach offensichtlich ist, dass das menschliche Leben, die rein biologische Existenz einer menschlichen Person, Gegenstand des Schutzbereichs eines Menschenrechts sein muss, und dass es keiner weiteren philosophischen Überlegungen bedarf, um dies verständlich zu machen. Wir werden jedoch sehen, dass das Recht auf Leben sich von den übrigen Menschenrechten unterscheidet und dass dieser Unterschied zu bestimmten spezifischen Problemen führt.

Das Recht auf Leben schützt die Inhaber dieses Rechts vor allen Handlungen, durch die sie ihres Lebens beraubt werden. Im Hinblick auf Leben oder Tod gibt es nur zwei Situationen. Entweder ist jemand am Leben oder jemand ist tot (aufgrund einer Tötungshandlung). Dazwischen gibt es nichts. Daher ist es nicht sinnvoll, zwischen einem Kern und einem Hof des Schutzbereichs zu unterscheiden. Dies legt nahe, dass sich die Kodifizierung des Rechts auf Leben notwendigerweise auf den Kern dieses Rechts bezieht. Daraus folgt, dass dieses Recht nicht unter irgendeinem Schrankenvorbehalt oder gesetzlichen Vorbehalt stehen kann. Wenn das Recht auf Leben als Menschenrecht angesehen werden soll, muss es als absolutes Recht betrachtet werden. Wenn es ein absolutes Recht ist, dann kann es keine Rechtfertigung für den Entzug des Lebens geben, aus welchem Grund auch immer.

Kern oder Hof?

Recht auf Lebensunterhalt

Ein genauerer Blick zeigt jedoch, dass das Recht auf Leben ursprünglich nicht als Menschenrecht im moralischen Sinne angesehen wurde. Die klassischen Menschenrechtskodifikationen der Aufklärungszeit kannten kein Recht auf Leben. Artikel 1 der Virginia Bill of Rights spricht zwar vom Recht auf den „Genuss des Lebens und der Freiheit". Dabei ging es aber eher um das Recht, das Glück *im* Leben zu suchen, und nicht um eine Garantie der biologischen Existenz. Maximilien de Robespierre, der große Schlächter der französischen Revolution, wollte das Recht auf Leben als primäres Menschenrecht in der französischen Verfassung von 1793 verankern. Er dachte dabei aber nicht an die Unantastbarkeit der biologischen Existenz, sondern an ein Recht auf das wirtschaftliche Existenzminimum, d.h. ein Recht auf ein gutes Leben. Es ist interessant zu sehen, dass diese Idee immer noch lebendig ist. So vertritt der UN-Menschenrechtsausschuss in seinem Kommentar zu Artikel 6 IPbürgR die Auffassung, dass das Recht auf Leben nicht nur den Anspruch umfasst, nicht getötet zu werden, sondern auch das Recht, „ein Leben in Würde zu genießen." Ausgehend von dieser traditionellen Betrachtungsweise, wonach die bloße biologische Existenz kein Gegenstand eines Menschenrechts sein kann, ist es nicht verwunderlich, dass die Kodifizierung des Rechts auf Leben mit zahlreichen Ausnahmen versehen ist. So enthält beispielsweise Artikel 2 EMRK mehrere Einschränkungsklauseln (siehe ◘ Abb. 14.1). Er garantiert das Recht auf Leben, erlaubt aber gleichzeitig die Vollstreckung der Todesstrafe sowie Tötungshandlungen, wenn sie zur Verteidigung einer Person gegen rechtswidrige Gewalt, zur Festnahme, zur Verhinderung der Flucht aus der Haft oder zur Unterdrückung eines Aufruhrs erforderlich sind. Ein Blick in das deutsche Grundgesetz bestätigt das Ergebnis. Art. 2 Abs. 2 GG stellt das Recht auf Leben unter einen allgemeinen Gesetzesvorbehalt (siehe ◘ Abb. 14.2).

Die Tatsache, dass das Recht auf Leben ursprünglich nicht als echtes Menschenrecht angesehen wurde, ist tief im Verständnis der Stellung des Individuums gegenüber der Gemeinschaft, in der es lebt, verwurzelt. Traditionell wurde das menschliche Individuum nur als ein abhängiger Teil seiner Gemeinschaft betrachtet. Daher bestand kein Zweifel daran, dass die Gemeinschaft die Aufopferung des Lebens des Einzelnen zum Wohle der Gemeinschaft verlangen konnte. Der Gedanke, dass das menschliche Individuum nicht um der Gemeinschaft wil-

14.1 · Die Kodifikation des Rechts auf Leben

> (1) Das Recht jedes Menschen auf Leben wird gesetzlich geschützt. Niemand darf absichtlich getötet werden, außer durch Vollstreckung eines Todesurteils, das ein Gericht wegen eines Verbrechens verhängt hat, für das die Todesstrafe gesetzlich vorgesehen ist.
>
> (2) Die Tötung wird nicht als Verletzung dieses Artikels betrachtet, wenn sie durch eine Gewaltanwendung verursacht wird, die unbedingt erforderlich ist, um
> (a) jemanden gegen rechtswidrige Gewalt zu verteidigen;
> (b) jemanden rechtmäßig festzunehmen oder jemanden, dem die Freiheit rechtmäßig entzogen ist, an der Flucht zu hindern;
> (c) einen Aufruhr oder Aufstand rechtmäßig niederzuschlagen.

◘ **Abb. 14.1** Artikel 2 EMRK

> Jeder hat das Recht auf Leben und körperliche Unversehrtheit. Die Freiheit der Person ist unverletzlich. In diese Rechte darf nur auf Grund eines Gesetzes eingegriffen werden.

◘ **Abb. 14.2** Artikel 2 Abs. 2 GG

len existiert, sondern dass die Gemeinschaft um des Individuums willen existiert, konnte sich nur langsam entwickeln und hat erst seit den 1980er-Jahren die Menschenrechtskodifikationen beeinflusst. Diese Entwicklung spiegelt sich in zwei Zusatzprotokollen zur EMRK wider. Das Protokoll Nr. 6 vom 28. April 1983 regelt die Abschaffung der Todesstrafe. Allerdings konnten sich die Vertragsstaaten damals noch nicht zu einer vollständigen Abschaffung der Todesstrafe entschließen. So einigten sie sich auf Ausnahmen für Zeiten des Krieges oder der unmittelbaren Kriegsgefahr. Erst mit dem Zusatzprotokoll Nr. 13 vom 03. Mai 2002 wurde die Todesstrafe vollständig abgeschafft. Dieses Beispiel zeigt, dass die Idee eines absoluten Menschenrechts auf die biologische Existenz in unserem traditionellen Denken keineswegs verankert ist.

14.2 Die Einzigartigkeit des Rechts auf Leben

Täter und Opfer

Wenden wir uns nun den philosophischen Überlegungen zu diesem Thema zu. Eine eingehende philosophische Analyse zeigt, dass das Menschenrecht auf Leben in der Tat ein ganz besonderes Recht ist, das sich von allen anderen Menschenrechten unterscheidet. Dies wird deutlich, wenn wir die Menschenrechte als eine Art Drehbuch oder Skript betrachten, das eine bestimmte Art der Kommunikation zwischen mindestens zwei Personen bestimmt. Die Person A spielt die Rolle des Verursachers einer Handlung, die eine andere Person B betrifft. B spielt die Rolle des Opfers. Die Handlung des Täters A besteht darin, B in einen Zustand zu versetzen, in dem die ernsthafte Gefahr besteht, dass B seiner Personalität beraubt wird. Wir können diesen Zustand kurz als unmenschlichen Zustand bezeichnen. B in einen unmenschlichen Zustand zu versetzen, ist als Verletzung eines oder mehrerer Menschenrechte von B zu betrachten. Der Täter A ist die Person, die verpflichtet ist, solche Verletzungen von B zu unterlassen.

kein Opfer

Dies ist nun offenbar nicht die Situation wie wir sie im Falle der Verletzung des Rechts auf Leben antreffen. Denn dieses Recht bezieht sich nicht auf ein Spiel mit zwei Akteuren A und B, sondern nur auf ein Spiel mit einem einzigen Akteur A. Die Tötungshandlung von A versetzt einen Rechteinhaber B nicht in eine unmenschliche Situation. B wird durch die Tötungshandlung nicht zum Opfer. Vielmehr ist die Folge einer Tötungshandlung, dass B zu existieren aufhört. Jemand, der nicht existiert, kann sich nicht in einer bestimmten (guten oder üblen) Lebenssituation befinden. Man kann nicht sagen, dass er sich in einem menschenwürdigen oder in einem unmenschlichen Zustand befindet. Was wir sagen können, ist, dass der Tod etwas zerstört, nämlich sowohl das betreffende Lebewesen als auch alle seine Eigenschaften, einschließlich der Attribute der Personalität und der Persönlichkeit. Aber es gibt niemanden, dem durch diese Zerstörung etwas entzogen worden sein könnte. Denn damit man sagen kann, das da jemand ist, dem etwas entzogen worden ist, muss dieser jemand überhaupt erst einmal existieren.

Ich bin mir nicht sicher, ob Sie diese Ansicht teilen oder ob Sie ihr widersprechen möchten. In der Tat gibt es mehrere Argumente, die meinen vorstehenden Überlegungen entgegengehalten werden können. Ich werde diese Gegenargumente im Folgenden vorstellen und zeigen, dass und warum sie nicht überzeugend sind.

14.3 Die Existenz-als-Eigenschaft-These

Das erste Gegenargument bezieht sich auf die Bedeutung und Funktion bestimmter Begriffe. Es handelt sich also um ein rein philosophisches Argument. Diesem Argument zufolge ist das Leben ein Attribut eines Lebewesens. Daher ist es möglich, einem Lebewesen das Leben zu entziehen, genauso wie es möglich ist, ihm jedes andere Attribut oder Gut zu entziehen, das durch ein Menschenrecht geschützt ist. Der Entzug des Lebens versetzt also die betreffende Person in einen defizitären und damit unmenschlichen Zustand.

Dieses Argument ist nicht überzeugend. Es beruht auf einer sprachlichen Verwirrung. Die grammatikalische Struktur unserer Sprache macht es möglich, über die Existenz in derselben grammatikalen Form zu sprechen wie über beliebige Attribute eines Subjekts. Der Satz „Sokrates existiert" und der Satz „Sokrates weint" haben die gleiche grammatikalische Struktur. Eine tiefere philosophische Analyse zeigt jedoch, dass Existenz nicht als Attribut betrachtet werden kann.

Sprachverwirrung

Die klassische philosophische Ontologie[1] unterschied zwischen ontologischen Kategorien (Eigenschaften), die einer Entität zugeschrieben werden können, und der Existenz der Entität. Entitäten unterscheiden sich voneinander durch die Attribute, die ihnen zugeschrieben werden. Die Existenz hingegen ist kein Unterscheidungskriterium, sondern ein Begriff, der eine Entität als das charakterisiert, was sie ist, nämlich eine Entität. Eine Entität zu sein und zu existieren sind verschiedene Wörter für dieselbe Bedeutung. Deshalb kann man nicht sagen, dass eine Entität nicht existiert. Das ist genauso unmöglich, wie zu sagen, dass die Linie eines Kreises nicht rund, sondern gerade ist. In der Sprache der philosophischen Ontologie unterscheidet man

Kategorien und Transzendentalien

---

[1] Die klassische Ontologie ist die traditionelle philosophische Lehre der allgemeinsten Strukturen von dem, was ist oder – wie die Ontologen sagen – des *Seienden*. Die philosophische Ontologie behauptet die Möglichkeit eines objektiven Blicks auf die Welt und ihre Strukturen. Heute wissen wir dank der im 20. Jahrhundert entwickelten Sprachphilosophie, dass das, was ontologisch als die allgemeinste Struktur des Seins oder des Seienden angesehen wird, in Wahrheit nur der Struktur unserer Sprache und unseres Denkens entspricht. Das ändert freilich nichts daran, dass die klassische Ontologie einige wichtige Unterscheidungen erarbeitet hat, die auch im Rahmen einer sprachphilosophischen Betrachtungsweise ihre Relevanz nicht verloren haben.

zwischen ontologischen Transzendentalien und ontologischen Kategorien. Kategorien sind Begriffe, mit denen man Gegenstände von einander unterscheidet. Transzendentalien (wie z.B. der Begriff „Gegenstand") sind Begriffe, die alle denkbaren Kategorien übersteigen, sie also transzendieren. Sie dienen nicht der Unterscheidung, sondern der allgemeinsten Charakterisierung von etwas. In diesem Sinne ist auch *Existenz* keine Kategorie, sondern eine Transzendentalie. Sie dient nicht der Klassifizierung von Entitäten, wie es Kategorien tun. Vielmehr dient sie nur der Charakterisierung einer Entität als Entität. Im Gegensatz zur grammatikalischen Struktur können wir also erkennen, dass „Sokrates existiert" und „Sokrates weint" sich nicht auf die gleiche ontologische Ebene beziehen. Der erste Satz ist eine Charakterisierung. Er besagt, dass es etwas wirklich gibt, das „Sokrates" genannt wird. Der zweite Satz ist eine Zuschreibung, mittels deren näher beschrieben wird, was es mit „Sokrates" auf sich hat.

Jetzt können wir den Fehler im ersten Argument verstehen. Lebendig zu sein ist keine Eigenschaft eines Lebewesens, sondern es ist die Definition dessen, was unter einem Lebewesen zu verstehen ist. Daraus folgt, dass es nicht möglich ist, ein Lebewesen seines Lebens zu berauben. Die Tötung eines Lebewesens lässt kein Lebewesen zurück, dem das Leben abhandengekommen ist. Die Tötung führt vielmehr dazu, dass kein Lebewesen mehr existiert, dem noch etwas genommen werden könnte.

14.4 Die Grundlagen-These

Leben als Bedingung der Personalität

Das zweite Gegenargument bezieht sich auf die Tatsache, dass ein Lebewesen, das mit der Fähigkeit ausgestattet ist, Personalität zu entwickeln, die notwendige Voraussetzung für alle Menschenrechte ist. Ein Lebewesen kann nur Träger von Menschenrechten sein, wenn es existiert. Die Existenz von (menschlichen) Lebewesen ist also die Voraussetzung dafür, dass es überhaupt Menschenrechte geben kann. Wenn aber die Menschenrechte etwas absolut Wertvolles und Schützenswertes sind, dann, so lautet das Argument, muss auch die notwendige Voraussetzung dafür, dass es Menschenrechte geben kann, absolut wertvoll und schützenswert sein. Daher ist das Leben des Lebewesens Mensch selbst absolut wertvoll und schützenswert. Es ist daher als Schutzbereich eines Menschenrechts zu betrachten.

14.4 · Die Grundlagen-These

Dieses Argument wurde insbesondere vom Bundesverfassungsgericht verwendet, als es im Zusammenhang mit der Abtreibung für ein absolutes Recht auf Leben plädierte. Ich zitiere das erste Abtreibungsurteil von 1975:

» Das Leben ist, wie nicht näher begründet werden muss, innerhalb der grundgesetzlichen Ordnung ein [...] Höchstwert; es ist die vitale Basis der Menschenwürde und die Voraussetzung aller anderen Grundrechte.

Auch dieses Argument ist meines Erachtens nicht überzeugend. Es ist ein Irrtum zu glauben, dass die Voraussetzungen dafür, dass ein bestimmtes Interesse (hier: das Interesse an den Menschenrechten) besteht, notwendigerweise selbst Gegenstand eines Interesses sein müssen. Es ist leicht zu zeigen, dass diese Vorstellung falsch ist. Das Gegenteil ist der Fall. An den Voraussetzungen für ein Interesse muss nicht notwendigerweise selbst ein Interesse bestehen. Das zeigt das folgende Beispiel.

Für jemanden, der eine Flugreise unternimmt, ist es wichtig und wertvoll, dass das Flugzeug pünktlich ist, dass das Essen an Bord nicht vergiftet ist und dass der Pilot nicht betrunken ist. Die Pünktlichkeit des Fluges, die Bekömmlichkeit des Essens und die Nüchternheit des Piloten sind Bedingungen für einen erfolgreichen Flug. Sie haben also einen Wert für mich, wenn ich eine Flugreise machen will. Wenn ich aber keinen Flug machen will, dann verlieren diese Bedingungen für einen erfolgreichen Flug ihren Wert für mich. Aus der Bedeutung der Bedingungen für einen erfolgreichen Flug folgt nicht, dass die Reise selbst wichtig und wertvoll ist.

Wenden wir dieses Beispiel auf den Fall der Menschenwürde und ihrer Voraussetzungen an. Es stimmt, dass das Leben eine wichtige Voraussetzung für ein Leben in einem menschenwürdigen Zustand und für den Besitz der Menschenrechte ist. Solange man lebt und am Leben interessiert ist, sind ein menschenwürdiges Leben und der Besitz von Menschenrechten von absolutem Wert. Wenn wir aber verstorben sind, gibt es kein Interesse mehr an der Menschenwürde und an den Menschenrechten, weil die Entität, die daran interessiert sein könnte, nicht mehr existiert. Menschenwürde und Menschenrechte sind *im* Leben wertvoll, aber sie machen nicht den *Wert des Lebens* aus.

Für diejenigen unter Ihnen, die dieses Lehrbuch bisher sehr aufmerksam studiert haben, könnte der Verdacht aufkommen, dass ich mich mit dieser Argumentation in einen Widerspruch verstrickt habe. Sie erinnern sich vielleicht an meine Argumentation im fünften Kapitel, wo es um die Absolutheit des Wertes der Personalität ging. Ich zitiere aus einer der Zusammenfassungen dieser Lektion: „Das Personsein (Personalität) ist für jede Person im absoluten Sinne wertvoll, weil sie die Voraussetzung für jede andere Bewertung ist …". Ich argumentierte dort, dass die Personalität die Voraussetzung für jede Art von Bewertung ist und dass alles seinen Wert verliert, wenn es zu einem Entzug der Personalität kommt. Daraus schloss ich, dass die Personalität für eine Person von absolutem Wert ist. Mit anderen Worten, ich habe den Wert der Voraussetzung jeder Bewertung, nämlich den absoluten Wert der Personalität, aus dem Wert jeder Bewertung abgeleitet. Nun sage ich im Zusammenhang mit dem Recht auf Leben, dass es logisch nicht möglich ist, vom Wert einer bestimmten menschlichen Praxis auf den Wert ihrer Voraussetzung (menschliches Leben) zu schließen. Es stellt sich also die Frage: Ist dies ein Widerspruch in meiner Argumentation?

Personalität als Wesen

Das wäre ein Widerspruch, wenn ich Personalität oder Person im Sinne von Johann Gottlieb Fichte verstehen würde. Nach Fichte ist die *Person* als Transzendentalie zu verstehen. Die Person besteht aus einem Willen. Wo sich ein Wille herausbildet, da existiert eine Person. Wenn die Personalität aufhört, dann existiert die Person nicht mehr. Es gibt nach Fichte also kein Subjekt, das einen Willen hat und Personalität besitzt. Der Wille selbst ist das Subjekt. Wenn nun die Person um ihren eigenen Willen weiß, aber zugleich mit ihrem Willen identisch ist, dann ist das Subjekt des Wissens identisch mit dem Objekt des Wissens, eine wahrlich paradoxe Vorstellung. Ich bevorzuge daher die Vorstellung, dass Personalität nicht als Transzendentalie zu verstehen ist, sondern als (kontingentes) Attribut des Menschen. Das Subjekt oder der Träger der Personalität ist die biologische Entität – der Mensch – und Personalität ist etwas, das der Mensch kontingenterweise besitzen kann oder auch nicht. Wenn die biologische Entität Mensch Personalität besitzt, entwickelt sie ein Selbstbewusstsein als Person. Andernfalls ist sie keine Person.

Personalität als Eigenschaft

Sie können also verstehen, warum es keinen Konflikt zwischen meiner These über Personalität und meiner These über das Leben gibt. Personalität ist ein (kontingentes) Attribut von Lebewesen, während Lebendigkeit die Charakterisierung eines Lebewesens ist. Es ist also logisch erlaubt, vom Wert eines Attributs auf den Wert eines anderen Attributs zu schließen, das die Voraussetzung für

14.5 Die Heiligkeitsthese

das erste ist. Aber es ist nicht möglich, vom Wert eines Attributs auf den Wert der Entität zu schließen, die dieses Attribut besitzt.

14.5 Die Heiligkeitsthese

Es gibt mehrere Varianten der These von der Unantastbarkeit des Lebens. Wir können eine theologische Variante und zwei säkulare Varianten unterscheiden. Das theologische Argument besagt, dass das Leben Gott gehört. Das heißt, es ist nur von Gott geliehen. Seine Zerstörung ist daher eine Sünde gegen Gott. Daraus folgt ein Recht auf Leben.

Religiöse Variante

Ich werde nicht über die Wahrheit eines bestimmten religiösen Glaubens diskutieren. Es handelt sich hier nicht um ein theologisches, sondern um ein philosophisches Lehrbuch. Was können wir also von einem rein philosophischen Standpunkt aus über diese These sagen? Die These besagt, dass das Leben Eigentum ist, aber nicht Eigentum des Lebewesens, das sich an seiner Existenz erfreut, sondern Eigentum von jemand anderem, nämlich von Gott. Diese Annahme ist aus logischer oder ontologischer Sicht unproblematisch. Die These erfüllt jedoch nicht die Bedingungen für eine Begründung des Menschenrechts auf Leben. Sie begründet das Recht auf Leben nicht als ein subjektives Recht eines menschlichen Individuums. Die These rechtfertigt vielmehr ein subjektives Recht Gottes, nämlich das Eigentumsrecht am Leben der Menschen. Demnach genießt der Mensch den Schutz des Lebens nur als Nebeneffekt, ohne selbst Inhaber des Rechts auf Leben zu sein. Folglich handelt es sich nicht um ein Argument für ein *Menschen*recht auf Leben. Es begründet nur ein *Gottes*recht auf Leben. Daher kann das Argument nicht zur Begründung des Rechts auf Leben als Menschenrecht dienen.

Eigentümer des Lebens

Eine erste säkulare Variante des Arguments lautet wie folgt. Nicht Gott ist Eigentümer des menschlichen Lebens, sondern das menschliche Individuum selbst ist Eigentümer seines eigenen Lebens. Es verfügt also über sein Leben, und es beansprucht die alleinige Verfügungsgewalt. Daraus folgt ein Recht auf Leben.

Dieses Argument leidet an einem Zirkelschluss, weil die Schlussfolgerung mit der Prämisse identisch ist. Aus dem Recht, über das eigene Leben zu verfügen, wird das Recht abgeleitet, über das eigene Leben zu verfügen.

Deprivationsthese

Eine zweite säkulare Variante der These von der Unantastbarkeit des Lebens (Deprivationsthese) lautet wie folgt: Die Tötung vereitelt den Wunsch des Opfers, weiterzuleben. Diese Frustration ist ein Übel, das die betreffende Person erleidet. Angenommen, eine Person lebt 80 Jahre. Normalerweise genießt sie über diesen Zeitraum ihre Lebensfreude. Wäre sie im Alter von 40 Jahren gestorben, hätte ihr Tod sie all der Lebensfreude beraubt, die sie in der zweiten Hälfte ihres Lebens genossen hat. Die Befürworter der Deprivationstheorie schließen daraus, dass das Opfer einer Tötungshandlung (zu Lebzeiten) einen Verlust erleidet, vor dem das Recht auf Leben schützen soll. Dieses Recht hat jedoch nach der Deprivationsthese nur ein relatives Gewicht. Es ist weniger wert, wenn der betroffene Mensch ohnehin schon kurz vor seinem natürlichen Tod steht. Das Gewicht des Rechts variiert also mit der jeweiligen Restlebenserwartung des Inhabers. Je vorzeitiger ein Mensch stirbt, desto größer ist der Schaden, den er durch den Verlust zukünftiger Lebensfreude erleidet.

Bei näherer Betrachtung ist dieses Argument nicht so beeindruckend, wie es zunächst scheint. Es stimmt zwar, dass diejenigen, die früher sterben, länger tot sind, aber der Zeitunterschied ist eigentlich unbedeutend. Die Zeitspanne, in der den Lebenden nach ihrem Tod Lebensgenuss vorenthalten werden, ist unendlich lang. Selbst ein natürlicher Tod im Alter von 80 oder 100 Jahren vereitelt den Wunsch nach Lebensgenuss im 81., 125., 1013. usw. Lebensjahr. Aus dieser Perspektive sind zusätzliche 40, 60 oder 80 Lebensjahre nicht der Rede wert. Die Deprivationstheorie erfüllt nicht, was sie vorgibt zu tun. Sie liefert keine Begründung für ein Recht auf Leben. Vielmehr führt sie zu dem Schluss, dass es keinen wesentlichen Unterschied macht, ob und wann ein Mensch stirbt oder ob und wann er getötet wird.

Vielleicht steht hinter der Deprivationstheorie aber auch eine Intuition, die in der Formulierung der Theorie nicht klar und eindeutig zum Ausdruck kommt. Das Übel der Tötung besteht nicht darin, dass der Tod zukünftige Lebensfreude vereitelt. Das Problem besteht vielmehr darin, dass im Angesicht des Todes alle bisherigen Lebenserfahrungen und alle Pläne ihren Sinn und Wert verlieren. Dieses Argument bezieht sich jedoch nicht auf die vorzeitige Beendigung des Lebens durch Tötung. Es bezieht sich vielmehr auf unsere allgemeine Lebenssituation, in der wir immer mit der Erwartung des Todes leben.

Zweifellos können wir zugeben, dass eine Person, die des Lebens nicht müde ist, darunter leidet, dass sie ihren Tod zu erwarten hat. Das menschliche Leben ist weitgehend auf die Zukunft bezogen. Alles, was wir tun, bezieht sich auf unsere Zukunft, unabhängig davon, ob wir an unsere großen Lebenspläne denken oder nur an unser kurzfristiges Handeln. In gewissem Sinne scheinen alle unsere Aktivitäten ihren Sinn zu verlieren, wenn unsere Zukunft begrenzt ist. Der Gedanke an unseren Tod löst daher in der Regel eine bestimmte Art von Traurigkeit oder sogar Verzweiflung aus. Es stellt sich jedoch die Frage, ob unser Gemütszustand, wenn wir an unseren eigenen Tod denken, als unmenschlich und der Menschenwürde zuwiderlaufend einzustufen ist. Ist das Bewusstsein unserer Sterblichkeit und der Begrenztheit jeglichen Lebenssinns nicht vielmehr eine Voraussetzung für ein menschenwürdiges Leben? Der Tod kann als ein Übel angesehen werden, weil er dem Leben den Sinn nimmt. Aber dieses Übel ist nicht das Ergebnis einer vorsätzlichen Tötungshandlung, sondern die Folge unserer Sterblichkeit. Ein Menschenrecht auf Leben und dessen strikte Einhaltung können dieses Übel nicht beseitigen. Es macht keinen Sinn, das Menschenrecht auf Leben als Mittel zur Erlangung der Unsterblichkeit zu betrachten.

14.6 Die Todesangst-These

Das Argument der Todesangst bezieht sich auf die Tatsache, dass Personen, die von der Tötung bedroht sind, Todesangst empfinden. Todesangst begründet in der Tat einen Lebenszustand, in dem die Personalität in Gefahr ist. Personen, die Todesangst empfinden, geraten in einen Zustand der Panik, der sie ihrer Fähigkeit beraubt, auf der Grundlage eigener Überlegungen und Reflexionen einen freien Willen zu bilden, sodass sie nicht mehr in der Lage ist, ein authentisches Leben zu führen. Der Schutz vor Todesangst ist daher Inhalt des Schutzbereichs eines Menschenrechts. Dies ist aber nicht das Menschenrecht auf Leben. Es ist vielmehr das Recht auf Freiheit von Folter und grausamer Behandlung nach Artikel 3 EMRK. Todesangst ist etwas, das die betroffene Person noch zu Lebzeiten erlebt. Das Hervorrufen von Todesangst versetzt die Person in einen unmenschlichen Zustand wie in jedem anderen Fall von Folter oder grausamer Behandlung.

Todesangst als Grausamkeit

Rechtsprechung

Dass der Schutz vor Todesangst nicht in den Schutzbereich des Rechts auf Leben fällt, sondern in den Schutzbereich des Verbots der Grausamkeit nach Art. 3 EMRK, hat der EGMR in seiner Judikatur bestätigt. Grundlegend ist insoweit das Urteil in dem Fall Soering gegen das Vereinigte Königreich aus dem Jahre 1989. In diesem Fall ging es um einen jungen Deutschen, der vom Vereinigten Königreich an die USA ausgeliefert werden sollte, wo er des Mordes beschuldigt worden war. Zu dieser Zeit war die Todesstrafe nach der EMRK noch nicht verboten, weil das sechste Zusatzprotokoll zur EMRK noch nicht in Kraft getreten war. Die Androhung der Todesstrafe wäre also kein Grund gewesen, die Auslieferung zu untersagen. Das Gericht vertrat jedoch die Auffassung, dass der Kläger über einen langen Zeitraum hinweg mit seinem Tod rechnen müsste und daher das so genannte Todeszellen-Syndrom erleiden würde. Dabei handelt es sich um eine Art permanente Todesangst, die einer Person die Fähigkeit nimmt, ihre Personalität zu erhalten. Jemanden dem Todeszellensyndrom auszusetzen, wurde vom Gerichtshof als Verletzung von Artikel 3 EMRK angesehen. Infolgedessen konnte der Angeklagte nur deshalb an die USA ausgeliefert werden, weil die US-Regierung Garantien dafür gab, dass er nicht zum Tode verurteilt werden würde.

14.7 Die Funktion des Rechts auf Leben

Ich komme auf meine Ausgangsthese zurück: Eine Verletzung des Rechts auf Leben bringt kein Opfer hervor. Nach dem Tod gibt es niemanden, von dem man sagen kann, dass er sich in einem unmenschlichen Zustand befindet. Mit anderen Worten, es scheint, dass die Verletzung des Rechts auf Leben keinen Schaden verursacht. Ich muss also erneut fragen, wie es möglich ist, das Recht auf Leben als ein Menschenrecht zu verstehen?

Folgen der Abwesenheit des Lebensrechts

Ich denke, die Funktion des Rechts auf Leben besteht nicht darin, jene Menschen vor einem unmenschlichen Zustand zu schützen, die getötet werden. Die Funktion besteht vielmehr darin, jene Menschen zu schützen, denen aktuell niemand nach dem Leben trachtet, die aber in einer Gesellschaft leben müssen, in der es erlaubt ist, Menschen zu töten, wenn sich dafür „gute" Gründe finden lassen. Denn wenn es erlaubt ist, Menschen zu töten, sofern sich dafür „gute" Gründe finden lassen, so verdankt sich das

Leben derer, denen niemand nach dem Leben trachtet, auch nur gewissen „guten" Gründen bzw. der zufälligen Abwesenheit von Gründen, die für ihre Tötung sprechen würden. Jeder Mensch in einer solchen Gesellschaft weiß, dass er nur deshalb leben darf, weil derzeit mehr Gründe dafür als dagegen sprechen. In einer Gesellschaft, in der das absolute Recht auf Leben nicht anerkannt wird, weiß jedes Mitglied, dass sein Leben nicht nur in den Augen aller anderen, sondern auch in seinen eigenen Augen nur einen relativen Wert hat. Jeder muss sich bewusst sein, dass er oder sie von den anderen letztlich nur für den Nutzen geschätzt wird, den seine oder ihre Existenz für die Gesellschaft bringt. Der Wert seines Lebens hängt immer von dem relativen und kontingenten Interesse ab, das die Gesellschaft an dem Leben ihrer Mitglieder hat. Ein solcher Rechtszustand muss als unmenschlich angesehen werden.

Das Fehlen des absoluten Rechts auf Leben führt zu einer Haltung und einem Charakter der Menschen, der sich durch einen Mangel an Selbstachtung und eine Neigung zur Selbsterniedrigung auszeichnet. Es ist nicht möglich, das absolute Recht auf Leben zu verneinen und zugleich den Sinn für die eigene und die fremde Menschenwürde aufrechtzuerhalten. Der Wert, den sich die Mitglieder einer solchen Gesellschaft selbst und den anderen zusprechen, kann nur ein ausschließlich instrumenteller Wert sein. Die Mitglieder einer solchen Gesellschaft werden deshalb auch die Sprache und die Kraft verlieren, sich gegen die Verletzung aller anderen Menschenrechte zu wehren.

In gewissem Sinne können wir also sagen, dass die Funktion des Rechts auf Leben eine symbolische ist. Seine Abwesenheit führt nicht zu physischen Verletzungen, sondern zu seelischen und geistigen Verletzungen. Diese symbolische Funktion des Menschenrechts auf Leben macht den Unterschied zwischen einer Gesellschaft, deren Mitglieder sich ihrer Würde bewusst sind, und einer Gesellschaft, deren Mitglieder dies nicht sind.

Was für das Recht auf Leben gilt, das gilt allerdings auch für alle anderen Menschenrechte. Wir sind es gewohnt, bei der Verletzung von Menschenrechten immer auf das Opfer zu sehen, das die Verletzung passiv erleidet. Aber die Verletzung von Menschenrechten verletzt neben den Opfern immer auch die Täter und diejenigen, die bereit sind, den Täter und seine Handlungen zu tolerieren. Sowohl der Täter als auch diejenigen, die ihn dulden, werden ihrerseits zu Opfern jeder Menschenrechtsverletzung.

Denn die Duldung oder Gleichgültigkeit gegenüber einer Menschenrechtsverletzung führt unmittelbar zum Verlust des Bewusstseins, *jemand* und nicht nur *etwas* zu sein. Dies bestätigt die These der Gleichursprünglichkeit (siehe ► Kap. 5 und 6). Wie Sie sich hoffentlich erinnern, erklärt diese These, warum die Missachtung und Abwertung der Personalität anderer zwangsläufig zur Missachtung und Abwertung der eigenen Personalität führen.

Aus diesen Überlegungen folgt, dass das Recht auf Leben in der Tat als ein Menschenrecht zu betrachten ist, das das Leben der menschlichen Person vor jeder Art von Angriff schützt. Es gibt keine Rechtfertigung für den Entzug des Lebens, zumindest nicht gegen oder ohne den Willen der Person, der das Leben genommen werden soll.

Die konkrete Verletzung oder die abstrakte Missachtung des Menschenrechts auf Leben führt zu einer symbolischen Abwertung der Personalität aller anderen Mitglieder der Gesellschaft. Solche Abwertungshandlungen haben sehr schlimme Folgen für die Täter und die Gesellschaft, die solche Handlungen duldet. Ich habe keine Zweifel daran, dass das auch für die Abtreibung gilt. In der Diskussion um diese Frage wird immer nur gefragt, ob dem Embryo durch seine Vernichtung ein Schaden zugefügt wird. Aber darauf kommt es nicht an. In einer Gesellschaft, in der Abtreibung eine zulässige Option der Familienplanung ist, muss jeder geborene Mensch wissen, dass er seine Existenz nur dem kontingenten Umstand verdankt, dass es keine hinreichend schweren Gründe gegen seine Existenz gegeben hat. Ich bin fest davon überzeugt, dass dieses Wissen nicht ohne Folgen für das personale Selbstbewusstsein der Menschen bleibt.

Dennoch stellt sich die Frage, ob es auch Tötungshandlungen geben kann, die nicht mit einer solchen Abwertung verbunden sind. Ich denke, dass dies im Falle des Suizids der Fall ist. Der Suizid kann nicht als eine Tötungshandlung angesehen werden, die den absoluten Status der übrigen Gesellschaftsmitglieder abwertet. Dies gilt im Übrigen auch für die Suizidassistenz. Darüber hinaus gilt dies auch bei der Tötung auf Verlangen. Eine Person, die Suizid begehen will oder die bei ihrem Suizid Hilfe in Anspruch nehmen will oder die darum bittet, getötet zu werden, äußert einen Willen, der, sofern nicht konkrete Umstände dagegen sprechen, von eigenen Überlegungen und Reflexionen geleitet ist. Daher verdient der freie Willen einer solchen Person Respekt. Ein solcher Respekt kann unter keinen Umständen zu einer Abwertung der Personalität anderer führen.

❓ Zur Wiederholung

14.1 Das Recht auf Leben weist ein einzigartiges Merkmal auf, das es von allen anderen Menschenrechten unterscheidet. Welches Merkmal ist das?

14.2 Was ist die Funktion des Rechts auf Leben?

14.3 Gibt es eine Rechtfertigung der Todesstrafe?

14.4 Gibt es eine Rechtfertigung für Suizidassistenz oder Tötung auf Verlangen?

Antworten siehe ▶ Kap. 21.

Leseempfehlungen

Fichte, Johann Gottlieb: *Grundlage des Naturrechts nach Principien der Wissenschaftslehre*. 1796, https://www.digitale-sammlungen.de/de/view/bsb10040507?page=5

Hoerster, Norbert: *Ethik des Embryonenschutzes. Ein rechtsphilosophischer Essay*. Stuttgart 2002

Robespierre, Maximilien de: *Rede vor dem Nationalkonvent am 24. April 1793 über das Eigentum*. In: ders.: Ausgewählte Texte, hrsg. u. übersetzt v. Manfred Unruh. Hamburg 1971, S. 394 ff.

Tomuschat, Christian/Lagrange, Evelyne/Oeter, Stefan (Hrsg.): *The Right to Life*. Leiden/Boston 2010

UN Menschenrechtsausschuss: *Allgemeine Bemerkung (General Comment) Nr. 36 (2018) über das Recht auf Leben (Artikel 6 UN Zivilpakt), – CCPR/C/GC/36* – dt. Übersetzung hrsg. v. Deutsches Institut für Menschenrechte, https://www.institut-fuer-menschenrechte.de/publikationen/detail/das-recht-auf-leben-artikel-6-des-un-zivilpaktes

Rechtsprechung

BVerfG, Urt. v. 25.02.1975 – 1 BvF 1,2,3,4,5,6/74 –, BVerfGE 39, 1 [42] (Abtreibung I)

BVerfG, Urt. v. 28.05.1993 – 2 BvR 2/90 –, BVerfGE 88, 203 (Abtreibung II)

EGMR, Urt. v. 07.07.1989, – 1/1989/161/217 –, „Soering v UK", HUDOC

Soziale Menschenrechte

Inhaltsverzeichnis

15.1 Die Unterscheidung zwischen liberalen und sozialen Menschenrechten – 320

15.2 Die Kodifikation der sozialen Menschenrechte – 320

15.3 Die Liste der kodifizierten sozialen Menschenrechte – 324

15.4 Die Schutzgüter der sozialen Menschenrechte und ihre Relevanz für menschenwürdige Lebensbedingungen. – 325

15.5 Adressaten der sozialen Menschenrechte – 331

15.6 Unterlassungspflichten und Handlungspflichten – 333

15.7 „Soziale Menschenrechte" als Staatszielbestimmungen – 337

15.8 Die Redundanz der sozialen Menschenrechte – 339

© Der/die Autor(en), exklusiv lizenziert an Springer-Verlag GmbH, DE, ein Teil von Springer Nature 2023
P. Tiedemann, *Philosophische Grundlagen der Menschenrechte*, Springer-Lehrbuch, https://doi.org/10.1007/978-3-662-65533-7_15

15.9 Das Recht auf die natürlichen Lebensgrundlagen – 342

15.9.1 Recht auf Wasser – 342

15.9.2 Recht auf verträgliches Weltklima – 343

Leseempfehlungen – 347

Soziale und liberale Menschenrechte

Während sich die so genannten klassischen oder liberalen Menschenrechte nur auf die *Achtung* der Menschenwürde und auf die Pflicht beziehen, alles zu unterlassen, was die Personalität anderer Menschen verletzen könnte, beziehen sich die so genannten sozialen Menschenrechte auf die Pflicht, etwas zu tun, nämlich Lebensbedingungen zu schaffen, die ein menschenwürdiges Leben ermöglichen. Nach der AEMR und dem IPsozR von 1966 gehören dazu der garantierte Zugang zum Existenzminimum, der Zugang zu Arbeit, gerechten Arbeitsbedingungen und gerechter Entlohnung, der Zugang zu einem Bildungssystem und zum kulturellen Leben sowie der Zugang zu einer gesunden Umwelt und einem öffentlichen Gesundheitssystem („Recht auf Gesundheit").

Menschenwürdige Lebensbedingungen

Wenn das Leben eines Menschen durch den täglichen Überlebenskampf beherrscht wird, der fast alle körperlichen und geistigen Kräfte verbraucht, dann ist in diesem Leben kein Raum für selbstgestaltete authentische Selbstbestimmung auf der Grundlage eigener Überlegungen und Reflexionen. Deshalb ist ein ausreichendes Existenzminimum eine Grundvoraussetzung für ein menschenwürdiges Leben.

Wenn das Leben eines Menschen durch den täglichen Kampf gegen Schmerzen oder die Überwindung körperlicher oder geistiger Behinderungen bestimmt wird, die fast alle körperlichen und geistigen Kräfte aufbrauchen, ist in diesem Leben kein Raum für selbstgestaltete authentische Selbstbestimmung auf der Grundlage eigener Überlegungen und Reflexionen. Eine gesunde Umwelt und ein angemessenes Gesundheitssystem sind daher Grundvoraussetzungen für ein menschenwürdiges Leben.

Bildung und der Zugang zum kulturellen Leben der Gesellschaft sind die Grundvoraussetzungen für rationale Überlegungen. Sie schützen vor Manipulation und erweitern die Möglichkeiten für ein Leben nach den eigenen Lebensentwürfen. Ein ausreichendes und angemessenes Bildungsniveau ist daher eine notwendige Bedingung für ein menschenwürdiges Leben.

Arbeit muss unter fairen Bedingungen stattfinden und frei von Ausbeutung sein. Dies sind notwendige Bedingungen für ein menschenwürdiges Leben, denn sonst wird dem Arbeitnehmer die Freiheit eines selbst gestalteten Lebens auf der Grundlage seines freien Willens genommen.

Recht auf Arbeit

Arbeit als solche kann nicht als notwendige Bedingung für ein menschenwürdiges Leben angesehen werden. Die Vorstellung von der Arbeit als Eigenwert und Grundbedingung eines menschenwürdigen Lebens ist tief verwurzelt in dem, was Max Weber den „Geist des Kapitalismus auf der Grundlage der protestantischen Ethik" genannt hat. Sie ist als bloße Ideologie zu betrachten. Daraus folgt, dass z. B. ein bedingungsloses Grundeinkommen die Menschenwürde nicht verletzt und ein menschenwürdiges Leben nicht gefährdet.

Menschenrechte als Abwehrrechte

Menschenrechte beziehen sich immer nur auf Unterlassungspflichten und niemals auf Leistungspflichten. Denn eine Pflicht zur Leistungserbringung kann unter keinen Umständen absolut sein, weil die Leistung von drei kontingenten Voraussetzungen abhängt: (1.) Es muss genügend Ressourcen geben; (2.) eine anderweitige Verwendung der vorhandenen Ressourcen muss unmoralisch sein; (3.) es darf keine Überforderung des Leistungserbringers eintreten. Rechte auf Erbringung von Leistungen können daher nur unter Berücksichtigung dieser drei Voraussetzungen durch positives Recht geschaffen werden.

Staatszielbestimmungen

Die kodifizierten so genannten sozialen Menschenrechte nehmen den Begriff der *Rechte* nicht ernst. Sie sollten als *Staatszielbestimmungen* betrachtet werden. Diese Bestimmungen formulieren Aufgaben zur schrittweisen Herstellung menschenwürdiger Lebensbedingungen für alle Menschen auf dem Gebiet der jeweiligen Vertragsstaaten, die sich auf diese Aufgaben verpflichtet haben.

Soziale Menschenrechte in der Rechtsprechung

Die Ziele der sozialen Menschenrechte können auch auf der Grundlage der liberalen Menschenrechte erreicht werden. Dies zeigt die Rechtsprechung des EGMR (Urteil vom 21. Januar 2011 – M.S.S. gegen Belgien und Griechenland – §§ 249, 250, 263, 264). Nach diesem Urteil ist es möglich, aus dem Verbot unmenschlicher und erniedrigender Behandlung (Artikel 3 EMRK) ein Recht auf Zugang zu sozialen Institutionen abzuleiten, wenn das positive Recht eine solche Institution vorsieht, aber denjenigen, für die diese Institution geschaffen wurde, der Zugang verweigert wird. Die Pflichten nach Artikel 3 EMRK verpflichten nicht dazu, etwas zu tun, sondern sie verpflichten dazu, etwas zu unterlassen, nämlich den Ausschluss bedürftiger Menschen von den sozialen Einrichtungen, die dafür geschaffen worden sind, gerade diese Menschen in einer solchen Situation zu unterstützen.

Recht auf natürliche Lebensgrundlagen

Das in einer UN-Resolution geforderte Recht auf Wasser ist der Funktion nach ebenfalls nur eine Staatszielbestimmung.

Das Urteil des BVerfG von 2021 zum Klimawandel behauptet zwar ein (Grund-)Recht auf Schutz der Gesundheit vor den Gefahren des Klimawandels, löst diesen Anspruch aber tatsächlich nicht ein. Es handelt sich insoweit nur um irreführende Rhetorik.

15.1 Die Unterscheidung zwischen liberalen und sozialen Menschenrechten

Unterlassung versus Handlung

Dieses Kapitel ist den sogenannten *sozialen* Menschenrechten gewidmet. Das Attribut „sozial" dient hier dazu, diese Gruppe von Menschenrechten von der Gruppe der sogenannten *liberalen* Menschenrechte zu unterscheiden. Alle Rechte, die ich bisher behandelt habe, waren liberale Menschenrechte. Der Unterschied zwischen diesen beiden Gruppen ist im Prinzip kein Unterschied im Schutzbereich. Generell kann man sagen, dass es bei den sozialen Menschenrechten ebenso wie bei den liberalen Menschenrechten um den Schutz der Menschenwürde geht, also um menschenwürdige Lebensumstände. Der Unterschied besteht jedoch darin, dass sich die liberalen Rechte auf ein Verbot beziehen. Sie verbieten den Entzug oder die Beeinträchtigung jener Güter, die notwendig sind, um ein Leben unter menschenwürdigen Bedingungen führen zu können. Die Verletzung liberaler Rechte führt für die Betroffenen zu einer Lebenssituation, die als unmenschlich zu qualifizieren ist, weil sie der Menschenwürde widerspricht. Mit anderen Worten: Ziel der liberalen Menschenrechte ist es, die Welt so zu lassen, wie sie ist, nämlich in einem Zustand, der menschenwürdiges Leben ermöglicht. Im Gegensatz dazu verlangen die sozialen Menschenrechte nicht die Unterlassung von Schädigungshandlungen, sondern ein aktives Tun. Sie gebieten die Herstellung jener Güter, die für ein Leben unter menschenwürdigen Bedingungen notwendig sind. Ziel der sozialen Menschenrechte ist es also, die Lebensbedingungen der Menschen zu verbessern, um ein Leben unter menschenwürdigen Bedingungen überhaupt erst möglich zu machen.

15.2 Die Kodifikation der sozialen Menschenrechte

AEMR

Das Prinzip der sozialen Menschenrechte ist in Artikel 22 AEMR kodifiziert (siehe ◘ Abb. 15.1). Interessant ist, dass sich Artikel 22 nur auf ein einziges Menschenrecht zu

15.2 · Die Kodifikation der sozialen Menschenrechte

> Jede Person hat als Mitglied der Gesellschaft das Recht auf soziale Sicherheit und Anspruch darauf, durch innerstaatliche Maßnahmen und internationale Zusammenarbeit sowie unter Berücksichtigung der Organisation und der Mittel jedes Staates in den Genuss der wirtschaftlichen, sozialen und kulturellen Rechte zu gelangen, die für seine Würde und die freie Entwicklung seiner Persönlichkeit unentbehrlich sind.

◘ Abb. 15.1   Artikel 22 AEMR

beziehen scheint, nämlich das *Recht auf soziale Sicherheit*. Darüber hinaus verpflichten sich die Vertragsstaaten nur, sich auf nationaler und internationaler Ebene im Rahmen der ihnen zur Verfügung stehenden Mittel um die Verwirklichung wirtschaftlicher, sozialer und kultureller Rechte zu bemühen. Insoweit werden also keine Rechte unmittelbar gewährleistet. Es wird nur in Aussicht gestellt, diese Rechte nach Maßgabe der den Staaten zur Verfügung stehenden Ressourcen zu schaffen.

Jedenfalls scheint es nach dem Wortlaut von Artikel 22 zumindest ein subjektives Recht zu geben, das unmittelbar durch diesen Artikel geschaffen worden ist, nämlich das Recht auf soziale Sicherheit. Allerdings hält auch dieses „Recht" nicht, was der Ausdruck verspricht. Sein Inhalt ergibt sich nämlich erst aus den folgenden Artikeln, die sich auf das Recht auf Arbeit (Artikel 23 AEMR), das Recht auf Erholung und Freizeit von der Arbeit (Artikel 24 AEMR), das Recht auf einen angemessenen Lebensstandard (Artikel 25 AEMR), das Recht auf Bildung (Artikel 26 AEMR) und das Recht auf Teilnahme am kulturellen Leben (Artikel 27 AEMR) beziehen. Mit anderen Worten: Der Ausdruck „Recht auf soziale Sicherheit" hat keine substanzielle Bedeutung. Er fungiert lediglich als Sammelbezeichnung für die in den folgenden Artikeln aufgezählten einzelnen sozialen Rechte, die ihrerseits aber auch nicht unmittelbar garantiert, sondern nur in Aussicht gestellt werden, sofern dies den Staaten möglich und zumutbar ist.

Recht auf soziale Sicherheit

Ressourcen und Verteilung

Daraus folgt, dass ein Mangel an sozialen Menschenrechten in einem bestimmten Staat nicht bedeutet, dass der betreffende Staat die AEMR nicht achtet und daher ein Unrechtsstaat ist. Denn es ist durchaus möglich und sollte sogar unterstellt werden, dass sich der betreffende Staat der AEMR verpflichtet weiß und deshalb die bestehenden Defizite als solche anerkennt sowie die Auffassung teilt, dass ihre Beseitigung wünschenswert wäre. Dass er gleichwohl nichts unternimmt, um die Mängel zu beseitigen, kann einfach daran liegen, dass es ihm an den dafür erforderlichen Ressourcen fehlt. Das muss wiederum nicht bedeuten, dass der betreffende Staat vollkommen verelendet und daher in keiner Weise in der Lage ist, irgendwie eine wirksame Sozialpolitik zu betreiben. Es könnte vielmehr daran liegen, dass die Ressourcen nicht ausreichen, um jedem Bürger Arbeit, einen angemessenen Lebensstandard, Bildung und Kultur zu garantieren, sodass der Staat Schwerpunkte setzen muss. Diese Schwerpunkte können einige soziale Rechte zulasten anderer betreffen. Sie können aber auch gänzlich außerhalb des Katalogs der sozialen Menschenrechte liegen. Ein Staat verletzt die AEMR nicht, wenn er seine knappen Ressourcen für gänzlich andere Zwecke einsetzt, z. B. zur Herstellung der öffentlichen Sicherheit, zur militärischen Verteidigung oder zum Schutz des Landes vor Naturkatastrophen (z. B. durch den Bau von Dämmen und Deichen). Denn was nützt beispielsweise ein Bildungssystem, wenn das Land mangels Deichen überflutet wird und damit physisch untergeht? Angesichts dieser Situation kann man schwerlich davon sprechen, dass es sich bei den in der AEMR deklarierten sozialen Menschenrechten um echte Rechte handelt, d. h. um Ansprüche, die die Menschen als Träger dieser Rechte unbedingt durchsetzen könnten. Was auch immer mit „sozialen Menschenrechten" im Sinne der AEMR gemeint sein mag, es handelt sich jedenfalls nicht um subjektive Rechte.

Nur der Staat als Schuldner

Es gibt noch einen weiteren Unterschied zu den liberalen Menschenrechten. Der Verpflichtete aus den liberalen Menschenrechten ist nicht nur der Staat, sondern in erster Linie jeder einzelne Mensch. Der Staat ist nur in einem abgeleiteten Sinne als Verpflichteter der liberalen Menschenrechte zu betrachten. Im Gegensatz dazu können sich soziale Menschenrechte nur an den Staat richten. Sie zielen auf die Verwirklichung eines sozialen Lebensstandards ab, dessen Aufbau von Ressourcen ab-

15.2 · Die Kodifikation der sozialen Menschenrechte

hängt, die in der Regel immer jenseits der Möglichkeiten des Einzelnen liegen. Institutionen der sozialen Sicherheit beruhen immer auf einer spezifischen staatlich oder gesellschaftlich organisierten Kooperation, während die Achtung liberaler Menschenrechte von keiner gesellschaftlichen Organisation abhängt. Liberale Menschenrechte können unabhängig davon verletzt werden, ob es einen funktionierenden Staat gibt oder ob es überhaupt einen Staat gibt. Soziale Menschenrechte setzen dagegen einen Staat als Adressaten voraus, der über die Macht und die Fähigkeiten verfügt, soziale Institutionen zu schaffen. Die Einrichtung sozialer Institutionen und die Einführung sozialer Menschenrechte für den Zugang zu diesen Institutionen ist deshalb immer eine Frage des positiven Rechts.

Es gibt noch einen dritten Unterschied zwischen den so genannten sozialen Menschenrechten und den liberalen Menschenrechten. Soziale Menschenrechte setzen gesellschaftliche Kooperation im Rahmen eines funktionierenden Staates voraus. Staatliche Kooperation oder gesellschaftliche Kooperation im staatlichen Rahmen dienen in erster Linie den Mitgliedern der Kooperationsgemeinschaft, also jenen, die durch eigene Beiträge an der Kooperation beteiligt sind. Daher werden im Allgemeinen nur die Einwohner oder die Bürger des Staates als Träger der sozialen Rechte anerkannt. Dies wird in Artikel 22 AEMR durch die Worte „Mitglied der Gesellschaft" ausgedrückt. Zwar kann ein Staat auch soziale Institutionen für Menschen schaffen, die weder Bürger noch Einwohner sind und die an der gesellschaftlichen Kooperation nicht beteiligt sind. Aber in erster Linie werden als Träger sozialer Rechte auf nationaler Ebene nur die Teilnehmer an der gemeinsamen Kooperation in Betracht kommen, weil diese Rechte erst durch diese Kooperation möglich werden. Sofern Dritte in den Genuss sozialer Institutionen kommen (z. B. Ausländer, Flüchtlinge, Empfänger von Entwicklungshilfe etc.) ist es stets eine Frage der politischen Entscheidung, wem genau diese Rechte zukommen sollen. Auf jeden Fall gilt für die sozialen Menschenrechte nicht das, was für die liberalen Menschenrechte gilt, nämlich dass jeder Mensch als Träger dieser Rechte angesehen werden muss, und zwar einfach deshalb, weil es sich um einen Menschen handelt. Das Personsein allein reicht nicht aus, um den Zugang zu sozialen Einrichtungen eines Staates zu rechtfertigen.

Mitglieder

Aus alledem folgt, dass der Ausdruck „soziale Menschenrechte" in Artikel 22 AEMR nicht zutreffend ist. Er drückt nicht aus, um was es dabei wirklich geht, sondern er erzeugt nur falsche Assoziationen und unrealistische Erwartungen, deren Enttäuschung unvermeidbar ist. Wenn im Folgenden gleichwohl der Ausdruck „soziale Menschenrechte" verwendet wird, so ist das allein dem Umstand geschuldet, dass dies der Sprachregelung des internationalen Rechts entspricht. Man muss dabei immer mitbedenken, dass es sich nicht wirklich um Menschenrechte handelt. Man müsste eigentlich von *so genannten* Menschenrechten sprechen.

15.3 Die Liste der kodifizierten sozialen Menschenrechte

Die AEMR führt vier Gruppen sozialer Rechte auf, die insgesamt aus dreizehn einzelnen Rechten bestehen:
1. *Rechte betreffend die Arbeit* (Artikel 23 and 24)
    1.1 Das Recht auf Arbeit.
    1.2 Das Recht auf freie Wahl der Beschäftigung.
    1.3 Das Recht auf gerechte und befriedigende Arbeitsbedingungen.
    1.4 Das Recht auf Schutz gegen Arbeitslosigkeit.
    1.5 Das Recht auf gleiche Bezahlung für gleiche Arbeit.
    1.6 Das Recht auf eine ausreichende Entlohnung.
    1.7 Das Recht Gewerkschaften zu gründen und ihnen beizutreten.
    1.8 Das Recht auf Erholung und Freizeit, auf eine vernünftige Begrenzung der Arbeitszeit und auf regelmäßigen bezahlten Urlaub.
2. *Rechte betreffend das unbedingte Existenzminimum im Falle von Umständen außerhalb der persönlichen Kontrolle (Arbeitslosigkeit, Krankheit etc.)* (Artikel 25)
3. *Recht auf Bildung* (Artikel 26)
    3.1 Das Recht auf freien Zugang zur Grundschule
    3.2 Das Recht auf gleichen Zugang zur beruflichen und höheren Bildung nach Leistung.
    3.3 Das Recht der Eltern, vorrangig die Art der Bildung für die Kinder zu wählen.
4. *Das Recht auf Teilnahme am kulturellen Leben der Gemeinschaft.* (Artikel 27)

Diese in der AEMR deklarierten Rechte sind durch den *Internationalen Pakt über wirtschaftliche, soziale und kulturelle Rechte* vom 16. Dezember 1966 (IPsozR) in verbindliches internationales Recht umgewandelt worden. In diesen Pakt wurde noch eine fünfte Gruppe von Rechten aufgenommen, die in der AEMR nicht enthalten sind, nämlich:

5. Das Recht auf „*das für jeden erreichbare Höchstmaß an körperlicher und seelischer Gesundheit* (Recht auf Gesundheit – Artikel 12 IPbürgR)

Darüber hinaus gibt es mehrere internationale Übereinkommen, die diesen Korpus sozialer Menschenrechte um zusätzliche Rechte erweitern, z. B. das Recht auf schulische Förderung behinderter Kinder (Artikel 23 des UN-Übereinkommens über die Rechte des Kindes – KRK).

Die EMRK enthält keine sozialen Menschenrechte. Die Mitglieder des Europarates einigten sich jedoch auf die Europäische Sozialcharta vom 18. Oktober 1961 und ihre drei Zusatzprotokolle von 1988, 1991 und 1995.

Die rechtliche Verbindlichkeit des IPsozR und der anderen internationalen Pakte, in denen soziale Menschenrechte vereinbart werden, ändern nichts daran, dass es sich auch dabei nicht um echte subjektive Rechte handelt, die jedem Menschen qua seines Menschseins zustehen. Die rechtliche Verbindlichkeit bezieht sich nur auf das Verhältnis zwischen den Vertragsstaaten. Diese haben sich in den Verträgen nämlich verpflichtet, gegenüber den anderen Vertragspartnern und gegenüber den von den Verträgen geschaffenen internationalen Agenturen Rechenschaft über ihre Sozialpolitik zu geben und sich der Kritik der internationalen Gemeinschaft zu stellen.

15.4 Die Schutzgüter der sozialen Menschenrechte und ihre Relevanz für menschenwürdige Lebensbedingungen.

Bevor wir uns der philosophischen Frage zuwenden, inwieweit soziale Menschenrechte – unabhängig von den gegenwärtigen Kodifizierungen – möglich sind, bzw. welche philosophischen Gründe gegen solche Rechte sprechen, sollten wir kurz überlegen, ob die kodifizierten sozialen Rechte jedenfalls Schutzgüter betreffen, deren

Existenzminimum

Verfügbarkeit als notwendige Bedingung für ein menschenwürdiges Leben angesehen werden müssen, sodass wir sagen können, dass das Fehlen dieser Güter eine Lebenssituation unmenschlich macht und die Menschenwürde nach einer Überwindung dieses Mangels verlangt.

Zunächst sei die Frage beantwortet, ob ein menschenwürdiges Leben Zugang zu einem Existenzminimum erforderlich macht. Das Existenzminimum umfasst ausreichend Nahrung, Kleidung und Unterkunft, aber auch freie Zeit, die darauf verwendet werden kann, allein oder mit anderen darüber nachzudenken, wie man sein Leben führen will. Ich denke, es ist in der Tat offensichtlich, dass es einen sehr engen Zusammenhang zwischen dem Existenzminimum und einem menschenwürdigen Leben gibt. Jemand, der unter einem Mangel an notwendiger Nahrung leidet, ist nicht in der Lage, sein Leben auf der Grundlage eines authentischen Willens zu führen. Sein Leben ist vollständig mit der Suche nach Essbarem ausgefüllt, wenn er nicht schon zu schwach ist, um nach Nahrung zu suchen, und daher nur noch dahinvegetieren kann. Jemand, der obdachlos ist und auf der Straße lebt, leidet unter einem Mangel an Privatsphäre und Grundsicherheit, was ihn daran hindert, sich zu entspannen und zu sich selbst zu kommen. Wer seine gesamte wache Lebenszeit aufwenden muss, um seine Grundbedürfnisse zu befriedigen, ist nicht in der Lage ein selbstbestimmtes Leben zu führen. Es ist also offensichtlich, dass das Existenzminimum in der Tat eine notwendige Bedingung für ein menschenwürdiges Leben ist.

Gesundsheitssystem

Das Gleiche wird deutlich, wenn wir an die Gesundheit denken. Das Leben in schwerer Krankheit oder mit schweren Behinderungen oder physischen und seelischen Störungen hindert den Menschen daran, sein eigenes Leben auf der Grundlage seiner eigenen Überlegungen und Reflexionen zu führen, weil seine ganze Kraft und seine gesamte geistige wie körperliche Energie auf das Erleiden von Schmerzen oder die Überwindung von Alltagshindernissen gerichtet ist. Ich denke, das ist so offensichtlich, dass es keiner weiteren Erläuterung bedarf.

Bildung

Was die Bildung angeht, so gibt uns Artikel 26 Abs. 2 AEMR einen nützlichen Hinweis (siehe ◘ Abb. 15.2). Vor allem der erste Satz zeigt, warum Bildung eng mit einem menschenwürdigen Leben verbunden ist. Bildung stellt die Mittel zur Verfügung, die jemand braucht, um einen authentischen Willen bilden zu können. Die Fähigkeit, einen authentischen Willen zu bilden, hängt von der Fähigkeit

15.4 · Die Schutzgüter der sozialen Menschenrechte und ihre…

> Die Bildung muss auf die volle Entfaltung der menschlichen Persönlichkeit und auf die Stärkung der Achtung vor den Menschenrechten und Grundfreiheiten gerichtet sein. Sie muss zu Verständnis, Toleranz und Freundschaft zwischen allen Nationen und allen rassischen oder religiösen Gruppen beitragen und der Tätigkeit der Vereinten Nationen für die Wahrung des Friedens förderlich sein.

◘ **Abb. 15.2**   Artikel 26 Abs. 2 AEMR

ab, Informationen zu sammeln und diese angemessen zu berücksichtigen. Dies erfordert die Fähigkeit der intellektuellen Analyse, die auf einer angemessenen Sprachfähigkeit beruht. Die Entwicklung einer hinreichend differenzierten Sprache ist das wichtigste Ziel der Erziehung, wenn sie auf die volle Entfaltung der Persönlichkeit und die Fähigkeit zur Bildung einer authentischen Persönlichkeit gerichtet sein soll.

Ein weiteres Ziel der Erziehung muss die Stärkung der Achtung vor den Menschenrechten sein. Dies ist auch eine notwendige Bedingung für die Entwicklung einer authentischen Persönlichkeit, denn nur das Bewusstsein der Menschenrechte und der Menschenwürde befähigt den Menschen, Achtung vor seiner eigenen Personalität und der Personalität aller anderen zu entwickeln und sich der Verletzlichkeit der Personalität bewusst zu werden. Vor allem vermittelt Erziehung und Bildung auch die Sprache, die in die Lage versetzt, die eigenen menschenrechtlichen Belange zum Ausdruck zu bringen und in der Gesellschaft geltend zu machen. Dies sind die Bedingungen, unter denen es erst möglich ist, von den Menschenrechten Gebrauch zu machen.

Das Recht auf Teilnahme am kulturellen Leben der Gemeinschaft ist eine Voraussetzung für die Kommunikation und ein notwendiges Mittel für die tatsächliche Nutzung der Kommunikationsrechte. Jemand, der vom kulturellen Leben der Gemeinschaft ausgeschlossen ist, ist nicht in der Lage, alle verfügbaren Aspekte zu berücksichtigen, die für seinen Lebensplan relevant sind und die im Prinzip in der Gemeinschaft verfügbar sind. Der Ausschluss vom kulturellen Leben der Gemeinschaft ist deshalb immer mit einer Manipulation des Willens der ausgeschlossenen Personen verbunden.

Kulturleben

So können wir erkennen, dass das Existenzminimum, Gesundheitsfürsorge, Bildung und Teilhabe am kulturellen Leben in der Tat notwendige Voraussetzungen dafür sind, dass der Mensch seine Persönlichkeit auf der Grundlage eigener Überlegungen und eigener Reflexionen frei entfalten und ein menschenwürdiges Leben führen kann.

Recht auf Arbeit? Aber was ist mit dem Recht auf Arbeit? In den durch die marxistisch-leninistische Ideologie geprägten Staaten ist das Recht auf Arbeit tatsächlich realisiert worden. So gab es auch in der zwischen 1949 und 1990 existierenden Deutschen Demokratischen Republik eine mit einem Mindestlohn verbundene Arbeitsplatzgarantie. Sie führte zu chronischen Verlustgeschäften der Unternehmen und zu einem massiven Wohlstandsverlust. Das ist allerdings kein Argument gegen das Recht auf Arbeit. Wenn die Menschenwürde dieses Recht verlangen würde, dann müssten um dieses absoluten Wertes willen auch Wohlstandsverluste hingenommen werden. Indessen ist ein menschenwürdiges Leben auch ohne Erwerbsarbeit vorstellbar.

Ich vermute, dass die Vorstellung, wonach Erwerbsarbeit als ein Gut angesehen wird, das eine notwendige Bedingung für ein menschenwürdiges Leben ist, auf einer bestimmten Ideologie beruht, die für die kulturelle Identität der Gesellschaften in Mittel- und Nordeuropa sowie in der angelsächsischen Hemisphäre typisch ist. Diese Ideologie geht auf die Zeit der europäischen Renaissance zurück und ist eng mit der Geschichte der Reformation verbunden. Die Reformationsbewegung wurde nicht nur von Martin Luther (1483–1546), sondern auch von den Schweizer Theologen Huldrych Zwingli (1484–1531) und Johannes (Jean) Calvin (1509–1564) stark beeinflusst. Außerdem sollte ich den schottischen Reformator John Knox (1514–1572) erwähnen. Ihr großer Einfluss auf die Entwicklung der mitteleuropäischen Arbeitsbewertung wurde von dem berühmten deutschen Soziologen Max Weber (1864–1920) in seinem Werk *Die protestantische Ethik und der Geist des Kapitalismus* von 1904/05 analysiert.

Kalvinistische Ideologie Der Grundgedanke des protestantischen Arbeitsethos ist nach Weber, dass Arbeit einen Wert an sich hat. Wir sollen nicht nur arbeiten, weil es notwendig ist, um unseren Lebensunterhalt zu sichern. Wir sollen arbeiten, weil Arbeit der Sinn des Lebens ist. Es ist nicht möglich, ein sinnvolles menschliches Leben zu führen, ohne zu arbeiten. Dieser Gedanke prägt vor allem die Lehren Calvins. Diese Lehre besteht im Kern aus fünf Punkten, von denen in unserem Zusammenhang zwei von Bedeutung sind, nämlich die *völlige Verderbtheit* und die *bedingungslose Erwählung*.

15.4 · Die Schutzgüter der sozialen Menschenrechte und ihre…

Völlige Verderbtheit bedeutet, dass der Mensch von Natur aus nicht in der Lage ist, die heiligen Schriften zu verstehen, Gottes Willen zu erkennen und danach zu leben. Deshalb ist er dazu verdammt, nach seinem Tod in die Hölle zu kommen. Nur einige wenige Menschen sind von Gott bedingungslos auserwählt. Sie werden am Jüngsten Tag auferstehen und in den Himmel kommen. Die Menschen, die von Gott auserwählt sind, sind schon während ihres Lebens auf der Erde erkennbar. Denn wer von Gott ausgewählt ist, führt auch schon im Diesseits ein erfolgreiches Leben. Erfolg im Leben beruht im Kern auf Arbeit und auf den Früchten der Arbeit. Wenn es also eine Person gibt, die im Geschäftsleben sehr erfolgreich ist und wirtschaftlichen Reichtum genießt, kann man daraus schließen, dass diese Person von Gott auserwählt wurde. Der Glaube an diese Lehren führte zu einer starken Motivation, fleißig zu sein und stets nach wirtschaftlichem Erfolg zu streben. Die Menschen, die im Geiste der Reformation lebten, strebten nicht nach Reichtum, um ihr Leben zu genießen, indem sie ihr Geld konsumierten. Stattdessen ging es ihnen darum, das erarbeitete Geld in neue Investments einzubringen, um noch mehr Geld zu verdienen, das wiederum investiert werden konnte, um noch mehr Geld zu verdienen, usw. Sie lebten sehr einfach, bescheiden und sparsam und konzentrierten sich in ihrem Leben auf emsige Arbeit. Sie investierten die Ergebnisse ihrer Arbeit in immer neue Unternehmungen und arbeiteten weiter, um sich selbst und der Gesellschaft zu bestätigen, dass sie von Gott auserwählt worden waren.

So wurden nicht nur sie, sondern die gesamte Gesellschaft immer reicher. Der protestantische Geist des Kapitalismus führte schließlich zu den großen Industriestaaten in England, in den Vereinigten Staaten, in den Niederlanden und in den skandinavischen Ländern sowie in einigen Teilen Deutschlands. Am Ende des 19. Jahrhunderts war es offensichtlich, dass die protestantischen Länder einen viel höheren Standard in Bezug auf Wirtschaft und Industrialisierung erreicht hatten als die katholischen Länder der Welt. In Deutschland konnte man leicht feststellen, dass die protestantischen Landesteile viel reicher waren als die katholischen. Die Idee, dass Arbeit einen inneren Wert hat, war zwar eine reine Ideologie. Aber diese Ideologie war sehr nützlich, um das Land zu entwickeln. Es ist also zu einem guten Teil richtig, dass unser heutiger wirtschaftlicher Reichtum auf einer sehr seltsamen Ideologie des 16. Jahrhunderts beruht. Und der wichtigste Teil dieser Ideologie war die Vorstellung vom Eigenwert der Arbeit.

Sozialismus/ Kommunismus

Das protestantische Ethos hat nicht nur den mittel- und westeuropäischen sowie den amerikanischen Kapitalismus stark beeinflusst, sondern auch das Arbeitsethos im Kontext des Sozialismus und Kommunismus. So wurde auch im Sowjetkommunismus die Arbeit als Kern des Lebenssinns betrachtet. Nur der Arbeiter galt als ernst zu nehmendes Mitglied der Gesellschaft, das eine gewisse Achtung erwarten konnte.

Unbedingtes Grundeinkommen

Der aktuelle Einfluss der protestantischen Ethik ist im Zusammenhang mit der Debatte über ein bedingungsloses Grundeinkommen (BGE) deutlich zu erkennen. Obwohl jeder weiß, dass die zunehmende Automatisierung der industriellen Produktion sowie großer Teile des so genannten Dienstleistungssektors sehr bald zu steigender Arbeitslosigkeit führen wird, sind diese Veränderungen nicht mit denen der Vergangenheit zu vergleichen, die aus regelmäßigen wirtschaftlichen Schwankungen resultierten. Die gegenwärtigen Veränderungen sind durch einen tiefgreifenden systemischen Wandel in der Produktionsstruktur gekennzeichnet, der dazu führen wird, dass es immer weniger Gelegenheit zur Erwerbsarbeit geben wird, sodass sich die Frage nach einem bedingungslosen Grundeinkommen stellt. Wir können gleichwohl einen starken Widerstand insbesondere von Vertretern der Gewerkschaften und politischen Parteien des linken Flügels gegen das BGE beobachten. Für sie ist der Wert der Arbeit nicht nur ein extrinsischer Wert. Arbeit ist für sie nicht nur ein Mittel zum Überleben unter bestimmten sozialen Bedingungen. Arbeit hat für sie vielmehr einen intrinsischen Wert, einen Wert an sich. Deshalb können sie sich keine Gesellschaft vorstellen, die in einem menschenwürdigen Zustand lebt, der nicht auf Arbeit, sondern auf Automatisierung beruht.

Außerhalb der protestantischen Kultur ist diese Einstellung zur Arbeit eher unüblich. In katholischen Ländern wie Italien oder in orthodoxen Ländern wie Griechenland würde niemand diese Vorstellung teilen. Außerhalb des protestantischen Kulturkreises wird Arbeit nur als ein Mittel zum Leben betrachtet, das weitgehend unvermeidlich ist. Aber sie ist kein Selbstzweck. Mit anderen Worten: Außerhalb der protestantischen Ethik ist nicht nachvollziehbar, warum Arbeit eine konstitutive Bedingung für ein menschenwürdiges Leben sein soll. Es gibt keinen rationalen Grund für die Ansicht, dass Erwerbsarbeit unter allen denkbaren Umständen eine notwendige Bedingung für ein menschenwürdiges Leben ist. Das Recht auf Arbeit ist daher nicht nur wegen des irreführenden Rechtsbegriffs, sondern auch im Hinblick auf das Schutzgut eher als ein unechtes Menschenrecht zu betrachten. In ▶ Kap. 17 werde ich einige weitere unechte Menschenrechte vorstellen.

Um Missverständnissen vorzubeugen, möchte ich hinzufügen, dass es natürlich ein Angriff auf die Freiheit einer Person ist, sie an der Arbeit zu hindern, wenn es Arbeit für sie gibt und sie arbeiten muss, um ihren Lebensunterhalt zu verdienen. Ist die wirtschaftliche Situation hingegen so, dass keine Nachfrage nach Arbeit besteht, dann ist allein dieser Umstand noch kein Indikator für ein Leben unter menschenunwürdigen Bedingungen. Die kodifizierten Rechte betreffend menschenwürdige Arbeitsbedingungen werde ich im Folgenden nicht weiter erörtern. Es handelt sich dabei nur teilweise um Rechte auf eine Leistung (z. B. bezahlter Urlaub). Zum anderen Teil handelt es sich um Rechte auf Unterlassung (z. B. Ausbeutung durch zu geringen Lohn). Im Folgenden werden exemplarisch die Rechte auf Existenzminimum, Bildung und Gesundheit im Vordergrund stehen.

15.5 Adressaten der sozialen Menschenrechte

Nun möchte ich zu den philosophischen Kernfragen im Zusammenhang mit den so genannten sozialen Menschenrechten kommen. Wie wir bereits gesehen haben, macht der Ausdruck „Recht" in Verbindung mit „auf Gesundheit" oder „auf Bildung" wenig Sinn, weil ein solches Recht nur als ein Recht auf Zugang zu Einrichtungen der Gesundheitsversorgung oder zu Bildungseinrichtungen verstanden werden kann. Ein solches Recht kann es nicht geben, solange es die jeweiligen Einrichtungen nicht gibt. Wenn es in einem Staat keine oder zu wenige Krankenhäuser oder Ärzte gibt, hilft auch ein Recht auf ärztliche Versorgung nichts. Bevor es also subjektive Rechte auf Gesundheitssorge oder Bildung geben kann, müssen zuerst soziale Institutionen (Krankenhäuser, Schulen) geschaffen werden, die diese Rechte erfüllen können.

Das legt die Überlegung nahe, ob die sozialen Menschenrechte vielleicht eher als Rechte auf Schaffung der jeweiligen sozialen Institutionen verstanden werden

Überpositive Pflicht zur Schaffung von Institutionen

müssen. Das setzt voraus, dass irgendjemand die Pflicht hat, solche Institutionen zu schaffen, und zwar so ausreichend, dass allen Menschen Zugang dazu ermöglicht werden kann. Denn es soll sich ja um Menschenrechte handeln und nicht bloß um Rechte für Bürger oder für eine sonst wie definierte Teilgruppe der Menschheit. Wir haben oben bereits gesehen, dass in den gegenwärtig kodifizierten Menschenrechtskatalogen einschließlich des IPsozR solche Pflichten nicht statuiert worden sind. Dennoch ist es aus philosophischer Sicht möglich und sinnvoll zu fragen, ob es eine überpositive, aus dem Prinzip der Menschenwürde ableitbare Pflicht gibt, in ausreichender Zahl und Qualität soziale Einrichtungen zu schaffen, die dazu dienen, menschenwürdige Lebensbedingungen für alle Menschen zu gewährleisten.

Einzelne Personen können dazu schwerlich verpflichtet werden, weil niemand die Macht und die Mittel hätte, eine solche Pflicht zu erfüllen. Zum Aufbau einer hinreichend leistungsfähigen sozialen Infrastruktur bedarf es vielmehr der Zusammenarbeit vieler, die dazu gemeinsam in der Lage sind. Bevor solche Gemeinschaften gegründet sind, können sie nicht Adressaten von Pflichten sein, weil sie nicht existieren. Es gibt auch keine aus der Menschenwürde ableitbare individuelle Pflicht aller Einzelpersonen zur Grümdung solcher Gemeinschaften. Denn kein einzelner Mensch hat die Macht und die Fähigkeit, alle anderen oder einen hinreichend großen Teil aller anderen zur Kooperation zu bewegen. Jeder Mensch trägt Verantwortung nur für sich selbst und nicht dafür, was andere tun oder nicht tun.

Damit stellt sich nur noch die Frage, ob die Pflicht zur Schaffung einer der ganzen Menschheit zur Verfügung stehenden sozialen Infrastruktur an Gemeinschaften adressiert werden können, die heute schon bestehen. In erster Linie kommen dafür die Staaten in Betracht, zumindest jene Staaten, die überdurchschnittlich wohlhabend und mächtig sind. Indessen gibt es gegenwärtig weltweit keinen einzigen Staat, dessen Macht und Reichtum ausreichen würde, um der ganzen Menschheit ein Existenzminimum zu sichern sowie Zugang zu Gesundheitsfürsorge und Bildung zu verschaffen. Wenn überhaupt, so wäre dazu nur ein Verbund fähig, der möglichst aus allen, zumindest aber aus den wohlhabenderen Staaten bestehen müsste. Einen solchen Verbund gibt es gegenwärtig nicht. Kein einzelner Staat kann die Pflicht haben, einen solchen Verbund zu gründen. Insoweit gilt nichts anderes als was bereits zu der Frage gesagt worden ist, ob einzelne Individuen verpflichtet sein können, Kooperationsgemeinschaften zu gründen.

Diese Überlegungen zeigen, dass das Konzept der sozialen Menschenrechte schon daran scheitert, dass sich kein Akteur benennen lässt, der die entsprechenden Pflichten tragen kann.

15.6 Unterlassungspflichten und Handlungspflichten

Die vorstehenden Überlegungen führen aber noch zu weit grundsätzlicheren Erkenntnissen. Wenn die Menschenrechte absolute subjektive Rechte sind, die ohne Wenn und Aber zu erfüllen sind, dann ist damit bereits ausgeschlossen, dass es Menschenrechte auf aktive Handlungen geben kann. Menschenrechte beziehen sich immer und ausschließlich auf Unterlassungspflichten. Deshalb ist das Konzept sozialer Menschenrechte schon begrifflich unmöglich.

Dies gilt aber nicht nur für die sozialen Menschenrechte, sondern auch für die menschenrechtlichen Schutzpflichten, die von Staaten übernommen werden. Eine solche Pflichtübernahme findet sich in Artikel 1 Abs. 1 GG (◘ Abb. 15.3).

Im zweiten Satz dieser Norm werden die Pflicht des Staates zur Achtung der Menschenwürde und die Pflicht des Staates zum Schutz der Menschenwürde gleichrangig nebeneinandergestellt. Die bedeutet, dass der Staat nicht nur verpflichtet ist, jeden Eingriff und jede Verletzung der Menschenrechte zu unterlassen, sondern auch dazu, aktiv Maßnahmen zu ergreifen, durch die verhindert wird, dass Dritte die Menschenrechte verletzen. Das Grundgesetz macht insoweit keinen Unterschied zwischen Unterlassen und Tun. Nicht nur die Achtungspflicht, sondern auch die

> Die Würde des Menschen ist unantastbar. Sie zu achten und zu schützen ist Verpflichtung aller staatlichen Gewalt.

◘ Abb. 15.3   Artikel 1 Abs. 1 GG

Schutzpflicht gelten absolut. Der Staat handelt, wenn man Artikel 1 Abs. 1 Satz 2 GG ernst nimmt, verfassungswidrig, wenn auf seinem Gebiet Menschenrechtsverletzungen durch Dritte vorkommen und er keine (hinreichenden) Schutzmaßnahmen dagegen ergreift. Soweit staatlicher Schutz nicht stattfindet, liegt eine staatliche Pflichtverletzung vor, die zu entsprechenden Schadensersatzansprüchen führen müsste.

Die Idee der Gleichrangigkeit von Unterlassen und Tun im ersten Artikel des Grundgesetzes beruht auf einem gedanklichen Fehler, nämlich der mangelnden Differenzierung zwischen Wünschen und Pflichten. Der Begriff der Menschenwürde bezieht sich, wie wir im sechsten Kapitel gesehen haben, auf etwas, das wir wünschen, weil es für uns einen absoluten Wert hat. Die Menschenrechte beziehen sich dagegen auf Pflichten. Der Wert der Menschenwürde kann jedoch nicht vollständig in Menschenpflichten transformiert werden. Unsere Macht zu wünschen ist im Prinzip unendlich. Wir können uns wünschen, ein Engel zu sein oder zum Mittelpunkt der Erde zu reisen. Im Gegensatz dazu ist unsere Macht, zu handeln, sehr begrenzt. Den absoluten Wert der Personalität empfinden wir als innere Nötigung, also als Pflicht, sie unter allen Umständen zu achten, zu schützen und zu ermöglichen. Aber dieser vor dem Gewissen empfundene Druck bleibt unwirksam, wenn die Pflicht etwas verlangt, was über unser Können hinausgeht (ultra posse nemo obligatur). Pflichten sind also nur im Rahmen dessen denkbar, was wir zu tun imstande sind. Man könnte zwar meinen, der absolute Wert menschenwürdiger Lebensbedingungen verlange von jedem Menschen, dass er sich innerlich mit aller Kraft für die Schaffung und Verteidigung menschenwürdiger Lebensbedingungen für alle Menschen einsetzt. Allerdings ist kein einzelner Mensch in der Lage, menschenwürdige Lebensbedingungen für alle Menschen in Not zu schaffen. Wenn wir uns entscheiden, Menschen in Not zu helfen, sind wir immer gezwungen zu wählen, wem, in welcher Hinsicht und in welchem Umfang wir helfen wollen. Für diese Wahl gibt es keine eindeutige und daher verbindliche Regel, sodass die Frage, wozu wir verpflichtet sind, nicht durch eine solche Regel beantwortet werden kann. Es ist immer eine Entscheidung im Rahmen des eigenen Ermessens notwendig. Wenn aber Ermessen ins Spiel kommt, kann es keinen Zwang geben, etwas Bestimmtes zu tun, und folglich kann es auch keine Pflicht geben.

15.6 · Unterlassungspflichten und Handlungspflichten

Was insoweit für die Einzelperson gilt, das gilt auch für den Staat. Auch Staaten sind nicht allmächtig. Ihre Möglichkeiten sind begrenzt und deshalb ist es unvermeidbar eine Frage politischen Ermessens, ob und inwieweit der Staat Schutz vor Menschenrechtsverletzungen durch Dritte gewährt, oder soziale Institutionen errichtet, um dadurch menschenwürdige Lebensbedingungen herzustellen oder zu sichern. Deshalb handelt der Staat nicht verfassungswidrig, wenn er sich beispielsweise dafür entscheidet, von einem strikten Lockdown abzusehen und Arbeitsstätten oder Schulen offenzuhalten, obwohl dies die Gefahr für vulnerable Gruppen erhöht, von Covid 19 infiziert zu werden und daran zu sterben. Es ist eine Frage politischer Entscheidung, wieweit insoweit der Gesundheitsschutz geht.

Dieses gesetzgeberische Ermessen ist auch zu berücksichtigen, wenn die medizinethische Frage der Triage diskutiert wird. Es kann keine absolute Pflicht zur Rettung schwer erkrankter oder verwundeter Menschen geben und folglich gibt es auch kein entsprechendes Recht. Der Gesetzgeber kann somit ebenso wie der vor einer solchen Entscheidung stehende Arzt entscheiden, wem geholfen werden soll und wem nicht. Aus dem allgemeinen menschenrechtlichen Achtungsanspruch lässt sich nur ableiten, dass die Auswahl nicht willkürlich erfolgen darf, sondern nach festgelegten an der Sache orientierten Kriterien erfolgen muss. Eine Auswahl nach Merkmalen wie Rasse, Religion, Geschlecht oder ähnlichem scheidet damit aus. Kriterien, die an die eigene Verantwortlichkeit der Hilfsbedürftigen anknüpfen, wären dagegen sachgerecht. So wäre es vorstellbar, in einer Triage-Situation jenen für eine Lungentransplantation den Vorzug zu geben, deren Lunge durch für sie unvermeidbare Umwelteinflüsse geschädigt worden sind, und jene nachrangig zu berücksichtigen, deren Erkrankung auf übermäßiges Rauchen zurückzuführen ist. Ebenso sind im Rahmen einer Pandemie Situationen vorstellbar, in denen es gerechtfertigt sein kann, jene bevorzugt zu behandeln, die sich haben impfen lassen.

Ebenso ist es eine Frage der Politik, ob der Staat Menschenrechtsverletzungen durch Dritte, wie z. B. die Abtreibung, unter Strafe stellt oder nicht. In einer demokratischen Gesellschaft, deren Mitglieder überwiegend keine ethischen Bedenken gegen die Abtreibung haben, ist strafrechtlicher Schutz des menschlichen Embryos politisch nicht durchsetzbar. Das allein macht einen Staat noch nicht zum Unrechtsstaat. Entscheidend ist allein, ob er seiner Achtungspflicht uneingeschränkt nachkommt. Daran kann man allerdings zweifeln, wenn durch Gesetz die Finanzierung von Schwangerschaftsabbrüchen über die Krankenkassen nicht nur erlaubt, sondern sogar geboten wird.

Es gibt noch einen zweiten Grund dafür, warum die sich aus der Menschenwürde ergebenden Pflichten auf Achtungspflichten beschränkt sind und keine Handlungspflichten umfassen. Der Wert der Menschenwürde bezieht sich auf das Selbstbestimmungsrecht jedes Menschen. Menschenwürdige Lebensbedingungen sind Bedingungen, unter denen Menschen ihr Leben nach selbst gesetzten Zielen und Mitteln selbst bestimmen können. Ohne diese Autonomie sind wir immer nur Mittel und Werkzeuge, die zum Nutzen anderer eingesetzt werden. Hilfs- und Schutzpflichten in jedem Fall, in dem anders eine menschenunwürdige Lebenssituation nicht vermieden werden kann, würde voraussetzen, dass wir unser eigenes Leben ganz der Linderung oder Vermeidung des Leidens anderer widmen müssten. Eine universelle absolute Verpflichtung zur Garantie menschenwürdiger Lebensverhältnisse hätte eine paradoxe Konsequenz: Die Helfer müssten ihr würdevolles Leben opfern, um anderen zu einem Leben in Würde zu verhelfen. Aber auch die Empfänger dieser Hilfe dürften ihr neu erworbenes würdevolles Leben nicht genießen, sondern müssten es sofort opfern, um denen zu helfen, die noch in Not sind. Eine solche Moral wäre in sich selbst widersprüchlich. Aus diesen Überlegungen folgt, dass die Intensität und der Umfang unseres Engagements für die Armen und die Schutzbedürftigen eine Sache des eigenen Ermessens sind. Eine Regel, die den Umfang unseres Engagements festlegt, gibt es nicht und kann es auch nicht geben. Aber noch einmal: Wo es einen Ermessensspielraum gibt, gibt es keine Pflicht. Ermessen ist genau das Gegenteil von Willenszwang.

Was für die Autonomie von Einzelpersonen gilt, das gilt auch für die Autonomie von Staaten. Denn der Anspruch auf staatliche Autonomie leitet sich aus der Autonomie seiner Bürger ab. Das staatliche Selbstbestimmungsrecht fände sein Ende, wenn Staaten verpflichtet wären, überall da wirksame Hilfe und wirksamen Schutz zu leisten, wo menschenwürdige Lebensverhältnisse anders nicht geschaffen oder aufrechterhalten werden können.

15.7 „Soziale Menschenrechte" als Staatszielbestimmungen

Die kodifizierten Kataloge der so genannten sozialen Menschenrechte garantieren keine subjektiven Rechte auf die Errichtung sozialer Einrichtungen zur Gewährleistung des Existenzminimums, der Bildung oder der Gesundheit. Artikel 22 AEMR stellt solche Einrichtungen nur in Aussicht, und zwar nach Maßgabe der den Staaten zur Verfügung stehenden Ressourcen und ihrer internen Organisation. Nach Artikel 2 IPsozR sind die Vertragsstaaten verpflichtet, unter Ausschöpfung aller ihrer Möglichkeiten Maßnahmen zu treffen, um nach und nach mit allen geeigneten Mitteln die volle Verwirklichung der in dem Pakt genannten Rechte zu erreichen. Auch hier werden also Maßnahmen zur Errichtung sozialer Institutionen nur in Aussicht gestellt, aber keine subjektiven Rechte auf diese Institutionen gewährt. Zudem werden die Staaten den Verpflichtungen aus dem IPsozR bereits dann gerecht, wenn sie soziale Institutionen für ihre Bürger errichten oder für diejenigen, die sich auf ihrem Territorium rechtmäßig aufhalten, nicht aber für alle Menschen, die einen entsprechenden Bedarf haben. Darin ist keine Unzulänglichkeit und kein Mangel des kodifizierten Menschenrechtsregimes zu sehen. Die philosophische Analyse hat vielmehr gezeigt, dass echte Menschenrechte immer nur subjektive Rechte sein können, die auf die Unterlassung schädigenden Verhaltens gerichtet sind und nicht Rechte auf die Gewährung von Leistungen.

Wenn in diesen Kodifikationen gleichwohl von *Rechten* die Rede ist, so deutet das auf Mängel der internationalen Rechtssprache hin. Der Ausdruck „Rechte" wird verwendet, weil es an einem Ausdruck fehlt, mit dem sich das Gemeinte adäquat ausdrücken ließe. Zudem gibt es auch einen Sinnzusammenhang zu echten Menschenrechten. Denn sowohl bei diesen Rechten also auch bei dem Plan, soziale Institutionen zu errichten, geht es darum, Menschen ein Leben unter menschenwürdigen Lebensbedingungen zu ermöglichen. Was mit den so genannten sozialen Menschenrechten eigentlich gesagt werden soll, ist, dass die Menschenwürde als absoluter Wert Lebensverhältnisse unerträglich macht, in denen es Menschen an dem fehlt, was für ein menschenwürdiges Leben notwendig ist. Solche Lebensverhältnisse sollen nicht hingenommen werden. Es besteht ein starker moralischer Impuls, sie zu beseitigen. Diese

Dringlichkeit wird durch das Wort „Rechte" sehr unzureichend und irreführend zum Ausdruck gebracht.

Staatszielbestimmungen

Es wäre daher viel klarer, wenn wir nicht von sozialen Menschenrechten sprechen würden, sondern von politischen Aufgaben und Zielen, auf deren Erreichung sich die Vertragsstaaten verständigt haben. In der deutschen Rechtssprache hat sich dafür der von Hans Peter Ipsen vorgeschlagene Begriff der *Staatszielbestimmung* eingebürgert. Eine Staatszielbestimmung ist danach eine Verfassungsnorm mit objektiv-rechtlicher Wirkung, die der Staatstätigkeit die fortlaufende Beachtung oder Erfüllung bestimmter Aufgaben vorschreibt. Im Grundgesetz finden wir Staatszielbestimmungen in der Benennung der Bundesrepublik als Sozialstaat (*sozialer* Bundesstaat bzw. *sozialer* Rechtsstaat) in Artikel 20 Abs. 1 und Artikel 28 Abs. 1 sowie in den Klauseln zum Schutz der natürlichen Lebensgrundlagen und des Tierschutzes in Artikel 20a. Es wäre ohne weiteres möglich, diesen Begriff auch in die Sprache des Völkerrechts zu übernehmen, um damit insbesondere jene international verpflichtenden Aufgaben und Ziele zu bezeichnen, für die heute der irreführende Ausdruck „soziale Menschenrechte" steht.

Die kodifizierten so genannten sozialen Menschenrechte begründen wie nationale verfassungsrechtliche Staatszielbestimmungen keine subjektiven Rechte, sondern nur objektives Recht zwischen den Vertragsstaaten. Im Unterschied zu Staatszielbestimmungen, die nur in nationalen Verfassungen verankert sind, führen solche aus internationalen Verträgen zu der völkerrechtlichen Befugnis aller Vertragsstaaten, die Sozial-, Bildungs- und Gesundheitspolitik aller anderen Vertragsstaaten zu beobachten und zu kritisieren. Die Vertragsstaaten unterwerfen sich damit dem Zwang, ihre Sozial-, Bildungs- und Gesundheitspolitik vor der internationalen Gemeinschaft zu rechtfertigen. Sie können sich nicht mehr darauf berufen, es handele sich bei diesen Politikfeldern um innere Angelegenheiten.

IPsozR Fakultativprotokoll

In Anbetracht der Tatsache, dass es weder ein subjektives Recht auf Zugang zu sozialen Einrichtungen geben kann, wenn diese nicht existieren, noch ein subjektives Recht auf die Errichtung solcher Einrichtungen, erscheint es überraschend, dass die Generalversammlung der Vereinten Nationen am 10. Dezember 2008 ein Fakultativprotokoll zum Internationalen Pakt über wirtschaftliche, soziale und kulturelle Rechte von 1966 verabschiedet hat, wonach Einzelpersonen das Recht haben, vor dem UN-Ausschuss für wirtschaftliche, soziale und kulturelle

Rechte (CESCR) eine Beschwerde gegen den eigenen Nationalstaat einzureichen, wenn sie eine Verletzung ihrer Rechte aus dem Internationalen Pakt geltend machen können. Das Protokoll ist bisher von 26 Staaten unterzeichnet und von 22 Staaten ratifiziert worden. Deutschland gehört bisher nicht zu den Unterzeichnern.

Ein solches Beschwerdeverfahren setzt eigentlich voraus, dass es subjektive Rechte aus dem IPsozR gibt, deren Verletzung geltend gemacht werden kann. Das aber, wie wir gesehen haben, ist nicht der Fall. Gleichwohl hat das CESCR zwischenzeitlich bereits eine stattliche Spruchpraxis entwickelt und in einigen wenigen Fällen den Beschwerden stattgegeben. Wie ist das möglich, wenn es gar keine subjektiven Rechte gibt, die verletzt werden können?

Eine nähere Betrachtung der Spruchpraxis zeigt jedoch, dass unter den erfolgreichen Beschwerden keine einzige ist, mit der geltend gemacht worden ist, dass in einem bestimmten Staat bestimmte soziale Institutionen fehlen, die zu errichten sich der Staat im IPsozR verpflichtet hat. Erfolgreich sind vielmehr nur solche Beschwerden gewesen, in denen geltend gemacht wurde, dass dem Beschwerdeführer der Zugang zu einer bereits bestehenden sozialen Institution zu Unrecht verweigert worden ist. Dies zeigt, dass die sozialen Menschenrechte nur dann wirksam werden können, wenn die sozialen Einrichtungen bereits vorhanden sind und der Zugang zu ihnen möglich ist. Wird einer Einzelperson dann der Zugang rechtswidrigerweise verweigert, indem sie die Leistung nicht erhält, auf die sie nach dem Widmungszweck der Institution einen Anspruch hat, dann hat ihre Beschwerde vor dem CESCR Aussicht auf Erfolg. Das CESCR fungiert damit als eine Art internationales Verwaltungsgericht. Damit füllt der Ausschuss eine Rechtsschutzlücke in Ländern, die nicht über eine funktionierende Verwaltungsgerichtsbarkeit verfügen, oder er fungiert gleichsam als eine Art Verlängerung des verwaltungsgerichtlichen Instanzenweges, die eine letztinstanzliche Überprüfung der nationalen Rechtsprechung vornehmen kann.

15.8 Die Redundanz der sozialen Menschenrechte

Im Jahr 2011 hat der EGMR eine Entscheidung erlassen, die gezeigt hat, dass die Kodifizierung der sozialen Menschenrechte überflüssig ist, weil das, was sie leisten, auch mittels der liberalen Menschenrechte geleistet werden kann. Er hat in dieser Entscheidung aus der EMRK, die bekanntlich keinerlei soziale Menschenrechte enthält, ein Ergebnis abgeleitet, wie es besser auch nicht mit der Individualbeschwerde nach dem Fakultativprotokoll zum IPsozR hätte erreicht werden können.

M.S.S v Belgien u. Griechenland

Der Fall stellt sich wie folgt dar: Ein Asylbewerber reiste in Griechenland in die Europäische Union ein und lebte dort eine Zeit lang auf der Straße. Griechenland gab ihm keine Gelegenheit, einen Asylantrag zu stellen und gewährte ihm keinerlei soziale Unterstützung. Daraufhin reiste er nach Belgien weiter und beantragte dort Asyl. Die belgischen Behörden schoben ihn nach Griechenland ab, da Griechenland nach den Vorschriften der Europäischen Union (Dublin-Verordnung) für die Entscheidung über den Asylantrag zuständig war. Der Asylbewerber reichte eine Beschwerde vor dem EGMR gegen Belgien ein, weil der Staat ihn in einen Staat abgeschoben hatte, in dem seine Menschenrechte in Gefahr waren. Er beschwerte sich auch gegen Griechenland, weil das Land ihn nicht geschützt hatte. Der EGMR erkannte auf eine Verletzung von Artikel 3 EMRK. Es sei daran erinnert, dass Artikel 3 EMRK nur das Verbot von Folter und unmenschlicher und erniedrigender Behandlung enthält – rein liberale Menschenrechte und keine sozialen Rechte. Ich zitiere aus dem Urteil:

» 249. Der Gerichtshof [...] hält es für notwendig, darauf hinzuweisen, dass Artikel 3 nicht so ausgelegt werden kann, dass er die Hohen Vertragsparteien verpflichtet, jedem in ihrem Hoheitsbereich eine Wohnung zu gewähren [...]. Artikel 3 bringt auch keine allgemeine Verpflichtung mit sich, den Flüchtlingen finanzielle Unterstützung zu gewähren, um ihnen die Aufrechterhaltung eines bestimmten Lebensstandards zu ermöglichen [...].

250. Der Gerichtshof ist jedoch der Ansicht, dass der vorliegende Fall nicht in diesem Sinne betrachtet werden kann. Anders als in der oben zitierten Rechtssache Müslim [...] ist die Verpflichtung, verarmten Asylbewerbern eine Unterkunft und menschenwürdige materielle Bedingungen zur Verfügung zu stellen, inzwischen in positives Recht umgesetzt worden, und die griechischen Behörden sind verpflichtet, ihre eigenen Rechtsvorschriften einzuhalten, die das Gemeinschaftsrecht, nämlich die Richtlinie 2003/9/EG des Rates zur Festlegung von Mindestnormen für die Aufnahme von Asylbewerbern in den Mitgliedstaaten [...], umsetzen. Was der Beschwerde-

15.8 · Die Redundanz der sozialen Menschenrechte

führer den griechischen Behörden im vorliegenden Fall vorwirft, ist, dass es ihm aufgrund ihrer vorsätzlichen Handlungen oder Unterlassungen in der Praxis unmöglich war, diese Rechte in Anspruch zu nehmen und für seine Grundbedürfnisse zu sorgen. [...]

263. In Anbetracht des Vorstehenden und in Anbetracht der Verpflichtungen [...] aus der Aufnahmerichtlinie [...] ist der Gerichtshof der Ansicht, dass die griechischen Behörden [...] wegen ihrer Untätigkeit für die Situation verantwortlich gemacht werden müssen, in der er sich seit mehreren Monaten befindet, da er auf der Straße lebt, ohne Mittel und ohne Zugang zu sanitären Einrichtungen und ohne jegliche Möglichkeit, für seine Grundbedürfnisse zu sorgen. Das Gericht ist der Auffassung, dass der Kläger Opfer einer erniedrigenden Behandlung war, die seine Würde missachtete [...].

264. Daraus folgt, dass der Beschwerdeführer durch das Verschulden der Behörden in eine Situation geraten ist, die mit Artikel 3 der Konvention unvereinbar ist. Folglich liegt ein Verstoß gegen diese Bestimmung vor.

Auch hier zeigt sich, dass zunächst soziale Einrichtungen geschaffen sein müssen (Unterbringungseinrichtungen für Asylbewerber) oder zumindest der Staat durch positives Recht zu deren Errichtung verpflichtet sein muss (Richtlinie 2003/9/EG des Rates). Erst dann kommt ein subjektives Menschenrecht auf Zugang in Frage, denn der Ausschluss eines Bedürftigen aus einer sozialen Einrichtung kann als Verstoß gegen die klassischen liberalen Menschenrechte gewertet werden. Der Gerichtshof stellt insoweit auf das Verbot der Erniedrigung in Artikel 3 EMRK ab. Unsere Analyse des Artikel 3 EMRK (siehe ▶ Kap. 8) hat gezeigt, dass die Differenzierung zwischen unmenschlicher und erniedrigender Behandlung, wie der EGMR sie vornimmt, nicht überzeugen kann. Erniedrigung und Unmenschlichkeit sind Synonyme. Sie kennzeichnen zudem jede Menschenrechtsverletzung und verweisen nicht auf jene spezielle Art der Menschenrechtsverletzung, um die es in Artikel 3 EMRK geht, nämlich die Grausamkeit, die zu Verletzungen der körperlichen und der seelischen Integrität führt. Das Urteil ist im Ergebnis gleichwohl überzeugend. Denn es ist grausam, einen Menschen von der ihm zustehenden Unterkunft, Verpflegung und sanitären Einrichtung abzuhalten und ihn so aktiv daran zu hindern, ein menschenwürdiges Leben zu führen.

15.9 Das Recht auf die natürlichen Lebensgrundlagen

In jüngerer Zeit ist die Frage des rechtlichen Schutzes der natürlichen Lebensgrundlagen in den Fokus gerückt. Sie wird derzeit intensiver diskutiert als die Frage des Schutzes der ökonomischen und sozialen Lebensgrundlagen.

15.9.1 Recht auf Wasser

Auf internationaler Ebene ist in diesem Zusammenhang das *Recht auf Wasser und Sanitäranlagen* zu erwähnen, das die UN-Vollversammlung in einer Resolution vom 28. Juli 2010 gefordert hat. Ebenso wenig wie durch die von der UN-Vollversammlung verabschiedete *Allgemeine Erklärung der Menschenrechte* handelt es sich hier um verbindliches Recht. Denn die UN-Vollversammlung ist nicht befugt, verbindliches Recht zu schaffen (Art. 13 UN-Charta). Sie gibt insoweit nur Empfehlungen ab, die allerdings zu verbindlichen Völkerrecht führen können, wie das im Falle der AEMR schließlich durch IPbürgR und IPsozR geschehen ist. Deshalb ist es eine sinnvolle philosophische Frage, ob das von der UN-Vollversammlung geforderte Recht auf Wasser als echtes moralisches Recht verstanden werden kann, das als solches geeignet ist, in ein subjektives juridisches Recht umgesetzt zu werden.

Das muss allerdings aus den gleichen Gründen verneint werden, die schon die Unmöglichkeit der so genannten sozialen Menschenrechte begründet haben. In der Resolution geht es nicht um Zugang zu Wasser überhaupt, also nicht um die Folgen klimabedingter Trockenheit. Vielmehr geht es um den Zugang zu *sauberem* Wasser. Viele Menschen in den Entwicklungsländern haben keinen Zugang zu sauberem Wasser, weil Müll, Fäkalien und Abfälle aus der Landwirtschaft ungeklärt in Seen und Flüsse geraten. Als Folge davon sterben jährlich 1,5 Mio. Kinder an verunreinigtem Wasser. Abhelfen kann man diesem Missstand nur durch Schaffung sanitärer Anlagen, Kläranlagen und einer Kanalisationsinfrastruktur. Es bedarf also eines enormen finanziellen, planerischen und baulichen Aufwands, um der Bevölkerung sauberes Trinkwasser zu gewährleisten. Wie bei den so genannten sozialen Menschenrechten zeigt sich somit auch hier, dass es kein subjektives Recht auf (sauberes) Wasser geben kann, solange es an der erforderlichen Infrastruktur mangelt und dass es kein Recht auf Schaffung derselben geben kann, weil dies von den finanziellen Ressourcen abhängt, die den Staaten zur Verfügung stehen. Die Wasser-Resolution sieht deshalb auch vor, dass Staaten und internationale Organisationen die Schaffung der erforderlichen Wasserinfrastruktursysteme vorantreiben sollen. Die Resolution fixiert also Staatszielbestimmungen. Soweit sie zugleich ein subjektives moralisches oder gar juridisches Recht auf sauberes Wasser behauptet, handelt es sich um bloße Rhetorik, die der Armut der internationalen Rechtssprache geschuldet ist.

15.9.2 Recht auf verträgliches Weltklima

Die in diesem Kapitel vertretene Skepsis gegen subjektive Menschenrechte auf staatliche Leistungen scheint durch ein Urteil des BVerfG aus dem Jahre 2021 widerlegt zu werden, in dem das Gericht ein subjektives (Grund-)Recht auf Schutz vor den Gefahren des Klimawandels anzuerkennen und zur Grundlage seiner Judikatur zu machen scheint. Eine genauere Betrachtung zeigt jedoch, dass der Eindruck täuscht.

Zunächst behauptet das Gericht allerdings, dass das in Artikel 2 Abs. 2 GG verbürgte Recht auf körperliche Unversehrtheit auch einen Anspruch auf Schutz gegen die Gefährdung der Gesundheit durch den Klimawandel beinhaltet (Rn 144 ff.). Die dadurch geweckten hohen Erwartungen werden aber im weiteren Verlauf der Darlegungen vollständig enttäuscht. Ein Recht auf Schutz vor den gesundheitlichen Folgen des Klimawandels scheitert, wie das Gericht feststellt, schon daran, dass der deutsche Staat keinerlei Macht besitzt, um den weltweiten Klimawandel aus eigener Kraft so weit beeinflussen zu können, dass dadurch jegliche Gesundheitsgefahren für einzelne Menschen gebannt wären. Um überhaupt irgendetwas gegen den Klimawandel tun zu können, muss der deutsche Staat sich darauf beschränken, die internationale Zusammenarbeit zu suchen und selbst im Verbund mit allen anderen Staaten der Welt einen fairen Beitrag zur Bekämpfung des Klimawandels zu leisten (Rn 149). Damit schrumpft der Anspruch auf Schutz der Gesundheit auf einen Anspruch auf internationale Zusammenarbeit. Das Gericht lässt unerwähnt, dass es internationale Zusammenarbeit nur geben kann, wenn nicht nur Deutschland, sondern auch alle oder wenigstens die meisten anderen Staaten daran mitwirken. Deutschland hat aber keinen Einfluss darauf, ob und inwieweit die anderen Staaten mitwirken wollen. Damit schrumpft der Anspruch auf Schutz der Gesundheit auf einen Anspruch auf außenpolitisches Bemühen um Zusammenarbeit mit ungewissem Ausgang. Wenn man nun noch berücksichtigt, dass sich aus dem Grundgesetz nicht herauslesen lässt, welche Maßnahmen genau ergriffen werden müssen, um ein ausreichendes außenpolitischen Bemühen feststellen zu können, sondern dass die Schutzpflicht, wie das Gericht selbst treffend sagt, insoweit „grundsätzlich unbestimmt" ist (Rn 152), dann zeigt sich, dass von dem Recht auf Schutz der Gesundheit vor den Folgen des Klimawandels unter dem Strich nichts bleibt. Das Gericht behält sich zwar vor, einzugreifen und eine Verletzung der staatlichen Schutzpflicht festzustellen, wenn der Staat entweder völlig untätig bleibt oder die getroffenen Maßnahmen völlig ungeeignet oder unzulänglich sind (Rn 152). Der Vorwurf völliger Untätigkeit kann aber schon mit der klimabewussten Sonntagsrede eines Regierungsmitglieds entgegengewirkt werden. Der Vorwurf völliger Unzulänglichkeit der Maßnahmen ist, wie der Ausgang des Verfahrens zeigt, so unbestimmt, dass niemand wähnen kann, insoweit ein Recht auf irgendetwas zu haben.

Das BVerfG hatte allerdings über eine Situation zu entscheiden, die bereits in hohem Maße durch internationale Zusammenarbeit geprägt ist. Diese Zusammenarbeit hatte zum Pariser Klimaschutzabkommen von 2016 geführt, das die Vertragsstaaten verpflichtet, Beiträge zu leisten, um den Anstieg der durchschnittlichen Erdtemperatur „deutlich unter 2 °C über dem vorindustriellen Niveau" zu halten und Anstrengungen zu unternehmen, „um den Temperaturanstieg auf 1,5 °C über dem vorindustriellen Niveau zu begrenzen". Außerdem verpflichteten sich die Vertragsstaaten dazu, ihre Fähigkeit zur Anpassung an die nachteiligen Auswirkungen der Klimaänderungen zu erhöhen.

Der Bundestag hatte zur Umsetzung dieser völkerrechtlichen Verpflichtungen im Dezember 2019 ein Klimaschutzgesetz erlassen. Dieses sah vor, dass bis zum Jahr 2050 Klimaneutralität erreicht werden soll und dass bis 2030 eine Minderung der Treibhausgasemissionen um 55 % gegenüber 1990 erreicht werden soll. Das BVerfG sieht zwar, dass nach dem Stand der heutigen Forschung das Ziel von „deutlich unter 2 °C" wohl nicht ausreichend

15.9 · Das Recht auf die natürlichen Lebensgrundlagen

sein wird, da schon bei einer Erderwärmung auf 1,5 °C Kipppunkte erreicht sein können, die zu einer unkontrollierbaren Zunahme der CO_2 Emissionen führen und jeglichen Gesundheitsschutz durch Anhalten des Klimawandels obsolet machen würde (Rn 161). Dennoch akzeptiert es die gesetzlichen Klimaziele und verweist insoweit auf den weiten Beurteilungsspielraum des Gesetzgebers und darauf, dass es nicht gewiss sei, ob die Befürchtungen der Wissenschaft tatsächlich eintreten werden (Rn 162 f.). Das ist insofern bemerkenswert als sich das Gericht an anderer Stelle des Urteils ausdrücklich auf das Prinzip der Risikominimierung beruft (Rn 194). An dieser Stelle aber spielt die Größe des Risikos keine Rolle. Das zeigt, wie unwahrscheinlich es ist, dass das BVerfG jemals die völlige Unzulänglichkeit von Schutzmaßnahmen feststellen wird. Das Urteil hinterlässt vielmehr den Eindruck, dass bestimmte Argumente, wie etwa die Risikominimierung nur da eingesetzt werden, wo sie die gesetzlichen Vorgaben nicht in Frage stellen, ansonsten aber unerwähnt bleiben.

Das Gericht sichert seine an dieser Stelle gezeigte Risikofreude dann aber doch noch mit dem Hinweis ab, dass es in der Gestaltungsfreiheit des Gesetzgebers liege, Gefährdungen für die Gesundheit auf andere Weise abzuwehren, nämlich durch Anpassungsmaßnahmen, die die Menschen gegen die Gefahren des Klimawandels widerstandsfähiger machen. Man denke hier etwa an höhere Deiche, an klimafreundlichen Städtebau und ähnliche Maßnahmen. Wenn dieses Argument die Überschreitung des 1,5 °C – Ziels rechtfertigen soll, dann hätte es allerdings zum Erfolg der Verfassungsbeschwerde jener Beschwerdeführenden führen müssen, die in Nepal und Bangladesch ansässig sind. Denn, wie das Gericht zu Recht feststellt, liegt es jenseits der Möglichkeiten des deutschen Staates, Anpassungsmaßnahmen im Ausland durchzuführen (Rn 178). Das BVerfG weist mit dieser Begründung die Verfassungsbeschwerden ab, statt festzustellen, dass gerade mangels der Möglichkeit, für den Städtebau in Kathmandu oder den Deichbau in Bangladesch Verantwortung zu übernehmen, das 1,5 °C-Ziel umso größere Bedeutung hätte erlangen müssen.

Die Verfassungsbeschwerden waren nur insoweit erfolgreich als das Gericht zu der Feststellung kam, dass die vom Klimaschutzgesetz vorgesehenen Emissionseinsparungen bis 2030 zum Ergebnis haben würden, dass die Einsparungsquote in der anschließenden Zeit bei nahezu

100 % liegen müsste, um das selbst gesetzte Ziel von „deutlich unter 2 °C" – das Gericht legt 1,75 °C zu Grunde – zu erreichen. Ausgehend von der wissenschaftlich belegten Annahme, dass das nationale CO_2 Restbudget im Jahre 2020 bei 6,7 Gigatonnen lag, bliebe ab 2031 davon noch ein Rest von weniger als einer Gigatonne, die „kaum für ein weiteres Jahr" genügen würde (Rn 233, 246). Es müsste also bis 2031 weitgehende Klimaneutralität erreicht sein (Rn 234). Da das faktisch nicht möglich ist, sondern nach Einschätzung des Gesetzgebers dafür noch der Zeitraum bis 2050 benötigt wird, hätte das zur Folge, dass die Menschen, die zwischen 2031 und 2050 leben, massive Freiheitseinbußen erleiden, weil sie kein CO_2 mehr emittieren dürften und klimaneutrale Ersatztechnologien noch nicht zur Verfügung stehen werden. Die mit den notwendigen CO_2 Reduktionen bis 2050 verbundenen Lasten würden somit auf die Menschen, die zwischen heute und 2050 leben, sehr ungleich verteilt. Die heute noch lebende Generation müsste kaum Freiheitseinschränkungen hinnehmen, während die späteren Generationen vollständig auf einen CO_2-basierten Lebensstandard verzichten müssten.

Das Gericht sieht darin eine Verletzung des Verhältnismäßigkeitsprinzips und damit eine Verletzung der allgemeinen Handlungsfreiheit dieses Personenkreises (Art. 2 Abs. 1 GG). Man kann sicher darüber streiten, ob es sich hier wirklich um einen Anwendungsfall für das Verhältnismäßigkeitsprinzip handelt oder ob es nicht vielmehr um den allgemeinen Gleichheitssatz geht (Artikel 3 Abs. 1 GG). Denn das Gleichheitsprinzip ist es, dass die Ungleichverteilung gesellschaftlicher Lasten verbietet. Unabhängig von dieser dogmatischen Frage lässt sich aber feststellen, dass die Verfassungsbeschwerden jedenfalls nur insoweit erfolgreich waren als es um Lastenverteilung ging. Leistungsansprüche spielten dabei keine Rolle.

❓ Zur Wiederholung

1.1 Warum sind „soziale Menschenrechte" keine echten Menschenrechte?

1.2 Es gibt ernsthafte Zweifel daran, ob Erwerbsarbeit als Bedingung eines menschenwürdigen Lebens angesehen werden kann. Warum?

1.3 Warum beziehen sich echte Menschenrechte nur auf Unterlassungspflichten und nicht auf Handlungspflichten?
1.4 Können soziale Menschenrechte durch liberale Menschenrechte ersetzt werden?

Antworten siehe ▶ Kap. 21.

Leseempfehlungen

Hahn, Daniel: *Staatszielbestimmungen im integrierten Bundesstaat. Normative Bedeutung und Divergenzen.* Berlin 2010
Kant, Immanuel: *Grundlegung zur Metaphysik der Sitten.* Riga 1786
Ladwig, Bernd: *Zur Begründung eines Menschenrechts auf Wasser.* https://www.bpb.de/themen/recht-justiz/dossier-menschenrechte/38745/zur-begruendung-eines-menschenrechts-auf-wasser/#node-content-title-2
Schmidt, Manfred G: *Der deutsche Sozialstaat. Geschichte und Gegenwart*, München 2012 (insb. Kapitel IV zur Sozialpolitik der DDR)
Wapler, Friederike: *Verteilung knapper lebensrettender Ressourcen. Überlegungen zur Debatte um die „Triage".* In: RphZ 7/4 (2021), 400–424
Weber, Max: *Die protestantische Ethik und der Geist des Kapitalismus.* Köln 2009
United Nations – General Assembly: *Resolution 64/292. The human right to water and sanitation.* A/Res/64/292. https://documents-dds-ny.un.org/doc/UNDOC/GEN/N09/479/35/PDF/N0947935.pdf?OpenElement

Rechtsprechung

EGMR, Urt. v. 21.01.2011 – 30696/09 –, „M.S.S. ./. Belgien und Griechenland", HUDOC
UN Committee on Economic, Social, and Cultural Rights, Communication No. 001/2013 –, „Rodriguez ./. Spain", http://juris.ohchr.org/Search/Details/2095
BVerfG, Urt. v. 24.03.2021 – 1 BvR 2656/18 u. a. –, BVerfGE 157, 30 (Klimaschutz)

Menschenrecht auf Asyl

Inhaltsverzeichnis

16.1 Das Recht auf Asyl im Völkerrecht – 352

16.2 Gibt es ein moralisches Menschenrecht auf globale Freizügigkeit? – 355

16.3 Schutzbereich eines moralischen Menschenrechts auf Asyl – 358

16.4 Recht auf Asyl für Schutzsuchende innerhalb des Schutzstaates – 361

16.5 Das Refoulement-Verbot im positiven Asylrecht – 363

16.6 Recht auf Asyl für Schutzsuchende außerhalb des Schutzstaates – 365

Leseempfehlungen – 367

© Der/die Autor(en), exklusiv lizenziert an Springer-Verlag GmbH, DE, ein Teil von Springer Nature 2023
P. Tiedemann, *Philosophische Grundlagen der Menschenrechte*, Springer-Lehrbuch, https://doi.org/10.1007/978-3-662-65533-7_16

Recht auf Asyl in den Menschenrechtsverträgen

Keiner der internationalen Menschenrechtsverträge enthält ein Menschenrecht auf Asyl. Nur in der AEMR (Artikel 14) wird das Recht erwähnt, „Asyl zu suchen und zu genießen". Damit ist das Recht gemeint, Schutz zu beantragen, aber nicht das Recht, geschützt zu werden.

Das Prinzip der territorialen Souveränität

Das Prinzip der territorialen Souveränität besagt, dass Staaten grundsätzlich das Recht haben, ihre Grenzen zu schließen und zu bestimmen, ob und unter welchen Bedingungen eine Person, die nicht Bürger des betreffenden Staates ist (Ausländer), in das Land einreisen, sich dort aufhalten und den Aufenthaltsort wählen darf.

Recht auf globale Freizügigkeit

Eine notwendige Voraussetzung für eine rationale Diskussion darüber, ob es ein moralisches Menschenrecht auf Asyl gibt, ist, dass es kein universelles Recht auf globale Freizügigkeit gibt.

Bis vor kurzem war die Gültigkeit des Prinzips der territorialen Souveränität unumstritten. In den 1980er-Jahren begann eine philosophische Debatte über ein Recht auf globale Freizügigkeit (No Border Approach). Die Verfechter dieses Ansatzes berufen sich auf ein angebliches Menschenrecht auf globale Freizügigkeit, auf die Theorie der Gleichheitsvermutung und auf das Argument der Welt als gemeinsames Eigentum der Menschheit.

Schutzbereich eines möglichen Menschenrechts auf Asyl

Im Gegensatz zum geltenden positiven Asylrecht bezieht sich der Schutzbereich eines möglichen moralischen Menschenrechts auf Asyl nur auf den Schutz von Menschen, die durch schwere Menschenrechtsverletzungen oder unmenschliche Lebensbedingungen in ihrem Herkunftsland ernsthaft bedroht sind. Bloße Diskriminierung reicht nicht aus. Wichtig ist, dass der Schutzbereich nicht von bestimmten Verfolgungsgründen (z. B. Rasse, Religion, sexuelle Orientierung, politische Meinung usw.) oder der Tatsache einer vorsätzlichen menschlichen Handlung (Verfolgung) abhängt.

Refoulement-Verbot

Befinden sich Flüchtlinge bereits in dem Staat, der Schutz gewähren kann (Schutzstaat), so ist die Abschiebung oder Auslieferung (Refoulement) in ein Land, in dem sie menschenunwürdige Lebensbedingungen zu erwarten haben, als Menschenrechtsverletzung durch den abschiebenden Staat zu werten. Hat der Flüchtling z. B. Folter zu erwarten, so ist die Abschiebung ein Verstoß gegen das Folterverbot; hat der Flüchtling Mord zu erwarten, so ist die Abschiebung ein Verstoß gegen das Recht auf Leben, usw.

Das Refoulement-Verbot ist ein integraler Bestandteil aller klassischen Menschenrechte. Deshalb gibt es keinen Platz und keine Notwendigkeit für ein spezielles Menschenrecht auf Asyl.

Rettungspflicht

Für den Fall, dass sich Flüchtlinge noch außerhalb des Schutzstaates befinden, ist es nicht möglich, dass dieser ihre Menschenrechte verletzt, indem er etwas unternimmt (z. B. eine Abschiebung). Die Frage ist nur, ob der jeweilige Schutzstaat verpflichtet ist, Flüchtlingen außerhalb seiner Grenzen zu helfen, indem er sie rettet. Anderen zu helfen, die auf Unterstützung angewiesen sind, ist keine Pflicht, sondern steht stets im Ermessen des Helfers. Folglich kann es auch kein subjektives Recht auf Rettung geben.

16.1 Das Recht auf Asyl im Völkerrecht

UN-Pakte 1966

Wenn wir uns mit der Frage befassen, ob es ein Menschenrecht auf Asyl gibt, ist es zunächst sinnvoll festzustellen, dass der Katalog der kodifizierten Menschenrechte ein solches Recht nicht enthält. Weder die beiden Menschenrechtspakte von 1966 noch die späteren UN-Menschenrechtsverträge noch die europäische oder amerikanische Menschenrechtskonvention enthalten ein solches Recht. Die afrikanische-Menschenrechtskonvention (Charta von Banjul vom 27. Juni 1981) bestimmt, dass das Recht auf Asyl unter dem Vorbehalt der nationalen Gesetzgebung steht (siehe ◘ Abb. 16.1). In Anbetracht der Tatsache, dass das Recht auf Asyl von den positiven Gesetzen der Aufnahmeländer abhängig gemacht wird, können wir auch in der afrikanischen Charta kein Menschenrecht auf Asyl erkennen.

Banjul Carta
AEMR
GG

Die Formulierung der Asylklausel in der Banjul-Charta ist jedoch insofern interessant, als sie dem Wortlaut der Asylklausel in Artikel 14 AEMR sehr ähnlich ist (siehe ◘ Abb. 16.2). Es gibt jedoch einen entscheidenden Unterschied. Während die Banjul-Charta auf das Recht verweist, Asyl zu suchen und zu *erhalten*, bezieht sich die AEMR nur auf das Recht, Asyl zu suchen und zu *genießen*. Man könnte meinen, dass dieser Unterschied in der Formulierung keinen Unterschied in der Bedeutung macht. Diese Vermutung wird durch den Wortlaut von Art. 16a Abs. 1 GG nahegelegt, wonach Flüchtlinge das Recht auf Asyl *genießen* (siehe ◘ Abb. 16.3). Nach der deutschen Rechtsprechung und Lehre besteht kein Zweifel daran, dass „genießen" gleichbedeutend ist mit ein Recht auf Asyl *zu haben*. Die Bedeutung von „genießen" in Artikel 14 AEMR ist jedoch

> Jede Person hat das Recht, in anderen Ländern vor Verfolgung Asyl zu suchen und zu erhalten , soweit dies mit den Gesetzen der ersuchten Länder und mit internationalen Übereinkommen übereinstimmt.

◘ **Abb. 16.1** Artikel 12 Abs. 3 Banjul Charta

> Jede Person hat das Recht, in anderen Ländern vor Verfolgung Asyl zu suchen und zu genießen.

◘ **Abb. 16.2** Artikel 14 Abs. 1 ARMR

16.1 · Das Recht auf Asyl im Völkerrecht

> Politisch Verfolgte genießen Asylrecht.

◘ **Abb. 16.3** Artikel 16 Abs. 1 GG

> Jeder hat das Recht auf Freizügigkeit und freie Wahl des Wohnsitzes innerhalb der Grenzen eines jeden Staates.

◘ **Abb. 16.4** Artikel 13 Abs. 1 AEMR

eine andere. Der Ausdruck „to enjoy" ist das Ergebnis intensiver Diskussionen unter den Verfassern der AEMR. In einem früheren Entwurf wurde folgende Formulierung vorgeschlagen: „Jeder hat das Recht, vor Verfolgung Asyl zu suchen und zu erhalten." Insbesondere unter dem Einfluss der großen Zahl von Flüchtlingen nach dem arabisch-israelischen Krieg von 1948 und mit starker Unterstützung der arabischen Staaten wurde am Ende jedoch der britische Vorschlag angenommen, der „to be granted" durch „to enjoy" ersetzt. Der britische Vorschlag für die AEMR verfolgte das Ziel, eine Pflicht der Staaten zur Gewährung von Asyl zu vermeiden. Die Gewährung von Asyl sollte in das Ermessen des Staates gestellt werden. Erst wenn der Staat Asyl gewährt hat, kann der Asylsuchende in den Genuss von Asyl kommen. „Genießen" bedeutet hier also, die Möglichkeit zu haben, einen bereits gewährten Status zu nutzen, aber nicht, ein Recht auf diesen Status zu haben.

Im Zusammenhang mit dem Asylrecht muss auch Artikel 13 AEMR beachtet werden, der das Recht auf Freizügigkeit innerhalb der Grenzen eines jeden Staates vorsieht (siehe ◘ Abb. 16.4). Die Formulierung ist offensichtlich vage. Was ist mit „innerhalb der Grenzen eines jeden Staates" gemeint? Es scheint, dass sich diese Formulierung auf mehr als nur das Gebiet des Staates bezieht, dessen Staatsangehörigkeit jemand besitzt oder in dem jemand lebt. Jeder Mensch soll unabhängig von seiner Staatsangehörigkeit, das Recht haben, sich in jedem Staat zu bewegen und aufzuhalten. Nach dem Wortlaut, aber auch nach der bewussten Absicht der Verfasser sollte mit Artikel 13 Abs. 1 AEMR ein Recht auf weltweite Freizügigkeit anerkannt werden. Dieses Verständnis von Artikel 13 Abs. 1 AEMR steht jedoch nicht im Einklang mit Artikel 14 Abs. 1 AEMR. Denn wenn es ein Recht auf weltweite Freizügigkeit gibt, sich also jeder überall nach

> Jeder, der sich rechtmäßig im Hoheitsgebiet eines Staates aufhält, hat das Recht sich dort frei zu bewegen und seinen Wohnsitz frei zu wählen

◘ **Abb. 16.5** Artikel 12 Abs. 1 IPbürgR

freiem Belieben niederlassen darf, so ist daneben ein Recht auf Asyl überflüssig. Wenn Artikel 13 Abs. 1 AEMR ein Recht auf globale Freizügigkeit enthält, verliert Artikel 14 Abs. 1 AEMR jede Bedeutung.

Bei der Transformation der AEMR in verbindliches Recht haben die Vereinten Nationen den Wortlaut des Rechts auf Freizügigkeit geändert und damit die beiden genannten Normen in Einklang gebracht. Nach Artikel 12 Abs. 1 IPbürgR gibt es kein Recht auf weltweite Freizügigkeit, sondern nur ein Recht auf Freizügigkeit innerhalb der Grenzen eines Staates und nur für diejenigen, die sich rechtmäßig im Hoheitsgebiet dieses Staates aufhalten (◘ Abb. 16.5).

Asylkonvention

Im Rahmen der Verhandlungen über den IPbürgR hatten sich die verhandelnden Staaten darauf geeinigt, das Recht auf Asyl nicht in diesem Pakt, sondern in einer eigenen Konvention zu regeln. Im Jahr 1977 fand in Genf eine Konferenz statt, auf der diese Asylkonvention verhandelt werden sollte. Der Entwurf sah jedoch kein materielles Recht auf Asyl vor, sondern bestätigte lediglich die bereits anerkannten völkerrechtlichen Regeln, nach denen Staaten berechtigt sind, nach eigenem Ermessen Asyl zu gewähren oder auch nicht. Der Versuch Deutschlands, ein materielles Recht auf Asyl zu kodifizieren, wurde von der großen Mehrheit der Staaten abgelehnt. Die Konferenz scheiterte schließlich daran, dass die Ostblockstaaten keine staatliche Verpflichtung zur Asylgewährung eingehen wollten.

Flüchtlingskonvention

Es gibt jedoch internationale Regelungen zum Asyl. Sie sind jedoch außerhalb des Menschenrechtsdiskurses und außerhalb des Rahmens der Menschenrechtskonventionen entstanden. Es handelt sich um das in Genf verhandelte Abkommen über die Rechtsstellung der Flüchtlinge von 1951, kurz Genfer Flüchtlingskonvention (GFK) genannt. Die Konvention definiert den Begriff des Flüchtlings und beschreibt den Mindeststatus, den ein Flüchtling genießen sollte. Die Konvention enthält jedoch kein subjektives Recht des Flüchtlings, Asyl zu erhalten.

Nur auf nationaler Ebene gibt es einige Staatsverfassungen, die ein subjektives Recht auf Asyl enthalten. Prominentestes Beispiel ist Artikel 16a GG. Auch die französische und die italienische Verfassung enthalten ein materielles Recht auf Asyl. Im Gegensatz zur deutschen Rechtsprechung und Lehre war das materielle Asylrecht in Frankreich und Italien bei Inkrafttreten der jeweiligen Verfassungen nicht anerkannt. Es wurde erst später von der Rechtsprechung „entdeckt".

Es stellt sich also die Frage, ob das Fehlen eines Rechts auf Asyl im Rahmen der Menschenrechte als Mangel anzusehen ist, der behoben werden muss. Dies ist der Fall, wenn es ein moralisches Menschenrecht auf Asyl gibt. Dies gilt es im folgenden Abschnitt zu klären.

16.2 Gibt es ein moralisches Menschenrecht auf globale Freizügigkeit?

Zunächst müssen wir die Frage beantworten, ob es ein Menschenrecht auf globale Freizügigkeit gibt. Wenn es ein solches Recht gäbe, hätten Staaten nicht das Recht, Ausländern, die in ihr Land einreisen und sich dort aufhalten wollen, die Einreise zu verweigern. Man könnte dann überlegen, ob die Verweigerung der Einreise in bestimmten Fällen legitim ist, zum Beispiel dann, wenn Ausländer mit kriminellen oder feindlichen Absichten einreisen wollen oder wenn sie eine ernsthafte Gefahr für die einheimische Bevölkerung darstellen. Mit anderen Worten: Bei einem Recht auf globale Freizügigkeit trägt nicht der Ausländer die Last, seine Einreise zu rechtfertigen, sondern der Staat muss die Last tragen, den ausnahmsweisen Ausschluss des Ausländers zu rechtfertigen. Wenn wir jedoch das Recht auf Ausschluss in bestimmten Ausnahmefällen akzeptieren, kann das Recht auf globale Freizügigkeit nicht als moralisches Menschenrecht betrachtet werden, da moralische Menschenrechte keine Einschränkungen zulassen. Entweder sie sind absolute Rechte oder sie sind keine Menschenrechte. Ich möchte jedoch vorschlagen, diesen Aspekt beiseitezulassen und sich stattdessen auf die Frage zu konzentrieren, ob es prinzipiell ein Menschenrecht auf globale Freizügigkeit geben könnte.

Bisher wurde die territoriale Souveränität der Staaten nicht als eine philosophische Frage betrachtet. Insbesondere Immanuel Kant, der als erster das Verhältnis zwischen Staaten und Individuen reflektierte, diskutierte die Frage nach der Legitimität von Staatsgrenzen und territorialer Souveränität nicht. Er plädierte lediglich für ein Recht auf Besuch. Ausländer sollten das Recht haben, sich als Gäste für eine kurze Zeit in einem Land aufzuhalten, dessen Staatsangehörigkeit sie nicht besitzen. Der Gedanke an ein Recht auf Daueraufenthalt für Ausländer lag ihm jedoch völlig fern.

No Border Postulat

Erst in jüngerer Zeit ist die Legitimität der territorialen Souveränität auf die philosophische Tagesordnung gesetzt worden. Soweit ich weiß, war der kanadische Philosoph Joseph H. Carens (1945 –) der erste, der für ein universelles Recht auf globale Freizügigkeit plädierte. Inzwischen gibt es viele Philosophen, die für offene Grenzen plädieren. Sie beziehen sich dabei nicht nur auf ein angebliches Menschenrecht auf globale Freizügigkeit, sondern auch auf andere Ansätze. Es gibt drei verschiedene Argumente, auf die sich die Theoretiker der offenen Grenzen stützen:

- Das Recht auf globale Freizügigkeit als ein Menschenrecht
- Der Gleichheitsansatz (Lehre von der Präsumtion der Gleichheit)
- Das Argument von der Erde als Gemeineigentum

globale Freizügigkeit

Ich bin weder von der These, dass es ein Menschenrecht auf globale Freizügigkeit gibt, noch vom Ansatz der Gleichheitsvermutung oder vom Argument des globalen Gemeineigentums überzeugt.

Globale Freizügigkeit ist offensichtlich kein Gegenstand eines Menschenrechts. Hier kann ich auf das verweisen, was ich im neunten Kapitel gesagt habe. Es lässt sich nicht begründen, dass die Bewegung von einem Ort auf der Erde zu einem anderen Ort auf der Erde oder von einer Gesellschaft zu einer anderen Gesellschaft an sich schon eine notwendige Bedingung für die Entwicklung oder Aufrechterhaltung der Personalität ist. Immanuel Kant hat seinen Geburtsort Königsberg in Ostpreußen nie verlassen. Aber ich denke, man kann kaum davon ausgehen, dass Kant unter unmenschlichen Bedingungen lebte und nicht in der Lage war, Personalität zu entwickeln und zu erhalten.

Präsumption der Gleichheit

Die Lehre von der Präsumption der Gleichheit behauptet, dass Menschen immer gleich behandelt werden müssen, solange es keine guten Gründe gibt, sie ungleich zu behandeln. In Anbetracht der Tatsache, dass es keine rationalen Gründe dafür gebe, dass einige Menschen einen bestimmten Teil der Erdoberfläche (ein Staatsterritorium) nicht betreten dürfen, während dies anderen (den jeweiligen Staatsbürgern) erlaubt sei, müsse jeder Mensch das gleiche Recht haben, jeden Teil der Erde und jedes Land zu betreten.

Dieses Argument kann unter zwei Aspekten kritisiert werden. Erstens kann bestritten werden, dass hier tatsächlich ein Fall von Ungleichbehandlung vorliegt. Dass Ausländer nicht das Recht haben, das Hoheitsgebiet eines anderen Staates ohne Erlaubnis zu betreten, ist eine Regel, die für alle Menschen in gleicher Weise gilt. Jeder Mensch hat nur das Recht, die Grenzen des Staates zu betreten, dessen Staatsangehöriger er ist. Alle Menschen genießen die gleichen Privilegien – in ihrer Eigenschaft als Staatsangehörige – und die gleichen Beschränkungen – in ihrer Eigenschaft als Ausländer.

Der andere Aspekt bezieht sich auf den Grundgedanken der Gleichheitsvermutung. Warum sollten alle Menschen weltweit gleichbehandelt werden? – Bernd Ladwig, der auf diese Weise versucht, ein universelles Recht auf globale Freizügigkeit zu begründen, argumentiert, dass sie gleich zu behandeln sind, weil alle Menschen von gleichem moralischem Wert seien. Aus diesem gleichen moralischen Wert aller Menschen folgt nach Ladwig, dass das Leben, das Wohlergehen und die Selbstbestimmung aller Menschen moralisch gleich wichtig seien, sodass die ungleiche Verteilung von Lebenschancen in Bezug auf jede betroffene Person gerechtfertigt werden müsse. Wenn eine solche Rechtfertigung nicht möglich sei, dann bleibe nur die Gleichbehandlung. Was aber rechtfertigt die Behauptung, dass alle Menschen den gleichen moralischen Wert haben? Der Egalitarismus verneint, dass es absolute Rechte oder absolute Werte gibt. Für Egalitaristen sind alle denkbaren Schutzgüter der Menschenrechte zunächst bloß Objekte subjektiver Interessen und Begehrlichkeiten, die als solche kein moralisches Problem aufwerfen. Erst wenn sich herausstellt, dass subjektive Wünsche ungleich erfüllt werden, steht der Egalitarismus vor einem moralischen Problem, das nach den Prinzipien der Verteilungsgerechtigkeit gelöst werden muss.

Wenn es aber keine absoluten Rechte oder Werte gibt, dann kann die Achtung des moralischen Wertes der Person nicht auf einem solchen Recht oder Wert beruhen. Es ist jedoch auch nicht möglich, den moralischen Wert des Menschen aus dem Gleichheitsgrundsatz abzuleiten, da die Anwendbarkeit dieses Grundsatzes bereits die Existenz des moralischen Wertes des Menschen voraussetzt. Die Egalitaristen liefern also keine Argumente für die Annahme, dass der Mensch überhaupt einen moralischen Wert hat. Der moralische Wert des Menschen kommt im Prinzip der Menschenwürde und den Menschenrechten zum Ausdruck. Wenn globale Freizügigkeit, wie oben dargestellt, kein Gegenstand von Menschenrechten ist, dann kann sie auch nicht Ausgangspunkt für einen Anspruch auf Gleichbehandlung sein.

Gemeineigentum

Das Gemeineigentum-Argument besagt, dass der Planet Erde nicht das Eigentum bestimmter Gesellschaften, sondern dass er vielmehr das gemeinsame Eigentum der gesamten Menschheit ist. Daher gebe es keinen Grund, einige Menschen daran zu hindern, ein bestimmtes Gebiet auf der Oberfläche der Erde zu betreten. Auch dieses Argument ist nicht überzeugend. Allerdings ist es an dieser Stelle noch nicht möglich, das Argument vollständig zu entkräften, weil wir uns noch nicht mit dem Recht auf Eigentum befasst haben, was ich erst im ▶ 17. Kapitel tun werde. Mein Argument in diesem Zusammenhang ist hier also ein provisorisches. Im ▶ 17. Kapitel werden wir sehen, dass Eigentum nur der Name für ein bestimmtes Bündel von positiven Rechten und Pflichten ist. Es ist ein Rechtsbegriff, und sein Inhalt ist immer eine Frage der Gesetzgebung oder der Rechtsetzung. Eigentum ist also nur im Rahmen einer Rechtsordnung möglich und nicht außerhalb einer solchen. Die Rechtsordnung eines Staates bezieht sich nur auf das Eigentum innerhalb dieses Staates und sagt nichts über das Eigentum an der ganzen Erde aus. Eigentum auf internationaler Ebene ist eine Angelegenheit des positiven internationalen Rechts, aber keine Angelegenheit des moralischen Menschenrechtsregimes.

16.3 Schutzbereich eines moralischen Menschenrechts auf Asyl

Erst wenn man sich darauf einigt oder für die Zwecke der philosophischen Analyse davon ausgeht, dass es kein Recht auf globale Freizügigkeit gibt und dass Staaten grundsätzlich das Recht haben, ihre Grenzen zu schließen und zu bestimmen, ob und unter welchen Bedingungen ein Ausländer einreisen darf, stellt sich die

16.3 · Schutzbereich eines moralischen Menschenrechts auf Asyl

Frage, ob die territoriale Souveränität des Staates im Hinblick auf ein Menschenrecht auf Asyl begrenzt ist. Doch zunächst stellt sich eine andere Frage: Unter welchen Bedingungen kommt ein Recht auf Asyl überhaupt in Betracht? Es ist wichtig zu verstehen, dass das derzeitige positive Asylrecht keine klare Antwort auf diese Frage gibt.

Wie Sie vielleicht wissen, sieht das geltende Asylrecht der Europäischen Union zwei verschiedene Status für schutzbedürftige Personen vor, nämlich den Flüchtlingsstatus gemäß dem Abkommen über die Rechtsstellung der Flüchtlinge von 1951 und den subsidiären Schutzstatus gemäß der EU-Asylrichtlinie. Der Flüchtlingsstatus ist der bessere von beiden, da der subsidiäre Schutzstatus vergleichsweise weniger Rechte einschließt. Die Existenz dieser beiden Status zeigt, dass das derzeitige Asylrecht kein klares moralisches Verständnis von den Bedingungen hat, unter denen Ausländer geschützt werden sollten. Ich möchte dies anhand des folgenden Beispiels demonstrieren.

EU Asylrecht

Ein Ausländer, der in einen EU-Mitgliedstaat geflohen ist, weil ihm in seinem Herkunftsland Folter droht, kann entweder den Flüchtlingsstatus oder den subsidiären Schutzstatus erhalten. Dies hängt davon ab, ob der Ausländer in seinem Herkunftsland gefoltert werden soll, weil er von seinen Verfolgern in Zusammenhang mit einer bestimmten Religion, Nationalität oder politischen Meinung gebracht wird, oder ob ihm aus anderen, eher unpolitischen Gründen Folter droht. Im ersten Fall wird dem Ausländer die Flüchtlingseigenschaft zuerkannt, im zweiten Fall erhält er nur den subsidiären Schutzstatus. Der privilegierte Flüchtlingsstatus hängt von einer bestimmten politischen Situation ab, während der schwächere subsidiäre Schutzstatus „nur" gewährt wird, um den Flüchtling vor Menschenrechtsverletzungen zu schützen. Der Schutz der Menschenrechte scheint also von geringerer Bedeutung zu sein als der Widerstand gegen eine bestimmte Politik im Herkunftsland.

Wenn wir darüber nachdenken, ob es ein Menschenrecht auf Asyl gibt, scheint es mir offensichtlich, dass das gesamte bestehende System des derzeitigen positiven Asylrechts nicht philosophisch begründet werden kann. Ein Menschenrecht auf Asyl kommt nur dann in Betracht, wenn Menschen, die nicht Bürger des betreffenden Staates sind, Zuflucht und Schutz vor drohenden schweren Menschenrechtsverletzungen suchen und sich nicht selbst

Menschenrechtsansatz

helfen können. Auf die Frage, warum die Menschenrechtsverletzung droht und von welchen Motiven die Verfolger geleitet werden, kann es dabei nicht ankommen.

Darüber hinaus kann ich nicht erkennen, dass Verfolgung als solche, d. h. gezieltes aggressives Verhalten von Menschen gegen andere Menschen, als relevant angesehen werden sollte. Es kommt nur darauf an, ob eine Person tatsächlich von einem Verlust menschenrechtlich geschützter Güter bedroht ist, und nicht darauf, ob dieser Verlust durch die gezielte und vorsätzliche Behandlung durch Menschen verursacht wird. Auch Situationen, in denen Personen geschädigt werden, ohne Ziel einer vorsätzlichen Verfolgung zu sein, sind als relevant anzusehen. Dies ist beispielsweise der Fall, wenn Zivilisten in einen bewaffneten Konflikt verwickelt sind, ohne direkt Ziel der militärischen Aktionen zu sein. In diesem Fall kann man nicht sagen, dass sie verfolgt werden. Sie können aber dennoch getötet und verletzt werden. Außerdem scheint es mir nicht relevant zu sein, ob der Verlust menschenwürdiger Lebensbedingungen überhaupt durch eine Menschenrechtsverletzung verursacht wird. Selbst in Fällen, in denen die Schutzbedürftigkeit durch eine Naturkatastrophe oder durch das Fehlen einer angemessenen sozialen Infrastruktur wie eines Gesundheitssystems im Herkunftsland verursacht wird, stellt sich die Frage, ob ein ernsthaftes Schutzbedürfnis besteht.

Aus der Tatsache, dass sich Ausländer in einer Situation befinden, in der sie ernsthaft schutzbedürftig sind, folgt jedoch nicht logischerweise eine Pflicht zur Hilfeleistung und Unterstützung. Die bloße Tatsache, dass Menschen vor unmenschlichen Lebensbedingungen fliehen, begründet keine Pflicht zur Hilfeleistung. Es bedarf weiterer Argumente, um zu zeigen, ob und wann solche Pflichten entstehen. Das ist der Kern der Frage nach einem Menschenrecht auf Asyl.

Die Antwort hängt davon ab, ob sich die Flüchtlinge bereits im Schutzstaat aufhalten oder ob sie sich außerhalb der Grenzen dieses Staates aufhalten. Wir müssen also zwischen zwei verschiedenen Situationen unterscheiden:

(1) Die Situation von Asylbewerbern, die bereits legal oder illegal in das Land eingereist sind.
(2) Die Situation derjenigen, die sich entweder im Herkunftsland oder außerhalb des Heimatlandes, aber nicht in dem möglichen Schutzstaat befinden.

16.4 Recht auf Asyl für Schutzsuchende innerhalb des Schutzstaates

Betrachten wir zunächst die Situation der Schutzsuchenden, die sich bereits in dem Land befinden, das ihnen Schutz gewähren kann, oder die die Grenze dieses Landes erreicht haben. Gibt es eine menschenrechtliche Verpflichtung, ihnen Asyl zu gewähren?

Um eine Antwort auf diese Frage zu finden, ist es sinnvoll zu fragen, was passieren würde, wenn es eine solche Pflicht nicht gäbe. Dabei gehen wir davon aus, dass der Schutzsuchende ohne Erlaubnis in den Schutzstaat eingereist ist und kein Bleiberecht auf einer anderen Rechtsgrundlage genießt. Wir gehen weiter davon aus, dass er in keinem anderen Drittland Schutz und Sicherheit genießen kann. In diesem Fall müssten wir zu dem Schluss kommen, dass sich der Ausländer illegal im Aufnahmeland aufhält und daher verpflichtet ist, das Land zu verlassen. Wenn er dieser Verpflichtung nicht freiwillig nachkommt, wird er in den Staat seiner Staatsangehörigkeit abgeschoben. Das ist der Staat, aus dem er geflohen ist, weil ihm dort ein schwerer Schaden an einem oder mehreren wesentlichen Gütern drohte, die durch die Menschenrechte geschützt sind.

Die moralische Frage ist hier, ob der Staat moralisch verpflichtet ist, etwas zu unterlassen, nämlich die Person in ihr Herkunftsland abzuschieben. Wir erinnern uns vielleicht aus dem letzten Kapitel, dass Unterlassungen Gegenstand strikter und absoluter Pflichten sein können, denen ein entsprechendes moralisches Recht korrespondieren kann. Daraus folgt, dass ein subjektives Recht auf Asyl nur denkbar ist, wenn es eine entsprechende Unterlassungspflicht gibt, nämlich die Pflicht, die Abschiebung des Asylbewerbers zu unterlassen. Die Frage ist nun die folgende: Was ist die moralische Grundlage für eine Pflicht zur Unterlassung der Abschiebung eines Schutzbedürftigen?

Pflichten und Rechte

Die Abschiebung als solche besteht nur in der Organisation der Reise von Land A nach Land B. Im Hinblick auf die Menschenrechte ist die Abschiebung daher moralisch indifferent. Im Falle eines Schutzsuchenden stellt sich jedoch die Frage, ob wir die Folgen der Abschiebung berücksichtigen müssen oder ob es ausreicht, nur den isolierten Akt der Abschiebung selbst zu berücksichtigen. Nehmen wir den Fall an, dass der Ausländer bei seiner Abschiebung in das Herkunftsland einer Misshandlung im Sinne von Artikel 3 EMRK ausgesetzt ist. Nach der EMRK ist es den Vertragsstaaten nicht gestattet, Personen zu misshandeln. Der abschiebende Staat ist jedoch nicht der Akteur, der die betreffende Person misshandelt. Seine Handlung besteht nur im Akt der Abschiebung, nicht im Akt der Misshandlung. Die zu erwartenden Misshandlungen werden von Akteuren im Herkunftsland vorgenommen, für deren Verhalten der abschiebende Staat nicht verantwortlich ist, weil er keine Kontrolle über sie hat.

Handlungstheorie

Dennoch kann gezeigt werden, dass der abschiebende Staat moralisch verantwortlich ist für Misshandlungen, die im Zielstaat der Abschiebung stattfinden. Der moralische Verantwortungsbegriff spiegelt sich im rechtlichen Verantwortungsbegriff wider. Zwar ist der juristische Verantwortungsbegriff im Strafrecht und im Zivilrecht etwas anders konstruiert. Aber sowohl die straf- als auch die zivilrechtlichen Konstruktionen führen hier eindeutig zu einer rechtlichen und damit auch zu einer moralischen Verantwortung.

Nach der herrschenden Meinung im deutschen Strafrecht ist ein Akteur für ein bestimmtes Ergebnis verantwortlich, wenn das Ergebnis durch das Handeln verursacht wurde, d. h. wenn das Handeln als conditio sine qua non des Ergebnisses anzusehen ist und wenn der Akteur entweder vorsätzlich oder fahrlässig gehandelt hat. Ein Akteur handelt vorsätzlich, wenn das Ergebnis seines Handelns bekannt und vom ihm gewollt ist. Der Erfolg ist nicht nur dann gewollt, wenn er das spezifische Ziel der Handlung ist, sondern auch dann, wenn der Akteur die Folgen kennt und in Kauf nimmt. Fahrlässigkeit liegt vor, wenn der Akteur bei seinem Handeln keine angemessene Sorgfalt walten lässt und nur deshalb die zu erwartenden Folgen seiner Handlung nicht kennt.

Zweifelsohne ist die Abschiebung die conditio sine qua non der Misshandlung, denn ohne die Abschiebung könnte die Misshandlung nicht stattfinden. Dem abschiebenden Staat kann Vorsatz vorgeworfen werden, wenn er damit rechnet, dass es zu den Misshandlungen kommt, obwohl er dies nicht will. Auch wenn der abschiebende Staat die Misshandlung nicht erwartet, ist er verantwortlich, wenn er fahrlässig handelt, indem er die Vorhersehbarkeit der Misshandlung ignoriert. Liegt also hinreichendes Wissen oder fahrlässiges Nichtwissen darüber vor, dass der Ausländer bei der Abschiebung in den Herkunftsstaat Misshandlungen ausgesetzt sein wird, ist der abschiebende Staat für die Misshandlungen verantwortlich. Der abschiebende Staat erfüllt in diesem Fall durch die Abschiebung einen Misshandlungstatbestand.

Zum gleichen Ergebnis kommt man, wenn man den Verantwortungsbegriff des Zivilrechts, insbesondere des Deliktsrechts, anwendet. Der Unterschied besteht hier nur darin, dass der Begriff der Kausalität anders verstanden wird. Eine Handlung ist nicht als Ursache für ein bestimmtes Ergebnis anzusehen, wenn es nach der Lebenserfahrung eher unwahrscheinlich ist, dass dieses Ergebnis eintritt. In unserem Fall, also wenn der abschiebende Staat erwarten kann, dass im Zielstaat der Abschiebung Misshandlungen stattfinden, ist die Wahrscheinlichkeit gegeben, sodass die Verantwortung des abschiebenden Staates für die Misshandlung nicht zu leugnen ist.

Zu sagen, dass der abschiebende Staat für die Misshandlung verantwortlich ist, bedeutet, dass der abschiebende Staat selbst die Misshandlung begeht. Der Akt der Abschiebung ist als solcher ein Akt der Misshandlung. Die Misshandlung ist daher eine schwere Verletzung der grundlegenden Menschenrechte (Artikel 3 EMRK).

16.5 Das Refoulement-Verbot im positiven Asylrecht

Das Ergebnis unserer Analyse bestätigt jedenfalls teilweise die gesetzlichen Bestimmungen zum *Non-Refoulement*, wonach Personen, denen in ihrem Heimatland eine Verletzung grundlegender Menschenrechte droht, nicht in dieses Land abgeschoben werden dürfen. Ein genauerer Blick auf die betreffenden Kodifizierungen zeigt jedoch, dass diese Bestimmungen mit Hilfe einer philosophischen Analyse kritisiert werden können.

Flüchtlingskonvention

Die Non-Refoulement-Bestimmung des Artikels 33 Abs. 1 der Genfer Flüchtlingskonvention enthält Vorbehalte, die das Verbot einschränken. (siehe ◘ Abb. 16.6). Es gilt nur für diejenigen, die durch Verfolgung bedroht sind, nicht aber für diejenigen, die durch unmenschliche Lebensbedingungen bedroht sind. Außerdem gilt es nur für diejenigen, die aufgrund besonderer Verfolgungsgründe verfolgt werden. Die Einschränkung des Schutzes durch diese Verfolgungsgründe ist, wie wir oben gesehen haben, nicht zu rechtfertigen. Darüber hinaus zeigt Absatz 2, dass das Refoulement-Verbot nicht für Personen gilt, die eine

> (1) Kein Vertragsstaat wird einen Flüchtling auf irgendeine Weise über die Grenzen von Gebieten ausweisen oder abschieben („refouler"), in denen sein Leben oder seine Freiheit wegen seiner Rasse, Religion, Staatsangehörigkeit, seiner Zugehörigkeit zu einer bestimmten sozialen Gruppe oder wegen seiner politischen Überzeugung bedroht sein würde.
>
> (2) Auf die Vergünstigung dieser Vorschrift kann sich ein Flüchtling jedoch nicht berufen, der aus schwerwiegenden Gründen als eine Gefahr für die Sicherheit des Landes anzusehen ist, in dem er sich befindet, oder der eine Gefahr für die Allgemeinheit dieses Staates bedeutet, weil er wegen eines Verbrechens oder eines besonders schweren Vergehens rechtskräftig verurteilt wurde.

Abb. 16.6 Artikel 33 Genfer Flüchtlingskonvention

> Ein Vertragsstaat darf eine Person nicht in einen anderen Staat ausweisen, abschieben oder an diesen ausliefern, wenn stichhaltige Gründe für die Annahme sprechen, dass sie dort Gefahr liefe, gefoltert zu werden.

Abb. 16.7 Artikel 3 Abs. 1 UN Antifolterkonvention

schwere Straftat begangen haben, obwohl auch Straftäter Träger von Menschenrechten sind und einen absoluten Anspruch darauf haben, dass diese nicht verletzt werden.

Antifolterkonvention

Auch die Non-Refoulement-Regel in der Anti-Folter-Konvention von 1984 kann mit den Mitteln der Philosophie kritisiert werden. Artikel 3 enthält ein klares und bedingungsloses Refoulement-Verbot bei drohender Folter (grausame Behandlung zu bestimmten Zwecken), nicht aber bei drohender grausamer Behandlung ohne bestimmte Zwecke, obwohl eine solche Misshandlung ebenso wie Folter eine schwere Verletzung grundlegender Menschenrechte darstellt (siehe Abb. 16.7).

Die philosophischen Anforderungen an das Refoulement-Verbot werden am besten durch die Rechtsprechung des EGMR erfüllt. Beginnend mit seinem Urteil von 1989 in der Rechtssache Soering gegen das Vereinigte Königreich hat der Gerichtshof entschieden, dass das Refoulement-Verbot ein inhärenter Bestandteil der Menschenrechte der EMRK ist. Leider hat der Gerichtshof nicht hinreichend deutlich gemacht, dass diese Doktrin auf alle Menschenrechte der EMRK anwendbar ist. Deshalb ist es eine weit verbreitete Meinung, dass das Refoulement-Verbot nur ein integraler Bestandteil von Artikel 3 EMRK ist. Diese Schlussfolgerung ist jedoch nicht überzeugend. Die Rechtsprechung des EGMR ist nur dann überzeugend, wenn sie von der wichtigen Prämisse ausgeht, dass das Refoulement-Verbot integraler Bestandteil aller Menschenrechte der Konvention ist. Aus dieser Prämisse folgt, dass es auch Bestandteil von Artikel 3 ist. Das Refoulement-Verbot muss als integraler Bestandteil eines jeden Menschenrechts betrachtet werden. Die Akzeptanz der aus diesen Rechten folgenden Pflichten bedeutet die Akzeptanz des Refoulement-Verbots.

Aus dem Ergebnis unserer Überlegungen ergibt sich eine wichtige Konsequenz. Wenn man davon ausgeht, dass das Refoulement-Verbot integraler Bestandteil eines jeden Menschenrechts ist, gibt es keinen Bedarf und keinen Raum für ein spezifisches Menschenrecht auf Asyl. Die Rede von einem Menschenrecht auf Asyl, wenn sie sich auf Schutzsuchende bezieht, die sich bereits im Land des möglichen Schutzes befinden, ist überflüssiges Gerede. Das Ergebnis unserer bisherigen Analyse ist also, dass es kein spezifisches Menschenrecht auf Asyl gibt, sondern dass Schutzsuchende, die sich im Land des möglichen Schutzes befinden, durch die Gesamtheit aller anderen klassischen Menschenrechte ausreichend geschützt sind. Dies ist der Fall, weil das Refoulement-Verbot ein integraler Bestandteil jedes Menschenrechts ist.

16.6 Recht auf Asyl für Schutzsuchende außerhalb des Schutzstaates

Nun kommen wir zu dem Fall der Schutzsuchenden, die das Territorium des möglichen Schutzstaates noch nicht erreicht haben und sich noch in dem Land befinden, in dem sie in Gefahr sind, oder die sich bereits außerhalb des Herkunftslandes irgendwo in der Wüste oder auf hoher See befinden. In beiden Fällen gehen wir davon aus, dass Hilfe von anderen Staaten nicht geleistet wird, weil andere Staaten entweder nicht in der Lage oder nicht willens sind, an dem Ort Hilfe zu leisten, an dem sich die Menschen in Not aufhalten. Wir fragen nun, ob die Flüchtlinge ein Menschenrecht auf Asyl haben, das sie gegenüber einem potenziellen Schutzstaat geltend machen können, also gegenüber jedem Staat, der sich den Menschenrechten verpflichtet weiß und Schutz bieten kann.

In diesem Fall geht es nicht um die Frage, ob es eine Pflicht gibt, etwas zu unterlassen. Die Frage ist vielmehr, ob es eine Pflicht gibt, etwas zu tun, nämlich die Schutzsuchenden zu retten, sie unter Schutz zu nehmen und sie in ein Gebiet zu bringen, in dem sie sicher sind.

Tun und Unterlassen

Wie wir im ▶ 15. Kapitel gesehen haben, ist die moralische Qualifikation des Tuns des Guten eine andere als die moralische Qualifikation des Unterlassens des Bösen. Menschenrechte kann es nur im Hinblick auf Unterlassungspflichten geben. Hier aber wird kein Unterlassen, sondern eine Leistung verlangt. Deren Umfang steht immer im Ermessen dessen, der zum Handeln aufgefordert wird. Daher kann man nicht sagen, dass es eine strikte Pflicht zur Rettung und zum Schutz und ein entsprechendes Recht auf Rettung und Schutz gibt. Somit gibt es in solchen Fällen kein moralisches Menschenrecht auf Asyl.

Wenn überhaupt, dann kann es nur ein Recht geben, das sich auf die Pflicht zu einer verantwortungsvollen Entscheidungsfindung und zu einem fairen Abwägungsprozess bezieht. Ein fairer Abwägungsprozess muss einerseits die Schwere der Not und andererseits die Ressourcen, die ein Staat hat, berücksichtigen. Von reichen Staaten mag daher in der Regel mehr verlangt werden können als von ärmeren Staaten. Allerdings haben konkrete Personen, die irgendwo in der Welt in Not sind und Hilfe benötigen auch kein Recht auf eine faire und sachgerechte und faire Abwägung. Denn das würde voraussetzen, dass diese Menschen einen Anspruch gegen einen konkreten Staat haben, sich mit der Frage zu befassen. Solange aber eine Vielzahl von Staaten in Betracht kommen, die Hilfe leisten könnten, muss sich kein einzelner Staat vor konkreten Schutzbedürftigen für seine Abwägungen rechtfertigen.

Eine letzte Bemerkung sollte gemacht werden. Der moralische Status eines Schutzsuchenden gegenüber einem bestimmten Staat hängt nicht davon ab, ob er dessen Grenze bereits überschritten hat oder nicht. Er hängt vielmehr davon ab, ob sich der Flüchtling in einer Situation befindet, über die der betreffende Staat effektive Macht und Kontrolle ausübt. Deshalb macht sich ein Staat schuldig, wenn er beispielsweise Schutzsuchende, die sich an Bord eines unter seiner Flagge fahrenden Schiffes befinden, in ein Land verbringen lässt, in dem ihnen Menschenrechtsverletzungen drohen.

? Zur Wiederholung

16.1 Gibt es ein völkerrechtliches subjektives Recht auf Asyl?

16.2 Was bedeutet das Refoulement-Verbot im Kontext der philosophischen Analyse der Menschenrechte?

16.3 Gibt es ein Menschenrecht auf Asyl für Schutzsuchende, die sich innerhalb des Schutzstaates aufhalten? Begründe Deine Meinung!

16.4 Gibt es ein Menschenrecht auf Asyl für Schutzsuchende, die sich außerhalb des potenziellen Schutzstaates aufhalten? Begründe Deine Meinung!

Antworten siehe ▶ Kap. 21.

Leseempfehlungen

Carens, Joseph H.: *Fremde und Bürger: Weshalb Grenzen offen sein sollten.* In: Andreas Cassee / Anna Goppel (Hrsg.): Migration und Ethik. Münster 2012, S. 24–46

Kant, Immanuel: *Zum Ewigen Frieden. Ein philosophischer Entwurf.* Königsberg 1796

Ladwig, Bernd: *Offene Grenzen als Gebot der Gerechtigkeit.* In: Andreas Cassee / Anna Goppel (Hrsg.): Migration und Ethik. Münster 2012, S. 67–88

Rodrigues Simao, Jorge: *Article 14 of the Universal Declaration of Human Rights.* https://www.linkedin.com/pulse/20141125090354-241662330-article-14-of-the-universal-declaration-of-human-rights

Tiedemann, Paul: *Migration im Naturzustand. Überlegungen zum No-Border-Postulat.* In: Jahrbuch für Recht und Ethik (JRE) 25 (2017), 126–167

Tiedemann, Paul: *Was schulden wir Flüchtlingen? Eine Ethik des Flüchtlingsschutzes.* In: Jahrbuch für Recht und Ethik (JRE) 26 (2018), 299–342

Rechtsprechung

EGMR, Urt. v. 07.07.1989 – 14038/88 –, „Soering ./. UK", HUDOC

Falsche Menschenrechte

Inhaltsverzeichnis

17.1 Das Recht auf Eigentum – 372
17.1.1 Der Begriff des Eigentums – 373
17.1.2 Philosophische Konzeptionen von Eigentum – 375

17.2 Kollektive Menschenrechte – 381
17.2.1 Kollektive Rechte im positiven Völkerrecht – 382
17.2.2 Kritik der kollektiven Menschenrechte – 385

Leseempfehlungen – 388

© Der/die Autor(en), exklusiv lizenziert an Springer-Verlag GmbH, DE, ein Teil von Springer Nature 2023
P. Tiedemann, *Philosophische Grundlagen der Menschenrechte*, Springer-Lehrbuch, https://doi.org/10.1007/978-3-662-65533-7_17

Der Begriff des Eigentums

Eigentum ist die Sammelbezeichnung für das Bündel von Rechten und Pflichten, das der Inhaber des Eigentums im Hinblick auf materielle Dinge (beweglich oder unbeweglich) oder Ideen (geistiges Eigentum) besitzt. Im weiteren Sinne ist es möglich, Eigentum auch in Form von Rechtsansprüchen zu besitzen. Das Bündel von Rechten, das Eigentum ausmacht, kann unterschiedlich definiert werden.

Philosophische Begründung des Eigentumsrechts

Okkupationstheorie (Platon): Eigentum konstituiert sich durch faktische Inbesitznahme und die faktische Respektierung dieser Handlung durch die Mitmenschen. Dieses Argument leidet unter einem naturalistischen Fehlschluss.

Arbeitstheorie (Locke): Es gibt ein natürliches Recht auf Eigentum am eigenen Körper. Daher ist eine Person auch Eigentümer der Handlungen, die ihr Körper ausführt. Somit ist eine Person auch Eigentümer der Gegenstände, die durch ihre eigenen Handlungen entstanden sind. Dieses Argument leidet (1.) an einer spezifischen Schwierigkeit der englischen Sprache, die denselben Ausdruck (property) sowohl für *Eigenschaft* als auch für *Eigentum* verwendet und dazu neigt, die unterschiedlichen Bedeutungen dieser beiden Begriffe zu verwechseln. Außerdem leidet es an einer quaternio terminorum, weil es zwei verschiedene Bedeutungen des Pronomens „mein" verwechselt. Es ist wichtig, „mein" als Identitätspronomen von „mein" als Possessivpronomen zu unterscheiden.

Positivistische Statustheorie (Hume): Eigentum bezieht sich auf einen rechtlichen Status. Ein Status ist ein Bündel von Rechten und Pflichten. Das Bündel wird durch positives Recht definiert. Es ist also Sache des Gesetzgebers, Eigentum an bestimmten Entitäten einzuführen oder abzuschaffen und Regeln für die Verteilung des Eigentums aufzustellen sowie seinen Inhalt und seine Grenzen zu bestimmen. Beispiel für die Abschaffung von Eigentum: Das Kernkraftausstiegsurteil des Bundesverfassungsgerichts.

> In Anbetracht der Tatsache, dass es keine Eigentumsrechte zum Schutz der Personalität braucht, können Eigentumsrechte nicht als Menschenrechte angesehen werden. Es gibt ein Grundbedürfnis nach dem Existenzminimum, aber nicht nach Eigentum.

Kollektive Menschenrechte

Karel Vašák zufolge gibt es drei Generationen von Menschenrechten. Die erste Generation umfasst die klassischen oder die so genannten liberalen Menschenrechte. Die zweite Generation umfasst die sozialen Menschenrechte. Die dritte Generation umfasst die Menschenrechte von Kollektiven (Stämme, Sprachminderheiten usw.).

Kollektive Rechte sind Rechte, die einer Gruppe zustehen, aber nicht den einzelnen Mitgliedern einer Gruppe.

Kollektive als solche sind nicht mit Vernunft und Gewissen ausgestattet. Sie sind keine Personen in einem natürlichen Sinne. Daher können kollektive Rechte nicht als Menschenrechte angesehen werden.

Die Gleichstellung von Menschenrechten und kollektiven Rechten kann zu Konflikten führen, die nur durch eine Relativierung der Menschenrechte gelöst werden können. Dies steht im Widerspruch zum absoluten Charakter der Menschenrechte. Die Funktion der Menschenrechte ist es, das Individuum vor seiner totalen Vereinnahmung durch Kollektive zu schützen.

Wie ich bereits mehrfach erwähnt habe, enthalten die Menschenrechtskodifizierungen nicht nur Rechte, die als echte Menschenrechte angesehen werden können, weil sie sich aus dem Grundsatz der Menschenwürde ableiten lassen. Die Kodifizierungen enthalten auch einige Rechte, die nicht als Menschenrechte betrachtet werden können. Einige von ihnen sind rein ideologisch begründet. Ihre Bezeichnung als Menschenrechte dient häufig nur dem Zweck, die Chance ihrer Akzeptanz und ihre Durchsetzungskraft zu erhöhen, obwohl ihre Rechtfertigung auf tönernen Füßen steht. Im ▶ 15. Kapitel habe ich das so genannte Menschenrecht auf Arbeit erwähnt. Anders die

Habeas-Corpus-Rechte. Dahinter steht ein echtes Erfordernis der Gerechtigkeit. Gleichwohl handelt es sich nicht um Menschenrechte, denn es geht nur um Verfahrensrechte. Sie sind dem Rechtsstaatsprinzip geschuldet und dienen nicht, wie die Menschenrechte, dem Schutz der Willensfreiheit.

In dieser Lektion möchte ich mich mit zwei weiteren Beispielen befassen. Das erste verdient besondere Aufmerksamkeit, weil es zum klassischen Bestand fast aller Menschenrechtskodifikationen seit Beginn der Kodifikationsgeschichte gehört. Es gehört auch zum Bestand jener vermeintlichen Menschenrechte, die seit Beginn der philosophischen Auseinandersetzung mit den Menschenrechten im Mittelpunkt der philosophischen Betrachtung stehen. Es handelt sich um das Recht auf Eigentum. Das andere Beispiel verweist auf eine relativ neue Entwicklung in der Geschichte der Menschenrechte, nämlich auf die so genannten kollektiven Menschenrechte.

Eigentum in Menschenrechtskodizes

17.1 Das Recht auf Eigentum

Das Recht auf Eigentum wird in der Virginia Bill of Rights von 1776 sowie in der französischen Erklärung der Rechte des Menschen und des Bürgers von 1789 erwähnt. Ebenso wird es in der Allgemeinen Erklärung der Menschenrechte von 1948 erwähnt (siehe ◘ Abb. 17.1). Artikel 17 Abs. 2 AEMR sieht jedoch vor, dass einer Person unter bestimmten Umständen das Eigentum entzogen werden kann. Die Klausel legt jedoch nicht die Umstände fest, unter denen eine solche Entziehung erfolgen kann. Sie besagt lediglich, dass der Entzug nicht willkürlich sein darf. Diese Klausel kann also auf der Grundlage eines beliebigen Grundes angewandt werden, solange er nicht willkürlich ist. Dies führt zu Unsicherheit darüber, ob die Verfasser der AEMR das Recht auf Eigentum tatsächlich als Menschenrecht verstanden wissen wollten. Noch inter-

---

1. Jeder hat das Recht, sowohl allein als auch in Gemeinschaft mit anderen Eigentum innezuhaben.
2. Niemand darf willkürlich seines Eigentums beraubt werden.

◘ Abb. 17.1   Artikel 17 AEMR

> Jede natürliche oder juristische Person hat das Recht auf Achtung ihres Eigentums. Niemandem darf sein Eigentum entzogen werden, es sei denn, dass das öffentliche Interesse es verlangt, und nur unter den durch Gesetz und durch die allgemeinen Grundsätze des Völkerrechts vorgesehenen Bedingungen.

Abb. 17.2 Artikel 1 Erstes Zusatzprotokoll zur EMRK

essanter ist die Tatsache, dass weder der IPbürgR noch der IPsozR das Recht auf Eigentum erwähnen.

Auch in der EMRK von 1950 wurde das Recht auf Eigentum nicht erwähnt. Es wurde jedoch in das erste Zusatzprotokoll von 1952 aufgenommen (siehe Abb. 17.2). Bei der Ausarbeitung der Konvention waren sich die Verhandlungsparteien generell einig, dass ein Recht auf Eigentum in den Text der Konvention aufgenommen werden sollte. Sie konnten sich jedoch nicht über die Einzelheiten der Formulierung einigen. Daher wurde dieses Recht nachträglich ergänzt. Es ist wichtig zu beachten, dass dieses Recht unter dem Vorbehalt des öffentlichen Interesses steht. Ein Recht, das unter dem Vorbehalt des öffentlichen Interesses steht, ist offensichtlich das Gegenteil eines Menschenrechts. Ein Menschenrecht unter dem Vorbehalt des öffentlichen Interesses ist einfach ein Widerspruch in sich selbst. Es stellt sich also die Frage, ob die kodifizierte Formulierung des Rechts auf Eigentum daran scheitert, dass sie den spezifischen Charakter eines Menschenrechts nicht berücksichtigt, oder ob die Kodifizierung schon deshalb unangemessen ist, weil das Recht auf Eigentum kein wirkliches Menschenrecht ist. Bevor wir den spezifischen Charakter des Rechts auf Eigentum klären können, unabhängig davon, ob wir es als ein Menschenrecht betrachten wollen oder nicht, müssen wir zunächst fragen, was Eigentum eigentlich ist.

17.1.1 Der Begriff des Eigentums

Im Gegensatz zu Begriffen wie *Leben, Gedanken, körperliche oder geistige Unversehrtheit, Vereinigungen* und *Versammlungen* bezieht sich der Begriff des Eigentums nicht auf etwas, das in der realen Welt existiert und das zum Gegenstand eines moralischen oder rechtlichen Schutzes gemacht werden kann. Das Eigentum bezieht sich nicht auf eine außerrechtliche Realität, sondern nur auf die Welt des Rechts.

Es ist ein juristischer Begriff. Er bezeichnet ein Bündel von Rechten und Pflichten, die sich ihrerseits in erster Linie auf Gegenstände der materiellen Welt (Sacheigentum) oder auf Gedanken (geistiges Eigentum) beziehen. Nach einem noch weiter gefassten Eigentumsbegriff kann sich das Bündel von Rechten und Pflichten nicht nur auf Dinge der materiellen Welt, sondern auch auf bestimmte Rechtspositionen beziehen. Das deutsche Recht betrachtet beispielsweise künftige Rentenanwartschaften, die gegen die regelmäßige Zahlung von Versicherungsbeiträgen erworben worden sind, als Gegenstände, an denen Eigentum bestehen kann.

Was den Inhalt der Eigentumsrechte betrifft, so kann man mindestens zwischen den folgenden unterscheiden:
- das Recht auf ausschließlichen Besitz,
- das Recht auf ausschließliche Nutzung,
- das Recht zur ausschließlichen Verfügung (darüber, wer es nutzen darf),
- das Recht auf den ausschließlichen Genuss der Früchte,
- das Recht auf Verbrauch und Vernichtung,
- das Recht auf Veränderung,
- das Recht, das Eigentum auf andere zu übertragen,
- das Recht, Eigentum zu vererben,
- das Recht, das Eigentum einer verstorbenen Person zu erben,
- das Recht auf Schutz vor entschädigungsloser Enteignung, und
- das Recht auf Erwerb herrenloser Sachen durch Inbesitznahme.

Diese Liste ist nicht vollständig, sondern erfasst nur die typischerweise mit Eigentum verbundenen Rechte. Welche von ihnen und in welchem Umfang sie tatsächlich Teil der Eigentumsordnung eines bestimmten Landes sind, hängt von dem jeweiligen positiven Recht ab.

Auch was den Inhalt der Eigentumspflichten angeht, gibt es in den verschiedenen Eigentumsordnungen der einzelnen Staaten eine große Bandbreite unterschiedlicher Regelungen:
- Manchmal sind mit dem Eigentum keine Pflichten verbunden. Der Eigentümer kann mit seinem Eigentum tun und lassen, was er will.
- Manchmal gibt es spezifische Pflichten für Eigentümer von Eigentum, z. B. die Pflicht, als Grundstückseigentümer eine bestimmte Steuer zu zahlen.
- In einigen Fällen gibt es allgemeine Vorschriften über die Pflichten von Eigentümern, z. B. das Verbot des

17.1 · Das Recht auf Eigentum

Leerstandes von Wohnungen (die Pflicht der Eigentümer von Wohnungen, sie entweder selbst als Wohnung zu nutzen oder an andere zu Wohnzwecken zu vermieten).

Auch hinsichtlich der Subjekte, denen Eigentum übertragen werden kann, gibt es eine Vielzahl von unterschiedlichen Regelungen. Manchmal ist jede natürliche Person berechtigt, Eigentum zu besitzen. Manchmal ist nur eine bestimmte Gruppe von Personen berechtigt, Eigentum zu besitzen (Grundherren, Adel, nur Erwachsene, nur Männer). Manchmal können Vereine und Organisationen Eigentum besitzen, manchmal nicht. Manchmal ist nur der Staat oder die öffentliche Hand berechtigt, an bestimmten Dingen Eigentum zu haben (z. B. Eigentum an Kriegswaffen).

Das breite Spektrum unterschiedlicher Eigentumsordnungen könnte darauf hindeuten, dass es sich um einen Gegenstand handelt, der ausschließlich durch positives Recht geregelt wird. Es könnte aber auch sein, dass es einen harten Kern von Eigentumsrechten gibt, der in der Moral der Menschenrechte verankert ist. Um das herauszufinden, müssen wir fragen, ob es fundierte philosophische Argumente für die Idee gibt, dass Eigentumsrechte in eine Konzeption von Menschenrechten eingebettet sind.

17.1.2 Philosophische Konzeptionen von Eigentum

Die traditionsreichste philosophische Theorie des Eigentums ist die *Okkupationstheorie*. Sie wurde ursprünglich von Platon vertreten und blieb bis John Locke die einzige oder zumindest die vorherrschende Theorie. Nach dieser Theorie beruht das Eigentum auf der Inbesitznahme von Sachen (z. B. Land) und der Macht, sie gegen diejenigen zu verteidigen, die sie nicht akzeptieren wollen. Diese Idee liegt der Geschichte von der Gründung Roms durch Romulus zugrunde. Romulus zog eine Linie um ein Stück Land und erklärte seinem Bruder Remus, dass dies das Gebiet der neu gegründeten Stadt Rom sei und dass jeder, der die Linie unerlaubt überschreite, getötet werde. Remus sprang über die Linie und wurde sofort von seinem Bruder Romulus getötet. Die Römer teilten die Ansicht, dass diese Geschichte als ausreichende Begründung für die Legitimi-

Plato

tät ihres Eigentums an der Stadt Rom angesehen werden kann.

Die Okkupationstheorie leidet jedoch an einem schweren logischen Fehler. Sie beruht auf einem Verstoß gegen das Humesche Gesetz, also auf einem naturalistischen Fehlschluss. Wie Sie bereits wissen, besteht der naturalistische Fehlschluss darin, eine Norm aus einer Tatsache abzuleiten oder vom Sein auf Sollen zu schließen. Sie erinnern sich vielleicht, dass David Hume und Immanuel Kant gezeigt haben, dass eine solche Schlussfolgerung logisch ungültig ist (siehe ▶ Kap. 2). Im Fall der Okkupationstheorie des Eigentums findet ein solcher Fehlschluss statt. Sowohl der Akt der Inbesitznahme als auch die Tatsache, dass man die Macht hat, den Besitz zu verteidigen, führen nicht zu einem Recht, das beschreibt, warum jemand zur ausschließlichen Nutzung der Besitzes berechtigt ist, während andere dies nicht sind.

John Locke

Die ausgefeilteste Argumentation zugunsten der Idee, dass das Recht auf Eigentum als ein Menschenrecht betrachtet werden sollte, stammt von John Locke. Sie wird als die Arbeitstheorie des Eigentums bezeichnet. Locke argumentiert folgendermaßen:

Jede menschliche Person hat ein ausschließliches Recht auf sich selbst. Sie ist daher sowohl Eigentümerin ihres Körpers als auch ihres Bewusstseins und ihrer Fähigkeiten. Sie ist insbesondere Eigentümerin ihres eigenen freien Willens und damit Eigentümerin aller Handlungen und Unterlassungen, die auf ihrem eigenen freien Willen beruhen. Daraus folgt nach Locke, dass die Person auch „Eigentümerin ihrer Arbeit" ist, denn Arbeit ist eine Art von Handlung, die auf dem freien Willen einer Person beruht und daher als integraler Teil der Person zu betrachten ist. Nun geht Locke einen Schritt weiter: Weil die Person Eigentümerin ihrer Arbeit ist, ist sie auch Eigentümerin der Ergebnisse ihrer Arbeit. Ich werde diese Ergebnisse als Artefakte bezeichnen. Aus *meinem* Körper, *meinen* Handlungen und *meiner* Arbeit folgen nach Locke also *meine* Artefakte. Was immer eine Person der Natur entnimmt und mit ihrer Arbeit vermischt, wird zu ihrem Eigentum. Eigentum ist also eine Beziehung zwischen der Person und den von ihr geschaffenen Gegenständen, einschließlich des Rohmaterials, aus dem die Gegenstände hergestellt werden. Artefakte, die sie hergestellt oder geschaffen hat, sind integraler Teil ihrer selbst. Mit anderen Worten: Eigentum ist eine Beziehung zwischen einem Gegenstand und einer

Person. Eigentum macht jeden Gegenstand zu einem kontingenten Attribut einer Person.

Lockes Eigentumstheorie ist ein hervorragendes Beispiel für die Tatsache, dass unsere Art zu denken stark von unserer Art zu sprechen beeinflusst wird. Wenn unsere Sprache nicht angemessen ist, dann besteht die große Gefahr, dass wir falsche Vorstellungen entwickeln. Das wird in diesem Fall sehr deutlich, denn Lockes Theorie ist offensichtlich das Ergebnis von zwei sprachlichen Fallstricken.

Der erste Fallstrick ist spezifisch für die englische Sprache. Dies dürfte auch die Tatsache erklären, warum Lockes Arbeitstheorie des Eigentums bis heute in der englischsprachigen Welt großen Einfluss hat. Der besagte Fallstrick liegt in dem Umstand, dass das englische Wort „property" eine doppelte Bedeutung hat. *Property* bedeutet sowohl *Eigenschaft* als auch *Eigentum*. Diese Doppelbedeutung kann leicht zu einer Verwirrung des Denkens führen. Dies ist jedoch nicht der einzige sprachliche Fallstrick, der Lockes Idee zu rechtfertigen scheint. Der andere Fallstrick besteht in der Doppelbedeutung des Pronomens „mein". Im Englischen wie auch in vielen anderen indogermanischen Sprachen ist dieses Pronomen entweder ein Possessivpronomen, das etwas als Eigentum des Sprechers kennzeichnet, oder ein Identitätspronomen, das etwas als etwas charakterisiert. So gibt es einen kategorialen Unterschied zwischen „meine Handlung" und „mein Hammer". *Mein Hammer* ist etwas, das auch von anderen benutzt werden kann. Er ist nicht mit mir identisch. *Meine Handlung* kann nicht von anderen ausgeführt werden, denn sie ist untrennbarer Teil von mir. Wird die Handlung x nicht von mir, sondern von jemandem anderem ausgeführt, dann ist es eben nicht mehr *meine* Handlung. Dies zeigt, dass das Wort „mein" in „meine Handlung" als Identitätspronomen fungiert, während es in „mein Hammer" als Possessivpronomen fungiert. Wenn Sie beide Bedeutungen verwechseln, könnten Sie fälschlicherweise zu dem Schluss kommen, dass der Hammer Teil meiner Identität ist. Dementsprechend wäre es richtig zu sagen: „Ich bin auch mein Hammer." Oder: „Ein Hammer zu sein ist Teil meiner Person". Das ist natürlich Unsinn.

Fallstricke der Sprache

In der Argumentation von Locke wird das Wort „mein" in beiden Bedeutungen verwendet. Seine Argumentation fällt daher in den Bereich eines logischen Fehlschlusses, der traditionell als *quaternio terminorum Fehlschluss* (Vervierfachung der Begriffe) bezeichnet wird. Ein

Quaternio Terminorum

korrekt konstruierter logischer Syllogismus verwendet nicht vier, sondern nur drei Begriffe. Im Falle einer quaternio terminorum handelt es sich um einen Syllogismus mit vier Begriffen. Dies macht ihn zu einem Trugschluss. Die Fehlerhaftigkeit der Schlussfolgerung wird durch die Tatsache verdeckt, dass zwei verschiedene Begriffe mit ein und demselben Wort ausgedrückt werden. Lockes Syllogismus ist der folgende:

> Prämisse 1: Handlung x ist meine Handlung
> (mein = Identitätspronomen)
> Prämisse 2: Das Produkt y ist das Ergebnis meiner Handlung x
> Schlussfolgerung: Das Produkt y ist mein Produkt
> (mein = Possessivpronomen)

Hier haben wir nicht nur drei, sondern vier Begriffe:

> Begriff 1 = Handlung x
> Begriff 2 = ist mein (Identitätspronomen)
> Begriff 3 = Ergebnis y
> Begriff 4 = ist mein (Possessivpronomen)

Wir müssen also feststellen, dass Lockes Argumentation für ein Menschenrecht auf Eigentum gescheitert ist. Sie beruht auf einem Denkfehler.

David Hume

Die moderne positivistische Theorie des Eigentums geht auf David Hume (1711 – 1776) zurück. Er betrachtete Eigentum lediglich als eine Angelegenheit der Gesetzgebung. Demnach obliegt es dem positiven Recht, den Umfang der Objekte zu definieren, denen Eigentumsrechte zugewiesen werden können. Zweitens ist es Aufgabe des positiven Rechts, die Subjekte zu definieren, die Eigentumsrechte besitzen können. Drittens ist es Sache des positiven Rechts zu bestimmen, wie Eigentumsrechte erworben werden können. Viertens ist es Aufgabe des positiven Rechts, die Rechte zu bestimmen, die den Inhalt der Eigentumsrechte definieren. Der Begriff des Eigentums ist nur ein reiner Rechtsbegriff. Er ist lediglich ein Begriff, der das Bündel bestimmter einzelner positiver Rechte und Bestimmungen zusammenfasst.

Sollten wir Hume folgen? Die entscheidende Frage, die wir uns stellen müssen, ist die folgende. Ist Eigentum eine notwendige Bedingung für die Entwicklung und Aufrechterhaltung des Personseins? Wenn wir diese Frage bejahen, dann müssen wir das Recht auf Eigentum als ein Menschenrecht betrachten. Im Falle ihrer Verneinung kommen wir zum gegenteiligen Ergebnis.

Es ist in der Tat notwendig für ein menschenwürdiges Leben, Zugang zu den materiellen Mitteln des Lebens zu haben, und das Eigentum kann diesen Zugang sicherstellen. Aber es ist auch möglich, Zugang zu den Mitteln des Lebens zu haben, ohne privates oder öffentliches Eigentum zu besitzen. Denken Sie an die Mönche und Nonnen, die in einem Kloster leben, oder an die Saduhs in Indien. Sie besitzen kein Privateigentum, aber ihre Lebensgrundlagen sind gesichert. Eigentum verleiht dem Eigentümer mehr Macht und erweitert seinen Freiheitsbereich über das hinaus, was zu einem menschenwürdigen Leben unbedingt notwendig ist. Aber diese Freiheit bezieht sich nur auf die Freiheit des Handelns und nicht unbedingt auf die Freiheit des Willens. Aber nur die Willensfreiheit ist für die Entwicklung und Aufrechterhaltung des Personseins notwendig.

Es ist jedoch wichtig, zwischen der Diskussion des Eigentums und der Diskussion des Existenzminimums zu unterscheiden. Letzteres bezieht sich auf die Bedingungen der Willensfreiheit und ist daher als eine Frage der Menschenrechte zu betrachten. Ersteres bezieht sich vor allem auf die Handlungsfreiheit. Der Begriff des Eigentums bezieht sich zwar auch auf das Eigentum an den Mitteln des Existenzminimums, aber eben auch auf das Vermögen eines Milliardärs.

Wir kommen also zu dem Schluss, dass das Recht auf Eigentum nicht als ein Menschenrecht angesehen werden kann. Die Tatsache, dass dieses Recht dennoch in fast jeder klassischen Menschenrechtskodifizierung auftaucht, zeigt den starken Einfluss des wohlhabenden Teils der nationalen oder internationalen Gesellschaft, wenn es um die Kodifizierung von Menschenrechten geht. Es zeigt auch, wie die Idee der Menschenrechte missbraucht werden kann und missbraucht wird, um selektive oder egoistische Interessen durchzusetzen, indem man sie in das edle Gewand der Menschenrechte kleidet.

Der rein positive Sinn des Eigentums kommt in Art. 14 Abs. 1 GG deutlich zum Ausdruck (siehe ◘ Abb. 17.3). Inhalt und Grenzen des Eigentums sind eine Frage der Definition durch positive Gesetze. Daraus folgt, dass Eigentum nur im Rahmen einer gegebenen Rechtsordnung existieren kann. Es gibt kein Natur- oder Menschenrecht auf Eigentum. Die Rechtsordnung bestimmt, an welchen Gegenständen Eigentum erworben werden kann, wer Eigentum erwerben kann und welcher Umfang an Rechten und Pflichten mit dem Eigentum verbunden ist. Darü-

> (1) Das Eigentum und das Erbrecht werden gewährleistet. Inhalt und Schranken werden durch die Gesetze bestimmt.
>
> (2) Eigentum verpflichtet. Sein Gebrauch soll zugleich dem Wohle der Allgemeinheit dienen.
>
> (3) Eine Enteignung ist nur zum Wohle der Allgemeinheit zulässig. Sie darf nur durch Gesetz oder auf Grund eines Gesetzes erfolgen, das Art und Ausmaß der Entschädigung regelt. Die Entschädigung ist unter gerechter Abwägung der Interessen der Allgemeinheit und der Beteiligten zu bestimmen. …

◘ Abb. 17.3 Artikel 14 GG

ber hinaus ist es auch möglich, die Eigentumsordnung zu ändern, indem festgelegt wird, dass es nicht mehr möglich ist, Eigentum einer bestimmten Art zu erwerben oder zu besitzen.

Ausstieg aus der Atomenergie

Eine solche Änderung der Eigentumsordnung erfolgte in Deutschland in Bezug auf das Eigentum an Kernkraftwerken. Mit dem 13. Gesetz zur Änderung des Atomgesetzes vom 31. Juli 2011 wurde geregelt, dass der Bau neuer Kernkraftwerke verboten ist und die bestehenden Kernkraftwerke nach einem bestimmten Zeitplan abgeschaltet werden, das letzte Ende 2022, später verlängert bis April 2023. Gegen dieses Gesetz haben drei Kernkraftwerksbetreiber vor dem Bundesverfassungsgericht geklagt. Sie argumentierten, das Gesetz stelle eine entschädigungslose Enteignung dar (siehe Artikel 14 Absatz 3 GG).

In seinem Urteil vom 6. Dezember 2016 entschied das Gericht, dass der endgültige Ausstieg aus der Kernenergie in Deutschland nicht als Enteignung zu werten ist, sondern lediglich eine Neudefinition des Inhalts des Eigentums nach Artikel 14 Abs. 1 Satz 2 GG darstellt. Eine Enteignung liegt nur vor, wenn der Gegenstand des Eigentums einem bestimmten Eigentümer entzogen und auf einen neuen Eigentümer übertragen wird. In diesem Fall bleiben die Eigentumsrechte bestehen. Es findet lediglich eine Änderung der Inhaberschaft statt. Im Gegensatz dazu regelt das Gesetz über den Ausstieg aus der Kernenergie nicht die Übertragung des Eigentums an Kernkraftwerken von einem Eigentümer auf einen anderen. Es ändert vielmehr die Definition von Eigentum. Es besagt, dass es kein Eigentum an Kernkraftwerken mehr gibt. Niemand im Lande, auch nicht der Staat, kann in Zukunft Eigentümer von Kernkraftwerken sein. Eigentumsrechte an Kernkraftwerken wird es ebenso wenig geben wie Eigentumsrechte an dem Sauerstoff in der Luft um uns herum. Das Eigentum an Kernkraftwerken hört durch bloße gesetzliche Definition auf zu sein.

Der Gerichtshof erkannte dennoch ein Recht der betroffenen Unternehmen auf eine gewisse Entschädigung an. Diese Entschädigung beruht aber nicht auf einer Enteignung, sondern nur auf der Enttäuschung von Erwartungen. Um dies zu verstehen, muss man wissen, dass der Deutsche Bundestag im Jahr 2001 ein Gesetz erlassen hat, das den Unternehmen die Produktion einer bestimmten Menge an Kernenergie garantiert. Nach Ausschöpfung dieser Mengen sollte die Produktion von Kernenergie eingestellt werden. Darüber hinaus wurden die garantierten Mengen in einem Gesetz aus dem Jahr 2010 ausgeweitet. In der Erwartung, das Eigentum an den Kernkraftwerken noch eine Weile genießen zu können, haben die Unternehmen einige Investitionen zur Modernisierung der Anlagen getätigt. Der durch das Gesetz von 2011 geregelte komplette Ausstieg aus der Kernenergie ab 2023 führte zu einer Enttäuschung dieser Erwartung und zu einer Entwertung der Investitionen. Nur diese Entwertung war zu entschädigen. Der Rechtsgrundsatz, der dieser Rechtsprechung zugrunde liegt, ist nicht der Grundsatz des Eigentums, sondern lediglich der Grundsatz des Vertrauensschutzes.

17.2 Kollektive Menschenrechte

Nun kommen wir zum zweiten wichtigen Beispiel für falsche Menschenrechte. Es geht um die sogenannten Menschenrechte der dritten Generation. Dieser Ausdruck geht auf Karel Vašák zurück.

Vašák (1929 – 2015) wurde in der ehemaligen Tschechoslowakei geboren. Er war an der Ausarbeitung der Allgemeinen Erklärung der Menschenrechte beteiligt. Von 1969 bis 1980 arbeitete er für den Europarat, bevor er der erste Generalsekretär des Internationalen Instituts für Menschenrechte in Straßburg wurde. In Anlehnung an die drei Themen der Französischen Revolution (Freiheit, Gleichheit, Brüderlichkeit) erfand er den Begriff der drei *Generationen der Menschenrechte*. Er verwendete diesen Begriff zum ersten Mal in einem 1977 erschienenen Artikel. Nach dieser Vorstellung gliedert sich die Geschichte der Menschenrechte in drei Stufen ihrer rechtlichen Anerkennung und Durchsetzung.

Die erste Stufe bezieht sich auf die so genannten liberalen Menschenrechte. Das sind die Rechte, mit denen ich mich in den ▶ Kap. 8, 9, 10, 11, 12, 13, 14 und 16 befasst habe. Sie zeichnen sich dadurch aus, dass sie reine Abwehr- und Schutzrechte gegen Angriffe sind, die darauf abzielen, einen gegebenen Zustand menschlicher Lebensbedingungen zu beeinträchtigen. Die zweite Stufe bezieht sich auf die sogenannten sozialen Menschenrechte, die ich in ▶ Kap. 15 behandelt habe. Sie zeichnen sich dadurch aus, dass sie das Recht gewähren, die Herstellung menschenwürdiger Lebensbedingungen zu fordern oder zumindest die Unterstützung für die Herstellung dieses Zustands zu verlangen.

Nach Vašák gibt es nun eine dritte Generation von Menschenrechten, die insbesondere aus den sogenannten kollektiven Rechten besteht. Unter kollektiven Rechten versteht man Rechte, die einer Gruppe als Gruppe und nicht ihren einzelnen Mitgliedern zustehen; im Gegensatz dazu gelten die liberalen und sozialen Rechte als individuelle Rechte, die einzelnen Personen zustehen.

17.2.1 Kollektive Rechte im positiven Völkerrecht

Es ist zunächst wichtig zu verstehen, dass das Verbot der Diskriminierung aufgrund einer bestimmten Gruppenzugehörigkeit unter die liberalen und sozialen Rechte fällt. Wenn zum Beispiel jemand im Gefängnis gefoltert wird, weil er einem bestimmten Stamm angehört, während andere Insassen, die nicht zu dieser Gruppe gehören, nicht gefoltert werden, dann geht es einfach um das individuelle Recht auf Freiheit von Folter. Es hat nichts mit gruppenbezogenen Rechten zu tun.

Die gruppenbezogenen Rechte beziehen sich auch nicht auf so genannte *affirmative actions*, die darauf abzielen, Ungleichheiten zwischen Angehörigen verschiedener Gruppen zu beseitigen. Ein wichtiges Beispiel ist die Frauenquote im Arbeitsrecht. Nach diesen Bestimmungen muss der Arbeitgeber bei zwei gleich qualifizierten Bewerbern für eine bestimmte Stelle, von denen einer männlich und der andere weiblich ist, die weibliche Bewerberin auswählen, sofern Frauen in der gleichen Posi-

17.2 · Kollektive Menschenrechte

tion im Vergleich zu Männern unterrepräsentiert sind. Auch hier handelt es sich nicht um Gruppenrechte, denn das Recht der Frauen, bevorzugt zu werden, ist ein individuelles Recht jeder einzelnen Frau in der Position einer Stellenbewerberin.

Ein gruppenbezogenes Recht ist auch nicht in Artikel 27 IPbürgR kodifiziert, der vorsieht, dass Personen, die Minderheitengruppen angehören, nicht das Recht verweigert werden darf, ihre eigene Kultur zu pflegen, sich zu ihrer eigenen Religion zu bekennen und sie auszuüben oder ihre eigene Sprache in Gemeinschaft mit anderen Mitgliedern ihrer Gruppe zu verwenden (siehe ◘ Abb. 17.4). Aus dem Wortlaut geht klar hervor, dass sich diese Bestimmung auf die individuellen Menschenrechte bezieht. Das Recht, „gemeinsam mit anderen Angehörigen ihrer Gruppe ihr eigenes kulturelles Leben zu pflegen", bezieht sich einfach auf das Menschenrecht auf Versammlungsfreiheit und das Menschenrecht auf Vereinigungsfreiheit. Das Recht, sich zur Religion zu bekennen und diese auszuüben, bezieht sich offensichtlich auf das Recht auf Religionsfreiheit. Nur das Recht, seine eigene Sprache zu verwenden, scheint ein Recht zu sein, das nicht mit einem anderen kodifizierten Menschenrecht identisch ist. Es ist jedoch umstritten, ob es ein moralisches Menschenrecht auf die eigene Muttersprache gibt. Ich werde diese Frage nicht erörtern. Im vorliegenden Zusammenhang genügt es zu zeigen, dass dieses Recht jedenfalls ein individuelles Recht einzelner Personen ist und kein Recht eines Kollektivs.

Auf der Ebene der globalen internationalen Menschenrechtsgesetzgebung gibt es in der Tat keine Kodifizierung kollektiver Menschenrechte. Es gibt nur ein Dokument, das als Einführung kollektiver Rechte verstanden werden könnte. Dabei handelt es sich jedoch nur um ein Dokument des *soft law*, nämlich um die Re-

---

In Staaten mit ethnischen, religiösen oder sprachlichen Minderheiten darf Angehörigen solcher Minderheiten nicht das Recht vorenthalten werden, gemeinsam mit anderen Angehörigen ihrer Gruppe ihr eigenes kulturelles Leben zu pflegen, ihre eigene Religion zu bekennen und auszuüben oder sich ihrer eigenen Sprache zu bedienen.

◘ **Abb. 17.4** Artikel 27 IPbürgR

> Die Staaten schützen die Existenz und die nationale oder ethnische, kulturelle, religiöse und sprachliche Identität von Minderheiten in ihrem jeweiligen Hoheitsgebiet und fördern die Bedingungen für die Förderung dieser Identität.

◘ **Abb. 17.5** Artikel 1 Abs. 1 UN Resolution 47/135

solution 47/135 der UN-Generalversammlung vom 18. Dezember 1992 über die Rechte von Personen, die nationalen oder ethnischen, religiösen und sprachlichen Minderheiten angehören (siehe ◘ Abb. 17.5). Die meisten Artikel dieser Erklärung beziehen sich entweder auf individuelle Rechte von Gruppenmitgliedern oder auf allgemeine Pflichten der Staaten. Lediglich der Wortlaut des Artikel 1 könnte für ein originäres Gruppenrecht sprechen. Danach sind die Staaten verpflichtet, nicht nur einzelne Mitglieder einer Gruppe zu schützen, sondern auch die Existenz und die nationale oder ethnische, kulturelle, religiöse und sprachliche Identität von Minderheiten als solche. Dies könnte als ein gruppenbezogenes Recht auf kollektive Identität verstanden werden.

Auf der Ebene der regionalen Menschenrechtsgesetze gibt es in Europa zwei Konventionen, die sich auf die Rechte von Minderheiten beziehen. Dies sind die Europäische Charta der Regional- oder Minderheitensprachen vom 5. November 1992 und das Rahmenübereinkommen zum Schutz nationaler Minderheiten vom 1. Februar 1995. Beide enthalten keine Gruppenrechte. Sie schützen nur die Rechte von „Minderheitenangehörigen" oder sie legen Pflichten der Vertragsstaaten fest, zum Beispiel die Pflicht der Verwaltungsbehörden, Regional- oder Minderheitensprachen zu verwenden.

Es gibt jedoch ein Beispiel für die Kodifizierung von Gruppenrechten in der afrikanischen Parallele zur EMRK, der Banjul Charter of Human and Peoples' Rights. Diese Charta zeigt bereits in ihrem offiziellen Namen, dass kollektive Rechte (Rechte der Völker) und Menschenrechte (Rechte der menschlichen Individuen) als gleichrangig betrachtet werden. Dies wird in Artikel 22 Abs. 1 der Charta bestätigt, wonach die Völker als solche – im Unterschied zu den Individuen – das Recht

17.2 · Kollektive Menschenrechte

> Alle Völker haben ein Recht auf eigene wirtschaftliche, soziale und kulturelle Entwicklung unter angemessener Berücksichtigung ihrer Freiheit und Identität sowie auf gleichmäßige Beteiligung an dem gemeinsamen Erbe der Menschheit

Abb. 17.6 Artikel 22 Abs. 1 Banjul Charta

auf ihre wirtschaftliche, soziale und kulturelle Entwicklung haben (siehe Abb. 17.6).

Die Charta von Banjul betrachtet sowohl die individuellen Menschenrechte als auch die kollektiven Rechte der Völker als gleichrangige Rechte. Sie lässt daher die Möglichkeit von Konflikten zwischen individuellen und kollektiven Rechten zu, die nicht durch Bezugnahme auf eine Rangfolge der beiden oder eine allgemeine Bevorzugung der individuellen Menschenrechte gelöst werden können. Im Gegenteil, die Charta lässt offen, welche Rechte in einem solchen Konflikt zu bevorzugen sind.

17.2.2 Kritik der kollektiven Menschenrechte

Ich möchte die Problematik der kollektiven Menschenrechte zunächst anhand eines Beispiels aus Kanada aufzeigen, das ich in einer Publikation von Rhoda E. Howard gefunden habe. Nach kanadischem Recht genießt jeder Mensch die so genannten liberalen Menschenrechte. Dennoch ist nach kanadischem Recht auch die kollektive Identität der indigenen Völker geschützt. Howard erläutert den folgenden Fall.

Nach der indianischen Kultur und Weltanschauung, die für ihre kollektive Identität konstitutiv ist, gibt es eine gleichsam sakramentale Verbindung zwischen dem menschlichen Körper und der natürlichen Ordnung der Welt. Die natürliche Ordnung wird nicht nur als eine Angelegenheit von Fakten betrachtet, sondern auch als normative Ordnung. (Wir haben diese Art des Denkens den aristotelischen Ansatz genannt, siehe ▶ Kap. 2). Bestimmte menschliche Verhaltensweisen können die natürliche Ordnung stören. Es ist jedoch möglich, sie wiederherzustellen, indem man in den Körper eines Menschen eingreift. Was wir als Folter ansehen würden, gilt in der

Weltanschauung einiger indigener Völker in Kanada als wertvolles Opfer zum Wohle des gesamten Stammes. Die Frage ist nun: Sollte der Staat Folter tolerieren, wenn sie im Rahmen einer solchen kollektiven Identität vollzogen wird? Sollte der Staat Schutz gewähren, wenn eine indigene Person, die aus solchen Gründen gefoltert werden soll, aus dem Stamm flieht und um staatlichen Schutz bittet? Oder ist es notwendig, diese Person an die Autoritäten des Stammes auszuliefern, um dessen kollektive Identität zu wahren? Es liegt auf der Hand, dass nicht jeder Aspekt einer denkbaren kollektiven Identität im Widerspruch zu den Menschenrechten steht. Aber das Beispiel zeigt, dass es einen Konflikt zwischen kollektiven Rechten und individuellen Menschenrechten geben kann und es deshalb nicht vertretbar ist, diese beiden Arten von Rechten nicht kategorial zu unterscheiden.

Die Idee kollektiver Menschenrechte wird von vielen ihrer Vertreter als Gegenkonzept der individuellen Menschenrechte betrachtet. Ihr Zweck soll nicht unbedingt sein, die individuellen Menschenrechte völlig zu verdrängen, wohl aber, sie zu relativieren und in ihrer Durchschlagskraft zu schwächen. Dahinter steht die Auffassung, dass der individualistische Ansatz, der den Menschenrechten eigen ist, den Egoismus fördert und den sozialen Zusammenhalt schwächt. Deutlich wird das in folgendem Zitat von Claude Ake: „Die Idee der Menschenrechte oder überhaupt die Idee von Rechten, setzt eine Gesellschaft voraus, die atomisiert und individualistisch ist […]. All die Werte, die damit impliziert werden, sind unseren eigenen traditionellen Gesellschaften gegenüber ganz eindeutig fremd. Wir betonen nicht das Individuum, sondern das Kollektiv; wir erlauben nicht, dass das Individuum irgendwelche Ansprüche erhebt, die sich über die Ansprüche der Gesellschaft hinwegsetzen."

Wie in den ▶ Kap. 5, 6 und 7 gezeigt worden ist, geht es bei den Menschenrechten und dem ihnen zugrunde liegenden Prinzip der Menschenwürde um den Schutz der Personalität. Personalität aber geht aus einem Prozess gleichursprünglicher Anerkennung hervor. Individuum und Gesellschaft konstituieren sich gegenseitig. Die Vorstellung, man könne Personalität „atomistisch" und egoistisch denken, geht also vollständig an den Entstehungs- und Erhaltungsbedingungen von Personalität vorbei. Jeder verdankt sich allen anderen. Aber das bedeutet

17.2 · Kollektive Menschenrechte

nicht, dass das Individuum im Kollektiv aufgeht. Denn das Kollektiv besteht aus nichts anderem als aus individuellen Personen. Es sind die einzelnen Personen, die die kollektive Identität herstellen. Sprache und Kultur als Merkmale kollektiver Identität gehen aus der aktiv gestalteten Lebenspraxis der Individuen hervor, die zugleich den kulturellen Rahmen bilden, in den die Individuen hineingeboren und durch den sie geprägt werden. Das Individuum ist zugleich Produkt der Kultur und sie reproduziert diese durch eigene Handlungen und durch eigene Lebenspraxis. Diese wechselseitige Abhängigkeit erlaubt es aber nicht, die kollektive Identität des Individuums gegen seine personale Identität auszuspielen.

Die Idee der Menschenrechte ist es, das Individuum vor seiner völligen Vereinnahmung durch das Kollektiv zu schützen. Individuelle Menschenrechte verteidigen individuelle Positionen gegen die Erwartungen und Ansprüche des Kollektivs. Es besteht also ein grundlegender und prinzipieller Widerspruch zwischen Menschenrechten und kollektiven Rechten.

Darüber hinaus leiten sich die Menschenrechte von der Menschenwürde ab, und die Menschenwürde bezieht sich auf den absoluten Wert der Personalität. Das Kollektiv ist nicht mit Vernunft und Gewissen ausgestattet. Daher ist es auch nicht mit Personalität ausgestattet. Kollektive sind vielmehr intellektuelle oder emotionale Konstruktionen in unseren Gehirnen. Sie können als solche nicht leiden und nicht lieben. Sie haben deshalb niemals den gleichen Rang wie natürliche Personen. Deshalb kann es keine kollektiven Menschenrechte geben. Es gibt keine „dritte Generation" von Menschenrechten!

? Zur Wiederholung
  17.1 Was ist Eigentum?
  17.2 Warum ist das Eigentumsrecht kein Menschenrecht?
  17.3 John Lockes Argumentation für ein Recht auf Eigentum als Menschenrecht leidet an logischen Denkfehlern. Was wissen Sie über diese Denkfehler?
  17.4 Welche Idee steht hinter Karel Vašáks Konzeption der drei Generationen von Menschenrechten?

Antworten siehe ▶ Kap. 21.

Leseempfehlungen

Ake, Claude: *The African Context of Human Rights.* In: *Africa Today* 34/1 (1987), 5–12

Eckl, Andreas / Ludwig, Bernd (Hrsg.): *Was ist Eigentum? Philosophische Positionen von Platon bis Habermas.* München 2005

Howard, Rhoda E.: *Dignity, Community, and Human Rights.* In: Abdullahi Ahmed An-Na'im (Hrsg.): Human Rights in Cross-Cultural Perspectives. A Quest of Consensus. Philadelphia (PA) 1991

Locke, John: *The Second Treatise of Government / Über die Regierung (eng./dt).* Stuttgart 2012 (insb. V, 27)

Mende, Janne: *Der Universalismus der Menschenrechte.* München 2021 (insb. Kapitel 4)

Vašák, Karel: *Human Rights: A Thirty-Year Struggle: the Sustained Efforts to give Force of law to the Universal Declaration of Human Rights.* In: UNESCO Courier 30:11, Paris 1977

Wininger, Bénédict / Mahlmann, Matthias / Clément, Sophie / Kühler, Anne (Hrsg.), *La proprieté et ses limites / Das Eigentum und seine Grenzen.* In: ARSP Beiheft 154, Stuttgart: Franz Steiner 2017

Rechtsprechung

BVerfG, Urt. v. 06.12.2016 – 1 BvR 2821/11 et al –, („Ausstieg aus der Atomenergie")

Das Prinzip der Handlungsfreiheit

Inhaltsverzeichnis

18.1 Freiheit im positiven Recht – 392

18.2 Der Inhalt des Prinzips der Handlungsfreiheit – 398

18.3 Regeln und Prinzipien – 399

18.4 Die philosophische Begründung des Prinzips der Freiheit – 404

18.5 Die rechtlichen Instrumente zur Gewährleistung von Handlungsfreiheit – 405

Leseempfehlungen – 409

> **Freiheit**
>
> Der Begriff *Freiheit* sollte verwendet werden, wenn es um die Handlungsfreiheit und nicht um die Willensfreiheit geht. Die Handlungsfreiheit bezieht sich auf die Freiheit, das zu tun oder zu unterlassen, was jemand tun oder unterlassen möchte. Um jedoch die Handlungsfreiheit für alle zu gewährleisten, ist es notwendig, „die Freiheit des einen mit der Freiheit des anderen" (Kant) zu vereinen. Mit anderen Worten: Die Grenzen der Handlungsfreiheit des einen liegen dort, wo die Handlungsfreiheit des anderen beginnt. Diese Grenzen müssen durch eine Rechtsnorm bestimmt werden. Daraus folgt, dass die Handlungsfreiheit nur unter Gesetzesvorbehalt gewährleistet werden kann. Philosophisch wird dies nicht als problematisch angesehen. Denn Einschränkungen der Handlungsfreiheit bedrohen in der Regel nicht die Personalität (außer in den Extremfällen totaler Institutionen). Deshalb ist die Handlungsfreiheit kein Gegenstand der Menschenrechte, sondern ein eigenes moralisches oder rechtliches Prinzip, das von den Menschenrechten strikt zu unterscheiden ist.

> **Rechte, Regeln und Prinzipien**
>
> Nach Ronald Dworkin gibt es einen Unterschied zwischen (moralischen/juristischen) Regeln und (moralischen/juristischen) Prinzipien. Regeln beschreiben einen bestimmten Tatbestand und legen fest, dass in einem Fall, in dem der Tatbestand erfüllt ist, eine bestimmte Rechtsfolge folgen sollte. Im Gegensatz dazu bestimmen Prinzipien nicht den Ausgang des Falles. Sie liefern lediglich Argumente, die gegen die Argumente für entgegenstehende Prinzipien abzuwägen sind.
>
> Nach Robert Alexy sind die Menschenrechte als Prinzipien und nicht als Regeln zu betrachten. Sowohl Dworkin als auch Alexy nehmen also den Begriff „Recht" in den „Menschenrechten" nicht ernst.

Das Prinzip der Handlungsfreiheit

> **Menschenrechte als genuine Rechte**
>
> Im Gegensatz zu Dworkin und Alexy kann gezeigt werden (siehe ▶ Kap. 5, 6 und 7), dass man echte Rechte aus dem Prinzip der Menschenwürde ableiten kann und nicht nur Prinzipien. Deshalb sind die Menschenrechte als Regeln und nicht nur als Prinzipien zu betrachten. Sie schützen die Bedingungen der Möglichkeit, den eigenen freien Willen zu bilden.

> **Freiheit und Menschenwürde**
>
> Obwohl die Handlungsfreiheit nicht Gegenstand absoluter Rechte ist, besteht ein Zusammenhang zwischen Handlungsfreiheit und Menschenwürde. Denn die Achtung vor der Willensfreiheit schließt in gewisser Weise auch die Achtung vor der Handlungsfreiheit ein, weil der Wille sich auf Handlungen bezieht. Aber diese Beziehung ist viel lockerer als bei den Menschenrechten.

> **Das Verhältnismäßigkeitsprinzip**
>
> Um sicherzustellen, dass der Prozess der Abwägung zwischen der Handlungsfreiheit einer bestimmten Person und den kollidierenden Interessen und Werten anderer Personen nachvollziehbar und rational ist, muss dieser Prozess nach dem Grundsatz der Verhältnismäßigkeit durchgeführt werden. Danach sind Einschränkungen der Handlungsfreiheit nur dann gerechtfertigt, wenn es
> (1) einen legitimen Zweck der Beschränkung gibt; legitime Zwecke sind der Schutz der gleichen Freiheit anderer und die demokratisch gewählten Ziele der gesellschaftlichen Zusammenarbeit. Die Moral als solche ist nicht als legitimer Zweck zu betrachten, solange das betreffende Verhalten nicht die Rechte und die Freiheit anderer verletzt. Rechtsstaatlich sind Einschränkungen der Handlungsfreiheit nur auf der Grundlage von generalisierten und abstrakten Rechtsnormen zulässig;
> (2) das fragliche Mittel geeignet ist, um den Zweck zu erreichen;
> (3) das fragliche Mittel erforderlich ist, um den Zweck zu erreichen;
> (4) das Verhältnis von Mittel und Zweck angemessen ist (nicht mit Kanonen auf Spatzen schießen).

18.1 Freiheit im positiven Recht

Um den besonderen Charakter der Menschenrechte zu verstehen und die Menschenrechte in der richtigen Weise anzuwenden, ist es nützlich, diese Rechte mit anderen wichtigen Prinzipien einer Rechtsordnung zu vergleichen und sie in der richtigen Weise zu unterscheiden. Der Menschenrechtsdiskurs leidet sehr oft an einem unzureichenden Verständnis des Unterschieds zwischen den Menschenrechten und diesen anderen Grundpfeilern einer freiheitlichen Gesellschaftsordnung. Das ist der Grund, warum ich in dieser Lektion über das Prinzip der Handlungsfreiheit sprechen möchte. In der nächsten Lektion werden wir uns mit einem weiteren wichtigen Element einer freien und gerechten Gesellschaftsordnung befassen, nämlich dem Grundsatz der Gleichheit.

Freiheit im Völkerrecht

Wenden wir uns also dem Grundsatz der Handlungsfreiheit zu. Es ist interessant festzustellen, dass er in den internationalen Menschenrechtskodifikationen nicht erwähnt wird. Zwar erwähnen diese Kodifizierungen „Freiheit" oder die „Freiheit der Person" oder sogar ein Recht auf Freiheit (Artikel 10 IPbürgR). Aber diese Formulierungen beziehen sich immer nur auf die Freiheit von jeglicher Art von Gefangenschaft oder Gewahrsam oder auf menschenwürdige Lebensbedingungen in der Haft. Wir haben über dieses Thema im neunten Kapitel gesprochen. Der Grundsatz der Handlungsfreiheit sollte jedoch streng von den Habeas-Corpus-Rechten unterschieden werden.

Freiheit im nationalen Verfassungsrecht

In einigen Verfassungen wird der Begriff *Freiheit* allerdings erwähnt, ohne dass ein enger Zusammenhang mit den Bestimmungen über die Habeas-Corpus-Rechte besteht. Ein Beispiel für eine solche Verfassung ist diejenige von Bosnien und Herzegowina, die ihre Präambel mit einem Verweis auf die Menschenwürde, die Freiheit und die Gleichheit beginnt (siehe ◘ Abb. 18.1). Diese Klausel bezieht sich offensichtlich auf eine Unterscheidung zwischen dem Geltungsbereich der Menschenwürde, die die Menschenrechte impliziert, und den Grundsätzen der Freiheit und Gleichheit. Leider ist nicht klar, was unter Freiheit zu verstehen ist und nach welchen

> Gestützt auf die Achtung der Menschenwürde, Freiheit und Gleichheit …

◘ Abb. 18.1 Verfassung Bosnien-Herzegowina (Präambel)

18.1 · Freiheit im positiven Recht

Kriterien sie von der Menschenwürde und den Menschenrechten einerseits und der Gleichheit andererseits zu unterscheiden ist.

Eine klassische Definition des Begriffs der Freiheit findet sich jedoch in Artikel 4 der französischen Erklärung der Menschen- und Bürgerrechte von 1789 (siehe ◘ Abb. 18.2). Dort heißt es, dass die Freiheit darin besteht, alles zu tun, was einem anderen nicht schadet. Die Freiheit, alles zu tun, kann als Handlungsfreiheit bezeichnet werden. Die Handlungsfreiheit sollte keine Grenzen haben, außer denen, die den anderen Mitgliedern der Gesellschaft den Genuss der gleichen Freiheit sichern. Diese Grenzen der Handlungsfreiheit können nur durch das Gesetz bestimmt werden.

Franz. Erklärung d. Menschenrechte
Handlungsfreiheit

Die (Handlungs-)Freiheit wird hier als ein natürliches Recht bezeichnet. Dies könnte in dem Sinne verstanden werden, dass sie mit den Menschenrechten identifiziert wird, denn die Menschenrechte wurden und werden oft als natürliche Rechte bezeichnet. Wenn wir jedoch bedenken, dass die Menschenrechte absolute Rechte sind, die nicht von den Rechten anderer abhängen, dann wird klar, dass sich das natürliche Recht der Handlungsfreiheit auf etwas anderes beziehen muss als die Menschenrechte.

Eine verbesserte Version der französischen Definition finden wir in Artikel 24 der inzwischen außer Kraft gesetzten afghanischen Verfassung von 2004 (siehe ◘ Abb. 18.3). Während sich die französische Klausel nur auf die natürlichen Rechte bezieht und die Menschenrechte und den Grundsatz der Freiheit zu vermischen scheint, wird in der

---

Die Freiheit besteht darin, alles tun zu dürfen, was einem anderen nicht schadet: Die Ausübung der natürlichen Rechte eines jeden Menschen hat also nur die Grenzen, die den anderen Mitgliedern der Gesellschaft den Genuss eben dieser Rechte sichern. Diese Grenzen können nur durch das Gesetz bestimmt werden.

◘ **Abb. 18.2** Artikel 4 Erklärung der Menschen- und Bürgerrechte 1789

Freiheit ist das natürliche Recht des Menschen. Dieses Recht ist unbegrenzt, es sei denn, es beeinträchtigt andere Freiheiten sowie das öffentliche Interesse, das durch das Gesetz geregelt werden muss. Freiheit und Menschenwürde sind unantastbar. Der Staat hat die Freiheit und die Menschenwürde zu achten und zu schützen.

◘ **Abb. 18.3** Artikel 24 Verfassung Afghanistan 2004

afghanischen Klausel klar zwischen beiden unterschieden. Auch hier wird die (Handlungs-)Freiheit als ein natürliches Recht definiert. Sie wird jedoch von der Menschenwürde unterschieden. Die Menschenrechte fallen in den Bereich der Menschenwürde, und die (Handlungs-)Freiheit ist ein Recht, das zwar ebenfalls als „natürlich" angesehen wird, sich aber deutlich vom Bereich der Menschenrechte unterscheidet. Ein weiterer interessanter Punkt in der afghanischen Klausel bezieht sich auf die Grenzen der Handlungsfreiheit. Sie kann nicht nur im Interesse der Handlungsfreiheit anderer eingeschränkt werden, sondern auch im öffentlichen Interesse. In dieser Klausel wird berücksichtigt, dass die Handlungsfreiheit auch eingeschränkt werden kann, um Steuern zu erheben oder die Bürger zu verpflichten, die öffentlichen Gehwege vor ihren Häusern zu reinigen, also auch in Situationen, in denen es nicht um die Rechte anderer geht.

Substantive Due Process

Das Prinzip der Handlungsfreiheit ist auch im US-Verfassungsrecht anerkannt, obwohl es im Text der Verfassung nicht auftaucht. Es wurde durch die Rechtsprechung des US Supreme Court entwickelt und wird als „substantive due process" bezeichnet. Die kodifizierte Grundlage der „substantive due process"- Doktrin sind der fünfte und der vierzehnte Zusatzartikel der US-Verfassung, nach denen niemandem die Freiheit „ohne ein ordentliches Rechtsverfahren" („without due process of law") entzogen werden darf (siehe ◘ Abb. 18.4). Der fünfte Zusatzartikel bezieht sich auf die Union, während der vierzehnte Zusatzartikel die Bundesstaaten betrifft. Aus dem Kontext geht hervor, dass „Freiheit" sich hier auf die Freiheit von Festnahme und Gewahrsam bezieht. Beide Klauseln sehen vor, dass der Entzug dieser Freiheit

---

5. Zusatzartikel (1791)
Niemandem darf ohne ein ordentliches Rechtsverfahren („without due process of law") das Leben, die Freiheit oder das Eigentum entzogen werden ...

14. Zusatzartikel Abschnitt 1 (1868)
[Kein Staat darf] jemandem das Leben, die Freiheit oder das Eigentum ohne ein ordentliches Rechtsverfahren („without due process of law") entziehen.

◘ Abb. 18.4 US Verfassung

18.1 · Freiheit im positiven Recht

nur auf der Grundlage eines ordentlichen rechtlichen Verfahrens erfolgen darf. Was mit einem ordnungsgemäßen Rechtsverfahren gemeint ist, war den Verfassern der Novelle klar, denn der Ausdruck „due process of law" war ein feststehender Begriff aus der Magna Charta Libertatum von 1215.

Beginnend mit dem Fall *Lochner gegen New York* im Jahr 1905 änderte der US Supreme Court die Bedeutung von *Freiheit* und *ordentliches Rechtsverfahren*. Der Begriff der Freiheit wurde von der Verbindung zur Haft und zum Strafrecht befreit. Er wurde in einem viel weiteren und allgemeineren Sinne verstanden, nämlich genau im Sinne der Definition von Freiheit gemäß der französischen Erklärung von 1789. Der Begriff des „ordentlichen Verfahrens" wurde von seinem Bezug zu den Verfahren eines Gerichtsprozesses befreit und fungierte nun als wesentliche Einschränkung des Ermessensspielraums des Gesetzgebers. Das materiell-rechtliche Verfahren in dieser neuen Bedeutung sieht vor, dass jede Einschränkung der Freiheit, das zu tun oder zu unterlassen, was jemand tun oder unterlassen möchte, nur durch ein parlamentarisches Gesetz eingeschränkt werden kann. Das ist, was wir als Gesetzesvorbehalt bezeichnen. Darüber hinaus verlangt die „substantive due process"- Doktrin, dass die gesetzliche Regelung frei von Willkür sein muss. Was Willkürfreiheit im konkreten Fall bedeutet, ist eine Frage der Rechtsprechung und liegt in der Verantwortung der Richter.

Eine ganz ähnliche Entwicklung vollzog sich in Deutschland. Ausgangspunkt waren hier allerdings nicht die Habeas-Corpus-Bestimmungen des Grundgesetzes, sondern Art. 2 Abs. 1 GG, wonach jeder das Recht auf freie Entfaltung seiner Persönlichkeit hat (siehe ◘ Abb. 18.5). Um die Bedeutung dieser Klausel zu verstehen, ist es sinnvoll, die Entstehungsgeschichte zu betrachten. Einer der frühen Entwürfe dieses Artikels sprach nicht von der „freien Entfaltung der Persönlichkeit", sondern von der Freiheit, „alles zu tun, was anderen nicht schadet".[1] Nach einem späteren Entwurf sollte jeder das Recht haben, „frei zu tun oder zu lassen, was die Rechte

freie Entfaltung der Persönlichkeit

---

1 Bericht über den Verfassungskonvent auf Herrenchiemsee, in: Der Parlamentarische Rat. Akten und Protokolle, Boppard: Boldt 1948 Bd. 2, S. 580).

> **1. Entwurf:**
> (1) Alle Menschen sind frei.
> (2) Jedermann hat die Freiheit, innerhalb der Schranken der Rechtsordnung und der guten Sitten alles zu tun, was anderen nicht schadet.
>
> **2. Entwurf:**
> Jedermann ist frei, zu tun und zu lassen, was die Rechte anderer nicht verletzt und nicht gegen die verfassungsmäßige Ordnung oder das Sittengesetz verstößt.
>
> **Endfassung:**
> (1) Jeder hat das Recht auf die freie Entfaltung seiner Persönlichkeit, soweit er nicht die Rechte anderer verletzt und nicht gegen die verfassungsmäßige Ordnung oder das Sittengesetz verstößt.

◘ Abb. 18.5   Artikel 2 Abs. 1 GG

anderer nicht verletzt und nicht gegen die verfassungsmäßige Ordnung und die guten Sitten verstößt".[2]

Die endgültige Formulierung sollte nichts an der Bedeutung des Artikels ändern. Die Formulierung „freie Entfaltung der Persönlichkeit" erschien den Verfassern lediglich als differenzierter und besser geeignet, das große Gewicht der Bestimmung zum Ausdruck zu bringen. Insbesondere der Entwurf der AEMR hatte insofern einen gewissen Einfluss, als deren Artikel 22 erklärt, dass die wirtschaftlichen, sozialen und kulturellen Rechte „für die Würde des Menschen und die freie Entfaltung seiner Persönlichkeit unerlässlich" sind.

Der Ausdruck „freie Entfaltung der Persönlichkeit" ist jedoch sehr zweideutig. Einerseits handelte es sich um einen Ausdruck aus der traditionellen philosophischen Sprache. Ein ähnlicher Ausdruck („Entwicklung der menschlichen Kräfte") findet sich zum Beispiel schon in Wilhelm von Humboldts *Ideen zu einem Versuch, die Grenzen der Wirksamkeit des Staates zu bestimmen* von 1792 (Erstdruck 1851). John Stuart Mill zitierte Humboldt in seinem Buch *On Liberty* (1859) (Kap. III) und verwendet

---

2 Der Parlamentarische Rat. Akten und Protokolle. Boppard: Boldt 1993 Bd. 5/II, S. 578).

18.1 · Freiheit im positiven Recht

dabei den Ausdruck „freie Entfaltung der Persönlichkeit". Andererseits wurde der Ausdruck sehr oft mit dem Begriff der Menschenwürde verwechselt, und es war nicht wirklich klar, worin der Unterschied bestand. Der deutsche Rechtsphilosoph und Staatsrechtsprofessor Helmut Coing vertrat 1947 die Auffassung, dass „freie Entfaltung der Persönlichkeit" und „Menschenwürde" nur zwei verschiedene Ausdrücke desselben Gedankens sind.[3]

Diese Vorgeschichte muss man kennen, um zu verstehen, was im Jahr 1957 geschah, als das Bundesverfassungsgericht sein „Elfes"-Urteil erließ. In dieser Entscheidung legte das Gericht die allgemeinen Grundsätze der Unterscheidung zwischen der Menschenwürde und dem „Recht auf freie Entfaltung der Persönlichkeit" fest. Dabei berücksichtigte es sowohl das Verständnis von Humboldt und Mill als auch das gegenteilige Verständnis von Coing und stellte fest, dass das „Recht auf freie Entfaltung der Persönlichkeit" eine doppelte Bedeutung hat. Der Gerichtshof erklärte daher, dass sich Art. 2 Abs. 1 GG sowohl auf die Menschenwürde als auch auf den Grundsatz der Handlungsfreiheit bezieht. Leider hat der Gerichtshof die Funktion der Vorbehaltsklausel bezüglich der Rechte anderer, der verfassungsmäßigen Ordnung und des Sittengesetzes nicht geklärt. Aus einer philosophisch geklärten Position der Bedeutung der Menschenwürde ist es offensichtlich, dass sich diese Vorbehalte nur auf die Handlungsfreiheit und nicht auf die freie Entfaltung der Persönlichkeit im Sinne der Menschenwürde (Willensfreiheit) beziehen können. Im Hinblick auf die Menschenwürde ist der Bereich der persönlichen Selbstbestimmung als unantastbar und nicht einschränkbar anzusehen, wie er in Art. 1 GG erklärt wird, wonach die Würde des Menschen unantastbar ist. In der bis heute andauernden Rechtsprechung hat es sich eingebürgert, „Artikel 2 Abs. 1 i.V.m. Art. 1 Abs. 1 GG" (i.V.m. = in Verbindung mit) zu zitieren, wenn es um die Menschenwürde, also um die Willensfreiheit geht. Demgegenüber bezieht sich das isolierte Zitat des Artikel 2 Abs. 1 GG nur auf die Handlungsfreiheit.

„Elfes"

---

3 Coing SJZ 1947, 641.

18.2 Der Inhalt des Prinzips der Handlungsfreiheit

Handlungsfreiheit

Es wird also deutlich, was der Grundsatz der Handlungsfreiheit bedeutet und worin der Unterschied zwischen diesem Grundsatz und den Menschenrechten besteht. Die Menschenrechte sind immer mit dem Schutz der Willensfreiheit verbunden, weil die Willensfreiheit das konstitutive Element oder Merkmal der Personalität ist und die Personalität Gegenstand eines absoluten Wertes (Würde) ist. Im Unterschied dazu ist die Handlungsfreiheit nicht absolut geschützt. Sie garantiert keine absolute Position, die unter allen Umständen gegen jede Beeinträchtigung geschützt ist. Es ist die Aufgabe des positiven Rechts, die Grenzen der Handlungsfreiheit eines jeden in den verschiedenen Situationen des Lebens zu definieren.

Argumentationslast

Wenn jedoch die Handlungsfreiheit durch das positive Recht eingeschränkt werden kann (manchmal auf ein Minimum) und wenn es keine absolute Position schützt, was ist dann seine Funktion? – Das Prinzip der Handlungsfreiheit gibt eine verfassungsrechtliche Regel zur Verteilung der Argumentations- und Rechtfertigungslast vor. Danach ist es nicht Sache des Einzelnen, Argumente und Rechtfertigungen vorzubringen, um die Behörden davon zu überzeugen, dass sie die Handlungsfreiheit nicht einschränken sollten. Vielmehr ist es Aufgabe der Behörden, Argumente und Rechtfertigungen dafür vorzubringen, warum die Einschränkung der Handlungsfreiheit gerechtfertigt ist. Außerdem reicht es nicht aus, gute Argumente für die Einschränkung der Freiheit zu haben. Das Prinzip schreibt außerdem zum Schutz der Handlungsfreiheit eine Verfahrensregel vor. Einschränkungen der Handlungsfreiheit müssen nicht nur inhaltlich gerechtfertigt sein. Sie müssen zudem durch oder auf Grund eines parlamentatrischen Gesetzes erfolgen. Der Eingriff in die Freiheit steht also unter demokratischer Kontrolle. Deshalb können wir Staaten, die dem Prinzip der Handlungsfreiheit unterliegen, als liberale Staaten bezeichnen.

liberale/illiberale Staaten

Das Prinzip der Handlungsfreiheit ist das genaue Gegenteil dessen, was in illiberalen Staaten gilt. Dort gilt die Regel: Der Staat muss Eingriffe in die Freiheit des Einzelnen nicht rechtfertigen. Vielmehr ist es der Einzelne, der die Regierung von den Freiheiten, die er genießen möchte, überzeugen muss. Die Achtung oder Missachtung des Prinzips der Freiheit macht den Unterschied zwischen einem liberalen und einem illiberalen Staat aus.

An dieser Stelle möchte ich auf eine aktuelle Entwicklung innerhalb der Europäischen Union hinweisen, die nur als Katastrophe und ernsthafte Gefahr nicht nur für das Gedeihen, sondern auch für das Überleben des einzigartigen EU-Projekts bezeichnet werden kann. Es gibt mehrere EU-Mitgliedstaaten, die von Politikern regiert werden, die die Idee eines illiberalen Staates verteidigen. Und sie tun dies sehr offen. Der ungarische Ministerpräsident Viktor Orbán zum Beispiel will Ungarn von einer liberalen Demokratie in einen illiberalen Staat verwandeln und war damit bisher schon sehr erfolgreich. Doch er ist nicht allein. Derzeit ist weltweit eine Tendenz zu beobachten, populistische Politiker zu wählen, die ganz offen die Abschaffung des Prinzips der Handlungsfreiheit fordern. Die Anziehungskraft solcher politischen Ideen scheint auf dem Wunsch vieler Menschen zu beruhen, von großen, mächtigen Männern gelenkt zu werden. Das entlastet sie von der Last der Freiheit, die immer auch mit Verantwortung und dem Risiko des Scheiterns verbunden ist. Doch kehren wir zu unserem Thema zurück.

18.3 Regeln und Prinzipien

Artikel 2 Abs. 1 GG sowie die französische Erklärung von 1789 und fast alle anderen Rechtsdokumente, die sich auf die Handlungsfreiheit beziehen, verwenden nicht den Begriff „Prinzip", sondern den Begriff „Recht". Sie alle sprechen von einem *Recht* auf Freiheit oder von einem *Recht* auf freie Entfaltung der Persönlichkeit. Es ist jedoch kaum möglich, den Begriff „Recht" hier ernst zu nehmen, wenn man bedenkt, dass dieses so genannte Recht auf Freiheit unter vielfachen Vorbehalten steht, wie dem Vorbehalt der Rechte anderer, dem Vorbehalt der verfassungsmäßigen Ordnung oder des öffentlichen Interesses.

Dieser verwirrende Gebrauch des Ausdrucks „Recht" ist das Ergebnis einer ungenauen Sprache. Verwirrungen in der Sprache beruhen meist auf einer Verwirrung der Gedanken. Wir können also sagen, dass die Verwendung ein und desselben Ausdrucks für offensichtlich unterschiedliche Begriffe auf ein mangelndes Bewusstsein über den Unterschied zwischen diesen Begriffen zurückzuführen ist.

Inzwischen ist diese Denk- und Sprachverwirrung jedoch überwunden worden. Es war insbesondere der amerikanische Rechtsphilosoph Ronald Dworkin (* 1931), der

Regeln

den Unterschied zwischen Regeln und Prinzipien entdeckte und erklärte. Er erkannte, dass gerichtliche Entscheidungen nicht nur auf Regeln, sondern auch auf Prinzipien beruhen. Regeln beschreiben eine bestimmte Situation (einen Tatbestand) und legen fest, dass in einem Fall, in dem dieser Tatbestand gegeben ist, eine bestimmte Rechtsfolge eintreten soll. Wenn die Regel beispielsweise vorsieht, dass ein Testament ungültig ist, wenn es nicht in Anwesenheit von zwei Zeugen unterzeichnet wurde, dann können Sie nicht auf der Grundlage eines Testaments erben, das nicht in Anwesenheit von zwei Zeugen unterzeichnet worden ist. Die Regeln gelten immer als Alles-oder-Nichts-Prinzip. Entweder man kann erben oder nicht. Eine andere Möglichkeit gibt es nach Maßgabe der Regel nicht. Ein wichtiges Merkmal von Regeln ist, dass sie im Widerspruch zueinander stehen können. In einer solchen Situation kann die Frage, was zu tun ist, nicht beantwortet werden. Um solche Dilemmata zu vermeiden, ist es ein sehr wichtiges Element einer Rechtsordnung, Regeln vorzusehen, die bestimmen, welche der kollidierenden Regeln bevorzugt werden soll. Gibt es keine solche Regel, die den Konflikt löst, werden beide Regeln als ungültig betrachtet. Ich werde auf dieses Thema im letzten Kapitel zurückkommen.

Prinzipien

Prinzipien sind etwas anderes. Sie entscheiden nicht über den Ausgang eines Falles. Sie liefern bestimmte Gesichtspunkte, die gegen die Gesichtspunkte kollidierender Prinzipien abgewogen werden müssen. Der Prozess der Abwägung findet im Rahmen des richterlichen Ermessens statt. Dieser Spielraum ist nur durch die Anzahl der Prinzipien begrenzt, die ein Richter zu berücksichtigen hat. Das Ergebnis des Prozesses ist jedoch nicht gesetzlich festgelegt. Unlösbare Konflikte zwischen konkurrierenden Grundsätzen sind nicht möglich, da immer ein Kompromiss gefunden werden kann.

Optimierungsgebote

Diese Unterscheidung zwischen Regeln und Prinzipien wurde von dem deutschen Rechtsphilosophen Robert Alexy (*1945) übernommen. In Ergänzung zu Dworkin definiert Alexy Rechtsprinzipien als Gebote der Optimierung. Rechtsprinzipien gebieten, die Idee des betreffenden Prinzips so weit wie möglich zu verwirklichen. Im Falle eines Konflikts zwischen zwei unterschiedlichen Rechtsprinzipien geht es, wie bei Dworkin, darum, abzuwägen und einen Kompromiss zu finden, um möglichst viel von den beiden konkurrierenden Ideen realisieren zu können.

18.3 · Regeln und Prinzipien

Dieser Abwägungsprozess steht im Ermessensspielraum des entscheidenden Richters.

Alexy wendet diese Doktrin nicht nur auf das „Recht auf Handlungsfreiheit" an, sondern auch auf die Menschenrechte. Er vertritt die Auffassung, dass beide als Rechtsprinzipien zu betrachten sind. So kommt er zu dem Schluss, dass bei einem Konflikt zwischen den Menschenrechten ebenso wie bei einem Konflikt zwischen der Handlungsfreiheit des einen und der Handlungsfreiheit des anderen immer ein Abwägungsprozess stattfinden muss. Nach der von mir in diesem Buch vertretenen Lehre ist das Verständnis von Menschenrechten als bloße Rechtsprinzipien im Sinne von Dworkin und Alexy nicht angemessen. In Anbetracht der Tatsache, dass der Schutzbereich der Menschenrechte aus der Menschenwürde, also aus dem absoluten Wert der Personalität, abgeleitet wird, ist es nicht möglich, zwischen widerstreitenden Menschenrechten oder bei Konflikten zwischen Menschenrechten und anderen Prinzipien eine Abwägung vorzunehmen.

Dworkin und Alexy argumentieren, dass Konflikte zwischen Menschenrechten nicht vermeidbar seien und dass die Rechtsordnung per definitionem und unabhängig von den jeweiligen Umständen immer Lösungen für Normkonflikte bereithalten müsse. Dies ist jedoch kein ausreichendes Argument für die Anwendung der Prinzipienlehre auf die Menschenrechte. Wie wir mit Konflikten im Bereich der Menschenrechte umgehen können, ist das Thema des letzten Kapitels. Hier möchte ich nur sagen, dass aus der angeblichen Tatsache, dass ein Konflikt zwischen den Menschenrechten nicht lösbar ist, wenn wir die Menschenrechte als absolute Rechte verstehen, nicht unbedingt folgt, dass diese Lehre falsch sein muss. Es ist auch möglich, dass die Lehre von der Vollständigkeit der Rechtsordnung falsch ist, und dass es nicht stimmt, dass Rechtsordnungen immer Lösungen für jeden Normkonflikt auf Lager haben.

Nun komme ich auf das so genannte Recht auf Handlungsfreiheit zurück. Einschränkungen dieser Freiheit führen normalerweise nicht zur Schwächung oder gar zur Zerstörung der Personalität. Wenn wir in unseren Handlungsmöglichkeiten eingeschränkt werden, steht es uns normalerweise frei, uns gegen diese Einschränkung zu wehren. Wir können uns darüber empören und protestieren. Mit anderen Worten, wir können aus freiem Willen gegen die Einschränkung vorgehen. Dies zeigt, dass Ein-

Willensfreiheit

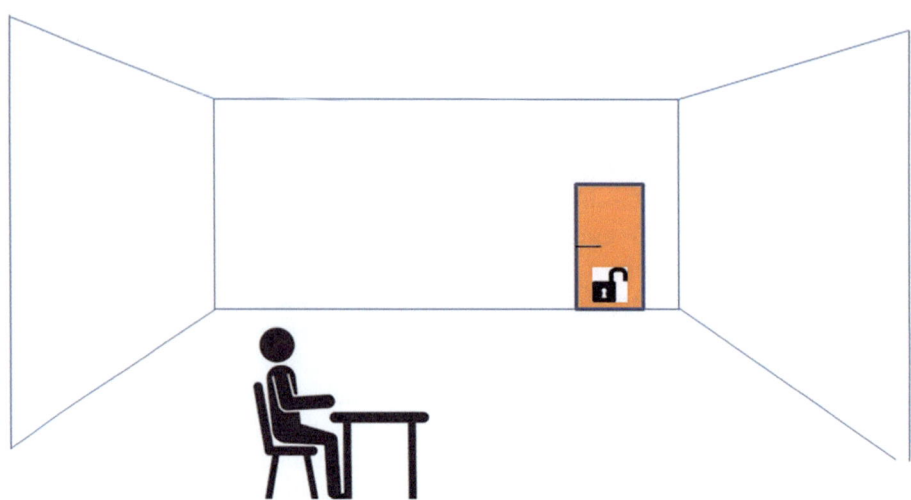

◘ Abb. 18.6   Handlungsfreiheit © Paul Tiedemann

schränkungen der Handlungsfreiheit normalerweise nicht zu einer Einschränkung der Willensfreiheit führen.

Stellen Sie sich jemanden vor, der in einem Raum sitzt, während die Tür geschlossen ist. Er könnte den Raum verlassen, weil die Tür zwar geschlossen, aber nicht verschlossen ist (siehe ◘ Abb. 18.6). Dennoch glaubt er, dass es nicht möglich wäre, den Raum zu verlassen, weil er denkt, dass er verschlossen sei. Daher wird er nicht den Willen aufbringen, den Raum zu verlassen.

Vergleichen Sie diesen Fall mit dem zweiten Fall. Jemand sitzt in einem Raum. Sie beschließt, das Zimmer zu verlassen, steht auf, geht zur Tür und rüttelt am Türgriff. Aber sie kann die Tür nicht öffnen, weil sie verschlossen ist (siehe ◘ Abb. 18.7).

Welcher dieser beiden Fälle erzählt von einer Einschränkung der Willensfreiheit und welcher von Handlungsfreiheit? Es ist offensichtlich, dass die Person im zweiten Fall einen freien Willen hat, obwohl sie ihn nicht in eine erfolgreiche Handlung umsetzen kann. Im ersten Fall gibt es keine Einschränkung der Handlungsfreiheit, aber es gibt eine Einschränkung der Willensfreiheit, weil die Person nicht in der Lage ist, den Willen aufzubringen, den Raum zu verlassen. Diese Unfähigkeit beruht auf falschen Informationen über die wahre Situation. Wenn die Unfähigkeit auf einem einfachen Irrtum beruht, kann man von der Verwirklichung der gewöhnlichen Risiken des Lebens sprechen. Wenn die Unfähigkeit

18.3 · Regeln und Prinzipien

Abb. 18.7 Willensfreiheit © Paul Tiedemann

auf einer falschen Information beruht, die von einem Wärter gegeben wurde, um die Person am Verlassen des Zimmers zu hindern, dann müssen wir von einer Verletzung der Menschenrechte sprechen.

Es gibt jedoch einen Grad der Einschränkung der Handlungsfreiheit, der früher oder später zu einem Entzug des freien Willens führt. Dies ist insbesondere bei so genannten totalen Institutionen der Fall (siehe ▶ Kap. 9). Aber abgesehen von diesem Extremfall führt die Einschränkung des freien Handlungsspielraums nicht zu einer Verletzung des Willens und der Personalität. Deshalb ist das „Recht auf Handlungsfreiheit" auch nicht als Menschenrecht zu verstehen. Es ist vielmehr ein Rechtsprinzip im Sinne von Dworkin und Alexy. Dieses Prinzip verlangt eine Optimierung der Handlungsfreiheit, erlaubt aber die Berücksichtigung widerstreitender Prinzipien und wiederstreitender Ziele. Deshalb können die Vorbehaltsklauseln bezüglich der Rechte anderer, des öffentlichen Interesses und der verfassungsmäßigen Ordnung einfach als Verweise auf widersprüchliche Prinzipien verstanden werden, die es ermöglichen, zwischen der Maximierung des individuellen Interesses in größtmöglicher Handlungsfreiheit und dem Interesse anderer oder der Öffentlichkeit abzuwägen. Versteht man die Handlungsfreiheit als Prinzip, ist die Rede von einem „Recht auf" allerdings unangemessen. Wenn es um Rechtsprinzipien geht, gibt es keine Rechte, sondern nur *Belange*, die bei der Abwägung zu berücksichtigen sind.

Totale Institutionen

18.4 Die philosophische Begründung des Prinzips der Freiheit

Bevor wir uns näher mit dem Prozess der Abwägung befassen, möchte ich der Frage nachgehen, ob es eine philosophische Grundlage für das Prinzip der Handlungsfreiheit gibt.

relative Wert

Ich denke, der Grundsatz der Handlungsfreiheit ist ähnlich wie die Menschenrechte mit dem Grundsatz der Menschenwürde verbunden. Aber die Verbindung ist nicht so eng wie bei den Menschenrechten. Sie ist viel lockerer. Die Menschenwürde bezieht sich in erster Linie auf die Willensfreiheit und nicht auf die Handlungsfreiheit. Dennoch verlangt oder beinhaltet der absolute Respekt vor der Willensfreiheit auch einen relativen Respekt vor der Handlungsfreiheit. Einen freien Willen zu entwickeln, macht nur im Hinblick auf die Umsetzung des Willens in Handlungen Sinn. Einschränkungen der Handlungsfreiheit verletzen die Willensfreiheit nicht, aber die Achtung vor dem Willen schließt eine gewisse Achtung vor der Handlung ein, die auf diesem Willen beruht. Diese Achtung ist nicht absolut, sondern nur relativ. Aber sie ist dennoch eine Art von Respekt. Diese relative Achtung zeigt sich in dem Versuch, den Umfang der Handlungsfreiheit zu optimieren, und in der Pflicht, jede Einschränkung der Handlungsfreiheit gegenüber der betroffenen Person zu rechtfertigen.

Ich vertrete jedoch die These, dass der Zusammenhang zwischen der Menschenwürde und dem Freiheitsprinzip so lose ist, dass es kaum möglich ist, bestimmte Normen der Achtung der Handlungsfreiheit abzuleiten, die von den Menschen unabhängig von den rechtlichen Bindungen zwischen ihnen anerkannt werden müssen. Ich glaube nicht, dass wir ausreichend klare moralische Verhaltensregeln definieren können, die es erlauben würden, das Prinzip der Handlungsfreiheit auch im Naturzustand zu respektieren, also auch dann, wenn es keine gesetzgebende Autorität gäbe. Vielleicht können wir sagen, dass völlige Ignoranz und Gleichgültigkeit gegenüber den Wünschen anderer, selbst im Naturzustand, als unmoralisch angesehen werden müssen. Aber welches Maß an Rücksichtnahme auf die Wünsche anderer als relevant zu betrachten ist und wie genau dies zu geschehen hat, scheint mir für den Naturzustand nicht beantwortbar zu sein. Der Grund dafür ist, dass es im Naturzustand keine neutrale Instanz gibt, die die Grenzen der Freiheit eines jeden durch eine ausreichende und unparteiische Berücksichtigung der Interessen aller anderen festlegen kann. Mit anderen Worten: Das Freiheitsprinzip spielt im Naturzustand keine relevante Rolle, weil es keine öffentliche Institution gibt, die für den Umfang der individuellen Freiheit und deren Grenzen sorgt.

Um eine Optimierung des individuellen Handlungsspielraums zu gewährleisten, ist es daher sinnvoll und notwendig, dass sich der Einzelne in das System eines Staates und einer Rechtsordnung einfügt, die das Freiheitsprinzip hinreichend wahrt. Nur im Rahmen einer Rechtsordnung ist es möglich, alle oder zumindest die meisten konkurrierenden Interessen zu berücksichtigen, um die Grenzen der individuellen Freiheit zu definieren und den Umfang der individuellen Freiheit eines jeden zu optimieren. Daraus ist zu schließen, dass das Freiheitsprinzip nicht als überpositiver moralischer Maßstab angesehen werden kann. Er ist vielmehr ein Element der Rechtsstaatlichkeit und als solches wesentliches Element einer anständigen Rechtsordnung. Er ist nur im Rahmen der Rechtsordnung anwendbar und gültig und daher ein reines Rechtskonzept. Insofern besteht ein entscheidender Unterschied zwischen dem Freiheitsgrundsatz und den Menschenrechten. Letztere sind Rechtsansprüche, die auf moralischen Rechten beruhen. Als moralische Rechte sind sie auch im Naturzustand gültig und anwendbar.

Freiheit als Rechtsprinzip

18.5 Die rechtlichen Instrumente zur Gewährleistung von Handlungsfreiheit

Die Bestimmung des Umfangs der Handlungsfreiheit im Einzelfall erfordert einen Prozess der Abwägung konkurrierender Interessen, die jede für sich an einem optimalen Freiheitsraum bestehen. In der amerikanischen Rechtsprechung ist dieser Abwägungsprozess nicht klar strukturiert, sodass eine rationale Kontrolle dieses Prozesses von außen oft nur sehr schwer oder gar nicht möglich ist. Der Abwägungsprozess findet in einer Blackbox statt (siehe ◘ Abb. 18.8). Widerstreitende Interessen oder Werte werden in die Box gelegt (dem Gericht vorgetragen) und am Ende wird die Entscheidung des Gerichts aus der Box herausgenommen. Was jedoch im Inneren der Box während des Abwägungsprozesses geschieht, bleibt mehr oder

Verhältnismäßigkeitsprinzip

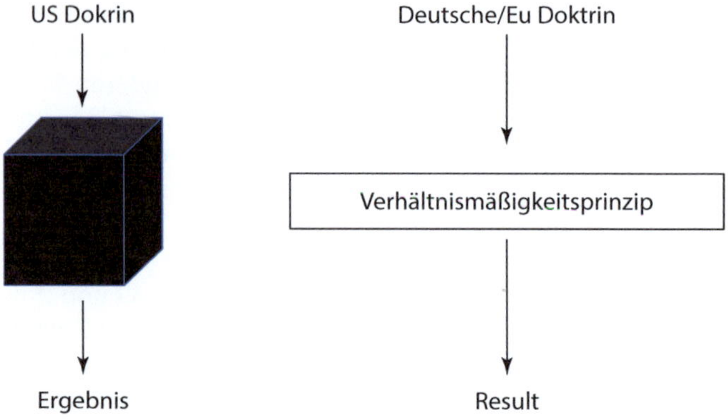

◘ Abb. 18.8 Abwägungsprozess

weniger verborgen. Die Nachteile dieses Ansatzes werden jedoch durch eine strikte Bindung an Präzedenzfälle kompensiert.

In Europa herrscht heute ein anderer Ansatz vor, nämlich der so genannte *Grundsatz der Verhältnismäßigkeit* (siehe ◘ Abb. 18.8). Soweit ich sehe, stand dieser Grundsatz erst in der zweiten Hälfte des 19. Jahrhunderts auf der juristischen Tagesordnung. Der Begriff der Verhältnismäßigkeit taucht zum ersten Mal in einem Lehrbuch des Verwaltungsrechts von Otto Mayer auf, das 1885 veröffentlicht worden ist. Im Jahr 1955 erschien eine Dissertation, in der der Grundsatz mehr oder weniger in dem Sinne entwickelt wurde, wie er heute verstanden wird. Die deutsche Rechtsprechung übernahm diese neue Doktrin in einer Entscheidung des Bundesverfassungsgerichts von 1971. Bereits 1970 hatte der Gerichtshof der Europäischen Gemeinschaft diese Lehre im Rahmen des Europarechts erwähnt. Von dort aus beeinflusste sie die nationale Rechtsprechung fast aller EU-Mitgliedstaaten.

Der Grundsatz der Verhältnismäßigkeit versucht transparent zu machen, was im Inneren der Blackbox passiert. Es soll den Prozess der Abwägung rational strukturieren und nachvollziehbar machen. Das geschieht dadurch, dass der Abwägungsprozess in vier Einzelfragen unterteilt wird, die sämtlich vom Gericht zu beantworten sind. Nur dann kann der Prozess als rational und nachvollziehbar angesehen werden.

(1) Im ersten Schritt ist nach einem legitimen Zweck für die Einschränkung der Handlungsfreiheit zu fragen. Die Forderung nach einem legitimen Zweck tauchte bereits in den philosophischen Überlegungen des 18. Jahr-

Zweck

hunderts zur Handlungsfreiheit auf. Die philosophischen Überlegungen spiegeln sich in den Beschränkungsgründen wider, die in den Kodifikationen des Freiheitsgrundsatzes genannt werden. Die Verfassungen definieren drei oder vier Beschränkungsgründe.

Der Beschränkungsgrund der *gleichen Freiheit anderer* ist leicht zu rechtfertigen. Der Freiheitsgrundsatz beruht auf gegenseitigem Respekt und nicht nur auf einem egoistischen Interesse an der eigenen Handlungsfreiheit. Der Beschränkungsgrund der *Übereinstimmung mit der verfassungsmäßigen Ordnung* bezieht sich auf die Tatsache, dass der Staat im Rahmen der Verfassung gemeinsame Ziele der Gesellschaft definiert und ihre Verwirklichung organisiert. Die Verfolgung solcher kollektiven Ziele erfordert u. a. auch die Einschränkung der Handlungsfreiheit, denn die Wahl eines gemeinsamen Ziels und die Organisation der Zusammenarbeit schließt ein, dass der Einzelne auf widerstreitende private Ziele und entsprechende Handlungen verzichten muss. Der Beschränkungsgrund des *öffentlichen Interesses* ist bedeutungsgleich mit dem Grund der Übereinstimmung mit der verfassungsmäßigen Ordnung. Das öffentliche Interesse bezieht sich immer auf gemeinsame Ziele, die entweder Ziele der Verfassung selbst sind oder Ziele, die vom Parlament im Rahmen des demokratischen Prozesses gewählt werden.

Der Beschränkungsgrund des *Sittengesetzes* lässt sich philosophisch nicht rechtfertigen. Moralische Überzeugungen sind zunächst immer Privatsache, denn nur natürliche Individuen sind mit einem Gewissen ausgestattet und daher für ein Leben nach ihren eigenen Überzeugungen über Gut und Böse verantwortlich. Natürlich sollten Menschen ihre moralischen Überzeugungen nicht vergessen, wenn sie als Bürger handeln. Sie können zum Beispiel Politiker wählen, die für jene moralischen Ziele eintreten, die sie selbst für verbindlich halten. Aber der einzige Weg, die Handlungsfreiheit aus moralischen Gründen zu beschränken besteht darin, positive Gesetze zu erlassen, die inhaltlich bestimmten moralischen Normen entsprechen. Das ist nur möglich im Wege des demokratischen Prozesses gemäß der Verfassung. Wenn eine Mehrheit der Wähler die Meinung teilt, dass es unmoralisch ist, nackt auf der Straße zu laufen, können sie für Politiker stimmen, die ein Gesetz erlassen, nach dem es verboten ist, nackt auf der Straße zu laufen. Gibt es aber ein solches Gesetz nicht, ist es nicht legitim, die Handlungsfreiheit durch eine polizeiliche Anordnung oder durch Gerichtsurteil allein aus Gründen des Sittengesetzes einzuschränken.

Geeignetheit

(2) Die zweite Stufe des Verhältnismäßigkeitsgrundsatzes bezieht sich auf die *Geeignetheit* des Eingriffs. Der Eingriff im Rahmen der Handlungsfreiheit muss geeignet sein, um den legitimen Zweck zu erreichen. Ich gebe ein (negatives) Beispiel: Angenommen, der Zweck einer Freiheitsbeschränkung ist es, diejenigen zu bestrafen, die den Staatspräsidenten kritisieren. In der Annahme, dass alle Hochschullehrer Gegner des Staatspräsidenten sind, lässt die Regierung alle Hochschullehrer verhaften. Selbst wenn wir annehmen wollten, dass es ein legitimes Ziel ist, Kritik am Staatspräsidenten zu unterdrücken, ist es jedenfalls kein geeignetes Mittel zur Erreichung dieses Ziels, alle Hochschullehrer zu verhaften. Denn die Kritiker sind nicht identisch mit den Hochschullehrern.

Erforderlichkeit

(3) Die dritte Stufe des Grundsatzes der Verhältnismäßigkeit bezieht sich auf die *Erforderlichkeit* der Mittel zur Erreichung des Zwecks. Erforderlich sind nur solche Mittel, die am wenigsten in die Freiheit eingreifen, aber dennoch geeignet sind, den angestrebten legitimen Zweck zu erreichen. Wenn beispielsweise ein Aufstand durch den Einsatz von Wasserwerfern oder durch Schüsse auf die Aufständischen beendet werden kann, sind die Wasserwerfer das erforderliche Mittel. Es ist nicht notwendig, zu schießen, um das Ziel zu erreichen.

Angemessenheit

(4) Der vierte Schritt des Grundsatzes der Verhältnismäßigkeit bezieht sich auf die *Angemessenheit* von Mitteln und Zielen. Es ist nicht angemessen, mit Kanonen auf Spatzen zu schießen. Wenn sich beispielsweise Gruppen von Hooligans prügeln und Schaufensterscheiben zu beschädigen drohen, wäre es selbst dann nicht angemessen, auf die Hooligans zu schießen, wenn sich anders die Gefahr nicht abwenden lässt. Denn es ist nicht angemessen, ein Gut von relativ geringem Wert (Schaufensterscheiben) durch die Zerstörung von Gütern von relativ hohem Wert (Menschenleben) zu verteidigen. Wenn kein anderes Mittel zur Verfügung steht, um die Schlägerei zu beenden, darf die Polizei nicht eingreifen.

Es liegt auf der Hand, dass die Anwendung des Grundsatzes der Verhältnismäßigkeit nicht mit einer mathematischen Berechnung zu vergleichen ist. Natürlich gibt es bei der Anwendung des Grundsatzes einen großen Ermessensspielraum. Dennoch strukturiert er den Abwägungsprozess und ermöglicht bis zu einem gewissen Grad eine rationale Kontrolle. So dient er dem Zweck, Eingriffe und

Einschränkungen der Handlungsfreiheit zu minimieren und gleichzeitig die Verwirklichung dieser Freiheit zu optimieren.

❓ Zur Wiederholung

18.1 Kennen Sie Kodifikationen, die das Prinzip der Handlungsfreiheit erwähnen?
18.2 Was bedeutet der Begriff Freiheit in Verfassungskontexten?
18.3 Worin unterscheiden sich Regeln und Prinzipien und warum gibt es kein Recht auf Handlungsfreiheit, sondern nur ein Prinzip der Handlungsfreiheit?
18.4 Hat das Prinzip der Handlungsfreiheit eine überrechtliche Grundlage?

Antworten siehe ▶ Kap. 21.

Leseempfehlungen

Alexy, Robert: *Theorie der Grundrechte*. Frankfurt/M 1986
Dworkin, Ronald: *Bürgerrechte ernstgenommen*. Frankfurt/M 1990, (Kap. 2)
Hyok Hwang, Dong: *Verhältnismäßigkeitsgrundsatz und Wesensgehaltsgarantie. Eine rechtsvergleichende Studie über Schranken und Schrankenschranken der Grundrechte im deutschen und koreanischen Verfassungsrecht*. Hamburg 2015
Mill, John Stuart: *Über die Freiheit*. Stuttgart 1986 (Kap. 3) h
Orbán, Viktor: *Speech of 26 July 2014 in Tusnádfürdő*. http://budapestbeacon.com/public-policy/full-text-of-viktor-orbans-speech-at-baile-tusnad-tusnadfurdo-of-26-july-2014/10592

Rechtsprechung

BVerfG, Urt. v. 16.01.1957 – 1 BvR 253/56 –, BVerfGE 6, 32 („Elfes").
BVerfG, B. v. 16.03.1971 – 1 BvR 52, 665, 667, 754/66 –, BVerfGE 30, 292, 316
EuGH, Urt. v. 17.12.1970 – C- 11/70 – „Internationale Handelsgesellschaft", Rn. 12. https://curia.europa.eu/jcms/jcms/j_6/de/ > Rechtsprechung
US Supreme Court, Lochner v. New York [198 U.S. 45 (1905)]

Das Prinzip der Gleichheit

Inhaltsverzeichnis

19.1 Gleichheit in den Menschenrechtskodifikationen – 413

19.2 Gibt es ein Menschenrecht auf Gleichheit? – 416

19.3 Gibt es ein Menschenrecht gegen Diskriminierung aus rassistischen, sexistischen u. ä. Gründen? – 419

19.4 Gibt es ein Menschenrecht gegen Diskriminierung wegen der Inanspruchnahme von Menschenrechten? – 422

Leseempfehlungen – 424

> **„Gleiche" Rechte**
>
> Der Ausdruck „gleiche Rechte" in einigen Menschenrechtskodifikationen bezieht sich nicht auf das Prinzip der Gleichheit. Er wiederholt nur, was für die Menschenrechte selbstverständlich ist: dass jeder Mensch das Recht hat, sie zu genießen, d. h. dass niemand durch eine Verletzung dieser Rechte beeinträchtigt werden darf. Dies macht den allgemeinen Charakter der Menschenrechte aus und hat nichts mit Gleichheit zu tun.

> **Das Prinzip der Gleichheit**
>
> Der Gleichheitsgrundsatz kann sinnvoll nur auf das Verhältnis der Mitglieder einer kooperativen Gemeinschaft angewendet werden. Er bezieht sich auf die Standards der Verteilung von Lasten und Nutzen der Zusammenarbeit. Privilegien bedürfen besonderer Argumente; diese sind rational, wenn sie von den am wenigsten privilegierten Mitgliedern der Gemeinschaft akzeptiert werden können. Außerhalb des Rahmens kooperativer Gemeinschaften gibt es keinen moralischen Grund für eine Gleichbehandlung.
>
> Im Gegensatz dazu behaupten einige Philosophen, die sich als Egalitaristen bezeichnen, dass Gleichheit im Sinne von Gleichbehandlung das selbstverständliche Grundprinzip jeder Moral ist und daher für alle Menschen (oder alle Lebewesen) gelten muss, unabhängig davon, ob sie Mitglieder derselben kooperativen Gemeinschaft sind (These von der Präsumption der Gleichheit).

> **Diskriminierungsverbote**
>
> Diskriminierende Handlungen im Zusammenhang mit der Einschränkung der Handlungsfreiheit können auch dann nicht als eine Angelegenheit der Menschenrechte betrachtet werden, wenn die Handlungen rassistisch oder sexistisch etc. motiviert sind. Sie sollten jedoch im Interesse der Verhinderung von Verhaltensweisen, die irgendwann zu schweren Menschenrechtsverletzungen führen können, verboten werden. Dies ist eines der Ziele des positiven Rechts in einem anständigen Staat.

19.1 Gleichheit in den Menschenrechtskodifikationen

Es gibt noch einen weiteren wichtigen Grundsatz, der streng von den Menschenrechten zu unterscheiden ist. Das ist der Grundsatz der Gleichheit. Diese Unterscheidung wird häufig übersehen. Der Grund dafür ist, dass die Gleichheit in den Menschenrechtskodifizierungen sehr oft erwähnt wird. Deshalb sind viele Philosophen und Juristen der Meinung, dass es eine enge Verbindung zwischen den Menschenrechten und der Gleichheit gibt, oder sogar, dass die Gleichheit als spezifischer Gegenstand eines Menschenrechts betrachtet werden muss.

Weit häufiger als das Prinzip der Freiheit scheinen sich in den Menschenrechtskodifikationen Hinweise auf das Prinzip der Gleichheit – oder vielleicht sogar das Recht auf Gleichheit – zu finden. Artikel 1 AEMR beginnt mit der Erklärung, dass „alle Menschen gleich sind an Würde und Rechten" (siehe ◘ Abb. 19.1). Außerdem heißt es in Artikel 2, dass „jeder Mensch Anspruch auf alle in dieser Erklärung verkündeten Rechte und Freiheiten hat" (siehe ◘ Abb. 19.2). In ähnlicher Weise erklärt die EMRK in Artikel 14, dass der „Genuss der in diesem Übereinkommen niedergelegten Rechte und Freiheiten ohne Diskriminierung zu gewährleisten" ist (siehe ◘ Abb. 19.3).

„Gleiche" Rechte

Alle Menschen sind frei und gleich an Rechten geboren˙

◘ **Abb. 19.1**   Artikel 1 AEMR

Jeder hat Anspruch auf alle in dieser Erklärung verkündeten Rechte und Freiheiten ohne irgendeinen Unterschied, etwa nach Rasse, Hautfarbe, Geschlecht, Sprache, Religion, politischer oder sonstiger Anschauung, nationaler oder sozialer Herkunft, Vermögen, Geburt oder sonstigem Stand.

Des Weiteren darf kein Unterschied gemacht werden auf Grund der politischen, rechtlichen oder internationalen Stellung des Landes oder Gebietes, dem eine Person angehört, gleichgültig ob dieses unabhängig ist, unter Treuhandschaft steht, keine Selbstregierung besitzt oder sonst in seiner Souveränität eingeschränkt ist.

◘ **Abb. 19.2**   Artikel 2 AEMR

> Der Genuss der in dieser Konvention anerkannten Rechte und Freiheiten ist ohne Diskriminierung insbesondere wegen des Geschlechts, der Rasse, der Hautfarbe, der Sprache, der Religion, der politischen oder sonstigen Anschauung, der nationalen oder sozialen Herkunft, der Zugehörigkeit zu einer nationalen Minderheit, des Vermögens, der Geburt oder eines sonstigen Status zu gewährleisten.

Abb. 19.3 Artikel 14 EMRK

Menschenrecht auf Gleichheit?

Fügen diese Bestimmungen der Liste der Menschenrechte etwas hinzu? Drücken sie einen speziellen Schutzbereich für ein besonderes Menschenrecht aus? Offensichtlich nicht, wenn man bedenkt, dass jeder der anderen Artikel der Deklaration, bzw. der Konvention, die sich mit einem bestimmten Menschenrecht befassen, mit den Worten „Jeder" oder „Niemand" beginnt. Es gibt nur eine einzige Ausnahme. Artikel 12 EMRK bezieht sich auf das Recht auf Eheschließung und das Recht auf Gründung einer Familie. Diese Rechte sind dem Wortlaut nach nicht für „jeden", sondern nur für Männer und Frauen garantiert. Offensichtlich berührt die Konvention nicht die Frage der Transgender-Personen, die zum Zeitpunkt der Ausarbeitung der Konvention kein Thema der öffentlichen Debatte war. Wenn jemand aus diesem Wortlaut des Artikel 12 EMRK den Schluss ziehen wollte, dass Transgender-Personen nicht das Recht haben, eine Ehe einzugehen und eine Familie zu gründen, könnte Artikel 14 EMRK für eine solche Diskussion relevant werden. Denn er verbietet die Diskriminierung auf Grund des Geschlechts. Dennoch denke ich, dass wir diesen Fall beiseite lassen können. Wenn man bedenkt, dass die EMRK als *lebendiges Instrument* betrachtet wird (siehe ▶ Kap. 1 und 10), ist es unproblematisch, Transgender-Personen in den Rahmen von „Männern und Frauen" einzubeziehen. Auf diese Weise kommen wir auch im Falle des Artikel 12 EMRK zu dem Ergebnis, dass jedem Menschen das Recht auf Eheschließung und Familiengründung zugesteht. Daraus ergibt sich zunächst die Schlussfolgerung, dass schon der Wortlaut jeder einzelnen Menschenrechtsnorm jede Art von Diskriminierung ausschließt. Artikel 1 und 2 AEMR sowie Artikel 14 EMRK fügen dem nichts hinzu. Sie können insbesondere nicht als eigenständige Menschenrechte betrachtet werden.

Diskriminierungsverbote

Ändert sich dieses Ergebnis, wenn wir berücksichtigen, dass Artikel 2 AEMR und Artikel 14 EMRK jede Diskriminierung aufgrund des Geschlechts, der Rasse, der Hautfarbe, der Sprache, der Religion, der politischen oder sonstigen Anschauung, der nationalen oder sozialen Herkunft, der Zugehörigkeit zu einer nationalen Minderheit, des Vermögens, der Geburt oder des sonstigen Status verbieten? Offensichtlich nicht. Da die Worte „jeder" oder „niemand" bei jedem einzelnen Menschenrecht sicherstellen, dass niemand vom Genuss der Menschenrechte ausgeschlossen wird, kann es einen solchen Ausschluss auch nicht aus sexistischen, rassistischen oder irgendwelchen anderen Gründen geben. Es ist also offensichtlich, dass die zitierten Gleichheitsklauseln der AEMR wie auch der EMRK schlichtweg überflüssig sind. Sie wiederholen nur, was in den einzelnen Menschenrechtsbestimmungen bereits gesagt wird.

Die Rechtsprechung des EGMR bestätigt diese Ansicht. Es gibt mehrere Entscheidungen des EGMR, in denen das Gericht eine Verletzung von Artikel 14 aufgrund der Diskriminierung der Antragsteller bei der Ausübung ihres Menschenrechts feststellte. Dementsprechend entschied das Gericht, dass das Verbot öffentlicher Demonstrationen von LGBT-Aktivisten durch die russischen Behörden nicht nur deren Recht auf Versammlungsfreiheit (Artikel 11 EMRK), sondern auch das Diskriminierungsverbot von Artikel 14 EMRK verletzt. Es macht jedoch keinen Unterschied, ob das Gericht nur eine Verletzung von Artikel 11 EMRK oder auch eine Verletzung von Artikel 14 EMRK feststellt. Wichtig ist, dass die Verletzung nicht auf dem Akt der Diskriminierung beruht, sondern auf der Unterdrückung der Kommunikationsrechte. Die wären auch dann verletzt, wenn in Russland nicht nur LGBT-Aktivisten, sondern grundsätzlich überhaupt niemand demonstrieren dürfte.

Der Verweis auf gleiche Rechte hat nichts mit dem Gleichheitsgrundsatz zu tun. Er unterstreicht nur die Allgemeinheit der Menschenrechte. Gleichheit käme nur dann ins Spiel, wenn es zuträfe, dass Person A die Menschenrechte nur deshalb genießen darf, weil auch Person B sie genießt, und weil es einen Grundsatz gäbe, nach dem Person A und Person B gleich zu behandeln wären. Das ist aber mit „gleichen Rechten" nicht gemeint. Person A genießt die Menschenrechte allein deshalb, weil sie eine Person ist und unabhängig davon, wie es mit den Menschenrechten anderer Personen bestellt ist.

19.2 Gibt es ein Menschenrecht auf Gleichheit?

Gleichheit vor dem Gesetz

Wir kommen also zu dem Schluss, dass die klassischen Menschenrechtskodifikationen einen Gleichheitsgrundsatz mit spezifischem Inhalt nicht enthalten. Aber was ist mit Artikel 20 der EU-Grundrechtecharta (siehe ◘ Abb. 19.4) und Artikel 3 Absatz 1 GG (siehe ◘ Abb. 19.5)? In diesen Bestimmungen wird erklärt, dass alle Menschen vor dem Gesetz gleich sind. Dieser Text stammt ursprünglich aus der Paulskirchenverfassung von 1849. Mit dieser Formulierung sollte verhindert werden, dass Gerichte und Verwaltungen ein und dasselbe Gesetz unterschiedlich anwenden, je nachdem, ob sie sich mit einer Angelegenheit von jemandem aus den unteren Schichten oder von jemandem aus den oberen Schichten befassen müssen. Das Recht sollte gleich angewendet werden. Heutzutage wird diese Regel auch zitiert, um darauf hinzuweisen, dass nicht nur die Anwendung eines Gesetzes, sondern auch der Inhalt des Gesetzes selbst dem Gleichheitsgrundsatz entsprechen muss. Das Gesetz selbst darf nicht diskriminieren. Unsere Frage ist jedoch, ob diese Klauseln ein echtes Menschenrecht ausdrücken oder ob sie auf ein eigenständiges Rechtsprinzip verweisen, das mit den Menschenrechten nichts zu tun hat und von diesen strikt unterschieden werden muss.

Merkmale der Gleichheit?

Wir haben uns bereits im dritten Kapitel mit dem Problem der Gleichheit befasst. Jetzt möchte ich das Thema etwas vertiefen. Um das Merkmal der Gleichheit zu verstehen, ist es sehr hilfreich, sich auf eine Metapher zu beziehen, die von der Schweizer Philosophin Angelika Krebs (*1961) geprägt wurde. Sie erklärt den kategorialen Unterschied zwischen Menschenrechten und Gleichheit anhand des Bildes einer Balkenwaage und einer Dezimalwaage

Alle Personen sind vor dem Gesetz gleich.

◘ **Abb. 19.4**   Artikel 20 EU Charta

Alle Menschen sind vor dem Gesetz gleich.

◘ **Abb. 19.5**   Artikel 3 Abs. 1 GG

19.2 · Gibt es ein Menschenrecht auf Gleichheit?

Abb. 19.6 Waagen (© Sophie Reinisch)

(siehe **Abb. 19.6**). Gleichheit bezieht sich nur auf das Gleichgewicht der beiden Waagschalen einer Balkenwaage. Es spielt keine Rolle, was sich auf den Waagschalen befindet. Entscheidend ist nur, dass das Gewicht der einen Waagschale genau so hoch oder so niedrig ist wie das der anderen Waagschale. Im Gegensatz dazu sind die Menschenrechte wie eine Dezimalwaage. Sie liefern einen absoluten Standard dessen, was für ein menschenwürdiges Leben notwendig ist. Wird diese Mindestschwelle nicht erreicht, lebt ein Mensch unter unmenschlichen Bedingungen, unabhängig davon, ob er der Einzige ist, der unter solchen Bedingungen lebt, oder ob er einer von vielen ist, die von den gleichen Bedingungen betroffen sind. Wenn eine Person unter einem Mangel an Gütern leidet, die durch die Menschenrechte geschützt sind, dann besteht das Problem nicht darin, dass die Bedürfnisse anderer Menschen befriedigt sind, seine aber nicht. Das Problem ist, dass die bedürftige Person nicht über das verfügt, was sie für ein menschenwürdiges Leben braucht, unabhängig von der Situation anderer Personen.

Die Standards der Menschenrechte sind objektive Standards, während die Standards der Gleichheit relative Standards sind. Gleichheit bezieht sich immer auf den Menschen als Teil eines kollektiven Netzes. Gleichheit ist ein Prinzip der Verteilung von Lasten und Nutzen unter den Mitgliedern einer Gruppe. Die Gleichheit hängt immer davon ab, was der Einzelne im Verhältnis zu den anderen Mitgliedern der betreffenden Gruppe verdient. Gleichheit ist daher ein Maßstab für Gerechtigkeit in kooperativen Strukturen.

Merkmale der Menschenrechte

Die Menschenrechte beziehen sich dagegen immer auf den Menschen als einzelnes Individuum. Menschenrechte sind keine Frage der Verteilung. Menschenrechte sind nicht etwas, das nur derjenige genießen kann, der es verdient hat. Menschenrechte sind keine Dinge, die man sich verdienen muss. Menschenrechte sind Gerechtigkeitsstandards, die sich auf alle Lebewesen beziehen, die mit der Fähigkeit zur Personalität ausgestattet sind. Die Menschenrechte sind also niemals eine Frage des Vergleichs. Dies zeigt, dass der Gleichheitsgrundsatz ein eigenständiges Prinzip ist. Er ist streng von den Menschenrechten zu unterscheiden.

Egalitarismus

Dennoch ist die Vorstellung sehr umstritten., dass sich die Gleichheit nur auf die Mitglieder einer kooperativen Gemeinschaft bezieht und darauf, wie die Lasten und Vorteile der Zusammenarbeit innerhalb der Gemeinschaft verteilt werden sollten. Es gibt eine Gruppe sehr einflussreicher Philosophen, die die Meinung vertreten, dass die Gleichheit und nicht die Menschenwürde das grundlegende Prinzip jeder universellen Moral ist. Sie nennen sich Egalitaristen (Gosepath, Tugendhat). Sie sind der Meinung, dass die Zugehörigkeit zu einer kooperativen Gemeinschaft keine notwendige Bedingung für die Anwendung des Gleichheitsgrundsatzes ist. Stattdessen ist die erforderliche Bedingung für den Gleichheitsgrundsatz einfach die allgemeine Fähigkeit zur Kooperation. Daraus schließen sie, dass der Grundsatz auf alle Menschen oder zumindest auf alle Personen anwendbar ist. Andere Egalitaristen gehen noch weiter und vertreten die These, dass sich die Gleichheit nicht auf die Kooperation, sondern auf gleiche natürliche Eigenschaften wie die Leidensfähigkeit bezieht (Singer). Daraus schließen sie, dass der Gleichheitsgrundsatz auch für die Beziehung zwischen Mensch und Tier gilt. In jedem Fall bedeutet der Gleichheitsgrundsatz im egalitären Sinne, dass eine Gleichbehandlung immer dann moralisch geboten ist, wenn es nicht ausnahmsweise besondere Gründe für eine unterschiedliche Behandlung von Subjekten gibt. Die Ungleichheit und nicht die Gleichheit oder Gleichbehandlung muss gerechtfertigt werden. Grundlage der egalitaristischen Ethik ist also die These von der Vermutung (Präsumption) der Gleichheit. Der Gleichheitsgrundsatz ist in diesem Sinne ein Prinzip, das die Argumentationslast regelt, indem er festlegt, wer was rechtfertigen muss. Er ist ein Verfahrensprinzip. In den Augen der Egalitaristen ist der Gleichheitsgrundsatz selbstevident. Er bedarf keiner weiteren Rechtfertigung oder Argumentation.

Systemischer Fehlschluss

Ich vermute, dass dieser Ansatz auf einer bestimmten Art von Irrtum beruht, der darin besteht, dass die Anwendung eines Grundsatzes über das System hinaus ausgedehnt wird, für das er gerechtfertigt ist, indem die spezifischen Bedingungen dieses Systems ignoriert werden. Das Gebot der Gleichbehandlung unter der Bedingung der Kooperation wird über das System der Kooperation hinaus ausgedehnt, indem ignoriert wird, dass nur die Kooperation den Sinn liefert, unter dem Gleichbehandlung geboten sein kann. Das Gebot der Gleichbehandlung ist nicht selbstverständlich. Es ist durch das Argument der Kooperation begründet. Ohne diesen Zusammenhang leidet das Gebot der Gleichbehandlung an einem Rechtfertigungsmangel.

Die These der Gleichheitsvermutung erinnert mich an ein berühmtes Argument, mit dem die Theologen des Mittelalters die Existenz Gottes zu beweisen versuchten. Sie argumentierten, dass jedes innerweltliche Phänomen auf einer Ursache beruht. Daraus folgerten sie, dass alles, was existiert, verursacht ist. Wenn die Welt als Ganzes existiert, muss sie verursacht worden sein. Und die Ursache der Welt als Ganzes ist das, was sie Gott nannten. Sie ignorierten die Tatsache, dass systemische Bedingungen nur für das betreffende System gelten und nicht für Beziehungen, die über dieses System hinausgehen. Sie übersahen, dass die Bedingungen, die innerhalb der Welt gelten, nicht auch für die Welt als Ganzes gelten müssen.

19.3 Gibt es ein Menschenrecht gegen Diskriminierung aus rassistischen, sexistischen u. ä. Gründen?

Bisher haben wir geklärt, dass sich die Menschenrechte per Definition auf jeden Menschen beziehen, sodass die Menschenrechte nicht *gleiche* Rechte, sondern *dieselben* Rechte sind. Gleichheit ist etwas anderes als Menschenrechte. Des Weiteren haben wir klargestellt, dass sich der Gleichheitsgrundsatz auf die gerechte Verteilung der Lasten und des Nutzens der Zusammenarbeit auf die Teilnehmer der jeweiligen Kooperationsgemeinschaft bezieht. Gleichheit ist also kein universeller Standard, sondern ein Standard, der nur auf bestimmte Gemeinschaften angewendet werden kann. Es gibt aber noch einen anderen Aspekt der Gleichheit. Es gibt eine Art von Ungleichbehandlung, die nicht mit einer gerechten Verteilung von Lasten und Vorteilen zu tun hat, sondern in der Abwertung und Demütigung menschlicher Individuen wegen bestimmter Eigenschaften besteht, die die Betroffenen nicht ändern können oder die zu ändern ihnen nicht zugemutet werden

Diskriminierung wg. unverfügbarer Merkmale

darf. Ich denke dabei an Fälle, in denen Menschen aufgrund ihres Geschlechts, ihrer „Rasse", Hautfarbe, Sprache, Religion, politischen oder sonstigen Anschauung, sozialen Herkunft, Zugehörigkeit zu einer nationalen Minderheit und ähnlichem ungleich behandelt werden, ohne dass dadurch Menschenrechte verletzt werden.

Diskriminierungsverbot als Menschenrecht

Nehmen wir den Fall von zwei Flugbegleitern. Beide verdienen einen angemessenen Betrag, aber eine von ihnen verdient 400 Euro weniger als der andere, weil sie weiblich ist, während der andere männlich ist. Man kann diesen Fall im Sinne einer gerechten Lasten-Nutzen-Verteilung diskutieren. Wenn beide die gleiche Arbeit leisten und dabei die selbe Produktivität aufweisen, gibt es keine Rechtfertigung für ungleiche Bezahlung. Man kann die ungleiche Bezahlung aber auch als Ausdruck einer Abwertung und Demütigung des weiblichen Geschlechts verstehen. Gleiches gilt für den Fall der römisch-katholischen Kirche, in der Frauen grundsätzlich keinen Zugang zu höheren Ämtern wie dem Amt eines Priesters oder Bischofs haben. Liegt es daran, dass die Männer in der Kirche ihre Privilegien aus egoistischen Gründen verteidigen wollen, oder wird ihr Verhalten von einer grundsätzlichen Haltung der Abwertung und Erniedrigung des weiblichen Geschlechts gelenkt? Im folgenden Fall ist die Situation klarer. Jemandem wird der Zugang zu einem öffentlichen Theater oder Restaurant verweigert, nur weil er schwarz ist. Zwischen jemandem, der ein Theater besuchen möchte, und dem Besitzer des Theaters, der ihm den Zutritt verweigert, gibt es keine Ebenen der Zusammenarbeit. In diesem Fall beginnt die Zusammenarbeit zwischen den beiden erst mit der Gewährung des Zugangs, weil dadurch ein Vertrag zwischen den beiden geschlossen wird, der eine Gemeinschaft der Zusammenarbeit zwischen ihnen begründet. Wir haben hier also einen Fall, bei dem ganz klar ist, dass die Situation nicht durch egoistische Interessen an einer ungerechten Nutzen-Lasten-Verteilung motiviert ist, sondern einfach durch die rassistische Einstellung des Eigentümers. Der Eigentümer hält einen Menschen allein aufgrund seiner Hautfarbe für unwürdig, das Theater zu besuchen. Wie sind solche Fälle zu beurteilen?

Rangtheorie der Menschenwürde

Einige Philosophen sind der Meinung, dass solche diskriminierenden Verhaltensweisen als Verletzung der Menschenrechte zu betrachten sind, da die Diskriminierung aufgrund der Rasse, des Geschlechts oder Ähnlichem eine Missachtung der Menschenwürde darstelle. Sie sind der Meinung, dass es Rechte geben müsse, die der Verteidigung und dem Schutz vor solcher Missachtung dienten. Solche Rechte, die der Verteidigung und dem Schutz vor der Missachtung der Menschenwürde dienen, seien als Menschenrechte zu betrachten. Daraus folge, dass es ein Menschenrecht gebe, nicht aufgrund von Geschlecht, Rasse usw. diskriminiert zu werden. Diese Philosophen betrachten die Menschenwürde als einen Status oder einen Rang, der eine bestimmte Art von Respekt gegenüber dem Träger des Status verlangt. So ist die Verweigerung des Zugangs zu einem Theater allein aufgrund der Hautfarbe sozusagen ein Akt der „Majestätsbeleidigung". Die Menschenrechte haben nach dieser Auffassung die Funktion, Menschen vor einer solchen Beleidigung ihrer ihnen als Menschen zukommenden Majestät zu schützen (Waldron, Stöcker).

Dies ist jedoch kein Verständnis von Menschenwürde und Menschenrechten, das auf dem absoluten Wert der Personalität beruht. Wenn einem Menschen der Zugang zu einem Theater verwehrt wird, läuft er nicht Gefahr, in seiner Personalität verletzt zu werden. Dies gilt auch dann, wenn der Zutritt nicht wegen seiner Unfähigkeit verweigert wird, den Eintrittspreis zu bezahlen, sondern aus rassistischen Gründen. Diese Fälle von Diskriminierung sind daher nicht als Verletzung der Menschenrechte zu werten.

Dies ist jedoch nur ein Teil der Geschichte. Wir müssen auch berücksichtigen, dass eine regelmäßige und weit verbreitete gesellschaftliche Praxis des Ausschlusses von Menschen aus Theatern allein wegen ihrer Hautfarbe eine soziale Atmosphäre erzeugt, in der die Betroffenen sich selbst zunehmend als minderwertig betrachten müssen, weil sie von ihren Mitmenschen als minderwertig betrachtet werden. Sie laufen Gefahr, das Bewusstsein und die Selbstachtung als Person zu verlieren und kein Vertrauen mehr in ihre eigene Kompetenz zu haben, ihr Leben auf der Grundlage eigener Überlegungen und Reflexionen zu führen. Sie beginnen dann, sich dem Willen anderer zu unterwerfen. Gleichzeitig führt die allgemeine Akzeptanz von Diskriminierung aufgrund des Geschlechts, der Rasse usw. dazu, dass die Mehrheit der Bevölkerung zu der Überzeugung gelangt, dass der diskriminierte Teil der Bevölkerung tatsächlich weniger wert ist und nicht als Träger der gleichen Menschenrechte angesehen werden kann. Früher oder später werden solche Haltungen zu schweren Menschenrechtsverletzungen führen.

Risiken für Menschenrechte

Einzelne diskriminierende Handlungen können nicht als Menschenrechtsverletzungen angesehen werden, da sie keine ernsthafte Bedrohung für die Personalität des

Opfers darstellen. Langfristig gesehen stellen diskriminierende Handlungen jedoch eine Gefahr für die Menschenrechte dar. Sie müssen im Interesse der Verhinderung von Verhaltensweisen, die irgendwann zu schweren Menschenrechtsverletzungen führen können, verboten werden. Ein Staat, der sich dem Schutz der Menschenrechte verpflichtet fühlt, hat daher die Pflicht, mit den Mitteln des positiven Rechts gegen Diskriminierung vorzugehen. Gesetze, die Diskriminierung verbieten, sollten daher nicht als Positivierung überpositiver Menschenrechte, sondern als Vorsorgemaßnahme durch positives Recht verstanden werden.

19.4 Gibt es ein Menschenrecht gegen Diskriminierung wegen der Inanspruchnahme von Menschenrechten?

Es gibt noch eine weitere Variante der Diskriminierung im Zusammenhang mit den Menschenrechten. Sie besteht in der Zufügung von Nachteilen, weil jemand von seinen Menschenrechten in besonderer Weise Gebrauch macht. Betrachten Sie den folgenden Fall:

Ein katholischer Chefarzt arbeitete in einem katholischen Krankenhaus. In seinem Arbeitsvertrag hieß es: „Von katholischen Angestellten wird erwartet, dass sie die Grundsätze der katholischen Lehr- und Morallehre anerkennen und beachten." Nach seiner Scheidung heiratete er wieder. Dies verstößt gegen die katholische Doktrin. Daraufhin kündigte ihm der Krankenhausträger das Arbeitsverhältnis. Gegen die Kündigung erhob der Arzt Kündigungsschutzklage. Der EuGH und anschließend das Bundesarbeitsgericht erklärten seine Kündigung für rechtswidrig, weil sie erstens gegen Artikel 21 der EU-Grundrechtecharta verstoße (Verbot der Diskriminierung wegen der Religion) und zweitens auch mit einer EU-Richtlinie unvereinbar sei, die es verbiete, Personen aus Gründen der Religion schlechter zu behandeln als andere. Das Hauptargument der Urteile war, dass katholische Arbeitnehmer diskriminiert würden, weil ihre nichtkatholischen Kollegen nicht in gleicher Weise mit dem Risiko einer Kündigung konfrontiert seien, wenn sie nach Scheidung ebenfalls wieder heirateten.

Ich habe einige Zweifel daran, ob es sich in diesem Fall um eine Diskriminierung wegen der Religion handelt. Es scheint eher um das Recht auf Eheschließung und Familienleben zu gehen. Der Chefarzt wurde zwar nicht daran gehindert, wieder zu heiraten. Er sollte, um das Recht auf Eheschließung wahrnehmen zu können, nur einen Preis zahlen, nämlich den Verlust des Arbeitsplatzes. Dabei handelt es sich um einen Preis, die ein im selben Krankenhaus angestellter Arzt nicht zahlen muss, wenn er einer anderen oder gar keiner Religionsgemeinschaft angehört. Der Grund für den Skandal liegt also darin, dass die Wahrnehmung der Menschenrechte nicht von einem besonderen Opfer abhängig gemacht werden darf, das andere in vergleichbarer Lage nicht erbringen müssen.

Die Frage, ob die Inanspruchnahme von Menschenrechten einen Preis haben darf, ist keine Frage, die durch das Menschenrechtsregime selbst beantwortet wird. Vielmehr liegt die Antwort immer in der Systematik des jeweiligen einfachen Rechts, das im Einzelfall anzuwenden ist. Dies wird sogar durch die EU-Richtlinie bestätigt, die im Chefarzt-Fall zur Anwendung kommen sollte. In Artikel 4 dieser Richtlinie (Richtlinie 2000/78/EG des Rates vom 27. November 2000) ist vorgesehen, dass:

> eine unterschiedliche Behandlung … keine Diskriminierung darstellt, wenn das betreffende Merkmal aufgrund der Art einer bestimmten beruflichen Tätigkeit oder der Bedingungen ihrer Ausübung eine wesentliche und entscheidende berufliche Anforderung darstellt, ….

Diese Bestimmung zeigt, dass der Genuss von Menschenrechten in bestimmten Situationen mit einem gewissen Preis verbunden sein kann. Einerseits ist es für einen Arzt keine berufliche Voraussetzung, nicht ein zweites Mal zu heiraten. Andererseits ist es für einen katholischen Priester ein berufliches Erfordernis, überhaupt nicht zu heiraten. Wenn er von seinem Menschenrecht auf Eheschließung Gebrauch machen will, muss er den Preis dafür zahlen, indem er seinen Beruf aufgibt. Für den Funktionär einer politischen Partei kann es eine berufliche Anforderung sein, keine politische Meinung zu äußern, die mit der politischen Ausrichtung der Partei unvereinbar ist. Für den Angestellten einer Tabakfabrik kann es eine berufliche Verpflichtung sein, sich nicht an einer Anti-Raucher-Kampagne zu beteiligen. Sie alle müssen den Preis dafür zahlen, wenn sie von ihren Menschenrechten Gebrauch machen. Daher kann man nicht sagen, dass man Menschen unter allen Umständen gleich behandeln muss, unabhängig davon, wie sie ihre Menschenrechte ausüben. Ein generelles Diskriminierungsverbot gibt es in dieser Hinsicht nicht. Diskriminierungsverbote sind in der Logik des Kontextes begründet, in dem sie stehen, nicht in den Menschenrechten.

? Zur Wiederholung

19.1 Was fügen Artikel 2 AEMR und Artikel 14 EMRK der Liste der Menschenrechte hinzu?

19.2 Warum hat der Ausdruck „gleiche Menschenrechte" nichts mit dem Prinzip der Gleichheit zu tun?

19.3 Was ist die Funktion des Gleichheitsprinzips?

19.4 Gibt es ein Menschenrecht, nicht diskriminiert zu werden wegen des Geschlechts, der „Rasse", der Hautfarbe, der Religion, der politischen oder anderer Meinung, der sozialen Herkunft, der Zugehörigkeit zu einer nationalen Minderheit etc.?

Antworten siehe ▶ Kap. 21.

Leseempfehlungen

Gosepath, Stefan: *Verteidigung egalitärer Gleichheit*. In: DZPhil 51/2 (2003), 275–297

Krebs, Angelika: *Gleichheit oder Gerechtigkeit. Die Kritik am Egalitarismus*. http://www.gap-im-netz.de/gap4Konf/Proceedings4/pdf/6%20Pol1%20Krebs.pdf

Krebs, Angelika: *Gleichheit oder Gerechtigkeit. Texte der neueren Egalitarismuskritik*. Frankfurt 2000

Michel, Heiner: *Kein Vorrang der Gleichheit*. In: ARSP 95/3 (2009), 384–394

Stoecker, Ralf: *Menschenwürde und das Paradox der Entwürdigung*. In: ders. (Hrsg.): Menschenwürde. Annäherung an einen Begriff. Wien 2003, S. 133–151

Singer, Peter: *All Animals are Equal / Alle Tiere sind gleich (eng /dt)*. Stuttgart 2022

Tugendhat, Ernst: *Vorlesungen über Ethik*. Frankfurt/M 1995 [S. 373 ff.]

Waldron, Jeremy: *Dignity and Rank*. In: European Journal of Sociology 48 (2007), 201

Rechtsprechung

EuGH, Urt. v. 11.09.2018 – C-68/17 –, ECLI:EU:C:2018:696, http://curia.europa.eu/ (Chefarzt)

EGMR, Urt. v. 27.11.2018 – 14988/09 –, „Alejseyev et al ./. Russia", HUDOC

Konflikte zwischen Rechten

Inhaltsverzeichnis

20.1 Methoden zur Lösung von Normkonflikten – 429

20.2 Handlungsfreiheit gegen Handlungsfreiheit – 430

20.3 Menschenrechts*hof* gegen Handlungsfreiheit – 431

20.4 Menschenrechts*hof* gegen Menschenrechts*hof* – 433

20.5 Handlungsfreiheit gegen Menschenrechts*kern* – 435

20.6 Menschenrechts*hof* gegen Menschenrechts*kern* – 437

20.7 Menschenrechts*kern* gegen Menschenrechts*kern* – 440
20.7.1 Nichthandeln vor Handeln – 440
20.7.2 Moralische Dilemmata – 443

Leseempfehlungen – 448

© Der/die Autor(en), exklusiv lizenziert an Springer-Verlag GmbH, DE, ein Teil von Springer Nature 2023
P. Tiedemann, *Philosophische Grundlagen der Menschenrechte*, Springer-Lehrbuch, https://doi.org/10.1007/978-3-662-65533-7_20

Konflikte bei Freiheitsrechten und Menschenrechten

Das Bundesverfassungsgericht hat eine Doktrin entwickelt, nach der sich die Gerichte bemühen müssen, in allen denkbaren Rechtskonflikten eine so genannte „praktische Konkordanz" zu finden (BVerfGE 28, 244 [261]; 35, 202 [225]). Demgegenüber zeigt die philosophische Analyse, dass die angemessene Lösung von Konflikten im Bereich der Freiheits- und Menschenrechte davon abhängt, welche Position in diesem Bereich betroffen ist. Es lassen sich drei Positionen unterscheiden:
(1) der Kernbereich der Menschenrechte;
(2) der Randbereich („Hof") der Menschenrechte; und
(3) der Bereich der Handlungsfreiheit.

Konflikte im Bereich der Handlungsfreiheit

In einem Konflikt zwischen der Handlungsfreiheit einer Person und der Handlungsfreiheit einer anderen Person sind verschiedene Arten der Einschränkung möglich, die dafür sorgen, dass „die Willkür des einen mit der Willkür des anderen nach einem allgemeinen Gesetz der Freiheit vereinigt werden kann" (Kant). Es ist immer möglich, eine praktische Konkordanz zu finden oder, alternativ, einen Abwägungsprozess zu betreiben. Einschränkungen müssen nach dem Grundsatz der Verhältnismäßigkeit gerechtfertigt sein (Beispiel: BVerfGE 80, 137, „Reiten im Walde").

Konflikte zwischen Handlungsfreiheit und dem Randbereich der Menschenrechte

Verhaltensweisen, die in den Randbereichs eines kodifizierten Menschenrechts fallen, sind als höherwertig anzusehen als Verhaltensweisen, die nur in den Schutzbereich der allgemeinen Handlungsfreiheit fallen. In einem solchen Konflikt ist Ersteres gegenüber Letzterem zu privilegieren (Beispiel: BVerfGE 104, 337, „Rituelles Schlachten").

Konflikte im Randbereich der Menschenrechte

Im Falle eines Konflikts zwischen einem Verhalten von Person A, das in den Randbereichs eines kodifizierten Menschenrechts fällt, und einem Verhalten von Person B, das ebenfalls in den Randbereichs eines kodifizierten Menschenrechts fällt, kann der Konflikt nur durch die Suche nach einer praktischen Konkordanz oder, wo dies nicht möglich ist, durch Abwägung gelöst werden (z. B. Recht auf Privatsphäre in der Öffentlichkeit ./. Pressefreiheit – BVerfGE 101, 361).

Konflikte zwischen Handlungsfreiheit und Kernbereich eines Menschenrechts

Bei Konflikten zwischen der Handlungsfreiheit und dem Kernbereich eines Menschenrechts ist stets dem durch das Menschenrecht geschützten Interesse der Vorzug zu geben. Für einen Abwägungsprozess oder eine praktische Konkordanz ist kein Raum (z. B. Einsatz von Feinstaub emittierenden Fahrzeugen ./. Recht auf Leben – BVerwGE 161, 201).

Konflikte zwischen dem Randbereich eines Menschenrechts und dem Kernbereich eines Menschenrechts

Bei Konflikten zwischen dem Randbereich eines Menschenrechts und dem Kernbereich eines Menschenrechts muss immer das durch den Kernbereich eines Menschenrechts geschützte Interesse überwiegen. Für einen Abwägungsprozess oder für eine praktische Konkordanz ist kein Raum (z. B. Abtreibung – BVerfGE 88, 203).

Konflikte zwischen den Kernbereichen zweier Menschenrechte

Konflikte zwischen zwei Interessen, von denen jedes durch den Kernbereich eines Menschenrechts geschützt ist, können sehr oft als Konflikt zwischen der moralischen Pflicht, etwas zu tun, und der moralischen Pflicht, etwas zu unterlassen, beschrieben werden. In diesen Fällen lässt sich der Konflikt fast immer dadurch auflösen, dass der Pflicht zur Unterlassung Priorität zugesprochen wird. Dies ergibt sich aus der Tatsache, dass die Verantwortung für Handlungen schwerer wiegt als die Verantwortung für Unterlassungen. Bei Handlungen tragen wir die Verantwortung nicht nur für das unmittelbare Ergebnis unseres Handelns, sondern auch für den weiteren Verlauf der Welt. Bei einer Unterlassung tragen wir nur die Verantwortung für die Folgen unseres unmittelbaren Verhaltens, nicht aber für den weiteren Verlauf der Welt (z. B. Terroranschlag durch Benutzung eines Flugzeugs mit unschuldigen Passagieren – BVerfGE 115, 118).

Moralische Dilemmata

Es ist nicht zu übersehen, dass es Konflikte zwischen den Kernbereichen der verschiedenen Menschenrechte gibt, die sich nicht durch die Unterscheidung von Handeln und Unterlassen lösen lassen. Nur in diesen Fällen haben wir es mit einem unlösbaren moralischen Dilemma zu tun.

Während juristische Dilemmata prinzipiell aus dem Rechtssystem ausgeschlossen werden sollen, können moralische Dilemmata nicht aus der Moral ausgeschlossen werden, da Moral induktiv entwickelt wird, während Recht deduktiv entwickelt wird.

Ein ernstes Problem für das Rechtssystem entsteht, wenn die gesamte Moral der Menschenrechte in das Rechtssystem implementiert wird und wenn die Moral der Menschenrechte moralische Dilemmata impliziert. Dann wird das Rechtssystem unvollständig.

20.1 Methoden zur Lösung von Normkonflikten

Nachdem nun mehr Klarheit über die Menschenrechte einerseits und über die Grundsätze der Handlungsfreiheit und Gleichheit andererseits besteht, möchte ich in diesem Kapitel das Problem der Normenkonflikte ansprechen. Die Lösung solcher Konflikte hängt davon ab, ob wir das betreffende Recht oder die normative Position als absolute Position oder als relative Position betrachten müssen.

Im Verlauf der Vorlesung haben wir zwischen drei verschiedenen Positionen unterschieden (siehe ◘ Abb. 20.1):

3 Arten von Schutzbereich

(1) den Kernbereich der Menschenrechte;
(2) den Randbereich („Hof") der Menschenrechte; und
(3) den Bereich der Handlungsfreiheit.

In der Rechtsprechung ist es leider nicht üblich, zwischen diesen drei Bereichen zu unterscheiden. Daher ist es oft nicht klar, welche Kriterien die Gerichte zur Lösung normativer Konflikte heranziehen.

Das Bundesverfassungsgericht hat nur eine sehr vage Theorie entwickelt, wonach die Gerichte bei allen denkbaren Rechtskollisionen bestrebt sein müssen, eine so genannte „praktische Konkordanz" herbeizuführen. Dieser Begriff wurde erstmals in zwei Urteilen des Gerichts aus den Jahren 1970 und 1973 eingeführt.

praktische Konkordanz

Unabhängig davon, ob der Konflikt nur die Handlungsfreiheit oder den Rand oder sogar den Kern eines Menschenrechts betrifft, muss das Gericht nach dieser Lehre nach einem Kompromiss (gerechter Ausgleich) suchen, der es den Parteien ermöglicht, ihre widerstreitenden Rechte optimal zu verwirklichen. Nur in Fällen, in denen ein solcher Kompromiss nicht möglich zu sein scheint,

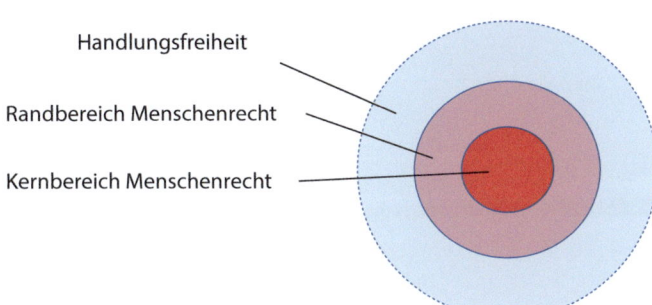

◘ Abb. 20.1   Drei Bereiche der Freiheit

sollte das Gericht zu einem Abwägungsprozess übergehen. Die Kriterien dieses Prozesses und insbesondere die Frage nach dem relativen Gewicht der einzelnen kollidierenden Rechte bleiben offen. Der EGMR hat sich diese Doktrin noch nicht zu eigen gemacht. Soweit ich sehen kann, wurde sie nur einmal in einer abweichenden Meinung von 2007 von Ad-hoc-Richter Heinz Schäffer aus Österreich erwähnt. Durch eine klare Unterscheidung zwischen den drei Bereichen werden Konfliktentscheidungen wesentlich transparenter und nachvollziehbarer.

20.2 Handlungsfreiheit gegen Handlungsfreiheit

Die erste Variante eines Normkonflikts ist ein Konflikt zwischen den Handlungsfreiheiten zweier verschiedener Personen. Nach dem berühmten Diktum von Immanuel Kant wird die Handlungsfreiheit einer Person durch die Handlungsfreiheit einer anderen Person eingeschränkt (siehe ◘ Abb. 20.2):

> » Das Recht ist der Inbegriff der Bedingungen, unter denen die Willkür des einen mit der Willkür des anderen nach einem allgemeinen Gesetz der Freiheit zusammen vereinigt werden kann.

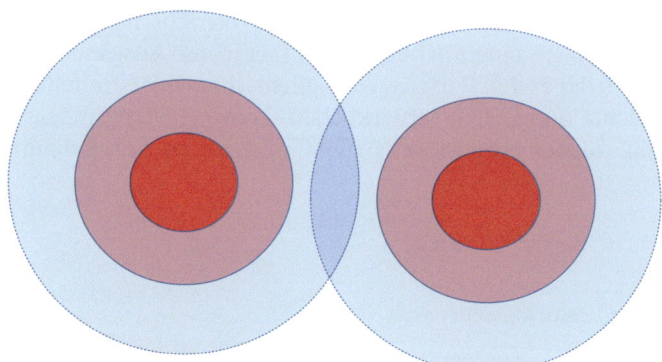

◘ Abb. 20.2 Handlungsfreiheit gegen Handlungsfreiheit

Dieser Grundsatz löst jedoch keine konkreten Konflikte, da derselbe Grundsatz auf die Freiheiten aller beteiligten Personen angewendet werden muss. Da die Grenzen der Freiheit des „anderen" nicht festgelegt sind, ist es auch nicht möglich, die Grenzen der Freiheit des „einen" zu bestimmen.

Wir brauchen also eine verbindliche Entscheidung. Dies ist die Aufgabe des Gesetzgebers und in Konflikten, die nicht gesetzlich geregelt sind, die Aufgabe der Gerichte. Die Handlungsfreiheit ist nur durch den Freiheitsgrundsatz geschützt, der nach Maßgabe des Verhältnismäßigkeitsgrundsatzes in großem Umfang Einschränkungen zulässt. Absoluten Schutz gibt es in diesem Bereich nicht.

Ein klassischer Fall, der in diesen Bereich fiel, war der so genannte „Reiten im Walde"-Fall des Bundesverfassungsgerichts aus dem Jahre 1989. Aufgrund eines Gesetzes aus dem Jahr 1980 war das Reiten im Wald nur auf den durch Schilder als Reitwege gekennzeichneten Wegen erlaubt. Der Beschwerdeführer erhob Verfassungsbeschwerde mit der Begründung, diese Regelung schränke seine Handlungsfreiheit ein. Das Reiten im Wald verletze nicht die Rechte anderer, schädige den Wald nicht und verstoße nicht gegen die verfassungsmäßige Ordnung. Das Gericht entschied, dass das Verbot des Reitens im Wald außerhalb der ausgewiesenen Wege mit der Verfassung vereinbar ist. Grundlage dieser Entscheidung war eine generalisierte und abstrakte Regelung, die einem legitimen Ziel diente, nämlich der Vermeidung von Schäden, die sich aus möglichen Begegnungen zwischen Fußgängern und Pferden ergeben, sowie von Schäden, die sich aus der mit dem Reiten verbundenen Auflockerung des Waldbodens ergeben. Es handelt sich um eine typische Regelung, die die Willkür des einen und die Willkür des anderen, d. h. die Interessen von Fußgängern und Waldbesitzern einerseits und der Reiter andererseits nach einem allgemeinen Gesetz so miteinander verbindet, dass sie optimal realisiert werden können. Da die Regelung zudem geeignet, erforderlich und angemessen war, wurde sie vom BVerfG bestätigt.

„Reiten im Walde"

20.3 Menschenrechts*hof* gegen Handlungsfreiheit

Es gibt noch eine andere Variante des Konflikts zwischen der Handlungsfreiheit zweier Personen. Der Unterschied zum ersten Fall besteht lediglich darin, dass das Interesse von Person A in den „Hof" eines kodifizierten Menschen-

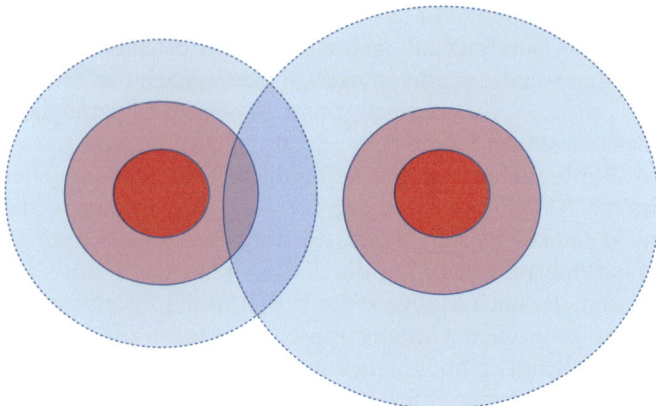

Abb. 20.3 Handlungsfreiheit gegen Randbereich Menschenrecht

rechts fällt, während das Interesse von Person B nicht in den Schutzbereich eines Menschenrechts fällt, sondern nur in den Bereich der allgemeinen Handlungsfreiheit (siehe Abb. 20.3). Obwohl sich der Randbereich eines Menschenrechts nur auf die Handlungsfreiheit bezieht, kann man sagen, dass Tätigkeiten, die vom Hof des Schutzbereichs eines kodifizierten Menschenrechts erfasst werden, eine besondere rechtliche Wertschätzung verdienen, die höher ist als die Wertschätzung von Tätigkeiten, die nur unter die allgemeine Handlungsfreiheit fallen. Aus dieser unterschiedlichen Gewichtung folgt, das Interessen, die vom Randbereich eines Menschenrechts erfasst werden, jenen vorzuziehen sind, die nur unter die allgemeine Handlungsfreiheit fallen.

Rituelles Schlachten

Ein gutes Beispiel für einen solchen Konflikt ist der Fall „Rituelles Schächten" des Bundesverfassungsgerichts von 2002. Der Konflikt in diesem Fall war jedoch nicht ein Konflikt zwischen zwei privaten Interessen, sondern ein Konflikt zwischen dem privaten Interesse eines muslimischen Metzgers an der Produktion von Fleisch, das von der muslimischen Gemeinschaft als halāl anerkannt wurde, und dem öffentlichen Interesse am Schutz der Tiere vor grausamen Schlachtungsmethoden. Das Tierschutzgesetz verbietet die Schlachtung von Tieren ohne Betäubung. Das Gesetz sieht jedoch eine Ausnahmegenehmigung vor, wenn dies erforderlich ist, um den Bedürfnissen von Angehörigen bestimmter Religionsgemeinschaften gerecht zu werden, die das Schlachten ohne Betäubung vorschreiben oder den Verzehr von Fleisch von Tieren, die mit Betäubung geschlachtet wurden, verbieten. Der Kläger, ein muslimischer

Metzger, wollte eine solche Ausnahmegenehmigung erhalten. Das BVerfG kam zu dem Ergebnis, dass das Interesse des Metzgers nur durch die allgemeine Handlungsfreiheit (Art. 2 Abs. 1 GG) und nicht durch das Recht auf Religionsfreiheit (Art. 4 Abs. 1 GG) geschützt sei, dass aber sein Interesse, in Übereinstimmung mit religiösen Vorschriften zu schlachten, relativ höher zu gewichten sei als das öffentliche Interesse am Tierschutz. Dieses höhere Gewicht folgt aus dem Umstand, dass es um Interessen ging, die in einem gewissen Zusammenhang mit dem Recht auf Religionsfreiheit standen, ohne aber in den Kernbereich der Religionsfreiheit zu fallen. Dem öffentlichen Interesse am Tierschutz wurde demgegenüber kein höherer Wert zugebilligt als irgendeinem beliebigen Interesse, das nur durch die allgemeine Handlungsfreiheit geschützt ist. Der Tierschutz genoss damals noch keinen Verfassungsrang (heute vgl. Art. 20a GG). Wichtig ist, dass das Gericht nicht feststellen konnte, dass das Schächtverbot den Kern des Rechts auf Religionsfreiheit verletzt.

20.4 Menschenrechts*hof* gegen Menschenrechts*hof*

◼ Abb. 20.4 zeigt den Konflikt zwischen dem Randbereich eines Menschenrechts und dem Randbereich eines anderen Menschenrechts. In einem solchen Fall kann man nicht sagen, dass eines der widerstreitenden Interessen gegenüber dem anderen höherwertig ist, da beide gleichermaßen vom Schutzbereich eines Menschenrechts erfasst sind. Daher muss dieser Konflikt auf die gleiche Weise behandelt werden wie Interessenkonflikte, die nur durch die allgemeine Handlungsfreiheit abgedeckt sind. Abwägungen und Kompromisse sind unproblematisch, weil Interessen, die in den Hof eines Menschenrechts fallen, nicht absolut geschützt sind. Sie sind zwar durch das positive Recht privilegiert, aber es besteht keine moralische Notwendigkeit, ihnen unbedingte Geltung zu verschaffen.

Typische Fälle sind solche, die sich auf den Konflikt zwischen Reputation und Medienfreiheit beziehen, wenn die inkriminierte Nachricht, die Gegenstand des Rechtsstreits ist, wahr ist. Die Freiheit der klassischen Medien gehört zum Bereich der freien Meinungsäußerung, fällt aber nicht in deren Kernbereich, da das Menschenrecht auf freie Meinungsäußerung keine privilegierten Gelegenheiten zum

„Prinzessin von Monaco"

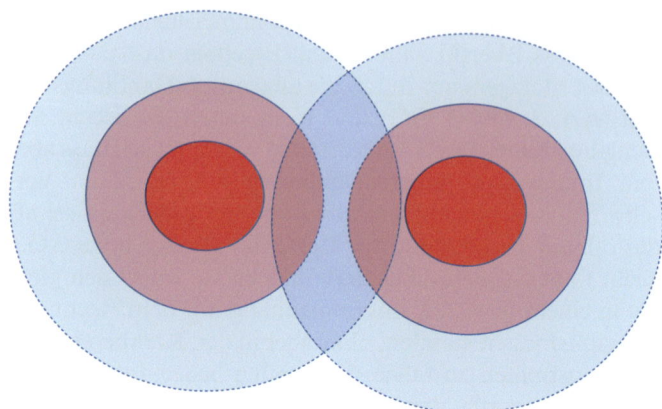

◘ Abb. 20.4 Randbereich gegen Randbereich Menschenrecht

Erhalt von Aufmerksamkeit schützt, die die klassischen Medien eindeutig genießen. Das Interesse an der Aufrechterhaltung eines guten Rufs in der Öffentlichkeit durch das Verbergen von Umständen, die diesem Ruf schaden, fällt zwar in den Anwendungsbereich des Rechts auf Privatsphäre, aber nicht in den Kernbereich dieses Rechts. Es ist also möglich, eine Abwägung der widerstreitenden Interessen vorzunehmen. Sind Informationen über die betreffende Person relevant, um eine öffentliche Meinung über wichtige Fragen des politischen, wirtschaftlichen oder kulturellen Lebens zu bilden, oder beruht das Interesse an den Informationen lediglich auf reiner Neugierde? Hier ein Beispiel:

Der Beschwerdeführer war 1982 wegen Mordes zu lebenslanger Haft verurteilt worden. Das Magazin DER SPIEGEL veröffentlichte damals Artikel über den Fall, in denen der Beschwerdeführer namentlich genannt wurde. Siebzehn Jahre später lud der Verlag die Artikel in das Online-Archiv des Magazins hoch, wo sie kostenlos und ohne Einschränkungen zugänglich waren. Gab man den Namen des Beschwerdeführers in eine der gängigen Internet-Suchmaschinen ein, wurden die fraglichen Artikel unter den ersten Suchergebnissen aufgeführt. Im Jahr 2002 wurde der Beschwerdeführer aus der Haft entlassen. Im Jahr 2013 reichte er eine Verfassungsbeschwerde ein, um der Zeitschrift zu untersagen, Informationen über das Strafverfahren zu verbreiten, die seinen Nachnamen enthalten. Er machte eine Verletzung seiner Menschenrechte geltend und argumentierte, dass die Online-Artikel ihn mit seiner früheren Straftat in Verbindung brächten und somit seinen derzeitigen Wunsch, soziale Beziehungen zu pflegen, beeinträchtigten und belasteten. Der Beschwerdeführer bestritt nicht, dass es sich bei dem dreißig Jahre zurückliegenden Mordprozess um ein bedeutendes zeitgeschichtliches Ereignis handelt; er argumentierte jedoch, dass die Öffentlichkeit kein anhaltendes Interesse daran hat, dass sein Name mit der Verurteilung in Verbindung gebracht wird, die dreißig Jahre zurückliege. In seinem Urteil „Recht auf Vergessenwerden I" von 2019 vertrat das BVerfG die Auffassung, dass hier zwei Grundrechte miteinander in Konflikt stehen und daher eine Abwägung erforderlich ist. Aus unseren Überlegungen in ▶ Kap. 10 und 11 geht hervor, dass es hier nicht um die Kernbereiche der Menschenrechte geht. Das „Recht auf Vergessenwerden" soll die Vertraulichkeit schützen. Die Informationen über die kriminelle Vergangenheit des Beschwerdeführers sollten verborgen werden, um zu verhindern, dass er aus sozialen Beziehungen ausgeschlossen wird. Wie wir gesehen haben, wird das Recht auf freie Meinungsäußerung durch Vorschriften zum Schutz der Vertraulichkeit nicht beeinträchtigt. Die Vertraulichkeit, um die es hier geht, ist hingegen keine Angelegenheit des Rechts auf Privatsphäre, denn die Tatsache, die verborgen werden soll, bezieht sich nicht auf das Privatleben hinter den Kulissen. Die Verurteilung fand auf offener Bühne statt. Es ist aber zu prüfen, ob das Interesse des Beschwerdeführers hier durch ein ungeschriebenes *Recht auf Zugehörigkeit* als vollwertiges Mitglied der Gesellschaft geschützt wird. Ich habe allerdings einige Zweifel, ob das Recht auf Zugehörigkeit im Allgemeinen und das Recht auf Vergessenwerden im Besonderen als Menschenrecht angesehen werden kann. In jedem Fall liegt das Interesse des Beschwerdeführers nur am Rande eines solchen Rechts und nicht im Kern. Folglich besteht ein Konflikt nur zwischen dem Randbereich des Rechts auf freie Meinungsäußerung und dem Randbereich eines möglichen Rechts auf Zugehörigkeit. Die Auflösung dieses Konflikts ist eine Frage der Abwägung oder der Suche nach praktischer Konkordanz und nicht eine Frage absoluter Rechte.

20.5 Handlungsfreiheit gegen Menschenrechts*kern*

◘ Abb. 20.5 zeigt den Konflikt zwischen der Handlungsfreiheit auf der einen Seite und dem Kernbereich eines Menschenrechts auf der anderen Seite. Es besteht kein Zweifel, dass das Interesse, das in den Kern des Schutz-

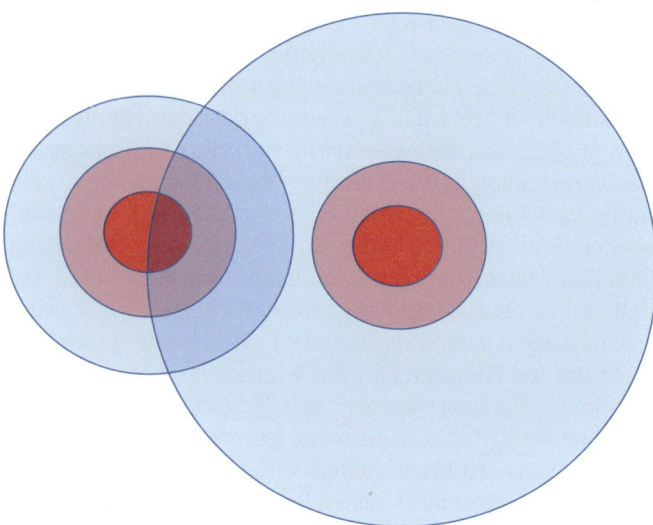

◘ Abb. 20.5 Handlungsfreiheit gegen Kernbereich Menschenrecht

bereichs des Menschenrechts fällt, Vorrang haben muss. Für einen Abwägungsprozess gibt es keine Grundlage, da der Schutzbereich des Menschenrechts absolut ist, während die Handlungsfreiheit nur einen relativen Schutz genießt.

Diesel Feinstaub

Betrachten Sie das folgende Beispiel. Im Jahre 2018 hatte sich das Bundesverwaltungsgericht mit einer Klage zu befassen, in der es im Kern um einen Konflikt zwischen Leben und Gesundheit einerseits und der Freiheit andererseits ging, Kraftfahrzeuge mit Dieselmotor zu fahren. Der Konflikt wurde dadurch ausgelöst, dass Dieselmotoren Feinstaub emittieren, der tief in die Lunge oder sogar in den Blutkreislauf eindringen und zu Herz-, Kreislauf- und Atemwegserkrankungen sowie zu Krebs führen kann und in einer signifikant hohen Zahl von Fällen zum Tod führt. Wenn sich auch nicht nachweisen lässt, dass ein einzelner zeitlich und örtlich genau definierter Betrieb eines Dieselkraftfahrzeugs zu schwerwiegenden Erkrankungen oder zum Tod individuell bestimmbarer Menschen geführt hat, steht doch fest, dass durch den Betrieb von Dieselfahrzeugen, Leib und Leben von Menschen verletzt werden. Der Konflikt lässt sich also als ein solcher zwischen den Rechten auf Leben und körperlicher Gesundheit einerseits und der Handlungsfreiheit anderseits beschreiben. Es ist offensichtlich, dass dieser Konflikt zugunsten der Menschenrechte auf Leben und körperliche Integrität gelöst werden muss und ein Verbot von Dieselfahrzeugen, insbesondere in Wohngebieten, gerechtfertigt ist.

In dem Prozess vor dem Bundesverwaltungsgericht (BVerwG) ging es allerdings nicht um diese Frage, sondern darum, wie weit die menschenrechtliche Schutzpflicht des Staates reicht. Wir haben im ▶ 15. Kapitel gesehen, dass der Staat und jeder Bürger zwar verpflichtet ist, die Verletzung von Menschenrechten zu unterlassen, aber das es kein absolutes Gebot gibt, die Bevölkerung vor Menschenrechtsverletzungen durch Dritte zu schützen. Vielmehr ist die Frage, ob, inwieweit und wodurch Schutz gewährt werden soll, stets eine Entscheidung voraussetzt, die im politischen Ermessen des Staates steht. Deshalb konnte sich das BVerwG darauf beschränken zu prüfen, ob sich die zuständigen Behörden an die gegebenen positiven Schutzgesetze gegen Feinstaubbelastung gehalten haben oder nicht. Es musste sich dafür nur mit dem einschlägigen Immissionsschutzrecht auseinandersetzten und die Thematik nicht auf der Ebene der Menschenrechte aufarbeiten.

20.6 Menschenrechts*hof* gegen Menschenrechts*kern*

Auch im Falle eines Konflikts zwischen dem Kernbereich eines Menschenrechts und dem Randbereich eines Menschenrechts (siehe ◘ Abb. 20.6) muss das Interesse, das durch den Kernbereich geschützt wird, Vorrang haben. Dieser Grundsatz wird in der Debatte um die Abtreibung häufig nicht beachtet.

In der Debatte um die Abtreibung wird meistens der Konflikt zwischen dem Leben des ungeborenen Kindes (Fötus) einerseits und dem Interesse der Mutter thematisiert, die Schwangerschaft nicht auszutragen und sich dem Stress der Geburt nicht auszusetzen. Da es kein Menschenrecht auf Freiheit von Schwangerschaft gibt, fällt das Interesse der Mutter eigentlich nur in den Schutzbereich der allgemeinen Handlungsfreiheit. Der US Supreme Court nahm in der Rechtssache Roe v. Wade (1973) dagegen an, dass das Recht auf Privatleben für die Mutter streite. Meines Erachtens kommt das allenfalls im Falle einer Schwangerschaft nach Vergewaltigung in Betracht. Aber die Frage kann dahingestellt bleiben. Denn jedenfalls fällt das Interesse, eine Schwangerschaft nicht auszutragen und eine Geburt zu vermeiden, nicht in den Kernbereich, son-

Abtreibung

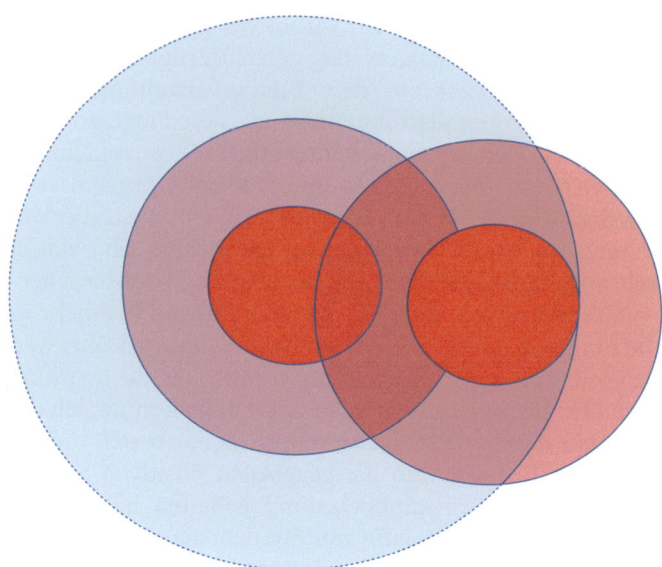

Abb. 20.6 Randbereich Menschenrecht gegen Kernbereich Menschenrecht

dern allenfalls in den Randbereich des Rechts auf Privatleben. Es kann deshalb kein Zweifel daran bestehen, dass sich das Interesse, das hinter dem Recht auf Leben steht, nämlich das Leben des Fötus, durchsetzen muss. Denn eine Tötung gegen oder ohne den Willen des getöteten Menschen betrifft immer den Kernbereich des Rechts auf Leben.

Einige Befürworter der Legitimität des Schwangerschaftsabbruchs bestreiten allerdings, dass durch die Tötung eines menschlichen Embryos oder Fötus das Recht auf Leben verletzt werden kann, solange der Fötus noch nicht ein bestimmtes Entwicklungsstadium erreicht hat. Dieses Argument bezieht sich direkt auf die Frage, ob menschliche Wesen als Personen betrachtet werden können, wenn sie die Fähigkeit zur Personalität noch nicht entwickelt haben und daher nur als potenzielle Personen oder Proto-Personen betrachtet werden können. Wie ich im ▶ Kap. 14 zu zeigen versucht habe, gibt es keinen relevanten Unterschied zwischen potenziellen Personen und voll entwickelten Personen, der es rechtfertigen könnte, menschliche Föten aus dem Schutzbereich des Rechts auf Leben auszuschließen.

Der US Supreme Court konnte gleichwohl zugunsten des Privatlebens der Mutter entscheiden, weil er das entgegenstehende Lebensrecht des Ungeborenen kommentarlos ignorierte. So gab es für das Gericht keinen Konflikt zwischen konkurrierenden Rechten, über den er hätte entscheiden müssen. Der US Supreme Court hat die Entscheidung „Roe versus Wade" im Jahre 2022 „overruled". In „Dobbs v Jackson Women's Health Organization" hat er festgestellt, dass das Recht auf Privatleben nicht die Freiheit umfasst, über das Leben des ungeborenen Menschen zu verfügen. Aber auch in dieser Entscheidung hat das oberste U.S. Gericht kein Menschenrecht auf Leben des ungeborenen Menschen anerkannt. Es hat bloß festgestellt, dass aus dem Recht auf Privatleben und aus der allgemeinen Handlungsfreiheit jedenfalls kein von der U.S. Verfassung verbürgtes Recht auf Abtreibung folgt. Daher ist es den Bundesstaaten freigestellt, ob und unter welchen Bedingungen sie Abtreibung zulassen oder verbieten wollen. Das Leben des ungeborenen Menschen ist nach Auffassung der amerikanischen Rechtsprechung also nach wie vor nicht durch ein Menschenrecht geschützt, sondern Gegenstand einer politischen Entscheidung des Gesetzgebers auf der Ebene der Bundesstaaten.

Anders das Bundesverfassungsgericht. In seiner Entscheidung von 1993 nahm das Gericht den Konflikt zur Kenntnis und nahm auch die zutreffende Bewertung vor, indem es die Abtreibung generell für rechtswidrig erklärte. Zu Recht kam es aber zu dem Ergebnis, dass daraus noch keine Pflicht des Staates folgt, die Abtreibung strafrechtlich zu verfolgen. Denn die Frage, ob, inwieweit und mit welchen Mitteln der Staat gegen Menschenrechtsverletzungen durch Dritte Schutz gewähren muss, ist, wie wir gesehen haben, von politischen Erwägungen abhängig. Die menschenrechtliche Schutzpflicht ist im Unterschied zur menschenrechtlichen Achtungspflicht nicht absolut. Deshalb ist es vertretbar, dass das BVerfG zu dem Ergebnis kam, dem Staat sei kein menschenrechtlicher Vorwurf zu machen, wenn er von der Strafverfolgung in dem Fall absehe, dass die Schwangere zuvor eine Schwangerschaftsberatung in Anspruch nimmt. Unplausibel ist dieses Urteil allerdings insoweit, als das Gericht es auch für zulässig hielt, die Kosten der Abtreibung durch die öffentliche Sozialversicherung finanzieren zu lassen und dem Arbeitgeber die Pflicht aufzuerlegen, die Schwangere zum Zwecke der Abtreibung von der Arbeit freizustellen. Insoweit verletzt der Staat nämlich eindeutig seine Achtungspflicht, weil er aktiv zur Abtreibung beiträgt.

20.7 Menschenrechts*kern* gegen Menschenrechts*kern*

Die ◘ Abb. 20.7 zeigt den harten Fall des Konflikts zwischen dem Kern eines Menschenrechts von Person A und dem Kern eines Menschenrechts von Person B. Jede Seite beansprucht absoluten Schutz. Keiner von beiden ist reduzierbar. Ein Bewertungs- oder Abwägungsprozess ist daher nicht möglich. Wie sollten wir mit einem solchen Konflikt umgehen?

Zunächst müssen wir zwischen zwei Arten von Fällen unterscheiden. Die erste Art von Fällen ist dadurch gekennzeichnet, dass der Verpflichtete vor der Entscheidung steht, entweder etwas zu unterlassen oder etwas zu tun. Die zweite Art von Fällen bezieht sich auf Situationen, in denen der Verpflichtete nur entweder etwas zu Gunsten von Person A oder etwas zu Gunsten von Person B tun kann und ein Unterlassen in jedem Fall falsch wäre.

20.7.1 Nichthandeln vor Handeln

Tun Unterlassen

Konflikte der ersten Art lassen sich nach dem Grundsatz *Nichthandeln vor Handeln* lösen. Dazu ein Fall aus der

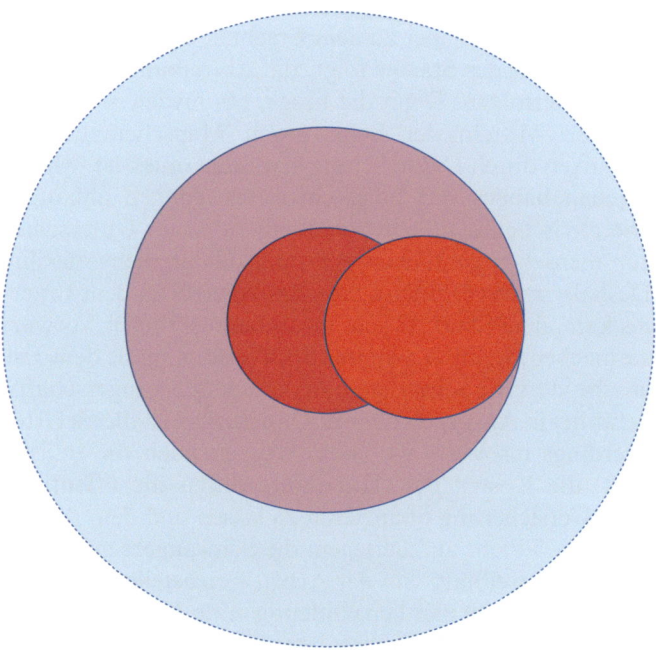

◘ Abb. 20.7   Kernbereich gegen Kernbereich Menschenrecht

deutschen Rechtsprechung: Das Bundesverfassungsgericht hatte über die Verfassungsmäßigkeit eines Gesetzes zu entscheiden, das den Verteidigungsminister ermächtigte, den Befehl zum Abschuss eines Flugzeugs zu erteilen, wenn Anhaltspunkte dafür vorliegen, dass das Flugzeug von Terroristen gekapert worden ist und als Bombe verwendet werden soll, um eine große Anzahl von Menschen zu töten („9/11-Szenario"). Das Gesetz beruhte im Wesentlichen auf dem utilitaristischen Gedanken, dass in einer solchen Situation das Leben und das Glück der Passagiere des Flugzeugs weniger Gewicht haben als das Leben und das Glück der Menschen, die die Ziele der Terroristen bilden, weil letztere Gruppe größer ist als die erstere. Das Bundesverfassungsgericht (2006) hat das Gesetz mit dem Argument für nichtig erklärt, dass die Menschenwürde eine Bewertung des Wertes des Lebens nach der Quantität nicht zulässt. Das Leben der Passagiere hätte den gleichen Wert wie das Leben der Menschen, die durch den Abschuss gerettet werden sollen. Es sei nicht zulässig, auch nur einen einzigen Menschen, aus welchen Gründen auch immer, zu töten. Denn das Recht auf Leben sei absolut und stehe niemals zur Disposition. Es ist offensichtlich, dass diese Argumentation nicht vollständig ist. Die Tatsache, dass sowohl der Wert der Passagiere an Bord als auch der Wert der Menschen, die gerettet werden sollen, gleich sind, gibt keinen Hinweis darauf, wie der Konflikt zu entscheiden ist. Einen Hinweis erhalten wir nur, wenn wir erkennen, dass es um einen Konflikt zwischen der Pflicht geht, die Tötung der Passagiere zu unterlassen, und der Pflicht, etwas aktiv zu tun, nämlich viele andere Menschen zu retten.

In den meisten Fällen gibt es sehr gute Argumente für die Meinung, dass die moralische Verantwortung für die Folgen unserer aktiven Handlungen relativ höher ist als die moralische Verantwortung für die Folgen unserer Unterlassungen. Etwas zu unterlassen, heißt nur, den Lauf der Welt nicht zu stören. Wenn wir dagegen etwas aktiv tun, stoßen wir den Lauf der Welt an oder steuern ihn. Dadurch werden wir für die Folgen verantwortlich. Das ist riskant, wenn unsere Kontrolle über die Folgen unseres Handelns unvollständig und lückenhaft ist. In diesem Fall übernehmen wir eine Verantwortung, die wir eigentlich nicht tragen können. Es gibt noch ein weiteres Argument. Die moralische Pflicht, etwas zu tun, bezieht sich immer auf die Pflicht, einen anderen Menschen zu unterstützen oder zu retten. Jemandem zu helfen ist natürlich ein moralisches Verdienst. Aber eine Verpflichtung zur Hilfe oder

Rettung kann sich nur auf die Anwendung von Mitteln beziehen, die mit der Moral in Einklang stehen. Wir können nicht moralisch verpflichtet sein, einen anderen dadurch bei der Verteidigung seiner Rechte zu unterstützen, dass wir dieselben Rechte eines anderen verletzen.

Notwehr

Es gibt jedoch Fälle, in denen das Entscheidungsprinzip *Nichthandeln vor Handeln* zu keinem überzeugenden Ergebnis führt. Das sind die Fälle der Notwehr und der Nothilfe. In diesen Fällen erlaubt es das Gesetz, einen rechtswidrigen Angriff abzuwehren, auch wenn das den Verlust von Gütern des Angreifers zur Folge hat, die ebenfalls rechtlich geschützt sind. (vgl. § 32 StGB). Uns interessieren hier die Fälle, in denen die Abwehr, um erfolgreich zu sein, notwendigerweise darin bestehen muss, den Angreifer in Gütern zu verletzen, die menschenrechtlich geschützt sind. Gebietet hier der absolute Wert dieser Güter es nicht, auf die Notwehr zu verzichten und stattdessen die Beschädigung der eigenen Rechtsgüter hinzunehmen?

Eine solche Duldungspflicht wird man in der Tat annehmen müssen, wenn die zu verteidigenden Güter selbst keinen menschenrechtlichen Rang haben, aber gleichwohl nur dadurch geschützt werden können, dass menschenrechtlich relevante Güter des Angreifers verletzt werden. Es kann beispielsweise moralisch nicht gerechtfertigt werden, einen Angriff auf nicht überlebensnotwendige Sachen dadurch abzuwehren, dass man den Angreifer tötet. Wie aber, wenn der Angreifer selbst seinem Opfer nach dem Leben trachtet? In diesem Fall haben wir einen Konflikt zwischen Menschenrechtskern und Menschenrechtskern. Muss nicht auch in einem solchen Fall der Angegriffene lieber sein Leben opfern als den Angreifer zu töten? Die Regel vom Vorrang des Unterlassens gegenüber dem Handeln würde dies gebieten.

In einer Notwehrsituation dieser Art steht der Mensch vor der Alternative, entweder die Menschenrechtsgüter des Angreifers um den Preis zu achten, dass die eigenen aufgegeben werden, oder die eigenen zu schützen, indem die des Angreifers verletzt oder vernichtet werden. Wer sich für die erste Alternative entscheidet, verzichtet damit auf die Bedingungen der Möglichkeit, selbst ein menschenwürdiges Leben zu führen. Denn ein solches Leben ist nur unter der Bedingung möglich, dass die menschenrechtlich geschützten Güter zur Verfügung stehen. Wer also in einer Notwehrsituation die Menschenrechtsgüter des Angreifers achtet, missachtet zugleich die eigenen Menschenrechtsgüter und verzichtet damit auf seine eigene Selbstbestimmung. Das aber verlangen die Menschenrechte nicht, denn sie gewichten die Rechtsgüter anderer nicht höher als die eigenen. So wenig, wie Menschenrechte dadurch verletzt werden können, dass jemand es unterlässt, anderen in existenzieller Not zu helfen, so wenig werden sie dadurch verletzt, dass er seine eigenen menschenrechtlich geschützten Güter um den Preis der Verletzung der Güter des Angreifers verteidigt. In beiden Fällen geht es um die Wahrung der eigenen menschenwürdigen Lebensbedingungen. Dieselben Argumente, die dazu führen, dass aus der Menschenwürde keine allgemeinen menschenrechtlichen Hilfspflichten abgeleitet werden können (vgl. ▶ Abschn. 15.6), rechtfertigen somit auch die Notwehr. Dieser Gedanke muss auch für die Problematik des finalen Rettungsschusses fruchtbar gemacht werden.

20.7.2 Moralische Dilemmata

Nun möchte ich einige Bemerkungen zur zweiten Fallgruppe machen. Diese Fälle zeichnen sich dadurch aus, dass es keine Wahl zwischen Tun und Unterlassen gibt. In diesen Fällen geht es nämlich nur um die Pflicht, etwas zu tun. Nehmen wir das folgende Beispiel. Ungeborene Zwillinge sind in der Gebärmutter der Mutter miteinander verbunden. Beide werden sterben, wenn sie nicht getrennt werden. Der Arzt kann die notwendige Operation durchführen, aber sie wird den Tod eines der Kinder zur Folge haben. Der Arzt steht vor der Frage, welches er retten und welches er töten soll. In diesem Fall steht es außer Zweifel, dass der Arzt verpflichtet ist, etwas zu tun, nämlich zumindest eines der Kinder zu retten. Das ist besser, als nichts zu tun. Aber er muss entscheiden, welches Kind er retten und welches er töten soll. Geben die Menschenrechte eine Antwort darauf, was zu tun ist? Wenn wir anerkennen, dass beide Kinder ein Recht auf Leben haben, stehen wir vor einem echten moralischen Dilemma, für das ich keine Lösung habe.

moralische Dilemmata

Die meisten Rechtstheoretiker sind sich einig, dass eine Rechtsordnung keine Dilemmata aufweisen darf. Sie muss vielmehr für jeden denkbaren Konflikt eine Lösung bereit halten. Wenn es zwei sich widersprechende Ansprüche gibt und jeder von ihnen durch eine Rechtsnorm legitimiert ist, muss es eine weitere Rechtsnorm geben, nach der der Konflikt entschieden werden kann. Es ist dies das Postulat der *Vollständigkeit und Konsistenz der Rechtsordnung*. Es lässt sich indes zeigen, dass dieses Postulat unerfüllbar ist, wenn

Vollständigkeit des Rechts

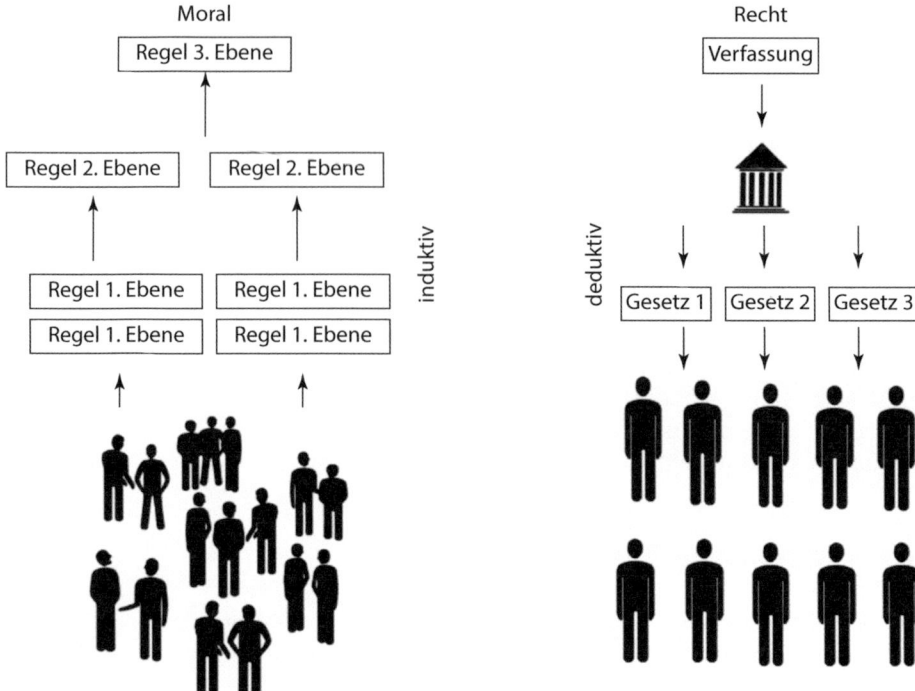

Abb. 20.8 Induktion der Moral/Deduktion des Rechts © Paul Tiedemann, Sophie Reinisch

eine Rechtsordnung nicht nur die eine oder die andere moralische Pflicht verrechtlicht, sondern wenn das gesamte System der Menschenrechte inkorporiert wird, also das Prinzip der Menschenwürde und alle daraus ableitbaren Menschenrechte. Um das Problem zu verstehen, müssen wir uns ein wichtiges Unterscheidungsmerkmal von Recht und Moral vor Augen führen (siehe ◘ Abb. 20.8).

Das moderne Rechtssystem beginnt mit allgemeinen und abstrakten Regeln, die in der Verfassung niedergelegt sind. Autorisierte Institutionen wie das Parlament, die Justiz oder die Verwaltung haben die Aufgabe, je nach ihrer Zuständigkeit und unter Beachtung des ihnen vorgegebenen Rechts den Korpus aller einzelnen detaillierten Regeln, Vorschriften und Einzelmaßnahmen zu einem kohärenten Rechtssystem zu konkretisieren. Man kann also sagen, dass das Rechtssystem von oben nach unten deduktiv aufgebaut ist. Es basiert auf einer intellektuellen Konstruktion, die sicherstellen soll, dass das System eine rechtliche Antwort auf jeden möglichen zukünftigen Rechtskonflikt enthält. Dies ist notwendig, weil die Parteien im Falle von Konflikten ein Gericht anrufen sollen, das dann über den Fall zu entscheiden hat. Das Gericht kann jedoch nur zugunsten der einen oder der anderen Partei entscheiden. Eine dritte Möglichkeit hat es nicht. Insbesondere kann es nicht die Entscheidung verweigern, denn das wäre das Ende des Gewaltmonopols des Staates und das Ende des sozialen Friedens.

Die Menschenrechte sind, wie wir gesehen haben, ursprünglich und in erster Linie moralische Rechte. Als juridische Rechte sind sie moralische Rechte, die in gesetzliche Rechte überführt worden sind. Die Menschenrechte bilden ein moralisches System. Für moralische Systeme gilt jedoch, dass sie im Unterschied zu Rechtssystemen keineswegs vollständig und konsistent sein müssen (Williams). Sie können schwerwiegende Unzulänglichkeiten aufweisen. Angesichts eines solchen Mangels lehrt uns das Moralsystem nicht, was wir in einer bestimmten Situation tun sollten. In solchen Situationen befinden wir uns vielmehr in einem moralischen Dilemma. Während also Rechtssysteme den Anspruch erheben, immer vollständig und konsistent zu sein, ist die Vollständigkeit eines Moralsysterms eher unwahrscheinlich. Was ist der Grund für diesen Unterschied?

Moralische Regeln werden nicht von oben nach unten entwickelt, also von den abstrakten Regelungen einer Verfassung herunter bis zu jeder Einzelfallentscheidung. Stattdessen werden moralische Regeln schrittweise über einen langen Zeitraum hinweg von unten nach oben entwickelt, von Fall zu Fall. Die Moral einer Gesellschaft besteht zunächst aus diffusen, sehr speziellen und aus besonderen Lebenssituationen entwickelten Regeln und Empfehlungen, die sich in der Praxis gesellschaftlicher Nahbeziehungen bewährt haben und dann schrittweise auf weitere Beziehungen und Konfliktlagen angewandt werden. Um diese moralischen Erfahrungen und Kenntnisse von einer Generation an die nächste weiterzugeben, werden aus diesem Material abstraktere und verallgemeinerte Regeln extrahiert, um sie leichter lehren und lernen zu können. So bewegt sich die Moral vom Partikularen zum Allgemeineren und Abstrakteren. Dieser Prozess führt schließlich zu hochentwickelten, aber sehr allgemeinen und abstrakten moralischen Regeln, wie sie in Kants Kategorischem Imperativ, der Goldenen Regel oder dem Prinzip der Menschenwürde zum Ausdruck kommen. Da die Moral induktiv entwickelt wird, kann es Situationen im Leben geben, in denen das gegebene moralische Regelwerk keine Antwort auf die Frage gibt, was zu tun ist. In einer solchen Situation sprechen wir von moralischen Dilemmata.

Unvollständigkeit der Moral

Die unterschiedliche Struktur von Moral und Recht hat für das Recht schwerwiegende Konsequenzen, wenn ein ganzes Moralsystem in das Recht übernommen wird und innerhalb der Rechtsordnung eine leitende Rolle übernimmt. Genau dies geschieht, wenn die Gesamtheit der moralischen Menschenrechte durch Kodifizierung in den Korpus des positiven Rechts übertragen wird.

Eine der wichtigsten Folgen dieser Übertragung ist, dass die Rechtsordnung mit moralischen Dilemmata konfrontiert wird, die dadurch zu rechtlichen Dilemmata werden, die mit Hilfe der erprobten und bewährten juridischen Konfliktregeln nicht mehr aufgelöst werden können. Wenn wir mit einem Konflikt zwischen Interessen konfrontiert sind, die beide durch den Kernbereich der Menschenrechte geschützt sind, ist es denkbar, dass es nicht möglich ist, eine rechtliche Lösung für das Problem zu finden. Was auch immer wir tun, es wird immer gegen den Wert der Menschenwürde verstoßen. Was immer wir tun, wird immer rechtswidrig sein.

rechtliche Dilemmata?

Eine Möglichkeit, auf derartige Dilemmata rechtlich zu reagieren, hat das Landgericht Frankfurt in dem Fall Daschner vorgeführt. Dabei hat es diesen Fall als einen Konflikt zwischen den Kernbereichen zweier Menschenrechte interpretiert, nämlich als einen Konflikt zwischen dem Recht auf Leben und dem Verbot der Folter. Ein Täter hatte den jungen Sohn eines Bankiers entführt. Im Zuge der polizeilichen Ermittlungen wurde er verhaftet. Er gab die Entführung zu, war aber nicht bereit, den Ort zu nennen, an dem er den Jungen gefangen hielt. Aus Angst um das Leben des Jungen drohte der stellvertretende Polizeipräsident Daschner dem Täter mit Folter, um herauszufinden, wo das Opfer festgehalten wurde. Dieser verriet schließlich den Ort. Als die Polizei dort eintraf, stellte sie jedoch fest, dass der Junge bereits einige Zeit vor Daschners Folterdrohung gestorben war.

Daschner wurde wegen der Folterdrohung angeklagt. Das Landgericht Frankfurt am Main belegte ihn mit einer Verwarnung und behielt sich nach § 59 StGB eine Geldstrafe von 10.800 Euro vor. Das Gericht erkannte an, dass das Verbot der Folter absolut ist und dass es keine Rechtfertigung dafür gibt, einen anderen Menschen zu foltern, selbst wenn dies als notwendig erachtet wird, um das Leben eines unschuldigen Kindes zu retten. (Tatsächlich gab es nichts mehr zu retten, da der Junge bereits tot war.) Dennoch hatte das Gericht auch eine gewisse Sympathie für Daschners Verhalten. (Zum Vergleich: Ein Urteil des

Obersten Gerichtshofs Israels aus dem Jahr 1999 zeigte weitaus weniger Sympathie für Folter, obwohl die israelischen Sicherheitsbehörden versuchten, sie in Situationen zu rechtfertigen, in denen es um wesentlich extremere Bedrohungen für Leib und Leben der israelischen Bevölkerung ging.) Das Landgericht verhängte daher eine sehr niedrige Strafe, die eigentlich nur symbolischen Wert hatte.

In den Augen des Gerichts handelte es sich in diesem Fall um ein moralisches Dilemma, das nur durch eine Art Symbolik und nicht durch eine ernsthafte strafrechtliche Antwort gelöst werden konnte. Meiner Meinung nach war es nicht notwendig, diesen Fall als moralisches Dilemma zu betrachten, da der Konflikt auf der Grundlage der unterschiedlichen moralischen Verantwortung zwischen Handlungen (hier: Folter) und Unterlassungen (hier: Rettung des Jungen) gelöst werden kann. Aber das ist eine andere Frage. Ich möchte mich hier nur auf die Lösung konzentrieren, die das Landgericht für einen Fall gefunden hat, der als moralisches Dilemma angesehen wurde. Und die Antwort lautet: Wir können auf moralische Dilemmata nur symbolisch reagieren. Diese Lösung kann natürlich in Frage gestellt werden. Es lässt sich bisher nicht feststellen, dass es innerhalb der praktischen Rechtswissenschaft oder der Rechtsphilosophie dazu schon zu abschließenden Ergebnissen gekommen ist.

Das Ende dieses Kapitels und damit das Ende des Buches konfrontiert uns mit offenen Fragen statt mit Antworten. Ich denke aber, dass dies für ein philosophisches Buch angemessen ist. Die Philosophie lehrt uns, die richtigen Fragen zu stellen. Sie garantiert uns nicht, dass wir zu befriedigenden Antworten gelangen werden. Daher ist die Philosophie eine nie endende Unternehmung.

❓ Zur Wiederholung

20.1 Was bedeutet „praktische Konkordanz"?

20.2 Die Suche nach praktischer Konkordanz ist angemessen, um Konflikte zwischen Interessen zu lösen, die durch die allgemeine Handlungsfreiheit geschützt sind oder solche, die durch den Randbereich von Menschenrechten geschützt sind. Warum?

20.3 Gibt es einen möglichen Entscheidungsstandard bei Konflikten zwischen Interessen, die den Kern von Menschenrechten betreffen?

20.4 Einheitlichkeit, Vollständigkeit und Widerspruchsfreiheit sind die drei Merkmale einer Rechtsordnung. Erkläre, warum. Warum sind diese Merkmale in Gefahr, wenn die Rechtsordnung von den Menschenrechten dominiert wird?

Antworten siehe ▶ Kap. 21.

Leseempfehlungen

Brune, Jens Peter: *Dilemma*. In: Marcus Düwell/Christoph Hübenthal/Micha H. Werner (Hrsg.): Handbuch Ethik. Stuttgart 2006, S. 331–337
Gewirth, Alan: *Are there Any Absolute Rights?*, In: The Philosophical Quarterly 31/122 (1981), 1-16
Gewirth, Alan: *There are Absolute Rights*. In: The Philosophical Quarterly 32/129 (1982), 348-353
Kant, Immanuel: *Metaphysik der Sitten, Einleitung in die Rechtslehre*. Königsberg 1798 (§ B)
Kelsen, Hans: *Reine Rechtslehre*. Tübingen 2017 (S. 566 ff.)
Williams, Bernard: *Widerspruchsfreiheit in der Ethik*. In: ders., Probleme des Selbst. Stuttgart 1978, S. 263–296

Rechtsprechung

BVerfG, Urt. v. 26.05.1970, BVerfGE 28, 244 [261] („Dienstpflichtverweigerung")
BVerfG, Urt. v. 05.06.1973, BVerfGE35, 202 [225] („Lebach")
BVerfG, Urt. v. 06.06.1989 – 1 BvR 921/85 –, BVerfGE 80, 137 („Reiten im Walde")
BVerfG Urt. v. 28.05.1993 – 2 BvF 2/90 –, BVerfGE 88, 203 („Abtreibung")
BVerfG, Urt. v. 09.11.1999 – 1 BvR 653/96 –, BVerfGE 101, 361 („Caroline von Monaco II")
BVerfG Urt. v. 15.01.2002 – 1 BvR 1783/99 –, BVerfGE 104, 337 („religiöses Schächten")
BVerfG Urt. v. 15.02.2006 – 1 BvR 357/05 –, BVerfGE 115, 118 („Luftsicherheitsgesetz")
BVerfG, Urt. v. 06.11.2019 – 1 BvR 16/13 –, („Recht auf Vergessenwerden I")
BVerwG, Urt. v. 27.02.2018 – 7 C 30/17 –, BVerwGE 161, 201 („Feinstaub")
EGMR, Urt. v. 15.11.2007 – 12556/03 –, „Pfeiffer v Austria" (abweichendes Votum Ad Hoc Richter Heinz Schäffer, Österreich), HUDOC
Landgericht Frankfurt am Main, Urt. v. 20.12.2004 – 5/27 KLs 7570 Js 203814/03 –, NJW 2005, 692 („Daschner")
US Supreme Court, Urt. v. 22.01.1973 „Roe v Wade" [410 U.S. 113]
US Supreme Court, Urt. v. 24.06.2022 „Dobbs v Jackson Women's Health Organization" [597 U.S. ___ (2022)
Supreme Court of Israel, Urt. v. 06.09.1999 concerning the legality of the general security Service's interrogation methods https://www.law.umich.edu/facultyhome/drwcasebook/Documents/Documents/Public%20Committee%20Against%20Torture%20v.%20Israel.pdf

Zur Wiederholung – die Antworten

Inhaltsverzeichnis

21.1 Antworten zu ▸ Kap. 1 – 451

21.2 Antworten zu ▸ Kap. 2 – 451

21.3 Antworten zu ▸ Kap. 3 – 452

21.4 Antworten zu ▸ Kap. 4 – 452

21.5 Antworten zu ▸ Kap. 5 – 453

21.6 Antworten zu ▸ Kap. 6 – 454

21.7 Antworten zu ▸ Kap. 7 – 454

21.8 Antworten zu ▸ Kap. 8 – 455

21.9 Antworten zu ▸ Kap. 9 – 456

21.10 Antworten zu ▸ Kap. 10 – 456

21.11 Antworten zu ▸ Kap. 11 – 457

21.12 Antworten zu ▸ Kap. 12 – 458

21.13 Antworten zu ▸ Kap. 13 – 458

21.14 Antworten zu ▸ Kap. 14 – 459

21.15 Antworten zu ▸ Kap. 15 – 460

21.16 Antworten zu ▸ Kap. 16 – 461

© Der/die Autor(en), exklusiv lizenziert an Springer-Verlag GmbH, DE, ein Teil von Springer Nature 2023
P. Tiedemann, *Philosophische Grundlagen der Menschenrechte*, Springer-Lehrbuch, https://doi.org/10.1007/978-3-662-65533-7_21

21.17	Antworten zu ▶ Kap. 17 – 461
21.18	Antworten zu ▶ Kap. 18 – 462
21.19	Antworten zu ▶ Kap. 19 – 462
21.20	Antworten zu ▶ Kap. 20 – 463

21.1 Antworten zu ▶ Kap. 1

✓ 1.1. hermeneia = Auslegung
Jede Interpretation beruht auf einem bestimmten Vorverständnis des Textes. Man muss bereits etwas über die Bedeutung des Textes wissen, bevor man weitere Erkenntnisse über die Bedeutung des Textes gewinnen kann.

1.2. Naturalistische Philosophie = Naturwissenschaft ohne empirische Mittel
Analytische Philosophie = Analyse von (Grund-) Begriffen, um unsere Sprache und unser Denken besser zu verstehen.

1.3. Quelle der Macht über Mitmenschen, indem man ihr Verhalten im Interesse der eigenen Interessen lenkt. Diejenigen, von denen die Erfüllung des Rechts verlangt wird, müssen glauben, durch das Recht gebunden (verpflichtet) zu sein.

1.4. Allgemeinheit (alle Menschen sind Träger von Menschenrechten);
Unverfügbarkeit (Menschenrechte werden anerkannt, nicht geschaffen);
Absolutheit (die Menschenrechte sind „unveräußerlich", sie können weder aberkannt noch gemindert werden);
Moralität (Menschenrechte sind primär moralische Rechte und erst sekundär juridische Rechte);
Universalität („gemeinsamer Glaube aller Völker");
Super-Positivität („vom Gesetz geschützt", nicht durch Gesetz geschaffen).

21.2 Antworten zu ▶ Kap. 2

✓ 2.1. Der moralische Standard des Utilitarismus ist „das größte Glück der größten Zahl". Der Utilitarismus ist mit der Idee der subjektiven Rechte unvereinbar, da er nicht zulässt, dass die Interessen einer bestimmten Person über die gleichen Interessen einer Vielzahl von Personen triumphieren.

2.2. Unlogisches Ableiten von Normen aus Fakten (vom Sein zum Sollen).

2.3. Die Vorstellung einer teleologischen Weltordnung beruht entweder auf einem naturalistischen Fehlschluss (Ableitung von Normen aus Fakten) oder auf einer Vorstellung vom Sinn des Lebens, die in einen unendlichen Regress führt.

2.4. Methodologischer Individualismus: Jede Art von moralischer oder wissenschaftlicher Theorie richtet sich an einzelne menschliche Personen und kann nur von diesen gebilligt oder verworfen werden, weil nur einzelne Personen mit Vernunft und Gewissen ausgestattet und dadurch urteilsfähig sind.

Normativer Individualismus: Normen können nur von den Personen gerechtfertigt werden, die durch die Norm gebunden (verpflichtet) werden sollen.

21.3 Antworten zu ▶ Kap. 3

3.1. Individualismus, Vertragsautonomie, Naturzustand (Ausgangsposition)
3.2. Sie unterscheiden sich in der Beschreibung des Naturzustandes.
3.3. Der Verweis auf eine Gesetzgebung Gottes führt zu der Frage nach der Legitimation Gottes als Gesetzgeber. Die Beantwortung dieser Frage führt immer zu einem infiniten Regress.
3.4. Die Idee des Vertrags beinhaltet die Freiheit, den Vertrag zu schließen oder nicht zu schließen und sogar die Möglichkeit, ihn zu kündigen. Dies ist mit den Attributen der Unverfügbarkeit, Absolutheit und Allgemeinheit der Menschenrechte nicht vereinbar.

21.4 Antworten zu ▶ Kap. 4

4.1. Die Würde bezieht sich ursprünglich auf den sozialen Status und den Wert des Adels und dient der Unterscheidung zwischen höher gestellten Persönlichkeiten und dem Rest der Menschheit.
4.2. Die Gerichtsentscheidungen in den „Zwergenweitwurf"-Fällen beruhen auf einem heteronomen Verständnis der Menschenwürde.
4.3. Die Menschenwürde bezieht sich auf eine besondere Stellung und einen besonderen Status des

21.5 · Antworten zu ▶ Kap. 5

   Menschen, aufgrund dessen er starke Pflichten zu tragen hat. Jemand, der diese Pflichten nicht erfüllt, verliert den Status der Würde.
4.4. Die Kompetenz oder Fähigkeit, einen eigenen freien Willen zu bilden. Der Status der Würde hängt nicht vom Inhalt des Willens ab. Es spielt keine Rolle, ob ein Wille auf das Gute oder das Böse gerichtet ist. Es zählt allein die Tatsache, dass Personen einen reflektierten Willen bilden können.

21.5 Antworten zu ▶ Kap. 5

✓ 5.1. Intrinsische Werte (Affektionspreis): etwas als solches bevorzugen, Wertmaßstab: Liebe, Gefallen
   Extrinsische Werte (Marktpreis): Angebot und Nachfrage, Wertmaßstab: Tauschbarkeit.
   Absoluter Wert (Würde): Wertmaßstab: Personalität
5.2. Das Bewusstsein, *dass* ich bin und *was* ich bin. Ich bin jemand, der der Autor seines eigenen freien Willens und die Quelle und letzte Referenz aller Werte ist.
   Das Gegenteil: ein willenloses Instrument in der Hand anderer sein.
5.3. Personalität ist die Fähigkeit zu bewerten. Ohne Personsein kann nichts einen Wert haben. Personalität ist also die notwendige Bedingung für jede Bewertung. Unabhängig von unseren konkreten Wünschen und Sehnsüchten haben wir ein grundlegendes Interesse daran, Bewertungen vorzunehmen und dadurch Wünsche und Sehnsüchte hervorzubringen. Nur auf der Grundlage dieser Fähigkeit können wir uns als Urheber unseres Willens identifizieren.
5.4. Die Personalität einer Person und die Personalität einer anderen Person sind gleichursprünglich wie die beiden Seiten derselben Münze. Wir können also unser eigenes Personsein nur dann respektieren, dass wir das Personsein der anderen respektieren. Wenn wir das Personsein anderer nicht respektieren, verlieren wir den Respekt vor unserem eigenen Personsein.

21.6 Antworten zu ▶ Kap. 6

✓ 6.1. Borderline-Persönlichkeitsstörung (BPD)
Posttraumatische Belastungsstörung (PTSD)

6.2. Ja. Nach den Ergebnissen der Säuglingsforschung und der Entwicklungspsychologie haben Säuglinge von Natur aus ein Gespür für Personen, sodass sie ihre Umgebung nach Personen absuchen und ihre Aufmerksamkeit darauf richten können, wenn sie etwas in ihrer Umgebung als Person erkennen.

6.3. Ja. Jemand, der das Personsein anderer ignoriert und missachtet, empfindet Scham. Scham impliziert eine Tendenz zur Selbstvernichtung. Alternativ kann die Person das Gefühl der Scham vermeiden, indem sie es durch neurotische Verdrängung ersetzt. Die Neurose ist „die Methode, das Nicht-Sein zu vermeiden, indem man das Sein vermeidet." Eine bessere Strategie zur Überwindung moralischer Scham ist ihre Ersetzung durch das Gefühl der Schuld. Das Schuldgefühl ist mit schweren psychischen Schmerzen und Reue verbunden.

6.4. Um zwischen Personen „mit Würde" und Personen „ohne Würde" entscheiden zu können, müssen Sie einen anderen Maßstab als den der Personalität verwenden. Dieser andere Maßstab gilt dann aber für alle Personen. Er macht es unmöglich, sich und anderen Würde zuzusprechen.

21.7 Antworten zu ▶ Kap. 7

✓ 7.1. v [hat ein Recht] gegenüber x auf y von z.
v = Inhaber des Rechts
x = Schuldner
y = die Art des Handelns (Respekt/Schutz/Unterstützung)
z = Schutzbereich

7.2. Nach Kant ist Pflicht eine Nötigung des Willens. Er unterscheidet zwischen äußerer und innerer Nötigung. Äußere Nötigung besteht in der Zufügung eines äußeren Übels, z. B. Geld- oder

Haftstrafe oder Verachtung der Mitmenschen. Innere Nötigung besteht in einem schlechten Gewissen (Scham- und Schuldgefühle).
7.3. Pflichten sind Volitionen zweiter Ordnung. Bei Konflikten im Zusammenhang mit Volitionen erster Ordnung fühlt sich die Person an den Willen zweiter Ordnung gebunden. Dieses Gefühl der Verbindlichkeit kann als Pflicht gegenüber sich selbst betrachtet werden.
7.4. Der Mensch überträgt Rechte auf diejenigen, denen gegenüber er absolute moralische Pflichten zu erfüllen hat, weil diese besonders motiviert sind, Verletzungen dieser Pflichten anzuklagen und ihre Erfüllung anzumahnen.

21.8 Antworten zu ▶ Kap. 8

✓ 8.1. Entwicklung und Aufrechterhaltung der Personalität.
8.2. Körperliche Gewalt führt zum Verlust der Kontrolle über den eigenen Körper und das eigene Verhalten. Die Erfahrung des Kontrollverlustes führt zu einer schrittweisen Entwertung der Bereitschaft, einen eigenen freien Willen zu generieren. Es macht nämlich keinen Sinn, einen eigenen Willen auf der Basis eigener Überlegungen und Reflexionen zu generieren, wenn von vornherein feststeht ist, dass der generierte Wille nicht in sinnvolles Handeln umgesetzt werden kann.
8.3. Es handelt sich um das Kriterium der *Grausamkeit*. Dieses Kriterium wird in vielen internationalen Menschenrechtskodifikationen erwähnt, nicht aber in Artikel 3 EMRK. Grausamkeit bedeutet eine vorsätzliche Handlung, durch die schwere körperliche oder seelische Schmerzen oder Leiden zugefügt werden.
8.4. *Unmenschliche Behandlung*: eine Behandlung, die schwere körperliche und seelische Leiden verursacht, unabhängig davon, ob sie mit einer Körperverletzung verbunden ist oder nicht. *Folter*: eine besonders schwere und vorsätzliche Form der unmenschlichen Behandlung.

21.9 Antworten zu ▶ Kap. 9

9.1. Habeas-Corpus-Rechte können nicht als Menschenrechte angesehen werden. Es handelt sich lediglich um Verfahrensrechte, die als solche Merkmale der Rechtsstaatlichkeit sind. Sie verhindern jedoch keine unmenschliche Behandlung während der Haft.

9.2. Sie wird durch die spezifischen Merkmale totaler Institutionen verursacht. Diese Institutionen reduzieren die Möglichkeit, sinnvolle Entscheidungen über das eigene Leben zu treffen. Dies schwächt die Fähigkeit der Insassen, ihr Leben nach eigenen Erwägungen und Reflexionen zu führen und zerstört schließlich die Fähigkeit, einen freien Willen zu entwickeln.

9.3. Die Funktion von Artikel 10 IPbürgR besteht darin, menschenwürdige Lebensbedingungen in der Haft zu gewährleisten. Er bezieht sich auf denselben Schutzbereich wie Artikel 7 IPbürgR (Verbot von Folter und anderer grausamer Behandlung). Er beinhaltet jedoch eine Garantenstellung des Staates für die Lebensbedingungen in seinen Haft- und sonstigen geschlossenen Anstalten, die außerhalb solcher Anstalten nicht besteht.

9.4. Nein. Die Freiheit, innerhalb eines Landes oder über Staatsgrenzen hinweg von einem Ort zu einem anderen zu reisen, ist keine notwendige Bedingung für die Entwicklung und Aufrechterhaltung der Personalität.

21.10 Antworten zu ▶ Kap. 10

10.1. Die Kernfunktion der Kommunikationsrechte ist es, die Freiheit des Willens gegen Manipulation zu verteidigen.

10.2. Die Schutzbereiche vieler kodifizierter Menschenrechte gehen über das hinaus, was sich aus dem Grundsatz der Menschenwürde ableiten lässt. In diesen Fällen ist es sinnvoll, zwischen dem „Kern" eines Menschenrechts – das ist der Schutzbereich, der sich auf die Achtung der Personalität bezieht – und dem „Hof" oder

"Rand" des Menschenrechts zu unterscheiden. Der Hof oder Randbereich bezieht sich nicht auf die Achtung und den Schutz der Personalität, sondern auf die Achtung und den Schutz der Handlungsfreiheit. Rechte, die den „Hof" betreffen, können im Rahmen der kodifizierten Beschränkungsklauseln eingeschränkt werden. Die Rechte, die den „Kern" betreffen, sind absolut und dürfen nicht eingeschränkt werden.

10.3. Die Kommunikationsrechte schützen keine privilegierten Positionen für die Verbreitung der eigenen Meinungen und Überzeugungen. Ein Lehrer kann von seinem Recht auf Meinungsfreiheit Gebrauch machen, indem er seine Meinungen und Überzeugungen außerhalb der Schule verbreitet.

10.4. Der performative Widerspruch ist ein Widerspruch zwischen einem Satz und dem Sprechakt, durch den der Satz ausgedrückt wird. Beispiel: P behauptet, dass alle Behauptungen falsch sind. P spricht unter Inanspruchnahme der Menschenwürde anderen Menschen die Menschenwürde ab.

21.11 Antworten zu ▸ Kap. 11

11.1. Die Kernfunktion der Rechte auf Privatheit ist der Schutz der Willensfreiheit vor Selbstentfremdung durch Fixierung auf Rollenidentitäten. Die Rechte auf Privatheit beziehen sich auf den Schutz eines authentischen Willensbildungsprozesses, indem sie einen Lebensbereich sicherstellen, in dem Personen nicht gezwungen sind, eine Rollenidentität zu zeigen, weil dieser Bereich der öffentlichen Kontrolle entzogen ist.

11.2. Eine Person, die zur Heirat gezwungen wird, wird der Möglichkeit beraubt, eine intime Beziehung zu einem Sexualpartner aufzubauen, und gleichzeitig gezwungen, mit einem Partner zusammenzuleben, zu dem keine intime Beziehung besteht, sodass die betreffende Person ständig gezwungen ist, vor dem Ehepartner eine Rolle zu spielen.

11.3. Die sozialen Beziehungen einer Person zu anderen Mitgliedern der Gesellschaft außerhalb der Mauern verborgener intimer Beziehungen schaffen immer eine Position, die die Person zwingt, eine Rollenidentität zu zeigen. Die Privatsphäre bezieht sich auf einen Lebensbereich, in dem es nicht notwendig ist, eine Rollenidentität zu zeigen, sondern sich so zu verhalten, wie man wirklich ist.

11.4. Die Menschenrechte sind selbst moralische Normen. Es gibt keine Moral, die sie einschränken kann.

21.12 Antworten zu ▶ Kap. 12

12.1. Der Rechtsbegriff des Gewissens wurde erstmals im Westfälischen Frieden (Verträge von Münster und Osnabrück von 1648) verwendet.

12.2. Gewissen ist (1.) das Wissen um die Normen der Moral und (2.) die Überzeugung, an sie gebunden zu sein.

12.3. Die Kernfunktion des Rechts auf Gewissensfreiheit ist die Verteidigung der Willensfreiheit gegen ein Gefühl der moralischen Scham, dem der Betroffene nur durch Selbstmord oder neurotische Selbstentfremdung entkommen kann.

12.4. Das Recht auf Gewissensfreiheit ist ein Menschenrecht, weil der Zwang zu Handlungen, die der Handelnde als böse ansieht, dazu führt, dass er auf eine Persönlichkeit fixiert wird, die er nicht akzeptieren kann. Dies führt zu einem Zustand der Selbstverleugnung, der den Drang zur Selbstzerstörung einschließt. Diese Tendenzen beeinträchtigen nicht nur die Persönlichkeit, sondern auch die Personalität.

21.13 Antworten zu ▶ Kap. 13

13.1. Kernfunktion des Rechts auf Religionsfreiheit ist der Schutz des Zugangs zu den religiösen Mitteln der Resilienz gegen unkontrollierbare negative Lebenserfahrungen (sinnloses Leid, sinnlose Ungerechtigkeit, die Erwartung des eigenen Todes).

13.2. Religion ist die Gesamtheit aller Praxen, die es dem Menschen ermöglichen, in Situationen sinnlosen Leidens, sinnloser Ungerechtigkeit oder der Erwartung des eigenen Todes die Fähigkeit zu authentischer Selbstbestimmung zu erhalten und Selbstentfremdung zu vermeiden.

13.3. Der religiöse Dualismus bezieht sich auf die Tatsache, dass religiöse Menschen zwei verschiedene Weltanschauungen haben: (1.) die profane Sicht und (2.) die sakrale Sicht. Die profane Sichtweise zeigt die Welt als ein System von verschiedenen Teilen, die analysiert und technisch oder kommunikativ beherrscht werden können. Die sakrale Sichtweise zeigt die Welt als Ganzes, die als solche unbeherrschbar ist.

13.4. Die Freiheit zu glauben, religiöse Überzeugungen auszudrücken oder zu teilen, religiöse Versammlungen zu organisieren oder zu besuchen und religiöse Vereinigungen zu gründen oder ihnen beizutreten, ist bereits durch die Kommunikationsrechte geschützt. Die Freiheit, nicht zu einer Zusammenarbeit gezwungen zu werden, die dem eigenen religiös geprägten Gewissen widerspricht, ist bereits durch das allgemeine Recht auf Gewissensfreiheit geschützt.

21.14 Antworten zu ▶ Kap. 14

14.1. Es ist nicht möglich, eine Person zu schädigen, indem man sie tötet. Denn bevor der Akt der Tötung begangen wird, ist die Person noch am Leben und in Bezug auf ihr Leben nicht geschädigt. Wenn die Tötungshandlung bereits vollzogen ist, gibt es niemanden mehr, der unter dem Entzug des Lebens leiden könnte. Denn die Person, die getötet wurde, existiert nicht mehr. Sie kann sich nicht in einem unmenschlichen Lebenszustand befinden.

14.2. Die Kernfunktion des Rechts auf Leben besteht nicht darin, Menschen davor zu schützen, durch eine Tötungshandlung ihres eigenen Lebens beraubt und dadurch in einen unmenschlichen Lebenszustand versetzt zu werden. Vielmehr geht es darum, alle (lebenden) Mitglieder der Gesellschaft vor einer allgemeinen Entwertung ihrer eigenen Existenz zu schützen. Die Existenz eines jeden Menschen darf nicht unter den Bedingungen gesellschaftlicher oder privater Präferenzen anderer stehen, wenn das Bewusstsein des absoluten Wertes der eigenen Existenz als Person gewährleistet sein soll.

14.3. Die Todesstrafe ist nicht zu rechtfertigen, weil sie den absoluten Wert der Person nicht respektiert.

14.4. Die Beihilfe zum Suizid oder die Tötung auf Verlangen verstößt im Allgemeinen nicht gegen das Recht auf Leben, da sie im Einklang mit dem Willen der Person erfolgt, die sterben möchte.

21.15 Antworten zu ▶ Kap. 15

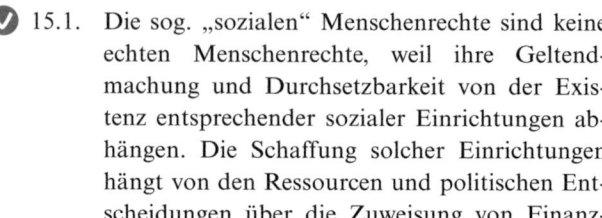

15.1. Die sog. „sozialen" Menschenrechte sind keine echten Menschenrechte, weil ihre Geltendmachung und Durchsetzbarkeit von der Existenz entsprechender sozialer Einrichtungen abhängen. Die Schaffung solcher Einrichtungen hängt von den Ressourcen und politischen Entscheidungen über die Zuweisung von Finanzmitteln ab, kann also nicht absolut gewährleistet werden.

15.2. Nach der protestantischen Ethik des Kapitalismus (Max Weber) wird die Arbeit als Wert an sich betrachtet (Eigenwert). Aber sie ist nur ein Mittel zum Leben. Unter günstigen Bedingungen ist es möglich, auch ohne Arbeit ein menschenwürdiges Leben zu führen. Entscheidend ist nur, dass der Mensch ein ausreichendes Einkommen erzielt. Daher gibt es kein Menschenrecht auf Arbeit.

15.3. Die Pflicht, etwas zu unterlassen, verlangt nur, nichts zu tun. Das Nichtstun erfordert in der Regel keine große Anstrengung. In den meisten Fällen erfordert es überhaupt keine Anstrengung. Im Gegensatz dazu erfordern Pflichten, etwas zu tun, einen gewissen Aufwand. Der mögliche Aufwand hängt von den zur Verfügung stehenden Ressourcen ab. Außerdem können die Anstrengungen in Konflikt mit der Autonomie geraten, die erforderlich ist, um ein Leben auf der Grundlage eines eigenen freien Willens zu führen.

15.4. Ja. Wenn es soziale Einrichtungen gibt, die dem Zweck dienen, menschenwürdige Lebensbedingungen zu gewährleisten, dann kann der Ausschluss bedürftiger Personen von diesen Einrichtungen als unmenschliche Behandlung angesehen werden.

21.16 Antworten zu ▶ Kap. 16

✓ 16.1. Nein. Es gibt kein kodifiziertes Menschenrecht auf Asyl. Das internationale Asylrecht ist hauptsächlich in der Genfer Flüchtlingskonvention von 1951 kodifiziert. Diese Konvention enthält kein subjektives Recht auf Asyl.
16.2. Das Refoulement-Verbot bezieht sich auf das Verbot der Abschiebung eines Ausländers in ein Land, in dem ihm ein schwerwiegender Entzug von Gütern droht, die durch die Menschenrechte geschützt sind. Das Refoulement-Verbot ist integraler Bestandteil jedes Menschenrechts.
16.3. Nein. Es gibt kein besonderes Menschenrecht für Flüchtlinge, die sich in einem potenziellen Aufnahmeland aufhalten, da sie durch das Refoulement-Verbot ausreichend geschützt sind.
16.4. Nein. Es gibt kein besonderes Menschenrecht für Flüchtlinge, die sich außerhalb der Grenzen des potenziellen Aufnahmestaates aufhalten. Die Entscheidung darüber, ob gerade diesen Flüchtlingen geholfen werden soll (statt anderen) und über das Maß der Hilfe steht im Ermessen der potenziellen Aufnahmestaaten.

21.17 Antworten zu ▶ Kap. 17

✓ 17.1. Eigentum ist ein rein juristischer Begriff. Er bezeichnet ein Bündel von Rechten und Pflichten, die jemand in Bezug auf bestimmte materielle oder ideelle Gegenstände hat.
17.2. Das Recht auf Eigentum bezieht sich auf die Herrschaft über Sachen oder Rechte, ohne dass es darauf ankommt, ob die Verfügungsgewalt darüber für ein menschenwürdiges Leben notwendig ist.
17.3. Die Arbeitstheorie des Eigentums von John Locke leidet unter dem Fehlschluss der quaternio terminorum. Während ein regulärer Syllogismus mit drei Begriffen operiert, operiert er im Falle einer quaternio terminorum mit vier Begriffen. Dies bleibt jedoch verborgen, weil zwei dieser Begriffe mit demselben Wort ausgedrückt werden.

17.4. Erste Generation: liberale Rechte (Unterlassungsgebote), zweite Generation: soziale Rechte (Leistungsansprüche), dritte Generation: kollektive Rechte. Kollektive Rechte sind Rechte, deren Träger keine menschlichen Individuen, sondern menschliche Kollektive sind. Kollektive können niemals Träger von Menschenrechten sein, weil sie keine Personen sind.

21.18 Antworten zu ▶ Kap. 18

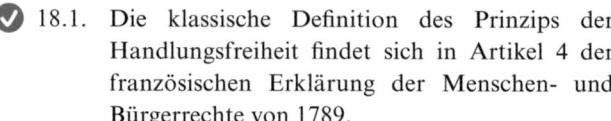

18.1. Die klassische Definition des Prinzips der Handlungsfreiheit findet sich in Artikel 4 der französischen Erklärung der Menschen- und Bürgerrechte von 1789.

18.2. Der Grundsatz bezieht sich auf die Handlungsfreiheit, nicht auf die Willensfreiheit.

18.3. Nach einer Regel hat ein bestimmter Tatbestand eine bestimmte Rechtsfolge zwingend zur Folge. Kollisionen zwischen Regeln führen zur Unwirksamkeit der kollidierenden Regeln, es sei denn, es gibt eine weitere Regel, die entscheidet, welche der kollidierenden Regeln Vorrang hat. Demgegenüber formulieren Prinzipien nur bestimmte Gesichtspunkte, die bei der Entscheidung zu berücksichtigen sind, aber das Ergebnis nicht determinieren. Kollidiert ein Prinzip mit einem anderen, so muss nach einem Kompromiss gesucht werden oder eine Abwägung stattfinden.

18.4. Nein, es ist nicht sinnvoll, das Prinzip der Handlungsfreiheit als Teil des überpositiven Rechts zu betrachten. Der Grundsatz ist ein Element der Rechtsstaatlichkeit und gilt nur im Rahmen einer konkreten Rechtsordnung.

21.19 Antworten zu ▶ Kap. 19

 19.1. Sie fügen nichts hinzu, sondern wiederholen nur, was bereits in den einzelnen Menschenrechten steht, nämlich dass „*jeder* Mensch das Recht hat auf …" oder „*niemand* […] behandelt werden [darf] …".

19.2. Der Ausdruck „gleich" in „gleiche Menschenrechte" bezieht sich auf die Allgemeinheit der

Menschenrechte. Jeder Mensch ist Träger von Menschenrechten, weil er ein Mensch ist und nicht, weil er mit anderen Menschen gleichbehandelt werden muss. Jeder Mensch genießt *dieselben* und nicht bloß gleiche Menschenrechte.

19.3. Der Gleichheitsgrundsatz bezieht sich auf die gerechte Aufteilung von Lasten und Nutzen der Zusammenarbeit. Er ist nur dann anzuwenden, wenn es um die Verteilung der Ergebnisse der Zusammenarbeit auf die Teilnehmer der jeweiligen Kooperationsgemeinschaft geht.

19.4. Nein, ein solches Recht gibt es nicht, denn die Menschenrechte schützen vor einer Beeinträchtigung der Personalität und nicht vor bloßen Beleidigungen. Dennoch führt ein gesellschaftliches Klima, in dem es allgemein akzeptiert wird, Menschen aufgrund ihres Geschlechts, ihrer „Rasse" und dergleichen zu diskriminieren, zu einer Schwächung der Fähigkeit, die eigene Personalität zu wahren. Es führt auch zu einem gesellschaftlichen Klima, in dem die Wahrscheinlichkeit von Menschenrechtsverletzungen zunimmt. Der Staat sollte daher diskriminierende Handlungen verbieten, um ein solch riskantes Klima zu vermeiden.

21.20 Antworten zu ▶ Kap. 20

20.1. Im Falle eines Konflikts zwischen zwei oder mehreren konkurrierenden Ansprüchen verlangt die praktische Konkordanz die Suche nach einem Kompromiss, durch den die widerstreitenden Interessen optimal befriedigt werden.

20.2. Ansprüche auf der Ebene des Freiheitsprinzips und auf der Ebene des Randbereichs der Menschenrechte sind immer relative Rechte. Ihre Funktion besteht darin, den Bereich der Handlungsfreiheit zu optimieren. Daher ist es möglich, diese Reichweite im Sinne eines Kompromisses zu beschränken.

20.3. Lässt sich ein Konflikt nur so lösen, dass man entweder den einen die Unterstützung verweigert, um anderen nicht zu schaden oder jemanden zu unterstützen und die Schädigung der anderen in Kauf nimmt, so ist es geboten, die Unterstützung zu unterlassen.

20.4. Eine Rechtsordnung erfüllt ihre Funktion nur dann, wenn sie die einzige ist (also nicht mit anderen konkurriert, die ebenfalls Geltung beanspruchen) und wenn sie vollständig und widerspruchsfrei ist, damit Rechtskonflikte zwischen den Mitgliedern der Rechtsordnung stets von einem Gericht auf der Grundlage des Gesetzes entschieden werden können. Einheit, Vollständigkeit und Widerspruchsfreiheit werden dadurch gewährleistet, dass die Rechtsordnung durch Deduktion (von der Verfassung bis zur einzelnen Rechtsentscheidung) entwickelt wird. Dieser Effekt ist gefährdet, wenn der Gesamtbestand der Menschenrechte in die Rechtsordnung eingeführt wird, weil dies die Vorherrschaft der Moral über das positive Recht bewirkt. Das System der moralischen Regeln wird auf induktive Weise entwickelt. Es kann daher unvollständig oder inkonsistent sein. Daher sind in einem durch moralische Regeln geleiteten Rechtssystem rechtliche Dilemmata nicht ausgeschlossen, die auf der Grundlage des positiven Rechts nicht entschieden werden können.

Serviceteil

Stichwortverzeichnis – 467

© Der/die Herausgeber bzw. der/die Autor(en), exklusiv lizenziert
an Springer-Verlag GmbH, DE, ein Teil von Springer Nature 2023
P. Tiedemann, *Philosophische Grundlagen der Menschenrechte*,
Springer-Lehrbuch, https://doi.org/10.1007/978-3-662-65533-7

Stichwortverzeichnis

A

Abschiebungsverbot 232, 351
Absolutheit 3, 12
Abtreibung 305, 312, 335, 437, 439
Abwägung 12, 292, 403, 405, 406
affirmative actions 382
afrikanische Menschenrechtskonvention 352
Allgemeine Erklärung der Menschenrechte 2, 10, 74, 79, 342, 372
Althusius 53
amerikanische Menschenrechtskonvention 352
Analyse
– transzendentale 20, 132
Antifolterkonvention 364
Aquin, Thomas von 29, 38
Arbeit 330
– philosophische 6
Arbeitsbedingungen 209, 317, 324, 331
Arbeitstheorie 370
– des Eigentums 376, 461
Arendt, Hannah 71
Aristoteles 29, 36, 38, 40, 43, 44
Aristotelismus 36
Asyl 350, 353, 359
Atomkraftwerk 380
Aufklärung 71, 254, 257–260, 276
Ausdrucksfreiheit 198, 199
Austin, John L. 96
Authentizität 91, 102, 105, 116, 170, 203, 265
Autonomie 54, 63, 70, 153, 336
autonomistischer Ansatz der Menschenwürde 76, 87
Averoes 38

B

Babyforschung 115
Banjul-Charta 352, 385
bedingungsloses Grundeinkommen 318, 330
Befehl 9
Behandlung
– erniedrigende 163, 166, 174, 176
– grausame 160, 172, 173, 299
– unmenschliche 165, 175, 176, 455
Belastungsstörung
– posttraumatische 121, 454
Bentham, Jeremy 28, 31
Bigamie 249
Bildung 318, 321, 324, 326, 327, 332
biografische Identität 268

Borderline-Persönlichkeitsstörung 114, 118
Brandeis, Louis D. 234
Bundesverfassungsgericht 23, 192, 241, 243, 248, 292, 294, 426, 429, 441
Bundesverwaltungsgericht 219, 436, 437
bürgerliches Recht 86
Burka-Verbot 80

C

Calvin, Johannes 328
CAT 160, 163–165
Charta der Vereinten Nationen 78, 84
China 78, 95, 230, 240
Christentum 38, 274, 277, 278, 281
Cicero, Marcus Tullius 75, 81
Coing, Helmut 397
Conseil d'Etat 80
Cyrus-Zylinder 5

D

Datenschutz 232, 242
Demokratie 39, 64, 199, 207, 214, 399
deontologischer Ansatz 277
Deutschland 75, 256, 258, 260, 329, 343, 354, 380, 395
Differenzprinzip 52, 68
Dilemma
– moralisches 428
Diskriminierung 351, 382, 413, 414, 419, 420, 422
dissoziative Identitätsstörung 160, 170
Dualismus
– religiöser 272, 281
Dworkin, Ronald 390, 399–401

E

Ehe 230, 239, 241, 245, 414
Eigentum 2, 8, 9, 57, 62, 63, 68, 288, 298, 350, 358, 370, 372, 373
Einschränkungsklausel 212, 224, 245, 292, 300
Embryo 133, 312, 335, 438
Ensemble-Theorie 75, 82
Entwicklungspsychologie 115, 125, 454
Epikur von Athen 28, 32
Erklärung der Menschen- und Bürgerrechte 65, 372, 393, 462
erniedrigende Behandlung 163, 166, 174, 176

Ethik 318, 328
- deontologische 277
EU Charta der Grundrechte 416
Europäische Charta der Regional- oder Minderheitensprachen 384
Europäische Kommission für Menschenrechte 161, 172, 174
Europäische Menschenrechtskonvention 22
Europäische Union 340
Europäischer Gerichtshof für Menschenrechte 22, 178, 192, 222, 224, 232, 241, 244, 293
Existenz 312, 358, 459
Existenzminimum 300, 317, 324–327, 331, 332, 371, 379
Explikation 4, 18–20

F

Facio, Bartolomeo 75, 81
Fähigkeitsansatz 47, 92, 125, 304
Falsifikation 129
Familie 11, 37, 74, 85, 92, 119, 130, 151, 231, 240, 241, 245, 414
Fichte, Johann Gottlieb 93, 107, 306
Folter 359
Frankfurt, Harry Gordon 140, 152, 156
Frankreich 65, 75, 222, 355
freier Wille 42, 198
Freiheit 180, 390–392
- anderer 391, 407
- der Gedanken 198, 204, 206, 218
- der Information 198, 202, 203, 206, 211
- der Presse 206, 207
- der Spiritualität 287
- der Vereinigung 198, 208, 211
- der Versammlung 198, 208
- des Ausrucks 198
- des Handelns 390–394, 398, 401, 403, 405, 430
- des religiösen Glaubens 211, 222, 272, 274, 275, 279, 289, 294
- des Willens 76, 84
- von Zensur 198, 199, 206
Freiheitsgrundsatz 147, 405, 407

G

Gebot 254, 257
Gedankenexperiment 4, 20
Gedankenfreiheit 198, 204, 206, 217
Gefangenendorf 193
Gemeineigentum 356, 358
Genfer Flüchtlingskonvention 354

Gesellschaftsvertrag 50, 53–56, 58, 61
Gesetzesvorbehalt 212, 246, 300, 390, 395
gesetzliche Rechte 13
Gesundheitsschutz 216, 248, 335, 345
Gesundsheitssystem 326
Ghandi, Mohandas Karamchand Mahatma 79
Gleichberechtigung 74, 77, 78
Gleichheit 64, 65, 68, 147, 208, 392
Gleichstellung 246, 371
Goffman, Erving 181, 189, 235, 238
Gosepath, Stefan 418
Gott 14, 29, 39–41, 43, 51, 54, 57
grausame Behandlung 160, 172, 173, 299
Grausamkeit 177, 455
Grundeinkommen
- bedingungsloses 330
Grundgesetz 143, 173, 218, 338
Gruppenrecht 383, 384
Gültigkeit 90, 95

H

Habeas-Corpus-Rechte 184
Habermas, Jürgen 64, 288
Haft 183, 184
Handlung 102, 127, 138, 320, 377
- aktive 145
- rituelle 279
Handlungsfreiheit 390–394, 398, 401, 403, 405, 426, 430
Hassrede 201, 219, 221, 223
Hedonismus 28, 31
Heiligkeit des Lebens 307
Heirat 230, 239
Hennette-Vauchez, Stephanie 79
hermeneutischer Zirkel 2, 6
Herzog, Roman 274
heteronomischer Ansatz 75, 82
Hilfspflicht 443
Hilgendorf, Eric 75, 82
Hitler, Adolf 171, 264
Hobbes, Thomas 50, 53, 54
Howard, Rhoda E. 385
Humboldt, Wilhelm von 396
Hume, David 29, 43, 376, 378
Hume's Gesetz 43

I

Identität
- biografische 268
- narrative 268
- personale 91, 102, 104, 106, 107, 114, 120, 129
Identitätsstörung

– dissoziative 160, 170
illiberaler Staat 398
Impfpflicht 173, 210
Individualismus 30, 31, 46, 47, 50, 53, 54
– methodologischer 30, 46
– normativer 47, 53, 452
Individualität 3, 11
infiniter Regress 29, 30, 45, 61
informationelle Selbstbestimmung 23, 242
Informationsfreiheit 198, 202, 203, 206, 211
Inhaftierung 181, 184–187, 191
Institution 189
– soziale 323, 331, 335, 337, 339
– totale 181, 189
Integration
– soziale 232
Integrität
– territoriale 213
Internationaler Pakt
– über bürgerliche und politische Rechte 234
– über wirtschaftliche, soziale und kulturelle Rechte 74, 325, 338
Internet 23, 207, 231
Inzest 249
Islam 38, 41, 274, 277, 281
Israel 447

J

James, William 285
Judentum 277, 281
Justiz 22, 217

K

Kant, Immanuel 20, 81, 91, 99, 139, 151
Kapitalismus 318, 329
Katholizismus 79, 257
Kernenergie 380, 381
Kind 37, 40, 104
Klimawandel 319, 345
Knox, John 328
kollektive Rechte 371
Kommunikationsrechte 198, 201, 209, 211, 212, 214, 216
– Schutzbereichsschranken 201
Konkordanz
– praktische 426, 429, 435, 463
Kooperation 39, 323, 332, 419
körperlicher Schmerz 164
Korrespondenz 231, 242
Kosmos 29, 38
Krankenhausaufenthalt 192, 285

Kulturleben 327
Kunstfreiheit 201, 219

L

Landgericht Frankfurt 446
LAO-TSE 285
Leben 118, 153, 189, 298, 307, 310, 318, 326, 328
Lebensgrundlage
– natürliche 319, 338, 342
Leibeigenschaft 162
LGBT 415
Living instrument 22
Locke, John 51, 58, 61
Lohn 103, 331
Luhmann, Niklas 235
Luther, Martin 328

M

Maclure, Jocelyn 278
Magna Charta Libertatum 5, 395
Manetti, Gianozzo 75, 81
Manipulation 147, 198, 199, 203
Maróth, Miklós 41
Marsilius von Padua 53
MaxiMin-Prinzip 52, 67
Meinung 37, 39, 46, 110
Mensch 11, 13, 28, 63, 123, 136, 308, 358
Menschenrechte
– allgemeinen Struktur 138
– Hof 250, 429, 431
– Kernbereich 223, 224, 247, 250, 426, 429, 435
– kollektive 371, 381
– liberale 317, 320
– soziale 319
Menschenrechtskonvention
– afrikanische 352
– amerikanische 352
Menschenwürde 40, 41, 74, 76, 77, 79, 80
– autonomistischer Ansatz 76, 87
menschliche Wesen 142, 438
Merkmal
– unverfügbares 419
Metaphysik 38
methodologischer Individualismus 30, 46
Mill, John Stuart 28, 31, 35, 396
Minderheit 28, 64, 143, 384, 415, 420
Minderheitensprachen 384
Mitglied der menschlichen Familie 3, 10, 11
Moral 14, 22, 28, 31, 38, 218, 219
– Schutz 218

moralisches Dilemma 428, 443
moralisches System 445
Moraltheorie 28, 31, 36

N

narrative Identität 268
nationale Sicherheit 22, 213, 222, 246
Natur 29, 38, 39, 42, 44–46, 51, 54, 59, 82, 85
naturalistischer Fehlschluss 46, 376
Naturzustand 50, 55
Neurose 115, 126, 128, 129, 265
Norm 7, 14, 15, 19, 37, 43
normativer Individualismus 47, 53, 452
Notwehr 442, 443
Notwendigkeit in einer demokratischen Gesellschaft 221, 224
Nussbaum, Martha 29, 42, 43, 278

O

öffentliche Sicherheit 22
Okkupationstheorie des Eigentums 370, 375
Ontologie 281, 303
Orbán, Viktor 399

P

Papst Franziskus 168
Paulskirchenverfassung 259
performativer Widerspruch 201, 220
Person 95, 110, 124, 126, 133, 134, 161, 459
– potenzielle 118
personale Identität 91, 102, 104, 106, 107, 114, 120, 129
Personalität 92, 101–105, 115–118, 306
– potenzielle 118
Persönlichkeit 266–268, 327, 396
petitio principii 298
Pflicht 8, 41, 76, 79, 140, 151, 156, 332, 365
Philosophie 258
– analytische 3, 18, 451
– naturalistische 18
Pico Della Mirandola 76, 82
Platon 20, 370, 375
politische Zielsetzung 407
Polygamie 245
Position
– ursprüngliche 50, 52
posttraumatische Belastungsstörung 121, 454
potenzielle Personalität 118
praktische Konkordanz 426, 429, 435, 463
Präsumption der Gleichheit 356, 412, 418

Praxis
– rituelle 279
Preis 265, 423
Pressefreiheit 206, 207
Prinzip 67, 75, 141, 400, 403
Privatheit 229, 234, 235, 237, 238
– der Wohnung 238
Privatleben 239
profane Weltanschauung 272, 282
Protoperson 123
psychische Schmerzen 454
Pufendorf, Samuel 254, 258

Q

quaternio terminorum 377

R

Rahmenübereinkommen zum Schutz nationaler Minderheiten 384
Rawls, John 52, 55, 66–68
Recht
– absolutes 12, 200, 299
– absolutes, auf Leben 305
– allgemeinen Struktur 138
– auf Arbeit 321
– auf Asyl 350
– auf Freiheit 57
– auf Freizügigkeit 180
– auf globale Freizügigkeit 350, 354, 355
– auf Information 202, 204
– auf Leben 298–300, 305
– auf Sozialversicherung 374
– auf Spiritualität 294
– auf Wasser 342
– bürgerliches 74, 86
– der anderen 12, 22, 403
– Freiheit anderer 391, 407
– gesetzliches 13
– kollektives 371
– positives 56, 63
– subjektives 8, 321
– superpositives 13, 14
– unveräußerliches 10
– zu heiraten 230, 239
Rechtsfall
– Daschner 446
– Dobbs v. Jackson Women's Health 440
– Elfes 397
– Fall Griechenland 161, 174
– Feinstaub 436
– Irland v. UK 161, 175
– Kakaris gegen Zypern 192

Stichwortverzeichnis

- Katz gegen US 234
- Klimaschutz 343
- M.S.S. gegen Belgien und Griechenland 319
- muslimisches Kopftuch 289, 293
- Olmstead v. US 234
- Recht auf Vergessenwerden 23
- Reiten im Walde 431
- rituelles Schlachten 432
- Roe v. Wade 437
- Schwangerschaftsabbruch 437
- Soering gegen UK 310, 364
- Wackenheim 79
- Zwergenweitwurf 79

Rechtssystem 14, 15
Rechtstheorie 66
Reformation 254, 328, 329
Regel 390, 400
Regress
- infiniter 29, 30, 45, 61

Religionsfreiheit 222, 272, 274, 275, 279, 287, 289, 294
religiöser Dualismus 272, 281
Reputation 215, 216, 433
Resilienz 123, 273, 285, 288, 458
Rettungspflicht 351
Rettungsschuss
- finaler 443

Reue 127, 454
Riedesser, Peter 122
Robespierre, Maximilien de 300
Rollen-Ich 237
Rollenidentität 229, 235, 237, 243, 248, 249, 457
Rousseau, Jean Jacques 61
Rushd, Ibn 29, 38

S

sakrale Welt 272, 279, 285
sakrale Weltanschauung 272, 284
Scham 115, 122, 126
Schirach, Ferdinand von 36
Schleier des Nichtwissens 52, 67
Schmerz 164, 176
- psychischer 454

Schrankenvorbehalt 200, 210, 211, 224, 233
Schuld 115, 126–128, 255, 265
Schutz der Moral 218
Schutzbereich 2, 161, 167, 173, 177, 180, 185, 194, 200
- der Kommunikationsrechte 201
- gesetzliche Definition 176
- spezifischer 194

Selbstachtung 92

Selbstbestimmung
- informationelle 23, 242

Selbstbestimmungsrecht 336
Selbstentfremdung 126
Selbsterhaltung 56
Selbstwertgefühl 117, 118, 154, 171, 215, 263, 264
Seneca, Lucius Annaeus Septimus 81, 99
Sicherheit 56
- nationale 22, 213, 222, 246
- öffentliche 22

Sinn des Lebens 29, 37
Sittengesetz 38, 39, 218, 407, 408
Sklaverei 150, 162
Smuts, Jan Christiaan 77
soft law 383
Sortal 94
Souveränität 56
- territoriale 350, 355, 356, 359

soziale Institution 323, 331, 335, 337, 339
soziale Integration 232
Spaemann, Robert 41
Sparsamkeit
- metaphysische 4, 19

Spiritualität 272, 287, 288, 291, 294, 295
Sprache 303
Staat
- illiberaler 398

Staatszielbestimmung 319, 337, 338, 343
Stoa 29, 38, 45, 81, 99
substantive due process-Doktrin 395
Südafrika 77
Suizid 127, 128
Suizidassistenz 312, 313
Superpositivität 13

T

Taylor, Charles 278
Telekommunikation 231, 242
territoriale Integrität 213
territoriale Souveränität 350, 355, 356, 359
Tertullianus, Quintus Septimus Florens 5
Thomasius, Christian 254, 258
Tierrechte 10
Tillich, Paul 115, 129
Todesangst 267, 299, 309, 310
Todesstrafe 60, 300, 301, 310
totale Institution 188
Transgender Person 414
transzendentale Analyse 20, 132
Triage 335
Trolley-Problem 33
Tugendhat, Ernst 418

U

UN-Antifolterkonvention 364
UN-Charta 78, 84
UNESCO 74, 79
Universalität 3, 13, 19, 451
UN-Menschenrechtsausschuss 300
unmenschliche Behandlung 165, 175, 176, 455
Unterlassung 35, 138, 145, 320
UN-Übereinkommen gegen Folter 163
Unveräußerlichkeit 10
unverfügbare Merkmale 419
Unwiderrufbarkeit 12
Urmson, James Opie 95
ursprüngliche Position 50, 52
US Supreme Court 234, 394, 395, 437, 438
Utilitarismus 31

V

Vagheit 18, 21
Vašák, Karel 371, 381, 382
Verbindlichkeit 20
Verderbtheit 328
Verdrängung 126, 128, 155, 255, 263, 265, 269
Vereinigungsfreiheit 198, 208, 211
Verfassung 214
– Brandenburg 143
– Deutschland 143, 173, 218, 338
– Frankreich 355
– Malawi 143
– Paulskirche 259
– Preußen 259
Verhältnismäßigkeit 224, 408
Verifikation 129
Verleumdung 234
Versammlungsfreiheit 198, 208
Vertragsautonomie 50, 54, 57, 61, 66, 70
Verurteilung 127, 181, 183, 185, 435
Verwaltungsgericht Neustadt 80
Verwurzelung 232, 243
Virginia Bill of Rights 5, 59, 85, 300, 372
Volonté General 52, 64
Vorbehaltsklausel 22, 211, 246, 397, 403

W

Waldron, Jeremy 17, 82
Warren, Samuel 234
Wasser
– sauberes 343
Weber, Max 272, 288, 318, 328
Weltanschauung
– profane 272, 282
– sakrale 272
Wert
– absoluter 91, 99, 106, 142
– des Lebens 298, 305
– extrinsischer 91, 99, 103
– intrinsischer 91, 99, 104
– relativer 91, 99, 100
Werturteil 106
Westfälischer Frieden 256
Widerspruch
– performativer 201, 220
Willensfreiheit 42, 76, 84
wirtschaftliches Wohlergehen des Landes 246, 248
Wissenschaftsfreiheit 201, 288
Wohnung 233, 238
Wolff, Christian 254, 258
Wright, Georg Henrik von 90, 95
Würde 94, 101

Z

Zensur 198, 199, 206
Ziel
– politisches 407
Zwingli, Huldrych 328

MIX
Papier aus verantwortungsvollen Quellen
Paper from responsible sources
FSC® C105338

If you have any concerns about our products,
you can contact us on
ProductSafety@springernature.com

In case Publisher is established outside the EU,
the EU authorized representative is:
Springer Nature Customer Service Center GmbH
Europaplatz 3, 69115 Heidelberg, Germany

Printed by Libri Plureos GmbH
in Hamburg, Germany